Werner Rau

MOBIL REISEN

# NEUENGLAND

NEW YORK CITY

Reisewege quer durch
das „alte“ Amerika

Routen, Touren, Reisetipps
für individuelles Auto-Touring

Rau's Reisebücher
Band 29

RAU'S REISEBÜCHER
Band 29

**MOBIL REISEN**

# NEUENGLAND

## NEW YORK CITY

**Reisewege quer durch das „alte“ Amerika**

**Routen, Touren, Reisetipps für individuelles Auto-Touring**

WERNER RAU VERLAG STUTTGART

Idee, Text, Layout, Karten, Stadtpläne und Fotos (falls nicht anders gekennzeichnet): Werner Rau.
Titelfoto: Herbstliche Flußlandschaft bei Bucksport, Maine.

**2. Auflage 2001**
**vollständig neu bearbeitet**



Umschlaggestaltung: Hitz Artworks, 72667 Schlaitdorf
Herstellung: Druckerei Steinmeier, Nördlingen
Printed in Germany

Gedruckt auf chlorfrei gebleichtem Papier.

ISBN 3-926145-18-8
Geo-Nr: 676 10119

# INHALT

## Zum Kennenlernen


Ein Wort zum Buch ... 8
Kurzporträt der USA und der Neuengland Staaten 9
– Die Neuengland Staaten ... 12
– – Connecticut ... 14
– – Rhode Island ... 16
– – Massachusetts ... 17
– – Maine ... 19
– – New Hampshire ... 20
– – Vermont ... 22
Geschichte der USA – in Stichworten ... 24
Wie kommt man hin? ... 35

**DIE ROUTEN – Mobil Reisen: Neuengland, New York City**

**New York City, NY**

1. New York City ... 36
– Midtown Manhattan ... 59
– Uptown Manhattan West ... 74
– Uptown Manhattan East ... 78
– Harlem ... 82
– Downtown Manhattan ... 84
– Lower Manhattan ... 90
– Freiheitsstatue und Ellis Island ... 98
– South Street Seaport ... 102
– Ausflug ins Hudson River Valley ... 120
– Abstecher zu den Niagara Fällen ... 123

**Connecticut, CT**

2. New York City – Hartford, CT ... 127

**Rhode Island, RI**

3. Hartford, CT – Newport, RI ... 150

**Massachusetts, MA**

4. Newport, RI – Martha's Vineyard, MA ... 172
5. Nantucket, MA ... 184
6. Hyannis, MA – Provincetown, Cape Cod, MA 194
7. Provincetown, MA – Plymouth, MA ... 203
8. Plymouth, MA – Framingham, MA ... 216
9. Boston, MA ... 222
10. Boston, MA – Salem, MA ... 248

**Maine, ME**

11. Salem, MA – Portland, ME ... 263
12. Portland, ME – Ellsworth, ME ... 279
13. Bar Harbor, ME, Acadia Nationalpark ... 293
14. Ellsworth, ME – Greenville – Lewiston, ME .. 300

**New Hampshire, NH**

15. Lewiston, ME – Gorham, NH ..... 310
16. Gorham, NH – Conway, NH ..... 317

**Vermont, VT**

17. Conway, NH – Burlington, VT ..... 326
18. Burlington, VT – Woodstock, VT ..... 335
19. Woodstock, VT – Danbury, CT ..... 343

**Praktische und nützliche Informationen von A bis Z**

Abkürzungen ..... 361
Anschriften ..... 361
Camping ..... 363
– Hinweise über Angaben zu Campingplätzen ... 365
Einreisebestimmungen ..... 365
– Persönliche Dokumente ..... 365
– Einfuhr von Kraftfahrzeugen ..... 366
– Haustiere ..... 367
– Zollbestimmungen ..... 367
Essen und Trinken ..... 367
– Hummerbrevier ..... 369
Feiertage ..... 370
Hotels, Motels und andere Unterkünfte ..... 371
– Toll-Free-Numbers ..... 374
– Thema Sicherheit ..... 374
Klima, Reisezeit, Durchschnittstemperaturen ..... 375
Maße und Gewichte ..... 378
Miniwortschatz – klein, aber nützlich ..... 379
Mit dem Auto durch Neuengland ..... 382
– Straßen und Verkehr ..... 382
– Verkehrsregeln ..... 383
– Kraftstoffpreise ..... 384
– Straßenkarten ..... 385
Öffnungszeiten ..... 385
Post und Telefon ..... 386
– Wichtige Rufnummern ..... 388
Reisen im Lande ..... 388
– Mit dem Auto, *s.* Mit dem Auto durch Neuengland
– Mit der Bahn ..... 388
– Mit dem Bus ..... 389
– Mit dem Camper ..... 390
– Mit dem Flugzeug ..... 394
– Mit dem Mietwagen ..... 395
Reisezeit, *siehe* Klima, Reisezeit, Durchschnittstemp.
Stromspannung, Steckdosen ..... 397
Trinkgelder – Tips und Tipping ..... 397
Versicherungen ..... 398
Währung und Devisen ..... 398
Zeitunterschied und Zeitzonen ..... 400
Zeichenerklärung ..... 401

Register ........ 402
RAU'S REISEBÜCHER Programm ........ 404

## Kurzessays

Auftakt zum Unabhängigkeitskrieg ........ 250
P. T. Barnum – Amerikas Zirkusbaron ........ 134
The „Boston Massacre" ........ 235
Boston Tea Party ........ 241
The Common Green ........ 140
Covered Bridges ........ 312
Die Freiheitsstatue ........ 100
Hawthorns „House of the Seven Gables" ........ 261
Henry Hudson ........ 43
Herman Melville ........ 187
Newport Mansions ........ 169
Die Pilgerväter und ihre „Mayflower" ........ 214
Shaker ........ 356
Teeklipper ........ 160

## Karten und Stadtpläne

Die Routen, Übersichtskarte ........ Umschlag vorne
Übersichtskarte Maine Umschlag inten
Tourenkarte ........ vor jeder Etappe

Acadia Nationalpark, ME ........ 297
Boston, MA, Großraum ........ 223
Boston Downtown ........ 229
Bundesstaat Connecticut ........ 15
Bundesstaat Maine ........ 20
Bundesstaat Massachusetts ........ 18
Bundesstaat New Hampshire ........ 21
Bundesstaat Rhode Island ........ 16
Bundesstaat Vermont ........ 23
Die 13 Gründerkolonien ........ 27
Hartford, CT ........ 142
Nantucket Town, MA ........ 188
New Bedford, MA ........ 177
Newport, RI ........ 165
New York City, NY, Stadtteile ........ 41
– Manhattan ........ 51
– Midtown Manhattan ........ 59
– Uptown Manhattan ........ 75
– Lower Manhattan ........ 92
– Theater District ........ 106
– New York City Hotels ........ 116

# EIN WORT ZUM BUCH

## INDIVIDUELL REISEN, MEHR ERLEBEN!

**Nicht suchen, sondern finden, erleben und genießen.**
***Rau'sReisebücher* sagen konkret wo's langgeht.**

Reisebücher aus der neuen Reihe MOBIL REISEN sind handliche, praktische Reiseführer, maßgeschneidert sowohl fürs Reisemobil- und Auto-Touring als auch fürs Motor Biking – oder einfach für erlebnisreiches Reisen auf eigene Faust, wenn Sie z. B. mit einem Mietwagen in New England unterwegs sind.

Zusammen mit ihren bewährten Tourenvorschlägen bilden Rau's Reisebücher eine gelungene Mischung aus zeitgemäßer Informationsvielfalt, Kultur und aktuellen Tipps für täglich neue Reiseerlebnisse.

Gehen Sie mit dem vorliegenden Band „MOBIL REISEN: NEUENGLAND" auf Ihre ganz individuelle Entdeckungsreise durch das „alte" Amerika.

Am Beginn der Routenbeschreibungen finden Sie einen sehr ausführlichen Teil über New York City. Die Weltmetropole fungiert u. a. als eines der großen Portale an der amerikanischen Ostküste in Sachen Reisen und Tourismus in den Vereinigten Staaten. Aus diesem Grunde sahen es Verlag und Autor als sinnvoll an, Ihnen als praktisches „Extra" auch einen kompetenten Stadtführer über New York gleich mit an die Hand zu geben, falls Sie auf Ihrer Hin- oder Rückreise New York City als Gateway in die USA benutzen.

Auf Ihrer Tour durch Neuengland werden Sie jeden Tag neue, liebliche, naturschöne oder dramatische Küsten und Landschaften erkunden, interessante Städte kennenlernen und Reisehöhepunkte erleben.

Und jeden Abend können Sie in modernen Hotels oder kleinen, behaglichen Motels übernachten oder auf Campingplätzen Station machen. Denn auf jeder in diesem Band beschriebenen Tour finden sie ausgesuchte Hotels oder Motels aufgeführt. Und die schönsten Campingplätze haben wir schon mal für Sie ausgesucht. Dieser Reiseführer sagt Ihnen kompetent und ehrlich wo's langgeht.

☑ *NEU!* Und mit einem neuen System aus Symbolen und Markierungen wird der vorliegende Reiseführer den Ansprüchen eines praktischen Touring-Guides noch weiter gerecht. Mehr darüber unter „Zeichenerklärung".

Alle Angaben sind mit größter Sorgfalt nach dem zum Zeitpunkt der Manuskripterstellung aktuellsten erreichbaren Stand zusammengestellt. Änderungen sind aber nicht auszuschließen, leider auch nicht Irrtümer. Und obwohl wir natürlich auf die Richtigkeit der Informationen achten, können wir für die gemachten Angaben keine Haftung übernehmen. Alle genannten Preise sollten nur als Anhaltspunkte verstanden werden.

Zuschriften mit reiserelevanten Neuigkeiten aus Amerika sind immer sehr willkommen, unterstützen sie doch mein Bestreben, Rau's Reisebücher aus der Reihe MOBIL REISEN immer auf dem neuesten Stand zu halten.

Gute Reise! Ihr Werner Rau

# KURZPORTRÄT DER USA UND DER NEUENGLAND STAATEN

Die USA – United States of America (Vereinigte Staaten von Amerika) – erstrekken sich auf dem nordamerikanischen Kontinent von der Atlantikküste im Osten bis zur Pazifikküste im Westen (rund 4.500 km) und von der kanadischen Grenze im Norden bis an den Golf von Mexiko im Süden (rund 2.500 km).

**Größe des Landes:** Das Kerngebiet der USA umfaßt eine Fläche von 7.827.670 qkm. Dazu kommen die Bundesstaaten Alaska mit ca. 1,5 Mio. qkm und Hawaii mit 16.630 qkm. Die Gesamtgröße des Landes beträgt rund 9.363.300 qkm. Die USA sind somit rund 26 mal so groß wie die Bundesrepublik Deutschland.

**Einwohnerzahl:** In den USA leben rund 270 Mio. Menschen. Die Bevölkerungsdichte entspricht 28 Einwohner je qkm (BRD ca. 220 Einw. je qkm).

Die Bevölkerung setzt sich zusammen aus 83 % Weißen, 12 % Schwarzen und Minderheiten von 5 % (ca. 0,6 % Indianer, 1,6 % Asiaten, 2,8 % sonstige).

Von der sich religiös bekennenden Bevölkerung (das sind rund 59% der Gesamtbevölkerung) gehören rund 38% der protestantischen Glaubensrichtung und 37% der römisch-katholischen Konfession an. Rund 7% der Einwohner sind jüdischen Glaubens, etwa 3% orthodoxe Christen. Größere christliche Gruppen sind außerdem Baptisten, Methodisten, Presbyterianer, Mormonen (Kirche Jesu Christi der Heiligen der letzten Tage).

**Hauptstadt** der Vereinigten Staaten von Amerika ist **Washington** im Bundesdistrikt District of Columbia (DC), mit rund 607.000 Einwohnern (Großraum ca. 3,9 Mio.).

Die drei größten Städte der Vereinigten Staaten von Amerika sind New York mit über 7,4 Mio. (Großraum ca. 19 Mio.) Einwohnern, Los Angeles mit annähernd 3,5 Mio. (Großraum ca. 14,5 Mio.) Einwohnern und Chicago mit ca. 2,8 Mio. (Großraum ca. 8,1 Mio.) Einwohnern.

**Staats- und Regierungsform**: Die Staatsgründung erfolgte am 4. Juli 1776 in Philadelphia mit der Annahme der Unabhängigkeitserklärung durch den Zweiten Continental Congress.

In der von *Thomas Jefferson* verfassten Unabhängigkeitserklärung heißt es: *„Folgende Wahrheiten erachten wir als selbstverständlich: Dass alle Menschen gleich geschaffen sind; dass sie von ihrem Schöpfer mit gewissen unveräußerlichen Rechten ausgestattet sind; dass dazu Leben, Freiheit und das Streben nach Glück gehören; ...“.*

Es gilt (mit Abänderungen) die am 17. September 1787 von den 13 Gründerstaaten verabschiedete und am 21. Juni 1788 ratifizierte bundesstaatliche Verfassung. Ein grundlegendes Element der Verfassung ist die strikte Gewaltenteilung zwischen Exekutive, Legislative und Judikative.

Als Staatsform wurde die **Präsidiale Republik** gewählt.

Staatsoberhaupt ist der **Präsident**, der gleichzeitig das Amt des Regierungschefs innehat, Oberbefehlshaber der Streitkräfte und oberster Dienstherr der Bundesexekutive ist. Der US-Präsident wird für eine Amtszeit von vier Jahren gewählt und ist einmal für abermals vier Jahre wiederwählbar. Wer sich für das Präsidentenamt bewirbt, muß Staatsbürger der USA, mindestens 35 Jahre alt und mindestens 14 Jahre in den USA ansässig sein.

Gewählt werden Präsident und Vizepräsident von sog. Wahlmännern (electors), die in den einzelnen Staaten vom Volk gewählt werden.

Volksvertretung oder Bundesparlament ist der **Kongress**, oberste Instanz der Legislative, dem gesetzgebenden Organ des Staates, bestehend aus zwei Kammern, dem *Senat* und dem *Re-*

*präsentantenhaus*. Der Kongress ist das verfassungsmäßige Organ zur Kontrolle der Regierung und des Präsidenten. Der Präsident kann gegen Entscheidungen des Kongresses stimmen (Veto), muß sich aber einer Zweidrittelmehrheit des Kongresses beugen. Dem Kongress obliegen Gesetzgebung, Bewilligung des Staatshaushalts, Entscheidungen über Kriegseinsätze u. ä.

**Der Senat** – er repräsentiert die 50 Bundesstaaten und bringt deren Belange in die Bundespolitik ein – setzt sich zusammen aus 100 *Senatoren* (2 je Bundesstaat), die auf sechs Jahre gewählt sind. Etwa ein Drittel der Senatoren muß sich alle zwei Jahre zur Wiederwahl stellen. Vorsitzender des Senats ist der Vizepräsident. Der Vizepräsident hat keine fest definierten Aufgaben. Fest steht lediglich, dass er Nachfolger des Präsidenten wird, falls dieser während seiner Amtszeit ausscheidet, sei es durch Tod, Rücktritt oder Absetzung nach einem *Impeachment* (Anklage durch den Senat). Der Senat ratifiziert internationale Verträge, bestätigt Minister, Bundesrichter und Botschafter u. ä.

**Das Repräsentantenhaus** – es stellt die direkte Vertretung des Volkes dar – besteht aus 435 auf zwei Jahre gewählte Abgeordnete. Jeder Bundesstaat entsendet seiner Bevölkerungsstärke entsprechend eine Anzahl von Abgeordneten in das Repräsentantenhaus. Dicht bevölkerte Staaten wie Kalifornien, New York oder Texas sind demnach stärker repräsentiert als Bundesstaaten mit geringerer Bevölkerung wie Wyoming, Alaska, Norddakota oder Vermont etwa.

Die beiden großen bestimmenden Parteien der USA sind die *Demokratische Partei* (259 Vertreter im Repräsentantenhaus und 55 im Senat) und die *Republikanische Partei* (176 Vertreter im Repräsentantenhaus und 45 im Senat). Diese Zahlen geben den Stand vor den Zwischenwahlen zur Clinton-Regierung wieder. In diesen Wahlen nämlich erlitten die Demokraten unter Bill Clinton erdrutschartige Verluste. Die Republikaner errangen nach vielen Jahren erstmals wieder die Mehrheit der Sitze im Repräsentantenhaus.

„Im Unterschied zu den durchorganisierten und ideologisch ausdifferenzierten Parteien Westeuropas sind die beiden großen US-Parteien eher lockere Wählerkoalitionen ohne fundamentale ideologische Differenzen. Im allgemeinen werden die *Demokraten* als die etwas progressivere, die *Republikaner* als die etwas konservativere Partei bezeichnet" (Munzinger-Archiv).

Verwaltungstechnisch setzen sich die Vereinigten Staaten aus **50 gleichberechtigten Einzel-Bundesstaaten** und dem Bundesdistrikt *District of Columbia (DC)*, mit der Hauptstadt Washington, zusammen. Von den USA verwaltet werden: Puerto Rico, die Jungferninseln, Amerikanisch Samoa, Guam und einige UN-Treuhandgebiete im Pazifik.

Jeder Bundesstaat (außer Nebraska) hat ein Zweikammerparlament. Oberster Repräsentant des Bundesstaates ist der vom Volk gewählte Gouverneur. Jeder Bundesstaat hat seine eigene Verfassung, die aber in allen wichtigen Grundprinzipien der USA mit den Verfassungen der anderen Staaten übereinstimmt.

Den Bundesstaaten steht Selbstverwaltung in allen Bereichen zu, die nicht der Bundesverwaltung in Washington übertragen sind.

Die Einzelstaaten wiederum gliedern sich in Verwaltungsbezirke, die „Counties".

**Wirtschaftliche Schwerpunkte:**

Grundprinzip wirtschaftlicher Aktivitäten in den USA ist die *Freie Marktwirtschaft*, von Staat und Großkonzernen lenkend beeinflußt.

Die USA umfassen rund 6% der Landmasse der Erde. Dieses Gebiet wird zu nahezu 80% in irgendeiner Form **agrar- oder forstwirtschaftlich** genutzt. Intensive Rationalisierung, Mechanisierung und Kultivierung der Böden ließen die Landwirtschaft der USA zur ertragreichsten und leistungsfähigsten der Welt werden.

In jüngster Zeit führen aber trotz staatlicher Subventionen Überproduktion und weltwirtschaftliche Entwicklungen zur Unrentabilität vieler, vor allem mittlerer und kleinerer Farmbetriebe. Eine Abnahme der bislang über 2 Mio. landwirtschaftlichen Betriebe ist zu registrieren. Die Anzahl der in der Landwirtschaft Beschäftigten hat sich von einst fast 10 Mio. auf unter 5 Mio. mehr als halbiert.

Trotz dieser Entwicklung sinkt die Produktivität nicht, da kleinere Farmen von modernen landwirtschaftlichen Großbetrieben übernommen werden. Die durchschnittliche Größe der Farmen stieg von 175 ha auf 187 ha. Oft erzielen solche Großproduktionsstätten den überwiegenden Anteil ihrer Erträge aus nur einem Produkt, wie z. B. Sojabohnen, Weizen, Mais, Baumwolle etc.

Die wichtigsten Agrarprodukte, mit denen 80% der landwirtschaftlichen Erträge erzielt werden, sind Sojabohnen (etwa zwei Drittel der Weltproduktion), Mais (über 40% der Weltproduktion), Weizen, Reis, Baumwolle (rund ein Fünftel der Weltproduktion), Tabak, Obst.

Ein weiterer wichtiger Faktor im Bereich landwirtschaftlicher Erzeugnisse ist die Fleisch-, Geflügel- und Milchproduktion.

Fischereierzeugnisse sind trotz des großen Küstenanteils der USA und trotz reicher Fischgründe im Vergleich zu landwirtschaftlichen Produktionen gering, in den Neuenglandstaaten aber, vor allen im Bundesstaat Maine, ein wichtiger Wirtschaftsfaktor.

Zu den **wichtigsten Industriezweigen** in der außergewöhnlich differenzierten Wirtschaftsstruktur der Vereinigten Staaten zählen Energiewirtschaft, Bergbau, Stahlproduktion, Auto- und Flugzeugherstellung, chemische Industrie, elektronische Produkte, Baugewerbe und Konsumgüterindustrie.

In den 80er Jahren erlebte die Konjunktur in den USA einen Rückschlag, mit steigender Inflation, Arbeitslosigkeit und sinkender Produktion als Folge. Auto- und Stahlindustrie erlitten enorme Einbußen. Auch in den Neuengland Staaten Connecticut, Rhode Island und Massachusetts, in denen viele metallverarbeitende Industrien angesiedelt sind, hatte die Rezession enorme Auswirkungen.

Mit der Präsidentschaft *Ronald Reagans* wurden wirtschaftspolitische Maßnahmen ergriffen (z. B. großzügige Steuervergünstigungen für Unternehmen), die zu einem wirtschaftlichen Aufschwung führten, vor allem zwischen 1983 und 1985. Über 7 Mio. neue Arbeitsplätze konnten geschaffen werden. Andererseits führte diese Wirtschaftspolitik zu einer enormen Verschuldung des Haushaltes. 1985 betrug das Defizit im Bundeshaushalt 202,8 Mrd. Dollar, 1986 immer noch über 170 Mrd. Dollar. Das Handelsbilanzdefizit belief sich auf 148,5 Mrd. Dollar.

Bis etwa 1985 ging der wirtschaftliche Aufschwung einher mit einer ständigen Aufwertung des Dollar. So wurde 1984 noch ein Jahresmittelkurs von DM 3,15 für einen US-Dollar notiert! Der enorme Umfang des Haushalts- und Handelsdefizits seit 1985 ließen den Dollar aber unter Druck geraten. Schließlich führten Vereinbarungen zur Herabsetzung des US-Dollar-Wertes. Einen vorläufigen historischen Tiefpunkt erreichte der Dollarkurs kurzzeitig 1992 und noch einmal im Anfang März 1995 mit rund DM 1,35 für einen US-Dollar. 1993 schließlich war die Staatsverschuldung auf kaum noch vorstellbare 4 Billionen Dollar angestiegen und Bill Clinton hatte mit dem Präsidentenamt auch das größte Haushaltsdefizit in der Geschichte der USA übernommen.

Die großen Industriestandorte der USA findet man vor allem im Nordosten des Landes, wie z. B. bei Pittsburgh, Youngstown, Chicago, Steubenville (Stahl- und Eisenindustrie), St. Louis und Philadelphia (Metallverarbeitung), Baltimore, Boston, Newport News (Schiffsbau).

Die USA sind reich an **Bodenschätzen**. Neben Phosphat, Schwefel, Gold, Kupfer, Eisenerz, Blei u.a. wurden riesige Reserven an Uran, Bauxit, Stein- und

Braunkohle, Erdöl und Erdgas festgestellt.

Die USA sind nach China und Rußland der drittgrößte Steinkohle- und einer der größten Erdölproduzenten der Erde. Dennoch reichen die geförderten Ölmengen von jährlich rund 500 Mio. Tonnen nur zur Deckung von etwa zwei Dritteln des Eigenbedarfs.

Auf fast allen anderen Wirtschaftsgebieten werden rund 90 % der Produktion im Lande verbraucht.

Acht der zehn größten Industrieunternehmen der Welt haben ihren Sitz in den USA: General Motors in Detroit; Exxon in New York; Mobil in New York; Ford Motors in Dearborn, Michigan; IBM in Armonk, NY; Texaco in Harrison, NY; Chevron in San Francisco und AT&T in New York.

Die USA sind Mitglied folgender internationaler Organisationen: UN (United Nations), NATO (North Atlantic Treaty Organization), OAS (Organisation der Amerikanischen Staaten) und OECD (Organisation für wirtschaftliche Zusammenarbeit).

Die **Staatsflagge** ist blau-weiß-rot. Sieben rote horizontale Streifen abwechselnd mit sechs weißen horizontalen Streifen weisen auf die 13 Gründerstaaten hin. In einem blauen Rechteck links oben symbolisieren 50 weiße Sterne die 50 Bundesstaaten der Vereinigten Staaten von Amerika.

## DIE NEUENGLAND STAATEN

Die sechs Neuengland Staaten nehmen das nordöstliche Territorium der Vereinigten Staaten von Amerika ein. Zu ihnen gehören die südlichen Neuengland Staaten **Connecticut, Rhode Island** und **Massachusetts** und die nördlichen Neuengland Staaten **Vermont, New Hampshire** und **Maine**, der östlichste Bundesstaat der Vereinigten Staaten.

Obwohl die sechs Neuengland Staaten zusammen nicht einmal so groß sind wie der Bundesstaat Montana im Nordwesten der Vereinigten Staaten, sind sie jedoch von großer wirtschaftlicher und politischer Bedeutung für das Land.

New England ist das „alte" Amerika, das Land der ersten Siedler, der „Pilgerväter", die im Dezember 1620 bei Plymouth, MA, landeten. Von hier aus nahm die Besiedelung des nordamerikanischen Kontinents ihren Anfang.

Der englische Seefahrer Captain John Smith war es übrigens, der in seinen Berichten von seiner Erkundungsfahrt entlang er nordamerikanischen Ostküste im Jahre 1616 erstmals den Begriff *New England* für das Gebiet gebrauchte.

Kaum anderswo in den Vereinigten Staaten liegen Kontraste so nahe beisammen wie in den Neuengland Staaten – die nervöse Hetze, das Grelle der Großstädte New York oder Boston liegt nur wenige Autostunden von der Ruhe und Beschaulichkeit der grünen Hügel von Vermont oder den abgelegenen Weiten von Maine entfernt. Gerade wenn man aus dem lauten, impulsiven New York nach Neuengland kommt, hat man den Eindruck, in den Küstenorten und in den Dörfern im Hinterland gehe es etwas betulicher, kleinbürgerlicher, bäuerlicher, um nicht zu sagen provinzieller zu, als sonst in den Vereinigten Staaten. Und der *Yankee Farmer*, dem das

Klischee eines wortkargen, etwas sturen, aber bauernschlauen Menschen anhängt, ist Gegenstand vieler Witze und Anekdoten.

Der Begriff ***Yankee*** hat je nach Standpunkt des Betrachters übrigens eine ganz unterschiedliche Bedeutung. Für uns Europäer ist ein Yankee schlicht ein Kosename für einen US-Bürger. In den USA sieht das schon anders aus. Spricht man an der Westküste von einem Yankee, meint man einen Amerikaner, der an der Ostküste lebt, an der Ostküste meint man einen Landsmann der in den Neuengland Staaten lebt. In den Neuengland Staaten nennt sich aber nur der ernsthaft Yankee, der seine familiären Wurzeln bis auf die ersten Pilgerväter zurückverfolgen kann.

Vielleicht ist und war es gerade diese bedächtige, bodenständige, auch etwas querköpfige Art der Menschen, die auf Tradition und Konvention bedachte Lebensweise hier, die die Grundlage war für den unumstößlichen Willen, sich die Freiheit vom englischen Kolonialregime zu erkämpfen und ein eigenes, autonomes Staatsgebilde zu schaffen.

Viele sehen in Neuengland aber auch einen Hort der Moral und der amerikanischen Prinzipien. Der Zusatz auf Filmplakaten oder auf Buchdeckeln „In Boston verboten" war bis nach dem Zweiten Weltkrieg nichts Ungewöhnliches. Allerdings wurde er bald recht inflationär gebraucht und als verkaufsfördernde Aussage benutzt. Verbotenes hat nun mal den Reiz des Unwiderstehlichen.

Aber auch auf dem Gebiet der Wissenschaften machte sich bald der Pioniergeist der Siedler bemerkbar. Einige der besten und ältesten Universitäten der USA findet man in Neuengland. 1636 wurde die Harvard University, die älteste des Landes, in Massachusetts gegründet. 1701 folgte die Yale University in Connecticut, 1764 Brown in Rhode Island und schließlich 1769 Dartmouth in New Hampshire.

*Mark Twain*, der Schriftsteller, den man eher am Mississippi vermutete, lebte und schrieb in Hartford, der Hauptstadt Connecticuts.

Vor allem aber nach Vermont scheint es immer wieder Schriftsteller gezogen zu haben. Der Autor des berühmten „Dschungelbuches", der englische Dichter *Rudyard Kipling*, lebte Ende des 19. Jahrhunderts in Brattleboro in Vermont. Und *Karl Zuckmayer* zog sich während der Wirren des Dritten Reiches nach Vermont zurück. Amerika Zirkuskönig *P.T. Barnum* stammte aus Connecticut und ein Herr namens *Colt* erdachte in New Haven, CT ein Schießeisen, eine Handfeuerwaffe, die später mithelfen sollte, den Westen zu erobern.

Aus Neuengland stammen einige der einflußreichsten Familien Nordamerikas. Und bis zur Jahrhundertwende gehörte es zum guten Ton amerikanischer Dollarmillionäre, in Newport, RI, eine Sommerresidenz zu haben, die man bescheiden „Cottage" nannte. In Wahrheit aber sind es schloßartige Villen, umgeben von riesigen Parkanlagen.

Große Tradition hatten an den Küsten Neuenglands von jeher Seefahrt, Schiffbau und Walfang. Die Inseln Martha's Vineyard und Nantucket waren bedeutende Walfangstationen. *Herman Melville* schreibt darüber in seinem berühmten Roman „Moby Dick". In Mystic Seaport, CT, wo einst die schnellsten Hochseesegler auf Kiel gelegt wurden, erinnert ein interessantes Freilichtmuseum an die große Zeit der Windjammer und Walfänger. Die lange Tradition schneller Segler lebt in Newport, RI, übrigens weiter. Dort wird die Hochseeregatta um den begehrten „Americas Cup" gestartet.

Die Neuengland Staaten sind aber auch der Teil der Vereinigten Staaten, dem man überall noch anmerkt, dass er lange über die Zeit der Unabhängigkeitserklärung hinaus besonders stark nach Europa orientiert war. Genauso hausbacken der eine oder andere Ort wirken mag, mit seinem nostalgischen General Store, seiner uralten überdachten Holzbrücke, bei der man ständig erwartet, nicht ein Auto, sondern ein Pferdefuhrwerk müßte gleich aus ihr herausfahren, oder mit seiner blütenweiß gestrichenen, spitztürmigen Kirche, genauso heiter und lebendig sind sie andererseits.

Dem Besucher bieten die Neuengland Staaten zu jeder Jahreszeit etwas Besonderes. Die wohl attraktivste Reisezeit für New England ist aber zweifellos der Herbst, etwa ab Ende September, der Zeit des **„Indian Summer“** mit seinem Feuerwerk der Laubfärbung. Vor allem ist dann aber auch die hohe Zeit der Hummer, Krabben, Muscheln und anderen Seegetiers, die vor den Küsten von Maine gefangen werden und die, köstlich zubereitet, für viele einen kulinarischen Höhepunkt ihrer herbstlichen New-England-Tour bilden werden. Siehe auch unter „Klima und Durchschnittstemperaturen“ weiter hinten!

## CONNECTICUT – 5. Staat der USA

**Der Bundesstaat Connecticut** (abgek. CT) rangiert mit einer Fläche von 4.980 sqml (ca. 13.000 qkm) an 48. Stelle der fünfzig amerikanischen Bundesstaaten. Connecticut grenzt an die Nachbarstaaten New York im Westen, Massachusetts im Norden und Rhode Island im Osten. Im Süden grenzt der Staat an die buchtenreiche Küste des Long Island Sounds. In Connecticut leben fast 3,2 Mio. Menschen. Hauptstadt ist **Hartford**.

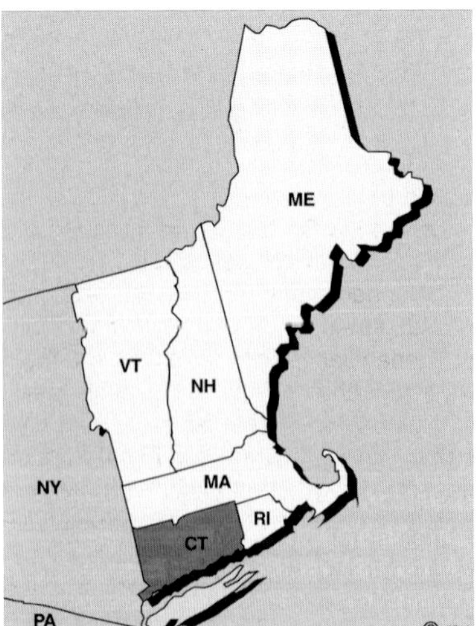


Die Geschichte des Staates beginnt eigentlich im Jahre 1633. Damals kamen erste Siedler, englischstämmige Puritaner, aus Massachusetts und gründeten Niederlassungen und Handelsplätze im Tal des Connecticut Flusses, den die Indianer Quinnehtukqut nannten. Eine dieser ersten Siedlungen hieß Windsor, andere Old Saybrook und Wethersfield. Die heutige Hauptstadt Hartford entwickelte sich etwa ab 1636 aus einer holländischen Gründung.

1639 erwarb sich Connecticut, oder besser gesagt die drei ersten Siedlungen (Windsor, Hartford, Wethersfield) den Ruf, durch die Proklamation ihrer „Fundamental Orders of Connecticut“ Vorreiter auf dem Wege zu einer freien Verfassung zu sein. Einer der Kernsätze dieser Proklamation war, dass die Begründung von Amtsgewalt eine freie Entscheidung der Menschen sei. Dieser Grundsatz wurde bald von anderen Provinzen und Städten übernommen, auf der sie ihre Anstrengungen, mehr Autonomierechten von England zu erhalten, aufbauten.

Connecticut war damals immer noch britische Kolonie und weit davon entfernt, ein selbständiger, einheitlicher Staat zu sein. Fast 200 Jahre lang gab es sogar zwei Hauptstädte, Hartford und New Haven (1703 – 1875). Man weigerte sich ganz einfach, ein königliches Dekret aus London zu akzeptieren, das die beiden Teile Connecticuts vereinte. Das Dekret war ohne Konsultierung von New Haven ergangen. Also weigerte man sich dort standhaft, es zur Kenntnis zu nehmen und sah sich wie erwähnt bis 1875 ebenfalls als Hauptstadt.

Schon ausgangs des 17. Jh. wurden die Querelen der Neuengland Staaten mit der britischen Regierung offenkundig. Als 1687 der New Yorker Gouverneur *E. Andros* als Generalgouverneur über die

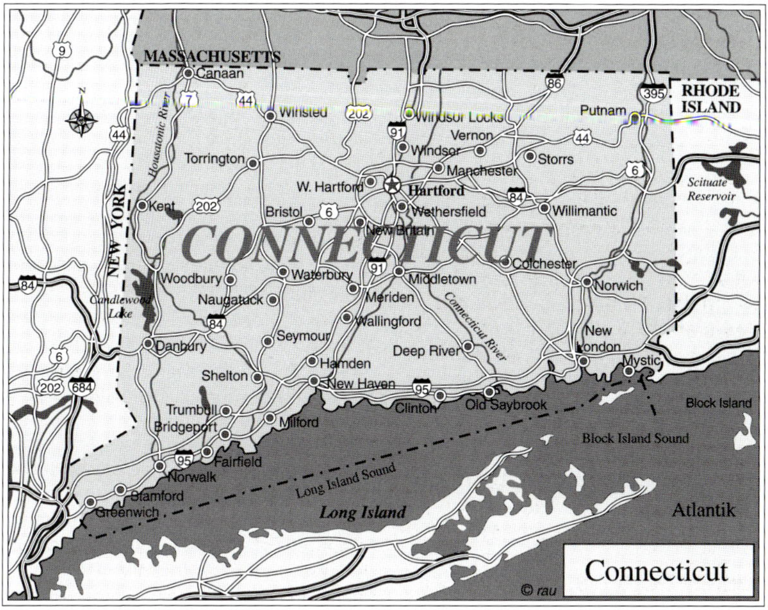


gesamte englische Kolonie New England eingesetzt wurde, der alle früheren Vereinbarung der Provinzen mit England für nichtig erklärte, was Andros völlig freie Hand gab, regte sich energischer Widerstand. Als z. B. Hartford aufgefordert wurde, seine Vertragsurkunden (Charters) und Papiere bei Andros abzuliefern, wurde bei dem Treffen ein Tumult inszeniert, die Dokumente gestohlen und versteckt. Der Baum, in dem das Versteck lag, war lange als „Charter Oak" bekannt. Aber schon zwei Jahre später wurden mit der Thronbesteigung *König Williams III.* die alten Verträge wieder für gültig erklärt. Dennoch, der Unfriede zwischen der Kolonie und England war gestiftet.

In den Revolutionswirren während der Unabhängigkeitsbestrebungen weg von England (1775 – 1783), unterstützten Truppen aus Connecticut die Armee George Washingtons mit ungewöhnlich hohen Kontingenten.

Das Industriezeitalter und damit ein rascher wirtschaftlicher Aufschwung kam für Connecticut Ende des 18. Jh. In Hartford entstanden erste Papierfabriken und Spinnereien. Letzteres löste starke Impulse in der Landwirtschaft aus. Die Produktion von Schafwolle gewann über Nacht an Bedeutung. An den Küsten und in den Werften arbeitete man an maritimen Innovationen. In Old Saybrook z. B. konstruierte und baute man ein kugelförmiges Ungetüm mit Namen „Turtle", das als eines der ersten U-Boote der Welt in die Geschichte eingehen sollte. Noch heute befindet sich in Groton bei New London die größte U-Bootwerft der U.S.A.

Connecticut ist immer noch eine relativ prosperierender Staat. Aber in den vergangenen Jahrzehnten litten vor allem die Agrarwirtschaft und die in Connecticut ansässigen Industrien, Papier-, Textil- und Schwerindustrie, unter den Auswirkungen der rückläufigen Weltnachfrage. Manche Städte und Regionen kamen in finanzielle Schwierigkeiten, die sich nicht selten durch stark sanierungsbedürftige Gewerbe- und Wohnviertel manifestieren.

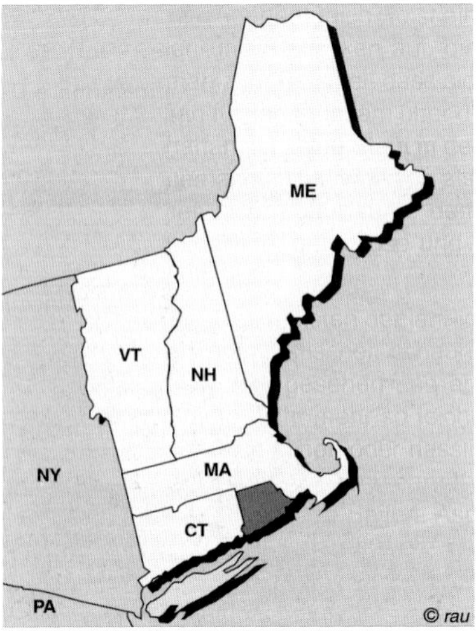


Connecticut zählt zu den sog. „Gründerstaaten", den dreizehn ersten Mitgliedsstaaten der United States of America, denen man 1788 als 5. US-Staat beitrat.

Die Beinamen des Staates (es ist üblich, jedem Bundesstaat einen Beinamen, Kosenamen, einen *„nickname"* zu geben), *„Constitution State"* oder auch *„Provision State"*, beziehen sich einmal auf die Vorreiterrolle Connecticuts in Sachen Verfassung und zum andern auf die Versorgung der Continental Army im Revolutionskrieg mit Proviant, Waffen und Soldaten.

## RHODE ISLAND – Kleinster US-Bundesstaat

**Der Bundesstaat Rhode Island** (abgek. RI), mit korrektem Staatsnamen eigentlich *„State of Rhode Island and Providence Plantations"*, ist einerseits der kleinste US-Staat (ca. 3.150 qkm), andererseits war Rhode Island lange der traditionelle Sommersitz der dollarschweren High Society an der Ostküste.

Besiedelt wurde das Gebiet um die buchten- und inselreiche Narragansett-Bucht von weißen Siedlern erstmals im Jahre 1636. Damals kam *Roger Williams* an den Nordausläufer der Bucht und legte den Grundstein für die erste Ansiedlung, aus der später **Providence**, die heutige Hauptstadt Rhode Islands, entstand.

Bald folgten weitere Siedler aus Massachusetts, die sich, wie Roger Williams, mit dem strengen, bigotten Gehabe der englischen Puritaner dort überworfen hatten. Sie gründeten 1639 Newport am Südende der Aquidneck Insel. Portsmouth und Warwick an der Westküste der Bucht waren zwei weitere Ansiedlungen der ersten Stunde von Rhode Island. Dank des diplomatischen Geschicks von Roger Williams erhielten die vier Städte vom englischen König Charles II. bald das Recht, als eigenständige Kolonie von „Rhode Island and Providence Plantations", aufzutreten.

Schon die geographischen Gegebenheiten des kleinen Staatsgebiets (Rhode Island dehnt sich max. 60 km in Ost-West-Richtung, hat aber rund 650 km Küstenlinie!) zwang die Bewohner, sich zur See hin zu orientieren. Der Seehandel wurde wichtigster Wirtschaftszweig. Die von England während der Revolutionskriege verhängte Handelssperre traf Rhode Island

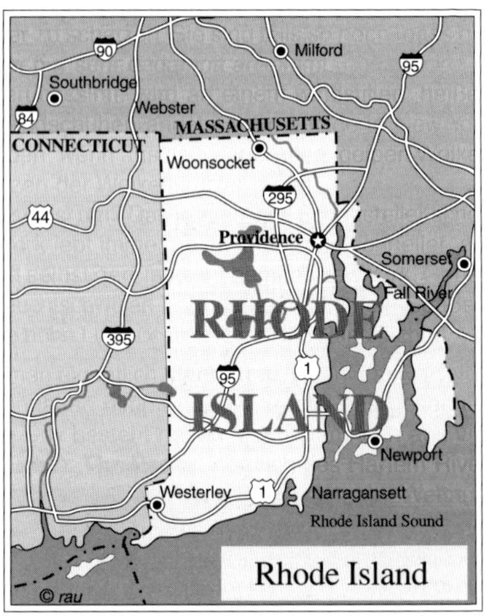

entsprechend schwer, verstärkte aber das Bestreben der Bevölkerung nur noch, sich von der Kolonialmacht England mehr und mehr zu distanzieren und sich 1776 schließlich für unabhängig zu erklären.

Die siebziger Jahre des 18. Jh. waren geprägt von Auseinandersetzungen mit englischen Truppen. 1772 verbrannten Rebellen den englischen Segler „Gaspee", was als Signal zum Widerstand gegen die Engländer verstanden wurde. Schließlich erreichten die Differenzen mit einer dreijährigen Blockade von Newport durch englische Marineeinheiten 1778 ihren Höhepunkt.

Trotz der Unabhängigkeitsbestrebungen unterschrieb Rhode Island die Verfassung der Vereinigten Staaten erst 1790 und trat damit den USA als 13. Staat bei, als letzter der sog. dreizehn „Originalstaaten" oder „Gründerstaaten".

Im 19. Jh. wurde Rhode Island ein stark industrialisierter Staat, der vor allem mit einer leistungsfähigen Textilindustrie zu Wohlstand kam, mit der Abwanderung großer Teile dieses Industriezweigs nach dem Zweiten Weltkrieg aber auch große Einbußen hinnehmen mußte.

Heute leben in Rhode Island annähernd 1 Mio. Menschen.

Rhode Island trägt den Beinamen *„Ocean State"*.

Der Name des Staates Rhode Island soll übrigens von holländischen Siedlern stammen, die die Insel Aquidneck *„Roode Eylandt"* (rote Insel) nannten.

## MASSACHUSETTS – „Old Colony State"

**Der Bundesstaat Massachusetts** (abgek. MA), ca. 6 Mio. Einwohner, in der Größenrangordnung der Vereinigten Staaten an 45. Stelle, grenzt im Westen mit den Berkshire Hills, Ausläufer der Appalachian Mountains, an den Staat New York, im Norden an Vermont und New Hampshire, im Süden an Connecticut und Rhode Island und im Osten an den Atlantik. Besonderes geographisches Merkmal ist die sichelförmige Halbinsel Cape Cod, die öst-

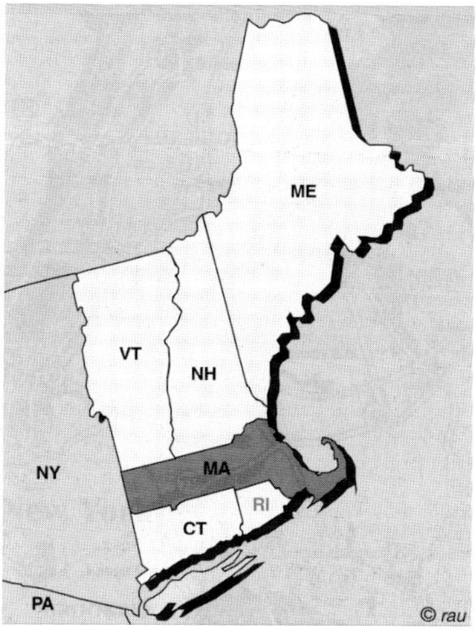


lich der Buzzards Bay in den Atlantik ragt. Südlich davon liegen die Elizabeth Islands, die Insel Martha's Vineyard und die historische Walfängerinsel Nantucket.

Der rund 21.390 qkm große Bundesstaat ist nicht nur der größte und wohl auch bedeutendste der südlichen Neuengland Staaten, er ist auch einer der Staaten, in denen Geschichte der jungen Vereinigten Staaten gemacht wurde. Und **Boston** ist nicht nur die Hauptstadt von Massachusetts, sondern die Metropole ganz New Englands.

Der Staatsname soll indianischen Ursprungs sein, entsprechend einem Eingeborenenstamm, der sich *Massachusetts* (etwa „Auf dem großen Hügel") nannte. Die Beinamen des Staates sind „Bay State" und „Old Colony State". Sie nehmen Bezug auf die frühe Kolonisierung im 17. Jh., die von der großen Cape Cod Bucht ausging.

Die Geschichte des Staates Massachusetts beginnt mit der Ankunft der „Pilgerväter" aus England, die im Dezember 1620 mehr aus Versehen denn aus zielstrebiger Absicht mit ihrer *„Mayflower"* in der Nähe der heutigen Stadt Plymouth landeten. Die 102 Passagiere mußten notgedrungen an der Küste überwintern. Nur

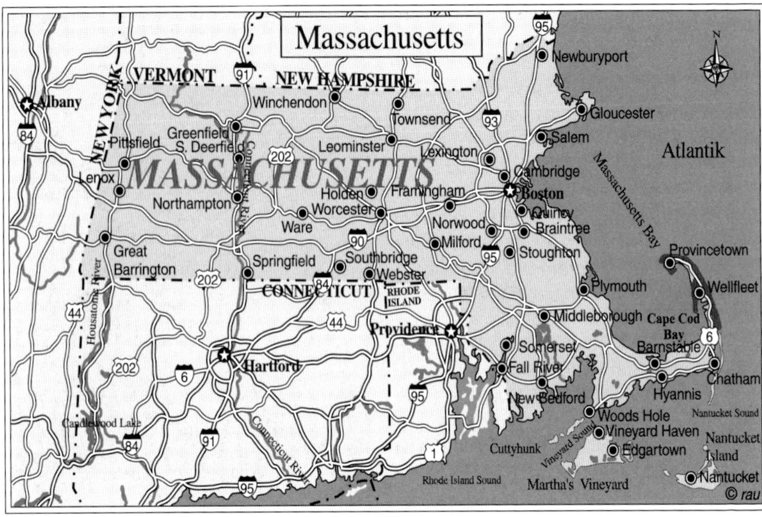


44 erlebten das Frühjahr. Und hätten den wenigen überlebenden Einwanderern wohlgesonnene Indianer nicht geholfen Getreide und Gemüse anzubauen, wäre auch dieser Siedlungsversuch nicht von Bestand gewesen.

Viele der ersten Siedler waren englische Puritaner, die nicht selten wegen ihrer unnachgiebigen, intoleranten religiösen Haltung aus England mehr abgeschoben wurden, als dass sie freiwillig auswanderten. Nicht zuletzt die religiöse Starrköpfigkeit vieler Puritaner und ihrer Prediger veranlaßten andersgläubige Siedler in der Neuen Welt bald eigene Wege zu gehen, eigene Siedlungen zu gründen. Roger Williams, der Gründervater von Rhode Island, ist dafür ein Beispiel. Nach und nach entstanden um 1630 neben Plymouth die Städte Salem, Charleston und Boston.

Während im 17. Jh. die Expansion durch inneren Zwist, meist religiösen Ursprungs (in Salem z. B. wurden 1692 20 Frauen als Hexen verbrannt), und durch Kriege mit Indianern und Franzosen im nördlichen Kanada behindert war, stellten im 18. Jh. vor allem die Auseinandersetzungen mit dem englischen Kolonialherren eine Belastungsprobe für die Unabhängigkeitsbestrebungen der Siedler dar.

Immer gravierender wurden die Handelsbeschränkungen und steuerlichen Repressionen seitens der Engländer. So verabschiedete das Parlament in London u.a. die „Stamp Act“ eine Stempelsteuer auf Dokumente und amtliche Schriftstükke, was den Handel behinderte. Wenig später wurden hohe Zölle auf stark nachgefragte Handelsgüter wie Glas und Papier verhängt. Das Maß aber war voll, als auch der Tee, einer der beliebtesten Konsumartikel, mit unverschämt hohen Zöllen belegt wurde.

Es kommt zu offenen Revolten, die zunächst im sog. *„Boston Massacre“* gipfeln. „No taxation without representation“ (etwa: Keine Besteuerung ohne Vertretung im Parlament) schallte es bald nicht nur durch Boston, sondern durch die ganzen Kolonien.

Der tiefe Unmut der Bevölkerung machte sich schließlich im Dezember 1773 in dem historischen Aufstand **„Boston Tea Party“** Luft (siehe unter Boston). Im Gegenzug kam es zur Schließung des Hafens von Boston und zur Besetzung von Lexington und Concord durch britische

Truppen. Die Lage spitzte sich weiter zu. 1775 schließlich brach der Revolutionskrieg aus.

Am 4. Juli 1776 unterzeichnete *John Hancock* für Massachusetts die Unabhängigkeitserklärung. Aber erst am 3. September 1783 wurde durch die Beschlüsse des Pariser Friedens die Unabhängigkeit der britischen Kolonien New Englands, und damit auch die von Massachusetts, durch England offiziell anerkannt. Und es dauerte nochmals fünf Jahre bis Massachusetts 1788 die amerikanische Verfassung unterschrieb und somit als 6. Bundesstaat (und einer der 13 Gründer- oder Originalstaaten) den Vereinigten Staaten von Amerika beitrat.

Der 2. US-Präsident John Adams (1735 – 1826, Präsidentschaft 1797 – 1801) stammte aus Quincy, Massachusetts, ebenso wie John Quincy Adams, der als 6. Präsident zwischen 1825 und 1829 im Weißen Haus amtierte. Auch der 35. Präsident, John F. Kennedy (1917 – 1963, Präsidentschaft 1961 – 1963) hatte enge Bindungen zu Massachusetts. Benjamin Franklin und Paul Revere waren bedeutende Männer der ersten Stunde des Staates, auf deren Spuren man in Boston stößt.

Aber auch namhafte Schriftsteller stammen aus Massachusetts. Zu ihnen zählen *Nathaniel Hawthorne*, der in Boston und in Salem lebte, *Henry Wadsworth Longfellow* und *Herman Melville*, dem Autor von „Moby Dick", dem legendären Walfängerroman.

Wirtschaftliche Schwerpunkte Massachusetts sind heute neben Hochseefischerei und Landwirtschaft vor allem Maschinenbau, Metallverarbeitung und Elektronikindustrie. Die Werftindustrie und der Schiffbau, der bis zur Jahrhundertwende bedeutender Faktor im der Wirtschaftsstruktur von Massachusetts war, spielt heute nur noch eine untergeordnete Rolle.

## MAINE – „Pine Tree State"

**Der Bundesstaat Maine** (abgek. ME) rangiert mit einer Bevölkerung von rund 1,3 Mio. Menschen und mit einer Fläche von

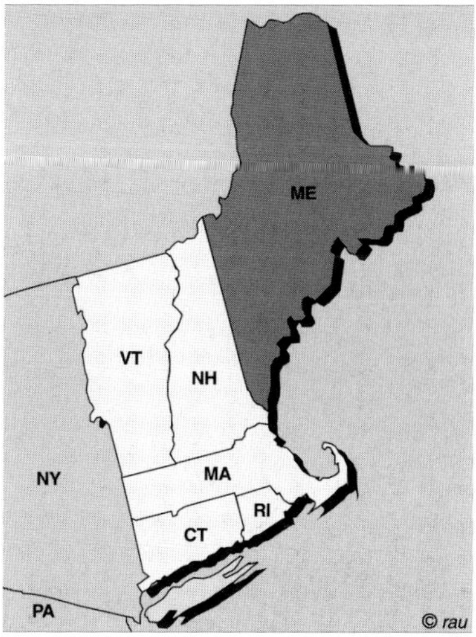


ca. 86.000 qkm an 39. Stelle der 50 US-Bundesstaaten. Maine grenzt im Nordwesten und im Osten an Kanada, im Süden an den Atlantik und im Westen an New Hampshire. Hauptstadt ist **Augusta** (ca. 22.000 Einwohner).

Der höchste Punkt im Staate Maine ist der 5.267 ft. (ca. 1.605 m) Mount Katahdin im **Baxter State Park** im Norden des Staates.

Der Beiname des Staates Maine ist **„Pine Tree State"**, also „Kiefern-Baum Staat". Dies ist schon ein kleiner Hinweis auf den Holzreichtum des Landes, der seit je eine der wichtigsten Wirtschaftsgrundlagen des Staates war. Ein anderer bedeutender Exportartikel sind Kartoffeln. Vor allem aber gehört die Küstenfischerei und da ganz besonders Fang und Zucht des begehrten Maine Lobster (Hummer), zu den herausragenden Beschäftigungszweigen.

Maines Küste war es wohl, an der schon die Wikinger ums Jahr 1000 landeten. „Vinland" (Wiesenland) nannten *Leif Eriksson* und seine Mannen die Gegend. Zwar hat schon mancher schlaue Farmer geglaubt, mit einem „gefundenen Runenstein" reich zu werden, aber seitens der seriösen Wissenschaft wurden noch kei-

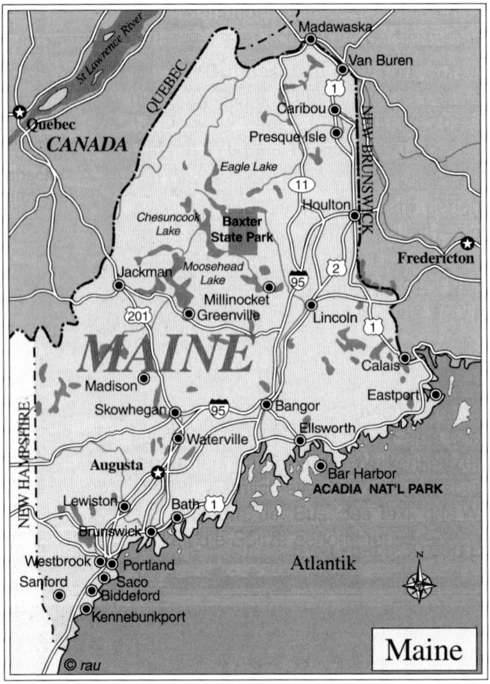


ne eindeutigen Spuren der Wikinger gefunden. Allerdings wird in den alten nordischen Sagas die Nordostküste des Kontinents schon recht genau geschildert.

*Giovanni da Verrazano* erkundete im 16. Jh. die Küste Maines und nahm sie für Frankreich in Besitz. Um 1605 kamen zusammen mit *John Smith* die ersten Engländer hierher, die das Gebiet *New England* nannten und sich mit den damals hier ansässigen Algonquin Indianern auseinandersetzen mußten.

Von 1677 bis 1819 gehörte Maine übrigens zu Massachusetts. Erst 1819 konnte man sich über Maines Grenzen, vor allem auch nach Norden hin, einigen. 1820 schließlich erfolgte der Beitritt zu den Vereinigten Staaten von Amerika als 23. Bundesstaat.

Maines Küste ist sehr buchtenreich, oft felsig und sehr zerrissen und nicht weniger als sage und schreibe 5.565 km lang, obwohl Luftlinie zwischen den Grenzen zu New Hampshire bei Kittery und zu Kanada bei Eastport gerade 365 km liegen.

Es lohnt eigentlich immer, von der Küstenstraße US-1 zu einem der vielen kleinen Küstenorte abzuzweigen. Meist findet man ein hübsches Fischerdorf und einen Strand, zumindest aber eine schöne Küstenszenerie.

## NEW HAMPSHIRE – „Granite State“

**Der Bundesstaat New Hampshire** (abgek. NH), benannt nach der englischen Grafschaft Hampshire, rangiert mit einer Fläche von ca. 24.100 qkm an 44. Stelle in der Rangliste der US-Bundesstaaten. Die größte Ausdehnung in Nord-Südrichtung beläuft sich auf gerade mal 300 km. Der Bundesstaat grenzt im Norden an die kanadische Provinz Québec, im Osten an den Bundesstaat Maine und in einem sehr

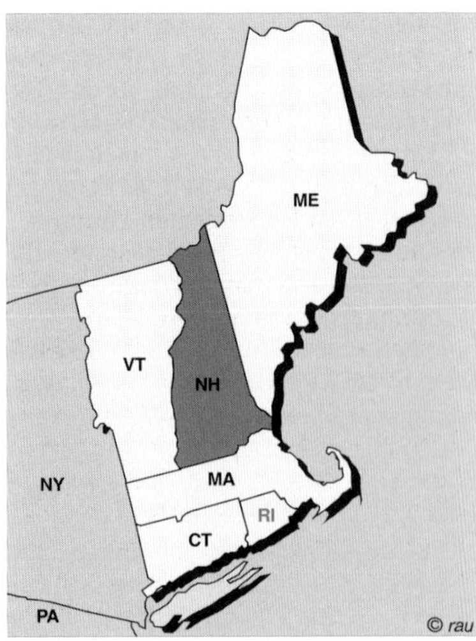

kleinen Abschnitt an den Atlantik, im Süden an Massachusetts und im Westen an Vermont. An der Westflanke ist der Connecticut River der Grenzfluß.

In New Hampshire leben rund 1,1 Mio. Menschen. Hauptstadt ist **Concord**. Der Beiname des Staates ist *„Granite State“*.

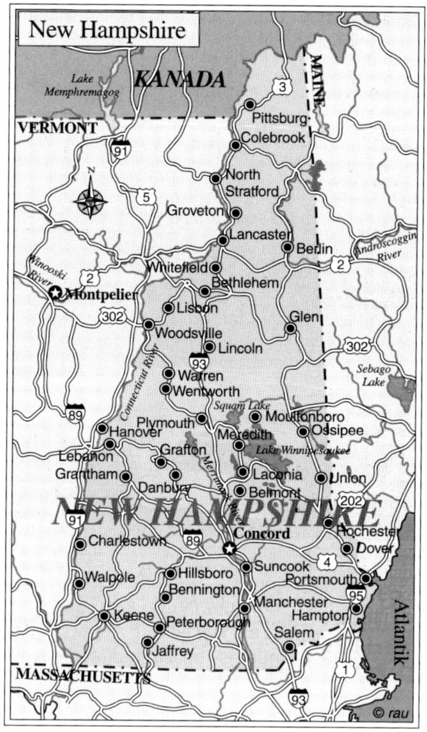


Bis zu Beginn des 17. Jh. lebten im Gebiet des heutigen New Hampshire vornehmlich Stämme der Abenakis und Penacooks Indianer, die sich zum Volk der Algonquins zählten. Aber schon bei den ersten Berührungen mit Weißen machten sich Epidemien breit, die die Zahl der Ureinwohner stark dezimierte. Als es dann mit dem Vordringen der ersten Siedler häufiger zu kriegerischen Auseinandersetzungen kam, waren die im Vergleich zu den Europäern völlig unzureichend bewaffneten Indianer bald so gut wie verschwunden.

*Samuel Champlain*, der Seefahrer, der 1604 an der Felsküste von Mount Desert Island auf Grund lief, war 1605 einer der ersten Weißen, die die Gegend des heutigen New Hampshire erkundeten. 1623 entstanden die ersten permanenten Siedlungen, nachdem die englische Krone Ländereien den ersten Pionieren Mason und Gorges zur Verfügung gestellt hatte. Dover und Odiorne's Point waren die ersten Ansiedlungen, die Bestand hatten. Um 1630 begann sich an der Mündung des Salmon Falls River ein Handelshafen zu etablieren, aus dem später Portsmouth wurde, das noch heute der einzige Hafen von New Hampshire von einiger Bedeutung ist. Hampton und das etwas weiter landeinwärts gelegene Exeter waren die nächsten Stadtgründungen der ersten Stunde.

Auch New Hampshire war lange, wie Maine auch, eine Teilregion von Massachusetts. Erst 1679 erhielt New Hampshire das Privileg einer eigenständigen Kolonie der englischen Krone. Trotz einer ausgeprägten Loyalität gegenüber dem Königshaus, stellte sich auch New Hampshire in der zweiten Hälfte des 18. Jh. bald auf die Seite der Unabhängigkeitsbewegung. In der Schlacht von Bunker Hill wandte man sich offen gegen die Engländer und stand nicht an, bereits 1776 die Unabhängigkeit vom einstigen Mutterland England zu erklären. Und als es 1788 um die wichtige Abstimmung über die Annahme der ersten Verfassung der Vereinigten Staaten von Amerika ging, soll die ausschlaggebende Pro-Stimme vom Vertreter New Hampshires gekommen sein.

Als einer der 13 Gründerstaaten unterzeichnete New Hampshire schließlich 1788 die Verfassung und trat als 9. Staat den USA bei.

Im Gegensatz zu seiner im Vergleich bescheidenen Wirtschaftsstärke macht New Hampshire seit der erwähnten

Verfassungsabstimmung auf dem Felde der Politik immer wieder von sich reden. So stammte der 14. US-Präsident *Franklin Pierce*, der von 1853 bis 1857 amtierte, aus New Hampshire. 1944 fand in Bretton Woods die erste wichtige Weltwährungskonferenz statt. Am bedeutendsten aber ist New Hampshire alle vier Jahre im Vorfeld der Präsidentschaftswahlen. In New Hampshire finden nämlich immer im Januar des Wahljahres die ersten Vorwahlen (Primaries) statt, die die ganze politikinteressierte Nation mit größter Spannung verfolgt, da aus ihnen gewisse Wählertrends zu ersehen seien.

Nachdem die früheren Säulen der Wirtschaftsstruktur, Textil- und Metallindustrie und der Schiffsbau, seit Ende des Zweiten Weltkrieges ständig an Bedeutung verlieren, wird dem steigenden Tourismus mehr und mehr Beachtung geschenkt. Die touristisch interessantesten Regionen New Hampshires liegen im Norden des Bundesstaates rund um den Mt. Washington und im Gebiet der White Mountains mit sehenswerten Tälern glazialen, eiszeitlichen Ursprungs wie die Franconia Notch oder die Crawford Notch. Der 6.280 ft. (ca. 1.915 m) hohe **Mt. Washington** ist nicht nur die höchste Erhebung im Bundesstatt New Hampshire, sondern auch die höchste Erhebung im Nordosten Amerikas.

New Hampshire mit seinen langen und in der Regel auch schneereichen Wintern ist ein sehr beliebtes Skigebiet in den USA. Vor allem am den Mount Washington, Neuenglands höchstem Berg, ist in den Höhenlagen bis in den Juni hinein Skisport möglich.

## VERMONT – „Green Mountain State“

**Der Bundesstaat Vermont** (abgek. VT) trägt den Beinamen *„Green Mountain State“*, was ziemlich genau dem französischen Ursprung des Staatsnamens entspricht: (vert = grün, mont = Berg). Und der Beiname charakterisiert sehr treffend die Grundzüge der Landschaft Vermonts, weite, sanft geschwungene, bewaldete

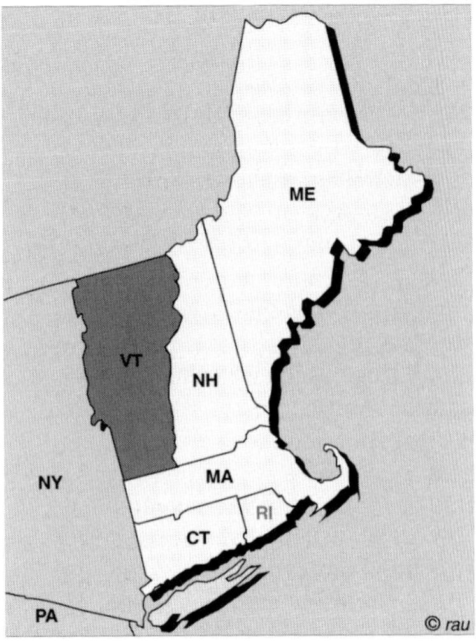


Hügelrücken zwischen denen viele herrlich grüne Täler liegen. Der Herbst, mit seinem **„Indian Summer“** und der leuchtend bunten Laubfärbung der Ahorn-, Hikkory- und Kastanienbäume, ist gerade in Vermont ein besonderes Erlebnis. Am prächtigsten ist die Laubfärbung gewöhnlich zwischen Mitte September und Anfang Oktober.

In dem nicht einmal ganz 25.000 qkm großen Bundesstaat – er rangiert an 43. Stelle in der Rangfolge der US-Staaten – leben nur etwas mehr als eine halbe Million Menschen.

Hauptstadt ist **Montpelier** (ca. 9.000 Einwohner). Höchster Punkt in Vermont ist der 4.395 ft. (ca. 1.340 m) hohe Mount Mansfield.

Vermont grenzt im Norden an die kanadische Provinz Québec, im Osten an New Hampshire, im Süden an Massachusetts und im Westen an den Bundesstaat New York.

Vermont ist der einzige der sechs Neuengland Staaten, der nicht an die Küste grenzt. Entsprechend sind auch die wichtigsten Wirtschaftszweige landbezogen. In der Landwirtschaft, der Granit- und Marmor-, Holz- und Papierproduktion, im Maschinenbau, in der Elektronikindustrie und nicht zuletzt im Fremdenverkehrsgewerbe sind die meisten Menschen beschäftigt. Im Zusammenhang mit Vermont muß der *Maple Syrup* (Ahornsirup) erwähnt werden, einer der leckersten und bekanntesten Exportartikel aus den Green Mountains. Einen gewaltigen Anschub seiner Wirtschaft erfuhr das Land im Jahre 1848, als die erste Eisenbahnlinie Vermont erreichte.

Wie der Nachbar New Hampshire ist auch Vermont ein gerne besuchtes **Wintersportgebiet** im Osten der USA. Und seit der Eröffnung des ersten Skilifts bei Woodstock im Jahre 1934 entwickelte sich der Wintersport zu einem wichtigen Faktor im Wirtschaftsspektrum von Vermont. In über dreißig voll erschlossenen Skigebieten kann man u. a. Abfahrtslauf oder Langlauf ausüben und auf über 2.800 km präparierten und markierten Routen dem in Vermont überaus beliebten *Snowmobiling* frönen.

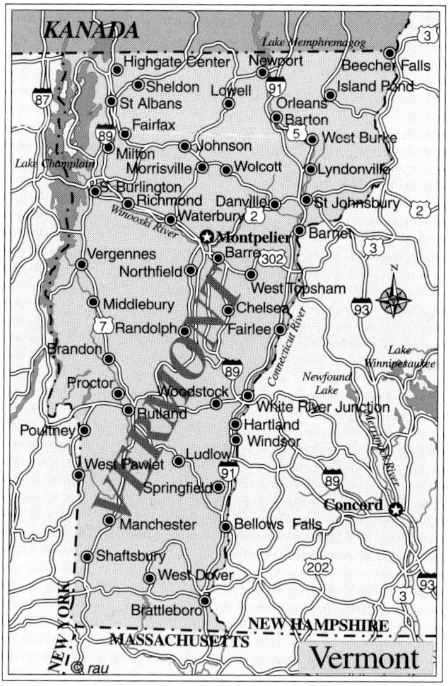


Die ersten menschlichen Siedlungen auf dem Gebiet des heutigen Bundesstaates Vermont ließen sich am Lake Champlain an der Mündung des Winooski River nachweisen, als dort Spuren eine frühe Siedlung der Abnaki Indianer, einem Stamm des Algonquinvolkes, entdeckt wurde.

Dem französischen Entdecker Samuel de Champlain blieb es vorbehalten, 1609 als erster Europäer die Gegend des bis dahin so gut wie menschenleere Vermont zu erkunden. Champlain trat damals von seinem Stützpunkt am St. Lorenz Strom bei Quebec aus einen Erkundungszug an. Er schloß sich einer Gruppe von Algonquinkriegern an, die auf dem Kriegspfad zu ihren Feinden den Iroquesen waren. Damals entdeckte Samuel de Champlain am 4 Juli 1609 den See, der heute seinen Namen trägt. Der Lake Champlain an der Westgrenze des Staates ist das größte Binnengewässer östlich der Großen Seen.

Die erste Zeit in der Geschichte Vermonts im 17. Jh., in dem das französische Fort Ste. Anne am Lake Champlain die einzige Bastion der Weißen war, war getrübt von zahlreichen Kämpfen gegen Indianerstämme der Algonquins und Iroquesen, die immer weiter nach Norden auf das ebenfalls von Franzosen besetzte kanadische Territorium abgedrängt wurden. Erst 1724 – England hatte nun die Hand auf diesem Territorium – entstanden erste Siedlungen wie etwa Fort Dummer, aus dem später Brattleboro hervorging.

Im 18. Jh. mußten Auseinandersetzungen mit den Nachbarn New Hampshire und New York um die Landesgrenzen ausgefochten werden. 1775 errangen Vermonts Truppen, die legendären „Green Mountain Boys“, bei Fort Ticonderoga einen entscheidenden Sieg auf dem Weg zur Selbständigkeit von Vermont. Dieser Sieg war auch ein entscheidender erster Schritt der Kolonie New England auf dem Wege zur Unabhängigkeit.

Anfang des Jahres 1777 rief sich Vermont als unabhängige Republik aus und hielt in seiner Verfassung als erster Staat in Nordamerika ein Antisklaverei-Gesetz fest. Und bis zum Beitritt zu den Vereinigten Staaten im Jahre 1791 als 14. Bundesstaat, hatte Vermont sogar eigenes Münzrecht.

Zwei US-Präsidenten stammten aus Vermont, *Chester A. Arthur*, der 21. Präsident, der von 1881 bis 1885 amtierte und *Calvin Coolidge*, der als 30. Präsident zwischen 1923 und 1929 im Weißen Haus in Washington residierte.

Ein ausgeprägter Sinn für Eigenständigkeit und Unabhängigkeit wird den Vermonter *Yankees* heute noch genauso nachgesagt, wie eine ausgeprägte Ader für einen trockenen Mutterwitz.

## GESCHICHTE DER USA – IN STICHWORTEN

In diesem Neuengland Band liegt der Schwerpunkt der angegebenen Daten naturgemäß auf historischen Ereignissen, die sich auf Amerikas Ostküste beziehen. Historische Daten finden Sie auch unter „Kurzporträt der USA – Die Neuengland Staaten“.

**Frühgeschichte –** Etwa um 40.000 vor Christus kamen mit den Mongolenvölkern verwandte Volksgruppen aus Innerasien über die Beringstraße auf den nordamerikanischen Kontinent. Wahrscheinlich benutzten die in Wellen einwandernden Stämme eine damals existierende Landverbindung zwischen Sibirien (Kap Deschnew) und Alaska.

Funde prähistorischer Steinwerkzeuge (darunter steinerne Speerspitzen, die sog. *Clovis-Spitzen*), deuten darauf hin, dass um 13.000 v. Chr. schon weite Teile des Westens Nordamerikas von sog. *Großwildjägern* besiedelt waren. Einer der bevorzugten Jagdgründe dieser frühen Jäger waren die Präriegebiete der Great Plains.

Eine andere große Kulturgruppe, die *Altkordilleren-Gruppe*, hatte sich an der Pazifikküste niedergelassen. Sie lebte vom Lachsfang und von der Jagd.

Klimaveränderungen beeinflußten die Wanderungen des Wildes und damit auch die Wanderung der Stämme.

Etwa um 8.000 v. Chr. hatten sich schon verschiedene Kulturgruppen gebildet, die nun auch im Osten des Kontinents siedelten.

Aus jener Zeit kennt man die *Archaische Gruppe*, die sich in den waldreichen Ostgebieten als Jäger, Sammler und Fischer betätigte, dann die sog. *Wüstengruppe*, die das Great Basin durchstreifte und die *Folsom-Gruppe*, die als direkte Nachkommen der Großwildjäger-Gruppe angesehen wird.

Bei Folsom in New Mexico, dem Ort, dem diese Kulturgruppe ihren Namen verdankt, wurden Menschen und Tierknochen sowie Steinwerkzeuge gefunden.

Die Epoche von der Zeit der Großwildjäger bis zum Folsom-Menschen wird als **Vorindianische** oder **Altindianische Zeit** bezeichnet.

Eine höhere Kulturentwicklung ist in der folgenden **Mittelindianischen Zeit** festzustellen. Sie wird bis etwa 2.000 v. Chr. angesetzt.

Die **Neo-Indianische Zeit** dauert von 2.000 v. Chr. bis zum Eintreffen der Eroberer und Siedler aus Europa.

Die bedeutendsten Kulturgruppen, deren Spuren man heute noch vor allem im Südwesten der USA verfolgen kann, waren die **Mongollon, Hohokam, Anasazi** und **Basketmaker**.

Im Osten der USA entwickelte sich die sog. **Grabhügelkultur**, die bis um 700 v. Chr. dauerte. Charakteristisch sind Erdhügel, die über Bestattungsplätzen errichtet worden waren.

**Um 1000 n. Chr. –** Wikinger unter *Leif Eriksson* landen an der nordamerikanischen Küste bei Neufundland. Ihre

Siedlungsversuche haben aber keinen Bestand.

**1492** – „Tierra, tierra ala vista!". Dieser Ausruf des im Ausguck von Kolumbus' Expeditionsschiff „Pinta" postierten *Rodrigo de Triana* leitete eines der größten Kapitel in der Entdeckungsgeschichte ein. Die Landung von *Christoph Kolumbus* (der eigentlich einen westlichen Seeweg nach Indien entdecken wollte) am 12. Oktober auf der Bahama-Insel San Salvador, gilt als Entdeckung Amerikas, obwohl Kolumbus selbst nie das Festland des nordamerikanischen Kontinents betrat.

**1497** – Der (wie Kolumbus) aus Italien stammende, in Diensten der englischen Krone stehende, *Giovanni Caboto* landet in Neufundland und erkundet die amerikanische Ostküste.

**1513** – Der spanische Seefahrer *Juan Ponce de León*, der schon Kolumbus auf seiner zweiten Reise begleitet hatte, landet bei San Augustine an der Ostküste Floridas und nimmt das Land für Spanien in Besitz. Er vollzieht damit die erste Landnahme von Europäern auf nordamerikanischem Territorium.

**1519** – Eine der ersten vorbereitenden Expeditionen Spaniens, geführt von *Alonso de Pineda*, erkundet die Golfküste von Florida bis zum heutigen Mexiko. Die Erkenntnisse dieser Forschungsfahrt bilden die Grundlage für die späteren Expeditionen der spanischen Conquistadores in den Südwesten der heutigen USA.

**1524** – *Giovanni da Verrazano*, ein Florentiner Seefahrer, entdeckt die Mündung des Hudson Rivers bei New York.

**Um 1534** – Frankreich unter *König Franz I.* beginnt sich für die Neue Welt zu interessieren. *Jacques Cartier* entdeckt den Sankt-Lorenz-Strom und erkundet dessen Mündungsgebiet. Es sollte der Beginn eines umfangreichen Engagements der französischen Krone in Nordamerika sein.

**1607** – Erste Einwanderer, die mit den Schiffen *„Sarah Constant"*, *„Goodspeed"* und *„Discovery"* aus England gekommen waren und englische Kaufleute gründen Jamestown in Virginia, die erste britische Kolonie.

Vor allem kapitalstarke Handelshäuser und Geschäftsleute bemühten sich in England um das königliche Privileg, in der Neuen Welt Kolonien gründen zu dürfen. Diese Kaufleute finanzierten und organisierten die Überfahrten nach Amerika und die Siedlungsvorhaben. Sie waren die eigentlichen Herren der ersten Kolonien.

England teilte die amerikanische Ostküste – von Maine bis Virginia etwa – in drei große Regionen ein, die an Kaufleute zur Kolonisierung vergeben wurden. Schon damals war die nördliche dieser drei Regionen als „New England" bekannt.

**1620** – Bei Plymouth, Massachusetts, landet die *„Mayflower"* aus England. An Bord befinden sich 102 Puritaner, die sich selbst „Pilgrim Fathers" (Pilgerväter) nennen. Sie sind die ersten Einwanderer, die ihre Heimat aus religiösen Gründen verließen.

In den folgenden Jahren kamen viele weitere Einwanderer aus England, darunter hauptsächlich Puritaner, in die neue *Kolonie Plymouth*. Allerdings herrschte unter den Puritanern ein solches Eiferertum, dass viele der weniger sektiererisch gesinnten Siedler den aus der Massachusetts Bay Company hervorgegangenen *Puritanerstaat Massachusetts* verließen und neue Kolonien gründeten, z.B. *Rhode Island* und *Connecticut*.

**1626** – Der Holländer *Peter Minuit* gründet *New Amsterdam*, das spätere New York. Holländer, aber auch Schweden, gründen an der Ostküste weitere Niederlassungen in Pennsylvania, New Jersey und in Delaware.

Von der englischen Krone wurden Gebiete an der Ostküste als adelige Lehensgebiete vergeben. So erhielt Lord Baltimore das Gebiet des heutigen Maryland und der Herzog von York das Gebiet New Amsterdam, das sich die Engländer 1664 gewaltsam angeeignet hatten.

Ebenfalls in der **Mitte des 17. Jh.** vollzieht sich im Norden, ausgehend vom Sankt-Lorenz-Strom, die Besiedlung des

Landes durch französische Einwanderer. Sie gründen weniger auf Landwirtschaft basierende Siedlungen, sondern verlegen sich vor allem auf den lukrativen Pelzhandel. Französische Pelzhändler dringen bald über die Großen Seen bis zum Mississippi vor und folgen dem Fluß bis zu seiner Mündung an der Golfküste. *René Robert Cavalier de la Salle* nimmt das ganze Riesengebiet vom Golf bis zu den Großen Seen und vom Mississippi bis zur St.-Lorenz-Mündung 1682 für Frankreich in Besitz. Zu Ehren des damals regierenden Königs Louis XIV. nennt er es *Louisiana.* Mit diesem Federstrich gehört Frankreich der größte Teil der östlichen Hälfte der heutigen USA.

An der Ostküste hatten sich in der Zwischenzeit 13 englische Kolonien etabliert, die später die **13 Gründerstaaten** der USA werden sollten. Zu ihnen gehören: Massachusetts, Rhode Island, Connecticut, New Hampshire, New York, New Jersey, Pennsylvania, Maryland, Delaware, Virginia, North Carolina, South Carolina und Georgia.

**1636 –** In Cambridge, MA wird die Harvard University gegründet, heute die älteste Universität der USA:

**1756 – 1763 –** Siebenjähriger Krieg. Die Auseinandersetzungen zwischen England und Frankreich in den Schlesischen Kriegen in Europa finden einen Nebenschauplatz in den amerikanischen Besitzungen der beiden Länder. Auf englischer Seite sind vor allem die Siedler der Kolonien von New England, auf französischer Seite aber viele Indianer an den Kriegshandlungen beteiligt. In Amerika spricht man deshalb auch vom **French and Indian War.**

**1763 –** In den Pariser Friedensschlüssen verliert Frankreich fast alle seine Gebiete in Nordamerika.

Das Ergebnis nach dem French and Indian War war letztendlich, dass so gut wie alle Indianerstämme aus den 13 Kolonien vertrieben waren und sich das amerikanische Territorium in eine von England beherrschte Hälfte östlich des Mississippi und in eine spanisch beherrschte Hälfte westlich des Mississippi aufteilte.

**1764 –** In Harfort, CT erscheint erstmals der „Connecticut Currant", heute die älteste, besser die am längsten kontinuierlich erscheinende Tageszeitung in Amerika.

**1770 –** Immer deutlicher treten Differenzen zwischen dem englischen Mutterland und den Kolonien an der Ostküste auf, vor allem in Fragen des Handels und der Steuern. Als England von den Kolonialregierungen auch noch verlangt, die zur Bekämpfung der Indianer entsandten Truppen durch Sondersteuern zu finanzieren, kommt es zu offenen Revolten, die zunächst im sog. *„Boston Massacre"* gipfeln. „No taxation without representation" (etwa: Keine Besteuerung ohne Vertretung im Parlament) schallte es bald nicht nur durch Boston, sondern durch die ganzen Kolonien.

**1773 –** In der **„Boston Tea Party"** entlädt sich der Unmut der Bevölkerung über die einseitigen Wirtschaftsinteressen Englands zu Lasten der Kolonien. Bostoner Bürger werfen – als Indianer verkleidet – eine ganze Schiffsladung englischen Tees ins Meer. Immer lauter wird der Ruf nach der Loslösung von England.

**1774 –** Die Ereignisse von Boston führen schließlich zum *First Continental Congress*, den die Kolonialstaaten in Philadelphia in der Carpenter's Hall abhalten. Das Ergebnis ist eine Protestnote, die die 13 Kolonien an den englischen König Georg III. richten.

**1775 –** Der berüchtigte „Stamp Act", ein Gesetz, das teure Gebührenmarken für alle Verträge, Dokumente und behördlichen Papiere vorschreibt, empört nicht nur die amerikanischen Kaufleute. Das heiß umstrittene Gesetz heizt das Revolutionsthema in den britischen Kolonien von New England weiter an. Die Fronten zwischen den englischen Truppen und den Kolonisten verhärten sich. Es gibt Aufstände. Die englischen Truppen erleiden bei Concord und Lexington in Massachusetts empfindliche Niederlagen.

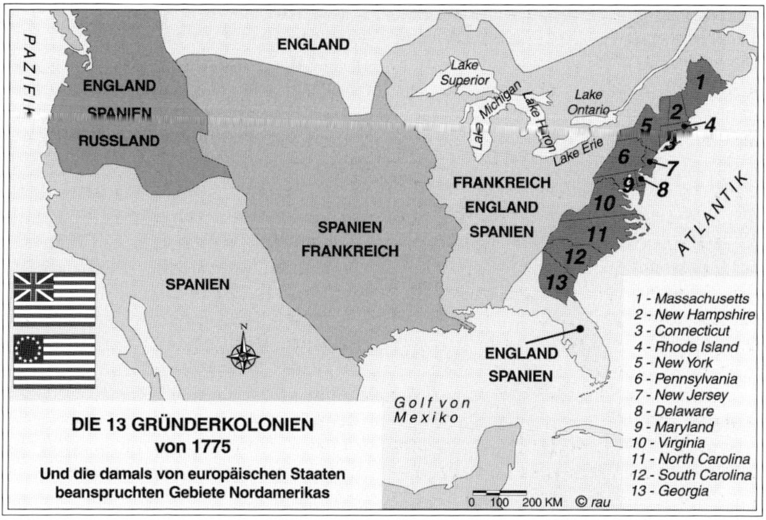


DIE 13 GRÜNDERKOLONIEN von 1775

Und die damals von europäischen Staaten beanspruchten Gebiete Nordamerikas

Der *Second Continental Congress* beschließt den offenen Kampf gegen England. Der **Unabhängigkeitskrieg** beginnt. Er dauert bis 1783. Oberbefehlshaber der amerikanischen Armee ist *George Washington*. Die Amerikaner selbst nennen ihren Unabhängigkeitskrieg *American Revolution*.

**1776** – Als erste Stadt nehmen die Truppen Washingtons Boston ein. In Philadelphia tagt weiter der Second Continental Congress.

Der Gouverneur von Virginia, *Thomas Jefferson*, wird mit der Ausarbeitung einer Unabhängigkeitserklärung (Declaration of Independence) beauftragt. Am 4. Juli 1776 schließlich beschließt der Kongreß die Loslösung der 13 „**Vereinigten Staaten von Amerika**" von England.

In diesem historischen Jahr, in dem der Grundstein zu den Vereinigten Staaten gelegt wird, ist der ferne Westen des heutigen Staatsgebietes der USA noch so gut wie unerforscht, den Bürgern an der Ostküste unbekannt.

**1778** – Frankreich stellt sich mit den Truppen General Lafayettes auf die Seite der amerikanischen Unabhängigkeitskämpfer. 1780 schließen sich Spanien und die Niederlande dieser Position an.

**1781** – Die Niederlage der Briten bei Yorktown zwingt England endgültig zur Aufgabe seiner Ansprüche an den amerikanischen Kolonien New England.

**1783** – Im Frieden von Paris anerkennt Großbritannien die Unabhängigkeit der 13 Vereinigten Staaten, deren Staatsgebiet sich zwischen Appalachen, Großen Seen, Mississippi und Florida erstreckt.

*Thomas Jefferson*

**1789** – Die Verfassung tritt in Kraft. In der Verfassung ist festgelegt, dass als Staatsform eine Präsidiale Republik gewählt wird.

*George Washington* wird erster amerikanischer Präsident (bis 1797).

**1791** – Erste Verfassungsergänzung. Mit den **„Bill of Rights"** sollen die bürgerlichen Grundrechte gesichert werden.

**1793** – Der Grundstein für die neue Bundeshauptstadt Washington wird gelegt.

**1797 – 1801** – *John Adams* amtiert als 2. US-Präsident.

**1800** – *Napoleon* zwingt Spanien, ganz Louisiana an Frankreich abzutreten.

**1801 – 1809** – *Thomas Jefferson* amtiert als 3. US-Präsident.

**1803** – Durch den **„Louisiana Purchase"** erwerben die USA von Napoleon für 15 Mio. Dollar das ganze Gebiet Louisianas östlich des Mississippi. Dadurch vergrößert sich das Staatsgebiet der USA auf das Doppelte der bisherigen Ausdehnung!

**1809 – 1817** – *James Madison* amtiert als 4. US-Präsident.

**1812 – 1814** – Erneuter Krieg gegen Großbritannien, diesmal, um englische Gebiete in Kanada zu erobern, ohne Erfolg.

**1817 – 1825** – *James Monroe* amtiert als 5. US-Präsident.

**1819** – Spanien gibt dem militärischen Druck der USA nach und verkauft Florida an die Vereinigten Staaten.

**1823** – Mit der **„Monroe-Doktrin"** beanspruchen die Vereinigten Staaten den nordamerikanischen Kontinent für die Amerikaner. Das Motto heißt nun unverblümt „Amerika den Amerikanern". Europäische Kolonialansprüche werden damit grundsätzlich verweigert.

**1825 – 1829** – *John Quincy Adams* amtiert als 6. US-Präsident.

**1829 – 1837** – *Andrew Jackson* amtiert als 7. US-Präsident.

**1830** – Mit dem **„Indian Removal Act"** wurde das Zurückdrängen der indianischen Ureinwohner des Kontinents beschlossen. Viele Maßnahmen wurden durch Militäreinsätze unterstützt.

**1837 – 1841** – *Martin Van Buren* amtiert als 8. US-Präsident.

**1841** – *William Henry Harrison* amtiert als 9. US-Präsident.

**1841 – 1845** – *John Taylor* amtiert als 10. US-Präsident.

**1845 – 1849** – *James Knox Polk* amtiert als 11. US-Präsident.

**1848** – In Kalifornien wird bei Sacramento auf dem Besitz eines gewissen *Johannes Sutter* Gold gefunden, was zum größten bis dahin bekannten **„Goldrausch"** führte.

**1849 – 1850** – *Zachary Taylor* amtiert als 12. US-Präsident.

**1850 – 1853** – *Millard Fillmore* amtiert als 13. US-Präsident.

**1853 – 1857** – *Franklin Pierce* amtiert als 14. US-Präsident.

**1857 – 1861** – *James Buchanan* amtiert als 15. US-Präsident.

**1860** – *Abraham Lincoln*, ein erklärter Gegner der Sklaverei, wird zum 16. US-Präsidenten gewählt. Im Januar 1861 tritt er sein Amt an. Die schon lange schwelenden Differenzen zwischen den Staaten, die die Sklaverei erlauben (es sind dies die elf Südstaaten) und den Nordstaaten, die eine Politik der Antisklaverei verfolgen, werden durch die Wahl neu angefacht und führen schließlich dazu, dass die elf Südstaaten die Union verlassen und sich zu den *„Confederated States of America“* zusammenschließen.

**1861 – 1865** – An der Sklavenfrage entzündet sich der **Bürgerkrieg** (auch Sezessionskrieg oder Civil War). Er endet am 9. April 1865 mit der Kapitulation der Südstaaten, vertreten durch General Lee. Vor allem die Südstaaten müssen gewaltige Verluste, besonders auch wirtschaftlicher Art, hinnehmen, von denen sie sich kaum wieder erholen.

Wenige Tage nach der Kapitulation der Südstaaten wird Präsident Lincoln am 14. April 1865 bei einem Theaterbesuch in Washington erschossen. Neuer Präsident wird *Andrew Johnson*, der bis 1869 amtiert.

Am 18. Dezember 1865 erfolgt offiziell die Abschaffung der Sklaverei in allen US-Bundesstaaten. Allerdings ändert dies an der tatsächlichen Situation der schwarzen Bevölkerung in den Südstaaten so gut wie nichts.

**1867** – Für 7,2 Mio. Dollar erwerben die Vereinigten Staaten von Rußland Alaska.

**1869 – 1877** – *Ulysses S. Grant* amtiert als 18. US-Präsident.

**1869** – Am 10. Mai 1869 treffen sich westlich von Brigham City in Utah die Schienenstränge der Eisenbahngesellschaften *Union Pacific* und *Central Pacific.* Dieses historische Ereignis war für die weitere Besiedelung und Entwicklung des Westens der USA von größter Bedeutung. Erstmals war es möglich mit der Eisenbahn, dem schnellsten und bequemsten Verkehrsmittel der damaligen Zeit, von der Ostküste bis an die Westküste zu reisen und – was noch wichtiger war – Güter zu transportieren.

**1876** – Colorado tritt als 38. Mitglied dem Staatenbund der USA bei.

**1877 – 1881** – *Rutherford B. Hayes* amtiert als 19. US-Präsident.

**1881** – *James A. Garfield* amtiert als 20. US-Präsident.

**1881 – 1885** – *Chester A. Arthur* amtiert als 21. US-Präsident.

**1885 – 1889** – *Grover Cleveland* amtiert als 22. US-Präsident.

**1889 – 1893** – *Benjamin Harrisson* amtiert als 23. US-Präsident.

**1893 – 1897** – *Grover Cleveland* amtiert als 24. US-Präsident.

**1896** – Utah tritt als 45. Bundesstaat den USA bei.

**1897 – 1901** – *William McKinley* amtiert als 25. US-Präsident.

**1901 – 1909** – *Theodore Roosevelt* amtiert als 26. US-Präsident.

**1903** – Die USA fördern die Gründung der Republik Panama. Als Gegenleistung erhalten sie die strategisch wichtige Kanalzone zugesprochen.

**1909 – 1913** – *William H. Taft* amtiert als 27. US-Präsident.

**1912** – Arizona und New Mexico treten als 48. bzw. 47. Bundesstaat den USA bei.

**1913 – 1921** – *Thomas Woodrow Wilson* amtiert als 28. US-Präsident.

**1914 – 1918** – Im Ersten Weltkrieg halten sich die USA anfänglich neutral, beliefern aber alle kriegführenden Parteien mit Kriegsgütern und machen damit enorme Gewinne.

Am 6. April 1917 erklären die USA unter Präsident Wilson Deutschland den

Krieg und treten damit in den 1. Weltkrieg ein. Aus dem Krieg gehen die USA als einer der großen Sieger hervor. Sie haben ihre wirtschaftliche und politische Position in der Welt gefestigt, sind zur Weltmacht geworden.

**1921 – 1923** – *Warren G. Harding* amtiert als 29. US-Präsident.

**1923 – 1929** – *Calvin Coolidge* aus Vermont amtiert als 30. US-Präsident.

**1929** – Am 25. Oktober 1929, dem legendären **„schwarzen Freitag"**, Zusammenbruch der New Yorker Börse, Beginn der Weltwirtschaftskrise. Die Folgen sind Kursstürze, Preisverfall und Massenarbeitslosigkeit. Die Wirtschaft der Neuengland Staaten wird vom Börsencrash hart getroffen.

**1929 – 1933** – *Herbert C. Hoover* amtiert als 31. US-Präsident.

**1933** – *Franklin D. Roosevelt* wird 32. US-Präsident. Er amtiert bis 1945. Roosevelt versucht der Wirtschaftskrise mit seinem *„New Deal"*, einem Wirtschafts- und Sozialprogramm, beizukommen.

**1935** – Neutralitätsgesetze sollen Amerika vom Engagement in Europa im Falle weiterer Kriegshandlungen abhalten.

**1939 – 1945** – Zweiter Weltkrieg. Präsident Roosevelt vertritt zwar offiziell eine Politik der Neutralität, sympathisiert aber andererseits offen mit den Kriegsgegnern Deutschlands, vor allem mit Großbritannien.

Im März 1941 wird die *„Lend Lease Bill"* (Leih- und Pachtgesetz) von der US-Regierung angenommen, die ihr erlaubt, die Kriegsgegner Deutschlands mit Kriegsmaterial zu beliefern.

Im August 1941 unterzeichnen Roosevelt und Churchill die *„Atlantikcharta"*, die den USA erlaubt, sich auf dem Atlantik zum Schutze des Landes zu betätigen.

Am 7. Dezember 1941 überfallen die Japaner Pearl Harbor, einen amerikanischen Flottenstützpunkt auf Hawaii. Am folgenden Tag erklären die USA Japan den Krieg. Im Gegenzug richten Italien und Deutschland eine Kriegserklärung an die USA (11. Dezember 1941).

**1945** – Auf der Gipfelkonferenz von Jalta, vom 4. bis 11. Februar, koordinieren *Stalin, Roosevelt* und *Churchill* die weiteren militärischen Operationen, wobei Stalin offenbar weitgehende Zugeständnisse gemacht werden.

Im April 1945 stirbt Präsident Roosevelt, sein Nachfolger wird *Harry S. Truman.*

Am 8. Mai 1945 kapituliert das Deutsche Reich.

Im Juni 1945 unternehmen die USA in der Wüste White Sands bei Alamogordo in New Mexico erste Atombombenversuche.

Am 6. und 9. August werfen amerikanische Bomber Atombomben auf Hiroshima und Nagasaki, was Japan schließlich am 2. September zur Kapitulation zwingt.

**1950 – 1953** – Koreakrieg. *Dwight D. „Ike" Eisenhower* wird 1953 zum 34. US-Präsidenten gewählt.

**1956** – Eisenhower wird wiedergewählt.

**1957** – Der Start des russischen „Sputnik 1" wirkt auf die amerikanische Weltraumforschung schockierend.

**1959** – Alaska und Hawaii werden 49. bzw. 50. Bundesstaat der USA.

**1960** – *John F. Kennedy* wird zum 35. US-Präsidenten gewählt und tritt im darauffolgenden Jahr sein Amt an.

**1961** – Im April 1961 mißglückt eine Invasion auf Kuba. Im August Mauerbau in Berlin.

**1962** – Gefährliche Konfrontation der USA mit der UdSSR in der Kubakrise.

**1963** – Präsident John F. Kennedy wird am 22. November während eines Autokorsos in Dallas, Texas ermordet. Sein Vizepräsident *Lyndon B. Johnson* wird Präsident.

**1964 – 1967** – Innenpolitisch sind die Vereinigten Staaten belastet durch Rassenkonflikte und soziale Unruhen. Johnson unterzeichnet 1964 zwar neue Bürgerrechtsgesetze, aber das nun schon seit 1962 andauernde und 1964 stark eskalierende Engagement der USA in Vietnam wird mehr und mehr zur innenpolitischen Belastung, führt zu militanten Protesten. 1967 entladen sich Rassenunruhen in blutigen Krawallen.

**1968** – Ein schwarzes Jahr für die Bürgerrechtsbewegung. *Martin Luther King*, Friedensnobelpreisträger von 1964, wird im April erschossen. Zwei Monate später fällt Senator *Robert Kennedy* einem Attentat zum Opfer.

*Richard M. Nixon* wird zum 37. US-Präsidenten gewählt und tritt im Januar des folgenden Jahres sein Amt an.

**1969** – Die amerikanische Raumfahrt triumphiert. *Neil A. Armstrong* und *E. E. Aldrin* betreten als erste Menschen den Mond.

**1973** – Abzug der US-Truppen aus Vietnam. Das amerikanische Selbstbewußtsein scheint durch diese militärische Niederlage erschüttert.

**1974** – Watergate Skandal. Präsident Nixon muß zurücktreten. *Gerald Ford* wird sein Nachfolger.

**1977** – *Jimmy (James Earl) Carter* gewinnt die Präsidentschaftswahlen gegen seinen Rivalen Gerald Ford. Der auf der politischen Weltbühne kaum bekannte Gouverneur von Georgia, Carter, wird 39. US-Präsident und amtiert bis 1981.

**1978** – Nahostfriedensverhandlungen und Konferenz von Camp David, die schließlich zum israelisch-ägyptischen Friedensvertrag im März 1979 führen.

**1979** – Am 4. November 1979 Geiselnahme in der amerikanischen Botschaft in Teheran.

**1980** – Die USA beschließen Sanktionen gegenüber der UdSSR wegen deren Einmarsch in Afghanistan und rufen zum Boykott der Sommerolympiade in Moskau auf.

Der Versuch, die amerikanischen Geiseln in Teheran zu befreien, scheitert.

*Ronald Reagan* wird im November zum 40. US-Präsidenten gewählt.

**1981** – Die Amtszeit Ronald Reagans beginnt mit einem positiven Ereignis. Im Januar 1981 werden die Geiseln in Teheran freigelassen. Im März wird auf Präsident Reagan ein Attentat verübt.

**1982** – Staatsbesuch Reagans in der Bundesrepublik.

**1983** – US-Truppen landen auf Grenada. Die Verhandlungen über atomare Mittelstreckenraketen in Genf werden abgebrochen.

**1984** – Staatsbesuch Reagans in China. 23. Olympische Spiele in Los Angeles. Boykott durch Ostblockstaaten. Reagan wird mit großer Mehrheit wiedergewählt.

**1985** – Veröffentlichungen der US-Regierung zum SDI-Programm (Strategische Verteidigungshilfe). Abrüstungsverhandlungen in Genf. Gipfeltreffen zwischen Reagan und Gorbatschow im November in Genf.

**1986** – US-Manöver vor der Küste Libyens. Im April bombardiert die US-Luftwaffe Ziele in der libyschen Hauptstadt Tripolis, als Vergeltung für libysche Terroraktionen, zu denen auch der Anschlag auf die Westberliner Diskothek „La Belle", die stark von Mitgliedern der amerikanischen Streitkräfte besucht wurde, zählen soll.

Die Explosion der Raumfähre „Challenger" erschüttert die Nation und läßt zweifelnde Stimmen am Sinn der Raumfahrt laut werden.

**1987** – Am 8. Dezember 1987 Unterzeichnung des Abkommens über Abrüstung von Atomwaffen und Kurzstreckenraketen in Washington zwischen Ronald Reagan und Michael Gorbatschow.

**1988** – 29. September 1988, „America is back in Space". Nach einer Zwangspause von 32 Monaten und 3 Tagen nach der Katastrophe der Challenger Explosion, startet die neue Raumfähre „Discovery" erfolgreich.

Am 8. November 1988 wird der Republikaner *George Herbert Walker Bush* zum Präsidenten gewählt. Gegenkandidat war der Gouverneur von Massachusetts, der Demokrat *Michael Dukakis*.

**1989** – Im Januar tritt George Bush als 41. US-Präsident der Vereinigten Staaten sein Amt an. Außenminister wird James Baker.

Am 24. März 1989 verursacht der Tankerunfall der „Exxon Valdez" im Prinz-

William-Sound an der Küste Alaskas die bislang größte Ölpest der USA.

Erdbeben in San Francisco. Am 17. Oktober 1989 bebt um 17.04 Uhr für 15 Sekunden die Erde. Es gibt hunderte von Toten. Auf der Oakland Bay Bridge stürzt die obere Fahrbahn auf die untere. Ausgangspunkt des Bebens ist der berüchtigte San Andreas Graben.

**1990** – Golfkonflikt. Auf Beschluß des Weltsicherheitsrates werden auch amerikanische Truppen in Kuwait und Saudi Arabien eingesetzt.

**1992** – Am 30. April 1992 heftige Rassenunruhen in Los Angeles, die auch auf andere Städte des Landes übergreifen. Auslöser für diese Krawalle ist ein nach Ansicht großer Teile der Öffentlichkeit ungerechtfertigter Freispruch weißer Polizisten, die einen schwarzen Autofahrer mißhandelt hatten. Die Polizeibeamten wurden 1993 dann verurteilt.

Im September erreicht der US-Dollar ein historisches Rekordtief und fällt kurzfristig unter DM 1,38.

Präsidentschaftswahl im November. Der Gouverneur des Bundesstaates Arkansas, *Bill (William Jefferson) Clinton* von den Demokraten gewinnt die Wahl.

**1993** – Am 20. Januar 1993 tritt Bill Clinton sein Amt als 42. Präsident der USA an. Sein Vizepräsident ist *Albert (Al) Gore.*

Jahrhunderthochwasser im Juli 1993. Ungewöhnlich heftige Regenfälle führen zu einer gewaltigen Überschwemmung des Mississippi, deren Ausmaße und Folgeschäden ihresgleichen in der amerikanischen Geschichte suchen. Die Hochwassermarke erreicht in St. Louis 14,4 m. Mehr als 30.000 Menschen werden obdachlos. Über 8 Mio. Hektar Ackerland werden überschwemmt. Die Schäden werden auf weit über 10 Mrd. Dollar geschätzt.

**1994** – Fast genau ein Jahr nach seinem Amtsantritt unternimmt Präsident Bill Clinton im Januar 1994 seine erste offizielle Auslandsreise nach Europa.

Bei den Wahlen zum Repräsentantenhaus im November erleiden Bill Clintons Demokraten starke Verluste. Die Republikaner erringen sensationell die Mehrheit der Sitze im Repräsentantenhaus. Präsident Clintons starker politischer Gegenspieler ist nun *Newt Gingrich*, der republikanische Vorsitzende des Repräsentantenhauses.

**1995** – Im März des Jahres gerät der amerikanische Dollar erneut unter Druck. Der Kurs rutscht zeitweise auf DM 1,35.

Am 19. April 1995 erschüttert ein Bombenanschlag in Oklahoma City die ganze Nation. Bei dem größten Bombenanschlag in der amerikanischen Geschichte finden über 100 Menschen den Tod.

**1996** – Bei den Präsidentschaftswahlen im November wird Präsident Clinton mit überzeugender Mehrheit in seinem Amt bestätigt und für eine zweite Amtsperiode wiedergewählt. Clintons Gegenkandidat, der Republikaner Bob Dole, erreichte sein Ziel nicht. Clinton ernennt die frühere UN-Botschafterin *Madeleine Albright* zum ersten weiblichen Außenminister in der Geschichte der Vereinigten Staaten. Als Verteidigungsminister beruft Clinton den Republikaner *William Cohen.*

**1997** – Am 20. Januar 1997 tritt Bill Clinton seine zweite Amtsperiode als 42. Präsident der Vereinigten Staaten an.

**2000** – Im Wahlkampf um das Amt des 43. US-Präsidenten tritt George W. Bush, der Sohn des 41. US-Präsidenten George Bush Senior und Gouverneur des Bundesstaates Texas, als Herausforderer gegen den demokratischen Bewerber Al Gore an. Für das Amt des neuen Vizepräsidenten in einer evtl. Bush-Regierung kandidiert Richard Cheney, Verteidigungsminister der USA während des Golfkrieges.

Ende Juli und im August wird der Westen der Vereinigten Staaten von verheerenden Waldbränden heimgesucht. Die Feuer, von denen 12 Bundesstaaten betroffen sind, am schlimmsten Idaho und Montana, gelten als die ärgste Brandkatastrophe seit mehr als einem halben Jahrhundert. Zeitweise müssen einige der bekanntesten Nationalparks, wie z .B. der Mesa Verde Nationalpark, für Besucher geschlossen werden. Während des Großbrandes stehen zeitweise mehr als 370.000 ha oder knapp 4.000 Quadratkilometer Wald in Flammen.

*Hillary Clinton*, die im Bundesstaat New York für die Demokraten kandidiert, erringt bei den Kongresswahlen einen Senatssitz.

Nach einem Kopf-an-Kopf-Rennen im Wahlkampf ist das Abstimmungsergebnis nach den Präsidentschaftswahlen am 7. November 2000 zwischen Bush und Gore so knapp, dass nach den ersten Auszählungen noch kein Wahlsieger bekannt gegeben werden kann. „To close to call" ist die Nachricht in den Medien. Zum Zünglein an der Waage wird das Abstimmungsergebnis im Bundesstaat Florida. Dort sind die Ergebnisse nach der ersten Auszählungen so knapp, dass neu ausgezählt werden muss. Bei einem Unterschied der Stimmen von nur einem Prozent muss neu gezählt werden. Man hört von Ungereimtheiten in den Wahllokalen und missverständlich gestalteten Wahlzetteln. Vor allem die Wahl in Florida wird von den Medien kritisch beleuchtet.

Die Republikaner stellen den Antrag, die Neuauszählung der Wählerstimmen in Florida zu stoppen, scheitern aber mit ihrem Anliegen. Am 14. November 2000 entscheidet das oberste Gericht in Tallahassee darüber, ob der Termin für die Bekanntgabe des endgültigen Wahlergebnisses verschoben und von Hand weiter gezählt werden kann, wie es die Demokraten fordern. Es darf. Bei der Feststellung eines Zwischenergebnisses am 15. November bei der Neuauszählung war der Vorsprung von George W. Bush vor Al Gore auf 300 Stimmen zusammengeschmolzen.

Die Vorkommnisse rund um Präsidentschaftswahlen im November legen nicht nur ein reformbedürftiges Wahlsystem in den Vereinigten Staaten offen, sondern sie schaden auch dem Ansehen der Demokratie. Nach einem wahren „Wahlkrimi" wird vom Obersten Bundesgericht der Vereinigten Staaten (Supreme Court) höchstinstanzlich verfügt, dass Al Gore als Verlierer der Päsidentschaftswahlen 2000 anzusehen ist.

Am 18. Dezember 2000 müssen die Wahlmänner nominiert sein. 271 Wahlmänner stimmen für Bush, 267 für Gore.

**2001** – Am 20. Januar 2001 legt George W. Bush, 54, auf den Stufen des Capitols seinen Amtseid ab und tritt als 43. US-Präsidenten sein Amt an.

## US-PRÄSIDENTEN UND IHRE AMTSPERIODEN

Die Amtszeit der US-Präsidenten beginnt jeweils am 20. Januar und dauert vier Jahre. Die Präsidenten können einmal auf abermals vier Jahre wiedergewählt werden. Diese zweiten Amtsperioden schlagen bei der Zählung der US-Präsidentschaften aber nicht zu Buche.

1. *George Washington*, (Föderalist), 1789 – 1793, 1793 –1797
2. *John Adams*, (Föderalist), 1797 – 1801
3. *Thomas Jefferson*, (Demokrat), 1801 – 1805, 1805 – 1809
4. *James Madison*, (Demokrat), 1809 – 1813, 1813 – 1817
5. *James Monroe*, (Demokrat), 1817 – 1821, 1821 – 1825
6. *John Quincy Adams*, (Demokrat), 1825 – 1829
7. *Andrew Jackson*, (Demokrat), 1829 – 1833, 1833 – 1837
8. *Martin van Buren*, (Demokrat), 1837 – 1841
9. *William Henry Harrison*, (Whig), März – April 1841
10. *John Taylor*, (Demokrat), April 1841 – 1845
11. *James Polk*, (Demokrat), 1845 – 1849
12. *Zachary Taylor*, (Whig), 1849 – Juli 1850
13. *Millard Fillmore*, (Whig), Juli 1850 – 1853
14. *Franklin Pierce*, (Demokrat), 1853 – 1857
15. *James Buchanan*, (Demokrat), 1857 – 1861

16. *Abraham Lincoln*, (Republikaner), 1861 – 1865, Jan. 1865 – 15. Apr. 1865
17. *Andrew Johnson*, (Republikaner), 15. Apr. 1865 – 1869
18. *Ulysses S. Grant*, (Republikaner), 1869 – 1873, 1873 – 1877
19. *Rutherford Hayes*, (Republikaner), 1877 – 1881
20. *James Garfield*, (Republikaner), März – Sept. 1881
21. *Chester A. Arthur*, (Republikaner), Sept. 1881 – 1885
22. *Grover Cleveland*, (Demokrat), 1885 – 1889
23. *Benjamin Harrison*, (Republikaner), 1889 – 1893
24. *Grover Cleveland*, (Demokrat), 1893 – 1897
25. *William MacKinley*, (Republikaner), 1897 – 1901, Jan. – Sept. 1901
26. *Theodore Roosevelt*, (Republikaner), Sept. 1901 – 1905, 1905 – 1909
27. *William H. Taft*, (Republikaner), 1909 – 1913
28. *Woodrow Wilson*, (Demokrat), 1913 – 1917, 1917 – 1921
29. *Warren G. Harding*, (Republikaner), 1921 – Aug. 1923
30. *Calvin Coolidge*, (Republikaner), Aug. 1923 – 1925, 1925 – 1929
31. *Herbert Hoover,* (Republikaner), 1929 – 1933
32. *Franklin D. Roosevelt*, (Demokrat), 1933 – 1937, 1937 – 1941, 1941 – Apr. 1945, einziger US-Präsident, der mehr als zwei Amtsperioden amtierte.
33. *Harry S. Truman*, (Demokrat), Apr. 1945 – 1949, 1949 – 1953
34. *Dwight D. Eisenhower*, (Republikaner), 1953 – 1957, 1957 – 1961
35. *John F. Kennedy*, (Demokrat), 1961 – 22. Nov. 1963
36. *Lyndon B. Johnson*, (Demokrat), 22. Nov. 1963 – 1965, 1965 – 1969
37. *Richard M. Nixon*, (Republikaner), 1969 – 1973, 1973 – Aug. 1974
38. *Gerald R. Ford*, (Republikaner), Aug. 1974 – 1977
39. *James (Jimmy) E. Carter*, (Demokrat), 1977 – 1981
40. *Ronald Reagan*, (Republikaner), 1981 – 1985, 1985 – 1989
41. *George Bush*, (Republikaner), 1989 – 1993
42. *Bill Clinton*, (Demokrat), 1993 – 1997, 1997 – 2000
43. *George W. Bush,* (Republikaner), 2000 – 2004

*Amerikanische Symbole der Unabhängigkeit – die Freiheitsglocke und die Unabhängigkeitserklärung*

## WIE KOMMT MAN HIN?

### MIT DEM FLUGZEUG

Mit der Einführung der Großraumflugzeuge Anfang der 70er Jahre kam es durch ein Überangebot an Sitzplatzkapazitäten zu ersten Einbrüchen in dem bis dahin fest gefügten Niveau der Nordatlantik-Flugpreise.

Die Vielfalt der Angebote an USA-Reisen und vor allem der Wirrwarr an Flugtarifen macht es unerläßlich, sich umfassend zu informieren. Vergleichen lohnt kaum irgendwo mehr als auf dem Sektor der Flugpreise über den Atlantik.

Im sehr flexiblen Geschäft mit den Atlantikflügen werden immer wieder neue Tarife veröffentlicht. Nahezu jede Fluglinie hat ein eigenes Tarifgefüge. Zum Beispiel sind in den Tarifdaten einer einzigen Fluglinie für die Strecke Frankfurt – New York nicht weniger als neun unterschiedliche Preise gelistet. Nicht genug damit, oft sind auch auf unterschiedliche Flugnummern auf der gleichen Route in gewissen Zeiträumen oder an gewissen Tagen unterschiedliche Preise anzuwenden. Es können an dieser Stelle also nur allgemein gültige Tarifsysteme zur Groborientierung aufgeführt werden.

Direkte **Linienflugverbindungen** bestehen ab allen großen deutschen, schweizerischen und österreichischen Verkehrsflughäfen nach New York und in die meisten Großstädte an der Ostküste, wie etwa Boston.

Der **Normalflugpreis** Frankfurt – New York beträgt in der 1. Klasse ca. DM 8.550,00 (ca. DM 10.050,- hin und zurück), in der Business-Klasse ca. DM 4.800,- (ca. DM 5.700,- hin u. zurück) und in der Touristen-Klasse ca. DM 4.500,- hin u. zurück. Allerdings wird sich kaum jemand für die teuren Normaltarife entscheiden, sondern sich nach wesentlich günstigeren **Sondertarifen** umsehen, die aber in aller Regel immer an besondere Bedingungen gebunden sind.

Nahezu jede Fluglinie bietet Sonderkonditionen an, die oft erheblich unter den veröffentlichten Normaltarifen liegen. Allerdings sind solche Sondertarife in aller Regel an erhebliche Einschränkungen gebunden. Jede Airline läßt sich hier etwas anderes einfallen. So sind mitunter die Sitzplätze in den einzelnen Maschinen, die zu diesen Sonderpreisen verkauft werden können, stark kontingentiert. Oder die Preise können nur auf ganz bestimmten Flügen angewendet werden, gelten nur an bestimmten Tagen oder in bestimmten Zeiträumen etc. Oft schreiben Sondertarife Mindest- und/oder Höchstaufenthalte im Zielland vor. Und wenn Sie unterwegs Ihre Reisepläne ändern und Ihren Rückflug verschieben, kann das durchaus auch Auswirkungen auf den Preis Ihres Flugtickets haben! Aber man kann eben mit Sondertarifen schon für weit unter DM 1.000,- von Frankfurt nach New York und zurück fliegen.

Richtige Schnäppchen können Reisende machen, die in Ihrer Reiseplanung so flexibel sind, dass Sie sich erst kurz vor Ihrem Abflug für **Last-Minute-Tarife** entscheiden können.

Bei der Wahl der Fluglinie über den Atlantik sollte u. U. auch daran gedacht werden, wie in den USA gereist wird. Benützt man in den Staaten zum Überbrükken großer Entfernungen z. B. sog. „Coupon-Flugscheine", ist bei deren Tarifen oft maßgebend, mit welcher Airline man den Atlantik überquert.

Ereignisse mit „gestrandeten" Passagieren plötzlich zahlungsunfähig gewordener Reiseanbieter oder Fluglinien haben aber auch deutlich gemacht, dass gegenüber ungewöhnlich billigen und vom Branchenüblichen stark abweichenden Angeboten ein gesundes Mißtrauen durchaus angebracht ist.

PLUS

## MOBIL REISEN

# NEW YORK

# CITY GUIDE

*New York City, die Freiheitsstatue*

## 1. NEW YORK CITY, NY

**Reisedauer:** Mindestens drei Tage.

⌘ **New York Highlights**: Der Blick über New York vom **World Trade Center** *** – das **Empire State Building** *** – **New Yorks Museen** wie das **Metropolitan Museum of Art** *** – **Fifth Avenue** und **Times Square** *** – die **Freiheitsstatue** *** – ein **Konzert-, Musical- oder Theaterbesuch am Broadway** *** – **New Yorks Skyline** *** von den Fähren nach Staten Island aus gesehen.
**Touren:** Midtown Manhattan – Uptown und Harlem – Downtown und Lower Manhattan. Ausflug ins Hudson River Valley. Abstecher zu den Niagara Fällen.

Viele Weltstädte nehmen für sich in Anspruch, die schönste Stadt der Welt zu sein. New York tut das nicht, will es vielleicht auch nicht, hat gar keine Zeit dazu. Sicher ist, New York ist eine der aufregendsten Städte der Welt, aber keineswegs eine typisch amerikanische Stadt, wie Chicago oder Los Angeles etwa.

**„The City that never sleeps"**

New York, die gigantische Sieben-Millionen-Metropole (mit allen Außenbezirken hat New York über 9,1 Mio. Einwohner), ist eine Welt für sich, eine Klasse für sich. New York ist ein Konzentrat der Gegensätze. Nur wenige Meilen, die für viele Bewohner aber Welten sind, trennen zum Beispiel den Wallstreet-District von den Straßenzügen in Harlem, also die internationale Finanzwelt von den weniger betuchten Vierteln im Norden Manhattans. In einer Stadt, in der die vornehmsten und elegantesten Geschäfte der Welt angesiedelt sind, darf man sich nicht wundern, auch einmal über gehwegversperrende Müllberge steigen zu müssen.

Die Stadt, an deren Börsen täglich die Werte der gesamten westlichen Wirtschaft gehandelt werden – täglich werden hier Finanztransaktionen in der unvorstellbaren Größe von 1 Billion Dollar abgewikkelt – war in den siebziger Jahren zeitweise finanziell fast am Ende. Aber New York lebt weiter, oder besser, es hastet weiter, ähnlich den Menschen, die in seinen Mauern leben oder zumindest arbeiten, ständig geplagt von Eile, Lärm, Hetze, Erfolgszwang, Streß.

Man wundert sich, dass dieses Chaos aus Verkehr, Wolkenkratzern, hastenden Menschen, dampfenden U-Bahnschächten, Kriminalität und Kunst, Business und Armut, Lärm, Hitze und Dunst überhaupt noch funktioniert. An einem einzigen Tag verbraucht dieser Stadtmoloch rund 4,5 Milliarden Liter Wasser. Es ist unvorstellbar. Und täglich werden etwa 10.000 Tonnen Müll produziert. Die Müllabfuhr in New York City ist übrigens kostenlos und das Müllverwertungskonzept der Stadt ist beispielhaft. Am East River z. B. entstand eine neue Mole. Die alte, an der früher Fischtrawler festmachten, war aus Holz und verrottet. Für den Bau der neuen Mole wurde ein Material verwendet, das man aus Millionen von Plastikflaschen aus dem Müll der Stadt produzierte.

Ende der siebziger Jahre war New York nahezu bankrott. *Edward Koch*, New Yorks damaliger Oberbürgermeister, rechnete schon mit der

Zahlungsunfähigkeit des Stadtsäckels. Vor allem bei Polizei, Stadtreinigung, aber auch beim städtischen Straßenbau wurde knallhart gespart und reduziert. An der Brooklyn Bridge begannen die Trageseile zu reißen, Brücken rosteten, die U-Bahn brach mehr zusammen als dass sie fuhr. Straßen wurden gesperrt, anstatt deren Belag erneuert. Es gab Vereinigungen, die Patenschaften für Schlaglöcher vergaben.

Das war New York Ende der siebziger Jahre. Heute, unter den Oberbürgermeistern *David N. Dinkins* (Demokratische Partei) und dessen Nachfolger *Rudolph W. Giuliani* (Republikanische Partei), der seit dem 3. November 1993 im Amt ist, hat sich New York finanziell erholt.

In den neunziger Jahren wurde ein Stadtsanierungsprogramm durchgeführt, das ein Finanzvolumen von 60 Milliarden Dollar aufweist. Einer der Schwerpunkte des Programms war die Erneuerung und Verbesserung der U-Bahn (Investition 11,5 Milliarden Dollar) mit spürbaren Auswirkungen. Die Zahlen der Verkehrsbetriebe Transit Authority zeigen, dass z. B. in der U-Bahn begangene Kriminalitätsdelikte stark rückläufig sind. Und freudig weist man darauf hin, dass die gesamte U-Bahn und die Busflotte endlich graffiti-frei sind. Wow! This is New York!

Auch das FBI veröffentlichte stolz Statistiken, die besagen, dass die Gefahr, einem kriminellen Delikt zum Opfer zu fallen für die Menschen in New York heute geringer ist, als in 17 anderen amerikanischen Großstädten. Und in einer Veröffentlichung des New York Convention & Visitors Bureau Mitte der 90er heißt es denn auch: „New York is one of the safest large cities in the United States". Und bislang gab es keine Anlässe, dieses Statement in Frage zu stellen.

**Stadt der Superlative**

Der wirtschaftliche Aufschwung machte sich nach außen hin u. a. durch einen fast atemberaubenden Bauboom bemerkbar. Es entstanden ganz neue Stadtviertel auf Grundstücken, die erst durch Aufschüttungen an der Uferlinie Manhattans, z. B. an der Südwestseite Manhattans (Battery Park City), gewonnen wurden.

In New York wird nicht nur mit Aktien oder Baugrund und Immobilien spekuliert (pro Quadratmeter sind rund 50.000 Mark auf den Tisch zu legen, Tendenz steigend), sondern man verkauft bereits den freien Raum über niederen Gebäuden, um darüber irgendwann Wolkenkratzer hochzuziehen – und wenn sie wie mit dem Schuhlöffel eingepaßt werden müssen. Die Amerikaner haben natürlich auch dafür ein passendes Wort. „Shoehorning" nennen sie dieses „Dazwischenquetschen" von Bauten.

Eigentumswohnungen, in Midtown Manhattan eigentlich die einzige Art von angebotenem Wohnraum, sind in akzeptablen Wohngegenden für den Normalverdiener kaum noch zu bezahlen. In den sog. guten Wohngegenden, etwa an der Park Avenue oder am Central Park West, werden für Appartements Kaufpreise nicht unter einer halben Million Dollar verlangt. Noch lange nicht zu den Ausnahmen zählen Preise um zwei Millionen Dollar. Findet man doch eine Mietwohnung, wird sie kaum unter 1.000 Dollar pro Monat zu haben sein. Mieten um 3.000 Dollar für ein besseres Appartement sind durchaus reell.

**Kulturmetropole „Big Apple"**

New York ist laufend voller kultureller Neuigkeiten, künstlerischer Höhepunkte. Der Broadway ist weltweit bekannt als Nabel der Bühnenkunst, des Musicals. In New York findet man aber auch die professionell-

*Lower Manhattan, mit den Fähranlegern und dem World Trade Center*

sten Tonstudios und Videoateliers. Kaum ein Videoclip bekannter Pop- oder Rockstars, der nicht irgendwann über den Schneidetisch eines New Yorker Studios ging.

New York ist aber auch der Trendsetter in Sachen Werbung. Kaum eine Firma, die international Erfolg haben will, wird an New Yorks Madison Avenue vorbeikommen, dem Mekka der großen Werbeagenturen.

Wenn irgendwohin das Wort schnellebig paßt, dann nach New York. Was gestern noch von Abertausenden in den Theatersälen frenetisch gefeiert wurde, ist heute vielleicht schon vergessen, gestorben, out.

New York ist faszinierend, interessant. Es bietet z. B. rund 150 Museen, 335 Bühnentheater und annähernd 400 Kunstgalerien.

Übrigens, der Beiname Manhattans **„Big Apple"** war vor allem in den „Roaring 20s", den wilden 20ern und in den 30er Jahren unter Jazzmusikern geläufig. Für sie war ein Engagement in New York gleichbedeutend damit, auf der Karriereleiter endlich ganz oben zu stehen. Wer sagen konnte: „I've made it to New York, the bright and shining apple at the top of the success tree", hatte es geschafft.

Und ich weiß nicht, in wie vielen Filmen New York Schauplatz der Story war oder zumindest die Kulisse dazu lieferte. Der Klassiker ist wohl „Breakfast at Tiffany's" aus dem Jahre 1961. Dann gibt es da die vielen Filme von Woody Allen, der fast alle seine Streifen in Manhattan drehte. „Hannah und ihre Schwestern" (1987) zählt zum Beispiel dazu.

Dann muss natürlich „Taxi Driver" (1976) von Martin Scorsese erwähnt werden, wenn von Filmen über New York die Rede ist. Neil Simons „Barfuß im Park" (1967) spielt in New York. Und Welterfolge wie „Warte bis es dunkel wird" (1967), Roman Polanskys „Rosemary's Baby" (1968), „Midnight Cowboy" oder „Kramer gegen Kramer" (1979) haben New York als Location. Und die Liste ist beileibe nicht vollständig.

Aber natürlich weist eine Weltmetropole wie New York City auch Zahlen und Statistiken auf, die alles andere als erfreulich klingen. So liest man zum Beispiel, dass sich in der Stadt annähernd 60.000 Obdachlose Tag für Tag mühsam über die Runden retten. New York, oder besser Manhattan, ist keine Stadt in der es sich geruhsam leben läßt. Hier wird „Geld gemacht". Und wer sich als Einwohner vom „Big Apple" New York seinen Teil nicht holen kann, dem wird sich die Stadt als eine eiskalte, alles fordernde, gefühllose und jede Menschlichkeit entbehrende Steinwüste enthüllen.

Den meisten der jährlich rund 25 Mio. Besuchern aber wird die Stadt als phantastischer, schaurig schöner Gigant in Erinnerung bleiben. Wer New York gesehen und erlebt hat, den können andere amerikanische Städte nicht mehr so leicht beeindrucken. Die Gefühle streiten. Ist New York nun schön oder hässlich, einladend oder doch eher verwirrend, abweisend? Wer kann darauf schon eine Antwort geben. New York hat ohne Zweifel schöne Seiten, Aspekte, die in Bann schlagen. Aber würde man 100 New Yorker fragen, wie sie ihre Stadt finden, ob sie sie lieben oder hassen, man würde wahrscheinlich 100 unterschiedliche Antworten bekommen. Die einen würden New York in den Himmel heben und genauso viele würden sie zur Hölle wünschen.

Zumindest bei den ersten Besuchen spürt man, dass diese Stadt alle Sinne erst einmal gnadenlos in Beschlag nimmt. Die Augen sind gebannt von Glasfassaden, Fensterfronten, Häuserwänden überall. Man klappt den Kopf bis zum Anschlag in den Nacken und kann, mit vor Staunen offenem Mund, die Wolkenkratzerspitzen doch nicht ausmachen. Die Augen sind irritiert, suchen den Himmel. Aber der ist aus manchen Hotelzimmern oder Bürofenstern gar nicht mehr zu sehen, höchstens über eine Spiegelung in der Nachbarfassade. Die Ohren werden pausenlos vom aufdringlichen Straßenlärm betrommelt. Ein ständiges Verkehrssummen, Hupen, Polizeisirenen. Erst oben wird es besser. Man lernt Wolkenkratzer schon wieder zu schätzen. Sie sind teils so hoch, dass der Lärm oben kaum noch oder nur sehr gedämpft ankommt.

Und die Nase, der Geruchssinn, wird an einem windstillen, heißen Tag auch nicht mit Samthandschuhen angefaßt. Smogtage in New York können zum Alptraum werden, wenn aus den wabernden, gelben Wolken nicht einmal mehr die Spitzen der Wolkenkratzer ragen.

Bringt sich diese Stadt selbst um? Das fragten sich Schriftsteller schon vor 50 Jahren. Aber New York lebt immer noch, lauter und schneller, enger und teurer denn je. Und selbst den Tastsinn bemüht New York. Gehen Sie einmal an einem der feuchtschwülen Sommertage durch die Straßen. Man spürt dann förmlich die hohe Luftfeuchtigkeit mit den Handflächen.

Normalerweise meint man eigentlich **Manhattan**, wenn man von New York City spricht. Aber Manhattan nimmt nur ein Siebtel des gesamten Stadtgebiets ein. New York City besteht neben Manhattan noch aus vier weiteren Stadtteilen (boroughs): **The Bronx,** nördlich des Harlem River, **Queens,** die Wohnstadt östlich des East River, Schauplatz der Weltausstellung 1964 und in jüngerer Zeit auch bei uns eher bekannt durch die Tennisanlagen von Flushing Meadow, **Brooklyn**, jenseits des East River und südöstlich von Manhattan und schließlich **Staten Island** im Süden.

*NEW YORK CITY, die fünf Stadtteile (Boroughs) – 1 George Washington Bridge – 2 Lincoln Tunnel – 3 Holland Tunnel – 4 Brooklyn Battery Tunnel – 5 Brooklyn Bridge – 6 Queens Midtown Tunnel – 7 Verrazano Bridge – 8 John F. Kennedy Intern. Airport – 9 La Guardia Airport – 10 Newark Intern. Airport – 11 Teterboro Airport – 12 Bronx Zoo – 13 New York Botanical Garden – 14 Yankee Stadium – 15 Pelham Bay Park – 16 Shea Stadium – 17 Flushing Meadows Corona Park – 18 St. John's University – 19 Forest Park – 20 Prospect Park – 21 Aqueduct Race Track – 22 Gateway Natl. Rec. Area – 23 Dyker Beach Park – 24 Liberty State Park – 25 Lenape Park – 26 Branch Brook Park – 27 Marine Park*

Vor etwas mehr als hundert Jahren, 1898 nämlich, schlossen sich 40 bis dahin selbständige Gemeinden recht unterschiedlichen Entwicklungsstandes – Manhattan war schon damals eine pulsierende Großstadt wo hingegen die Gemeinden von Queens noch Bauerndörfern glichen – zu New York City zusammen, der ersten Megapolis der Welt.

New York City mit seinen fünf Stadtteilen erstreckt sich über eine Fläche von ca. 780 qkm (301 sqm). Das Stadtgebiet hat ein Straßennetz von sage und schreibe weit über 10.000 km Länge, auf dem sich u. a. ständig rund 12.000 Taxis vorwärts quälen. Und das wichtigste öffentliche Verkehrsmittel der Stadt, die U-Bahn (Subway) mit einer Streckennetzlänge von 370 km, befördert an jedem Arbeitstag weit über 5 Mio. Fahrgäste.

New York City hat annähernd 1.000 km Ufer- oder Küstenlinie, 1.543

Parks und Grünflächen, 500 öffentliche Tennisplätze, etwa 17.000 Restaurants aller Preisklassen, mehr als 60.000 Hotelzimmer, 650 akkreditierte ausländische Journalisten, mehr als jede andere US-Stadt, neun große Tageszeitungen, etc., etc.

New York City ist heute die größte Stadt der Vereinigten Staaten und die drittgrößte der Welt. Mehr als sieben Millionen Einwohner hat die Stadt heute und es gibt wohl kaum eine Nationalität oder Volksgruppe, die nicht in der Stadtbevölkerung zu finden wäre. In New York sollen mehr Iren als in Dublin und mehr Juden als in Tel Aviv leben. Eine griechische Kolonie findet man im Süden der 8$^{th}$ Ave. Mulberry Street in Lower Manhattan kennt man besser als Little Italy und nach Chinatown östlich des Columbus Parks führt fast jede Stadtrundfahrt. Harlem im nördlichen Teil Manhattans ist nach wie vor die Domäne der schwarzen Bevölkerung.

Und um West 86$^{th}$ Street findet man im Stadtteil Yorkville Spuren eines Deutschen Viertels mit Lokalen, die sog. deutsche „Gemütlichkeit" pflegen. Manche Bewohner dort haben noch eine Vorstellung ihres Herkunftslandes, die der Realität weit hinterherhinkt.

**New Yorks Stadtgeschichte**

New Yorks Stadtgeschichte begann vor über 450 Jahren und damals schon recht kosmopolitisch. Ein Florentiner Seefahrer, in französischen Diensten ihrer Majestät König Franz I., entdeckte Manhattan im Jahre 1524. Das Gebiet war damals von Manhatto Indianern, einem Stamm der Algonquin Indianer, besiedelt, die regen Fellhandel trieben. *Giovanni da Verrazano* hieß dieser italienische Seefahrer. Seinen Namen trägt heute die mächtige Hängebrücke, die Staten Island mit Brooklyn verbindet.

1609 landete der Engländer *Henry Hudson* in der Gegend des heutigen Battery Parks im Süden Manhattans und erforschte den Hudson River, der dann seinen Namen bekam. Auch Holländer kreuzten diesen Weg in die Neue Welt. Sie gründeten 1624 einen Handelsplatz, dessen Areal *Peter Minuit* den Indianern für „'nen Appl und 'n Ei" (Glasperlen und wertloser Tand im Wert von rund 24 Dollar) abgeluchst hatte und nannten den Platz ***New Amsterdam***.

Gut ein halbes Jahrhundert nach Henry Hudson kam ein Herr nach Amerika, den wohl der Duft der großen weiten Welt inspiriert hatte, *Peter Stuyvesant*. Er wurde einer der ersten Gouverneure der holländischen Kolonie „Neu Amsterdam". Nun wollten aber offenbar die Engländer nicht zusehen, wie der einträgliche Handel mit Fellen in der Neuen Welt ohne sie ablief. Sie bemächtigten sich im Jahre 1664 der holländischen Siedlung und benannten sie um in ***New York***, nach dem Herzogtum York im Königreich England.

Nach Kämpfen mit den Holländern, später mit den aufständischen „Sons of Liberty" und den Truppen der amerikanischen Unabhängigkeitsbewegung, mußten die Engländer 1783 schließlich endgültig aus New York abziehen und das Gebiet verlassen.

Zwischen 1785 und 1790 tagte in New York – damals bereits Amerikas größter Stadt – verschiedentlich der Amerikanische Kongreß. Und am 30. April 1789 wurde *George Washington* hier zum ersten Präsidenten der jungen USA vereidigt. 1789 war New York für kurze Zeit Hauptstadt der Vereinigten Staaten.

**HENRY HUDSON**

*Henry Hudson*, der englische Seefahrer und Forschungsreisende, wurde um 1550 wahrscheinlich im Süden Englands geboren.

Nach Reisen als Lotse fuhr Hudson auf Robben- und Walfängern und unternahm um 1607, nun schon im für damalige Verhältnisse gesetzten Alter von über fünfzig Jahren, im Auftrag eines Londoner Handelshauses Fahrten nach Spitzbergen. Auf diesen Reisen hat Hudson wohl von Theorien gehört, die besagten, dass die nördlichen Polarmeere in einer kurzen Periode im Sommer befahrbar seien und dann folglich ein Seeweg im Norden zwischen den Ozeanen frei wäre. Alle namhaften Handelshäuser in England und auf dem Kontinent, allen voran die Ostindische Kompanie, hatten ein immenses Interesse daran, einen raschen, kürzeren Weg nach Indien und Asien zu finden.

*Henry Hudson*
*ca. 1550 – 1611*

Als Hudson von holländischen Kaufleuten die „Halve Maan“ zur Verfügung gestellt wurde, begann er ab 1609 mit der Erkundung des Nordostens Amerikas. Erstaunlicherweise führte Hudson aber seine Forschungsreisen von Neufundland aus nicht in nordwestlicher Richtung fort, sondern fuhr südwärts, entlang der Ostküste der heutigen USA.

Hudson erkundete hier alle großen Buchten, immer in der Hoffnung, die Durchfahrt nach Westen zu finden. Eine dieser Buchten war die Bucht von New York, die Hudson am 11. September 1609 entdeckte, ebenso wie den Fluß, der von Nordwesten her in die Bucht mündet und heute seinen Namen trägt, der Hudson River. Henry Hudson und seine Leute erkundeten den Fluß bis hinauf nach Albany. Eine Verbindung zum Pazifik aber hatten sie wieder nicht entdeckt.

Seine nächste Entdeckungsreise führte Hudson – nun unter Strafandrohung dazu verdonnert unter britischer Flagge zu segeln – mit der „Discovery“ im Jahre 1610 zur Hudsonstraße und in die Hudsonbay, einem Binnenmeer im Nordosten Kanadas. Aber auch dieser Weg erwies sich als falsche Fährte auf dem Weg nach China. Hudson mußte überwintern. Während dieser harten Probe kam unverhohlener Unmut unter der Besatzung über Hudson und seine Absicht auf, nach Winterende seine Suchfahrt fortzuführen. Als die „Discovery“ Mitte Juni im Jahre 1611 endlich wieder vom Eis freikam und Hudson Anstalten machte, nicht nach England zurückzukehren, meuterte die Mannschaft und setzte Hudson zusammen mit sieben anderen Besatzungsmitgliedern in einem Beiboot aus. Von diesem Zeitpunkt an war nie mehr etwas von Henry Hudson und seinen sieben Begleitern gehört worden.

Zweihundert Jahre später, am 7. November 1989, wird *David N. Dinkens* erster schwarzer Bürgermeister der Stadt.

Der **Bundesstaat New York** (rund 17,5 Mio. Einwohner, ca. 128.400 qkm, 30. Stelle in der Rangliste der US-Bundesstaaten), gehört zu den 13 Original- oder Gründerstaaten der Vereinigten Staaten von Amerika und trat 1788 als 11. Staat den USA bei.

**Klimatische Verhältnisse**

Die meisten klaren Tage, von denen es in New York im Durchschnitt zwischen 250 bis 300 pro Jahr geben soll (für diese Zahl möchte der Autor seine Hand aber nicht ins Feuer legen), liegen in den Monaten April, Mai, Juni, September und Oktober. In diesen Monaten sind auch Lufttemperatur und Luftfeuchtigkeit moderat und angenehm. Aus diesen Gründen kann man diese Monate wohl als angenehmste Reisezeit in New York City bezeichnen.

Die Winter sind in New York mitunter empfindlich kalt. Viel Schnee ist aber selten.

Die Sommermonate, besonders der Juli und der August, können als lästig empfunden werden, da eine hohe Luftfeuchtigkeit die Temperaturen in den Canyons der Wolkenkratzer noch spürbarer werden läßt. Da aber so ziemlich alles klimatisiert ist, das Hotelzimmer, das Restaurant, das Museum, der Bus, das Taxi, das Warenhaus etc., wird der Unerträglichkeit die Spitze genommen.

**Die durchschnittlichen Tagestemperaturen:**

Die obere Zahl benennt die durchschnittliche Höchst-, die untere Zahl die durchschnittliche Tiefsttemperatur des jeweiligen Monats.

| Jan. | Feb. | März | Apr. | Mai | Juni |
|---|---|---|---|---|---|
| 5°C | 6°C | 8°C | 16°C | 21°C | 27°C |
| – 2°C | – 2°C | 1°C | 7°C | 12°C | 17°C |
| **Juli** | **Aug.** | **Sept.** | **Okt.** | **Nov.** | **Dez.** |
| 29°C | 28°C | 24°C | 19°C | 13°C | 6°C |
| 21°C | 20°C | 16°C | 11°C | 6°C | –1°C |

## UNTERWEGS IN NEW YORK

**Verkehr und Transportmittel**

Manhattan, eine schmale Inselzunge, begrenzt vom East River im Osten, vom Hudson River im Westen und vom Harlem River im Norden, hat im Zeitalter des Massenautoverkehrs ein riesiges Handicap. Die rund zwanzig Zugänge nach Manhattan (gebührenpflichtige Tunnels und Brükken) sind Flaschenhälse für die Autofluten, die in Verkehrsspitzenzeiten hoffnungslos überlastet sind und sich zu wahren Autofallen entwickeln. Denken Sie daran, wenn Sie vielleicht während den Rush-hours (ca. 7 – 9.30 und 16 – 18.30 Uhr) schnell zum Flughafen wollen.

Andererseits zählen die Brücken von New York zu den Sehenswürdigkeiten der Stadt. Die Verrazano Narrows Bridge, die seit 1964 Staten Island mit Brooklyn verbindet, ist mit einer freien Spannweite von 1.298 m eine der längsten Hängebrücken der Welt. Und die Brooklyn Bridge war die erste ihrer Art.

Auch die Straßentunnels die nach Manhattan führen, setzten Maßstäbe. Als z. B. Ende der 20er Jahre der Holland Tunnel seiner Vollen-

*in Manhattan, 7th Ave. Ecke West 34th Street*

dung entgegenging, glaubten immer noch viele, dass so ein Mammutwerk nicht zu realisieren sei. Und der Brooklyn Battery Tunnel war bis zur Eröffnung des Ärmelkanaltunnels die zweitlängste unterirdische Verkehrsröhre der Welt.

**Autofahren in Manhattan** ist nicht das reine Vergnügen. Abgesehen von allgegenwärtigen Parkplatzproblemen (in den Straßen von Manhattan gilt größtenteils ein generelles Parkverbot) oder irrsinnigen Parkhausgebühren (ca. 12 Dollar die Stunde), ist es der Verkehrsfluß, der nervt. Die Durchschnittsgeschwindigkeit auf Manhattans Straßen sinkt in den Rush-hours während der Werktage (ca. 7 – 9.30 und 16 – 18.30 Uhr) auf klägliche 6 km/h. Und Manhattan ist rund 21 km lang. So gesehen käme eine Autofahrt vom Battery Park durch die City zum Nordende Manhattans einer halben Tagesreise gleich. Und falsch geparkte Autos sind wohl kaum irgendwo sonst so schnell am Haken eines Abschleppwagens wie in Manhattan. Das Auslösen des abgeschleppten Autos kostet dann einen runden Hunderter (Dollar natürlich).

Autofahrer (Mindestalter in New York City 18 Jahre) sollten wissen, dass die meisten Straßen **Einbahnstraßen** sind. Als Richtlinie: Streets mit geraden Nummern dürfen ostwärts, Streets mit ungeraden Nummern westwärts befahren werden. Die Avenues können abwechselnd in Nord- bzw. Südrichtung befahren werden. Am flüssigsten ist der Verkehr crosstown gewöhnlich in der 14th, 23rd, 34th, 42$^{nd}$ und 57$^{th}$ Street. Am schnellsten kommt man in den Rush-hours auf den Parkways und Expressways voran.

Falls nicht anders beschildert gilt für das gesamte Stadtgebiet eine Höchstgeschwindigkeit von 30 mph.

Auf der gelben Gittermarkierung in Kreuzungen gilt absolutes Halteverbot. Bei Staus unbedingt freihalten. Links abbiegen ist grundsätzlich verboten, es sei denn, die Verkehrsbeschilderung erlaubt es.

☑ *Mein Tipp!* Autotouristen kann nur geraten werden: Nicht mit dem Auto nach Manhattan! Mieten Sie ggf. Ihren Wagen erst für den Tag der Weiterreise von New York oder geben Sie ihn vor dem New York Aufenthalt zurück. Wohnmobile dürfen in New York nicht gefahren werden!

**öffentliche Verkehrsmittel**

An öffentlichen Verkehrsmitteln stehen **U-Bahn, Busse** und **Taxis** zur Verfügung.

New Yorks **U-Bahn,** die *subway,* mit einem Schienennetz von rund 370 km Länge, verkehrt 24 Stunden am Tage und ist das am meisten in Anspruch genommene Verkehrsmittel in der City. Besonders in den Rushhours kommt es in den Zügen aber zu einer drangvollen Enge. Will man in den Hauptgeschäftszeiten jedoch rasch von einem Ende der Stadt zum andern gelangen, ist die U-Bahn immer noch das schnellste Fortbewegungsmittel. Denn die Straßen der Innenstadt sind dann genauso wie die der Außenbezirke völlig überlastet.

Eine U-Bahnfahrt kostet $ 1,50 egal wie weit man fährt. In fast jeder U-Bahnstation kann man am Schalter (token booth) oder am Automaten (token vending machine) Fahrmarken, sog. **Tokens**, kaufen. Größere Geldscheine als 20 Dollar Noten werden nicht akzeptiert. Und Pennies können zur Bezahlung von Tokens abgelehnt werden. Diese Tokens gelten auch auf den Buslinien. Wenn Sie mehrere U-Bahn- oder Busfahrten vorhaben, kaufen Sie gleich mehrere Tokens, z. B. ein *ten pack*, dann können Sie das Schlangestehen vor den Schaltern weitgehend vermeiden. Die Tokens werden am Eingang zum Bahnsteig in einen Schlitz an den Durchlässen mit den Drehkreuzen gesteckt, und geben den Durchgang frei.

Übrigens, wenn Sie mit Ihren Kids in New York U-Bahn fahren, dürfen bis zu drei Kinder in Begleitung eines Erwachsenen umsonst mitfahren, wenn sie kleiner als 111 cm (44 inches) sind.

Hilfreich für Vielfahrer ist die 1994 eingeführte **MetroCard**. MetroCards gibt es an jeder U-Bahnstation. Und fast alle Stationen sind mit MetroCard Automaten ausgestattet. Man kann die Karte auch in einigen Geschäften kaufen. Sie sind gekennzeichnet mit „Authorized Sales Agent“. Die kleine Plastikkarte ist mit einem Magnetstreifen versehen. Man zieht sie am Eingang zum Bahnsteig durch ein Lesegerät. Dabei wird der Fahrpreis vom im Magnetstreifen gespeicherten Guthaben abgezogen und der Zugang freigegeben.

Bislang gibt es zwei Arten von MetroCards: Karten mit unbegrenzt vielen Fahrten (unlimited ride) während eines gewissen Zeitraums und „Pay-per-ride“-Karten. Eine **„Seven-day unlimited-ride MetroCard“** für 17 Dollar gestattet beliebig viele Fahrten in Bussen und U-Bahnen innerhalb von sieben Tagen. Man kann sich leicht ausrechnen, dass die Karte bei mehr als 12 Fahrten vorteilhaft ist.

Bei kürzeren Aufenthalten kann der **„One-day Fun pass“** für 4,- Dollar besser geeignet sein. Die Karte gilt an dem Tag, an dem sie gekauft wird bis zum nächsten Tag 3 Uhr morgens. Alternativen sind die **„Pay-per-ride“ MetroCards.** Man bekommt sie in Werten von 3,- Dollar bis 80,- Dollar.

Pay-per-ride-Karten haben gegenüber den Unlimited-ride-Karten den Vorteil, dass sie sich Gruppen, Familien, teilen können. Unlimited-ride-Karten können jeweils nur von einer Person benutzt werden.

In jeder Station und in jedem Wagen gibt es Streckenpläne. Auch in den „Gelben Seiten" (Yellow Paqes) des New Yorker Telefonbuches ist der gesamte Streckenplan von U-Bahn und Buslinien abgedruckt. Streckenpläne gibt es übrigens an den Hauptstationen Columbus Circle, Grand Central und Penn Station.

Um den Weg durch das Labyrinth der unterirdischen Gänge zu und zwischen den Haltestellen richtig zu finden, sollten Sie die Nummer Ihrer U-Bahn Linien wissen und auch, ob Sie „uptown" (nordwärts) oder „downtown" (südwärts) fahren müssen.

Die Eingänge zu den U-Bahnstationen sind durch eine Leuchtkugel gekennzeichnet, die aber im Gewirr der Straßen- und Reklameschilder fast untergehen. Ist die Kugel grün beleuchtet, bedeutet dies, die Station ist rund um die Uhr besetzt. Eine rote Kugel signalisiert eine geschlossene Station. Außerdem sieht man an den Abgängen zur U-Bahnstation farbige Zahlen und Buchstaben, die auf die Züge hinweisen, die diese Station anfahren.

Ein Schmuckstück war New Yorks U-Bahn lange nicht, auch nicht sonderlich sauber, und sie ist höllisch laut. Und die teils über und über mit Graffiti besprühten Wagen waren schon fast wieder sehenswert. Mit enormem Finanzaufwand, weiter oben wurde schon darauf hingewiesen, wird jedoch mit Erfolg daran gearbeitet, Züge und Stationen zu renovieren und sicherer zu machen. Aber ohrenbetäubend laut ist New Yorks Subway nach wie vor.

New Yorks U-Bahn, dieses taub machende Transportsystem, hat – leider kann man noch nicht „hatte" sagen – immer noch einen nicht sonderlich guten Ruf in puncto Sicherheit. Man sollte das zwar zur Kenntnis nehmen, aber nicht überdramatisieren. Dennoch, nach 10 Uhr abends, aber auch sonst während des Tages, sollte man ein paar Dinge beachten: Steigen Sie in keinen Zug, der ganz leer ist, oder nur mit einzelnen „Gestalten" besetzt ist. Wenn Sie nachts keine andere Wahl haben und alleine mit der U-Bahn fahren müssen, dann steigen Sie in den Wagen in der Mitte des Zuges ein, in dem auch der Conductor (Zugbegleiter) mitfährt. Warten Sie auf dem Bahnsteig immer an gut beleuchteten Stellen, wenn möglich in der Nähe der „tokenbooth" (Fahrmarken-Schalter). Dort sind auch sog. „Off-Hour Waiting Areas" eingerichtet. Sie sind hell erleuchtet, vom Beamten in der tokenbooth einsehbar oder sie werden per Videokamera überwacht. Treten Sie nie zu nahe an den Rand des Bahnsteigs während der Zug einfährt, sie könnten gestoßen werden und auf die Schienen fallen. Und nehmen Sie nach 22 Uhr die U-Bahn nicht weiter nördlich als etwa 95. oder 96. Straße.

Auch die Toiletten in U-Bahnstationen sollte man wirklich nur im Notfall aufsuchen. Zum einen sind sie oft von Obdachlosen „bewohnt", zum anderen sind sie nicht sauber und auch nicht sicher. In vielen Stationen sind die Toiletten sowieso versperrt, da man anders dem Vandalismus nicht mehr Herr wird.

Die **wichtigsten U-Bahn Linien**, die Manhattan von Nord nach Süd durchziehen, sind die *IRT Broadway 7$^{th}$ Avenue Subway, Linien Rot 1 und*

*9*, die von Norden durch die Upper Westside, später ein Stück dem oberen Broadway folgend, bis zur South Ferry an der äußersten Südspitze Manhattans geht, oder die *IRT Lexington Avenue Subway, Linien Grün 4, 5 und 6*, die aus der Bronx kommend unter Lexington und Park Ave. die Osthälfte Manhattans durchzieht. Wichtige Ost-West-Verbindungen (crosstown) sind der *Shuttle Service* zwischen Grand Central und Times Square, die Linien unter 59. und 53. Straße, sowie die Querverbindung in der 14. Straße (8th Ave. bis Brooklyn).

Die einzelnen Linien sind mit Ziffern (z. B. 1, 2, 6 etc.) oder mit Buchstaben (z. B. A, B, RR etc.) gekennzeichnet. Es gibt „local trains" und „expresstrains". Wenn Sie anfangs mit den Linien und Stationen noch nicht so vertraut sind, nehmen Sie lieber einen der etwas langsameren „local trains", der hält bestimmt an jeder Station.

**Das Busnetz** ist mit 210 Linien recht dicht und wird auf den meisten Strecken 24 Stunden rund um die Uhr bedient. Obwohl Busse, bedingt durch den dichten Straßenverkehr, langsamer sind als die U-Bahnen, kommt man mit ihnen doch oft näher an sein Ziel. Zwar sind auch Busse in den Rush-hours brechend voll, sie sind aber sauberer und wohl auch „sicherer" als U-Bahnen. Eine Fahrt kostet $ 1,50. U-Bahn-Tokens können verwendet werden. Verlangen Sie beim Einsteigen vom Fahrer ein Umsteigeticket (transfer). Es ist kostenlos. Mit ihm können Sie dann anschließend andere Buslinien, z. B. crosstown, benützen.

**Thema Sicherheit in New Yorks Subway**

☑ *Kleiner Tipp!* Beim Busfahren (beim Telefonieren übrigens auch!) sollte man immer einen gehörigen Münzvorrat bei sich haben. Denn Busfahrten können nur mit Münzen (oder U-BahnTokens oder MetroCards) und nicht mit Papiergeld bezahlt werden. Auch Pennies werden nicht akzeptiert! Besteigt man den Bus an der vorderen Tür beim Fahrer, wirft man seine Münzen in einen durchsichtigen Kasten, den der Fahrer einsehen kann. Da der Fahrer keinen Cent Wechselgeld bei sich hat und der Zahlkasten nicht zu öffnen ist, kann man, ohne den abgezählten Fahrpreis parat zu haben, nicht mit dem Bus fahren. Will man an der nächsten Haltestelle aussteigen, gibt man das rechtzeitig durch Betätigen der Klingelleiste über den Fenstern dem Fahrer bekannt. Busse halten gewöhnlich an jedem zweiten, dritten Häuserblock. Busse mit der Aufschrift „Limited" halten weniger häufig. Haltestellen sind durch Schilder und einer gelben Markierung am Bordstein kenntlich gemacht.

Busse sind mit einer Buchstaben/Zahlenkombination und dem Zielpunkt gekennzeichnet. In den Avenues fahren die Busse entweder nordwärts (uptown) oder südwärts (downtown), in den Streets entweder in Ost- oder in Westrichtung (crosstown), oder beides.

**Busse uptown:** 1st, 3rd, Madison. 6th, 8th oder 10th Avenue.

**Busse downtown:** 2nd, Lexington, 5th, 7th oder 9th Avenue.

Ca. alle 10 Straßen fährt eine Linie **crosstown**, etwa: 106th,. 96th, 86th, 79th, , 72nd, 57th, 42nd, 34th, 23rd, 14th oder 9th Street.

Streckenpläne für Bus und U-Bahn gibt es beim *New York Visitors Bureau*, am MTA-Schalter am Times Square, an den Informationskiosken am Grand Central Terminal oder in der Penn Station und in einigen U-Bahnstationen, aber niemals beim Busfahrer.

Blick vom World Trade Center zum Empire State Building an der 5th Ave., Manhattan

Busse, die ein „M“ vor der Liniennummer haben, verkehren hauptsächlich innerhalb Manhattans. Ein „B“ bedeutet Brooklyn, „Bx“ steht für Bronx, „Q“ für Queens und „S“ für Staten Island.

**Taxis** überfluten New Yorks Straßen wie ein gelbes Ameisenvolk. Und doch wird es Ihnen bei Geschäftsschluß oder bei Regen nicht leicht fallen, eines der „yellow cabs“ zu ergattern. Bessere Chancen hat man dann (wenn man gerade in der Nähe ist) an einem der Bahnhöfe oder vor einem größeren Hotel. Ansonsten ist es in New York gang und gebe am Straßenrand nach einem Taxi zu winken. Freie Taxis haben ihre Dachleuchte eingeschaltet.

Die Taxitarife waren zuletzt $ 2,- Grundgebühr plus 30 ¢ für jedes Fünftel (ca. 320 m) einer Meile. Eine Meile (1,6 km) kostet also min. $ 3,20. Es werden alle Wartezeiten (z. B. im Verkehrsstau) addiert, 20 ¢ pro Minute. Zudem hat der Fahrgast alle Straßen- oder Tunnelgebühren zu zahlen. Nachtzuschläge von 50 ¢ werden zwischen 20 Uhr und 6 Uhr verlangt, ebenso ein Aufpreis für Fahrten in entlegene Stadtteile oder zum Newark Airport etwa (ca. $ 10,-). Obendrein wird ein Trinkgeld von 15 % bis 20% des Fahrpreises erwartet.

Gerade in New York ist es ganz ratsam, sich nur den gelben Taxis anzuvertrauen. Sie sind vom Staat New York lizenziert und man ist dort relativ gut aufgehoben. An den Seitentüren steht „NYC Taxi“ und die Grundpreise und die Lizenznummer sind dort angegeben. Eine Garantie, nicht übers Ohr gehauen oder ausgesprochen höflich behandelt zu werden, ist das aber noch lange nicht. Es ist nicht ganz falsch, sich vor Antritt der Fahrt den ungefähren Preis sagen zu lassen. Und achten Sie darauf, dass das Taxameter mitläuft. Die Taxameter sind so ausgerüstet, dass Sie eine Quittung ausdrucken können. Verlangen Sie eine Quittung. Mit ihr lassen sich Nachforschungen ggf. leichter durchführen.

Sollten Sie einmal Schwierigkeiten mit dem Taxifahrer haben, notieren Sie sich die Lizenznummer des Taxis und die Nummer der Fahrerlaubnis (am Armaturenbrett oder im Fahrgastraum). Die Taxinummer ist zusätzlich als Plakette auf der Motorhaube und auf der Dachleuchte zu finden. Setzen Sie sich bei Problemen mit der *New York Taxi & Limousine Commission (TLC), 221 West 41st Street, New York, NY 10036, Tel. 212/221-TAXI* (auf den Wählscheiben und Tastenfeldern amerikanischer Telefonapparate sehen sie unter den Zahlen auch Buchstaben!) in Verbindung. Öffnungszeiten: 9 – 17 Uhr. *Taxi-Fundbüro (Taxi Lost and Found) Tel. 212/221-TAXI.*

**Streets und Avenues, Prinzip des Straßensystems in Manhattan**

## TIPPS ZUR STADTBESICHTIGUNG

### Manhattans Straßensystem

Um Ihnen die Wege zu den Sehenswürdigkeiten der Stadt etwas zu erleichtern, hier etwas über das **Prinzip des Straßensystems** von Manhattan. Die Anlage der Straßen in Manhattan gleicht einem rechtwinkligen Gitternetz. Es erleichtert die Orientierung sehr, kennt man erst einmal das System.

Alle Straßen, die von Norden nach Süden verlaufen, also in Längsrichtung der Insel Manhattan und parallel zu den begrenzenden Flüssen East River und Hudson River, werden **Avenues** genannt. Ihre Numerierung beginnt im Osten, also am East River, mit der First Avenue (1st Ave.) und endet mit der 12th Avenue. Wichtig ist dabei die bekannte **Fifth Avenue** (5th Ave.). Sie teilt die Insel Manhattan in einen Ost- und einen Westteil, nur postalisch natürlich. Zu beachten ist bei diesem System noch, dass die 4th Avenue niemand so nennt, sondern das ist die *Park Avenue*. Sie ist flankiert von zwei Avenues, die keine Nummern sondern Namen haben, *Lexington Avenue* und *Madison Avenue*.

Die Querstraßen nun sind die **Streets**, beginnend im Süden mit 1st Street und endend im Norden mit der 220th Street. Nur ganz im Süden Manhattans haben die Straßen Namen, wie *Wall Street*, *Pine Street*, *Canal Street* etc. und verlaufen mehr oder weniger kreuz und quer.

Hausnummern zählen auf den Avenues von Süd nach Nord und in den Streets ab der Fifth Avenue stadtauswärts. Nummer 500 Fifth Avenue ist etwa in Höhe 42./43. Straße. Eine Adresse wie z. B. 11 West (W.) 53rd Street, besagt, dass die Hausnummer 11 in der 53 Straße westlich der Fifth Avenue liegt.

Völlig aus dem Rahmen allerdings fällt der berühmte **Broadway**. Er verläuft durch ganz Manhattan, beginnt am Battery Park, durchzieht diagonal Midtown Manhattan, um an der Westseite bis zum Harlem River zu führen.

### Thema Sicherheit

**Wie sicher ist New York City**

Wie steht es mit der **persönlichen Sicherheit** des New York Besuchers? Henry Miller sagte einmal über seine Geburtsstadt New York, sie sei eine „... Stadt der Gettos, der Slums, der Banden und Gangster, drekkig, laut, voll von Verbrechern, Korruption ...“. Und man ist fast geneigt, Millers Statement für bare Münze zu nehmen, wenn man New Yorks offiziellen Statistiken entnimmt, dass in der Stadt annähernd 60.000 Diebe, Einbrecher, Taschendiebe, Drogendealer und Prostituierte zwar aktenkundig sind,

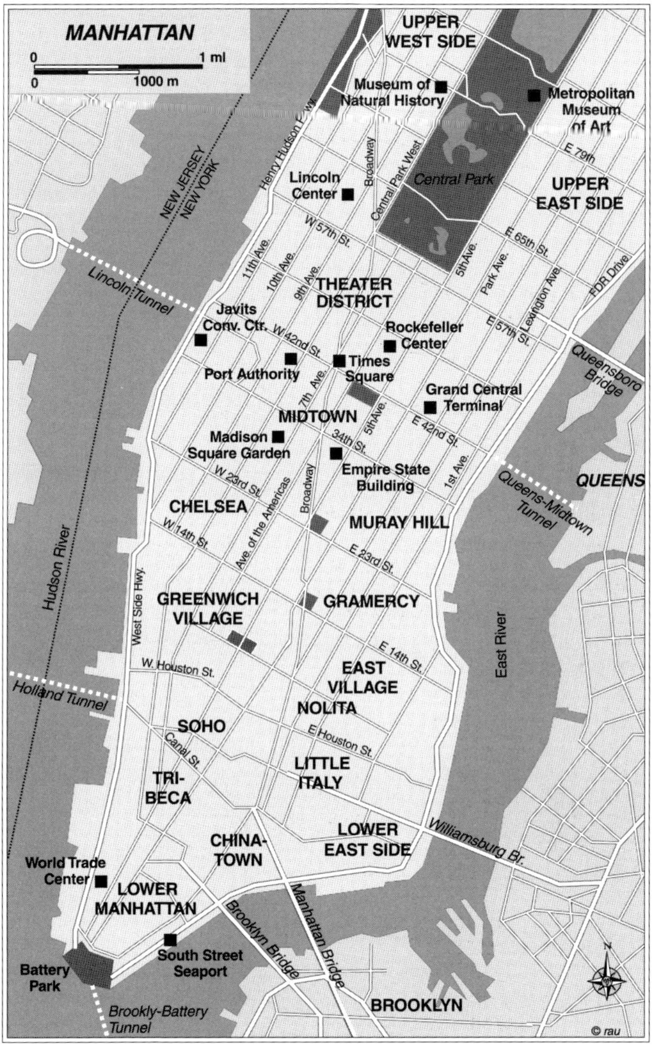


mangels freier Kapazitäten in den Strafvollzugsanstalten aber zwangsläufig auf freiem Fuß bleiben, lediglich mit behördlichen Auflagen belegt.

Jährlich passieren in der Megapolis rund 1.850 Morde und wer weiß wie viele Eigentumsdelikte. Zahlen die erschrecken. Richtig. Aber verglichen mit der Einwohnerzahl von rund 9,2 Mio. im Großraum der Stadt, umgesetzt in Prozente und dann verglichen mit der Verbrechensstatistik anderer, z. B. europäischer Großstädte, sieht das Ganze schon nicht mehr so dramatisch aussehen.

**Tipps zur Stadbesichtigung**

Dennoch, mit offenen Augen, geschlossenen Taschen, ohne kostbaren Schmuck um den Hals und nicht mit der ganzen Reisebarschaft in den Taschen, sollten Sie schon durch New Yorks Straßen gehen. Außerdem ist natürlich auch in New York die Drogen- und Strichszene ein besonderes Feld der Kriminalität.

Erfreulicherweise ist New York – nicht zuletzt durch eine von den Polizeibehörden rigoros umgesetzte Null-Toleranz-Politik – eine wesentlich sicherere und auch sauberere Stadt als noch vor Jahren geworden. Aber das neue Image sollte nicht dazu verleiten, einige Vorsichtsmaßnahmen ganz außer acht zu verlassen.

Tragen Sie keinen Schmuck sichtbar, auch keinen unechten Modeschmuck, wenn Sie durch die Stadt bummeln. Lassen Sie Ihr Goldkettchen lieber im Hotelsafe. Herren sollten ihre Brieftasche, ihre Geldbörse nie in der Gesäßtasche tragen. Nehmen Sie z. B. reichlich Münzen und ein paar Dollarscheine einfach lose in die Tasche, damit Sie so wenig wie möglich zu Ihrer Brieftasche greifen müssen, um darin, begehrliche Blicke anziehend, nach Geld zu kramen. Man liest von New Yorkern, die immer einen 20-Dollar-Schein lose in der Tasche haben. „Mugger money" nennen sie das. Und es ist für den Fall des Falles vorgesehen, damit sie rasch etwas zur Hand haben, falls sie unzweideutig nach „etwas Kleingeld" angegangen werden.

Nicht nur in New York sind Menschenansammlungen, Gedränge und Geschiebe, z. B. beim Ein- und Aussteigen in U-Bahnen, Busse, Fahrstühle, in Kaufhäusern, an Fußgängerüberwegen etc. etc. Situationen, die von Taschendieben gerne genutzt werden.

Nutzen Sie im Hotel den Hotelsafe für Paß, Wertsachen und Tickets und betrachten Sie die Schließkette oder den Sicherheitsbügel an der Zimmertür nicht als unnützen Zierrat (siehe auch unter „Hotels, Motels und andere Unterkünfte – Thema Sicherheit" weiter hinten). Im übrigen sind ein waches Auge und gesunder Menschenverstand immer noch die besten Vorbeugemaßnahmen gegen Unannehmlichkeiten.

Und verkneifen Sie es sich, gerade nachts durch den Central Park zu spazieren. Zu vorgerückter Stunde meidet man tunlichst auch Slumviertel oder heruntergekommene Gegenden und verlassen wirkende Häuserblocks. Nehmen Sie ggf. lieber ein Taxi, als suchend und zögernd durch die Straßen zu gehen. Oder erkundigen Sie sich vorher im Hotel nach Gegenden der Stadt, die man besser meidet.

☑ *Mein Tipp!* Seit geraumer Zeit haben sich an allen Ecken und Enden der Stadt Electronicshops etabliert. Wo früher Fotokameras und Berge von Kameraobjektiven die Schaufenster füllten, werden heute elektronische Dinge, Palmtops, Digitalkameras und tausend andere nette Sachen angepriesen. Leider muss gesagt werden, dass viele der Läden nicht sonderlich seriös mit ihren Kunden und der verkauften Ware umgehen. Mit List und Tücke wird hier vielfach operiert. Nach dem Motto „aus den Augen aus dem Sinn" werden Touristen nicht selten Ladenhüter als der neueste Schrei verkauft. „Na, das erste Mal in New York?" „Wie lang bleiben Sei denn noch?", „Ja, ja ich war auch schon in Deutschland, meine Urgroßmutter stammte von dort". Freundlich die Leute in dem Laden. Aber nach der Devise „you are my friend, I charge you double" wird oft

*am East River an der Brooklyn Bridge, Blick auf Lower Manhattan*

der Inhalt in den Verpackungen manipuliert (es ist nicht das Modell enthalten, das auf der Verpackung abgebildet ist), es fehlen Kabel, Etuis, Batterien o. ä., alles Dinge, die eigentlich zum Lieferumfang gehören, Ihnen von den „aufmerksamen" Verkäufern dann aber als „Extras" zusätzlich verkauft werden. Der Erfindungsreichtum vieler Händler ist da unglaublich kreativ. Trauen Sie also nicht jedem Super-Sonderangebot, wenn man im gleichen Atemzug aber sagt: „Nein, umtauschen können Sie das dann aber nicht mehr". Man setzt hier ganz kaltschnäuzig darauf, dass Sie ja sowieso bald wieder außer Landes sind. Und bis Sie dann bemerken, was Ihnen da tatsächlich verkauft worden ist, sind Sie vielleicht schon wieder auf dem Heimflug. Und versuchen Sie dann einmal, von zu Hause aus eine Reklamation anzubringen. Es ist so gut wie aussichtslos.

Alles in allem soll das nicht heißen, dass man nicht tatsächlich auch ein Schnäppchen machen kann. Natürlich gibt es auch ordentliche Läden und Verallgemeinerungen sind, wie so oft, auch hier nicht angebracht. Aber Sie sollten schon ganz, ganz präzise wissen (Fabrikat, Typ, neuestes Modell, was ist der Stand der Technik, Preise bei uns etc. etc.) was Sie kaufen wollen. Und schauen Sie sich alles noch im Geschäft genau an. Vergleichen Sie den Inhalt mit dem, was auf der Verpackung angegeben ist. In jeder Begleitinfo des Produktes ist fast immer auch aufgeführt, was die Verpackung alles enthält u. s. w. Wird Ihnen das verweigert oder wird versucht, Sie davon abzubringen, dann lassen Sie lieber die Finger von dem Kauf.

Und wenn Sie kaufen und mit Kreditkarte bezahlen, überprüfen Sie vor Ihrer Unterschrift die Beträge und Endsummen (sollte ja eigentlich immer gelten, auch an der Tankstelle, im Hotel oder sonstwo) und bewahren Sie alle Ihre Belege sorgfältig mindestens bis zur Abbuchung von Ihrem Konto auf. Es wäre nicht das erste Mal, dass aus der Summe Ihres

Einkaufs von sagen wir 59,90 Dollar plötzlich 159,90 Dollar geworden sind und sich auf wundersame Weise, und wahrscheinlich ganz aus Versehen, und niemand weiß, wie das nun wieder passieren konnte, eine Eins vor den Rechnungsbetrag „geschlichen" hat.

Übrigens, das Problem wird hier nicht aus der Sicht eines übervorsichtigen Autoren geschildert. Es ist offenbar doch so verbreitet, dass sich sogar New Yorks Oberbürgermeister Rudolph Giuliani genötigt sah, dazu einige Verbraucherschutztipps abzugeben.

## STADTBESICHTIGUNGEN

### Was besichtigt man?

New York hat eine Fülle von herausragenden Sehenswürdigkeiten. Um sie alle zu besichtigen, würden mehrere Urlaube nicht ausreichen. Zur ersten Einstimmung und um einen orientierenden Überblick über die Stadt zu bekommen, sind drei Touren ein guter Einstieg und für jeden unbedingt empfehlenswert, der New York zum ersten Mal besucht: Eine geführte **Stadtrundfahrt**, eine **Bootsrundfahrt** um Manhattan und ein **Hubschrauberrundflug**.

**Früh morgens zur Brooklyn Heights Promenade ****

☑ *Mein Tipp!* Zumindest in den ersten beiden Tagen nach Ihrer Ankunft in New York werden Sie auf Grund der Zeitumstellung sehr früh morgens, um nicht zu sagen mitten in der Nacht, hellwach in ihrem Hotelzimmer sitzen. Nutzen Sie das aus. Es ist ein Erlebnis, morgens um vier z. B. über eine fast leere Fifth Avenue zu spazieren.

Noch besser, setzen Sie sich in die U-Bahn und fahren Sie frühmorgens mit der Linie 2 oder 3 hinüber nach Brooklyn. Steigen Sie an der Clark Street Station aus und gehen Sie über Henry Street und Pierrepont Street nach Westen bis zur **Brooklyn Heights Promenade**. Von dort können Sie wunderbar hinüber sehen nach Manhattan und den heraufziehenden Morgen in den spiegelnden Glasfassaden der Wolkenkratzer beobachten. Zurück nach Manhattan können Sie dann über die nahe Brooklyn Bridge gehen.

**New York by Bus**

### Stadtrundfahrten

Es werden eine ganze Reihe von begleiteten **Stadtrundfahrten** per Bus angeboten. Es gibt Touren von 2 bis 9 Stunden Dauer. Darunter sind Touren durch Lower Manhattan, durch Upper Manhattan und Harlem, oder sog. *Grand Tours*, die einen Besuch der Freiheitsstatue, von Ellis Island, des World Trade Centers, von Greenwich Village, Chinatown etc. einschließen. Es gibt Touren durch das abendliche New York. Selbst Tagesausflüge ins Tal des Hudson River, nach West Point oder zu den Niagara Fällen werden angeboten. Stadtrundfahrten kosten, je nach Dauer ca. $ 20,- bis $ 50,- Ein großer Anbieter von Stadtrundfahrten ist z. B. **Gray Line New York,** 900 Eighth Ave., zwischen $53^{rd}$ und $54^{th}$ Streets, Tel. 212/397-2620.

**Trolley Busse** (Tel. 212/677-7268) fahren im Süden Manhattans zwischen Chinatown, Little Italy, Lower East Side, South Street Seaport, Battery Park, World Trade Center und Financial District.

Im Central Park verkehren zwischen April und Oktober die **Central Park Trolley Tours** (Tel. 212/397-3809)

Man kann sich einer Rundfahrt von **New York Doubledecker Tours**, Tel. 212/967-6008, mit teils offenen Doppeldecker- oder klimatisierten Trolleybussen anschließen, die im Sommer täglich zwischen 9 und 18 Uhr stündlich verkehren und eine bestimmte Strecke durch Uptown Manhattan (u. a. Harlem, Lincoln Center, Central Park, Carnegie Hall, Museum of Natural History) und durch Downtown Manhattan (Times Square, Rockefeller Center, Empire State Building, Greenwich Village, Chinatown, South Street Seaport, United Nations u. a.) befahren. Eine Ticket kostete zuletzt 19,- Dollar, es gilt drei Tage und man kann an den einzelnen Haltepunkten aus und wieder zusteigen so oft man will.

### Geführte Stadtrundgänge

**Stadtrundgänge und Central Park per Fahrrad**

Auch geführte **Stadtrundgänge** stehen auf dem New Yorker Veranstaltungsprogramm. Vor allem Gegenden und Stadtviertel, die von ethnischen Gruppen stark geprägt sind, wie Chinatown, Little Italy oder Greenwich Village und architektonisch interessante Plätze sind das Ziel dieser Rundgänge. Rundgänge werden u. a. initiiert von *The Municipal Art Society,* 457 Madison Avenue, New York, NY 10022, Tel. 212/935-3960.

Das *Museum of the City of New York*, 1220 Fifth Ave, New York, NY 10029, Tel. 212/534-1672-206 veranstaltet jeweils an zwei Sonntagen in den Monaten April bis Oktober 4-stündige Walking Tours durch Manhattan, Brooklyn und Staten Island.

*Literary Tours of Greenwich Village*, Tel. 212/924-0239, bieten geführte Rundgänge auf den Spuren bekannter amerikanischer Schriftsteller durch Greenwich Village an.

Und Kunstliebhaber und solche die es werden wollen können sich auf den *SoHo Art Tours*, Tel. 212/431-8005, durch Galerien, Ateliers und die Künstlerszene von SoHo führen lassen.

Es gibt geführte Touren durch die *NBC Studios*, Touren die einen Blick hinter die Kulissen der *Metropolitan Opera*, des *Madison Square Gardens* oder der *Radio City Music Hall* erlauben, geführte Rundgänge durch *South Street Seaport*, über den *Fulton Fish Market* durch Lower Manhattan etc.

### Fahrradtouren in Manhattan

Und selbst an begleiteten, zweistündigen **Touren per Fahrrad** durch den Central Park kann man teilnehmen. Die Touren starten am New York Convention and Visitors Bureau um 10, 13 und 16 Uhr. Im Teilnahmepreis ist die Benutzung eines Leihfahrrades inklusive. Nähere Infos unter Tel. 603-9750.

Es empfiehlt sich, vor Ort in einen der zahlreichen aktuellen Veranstaltungskalender zu schauen (wie z. B „Where“ oder „The Big Apple Visitors Guide“ des New York Convention & Visitors Bureau), um über das neueste Angebot an Stadtrundgängen und Stadtrundfahrten mit Abfahrtszeiten und Preisen informiert zu sein.

### Harlem Tour

**zu Gospel und Soul nach Harlem**

Zu einem New York Besuch sollte auch eine **Harlem Tour**, eine Gospel & Jazz Tour gehören. Die geführten Rundfahrten schließen einen Stop im legendären *„Cotton Club"* oder im traditionsreichen *„Apollo Theater"*, einen Kirchenbesuch mit Gospelgesang oder ein Dinner bei Soul-Music ein. Touren auch in deutscher Sprache.

Eine der angebotenen Touren nach Harlem ist z. B. die **„Historical Jazz Tour"**, veranstaltet von *A La Carte New York Tours Inc.* Tel. 212/ 828-7360.

Andere Veranstalter sind **Harlem Spirituals, Inc.**, 690 Eighth Ave, New York, NY 10036, Tel. 212/757-0425, oder **Penny Sightseeing Harlem Tours**, Tel 212/410-0080.

**Bootsausflug rund um Manhattan**

### Bootsrundfahrt um Manhattan

Fest einplanen sollte man eine *„Circle Line Cruise"*, eine **Bootsrundfahrt** um Manhattan mit erklärenden Ansagen. Die Schiffe der *„Circle Line"* verkehren zwischen März und Mitte November ab West 42nd Street, Pier 83 am Hudson River. Die Rundfahrten dauern drei Stunden und starten um 9.30, 10.15, 11.45, 12.30, 13.15, 14.00, 15.30 und 16.30 Uhr. Preis ca. $ 22,-. Näheres und neueste Zeiten und Preise erfährt man von *Circle Line*, Tel 212/563-3200.

**NY Waterway,** Pier 78, W. 38th St. und 12th St., Tel. 800/533-3779, veranstaltet von April bis Anfang Dezember 90-minütige Bootsrundfahrten durch den Hafen und um Südmanhattan, Preis ca. $ 16,-.

Auf der **„Star Light Cruise"** sieht man von Ende Mai bis Ende August und an Wochenenden von Anfang September bis Ende Oktober die abendlich erleuchtete Skyline von Manhattan vom Boot aus, Dauer 90 Minuten, Preis ca. $16,-.

Während einer Dinnercruise mit der **„The Spirit of New York"** können Sie beim Mittag- oder Abendessen in Musikbegleitung die Skyline von New York bewundern. Startpunkt am Hudson River, Pier 62, W. 23rd St. und 12th Ave, Tel. 212/742-7278, Preis ca. $ 70,-.

Rundfahrten von einstündiger Dauer durch **New Yorks Hafen** starten täglich von **Pier 16** im **South Street Seaport** am East River in Lower Manhattan. Infos bei Seport Liberty Cruises, Tel. 212/630-8888.

Vom gleichen Anlegeplatz aus werden Rundfahrten mit dem historischen Schoner **„Pioneer"** angeboten, Tel 212/748-8786.

### Skyline und Freiheitsstatue for free

☑ *Mein Tipp!* Die preiswerteste Art einen ausgiebigen Blick auf Manhattan zu genießen, ist die (kostenlose) Fahrt mit der **Staten Island Ferry** nach Staten Island und zurück. Auf der Fahrt hat man viel Zeit, New Yorks Skyline, den Hafen, Ellis Island und die Freiheitsstatue zu betrachten. Dies gelingt aber so richtig gut nur, wenn Sie auf eine der „alten", hohen Fähren warten, auf den die Passagiere noch auf den Decks ins Freie gehen können, und nicht mit einer der zwar schnelleren und moderneren, aber tiefer im Wasser liegenden und ganz mit Glas verkleideten Fähren fahren. Und vermeiden Sie die Rush-hours. Dann sind die Fähren zu voll und die Warteschlangen zu lang.

**Helikopterrundflüge ****

### New York by Helicopter

Eine sehr empfehlenswerte Art, sich einen ersten Überblick über New York City zu verschaffen, ist ein **Helikopterrundflug**. Flüge werden tags-

*Manhattan vom Helicopter aus gesehen*

über zwischen 9 Uhr und 21 Uhr durchgeführt. Es werden drei verschiedene Varianten angeboten. Der kürzeste Rundflug dauert rund 15 Minuten und umfaßt Manhattan südlich des UNO-Gebäudes.

Je nach Dauer des Fluges liegen die Preise pro Person zwischen ca. $ 50,- und $ 150,- pro Person.

Die Hubschrauber der *Liberty Helicopters* starten ab Liberty Heliport, am Hudson River, West 30th Street, Tel. 212/465-8905. In die Nähe des Startplatzes gelangt man mit Crosstown-Bussen M34 über 34th Street oder M42 über 42nd Street bis Jacob Javits Convention Center.

## MIT DER CIRCLE LINE RUND UM MANHATTAN

**Circle Line Tour** **

Die **Ausflugsboote der Circle Line** (siehe auch weiter oben unter „Bootsrundfahrten") fahren gegen den Uhrzeigersinn um die Insel Manhattan. Zunächst geht es vorbei an den Docks von Lower Manhattan zur Einwandererinsel **Ellis Island**. Für über 12 Millionen Einwanderer war hier zwischen 1892 und 1954 das Tor in die Neue Welt.

Die Boote der Circle Line legen unterwegs nicht an! Will man also z. B. Ellis Island, die Freiheitsstatue (Details siehe unter „Lower Manhattan" weiter hinten) oder andere Sehenswürdigkeiten, die man vom Circle Line Boot aus sieht, eingehend besichtigen, wird man einen separaten Ausflug dorthin unternehmen müssen.

**New Yorks Skyline** ***

An **Governors Island** vorbei, die gewaltige **Skyline** von Lower Manhattan vor sich, geht die Bootsfahrt auf der Circle Line Cruise hinein in den East River.

Bald erkennt man die zahllosen Halte- und Spannseile der **Brooklyn Bridge**, deren Fahrbahn in das Gewirr der himmelragenden Bürohäuser Manhattans führt.

**Circle Line Tour**
**

Die Brooklyn Bridge galt lange Zeit als eine Meisterleistung der Brückenbaukunst des 19. Jh. 1883 wurde sie eröffnet, war damals die längste Hängebrücke der Welt und zählt noch heute zu den größten ihrer Art. Konstruiert und erbaut wurde die Brücke von *John August Roebling* und seinem Sohn. Roebling kam während der Bauarbeiten ums Leben. Sehen Sie einen Spaziergang über die Brücke bei einem Stadtbummel durch Lower Manhattan vor.

Vor der Brooklyn Bridge sehen Sie vom Rundfahrtboot aus die Rahen von Segelschiffen. Sie gehören zum **South Street Seaport**, den Sie in eine spätere Stadtbesichtigung unbedingt mit einschließen sollten (siehe auch unter „Lower Manhattan").

Immer die imposante Skyline linkerhand, unterquert man auf der Circle Line Cruise die Manhattan Bridge, dann die Williamsburg Bridge und gelangt am East River Park vorbei zum markanten Glaspalast des **Hauptquartiers der Vereinten Nationen**, der mit den Türmen des Chrysler Buildings, des MetLife Buildings (ehem. Pan Am Building), des Empire State Buildings oder des World Trade Centers, die alle unübersehbar aus dem Dunst der Großstadt aufragen, konkurriert. Näheres über das UN-Gebäude finden Sie unter „Midtown Manhattan".

An der **Upper East Side** entlang, einer der nobelsten Wohngegenden New Yorks, geht es über den Harlem River am Stadtteil **Harlem** und dem berühmten Baseballstadion **Yankee Stadium** vorbei, das auf der östlichen Flußseite im Stadtteil **The Bronx** liegt.

Um die Nordspitze Manhattans herum, vorbei am Inwood Hill Park, erreicht das Rundfahrtschiff wieder den Hudson River und folgt ihm flußabwärts, vorbei an **The Cloisters** (nähere Beschreibung unter „Uptown Manhattan – Upper West Side) im **Fort Tryon Park** auf der höchsten natürlichen Erhebung New Yorks.

Der ganze obere Teil Manhattans ist so grundverschieden zu Downtown Manhattan, dass man meinen könnte, in einer ganz anderen Stadt zu sein. Bewaldete Ufer, Wohngegenden, keine Wolkenkratzer, weniger Hast und Eile. **Washington Heights** z. B. zählt zu den besseren Wohngegenden New Yorks.

In Höhe 155. Straße liegt die Museumsgruppe Washington Heights (siehe auch unter Museen).

Auf der Weiterfahrt passiert das Rundfahrtschiff die **George Washington Bridge**, die den Hudson River mit 14 Fahrbahnen überspannt. Etwas weiter, etwa auf Höhe der 122. Straße, fällt ein tempelartiger Bau mit einem säulengeschmückten Turm auf. Es ist das **General Grant National Memorial**, die letzte Ruhestätte des 18. US-Präsidenten *Ulysses S. Grant* (1822 – 1885) und seiner Frau Julia. Grant, auch namhafter Bürgerkriegsgeneral der Nordstaatenarmee, war Präsident von 1869 bis 1877. Das Monument, eines der größten Mausoleen in den Vereinigten Staaten, wurde 1897 eingeweiht.

**Grant's Tomb**
Mi. – So. 9 – 17 Uhr.

Die Bauten der **Columbia Universität** sind in Höhe der 120. Straße zu erkennen und bald deuten die Wolkenkratzer südlich des Central Parks an, dass Pier 83, der Ausgangspunkt der Circle Line Cruise, erreicht ist.

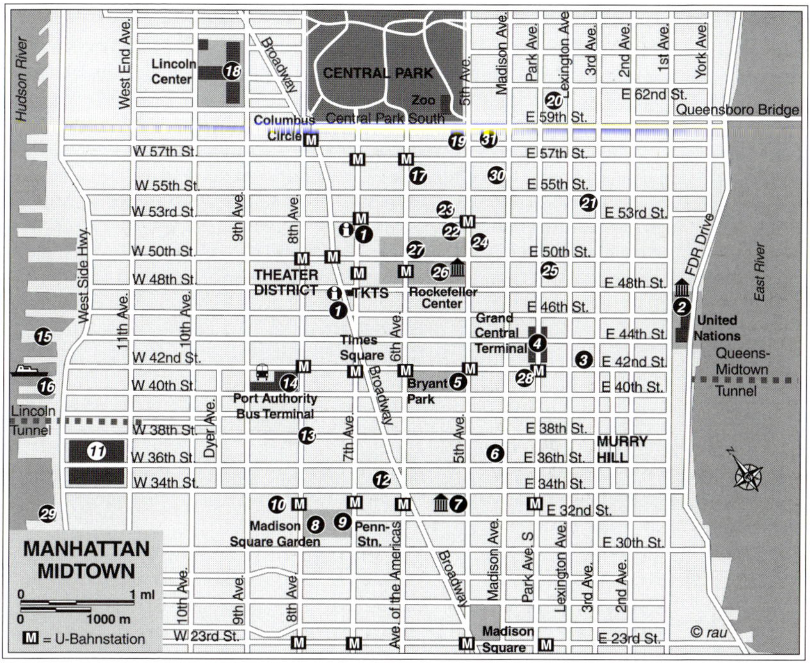


*NEW YORK CITY – MIDTOWN MANHATTAN – 1 Visitors Information – 2 UN Hauptquartier – 3 Chrysler Bldg. – 4 Grand Central Station – 5 NY Public Library – 6 P. Morgan Library – 7 Empire State Bldg. – 8 Madison Sq. Garden – 9 Pennsylvania Station – 10 General Post Office – 11 J. Javits Convention Center – 12 Macy's – 13 Garment District – 14 Port Authority Bus Terminal – 15 Intrepid Sea-Air-Space Museum – 16 Circle Line – 17 Carnegie Hall – 18 Lincoln Center – 19 Plaza Hotel – 20 Bloomingdales – 21 Citicorp Center – 22 Museum of Modern Art – 23 American Craft Museum – 24 St. Patricks Cathedral – 25 Waldorf Astoria Hotel – 26 Rockefeller Center – 27 Radio City Music Hall – 28 Whitney Museum of American Art at Philip Morris – 29 Heliport West – 30 Sony Bldg. – 31 F. A. O. Schwarz*

## MIDTOWN MANHATTAN

Midtown Manhattan umfaßt etwa das Stadtgebiet zwischen 59th Street und 30th Street vom East River bis zum Hudson River. Midtown Manhattan kann man als den geschäftigsten Stadtteil New York Citys bezeichnen. Hier liegen viele der großen Hotels, die Bus Terminals und Bahnhöfe, die größten Kaufhäuser, die feinsten Geschäfte, das Broadway Theaterviertel und einige der höchsten Wolkenkratzer der Stadt, wie das Empire State Building. Hier findet man den Times Square, das UN-Hauptquartier, das Rockefeller Center, die Carnegie Hall u. a.

Da sich die Entfernungen auf einem Rundgang doch zu erklecklichen Strecken summieren, empfiehlt es sich sehr, zwischendurch auf etwas längeren Distanzen immer wieder die U-Bahn, ggf. auch öffentliche Busse zu benutzen.

**Stadtspaziergang durch Midtown Manhattan**

## ZWISCHEN UNITED NATIONS UND EMPIRE STATE BUILDING

Ausgangspunkt unseres Rundgangs durch Midtown Manhattan ist das UN-Hauptquartier **United Nations Headquarters (2),** zwischen East River und First Ave. und $42^{nd}$ und $48^{th}$ Streets gelegen.

Zu erreichen ist das UN-Gebäude am einfachsten mit Crosstown-Bussen der Linien M42 oder M104 über $42^{nd}$ Street oder der Linien M27 und M50 über $50^{th}$ Street. Mit der U-Bahn der Linien Grün 4, 5 oder 6 bis Grand Central Station und weiter zu Fuß oder mit Bussen über $42^{nd}$ Street.

**Vereinte Nationen * (2)**
tgl. 10 - 16.15 Uhr.
Führungen.
Eintritt.

Das Gelände auf dem sich die Gebäude des Hauptquartiers der Vereinten Nationen befinden, ist internationales Territorium. Die Landfläche des Areals gehört allen Nationen, die Mitglied der UN sind.

Als die United Nations nach den Wirren des Zweiten Weltkrieges am 26. Juni 1945 mit der Unterzeichnung der UN-Charta in San Francisco gegründet wurden, zeichneten 51 Nationen als Mitgliedsstaaten. Bis heute sind es 184 Staaten, die sich den UN angeschlossen haben. Laut Statuten gilt der Grundsatz der souveränen Gleichheit aller Mitgliedsstaaten. Erklärtes Ziel der UN ist es, den Weltfrieden zu sichern und die internationale Zusammenarbeit zu fördern.

Erster UN-Generalsekretär war von 1946 bis 1952 der Norweger *Trygve Lie*.

Die Hauptorgane der Vereinten Nationen sind: *Generalversammlung*, *Sicherheitsrat*, *Wirtschafts- und Sozialrat*, *Treuhandschaftsrat* und *Internationaler Gerichtshof* mit Sitz in Den Haag. Zudem gibt es *Sonderorganisationen* wie die Organisation für Erziehung, Wissenschaft und Kultur (UNESCO), die Weltgesundheitsorganisation (WHO), das Kinderhilfswerk (UNICEF) u. a.

Bis 1954 tagte die UN-Vollversammlung an unterschiedlichen Orten. Erst als John D. Rockefeller, jr. das Grundstück am East River kaufte und es der Organisation der Vereinten Nationen schenkte, konnte mit dem Bau eines ständigen Hauptquartiers begonnen werden. Am 24. Oktober 1949, dem Tag der Vereinten Nationen, wurde anlässlich einer Generalversammlung unter freiem Himmel der Grundstein gelegt.

Der Gebäudekomplex, bestehend aus dem markanten, 39-stöckigen, gläsernen Hochhaus des *Sekretariatsgebäudes*, dem von einer Kuppel überragten großen *Sitzungssaal der UN-Vollversammlung*, dem *Konferenzgebäude* und der *Dag Hammarskjöld Bibliothek*, wurde von einer internationalen Arbeitsgruppe von Architekten unter Vorsitz des Amerikaners Wallace K. Harrison geschaffen und 1952 als Zentralsitz den Vereinten Nationen übergeben.

Werke von namhaften Künstlern aus aller Welt zieren Hallen, Foyers, Sitzungssäle und Freihöfe. Die Objekte sind Geschenke der jeweiligen Nation an die UN. Das Foucaultsche Pendel in der Lobby stammt z. B. von den Niederlanden, das Gemälde „Brüderlichkeit" von dem Künstler Rufino Tamayo ist ein Geschenk Mexikos und von Marc Chagall stammt das große blaue Bleiglasfenster. Die frühere Sowjetunion steuerte ein Model des Sputnik I bei und von den USA stammt ein Stück Mondgestein.

Sitzungen, auch solchen der Vollversammlung, können Besucher gelegentlich beiwohnen. Genaue Infos, Zeiten etc. dazu erfährt man unter Tel. 212/963-7713.

Mosaikbild im UNO Gebäude „Menschen der Nationen“

Führungen durch das Hauptquartier der Vereinten Nationen, auf denen auch ein Blick in den großen Sitzungssaal der UN-Vollversammlung gestattet wird – einige werden sich noch an die Bilder aus dem großen Sitzungssaal erinnern, die in den 60er Jahren um die Welt gingen und einen aufgebrachten Chruschtschow zeigen, der mit seinem Schuh auf das Rednerpult hämmert – werden angeboten.

Besichtigungstouren (Eintrittsgebühr) finden täglich zwischen 9.15 und 16.45 Uhr etwa alle 30 Minuten. Während der Monate Januar und Februar bleibt das UN-Gebäude für Besucher an Wochenenden geschlossen.

**Fortsetzung des Stadtrundgangs**

Der weitere Verlauf unseres Rundgangs durch Midtown Manhattan führt über die 42nd Street, vorbei am 33-stöckigen **Daily News Building**, in dessen Foyer sich ein riesiger Globus dreht und bis 1995 Sitz der *Daily News* war, einer der auflagenstärksten Zeitungen (heute in der West Side). Die beachtenswerte Art-Déco-Fassade diente gelegentlich als Kulisse für Superman-Filme.

Kurz darauf erreichen wir, Ecke 405 Lexington Ave., das 77stöckige, 319 m hohe **Chrysler Building (3)**, ein hervorragendes Beispiel der Art-Déco-Architektur der 30er Jahre. Das Hochhaus mit seiner prächtigen Marmorlobby und mit seinem unverwechselbaren, nadelförmig auslaufenden Rundbogenturm war 1930 ein Jahr lang das höchste Gebäude der Welt. Allerdings wird das Chrysler Building, das mit seinem markanten Dachabschluß zu einem der schönsten Wolkenkratzer Manhattans zählt, nicht mehr länger als Büroturm, sondern nun als Luxusherberge mit nicht weniger als 1.700 Zimmern dienen.

Neben dem Chrysler Building liegt das recht noble und entsprechend teure **Grand Hyatt Hotel** und einen Block weiter das **Grand Central Terminal (4)**, ein riesiges Bahnhofsgebäude, von dem aus täglich auf zwei Schienenebenen weit über 500 Züge verkehren und durch das jeden Tag zigtausende von Pendlern geschleust werden. „Terminal“ und nicht etwa „Station“ übrigens deswegen, weil hier kein Durchgangsbahnhof, sondern End- bzw. Startpunkt der einzelnen Bahnverbindungen ist.

Das Grand Central Terminal entstand in zehnjähriger Bauzeit zwischen 1903 und 1913. Die gewaltig große, rund 12 Stockwerke hohe Bahnhofshalle wird überspannt von einem riesigen gemalten Himmelsgewölbe mit Glitzersternen. Mit einem gigantischen Finanzaufwand wurde die Grand Central Station restauriert, nachdem sie glücklicherweise der Abrissbirne entgangen war und nun endlich unter Denkmalschutz steht. Der imposante Bau ist wieder eine Sehenswürdigkeit.

**Stadtspaziergang durch Midtown Manhattan**

Kommen Sie doch einmal zur Rush-hour hierher, oder reservieren Sie sich einen Tisch im **Michael Jordan's Steak House Restaurant** auf einem der Balkone in der riesigen Bahnhofshalle, und beobachten Sie von einer der Emporen aus, wie die Menschenfluten einem Ameisenvolk ähnlich durch die Hallen und Gänge eilen.

**„Oyster Bar" im Grand Central Terminal**

Neben zahlreichen Geschäften und Restaurants im renovierten **„Dining Concourse"** findet man im Untergeschoß die **„Oyster Bar"**, ein renommiertes Restaurant, das bekannt ist für seine ausgezeichneten Fischgerichte, frischen Austern, Muscheln und Schalentiere. Große Weinkarte. Tischreservierung empfehlenswert. Tel. 212/490-6650. Samstag und Sonntag sind Ruhetage.

Überragt wird das Grand Central Terminal vom 59stöckigen **Metropolitan (Met) Life Building**, dem ehemaligen Pan American Building, das nach wie vor zu den größten Bürogebäuden der Stadt zählt und von Walter Gropius konzipiert und entworfen wurde. Aber einige New Yorker waren über diesen Bürobau noch nie richtig glücklich, verstellt er doch rücksichtslos den freien Blick die elegante Park Avenue hinunter.

Unweit südlich des Grand Central Terminal findet man das **Whitney Museum of American Art at Philip Morris**, 120 Park Ave. und East 42$^{nd}$ St., einen Skulpturengarten mit einer bemerkenswerten Sammlung moderner Plastiken. Ein hübscher Platz übrigens, nicht nur um Kunst zu bewundern, sondern auch, um sich im Museumscafé von den Anstrengungen der Stadtbesichtigung zu erholen.

**New York Public Library (5)**
Di. + Mi. 11 - 19.30, Mo. + Do. - Sa. 10 - 18 Uhr. Führungen Di - Sa. 11 und 14 Uhr ab Astor Hall.

Wir gehen auf der 42$^{nd}$ Street weiter westwärts. Wenig später erreicht man die **Fifth Avenue,** die Pulsader Manhattans. Auf der Westseite der Fifth Avenue, Ecke 42$^{nd}$ Street, sieht man die **New York Public Library (5)**, eine Bibliothek mit rund 5 Millionen Büchern. In wechselnden Ausstellungen werden besondere Stücke der Bibliothek, wie seltene Drucke oder Manuskripte u. ä. gezeigt. Es gibt eine kleine Ausstellungsgalerie, in der u. a. eine originale handschriftliche Kopie der Unabhängigkeitserklärung zu sehen ist, die Thomas Jefferson für sich anfertigte.

Der Bau mit seiner schönen, weißen Marmorfassade wurde 1911 mit Finanzmitteln, die zu großen Teilen von John Jacob Astor zur Verfügung gestellt wurden, errichtet. Gehen Sie ruhig in große **Astor Hall** hinein und betrachten Sie die riesige Lobby mit den beiden geschwungenen Treppenaufgängen. Wirklich beeindruckend ist in der oberen Etage, der erst vor wenigen Jahren restaurierte, gewaltig große **Rose Main Reading Room**. Bemerkenswert die Decke, die bronzenen Leselampen, die Leuchter, die Eichentische etc.

Die markante Freitreppe vor der Bibliothek, die von zwei großen Steinlöwen mit Namen „Patience" (Geduld) und „Fortitude" (Tapferkeit) flankiert wird, ist vor allem in der Mittagspause ein beliebter Treffpunkt.

Hinter dem Bibliotheksgebäude erstreckt sich bis zur 6$^{th}$ Ave. der **Bryant Park**. Er ist benannt nach dem Schriftsteller und Verleger William C. Bryant, der im 19. Jh. in New York lebte. Hier auf dem Gelände des Parks fand von 1853 bis 1854 die *Crystal Palace Exhibition* statt, Amerikas erste Weltausstellung. Im Park gibt es ein elegantes Grillrestaurant und ein Freiluftcafé.

*Blick auf Midtown Manhattan mit 5th Ave.*

Besonders an einem warmen Sommerabend sollten Sie gelegentlich nochmal im Bryant Park vorbeischauen. Zwischen Anfang Juni und Ende August verwandelt sich der Park an Montagen nach Einbruch der Dunkelheit in ein viel besuchtes Freilichtkino.

Wir gehen die Fifth Avenue südwärts bis zur $34^{th}$ Street. Einfacher geht es, wenn man Busse der Linien M1, M2, M3, M4 oder M5 nimmt.

**Tipps für Buchliebhaber**

Wer sich für kostbare alte Bücher interessiert, macht in der $36^{th}$ Street einen Abstecher zur Madison Avenue. Dort findet man die **Pierpont Morgan Library (6),** die in einem Gebäude im Stil einer italienischen Villa untergebracht ist und eine Privatsammlung seltener Bücher und Drucke beherbergt. Als Eintrittsgeld wird von Besuchern eine Spende von etwa $ 5.- erwartet.

Einen Straßenzug weiter südlich, in der $35^{th}$ Street Ecke Madison Ave., liegt **The Complete Traveller Bookstore.** In dem sehr nostalgisch anmutenden Buchladen finden Sie so ziemlich alles, was auf dem amerikanischen Buchmarkt an Reiseliteratur lieferbar oder auch schon etwas älter ist.

**prächtiger Panoramablick vom Empire State Bldg. ** (7)**
tgl. 9.30 - Mitternacht. Eintritt.

Ecke $5^{th}$ Ave. und $34^{th}$ Street trifft man auf den Komplex des **Empire State Buildings (7).** Der 1931 eingeweihte Wolkenkratzer war viele Jahre lang das höchste Gebäude der Welt, rangiert heute aber immer noch an siebter Stelle der weltweiten Hochausrangliste. 102 Stockwerke oder 448 Meter ist das Empire State Building hoch. Rechnet man den 1951 installierten Fernsehsendemasten mit, kommen nochmals 67 Meter dazu. Beim Bau des Wolkenkratzers, auf dessen Spitze sich weiland schon King Kong tummelte, wurden 60.000 Tonnen Stahl verarbeitet, 100 km Wasserleitungen verlegt, 73 Fahrstühle mit insgesamt 11 km Länge installiert und insgesamt 1,05 Mio. Kubikmeter Raum umbaut.

**Stadtspaziergang durch Midtown Manhattan**

Die obersten 30 Stockwerke des Gebäudes werden von Einbruch der Dunkelheit bis 24 Uhr beleuchtet und erstrahlen je nach Jahreszeit oder Festtag in verschiedenen Farben, am 4. Juli, dem Independence Day z. B. in den Nationalfarben Rot, Weiß und Blau.

In der marmornen Eingangshalle sieht man große beleuchtete Motive in der Manier von Bleiglasfenstern, die die sieben Weltwunder darstellen. Sehr selbstbewußt hat der Künstler seinerzeit das Empire State Building als achtes Weltwunder mit dargestellt.

Die **Aussicht** von den Plattformen in der 86. und 102. Etage ist tagsüber und abends ein eindrucksvolles Erlebnis. An klaren Tagen kann man bis 100 km weit sehen. Hoffentlich funktionieren alle Fahrstühle, denn sonst müßten Sie zwischen der Eingangshalle und der Aussichtsplattform in der 102. Etage 1.860 Stufen steigen.

In den Sommermonaten bilden sich vor den Aufzügen oft lange Besucherschlangen. Wenn Sie es einrichten können, fahren Sie frühmorgens oder abends auf das Empire State Building. Der Besucheransturm (jedes Jahr wollen fast vier Millionen Menschen die Aussicht genießen) ist dann wahrscheinlich geringer und das Stadtbild mit seinen Bürotürmen und Straßenschluchten wirkt bei niedrigem Sonnenstand noch plastischer. Der letzte Aufzug fährt um 23.30 Uhr nach oben.

Eine andere Attraktion im Empire State Building ist **The New York Skyride**. Diese sehr „bewegte", knapp 20-minütige, simulierte und elektronisch animierte Reise zu New Yorks größten Attraktionen, wird auf riesigen Leinwänden präsentiert. Die turbulente Show entläßt manchen Besucher mit etwas wackeligen Beinen. Und wer leicht bewegungskrank, sprich luft- oder seekrank wird, sollte sich den immerhin fast 12 Dollar teuren New York Skyride ersparen.

**New Yorks berühmte Veranstaltungshalle Madison Square Garden (8)**

Vom Empire State Building ist es auf der 33rd Street nicht sehr weit zum **Madison Square Garden Center (8),** 7th Ave. und West 33rd St. Der Komplex bietet alleine in der weltbekannte Sport- und Veranstaltungsarena *Madison Square Garden*, Austragungsort mancher Boxweltmeisterschaftskämpfe und anderer Großveranstaltungen, 20.000 Sitzplätze. Zum Komplex gehören außerdem das *Felt Forum* mit Platz für 4.000 Zuschauer, die *Exposition Rotunda* und ein *Bowling Center* mit 48 Bahnen.

**New Yorks wichtigster Bahnhof (9)**

Unter dem Madison Square Garden Center liegt die **Pennsylvania Station (9),** kurz **Penn Station**, die Drehscheibe des Bahnverkehrs in Manhattan und verkehrsreichster Bahnhof der Welt. Täglich passieren rund 300.000 Menschen Penn Station und Grand Central Station zusammen.

Einen Block westlich der Penn Station ist in einem architektonisch interessanten, neoklassizistischen Bau des **General Post Office (10)** untergebracht. Es ist rund um die Uhr geöffnet.

Noch ein gutes Stück weiter westlich, zwischen 11th und 12th Ave. (West Side Highway) und 34th und 38th Streets, entstand eines der größten Tagungszentren des amerikanischen Kontinents, das **Jacob Javits Convention Center (11).**

Geht man von der Penn Station nordwärts zur 34th Street und rechts (ostwärts) weiter Richtung 6th Ave. (Avenue of the Americas), kommt man zu **Macy's (12)**, dem angeblich größten Warenhaus der Erde. Ein ande-

*Times Square, Manhattan*

res Rieseneinkaufseldorado, **Herald Center,** liegt gleich gegenüber Ecke 34th Street und 6th Ave.

Das Viertel westlich von Macy's, etwa zwischen 6th und 8th Ave. und 34th und 40th Streets, ist bekannt als **Garment District (13)**, ein Zentrum der Textilindustrie und Textilverarbeitung. Ein Drittel der Kleiderproduktion in den USA kommt aus dem Garment District in New York.

## TIMES SQUARE, BROADWAY, CENTRAL PARK SOUTH

**Times Square, Zentrum des Musical Mekkas**

Über den weltberühmten **Broadway**, einer lauten, grellen Straße, deren Erscheinungsbild nicht so ganz mit dem Image harmoniert, das ihr weltweiter Ruf als Theater und Musical Mekka suggeriert, kann man nordwestwärts weiter bis zum **Times Square** gehen.

Am Times Square halten sehr viele U-Bahnen und zahlreiche Buslinien queren den Platz. Die U-Bahnstation *42nd Street Times Square* ist ein wichtiger Verkehrsknotenpunkt und Umsteigeort.

Der Times Square, an dem sich Broadway, 7th Ave. und 44th Street kreuzen, ist das Herz Manhattans und das Zentrum der New Yorker Bühnenwelt. Den Times Square umgeben Theater, Premierenkinos, Nachtclubs, Geschäfte und Hotels, und lange gehörten auch Peepshows und zwielichtige Etablissements dazu. Der Times Square, der sich zwischen 42nd und 47th St. erstreckt, ist abends in ein Lichtermeer der Neonreklame getaucht, von haushohen Bilboards strahlen die teuersten Models der Werbebranche herab. Unübersehbar prangen die Schriftzüge von Weltmarken und Firmen an den Häusern. Und über ein riesengroßes, elektronisches Schriftband laufen ständig Nachrichten aus aller Welt und die aktuellen Börsenwerte.

Tag und Nacht ist der Times Square voller Leben, voller Menschen, umtost vom Verkehrslärm. Und immer noch hängt dem Platz an der Schnitt-

**Stadtspaziergang durch Midtown Manhattan**

stelle von Broadway, $7^{th}$ Avenue und $42^{nd}$ Street ein bisschen das Image an, lange Zeit auch Tummelplatz von Taschendieben, Drogenhändlern und Schleppern gewesen zu sein. Im Rahmen eines groß angelegten Renovierungs- und Sicherheitsprogramms wurde das Viertel, ebenso wie der Westteil der $42^{nd}$ Street umfassend „saniert". Die meisten der zwielichtigen Lokalitäten und Gestalten mußten sich neue Reviere in der Stadt suchen. Heute ist der Times Square und seine Umgebung so „sauber", dass viele New Yorker sagen, das wäre nicht mehr „ihr" Times Square.

Seit 1904, als die Zeitungsredaktion der New York Times hier ihre Zentrale aufschlug und der Platz so seinen Namen erhielt, wird am Times Square in der Silvesternacht von einer riesigen Menschenmenge, lautstark und turbulent das Neue Jahr erwartet.

**Visitor Center am Times Square** *
tgl. 8 - 20 Uhr

1998 wurde am Times Square das Gebäude, das einstmals das altehrwürdige Kino Embassey Theater beherbergte, der Öffentlichkeit zugänglich gemacht. Heute ist hier das **Times Square Visitor Center** untergebracht, 1560 Broadway, zwischen $46^{th}$ und $47^{th}$ Streets. Dort erhalten Sie Informationen über New Yorks Sehenswürdigkeiten, über Stadtrundfahrten und ähnliches. Man kann hier Theatertickets oder MetroCards kaufen und vieles mehr. Und es gibt hier die einzigen **öffentlichen Toiletten** weit und breit! Das Visitor Center am Times Square täglich von 8 bis 20 Uhr geöffnet.

Zu den **Broadwaytheatern,** die tatsächlich am Broadway liegen, die Mehrzahl der Theater liegt ja in anderen Straßen des Theatre District, zählen das *Marquis Theatre*, das *Minskoff, Winter Garden* und das *Broadway Theatre*.

Das älteste New Yorker Theater, das seit seiner Eröffnung 1902 ständig bespielt wird, ist übrigens das *Lyceum*, 149 West $45^{th}$ Street.

Und zu den sog. „longrunning hits" (im Gegensatz zu den „sleepers", die sich im Buhlen um die Publikumsgunst etwas schwerer tun) zählten am Broadway zuletzt: „Cats", „Guys and Dolls", „Les Misérables", „The Phantom of the Opera", „Miss Saigon", „Kiss of the Spider Woman", „Grease!" u. a.

Mehr über Theater und Musical finden Sie unter „Theater, Musical, Konzerte" weiter unten.

**Theaterkarten am TKTS-Schalter**

Wer für den selben Tag noch Theaterkarten haben möchte und viel Zeit mitbringt, stellt sich am **TKTS-Schalter** an, Ecke Broadway und $47^{th}$ Street. Karten zum halben Preis gibt es ab 11 Uhr für Matinees und ab 15 Uhr für Abendvorstellungen am selben Tag (siehe auch unter „Theater").

Einen weiteren TKTS-Schalter finden Sie im World Trade Center in der Ausgangshalle des Besucheraufzugs. Die Titel der Shows, für die Karten zu haben sind, werden auf einer Anzeigetafel aufgelistet. Kreditkarten werden übrigens zum Bezahlen von Theatertickets an den TKTS-Schaltern nicht angenommen!

Auf dem kleinen verkehrsumtobten Platz mit dem TKTS-Schalter, dem **Duffy Square**, findet man übrigens auch zwei Statuen. Sie erinnern an „streitbaren Kaplan" Francis Duffy, der sich im Ersten Weltkrieg hervortat und später Seelsorger in der Gegend um die 42. Straße war, und an George M. Cohan, einem Soldaten aus dem Bürgerkrieg, der den Song „Yankee Doodle Dany" getextet und die Melodie dazu geschrieben hat.

**Stadtspaziergang durch Midtown Manhattan**

Westlich vom Broadway, in der 46$^{th}$ Street, liegt das **Hotel Paramount**. Das Haus, das gerne von preisbewußten Gästen frequentiert wird, liegt äußerst zentral und mitten im Theaterdistrikt und wurde vor einiger Zeit aufwendig renoviert und modern gestylt.

**New Yorks zentraler Busbahnhof (14)**

Einen Block westlich vom Times Square findet man das **Port Authority Bus Terminal (14)** zwischen 8$^{th}$ und 9$^{th}$ Ave. und 40$^{th}$ und 42$^{nd}$ Streets. Der Busbahnhof, der von Greyhound, anderen Busunternehmen und Vorortbussen angefahren wird, hat U-Bahn-Anschluß. Außerdem verkehren von hier Expreßbusse zu den Flughäfen Newark Airport und John F. Kennedy Airport.

Westlich vom Port Authority Bus Terminal findet man zwischen 9$^{th}$ und 10$^{th}$ Ave. in der sog. **Theatre Row** eine ganze Reihe von namhaften und experimentierfreudigen Off-Broadway Theatern. Gerade in den Off-Broadway Theatern, weniger in den etablierten Broadwayhäusern, lebt eigentlich die Theater- und Musicalszene, der der Broadway seinen schon fast märchenhaften Ruf verdankt.

Auch die Gegend der 42$^{nd}$ Street östlich vom Port Authority Bus Terminal, etwa zwischen 7$^{th}$ und 8$^{th}$ Ave., scheint auf dem Wege zu einer positiven Entwicklung zu sein. In der Gegend, die bislang von Peep Shows, Pornoshops, schmierigen Buch- und Videoläden dominiert wurde, mit einem Angebot, das auf dem Index steht und woanders nur unter der Ladentheke gehandelt wird, etablieren sich mehr und mehr seriöse Theater, wie das reaktivierte *Times Square Theatre, das Ford Center for the Performing Arts, das New Victory* oder das *New Amsterdam,* die mit dazu beitragen, das Image dieser Gegend etwas aufzumöbeln.

Im sehr schön im Art-Déco-Stil restaurierten **New Amsterdam Theater**, 214 W. 42$^{nd}$ St., das zu Beginn des vergangenen Jahrhunderts Heimat der legendären „Ziegfeld Follies“ war, ist heute die Walt Disney Company der Hausherr. Und der Name und das Image dieses Medienkonzerns ist alleine schon Garant dafür, dass zumindest um das New Amsterdam Theater „die Welt wieder in Ordnung“ ist. Im New Amsterdam Theater ist die Bühnenversion von Disneys „König der Löwen“ auf dem Besten Wege, zum „longrunning hit“ zu werden.

Auf der anderen Straßenseite der 42$^{nd}$ Street liegt das **New Victory Theater.** Auch dieses Haus, das älteste Theater in New York, wurde im Rahmen des sog. „Revitalisierungsprogramms“ des Times Square und seines Umfeldes in den 90er Jahren komplett renoviert und wieder hergestellt. Das Haus hat sich heute ganz dem Theater für Kinder verschrieben.

Ein gutes Stück weiter östlich, schon jenseits des Broadway, liegt **Best Newsstand**. Dort finden Sie Tageszeitungen, Illustrierte und Magazine aus aller Herren Länder.

**Abstecher zu Museumsschiffen am Hudson River (15)**
Sommer tgl. 10 - 17 Uhr, Winter Mi. - So. 10 - 17 Uhr. Eintritt. Letzter Einlass eine Stunde vor Schließung.

Ein **Abstecher** nach Westen (Bus M42, 42$^{nd}$ St.) führt zum **Intrepid Sea-Air-Space Museum (15)**, am Hudson River, Pier 86, West 46$^{th}$ St.

Zu sehen gibt es u. a. den ausgedienten, rund 300 m langen Flugzeugträger *„INTREPID“*, der auch als Bergungsschiff für gelandete Raumfahrtkapseln diente, dann das einst Atomraketen tragende U-Boot *„GROWLER“*, dessen Einsatz vor allem während des „Kalten Krieges“ von Bedeutung war, den Zerstörer *„EDSON“* aus der Zeit des Vietnam Krieges, die *„NANTUCKET“*, ehemals Leuchtschiff der Coast Guard, das

**Stadtspaziergang durch Midtown Manhattan**

Forschungsschiff *„ELIZABETH M. FISHER“* und schließlich das Zerstörerbegleitschiff *„SLATER“*.

Außerdem kann man neben einer interessanten Sammlung von 40 Militärflugzeugen, deren Prunkstück eine A-12 Blackbird ist, der bislang (soweit bekannt) schnellste Jagdbomber der Welt, Raketen, Reproduktionen von Raumkapseln, im Irak erbeutete Panzer und anderes Kriegsgerät besichtigen. Des weiteren werden Filme, Video, Multivisionen und wechselnde Ausstellungen präsentiert. Und es gibt einen Flugsimulator, mit dem man (extra Eintritt) eine Landung auf einem Flugzeugträger versuchen kann.

**mit der U-Bahn zum Columbus Circle**

Der weitere Verlauf unseres Rundgangs durch Midtown Manhattan führt vom Times Square ostwärts zur 6th Ave., auch *Avenue of the Americas*, der wir nordwärts bis zur 59th St. am Central Park folgen. Bequemer und wesentlich schneller geht es mit der U-Bahn ab 42nd St./ Times Square mit den Linien Rot 1, 2, 3, 9 bis 59th St./Columbus Circle.

Die **Avenue of the Americas** (6th Ave.) wird flankiert von riesigen Hochhäusern aus Glas und Stahl. Im Viertel zwischen 51st Street, Central Park, 6th Ave. und 8th Ave. findet man viele der großen New Yorker Hotels wie *New York Hilton and Towers*, *Renaissance, Sheraton Manhattan und Sheraton Hotel & Towers*, *Novotel* u. a., die im Info-Teil näher aufgeführt sind.

Auch das 1891 erbaute Konzerthaus **Carnegie Hall (17)**, 57th St. und 7th Ave., ist hier zu finden. Ein alter Witz geht so: Ein Tourist fragt einen am Straßenrand musizierenden Geigenspieler „Wie kommt man denn zur Carnegie Hall?“. „Üben, üben, üben“ war die Antwort.

Das weltbekannte Konzerthaus wurde einstmals aus Mitteln des aus Schottland stammenden „Stahlkönigs“ und Multimillionärs Andrew Carnegie errichtet. Peter Tschaikowski dirigierte das festliche Eröffnungskonzert in dem 2.800 Sitzplätze großen Auditorium, das für seine Akustik weltbekannt ist.

Es gibt ein **Museum** (tgl. 11 – 16.30 Uhr), das interessante Einblicke in die abwechslungsreiche Geschichte der Carnegie Hall vermittelt.

Montags, dienstags und donnerstags werden um 11.30 Uhr, 14 und 15 Uhr auch Führungen durch das Konzerthaus angeboten, soweit es der Proben- und Vorstellungsplan erlaubt.

Östlich und westlich der Carnegie Hall findet man eine ganze Reihe von stadtbekannten Lokalen und sog. **Themen-Restaurants**, die man aber weniger wegen ihrer erlesenen Speisekarten aufsucht, als vielmehr um zu sehen und gesehen zu werden. Dazu zählen das **„Planet Hollywood“,** 140 W. 57th St., (siehe unter *Restaurants* weiter hinten), das **„Hard Rock Cafe“,** 221 W. 57th St., oder das **„Harley Davidson Cafe“,** 1370 6th Ave.

**New York Information (1)**
Mo. - Fr. 8.30 - 18 Uhr. Sa. + So. 9 - 17 Uhr.

New Yorks wichtigste Anlaufstelle für Informationen, das **New York Convention and Visitors Bureau (1),** findet man in der 7th Avenue und zwar: 810 7th Avenue, 3rd Floor, zwischen 52nd und 53rd Streets, Tel. 212/ 397-8200 oder 212/484-1200.

Einige Straßenzüge weiter nördlich erreicht man den **Central Park**. An der Südwestecke des Parks liegt der **Columbus Circle,** ein verwirrender Kreuzungspunkt mehrerer Straßen mit nie endenden

Autoströmen. Umtost vom Verkehrslärm erhebt sich mitten auf dem Platz ein gigantisches Kolumbusdenkmal.

**Stadtspaziergang durch Midtown Manhattan**

Der Komplex des ehemaligen Ausstellungs- und Konferenzzentrums **New York Coliseum** an der Südwestseite des Platzes, das in seiner Funktion vom Jacob Javits Center am Hudson River abgelöst worden ist, wird bald durch ein supermodernes Geschäftszentrum mit Hotels, Büros, Theatern, Apartments etc. ersetzt werden.

Der dunkle Glaspalast auf der anderen Seite an der Südwestecke des Central Parks beherbergt das **Trump International Hotel and Towers**, eine der teuersten Nobelherbergen in New York.

Geht man am Südrand des Central Parks (Central Park South) über die 59th Street nach Osten, passiert man eine Reihe repräsentativer Häuserfronten rechterhand, die teils zu noblen Hotels gehören, wie dem **Essex House**, dem **Westin Central Park South** oder dem **Plaza Hotel.**

Das **Plaza Hotel (19)**, 5th Ave. at 57th St., am Südostrand des Central Parks ist eine der ersten Hoteladressen New Yorks. Die Restaurants und Bars im Plaza, wie der „Oak Room" oder die „Oyster Bar", sind Stätten exklusiver Gastlichkeit. Das schon fast legendäre Plaza, das übrigens auch zum Immobilienimperium Donald Trumps zählt, diente schon so mancher Filmproduktion als Kulisse. Hitchcock drehte hier und vor noch nicht allzu langer Zeit ging *Crocodile Dundee* im Plaza ein und aus.

Gegenüber dem Plaza Hotel können Pferdedroschken für eine Fahrt durch den Central Park gemietet werden. Erkundigen Sie sich aber vor Antritt der Fahrt nach dem Preis, um Überraschungen zu vermeiden.

Schräg gegenüber, 767 5th Ave., liegt **F. A. O. Schwarz**, ein riesiger Spielzeugladen und ein Wunderland nicht nur für Kinder. Wenn Ihnen die gelegentlichen Warteschlangen am Eingang zu lang erscheinen, dann schlendern Sie an den einladenden Schaufenstern vorbei bis zur Madison Avenue. Oft sind die Warteschlangen am dortigen Eingang weniger lang.

## FIFTH AVENUE

**Fifth Avenue, shopping at its best**

Ab Central Park gehen wir, vorbei am Plaza Hotel, über die 5th Ave. südwärts. In diesem Abschnitt der Fifth Avenue locken die Auslagen so namhafter Geschäfte wie Chanel, Tiffany & Co., 727 5th Ave., Fendi, Cartier, H. Stern, Dior, Gucci, Steuben Glass, Bulgari, Saks Fifth Avenue, 611 5th Ave, New Yorks elegantestes Kaufhaus für Mode, zwischen 49th und 50th Streets gelegen, und schließlich die Büchergeschäfte Scribner's und Barns and Nobles und viele andere.

Wer gerne Einkaufsbummel unternimmt, sollte unbedingt einen Besuch bei **Bloomingdales (20)**, Lexington Ave. und 59th Street, einplanen. Bloomingdales ist ein Warenhaus, das auch heute noch Maßstäbe setzt, nicht nur in Bezug auf Warenangebot, sondern auch in Bezug auf Warenpräsentation.

An der 5th Ave., zwischen 56th und 57th Streets, erhebt sich der 68-stöckige **Trump Tower**, ein nobles Geschäftscenter und Apartmentgebäude, mit viel Glas, Marmor, Gartengrün, Wasserfall und Restaurants in der Mall.

Einschließen in einen Einkaufsbummel sollte man auch einen Besuch im **Citicorp Center (21),** Lexington Avenue und 54th St. Dieser durch sein schräges Dach auffallende Wolkenkratzer ist das achthöchste Gebäude der Welt. Interessant für den Besucher ist vor allem der **„Market“,** ein dreistöckiger Komplex. Um ein glasüberdachtes Atrium reihen sich Geschäfte und Restaurants. Hier gibt es immer irgendeine kostenlose Unterhaltungsattraktion.

Auffallend und markant in der Stadtsilhouette ist das Citicorp Center wegen seines oben abgeschrägte Gebäudeabschluß. Der Grund: Es war geplant, auf der riesigen Schrägfläche Sonnenkollektoren zur Energiegewinnung für das Gebäude zu installieren. Der Plan wurde allerdings nie realisiert.

Auf dem Weg über die Fifth Avenue südwärts passiert man den rechterhand Ecke 53rd Street gelegenen neugotischen Bau der **St. Thomas Church.** Die im gotischen Stil errichtete Kirche stammt aus dem Jahre 1916

**Kunstmuseum * (22)**
Do. + Fr. 12 - 20.30, Sa. - Di. 11 - 18 Uhr. Mi. geschl. Eintritt.

Das **Museum of Modern Art „MoMA“ (22)**, 11 West 53rd St., 2001 aufwendig restauriert und erweitert, befindet sich etwas westlich der 5th Ave. Es zeigt moderne Kunst, Gemälde, Zeichnungen, Fotografien, Grafiken aus dem Ende des 19. Jh. bis in die Gegenwart. Zu den Glanzstükken des Museums zählen u. a. Werke von Matisse, Picasso oder Van Gogh. Sehenswerter Skulpturengarten. Zu den Ausstellungsaktionen gehören auch Filmvorführungen (zum Museum gehören zwei Kinos), Videopräsentationen oder Design Objekte. Wechselnde Ausstellungen, gelegentlich auch Vorführungen von Kunst- oder Dokumentarfilmen.

Dem Museum ist ein Buchgeschäft angegliedert, das neben Postern etc. eine schöne Auswahl an Kunstliteratur bereithält.

**Kunstgewerbe Museum (23)**
DI. - Sa. 10 - 18, Do. bis 20 Uhr. Eintritt.

Ebenfalls in der 53rd St., 40 W. 53. St., schräg gegenüber des Kunstmuseums, liegt das **American Craft Museum (23)** mit einer reichen Sammlung an Kunsthandwerk.

**Radio und TV-Museum ***
Di. - So. 12 - 16, Do. bis 20 Uhr. Eintritt.

In einer Stadt wie New York, in der drei große TV- und Rundfunkanstalten ihren Sitz haben, NBC, CBS und ABC, ist das **Museum of Television and Radio**, 25 West 52nd Street, unweit westlich der 5th Avenue, von Interesse.

CBS z. B. hat seinen Sitz Ecke 52nd Street und 6th Ave. in einem schwarzen Gebäude, das von Insidern nur Black Rock genannt wird. Walter Cronkite, die TV-Legende Amerikas in der News Branche (bevor Larry King von CNN kam), ein Mister Tagesschau amerikanischen Zuschnitts, ging dort ein und aus.

Im Museum of Television and Radio wird auf mehreren Etagen anhand von Fotografien und Exponaten die bunte Geschichte des Rundfunk- und Fernsehwesens in Amerika dokumentiert. Überaus beliebt bei vielen Besuchern ist vor allem die Möglichkeit, sich Ausschnitte aus mehr als 60.000 Aufzeichnungen von Radio- und Fernsehprogrammen, auch von Werbespots, aus amerikanischer Produktion an zu sehen bzw. an zu hören, die die Geschichte dieser Medien widerspiegeln. Vielleicht suchen Sie sich den ersten Auftritt der Beatles im amerikanischen Fernsehen in „The Ed Sullivan Show“ heraus?

**Nobelrestaurant „21“ Club**

Auf dem Weg zum Museum of Television and Radio passieren Sie das **Restaurant „The 21 Club“,** sehr teuer, sehr elegant und sehr snoby. 21 West 52nd Street. Tel. 582-7200. Samstag Ruhetag.

Zwei Blocks weiter südlich erkennt man an der Ostseite der $5^{th}$ Ave. die **St. Patrick's Cathedral (24).** Die Kirche wurde von *James Renwick* in vollendeter gotischer Manier zwischen 1858 und 1874 erbaut. Damals stand der Bau noch am Rande des Stadtgebietes und die in jenen Tagen noch weithin sichtbaren, schlanken Türme der Kirche, 107 m hoch, sollten mit europäischen Vorbildern wie dem Kölner Dom wetteifern. Allerdings verschlang das Monster Manhattan die Kathedrale nahezu und die gotische Fassade wird zwischen den viel höher ragenden Glaswänden der umliegenden Hochhäuser fast erdrückt.

Heute ist die Kathedrale das Zentrum der römisch-katholischen Erzdiözese in New York.

*St. Patricks Cathedral*

In der dreischiffigen Kathedrale erinnern Schreine in Seitenkapellen an zwei amerikanische Heilige. Der zweite Altar im südlichen Seitenschiff, rechts vom Hauptportal, ist im Gedenken an die *Heilige Elizabeth Ann Seton* errichtet. Sie ist die erste in Amerika geborene Heilige und wurde 1975 heilig gesprochen. Genau gegenüber im nördlichen Seitenschiff sieht man die Kapelle zu Ehren des *Heiligen John Neumann*, der 1977 heilig gesprochen wurde und der der erste männliche amerikanische Heilige ist. John Neumann lebte zwischen 1811 und 1860, wurde 1836 in der St. Patrick's Cathedral zum Priester geweiht und war ab 1852 Bischof in Philadelphia.

**erste amerikanische Heilige in der St. Patrick's Cathedral * (24)**

Zwei Straßen weiter östlich, 301 Park Avenue, liegt das weltberühmte Hotel **Waldorf Astoria (25)**. Das traditionsreiche Haus gilt immer noch als eine der ersten Adressen in New York. Auch wenn sich heute in der Hotelhalle mehr Pauschaltouristen, als gekrönte Häupter drängen und es in New York sicher auch bessere und luxuriösere Hotels gibt, bürgt das Renommee dieses 1.850-Zimmer-Hotels weiterhin für gediegenen Service. Hier, wo Kaiser, Könige und Präsidenten abstiegen, ein leckerer Salat gleichen Namens mit Wallnüssen, Sellerie u. a. kreiert wurde und, wie man hört, erstmals der Zimmerservice eingeführt worden ist, feierte man 1993 hundertjähriges Jubiläum.

**das „Waldorf Astoria" (25)**

Das Stammhaus des Hotels, das ehemalige, recht kleine und intime *Waldorf Hotel* wurde vom *William Waldorf Astor*, einem durch Handelstransaktionen zu Dollarmillionen gekommenen Amerikaner, 1893 an der Fifth Avenue, Ecke 34. Straße eröffnet. Schon damals war das Waldorf das Luxushotel in Manhattan schlechthin. Wenig später entstand gleich

**Stadtspaziergang durch Midtown Manhattan**

nebenan des wesentlich größere aber nicht weniger exklusive *Hotel Astoria*.

Nach dem Ersten Weltkrieg zeichneten sich erste Rezessionserscheinungen in Amerikas Wirtschaft ab. 1928 wurde das Waldorf Astoria geschlossen. Aber wohl kaum aus wirtschaftlichen Gründen. Das Hotelgrundstück wurde für den Komplex des Empire State Buildings gebraucht, das hier 1931 eingeweiht wurde.

Für ein neues, im Art-Déco-Stil gehaltenes, noch größeres und noch luxuriöseres Waldorf Astoria Hotel konnte an der damals schon teuren Park Avenue ein neuer, standesgemäßer Platz gefunden werden. Kaum ein halbes Jahr nach der Einweihung des Empire State Buildings wurde im Herbst 1931 das neue Waldorf Astoria Hotel mit Pomp eröffnet, 42 Stockwerke hoch und 2.200 Zimmer groß.

Lange war Conrad Hilton, ein nicht weniger klingender Name in der internationalen Hotelwelt, Direktor des Hauses, das er 1977 erwarb. 1982 wurde das Waldorf Astoria einer Generalrenovierung unterzogen, in deren Rahmen man die Zahl der Zimmer zugunsten des Wohnkomforts um fast 400 verringerte. Imponierend sind der riesige Ballsaal und der schon legendäre Nachtclub *„The Starlight Roof"*.

## ROCKEFELLER CENTER

**Stadt in der Stadt, das Rockefeller Center * (26)**

Am Ende unseres Rundgangs durch Midtown Manhattan steht das **Rockefeller Center (26),** das sich westlich der $5^{th}$ Ave. bis zur $7^{th}$ Ave. erstreckt und von der $47^{th}$ Street bis zur $52^{nd}$ Street reicht. U-Bahn Station Rockefeller Center, Linien B, D, F und Q.

Das Rockefeller Center ist der größte Geschäftshauskomplex in privater Hand. Das dazugehörige 259 m hohe **GE-Gebäude** (ehem. RCA Building) ist das vierthöchste Hochhaus in New York. In den 30er Jahren, noch während der großen Depression, gab John D. Rockefeller den Komplex in Auftrag. Nach seiner Fertigstellung war es bald das dominierende Geschäfts- und Bürozentrum in Manhattan. Und zusehends formierte sich hier in Midtown Manhattan neben Downtown ein zweites „Stadtzentrum".

Das gesamte Rockefeller Center, eigentlich eine Stadt in der Stadt, die täglich von ca. 250.000 Angestellten und fast genau so vielen Passanten bevölkert wird, besteht aus einer Gruppe von 19 Gebäuden, die unter anderen die **Radio City Music Hall** (von der anschließend noch die Rede ist), das **Time and Life Building**, das **McGraw Hill Building** und die Zentrale der Rundfunk- und Fernsehgesellschaft NBC einschließen. Außerdem ist das Rockefeller Center Sitz von Associated Press (AP), der größten Presseagentur der Welt, und des Medienkonzerns Time-Warner. Die Gebäude sind untereinander durch unterirdische Geschäftspassagen verbunden. Dort findet man auch Restaurants und – leider eine Seltenheit in Manhattan – **öffentliche Toiletten**.

Ein beliebtes Fotomotiv ist die mächtige Bronzeskulptur eines erdkugel-tragenden Atlas vor dem **International Building** an der $5^{th}$ Avenue, gegenüber der St. Patricks Cathedral.

Von der Fifth Avenue führen die **Channel Gardens,** ein blumengeschmückter und von eleganten Geschäften gesäumter Kaskadenweg auf das Zentrum der Anlage, die **„Sunken Plaza"** oder Lower Plaza, zu. Blickfang ist dort eine vergoldete **Prometheus-Skulptur**. Umgeben ist die „Sunken Plaza" von den Flaggen aller UN-Mitgliedsstaaten. Der Blick

*die Prometheus Skulptur an der „Sunken Plaza“, Rockefeller Center*

über die Plaza zur Prometheus-Skulptur vor der Marmorwand mit den Wasserspielen zählt mit zu den schönsten Motiven in Manhattan.

Die tiefer gelegene Lower Plaza ist der öffentliche Aktionsraum des Rockefeller Centers. Im Sommer können Sie hier im Freien essen oder Kaffee trinken und im Winter Schlittschuh laufen.

Und wenn Sie in der Weihnachtszeit in New York sind, sollten Sie unbedingt auch einen Abstecher zur Sunken Plaza machen, um sich den gigantischen, illuminierten Weihnachtsbaum hier anzusehen.

Hinter der Prometheus-Skulptur ragt das 70-stöckige **GE Building** (General Electric Building, bis 1986 war es das RCA Building) auf, das höchste Gebäude im Rockefeller Center. Hier ist der Zentralsitz der TV-Station NBC (National Broadcasting Corporation). In deren Peacock Studios wird seit 1952 u. a. die Nachrichtensendung „Today“ produziert und ausgestrahlt.

**Tour durch die NBC Studios**

Für 10,- Dollar können Sie an Führungen durch das GE Building und durch die NBC-Studios teilnehmen. Sie starten alle 15 Minuten in der Halle des GE Building montags bis samstags zwischen 9.30 Uhr bis 18 Uhr, sonntags bis 16.45 Uhr.

☑ ***Mein Tipp!*** Fragen Sie in der Lobby des GE Buildings am Informationsschalter nach dem Faltblatt „Walking Tour of Rockefeller Center“, das Ihnen sicher gute Dienste leistet, wenn Sie alleine auf Tour durchs Rockefeller Center gehen wollen. Die NBC Studios bleiben Ihnen dann allerdings verschlossen.

Eine Kuriosität am Rande: Der Straßenzug *Rockefeller Plaza* zwischen Sunken Plaza und GE Building ist eigentlich eine Privatstraße, was man im Alltag allerdings nicht merkt. Dennoch wird die Straße einmal im Jahr an einem Tag gesperrt, um den Status „Privatstraße“ juristisch aufrecht zu erhalten.

Zwei weitere **Restaurants** im Rockefeller Center verdienen erwähnt zu werden: **„Sea Grill Restaurant“** an der 49th Street, mit Blick auf die „Sunken Plaza“, ausgezeichnete Speisekarte, gute Küche, vor allem Fischgerichte, aber teuer, Sonntag Ruhetag, und das **„American Festival Café“** an der Sunken Plaza, an der 50th Street.

**traditionsreicher Musikpalast (27)**

Die schon erwähnte **Radio City Music Hall (27)** befindet sich Ecke 6th Ave. und 50th Street. Der Art-Déco-Bau aus dem Jahre 1932 beherbergt das größte überdachte Kinotheater Amerikas mit großer Bühne für Shows, mit einer gigantischen Wurlitzer Orgel und einem drei Tonnen schweren Bühnenvorhang. Die Music Hall mit ihren 6.000 Sitzplätzen war Heimat der weltbekannten Tanztruppe der *Rockettes* und eines Symphonieorchesters und sie war Schauplatz vieler Filmuraufführungen, spektakulärer Shows und Revuen. 1978 wurde kurzzeitig an die Schließung der traditionsreichen Radio City Music Hall gedacht. Der Plan wurde aber wieder aufgegeben und das Theater erlebt seitdem eine ganz erstaunliche Renaissance als Schauplatz großer Preisverleihungen, Konzerte und Sonderveranstaltungen.

Es werden täglich zwischen 10 und 16.45 Uhr Führungen angeboten, die auch die Welt hinter der Bühne zeigen. Die Radio City Music Hall wird ab 2000 einer umfassenden Renovierung unterzogen.

## UPTOWN MANHATTAN

### UPPER WEST SIDE

**Manhattans grünes Herz**

**Central Park**, Manhattans 340 Hektar große „grüne Lunge“, erstreckt sich von der 59th St. nordwärts bis zur 110th St. und zwischen 5th Ave. und 8th Ave., hier besser bekannt als Central Park West. Der Park ist landschaftsgärtnerisch schön gestaltet, mit weiten Grünflächen, mehreren Seen, kleinem Zoo (21) an der Südostseite, einem Freilichttheater, mit Gedächtnisstätten und Denkmälern. Die rund 1 ha großen *Strawberry Fields* erinnern an den ermordeten Beatle *John Lennon*. Ein anderes Monument wird „Cleopatra's Needle“ genannt, ein Obelisk in der Nähe der 81. St., den die Regierung von Ägypten 1881 den USA schenkte.

An schönen Sommertagen ist der Park voller Aktivität. Man kann joggen oder radfahren, auf den Seen rudern oder, wie viele Angestellte in der Mittagspause, einfach in der Sonne dösen, im *Delacorte Freilichttheater* einem kostenlosen Konzert oder einer Theateraufführung beiwohnen, sich in einer gemieteten Pferdekutsche durch den Park fahren lassen oder im Restaurant *„Tavern on the Green“* einkehren. Es empfiehlt sich, den Park nur während der Tagesstunden aufzusuchen.

**New Yorks Musentempel * (2)**

Das **Lincoln Center for the Performing Arts (2),** liegt westlich des Central Parks, Ecke Broadway und 64th Street. Der aus verschiedenen Bauten bestehende Komplex ist ein bedeutendes Zentrum der Musik, des Schauspiels, der Oper und des Tanzes.

Die **Avery Fisher Hall** z. B. ist der Stammsitz der New Yorker Philharmonie, die **Alice Tully Hall** Sitz der Kammermusik Gesellschaft des Lincoln Center. Es gibt die **Juilliard Musik Schule**, das **New York State Theater,** in dem hauptsächlich das New York City Ballett arbeitet, und schließlich Spezialbibliothek für Tanz, Theater und Musik.

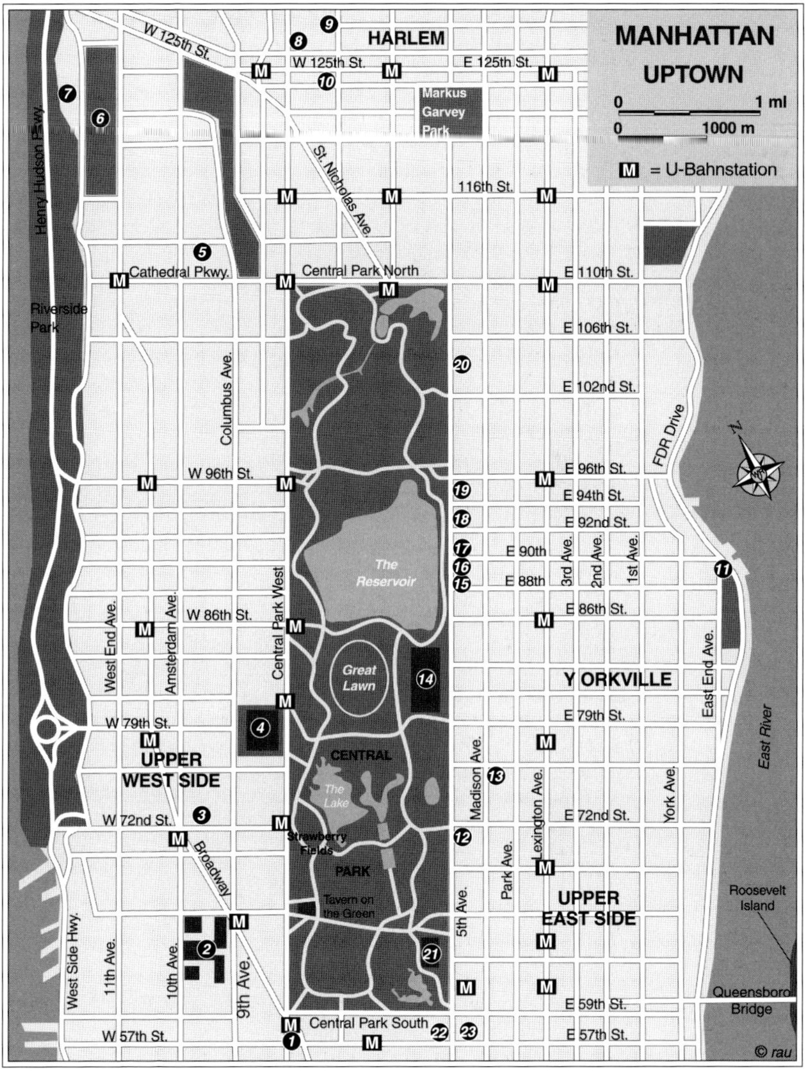


*NEW YORK CITY – UPTOWN MANHATTAN – 1 Columbus Circle – 2 Lincoln Center – 3 Dakota Apartments – 4 American Museum of Natural History – 5 St. John the Devine Cathedral – 6 Riverside Church – 7 General Grant Natl. Mem. – 8 Apollo Theater – 9 Black Fashion Museum – 10 Studio Museum of Harlem – 11 Gracie Mansion – 12 Frick Collection – 13 Whitney Museum of American Art – 14 Metropolitan Museum of Art – 15 Guggenheim Museum – 16 National Academy of Design – 17 Cooper Hewitt Museum – 18 Jewish Museum – 19 Intl. Center of Photography – 20 El Museo del Barrio – 21 Central Park Zoo – 22 Plaza Hotel – F. A. O. Schwarz*

**Upper West Side**

Und es gibt im Lincoln Center das Vorzeigeopernhaus von New York, die weltberühmte **Metropolitan Opera**. Das Foyer des Opernhauses ist bekannt für seine Wandgemälde von *Marc Chagall*.

Durch das Lincoln Center werden täglich zwischen 10 und 17 Uhr einstündige Führungen (Eintritt) angeboten. Übrigens, Sie sollten sich etwas Zeit nehmen oder vielleicht noch einmal hierher zurückkommen, um einen Bummel über die belebte Columbus Avenue mit ihren schicken Läden, Boutiquen und eleganten, teuren Restaurants zu machen.

**wo John Lennon starb**

Wenige Straßen weiter nördlich, West 72nd Street, findet man den Wohnblock der **Dakota Apartments (3)**. Sie wurden 1884 errichtet und lagen damals so weit vom Zentrum der Stadt entfernt, dass die Bewohner meinten, da könne man doch gleich in „die Dakotas" ziehen, die beiden als recht abgelegen geltenden US-Bundesstaaten North und South Dakota. Der Name blieb dem Apartmenthaus, das heute eine sehr gute Wohnadresse ist. Hier wurden einzelne Szenen von Polanskys Film „Rosemary's Baby" gedreht und hier war es auch, wo 1981 *John Lennon* erschossen wurde.

**Museum für Naturgeschichte *** (4)**
So. - Do. 10 - 17.45 Uhr, Fr. + Sa. 10 - 20.45 Uhr. Eintritt.

Das **American Museum of Natural History (4)**, Central Park West und 77th bis 79th Streets, das 1995 sein 125-jähriges Bestehen feierte, zeigt anhand von Exponaten, Ausstellungen und Sammlungen die Geschichte und Entwicklung des Menschen und der Erde. Der gigantische Komplex umfaßt nicht weniger als 35 Ausstellungsräume (darunter alleine drei große Dinosaurier-Hallen, eine „Hall of the Universe", eine „Hall of Planet Earth" u. a.) und das angeschlossene, neue **Hayden Planetarium**.

Die einzelnen Abteilungen zeigen u. a. Abschnitte der Erdgeschichte, die Entwicklung ozeanischen Lebens, Vogelarten und Säugetiere, Reptilien, Amphibien und Dinosaurier ebenso, wie Besonderheiten des menschlichen Lebensraumes. Eine weitere Abteilung gibt Einblick in den Kulturkreis der Indianerstämme Nordamerikas.

**das neue Hayden Planetarium lohnt einen Besuch *****

☑ *Mein Tipp!* Wirklich packend ist ein Besuch im neuen, schon von außen recht futuristisch anmutenden **Hayden Planetarium**. Das technische Wunderwerk, das mehr als 200 Millionen Dollar gekostet hat, wurde im Februar 2000 eröffnet und gilt als das modernste Planetarium der Welt. In einer riesigen Aluminiumkugel, die mit einem Durchmesser von 29 Metern Gedanken an ein außerirdisches Raumfahrzeug aufkommen läßt, erlebt der Besucher mittels modernster Laser- und Computertechnik, basierend auf Daten der Nasa und der Esa, die ungemein realistisch wirkende Illusion einer dreidimensionale Reise durch das Universum, durch einen virtuellen Weltraum. Bebende Sessel unterstreichen den Start der Raketenreise ins All, die durch Spiralnebel und vorbei an Planeten zu Millionen Lichtjahre entfernte fremde Galaxien führt.

Ein spektakuläres Filmerlebnis kann man auf hauswandgroßen Riesenleinwänden im **IMAXTheater** genießen und dabei durch den Grand Canyon jagen, in der Serengeti auf Safari gehen oder zum Wrack der Titanic tauchen.

Man gelangt zum American Museum of Natural History auch mit den U-Bahnlinien 1 oder 9 bis 79th St., oder B oder C bis 81st St. oder mit Bussen der Linien M7, M10 und M79.

Südlich vom Museum of Natural History, in der 77th Street, liegt das Gebäude der **New York Historical Society**. Es beherbergt ein **Museum**, das der amerikanischen Geschichte und Kunst gewidmet ist.

Upper West Side

Westlich von **Central Park North** liegt die Kathedrale **St. John the Devine (5)**, Amsterdam Ave. West 112th St. Der noch unvollendete gotische Bau soll einmal die größte Kathedrale der Welt werden. Es ist allerdings noch lange nicht so weit. Man kann einen einfachen behauenen Mauerstein für $ 100,- spenden, oder ein Kapitell für $ 5.000,-. Es gibt täglich Führungen.

Nördlich der Kathedrale liegt die **Columbia University** und nordwestlich vom Universitätsgelände die **Riverside Church (6),** die zu den schönsten gotischen Kirchen der Stadt gezählt wird. In ihrem fast 135 m hohen Turm befindet sich das *Laura Spelman Rockefeller Carillon*, ein Glockenspiel mit 74 Glocken.

Ganz in der Nähe befindet sich das **General Grant National Monument (7)**, das im Rahmen der Circle Line Tour weiter oben genauer beschrieben worden ist.

Östlich des Frederick Douglass Blvd. erstreckt sich in Höhe der 125th Street der **Stadtteil Harlem**. Näheres siehe unter „Harlem“ hinten.

Neben dem **Apollo Theater (8)**, 253 West 125th Street, zählen in Harlem das **Black Fashion Museum (9)**, 155 – 157 West 126th Street, das **Studio Museum of Harlem (10)**, 144 West 125th Street oder das weiter nördlich gelegene **Schomburg Center for Research in Black Culture**, Lenox at West 135th Street, zu den Sehenswürdigkeiten.

Erkundigen Sie sich im Visitors Bureau nach begleiteten Touren, die die erwähnten Stationen einschließen.

Und noch ein gutes Stück weiter nördlich, in der Convent Avenue, Ecke 141st Street, findet man **Hamilton Grange**, den ehemaligen Wohnsitz von *Alexander Hamilton.* Hamilton, eine führende Persönlichkeit während der Unabhängigkeitsbestrebungen, hatte sich während der Revolutionskriege verdient gemacht. 1802 ließ er sich hier nach Plänen des City Hall Architekten John McComb ein elegantes Landhaus im Kolonialstil errichten. Hamilton nannte seinen neuen Wohnsitz, der damals weitab der Stadt lag, *The Grange* nach dem Anwesen seiner Familie in Schottland. Alexander Hamilton konnte sich aber nur zwei Jahre seines Landsitzes erfreuen. 1804 kam er bei einem Duell mit Aaron Burr tragisch ums Leben.

Hamilton Grange wurde restauriert und war lange für Besucher nicht zugänglich. Erkundigen Sie sich also vorsichtshalber, ob das Haus wieder besichtigt werden kann, bevor Sie sich dahin auf den Weg machen!

Ebenfalls in Uptown Manhattan, Broadway und 155th Street, liegt die **Museumsgruppe Washington Heights.** Die Museumsgruppe umfaßt drei Museen. Dazu gehören Sammlungen der American Academy of Arts & Letters, eine numismatische Sammlung von weit über 600.000 Münzen und Medaillen und eine sehenswerte Ausstellung der **Hispanic Society of America**.

**Hispanic Society**
Di. - Sa. 10 - 16.30,
So. 13 - 16 Uhr.

Das Museum liegt an der Audubon Terrace, Broadway, 613 West 155th Street, wurde 1904 von Archer Milton Huntington (1870 – 1955) gegründet und befaßt sich vor allem mit bildender Kunst aus dem iberischen

Raum. Unter den vielen kostbaren Exponaten sind z. B. historische Landkarten wie Vespuccis Weltkarte, Gemälde von Morales, El Greco, Goya oder Joaquín Sorolla, sakrale Kunstgegenstände wie Prunkmonstranzen, weiter Keramiken, Möbel und Textilien teils mit maurischen Stil- und Schmuckelementen u. a.. Dem Museum ist eine umfangreiche wissenschaftliche Bibliothek angeschlossen.

Zu erreichen mit Subway Linien 1 oder 9 bis 157th Street, oder Linien A oder B bis 155th Street; mit Bussen der Linien M3, M4 oder M5.

**ehemaliges Hauptquartier Washingtons**
tgl. außer Mo. + Di. Eintritt.

Nordöstlich von Washington Heights findet man **Morris-Jumel Mansion**, 65 Jumel Terrace, 160th Street. Dieser elegante Herrensitz aus dem frühen 18. Jh. gilt als ältestes Wohnhaus in Manhattan. 1765 diente es General George Washington als Hauptquartier.

**The Cloisters**
Di. - So. 9.30 - 16.45, Sommerhalbjahr bis 17.15 Uhr. Eintritt.

Und fast am Nordende der Insel Manhattan schließlich liegt **The Cloisters.** The Cloisters, 190th St. und Fort Washington Avenue, ist der Gebäudekomplex, der einem mittelalterlichen Kloster unter Verwendung von Originalbauteilen europäischer Abteien – darunter ein romanischer Kreuzgang aus dem 12. Jh. und ein Kapitelhaus – nachempfunden ist. Das Gebäude beherbergt heute große Teile der mittelalterlichen Sammlung des Metropolitan Museum of Art. U.a. sind mittelalterliche Skulpturen, Wandteppiche, Prunkhandschriften, Goldschmiedearbeiten, Bleiglasfenster ausgestellt. Interessanter Kräutergarten.

Mit öffentlichen Verkehrsmitteln erreicht man The Cloisters mit der Subway IND A train bis 190th Street und Overlook Terrace und weiter mit Bus M4 nach Fort Tyron Park/The Cloisters, oder mit Bussen der Linie M4 über Madison Ave. bis Fort Tyron/The Cloisters.

### UPTOWN MANHATTAN – UPPER EAST SIDE

Wer in New York etwas auf sich hält und es sich leisten kann, wohnt in Upper East Side. Das ist die Gegend, wo die Hunde mindestens genauso gestylt aussehen wie ihre Frauchen, die aber die lieben Vierbeiner natürlich nicht selbst ausführen, sondern ausführen lassen. Vor den Appartementhäusern halten ellenlange Luxuslimousinen mit getönten Scheiben, denen zuerst meist ein Bodyguard entsteigt. Dann erst folgt der illustre Passagier, dem von weißbehandschuhten und livrierten Portiers unter die Arme gegriffen wird. Und die Hauspolizisten wissen wohl nur zu gut, warum sie ihre makellos polierten Handschellen so demonstrativ am Hosenbund tragen.

In den Appartements der Upper East Side haben oder hatten Leute wie Woody Allen, Robert Redford, Bill Cosby, Liza Minelli u. a. ihre New Yorker Adressen. Auch Jaqueline Onassis wohnte bis zu ihrem Tode an der Upper Fifth Ave. Nr. 1040 in einem noblen Appartement mit Blick auf den Central Park. „Millionaire's Row" nannte man früher die Gegend an der Fifth Avenue zwischen 82nd und 104 Street. Heute ist es auch die „Museumsmeile" von New York.

Upper East Side ist das Viertel östlich des Central Parks, bis etwa zur 90th Street reichend. Dort, ab 90th Street beginnt nach offizieller Lesart das Schwarzen-Getto Harlem. Kaum irgendwo sonst könnte sich die Qualität von Wohnverhältnissen so deutlich unterscheiden wie an den Schnittpunkten dieser beiden Stadtviertel, Harlem und Upper East Side.

In Upper East Side liegt auch die Residenz des New Yorker Bürgermeisters. **Gracie Mansion (11)**, East End Ave. und East 88th Street, heißt das Anwesen am Carl Schurz Park. 1799 war der herrschaftliche Landsitz errichtet worden. Seit 1942 hat hier der Bürgermeister der 7-Millionen-Stadt seinen offiziellen Wohnsitz. Das Haus ist für Besucher zugänglich. Führungen. Eintritt. Zu erreichen mit der Subway der Linien 4, 5 oder 6 bis 86th Street Station und weiter mit Crosstown-Bussen der Linie M86.

**hier residieren New Yorks Bürgermeister (11)**

Der Carl Schurz Park trägt den Namen eines aus Deutschland eingewanderten Immigranten, der sich Verdienste für die Vereinigten Staaten erwarb. Schurz (1829 – 1906) diente u. a. in der Unionsarmee, war Senator von Missouri und später Herausgeber der New York Evening Post und von Harper's Weekly.

## NEW YORKS MUSEUMSMEILE

Für die meisten New York Besucher werden aber die vielen Museen und Galerien in Upper East Side interessanter sein als die Adressen der Nobelappartements. Die Beschreibung der Museen kann in diesem Rahmen nur bruchstückhaft sein. Zu zahlreich und vielfältig sind die einzelnen Sammlungen. Alleine das große Metropolitan Museum bietet Sehenswertes, das Anlaß zu mehr als nur einem Besuch gibt.

Hier die Museen in der Reihenfolge von Süd nach Nord, wie sie sich entlang der 5th Ave. an der Ostseite des Central Parks, der „Museumsmeile", reihen:

**Frick Collection (12)**, Ecke 5th Ave. und 70th St., zeigt im ehemaligen Stadthaus des durch Kautschukhandel und Stahlproduktion zu Wohlstand gekommenen *Henry Clay Frick*, eine herrliche Gemäldesammlung, darunter viele der schönsten Werke europäischer Meister des 14. bis 19. Jh., wie Gemälde von Rembrandt, Tizian, El Greco, Vermeer oder Velasquez u. v. a. Zudem ist die kostbare Möblierung des Hauses und die Antiquitätensammlung sehr sehenswert.

**Kunstsammlung Frick * (12)**
Di. - Sa. 10 - 18, So. 13 - 18 Uhr. Eintritt.

**Whitney Museum of American Art (13)**, 945 Madison Ave. und 75th St., zeigt die größte Sammlung amerikanischer Kunst des 20. Jh. Darunter sind Gemälde, Zeichnungen, Drucke, Skulpturen, Filme, Videos und technische Kunstobjekte. Auch die Präsentation der Exponate ist ein Erlebnis.

Das Museum entstand aus der Kunstsammlung der wohlhabenden Gertrude Vanderbilt Whitney und ist untergebracht in einem Gebäude, das von Marcel Breuer stammt, einem Bauhausschüler.

**Kunstmuseum * (13)**
Mi. 11 - 18, Do. 13 - 20, Fr. - So. 11 - 18 Uhr. Mo. + Di. geschlossen. Eintritt.

**Metropolitan Museum of Art (14)**, 1000 5th Ave. und 82nd St. Dieses Museum ist ein Juwel unter den führenden Museen der Welt. Es konnte im Jahr 2000 auf eine 130-jährige Vergangenheit zurückblicken.

1870 wurde die Institution des *Metropolitan Museum of Art* von New Yorker Persönlichkeiten des öffentlichen Lebens, von Kunstliebhabern und Mäzenen aus Industrie und Wirtschaft ins Leben gerufen, die sich im Laufe der Zeit zum größten Kunstmuseum in der westlichen Welt entwikkelte.

**Metropolitan Kunstmuseum *** (14)**
So. + Di. - Do. 9.30 - 17.15, Fr. + Sa. 9.30 - 20.45 Uhr. Mo. geschl. Eintritt. Internet:http://www.metmuseum.org

Über 3 Millionen Exponate, von der Frühgeschichte bis heute sind ausgestellt. Sammlungen griechischer, römischer und ägyptischer Kunst sind ebenso zu sehen wie Gemälde und Skulpturen europäischer Mei-

*New Yorks Metropolitan Museum lohnt immer einen Besuch*

ster, mittelalterliche Rüstungen und Waffen, Wandteppiche, antikes Glas, Kostüme u. a.

Ein neuer Flügel, „The American Wing", beherbergt eine Ausstellung amerikanischer Kunstgegenstände und historische Möbel, Standuhren, u. ä.

Andere Abteilungen im 2. Stock zeigen islamische, japanische oder chinesische Kunst, Musikinstrumente, asiatische und fernöstliche Kunst, europäische Gemälde und Skulpturen aus dem 19. Jh. sowie Kunstgegenstände des 20. Jh.

Ein Besuch dieses Museums sollte unbedingt eingeplant werden! Im Museum gibt es einen Informationsstand, einen Buchstand, Cafeterias und zwei Restaurants. Führungen in englischer Sprache, aber auch in Deutsch. Tonbandtouren können gemietet werden. Das Museum behält sich vor, einzelne Abteilungen wegen Personalmangels stundenweise zu schließen. Eine gebührenpflichtige Tiefgarage ist vorhanden. Einfahrt $5^{th}$ Ave. und $80^{th}$ St.

Vis-à-vis vom Metropolitan Museum liegt übrigens das Goethe Haus, das vom deutschen Goethe Institut betrieben wird.

**Guggenheim Museum * (15)**
So. - Mi. 10 - 18, Fr. + Sa. 10 - 20 Uhr. Do. geschlossen. Eintritt.

**Salomon R. Guggenheim Museum (15)**, 1071 $5^{th}$ Ave. zwischen $88^{th}$ und $89^{th}$ Streets. Zu erreichen mit den Bussen M1, M2, M3 oder M4 über Fifth Ave (downtown, südwärts), oder über Madison Ave. (uptown, nordwärts), bzw. mit der Subway, Linien 4, 5 oder 6 über Lexington Ave., $86^{th}$ Street Station.

Der eigenwillige Rundbau mit seinen spiralförmigen Etagen wurde von *Frank Lloyd Wright* entworfen und zwischen 1957 und 1959 errichtet. Ziel war es, ein Museum in einer „fließenden, organischen Architektur" zu schaffen. Nach umfassenden Restaurierungsarbeiten und Erweiterungen zwischen 1990 und 1992, in deren Rahmen ein neunstöckiger Turm angefügt wurde, konnte die Ausstellungsfläche wesentlich erweitert werden.

*das Guggenheim Museum, Eldorado für Kunstliebhaber*

Das Salomon R. Guggenheim Museum zeigt vor allem moderne Malerei, grafische Kunst und Skulpturen des 19. und 20. Jh. Salomon R. Guggenheim, ein passionierter Kunstsammler, wurde durch seine Beraterin Hilla Rebay auch zu Werken europäischer und amerikanischer Künstler aus der Zeit um 1920 hingeführt. Die Sammlung Guggenheims beinhaltete bald ein breites Spektrum abstrakter Kunst, die 1937 in die Guggenheim Stiftung eingebracht und später der Grundstein für das „Museum of Non-Objective Painting" wurde, das sich lange in der 52$^{nd}$ Street befand. 1952 dann konnte das Museum in das jetzige Gebäude einziehen.

Im Laufe der Jahre wurde das Salomon R. Guggenheim Museum mit zahlreichen Schenkungen bedacht. So kam 1976 die reiche Thannhauser-Sammlung dazu, die die Gemäldeausstellung durch Werke von Cézanne, Degas, Gauguin, Manet, Picasso, van Gogh, Toulouse-Lautrec u. a. bereicherte. Exponate der Thannhauser Sammlung sind auf der 2., 3. und 4. Etage des Museumsturm zu sehen. 1990 erwarb das Museum die Sammlung Panza di Biumo (zweihundert Werke amerikanischer Minimalisten) und erst 1992 kam die Kunstkollektion der Robert Mepplethorpe Stiftung mit über 200 Foto- und Kunstobjekten an das Guggenheim Museum. Diese Ausstellung ist in der neuen Turmgalerie vor allem in der 4. Etage untergebracht.

Am bequemsten ist es (wenn man nicht eine gewisse Reihenfolge der Kunstrichtungen einhalten will), mit dem Aufzug in die oberste Etage zu fahren und auf der Etagenspirale langsam nach unten zu gehen.

Ein weiteres Guggenheim Museum befindet sich im Stadtteil SoHo.

**National Academy of Design (16)**, 5$^{th}$ Ave. und 89$^{th}$ St., eine ständige Kunstausstellung alter und neuer Meister.

Das **Cooper Hewitt Museum (17)**, 5$^{th}$ Ave. und 91$^{st}$ St., ist das Nationalmuseum der Smithsonian Institution of Design. Diese bedeutend-

**Museum jüdischer Kunst (18)**
Mo., Mi. + Do. 12 - 17, Di. 12 - 20 Uhr. Eintritt.

**Fotografie Museum (19)**
Di. - Sa. 10 - 17, So. 13 - 17 Uhr. Eintritt.

**New Yorks Stadtmuseum**
Di. - Sa. 10 - 17, So. 13 - 17 Uhr.

**Lateinamerika Museum (20)**
tgl. außer Mo. + Di.

ste Sammlung dekorativer Kunst in den USA ist untergebracht in der aus dem Jahre 1901 stammenden neogeorgianischen Villa Andrew Carnegies.

**Jewish Museum (18)**, 5th Ave. und 92nd St., zeigt in erster Linie Kunstgegenstände jüdischer Zeremonien. Die Gegenstände stammen teils aus dem Mittelalter und kommen aus dem europäischen und nahöstlichen Raum.

**International Center of Photography (19)**, 1130 5th Ave. und 94th St. Hier findet man wechselnde Ausstellungen zum Thema Fotografie zeitgenössischer Art, aber auch von Meistern aus den Anfängen dieses Kunstmetiers. Ausgezeichnet sortierter Bookshop mit Literatur zur Fotografie, Drucken, Postkarten etc.

**Museum of the City of New York**, 1220 5th Ave. und 103rd St. Anhand von Dokumenten, Bildern, Kostümen und anderen Objekten wird die Entwicklungsgeschichte New Yorks, vom holländischen Handelsplatz bis zur Weltmetropole, nachvollzogen. Spielzeug und Puppenausstellung.

**El Museo del Barrio (20)**, 1230 5th Ave. und 103rd St., ist bislang das einzige Museum in den Vereinigten Staaten, das sich ausschließlich mit Themen und Verbindungen der Einwanderungsregionen Puerto Rico und Lateinamerika befaßt. Neben Ausstellungen werden auch Konzerte, Vorträge, Filme u. ä. gezeigt.

Zu erreichen sind die Museen entweder mit den IRT-Lexington-Avenue-Subway Linien 4, 5 oder 6 oder mit Bussen über die Madison Ave. nordwärts (uptown) und über die 5th Ave. südwärts (downtown).

## HARLEM

Wer Harlem sieht und dann erfährt, dass es einmal zu New Yorks „guten“ Wohngegenden zählte, versteht die Welt nicht mehr.

In den Anfängen der Stadt New York war dieser Vorort bekannt als *Nieuw Haarlem*, in dem vor allem aus Holland stammende Bauern siedelten. Etwa ab dem 19. Jh. entwickelte sich Harlem zu einer noblen Vorstadt der Weißen New Yorker Bevölkerungsschicht. Bauspekulanten errichteten damals eine Menge von Appartementhäusern, was schließlich zu einem Überangebot an Wohnraum führte. Als Folge fielen die Mietpreise und etwa ab 1900 konnten sich auch schwarze New Yorker Wohnungen im immer noch noblen Harlem leisten. Und im Laufe der Jahre entstand in Harlem die größte und bekannteste Gemeinde schwarzer Amerikaner (African-Americans nennt man sie heute offiziell in den U.S.A.) in ganz Amerika.

Harlem wurde rasch zum Zentrum der Kunst- und Kulturszene der schwarzen Bevölkerung. Während der „Harlem Renaissance“ in den wilden 20ern bis zur großen Wirtschaftskrise in den 30ern war Harlem das Jazz- und Vergnügungszentrum an der gesamten Ostküste schlechthin. Berühmt waren die Harlem Jazz Clubs, in denen fast ausschließlich schwarze Künstler auftraten. Als Gäste wurden aber nur Weiße geduldet. Es war die große Zeit, in der in den Clubs Jazzgrößen wie Duke Ellington, Ella Fitzgerald oder Miles Davis, Louis Armstrong, Lionel Hampton oder Count Basie zu sehen und zu hören waren.

Die Wirtschaftskrise traf die Bevölkerung in Harlem hart. Wer konnte, zog weg aus Harlem in preiswertere Gegend wie Queens oder New Jersey.

**Harlem**

Harlem war lange, und ist es auch heute noch ein bisschen das Armenhaus der Finanzmetropole New York, das größte Schwarzen-Getto des Landes und die heruntergekommenste Gegend der Stadt. Hier wo es einst erstklassige Wohngegenden wie „Sugar Hill", „Hamilton Terrace", „Strivers' Row", „Lenox Terrace" oder „Mount Morris Park West" gab, die an Renommee der Upper East Side nicht nachstanden, geht man auch heute noch an verfallenen und verrotteten Backsteinbauten, ausgebrannten Fassaden und schmutzstarrenden Hinterhöfen vorbei. Harlem wird seinen Ruf, Synonym für Armut, Verzweiflung, Schmutz, Gewalt, Drogen, Prostitution und Kriminalität jeder Schattierung zu sein, nicht so leicht los.

Die glanzvollen Zeiten der Jazzgrößen Amerikas, die hier Musikepoche machten, sind vorbei. Auch das überschäumende Nachtleben gehört der Vergangenheit an. Wer kann sich angesichts dieser schmutzigen Tristesse die rauschenden Feste und Parties in der Zeit der 20er Jahre, der Zeit der „Harlem Renaissance" vorstellen? Damals galt: Weiße an die Tische, Schwarze auf die Bühne, Gangster hinter den Vorhang!

Heute bestaunt der mutige Besucher höchstens die Freilichtgalerie der bunt bemalten Eisenrollos in der 125$^{th}$ Street, der Hauptstraße Harlems, die „Franco the Great" wohl mehr aus Protest als aus künstlerischer Überzeugung hier anbrachte. Eigentlich heißt die 125$^{th}$ Street ja Dr. Martin Luther King Jr. Boulevard. Aber niemand nennt sie wirklich so.

Endlich, wenn auch langsam, beginnt sich die Situation in Harlem mit seinen annähernd 500.000 Einwohnern zu ändern. Aber vermutlich kaum zum Vorteil des überwiegenden Teils der schwarzen Bevölkerung. Auch die spanischstämmigen Zuwanderer, die sich in Spanish-Harlem, den östlichen Vierteln Harlems, angesiedelt haben, werden nicht in erster Linie davon profitieren.

Immer weiter dringen Bauten mit den teuren Nobelappartements nach Norden vor. Bodenspekulanten haben Harlem wiederentdeckt. Wohl nicht zuletzt deswegen, weil sie es vermutlich sind, die in erster Linie von dem angelaufenen, aufwendigen Sanierungsprogramm, in das über 300 Millionen Dollar öffentliche Gelder gesteckt wurden, profitieren.

Einige der weltberühmten Bühnen und Lokale Harlems sind wieder in Betrieb. Allen voran das legendäre **„Apollo Theater" (8),** 235 West 125$^{th}$ St., in dem einst die „First Lady of Song" *Ella Fitzgerald* entdeckt wurde und Jazzlegenden wie Count Basie oder Aretha Franklin auftraten, oder der nicht weniger bekannte **„Cotton Club"** (666 West 125$^{th}$ St.). Hier feierte *Joe Louis*, der Boxweltmeister, seine Siege, debütierte die Jazzsängerin *Lena Horne*, traten Jazzmusiker wie *Duke Ellington* (lange Bandleader im Cotton Club), *Louis Armstrong*, *Miles Davis*, *Charlie Parker* u. a. auf.

Dann ist da noch das **„Small's Paradise"** (7$^{th}$ Ave. und 135$^{th}$ St.), einst berühmt für seine steppenden Kellner und Stammkneipe des 1965 ermordeten *Malcolm Little X*, einem berüchtigten „schweren" Jungen von Harlem, oder das **„Copplands Restaurant"** (145$^{th}$ St. und Amsterdam Ave.), wo gelegentlich noch „Soul Food" angeboten wird, eine handfeste Kost aus den Südstaaten, bestehend aus Grünkohl, Kartoffeln, Mais und Schweinerippchen.

**Harlem**

Bekannt ist in Harlem **„Sylvia's Restaurant"**, 328 Lenox Ave. zwischen 126th und 127th Streets, Tel. 996-0660, für seine Küche im Stil der Südstaaten. Sonntags Gospel Brunch zwischen 13 und 19 Uhr.

Brunch im Kreise eines Gospelchors kann man im **„Iridium Restaurant"** einnehmen, 48 W. 63rd St. Tel. 582-2121.

Ein Hauch von Spanish Harlem wird bei Salsaklängen im Club **„Lantin Quarter"** ab 22 Uhr zelebriert, 2551 Broadway, 95th Street, Sonntag und Montag geschlossen. Eintritt.

Trotz gewisser positiver Veränderungen in Harlem ist das Viertel für ortsunkundige Besucher ein heißes Pflaster geblieben. Es gibt immer noch Straßenzüge die man nachts besser meidet. Zwar sind die Zeiten vorbei, in denen sich selbst manche Taxifahrer weigerten, nach Harlem zu fahren. Ratsam ist es aber nach wie vor, Harlem nachts nur in Begleitung wirklich Ortskundiger, oder per Taxi oder eben auf einer organisierten Tour aufzusuchen. Es werden da eine ganze Reihe von Touren angeboten, tags und abends, teils mit Theaterbesuchen oder Teilnahme an Gospel Messen etc.

**begleitete Jazz- und Gospel-Touren durch Harlem**

Eine der angebotenen Touren nach Harlem ist z. B. die **„Historical Jazz Tour"**, veranstaltet von *A La Carte New York Tours Inc.* Tel. 212/828-7360. Ein anderer Veranstalter ist *Harlem Spirituals, Inc.,* 690 Eighth Ave, New York, NY 10036, Tel. 212/391-0900.

Oder Sie können unter ortskundiger Führung an Spaziergängen durch Harlem, an begleiteten abendlichen Rundfahrten, an Gospel- oder an Soul-Food-Touren teilnehmen.

Und wenn Sie U-Bahn fahren, verlassen Sie nordwärts, also Richtung Uptown, die U-Bahn Linie A, auch wenn sie durch Duke Ellingtons Stück „Take the A Train" unsterblich wurde, besser vor der 96. Straße.

## DOWNTOWN MANHATTAN

Der Begriff „Downtown Manhattan" soll hier auf das Gebiet zwischen 30th Street und Greenwich Village beschränkt bleiben. Die Gegend südlich davon ist anschließend unter „Lower Manhattan" beschrieben. Die Besichtigung beider Stadtviertel kann man gut miteinander verbinden, falls die Zeit drängt. Ideal ist, wenn man sich für Downtown Manhattan, für Lower Manhattan und für den Abstecher zur Freiheitsstatue und nach Ellis Island jeweils einen ganzen Tag Zeit nehmen kann.

**New Yorks erstes Hochhaus**

Das erste Hochhaus New Yorks steht an der Kreuzung 23rd Street, 5th Ave. und Broadway am **Madison Square**. Das gerade mal 20 Stockwerke hohe, sog. **„Flat Iron Building"** wurde 1902/1903 vom Architekten *Daniel Burnham* errichtet, ist wie ein Bügeleisen (Iron) zugespitzt und beeindruckt den Betrachter heute noch durch seine reich dekorierte Außenfassade. U-Bahn Station 23rd Street, Linien Gelb N und R. Buslinien downtown M1, M2, M3, M5 über 5th Ave. oder M6, M7 über Broadway.

Nordöstlich vom Flat Iron Building erstreckt sich der **Madison Square**. Hier sollen um 1840 die ersten Baseballspiele in New York ausgetragen worden sein.

**Präsident Roosevelts Geburtshaus**
Mi. - So. 9 - 17 Uhr.

Ein paar Straßenzüge weiter südlich liegt **Theodore Roosevelts Geburtshaus,** 28 East 20th Street. Der 26. Präsident der Vereinigten Staaten, *Theodore „Teddy" Roosevelt,* war hier 1858 geboren worden und

**Dowtown Manhattan**

lebte in seinem Elternhaus bis 1873. Vor seiner Präsidentschaft war Roosevelt Gouverneur des Staates New York.

Das vierstöckige, etwas düster wirkende Backsteingebäude wurde 1923 im viktorianischen Stil renoviert. Es wurde von der Witwe Roosevelts und seinen Schwestern im Stil des 19. Jh. möbliert. Und natürlich sind zahlreiche Dokumente, Bilder und Gegenstände ausgestellt, die an Roosevelt und seine politische Karriere erinnern. Roosevelt war Präsident von 1901 bis 1909. Er starb 1919.

Einen Straßenzug weiter östlich, zwischen 20$^{th}$ und 21$^{st}$ Streets, findet man das Relikt einer exklusiven Wohngegend – **Gramercy Park.** Dieser Privatpark ist von einem hohen Eisenzaun umgeben, seine Tore sind seit 1831 ständig verschlossen und nur die Bewohner der umliegenden Gebäude dieses besonders im 19. Jh. als sehr elegant geltenden Viertels haben einen Schlüssel dazu.

Ebenfalls in der 20$^{th}$ Street, aber einen Straßenzug weiter östlich im Haus Nr. 235, kann das **Police Academy Museum** besichtigt werden. Zu sehen gibt es Polizeiwaffen, alte Uniformen etc. Interessenten sollten aber vorher telefonisch klären, ob geöffnet ist, Tel. 212/477-9753. Mo. - Fr. 9 - 14.45 Uhr.

Wer die eben erwähnten Stationen später besichtigen will, nimmt ab Midtown Manhattan entweder Busse der Linien M1, M2, M3 oder M5, die über die 5$^{th}$ Ave. südwärts fahren, die Busse M101 oder M102 über Lexington Ave./Bowery oder die Subway der Linien Blau A, C, E oder Orange B, D, F, Q bis Washington Square.

## GREENWICH VILLAGE UND EAST VILLAGE

Der **Washington Square (1)** am Anfang der Fifth Avenue ist – zumindest im übertragenen Sinn – der Mittelpunkt von Greenwich Village. Der Platz wird vom markanten **Washington Square Arch** beherrscht. Stanford White hat den Triumphbogen entworfen, der 1893 zu Ehren von George Washington errichtet worden ist.

Das Gelände des Washington Square diente bis ins 18. Jh. hinein als Friedhof für die Opfer von Pocken- und Gelbfieberepidemien. Die Kranken wurden damals in die Gegend des heutigen Greenwich Village, das damals noch weit außerhalb der Stadt lag, in Zwangsquarantäne gesteckt. Später nutzte man den Washington Square als Paradeplatz und Richtstätte. Und heute ist der hübsche Platz, der u. a. von Gebäuden der New York University umgeben ist, schon fast traditionell Treffpunkt von Musikanten, Pantomimen und anderen Freizeitartisten.

Beachtung verdient die sehenswerte Häuserfront an der Nordseite des Washington Square. Die Häuserzeile ist als **The Row** bekannt. In diesen elegante Wohnhäusern mit eindrucksvollen neoklassizistischen Fassaden aus der Zeit um 1830, hatten reiche Banker und Kaufleute ihre Stadtresidenzen.

**The Village ***

Das allgemein als Künstlerviertel bezeichnete **Greenwich Village** (the village – das Dorf), westlich Broadway und zwischen 14$^{th}$ Street und der weiter südlich gelegenen Spring Street, hat mit seinen alten Häusern, Höfen, baumbestandenen, oft noch gepflasterten Straßen und Märkten noch etwas „dörfliche“ Beschaulichkeit, bewahrt. Wo einst im 17. Jahr-

Greewich Village und East Village

hundert Tabakpflanzen gezogen wurden, stehen heute moderne Appartementhäuser neben alten Villen. Wer es sich leisten kann und die Szene liebt, hat ein Appartement im Village. Edgar Allan Poe, Mark Twain lebten früher im Village. In unseren Tagen waren es Popstars wie Bob Dylan die hier lebten. Cher hatte in der 14 East 4th Street ihre Stadtwohnung. Lange Zeit lebte Dustin Hoffman in 16 West 11th Street, und nicht weit entfernt davon wohnten in den 70ern Mel Brooks und Anne Bancroft.

Eines der wenigen historischen Gebäude, die in **East Village** bislang der Öffentlichkeit zugänglich sind (Sonntag bis Donnerstag 13 bis 16 Uhr) und als Museum dient, ist **„The Old Merchant's House" (2),** 29 E. 4th St, zwischen Bowery und 2nd Ave. Die ehemalige Kaufmannsresidenz aus dem 19. Jh. bietet einen sehr authentischen Blick in die Lebensart einer arrivierten Familie in New York um die Jahrhundertwende.

Geradezu historisch zu nennen ist die diagonal durch das East Village verlaufende **Stuyvesant Street**, eine der ältesten Straßen, die in Manhattan angelegt wurden. Peter Stuyvesant, einer der ersten Gouverneure der holländischen Kolonie „Neu Amsterdam". hatte hier seine „bouwerie", seine Farm. Entlang der Straße sieht man schöne alte Backsteinhäuser aus dem frühen 19. Jh. wie das **„Stuyvesant-Fish-House"** (21 Stuyvesant St.) oder des sorgfältig restaurierte Gebäudeensemble **„Renwick Triangle"** aus der Zeit um 1860.

Wenn Sie hier durchs East Village bummeln, finden Sie unweit südlich in der East 7th Street Nr. 15, zwischen 2nd und 3rd Ave., im **McSorley's Old Ale House** sicher ein Plätzchen, um sich von den Strapazen zu erholen. Das Pub reiht sich in die Liste der New Yorker Kneipen ein, die für sich in Anspruch nehmen, das älteste Gasthaus in New York zu sein.

Und eine Institution in East Village für Buchliebhaber ist seit Generationen der **Strand Book Store**, 828 Broadway und 12th Street. In diesem Buchladen, Buchantiquariat und Second Hand Book Store, der mit der Schlagzeile „Eight Miles of Books" wirbt, könnten Bücherwürmer Tage zubringen.

### Theater und Jazzlokale in Greenwich Village

Oder gehen Sie über den parkähnlichen **Washington Square (1)**, der vor allem Sonntag nachmittags bevölkert ist von Joggern, Frisbee-Spielern, Rollerscatern, Musikanten, Schauspielern, Breakdancern etc., nach Süden und weiter bis zur Bleecker Street.

In der **Bleecker Street** finden Sie u. a. das Erst-Aufführungs-Theater vieler Tennessee-Williams-Stücke, das **„Circle in the Square Theater";** oder Musikkneipen wie das **„Bitter End"** (hier ging in der Flower Power Zeit Bob Dylan ein und aus) oder **„The Other End",** beide 147 Bleecker Street.

Nur ein paar Häuser weiter liegt das **„Village Gate"** (Tel. 475-5120), ein bekanntes Jazzlokal, 160 Bleecker St., Nähe Thompson St.

Gehen Sie weiter westwärts bis zur **MacDougal Street**. Hier liegt das berühmte **„Provincetown Playhouse",** das durch die Stücke von Eugene O'Neil bekannt gewordene Theater.

In der MacDougal Street findet man aber auch eine Menge kleiner Kneipen Cafés, Kunstgalerien, Läden für kunsthandwerkliche Dinge, Antiquitäten und Trödel.

Greewich Village und East Village

Abends leben die unzähligen gemütlichen Kneipen mit Dixieland oder Jazzbands auf und die „Off-Broadway Theater", von denen viele Insider sagen, hier lebe die wirkliche Broadwayszene, z. B. am Sheridan Square einige Straßen weiter nordwestlich, werden aktiv. Früher zogen Literaten, Maler, Schauspieler aller Schattierungen hierher. Heute ist der Imagewert in Greenwich Village zu wohnen, so gestiegen, dass sich nur noch arrivierte Künstler die Appartementmieten leisten können. La Bohème de luxe.

Die MacDougal Street nun nordwärts und über die West 4th Street wenigstens bis zum **Sheridan Square**. Theater in der Nähe sind:

**„Duplex"** (Tel. 255-5438), Night Cabaret mit Pianobar, 55 Grove St., und

**„Cherry Lane Theater",** 38 Commerce Street, eines der ältesten Theater New Yorks und nach wie vor ein beliebtes „Off Broadway"-Theater (Tel. 989-2020).

Weitere **Jazz/Pop-Lokale im Village** sind, neben anderen, z. B.:

**„Bottom Line",** Tel. 2286-300, Jazz Nachtclub, gelegentlich auch Rock oder Soul, 15 W 4th St. und Mercer St.

**„Blue Note",** Tel. 4758-592, bekannter Jazzclub, 131 W 3rd St.

**„Village Vanguard",** Tel. 2554-037, 178 7th Ave., Perry Street, Nähe 11th St., traditionsreicher und nach wie vor populärer Jazz Club.

Einige gern besuchte Gaststätten sind, neben anderen, z. B.:

**„Bondini's",** Tel. 7770-670, italienisch, interessantes Innendekor, 62th W 9th St.

**„The Derby",** Tel. 4750-520, gutes Steak House, 109 MacDougal St.

**„Grand Ticino",** Tel. 7775-922, italienische Küche, 228 Thompson St., zwischen Bleecker und 3rd St.

**„Sweet Basil",** Tel. 2421-785, Speiselokal mit gutem Jazz, 88 7th Ave., Nähe Bleecker St.

Das **„Figaro Café"** in der Bleecker Street, war vor allem in der Beat- und Flower-Power Aera in.

Es empfiehlt sich für die meisten Lokalitäten, telefonisch Plätze zu reservieren.

Vom Sheridan Square nach Nordosten verläuft die **Christopher Street**, eine fast schon legendäre Straße in Greenwich Village. Am 27. Juni 1969 machte sich hier die Schwulen- und Lesbenszene Luft über behördliche Repressalien, denen man sich ausgesetzt fühlte. Als damals der Wirt des Lokals „Stonewall Inn" in der Christopher Street Nr. 51 von Polizeibeamten abgeführt und in ein Polizeiauto verfrachtet werden sollte, kam es zur Konfrontation zwischen Polizisten und Gästen und Passanten, die mit der Schwulenszene sympathisierten. Der Aufruhr sollte als „Stonewall Riots" in die Stadtgeschichte eingehen. Seitdem erinnert die Szene jedes Jahr im Juni weltweit in schrillen, lauten *Christopher Street Day Paraden* an die von ihr geforderten Rechte für Schwule und Lesben.

Der originale „Stonewall Inn" existiert nicht mehr. Aber es gibt eine Stonewall Bar in Haus Nr. 53.

Dort, wo die Christopher Street in die Avenue of the Americas (6th Ave.) mündet, liegt auf der Ostseite der 6th Ave. das **Balducci's,** eine traditionsreiche Feinkostdresse in Greenwich Village. Hier gibt es z. B.

**Dowtown Manhattan**

fast hundert Sorten italienischen Käses, ein halbes Hundert von Brotsorten, italienische Spezialitäten, jede Menge weiterer unwiderstehlicher Delikatessen und viele fertige Gerichte, Pasta, Salate etc. zum Mitnehmen.

## LOWER EAST SIDE

Lower East Side, genauer das Viertel östlich von Bowery zwischen Houston Street, Canal Street und East Broadway, ist das Viertel jüdischer Einwanderer, der Emigranten aus Osteuropa, Puerto Rico, der Ukraine, aus Rußland und vielen anderen Ländern. Es heißt, dass für viele Menschen hier die Umgangssprache unter ihresgleichen nicht Englisch, sondern oft noch nach Generationen ihre ursprüngliche Muttersprache ist.

Lower East Side ist voller Leben, nicht gerade mit Wohlstand gesegnet, aber voller gewitzter Geschäftsleute, die mit Jeans, Textilien, Elektronik und tausend anderen Waren Geld verdienen. Vor allem die Delancey Street ist eine lebhafte Geschäftsstraße, in der „bargain hunters" versuchen, ein günstiges Schnäppchen zu machen. Zentrum für preiswerten Einkauf ist die Orchard Street.

Lange war die Lower East Side das Viertel vornehmlich jüdischer Emigranten. Viele von ihnen sind zwischenzeitlich sicher zu Wohlstand gelangt und leben vielleicht längst in der noblen Upper East Side. Geblieben aber sind viele der kleinen Geschäfte und Coffee Shops, wo man so gut wie wohl kaum irgendwo anders in New York ein leckeres Pastrami Sandwich (geschächtetes Rindfleisch, ähnlich Roastbeef), wie bei **Katz's Delicatessen**, 205 East Houston Street oder eine dieser unvergleichlichen Dill Pickles (Gewürzgurken) wie bei **Guss',** 35 Essex Street, bekommt.

Ohne ortskundige Begleitung sollten Sie aber etwas umsichtig sein und besonders das Viertel nördlich der Houston Street meiden. Die **Bowery** z. B. gilt seit jeher als „die Straße der Vergessenen" und manche Straßenzüge erinnern an Slumviertel.

## SOHO, MANHATTANS KÜNSTLERVIERTEL

SoHo (Abkürzung von *South of Houston* Street), ein Stadtviertel zwischen Canal Street und eben südlich der Houston Street und zwischen Avenue of the Americas und Lafayette Street, galt und gilt immer noch als das Künstlerviertel von New York schlechthin. Vor allem in den 60er und 70er Jahren zogen viele Künstler hier in die leerstehenden Etagen ehemaliger Wirtschafts- und Industriegebäude, den sog. Lofts und eröffneten ihre Studios. Andy Warhol, der große Meister der Pop-Art, war auch hier der Trendsetter beim Aufbruch nach SoHo.

Ein interessantes Bierlokal in SoHo ist **„The Manhattan Brewing Co.",** Tel. 2199-250, 40 Thompson Street. Fünf Biersorten werden gebraut und im großen Schankraum serviert.

**Guggenheim SoHo (3)**
So. + Mi - Fr. 11 - 18, Sa. 11 - 20 Uhr. Mo. + Di. geschl. Eintritt.

1992 wurde in SoHo das neue **Guggenheim Museum SoHo (3)**, 575 Broadway, Ecke Prince Street, eröffnet. Es ist untergebracht in einem historischen Backsteingebäude aus dem vergangenen Jahrhundert, wie sie für SoHo und TriBeCa typisch sind. Man erreicht das Museum aus Upper East Side mit Bussen der Linie M1 oder mit der Subway Linien 4, 5 oder 6 bis Spring Street Station.

*Chinatown, Downtown Manhattan*

Weitere **Museen** in SoHo sind **Childrens Museum of the Arts**, 182 Lafayette St., zwischen Grand und Broome Streets (Mi. - So. 12 - 17 Uhr), weiter das **Museum for African Art**, 593 Broadway, Nähe Houston Street (Di. - Fr. 10.30 - 17.30, Sa. 12 - 20, So. bis 18 Uhr) und das New Museum of Contemporary Art 583 Broadway, zwischen Houston und Prince Streets (12 - 18 Uhr).

Westlich der Bowery erstreckt sich **Little Italy**, das italienische Viertel, das sich hauptsächlich um Grand, Baxter und Mulberry Streets erstreckt. In Little Italy wurden einige Szenen des Kinohits „Der Pate“ gedreht. Besonders betriebsam geht es hier an italienischen Festtagen zu.

Stadtbekannt ist im September das *San Gennaro Festival*, das seit nun fast siebzig Jahren jedes Jahr im September gefeiert wird. Zuletzt kamen bis zu drei Millionen Zuschauer. Und es heißt, viele Italiener in Europa legen ihren Urlaub so, dass sie ja nicht das San Gennaro Festival in Little Italy versäumen. Das Fest dauert gewöhnlich 10 Tage und soll an den neapolitanischen *Heiligen Gennaro* erinnern, der 305 den Märtyrertod starb. Höhepunkt des Festes ist denn auch eine feierliche Prozession, in der eine Statue des Heiligen zur Heilig Blut Kirche in der Baxter Street getragen wird.

## TRIBECA

TriBeCa (Abkürzung von *triangle below Canal* Street) entwickelt sich mehr und mehr zum neuen Künstlerviertel Manhattans. Leute, die die Mieten im Village und in SoHo nicht mehr bezahlen können „fliehen“ hierher und richten in alten Fabriken und Lagerhallen Studios, Galerien, Restaurants, Läden und Bars ein. Aber auch hier ist es zwischenzeitlich so, dass die Mieten so gestiegen sind, dass sie für manchen Künstler nicht mehr akzeptabel sind. Und schon verabschiedet sich die avantgardistische Szene hin nach Long Island oder Brooklyn. Oder auch nach **NoLita** (North of Little Italy), einem Viertel, das momentan sehr trendy und in ist und sich anschickt, ein neues SoHo zu werden.

### CHINATOWN

Chinatown, das Viertel ungefähr zwischen Canal Street im Norden, Doyers Street im Süden, Centre Street im Westen und Bowery bzw. St. James Pl. im Osten, ist heute mit rund 300.000 Einwohnern die größte chinesische Gemeinde in den USA nach Chinatown in San Francisco. Hier herrscht immer eine geschäftige Atmosphäre. Die Straßen sind voller Transparente mit chinesischen Schriftzeichen. Dahinter verbergen sich Juweliere, Banken, Restaurants und Geschäfte nicht selten in Gebäuden, die noch aus dem frühen 19. Jh. stammen. In Chinatown, in dem selbst die Telefonhäuschen Dächer im Pagodenstil haben, ist vom Entenei über Haifischflossen bis zum Feuerwerkskörper alles zu haben..

Bis etwa 1965 beschränkte sich Chinatown auf die Straßenzüge zwischen **Pell, Doyers und Mott Streets**. Bis dahin war die Gesellschaft hier eine überwiegend männliche. Die Einwanderungsgesetze verboten den Chinesen, ihre Kinder und Frauen in die USA nachkommen zu lassen. Erst als diese Einwanderungshürde fiel, begann Chinatown förmlich aus allen Nähten zu platzen. Heute leben hier weit über 300.000 Menschen und schon lange nicht mehr ausschließlich Chinesen, sondern auch Einwanderer aus anderen asiatischen Ländern, aus Lateinamerika u. a.

Am schnellsten kommt man nach Chinatown mit der Subway der Linien B, D oder Q bis Grand Street Station.

Zu den Sehenswürdigkeiten in Chinatown zählen z. B. der **Jewelry District** in der Bowery und Canal Street, das **Chinatown History Museum (4)** und das **Mulberry Street Theatre**, beide 70 Mulberry Street, dann das **Edward Mooney House** aus dem Jahre 1789, 18 Bowery u. a.

Nehmen Sie sich abends ein Taxi und kommen Sie zum Essen hierher. Fast alle Lokale bieten gute, vor allem preiswerte chinesische Gerichte an. Vielleicht versuchen Sie es im **„Peking Duck House“,** Tel. 227-1810, 22 Mott Street (Spezialität ist natürlich Peking Ente) oder im **„Say Eng Look“,** Tel. 7320-796, 5 East Broadway, im **„Szechuan Cuisine“,** 30 East Broadway, oder im **„Wohops“,** 17 Mott St., etc. etc.

## LOWER MANHATTAN

Bis hinunter zum **City Hall Park** nimmt man am einfachsten Busse der Linie M1, downtown, über 5th Ave. und Park Ave., Bus M6 über Broadway oder die IRT Lexington Avenue Subway 4 oder 5 bis City Hall/Brooklyn Bridge.

**City Hall Park,** ein dreieckiger, 42.000 qm großer, parkähnlicher Platz und in dieser Gegend heute ein Vermögen wert, war zu Zeiten der Kolonisten der Gemeindeplatz von New York. Hier verlas George Washington im Juli 1776 die Unabhängigkeitserklärung.

**New Yorks altes Rathaus (5)**

**City Hall (5)**, das historische Rathaus New Yorks aus dem Jahre 1811, nach Plänen des Architekten John McComb auf den Grundmauern des alten holländischen „Stadhus“ von 1653 errichtet, ist offiziell immer

*City Hall, New Yorks historisches Rathaus*

noch der Sitz der New Yorker Stadtverwaltung. Der „Governor's Room", ausgestattet mit einer Sammlung historischer Portraits und Möbel aus der alten Zeit, kann nach Anmeldung auf Führungen besichtigt werden.

Nordöstlich der City Hall erstreckt sich Manhattans Gerichtsviertel. Dort findet man eine ganze Reihe von Gerichtsgebäuden wie das **Tweed Courthouse**, gleich nördlich der City Hall, dann den **Surrogate's Court** in der Chamber's Street, das **U.S. Courthouse** mit seiner strengen Säulenfassade weiter nordöstlich beim **Municipal Building (25)** und das **New York County Courthouse** nördlich des Foley Square.

Vier Straßenzüge nördlich der City Hall wurden 1991 bei Bauarbeiten Ecke Duane und Elk Streets die Reste eines alten Friedhofs wieder entdeckt. Auf dem **African Burial Ground (23)** wurden in den frühen Kolonialtagen die aus Afrika stammenden Sklaven beigesetzt. Zwischen 1626 und 1794, als der Friedhof geschlossen wurde, sollen hier mehr als 20.000 African-Americans ihre letzte Ruhe gefunden haben.

Unmittelbar nördlich des African Burial Ground fällt ein nicht sonderlich anziehendes schwarzes Glasgebäude auf. Es beherbergt den Amerikanischen Gerichtshof für Internationalen Handel (U.S. Court of International Trade).

Vom **City Hall Park** aus ist die **Brooklyn Bridge** zu sehen. Recht lohnend ist ein Spaziergang auf der historischen Brücke über den East River hinüber nach Brooklyn.

**empfehlenswert, ein Spaziergang über die Brooklyn Bridge *****

☑ ***Mein Tipp!*** Den **Zugang zum Fußweg** über die Brücke nach Brooklyn Hights, den sich Fußgänger mit In-Line-Skatern und Radlern teilen müssen, findet man unweit östlich der City Hall, ganz in der Nähe der U-Bahnstation Brooklyn Bridge/City Hall. Für den Weg über den East River bis Brooklyn braucht man etwa 40 Minuten. Achten Sie unbedingt

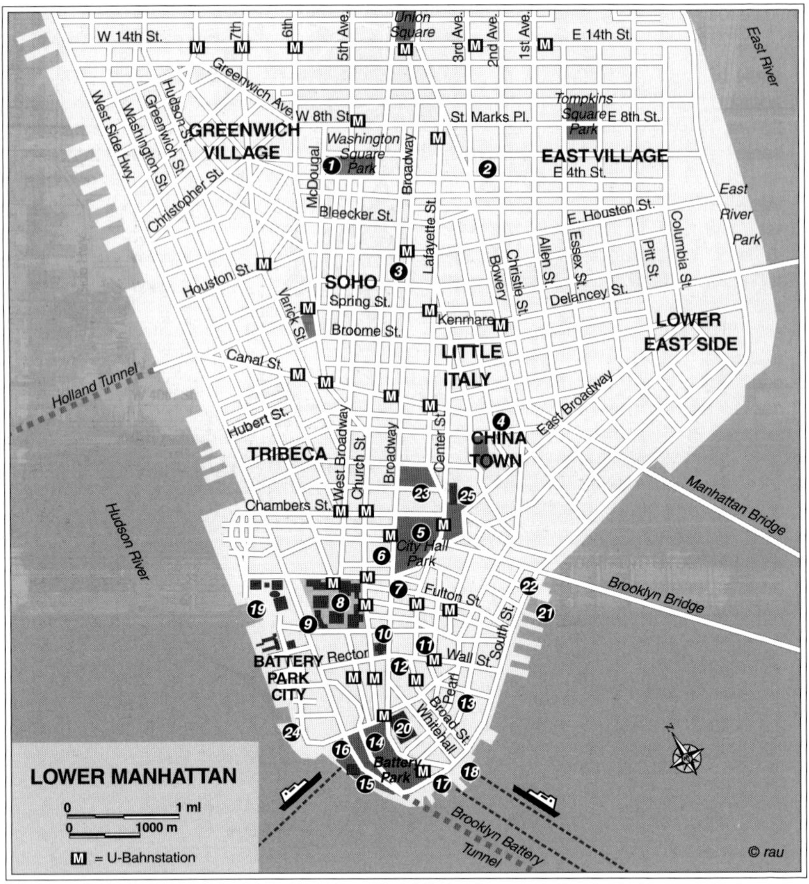


*NEW YORK CITY – LOWER MANHATTAN – 1 Washington Square – 2 Old Merchant's House – 3 Guggenheim Museum SoHo – 4 Chinatown History Museum – 5 City Hall – 6 Woolworth Building – 7 St. Paul's Chapel – 8 World Trade Center – 9 New York Marriott Hotel – 10 Trinity Church – 11 Federal Hall Natl. Mem. Bldg. – 12 New York Stock Exchange – 13 Fraunces Tavern – 14 Battery Park – 15 Castle Clinton – 16 Fähren nach Ellis Island und zur Freiheitsstatue – 17 Staten Island Fähren – 18 Governors Island Fähren – 19 World Financial Center – 20 U. S. Custom House, National Museum of the American Indian – 21 South Street Seaport – 22 Fulton Fishmarket – 23 African Burial Ground – 24 Museum of Jewish Heritage, Robert F. Wagner Jr. Park – 25 Municipal Building*

**empfehlenswert, ein Spaziergang über die Brooklyn Bridge**
***

auf die Markierungen auf dem Überweg, damit Sie nicht aus Versehen von einem vorbeiflitzenden Radler oder In-Line-Skater umgefahren werden. An den Granittürmen vorbei, die die Haltetaue der Hängebrücke tragen, und unter den gotischen Bögen hindurch, hat man von der Brücke einen prächtigen Blick auf Downtown Manhattan. Besonders morgens und abends, je nach Sonnenstand, und vor allem in der Dämmerung, wenn die Lichter der Großstadt angehen, kann das sich bietende Bild der Stadtsilhouette recht effektvoll sein.

*Lower Manhattan, East River, Brooklyn Bridge, World Trade Center*

Westlich der Südspitze des City Hall Parks sehen Sie das **Woolworth Building (6).** Es verdient genauere Beachtung. Die Außenfassade des vom „Napoleon der Groschenmärkte", *Frank Woolworth*, der nach der Verkaufsphilosophie handelte „verschenke die Lampe und verkaufe das Öl dazu" in Auftrag gegebenen Baus ist mit gotischen Stilelementen verziert. Das Gebäude, 1913 mit viel Pomp eingeweiht und 260 m hoch, war bis zur Fertigstellung des 319 m hohen Chrysler Buildings im Jahre 1930, das höchste Bauwerk der Stadt und galt bis dahin als der erste wirkliche Wolkenkratzer der Welt. Frank Woolworth soll die Bausumme von 13 Millionen Dollar bar bezahlt haben. Es gibt Pläne, das Woolworth Building in ein Hotel zu verwandeln. Wenn möglich, werfen Sie einen Blick in die Lobby des Gebäudes. Sie ist beeindruckend.

Möglich wurden Hochbauten wie das Woolworth Building eigentlich erst, nachdem Chicagoer Bauingenieure das Stahlgerippe als Grundelement für Wolkenkratzer konzipiert hatten und das Transportproblem zwischen den Etagen durch die Vervollkommnung des Aufzugs durch die Firma Otis gelöst worden war. Seitdem scheint dem Drang nach Höherem keine Grenze mehr gesetzt. Kein noch so hohes Bauwerk scheint den Architekten heute unmöglich. „Nur der Himmel ist die Grenze" hört man da gelegentlich. Fast doppelt so hohe Megatürme wie das World Trade Center sollen in Chicago geplant sein.

Am Südzipfel des City Hall Parks, Ecke Broadway und Fulton St., befindet sich die 1766 erbaute **St. Paul's Chapel (7),** die älteste Kirche Manhattans.

Noch etwas weiter westlich, jenseits der Church Street und zwischen Vesey und Liberty Street, ragen die Zwillingstürme des Welthandelszentrums **World Trade Center (8)** in den Himmel. Man kann den Kopf

**New Yorks höchstes Gebäude mit atemberaubender Aussicht *** (8)**

gar nicht weit genug nach hinten beugen, um die oberste Ebene zu sehen. Gigantische Mengen von Stahl, Glas und Beton wurden hier in fünfjähriger Bauzeit verarbeitet. 1973 wurde das Werk des Architekten Yamasaki seiner Bestimmung übergeben.

411,5 m, genau 1.350 feet, ist jeder der Türme hoch. Und doch waren sie nur wenige Wochen die höchsten Gebäude der Erde. Denn kurz darauf wurde in Chicago der Sears Tower fertiggestellt – rund dreißig Meter höher. Der Erdaushub der Riesenbaustelle von weit über 1 Mio. Kubikmetern wurde am Hudson River aufgeschüttet. Man gewann dadurch fast 6 ha Land, auf dem Battery Park City (39) entstanden ist.

Der gesamte Gebäudekomplex des World Trade Centers, der übrigens eine eigene Postleitzahl hat, 10048, besteht aus dem größten, teils unterirdischen Einkaufszentrum Manhattans „The World Trade Center Concourse“ mit über 60 Geschäften und Restaurants, den beiden Wolkenkratzern „One World Trade Center“ und „Two World Trade Center“ und dem *New York Marriott World Trade Center Hotel (9)*.

Hinter den 43.600 Fenstern des World Trade Centers haben rund 1.200 Firmen ihre Büros. Etwa 50.000 Menschen sind in dem gigantischen Bau beschäftigt und täglich kommen rund 80.000 Besucher. Der Vertikalverkehr wird durch ein System von zusammen 198 Aufzügen bewerkstelligt.

**Blick vom World Trade Center *****
tgl. 9.30 - 21.30 Uhr, Juni - Aug. bis 23.30 Uhr. Eintritt.

Nehmen Sie im Turm „Two World Trade Center“ ab dem Zwischenstockwerk „Mezzanine“ einen der beiden Expreßaufzüge, die Sie mit einer Geschwindigkeit von über 4 m/sek. (entspricht rund 14 km/h), in 90 Sekunden zum **Observation Deck Top of the World** (Aussichtsplattform) im 107. Stockwerk katapultieren. Müßig zu erwähnen, dass der Blick von dort oben, wo Sie z. B. Sportflugzeuge und Helikopter unter sich vorbei fliegen sehen, atemberaubend ist. Treten Sie mal an eines der Fenster und schauen Sie hinunter – wenn Sie können. Eine weitere Aussichtsplattform befindet sich im 110. Stockwerk. Sie ist nur zugänglich, wenn Wind und Wetter es erlauben.

Ein Erlebnis besonderer Art bietet sich Ihnen bei einem gepflegten Abendessen in einem der Turmrestaurants, wenn die Lichter der Großstadt aufleuchten. Reservierung empfehlenswert! **„Windows On The World“,** im 107. Stock des „One World Trade Center“, Jackett und Krawatte obligatorisch, Tel. 212/938-0030, Tel. 212/524-7011.

Der weitere Verlauf des Rundgangs durch Lower Manhattan führt vom World Trade Center einen Block nach Osten zum Broadway. Ihm folgen wir südwärts. Kurz darauf sieht man rechts die Dreifaltigkeitskirche **Trinity Church (10)**. Sie stammt aus dem Ende des 17. Jh., beherbergte 1754 kurz das King's College und wurde 1846 in ihre heutige Form umgebaut. Namhafte New Yorker Persönlichkeiten sind hier beigesetzt. Alexander Hamilton z. B., der sich im amerikanischen Revolutionskrieg verdient gemacht hatte und dessen ehemaliger Wohnsitz Hamilton Grange in Upper Manhattan besichtigt werden kann, liegt hier begraben. Beachtenswert an der Kirche vor allem die Portale und Fenster. Kirchenmuseum.

Von der Kirche geradewegs nach Osten führt die schmale Mauerschlucht der **Wall Street** hinunter bis an den East River. Der Name der Straße soll von einem Wall stammen, den die Holländer unter Peter

*Blick vom World Trade Center über den East River nach Brooklyn und Queens*

Stuyvesant Mitte des 17. Jh. zur Abgrenzung und Sicherung ihres Stadtgebietes nach Norden zwischen Hudson River und East River aufgeschüttet hatten. 1653 noch war die Stadt hier zu Ende. Heute ist das Viertel um Wall Street eines der Zentren der internationalen Finanzwelt.

**erstes Kongreßgebäude der USA (11)**
Mo. - Fr. 9 - 17 Uhr

Am Beginn der Wall Street fällt das Gebäude mit der klassischen griechischen Säulenfassade auf. Es ist das erste Kongreßgebäude der Vereinigten Staaten von Amerika, das **Federal Hall National Memorial Building (11).** Der Bau stammt aus dem Jahre 1842 und ersetzte damals die alte, kleinere Federal Hall, die zuvor an dieser Stelle stand. Die alte Federal Hall war das erstes Capitol der jungen Vereinigten Staaten gilt als Geburtsort der „Bill of Rights". Die Statue vor dem Gebäude markiert die Stelle, an der *George Washington* 1789 den Eid als erster Präsident der Vereinigten Staaten ablegte. Das **Museum** im Gebäude stellt Exponate aus der Kolonial- und der frühen Bundesperiode New Yorks aus.

**New Yorker Börse (12)**
Mo. - Fr. 10 - 16 Uhr, Führungen

Schräg gegenüber, Ecke Wall Street und Broad Street, steht das wohl populärste Gebäude im Financial District, die New Yorker Börse **New York Stock Exchange (12),** der größte organisierte Aktien- und Wertpapiermarkt Amerikas und einer der bedeutendsten Geldmärkte der westlichen Wirtschaftswelt. Die erste Börse wurde 1792 abgehalten, damals noch unter freiem Himmel unter einem Buttonwood-Baum.

Der Eingang zur Ausstellungshalle und zur Besuchergalerie, von der aus das hektische und laute Treiben der Börsianer zu beobachten ist, befindet sich in der Broad Street Nr. 20.

Ganz in der Nähe, 78 Trinity Place, steht die Amerikanische Wertpapierbörse **American Stock Exchange.** Geöffnet wie New Yorker Börse.

Durch den Wolkenkratzerwald kann man nun die Broad Street hinuntergehen. Der ganze **Financial District** ist unter der Woche eine

**Lower Manhattan**

äußerst betriebsame Gegend. Am Wochenende dagegen liegt er wie ausgestorben da.

**historisches Gasthaus und Museum (13)**
Mo. - Fr. 10 - 16 Uhr. Eintritt.

An der Ecke zur Pearl Street stößt man auf die **Fraunces Tavern (13),** ein historisches, im neugeorgianischen Backsteinstil errichtetes Gebäude, dessen Geschichte bis 1719 zurück reicht. 1762 etablierte sich hier eine Gaststätte, die in jener Zeit ein beliebter Treffpunkt nicht nur maßgeblicher New Yorker Bürger, sondern auch der „Sons of Liberty", der Freiheitskämpfer während der Revolutionskriege war.

Neben einem Restaurant und einer Bar findet man in der Fraunces Tavern heute auch ein **Museum.** Ausgestellt sind Gegenstände, Bilder und Dokumente, die sich auf die frühe Geschichte New Yorks, den Revolutionskrieg und auf frühe Kunst aus der Kolonialzeit beziehen. Zu besichtigen ist auch der im Stil des 18. Jahrhunderts eingerichtete **„Long Room".** Hier soll sich *George Washington* 1783 nach Beendigung des Unabhängigkeitskrieges von seinen Offizieren verabschiedet haben.

Am Südende Manhattans liegt der **Battery Park (14)** mit einer Uferpromenade entlang der Einfahrt in den Hudson River und der Anlegestelle der Fähren zur Freiheitsstatuen und nach Ellis Island. Im Park stehen Denkmäler für *Giovanni da Verrazano*, dem Entdecker des New Yorker Hafens, *Emma Lazarus*, die ein Gedicht über die Freiheitsstatue schrieb und ein Kriegerdenkmal.

Battery Park und Castle Clinton erreicht man mit den U-Bahnlinien Rot 1 oder 9 bis Station *South Ferry*. Busse der Linien M1 und M6 verkehren bis zur Haltestelle *Bowling Green* an der Nordspitze des Battery Parks.

**Castle Clinton (15)**
tgl. 8.30 - 17 Uhr

Außerdem findet man innerhalb des Battery Parks das **Castle Clinton National Monument (15)**, ein rekonstruiertes Rundfort, das in seiner bewegten Geschichte außer Verteidigungsanlage auch Versammlungsstätte, Einwandererlager und Aquarium war.

Nach diversen Attacken der Britischen Navy auf den Hafen von New York wurden um 1811 fünf Verteidigungsanlagen zum Schutz der Einfahrt in den Hafen und in den Hudson River errichtet. Im Rahmen dieser Verteidigungsanstrengungen – die, wie sich herausstellen sollte, umsonst waren, da die Engländer nie wieder ernsthaft angriffen – wurden Ellis Island und Governors Island befestigt und unmittelbar vor der Südspitze Manhattans entstand die **South-West Battery**, eine runde Bastion, die mit 28 Kanonen bestückt und durch einen Holzsteg und eine Drehbrücke mit dem Festland verbunden war.

Nach den Wirren des amerikanischen Revolutionskrieges wurde die Geschützfestung South-West Battery um 1815 zu Ehren des damals amtierenden New Yorker Bürgermeisters und späteren Gouverneur des Staates New York, *DeWitt Clinton*, umbenannt in **Castle Clinton**.

1821 war für das Fort das Ende seiner militärischen Ära gekommen. Der Stützpunkt wurde geschlossen und kam wenig später an die Stadt New York, die daraus einen Freizeit-, Veranstaltungs- und Erholungsort mit landschaftsgärtnerisch gestaltetem Innenhof machte. In den alten Geschützstellungen standen nun Marmorstatuen, die Kasematten wurden zu Zuschauerlogen, von denen aus man Aktionen im Innenhof zuschauen konnte und die Offizierskasinos wurden zur eleganten Bar.

*Lower Manhattan, Battery Park*

Ab 1840 überspannte ein Kegeldach den Innenhof, die *Castle Gardens*, und Castle Clinton wurde zum eleganten **Opernhaus** gemacht. 1845 eröffnete hier die New Yorker Theatersaison mit „Der Barbier von Sevilla". Und eines der größten Ballereignisse jener Zeit fand 1850 im Castle Clinton Theater statt, als ein gewisser Mr. Barnum der „Schwedischen Nachtigall" Jenny Lind hier vor über 6.000 Zuschauern die Premiere für ihre aufsehenerregende Amerikatournee arrangierte.

Anfang der fünfziger Jahre des 19. Jh. erst begann man damit, vor der Uferlinie Südmanhattans Land aufzufüllen. Castle Clinton, bis dahin ganz vom Wasser umspült und rund 60 m vom Ufer entfernt gelegen war, wurde Teil des Festlandes. Ab jener Zeit war Castle Clinton auch nicht mehr Schauplatz rauschender Ballnächte, sondern die nüchtern-triste Zwischenstation für rund acht Millionen von Einwanderern, die bis 1890 durch Castle Clinton geschleust wurden.

Mit der Eröffnung von Ellis Island hatte die alte Festung ihren Zweck als Einwanderercheckpoint verloren. Die Stadtväter sannen auf einen neuen Verwendungszweck und verfielen auf die Idee, in Castle Clinton das *New York City Aquarium* zu etablieren. Aber nach 45 Jahren war auch das Ende für das Aquarium gekommen. 1941 wurde es geschlossen.

Um ein Haar wäre Castle Clinton wenig später von Bulldozern geschleift worden. Angeblich stand es dem Bau des Brooklyn-Battery Tunnel im Wege. Die Abrissbirnen hatten schon riesige Breschen in das Dach und die oberen Stockwerke geschlagen, als der historische Bau 1946 doch noch der Obhut des National Park Service unterstellt werden konnte.

Lange blieb die ziemlich ramponierte Anlage nun geschlossen, bis sie nach umfassenden Umbau- und Renovierungsarbeiten 1975 und 1987 wieder für Besucher geöffnet werden konnte.

Heute findet man im Castle Clinton im Battery Park eine Ausstellung über die bewegte Vergangenheit des ehemaligen Forts und ein Informationszentrum des National Park Service. Und hier befinden sich die Verkaufsschalter für Fahrkarten für die Fähren zur Freiheitsstatue und nach Ellis Island.

**Museum of Jewish Heritage**
So. - Mi. 9 - 17, Do. bis 20 Uhr. Fr. 9 - 14 Uhr. Eintritt.

Unweit nördlich von Pier A, der Anlegestelle der Fähren nach Ellis Island und zur Freiheitsstatue, liegt das **Museum of Jewish Heritage - A Living Memorial to the Holocaust**. Das Museum am Rande des Robert F. Wagner Jr. Parks, das in einem sechseckigen, der Form eines Davidsterns nachempfundenen Gebäude untergebracht ist, befaßt sich in der Ausstellung „The War Against the Jews“ in erster Linie mit dem Schicksal der Holocaustopfer, aber auch mit der Kultur und der Geschichte der jüdischen Gemeinden in der Nachkriegszeit.

## ABSTECHER ZUR FREIHEITSSTATUE UND NACH ELLIS ISLAND

**Personenfähren zur Freiheitsstatue (16), nach Ellis Island und nach Staten Island (17)**

Am östlichen Ende des Battery Parks legen die **Fähren nach Staten Island (17)** ab. Die Fahrt ist kostenlos. Unterwegs genießt man von den Fähren einen ausgezeichneten Blick auf die Skyline von Manhattan. Nicht empfehlenswert ist die Fahrt während der Rush-hours im Berufsverkehr. Die Fähren verkehren während des Tages etwa alle 25 Minuten, während der Rush-hours alle 15 Minuten und nach 23 Uhr alle Stunde. Die Überfahrt nach Staten Island dauert knapp 30 Minuten.

☑ *Mein Tipp!* Denken Sie daran, lieber mit einer der älteren Fähren zu fahren, von denen man von den offenen Decks besser sehen und fotografieren kann.

Von **Pier A** an der Westseite des Battery Parks gehen **Fähren (16) zur Freiheitsstatue**, täglich von 9.30 Uhr (Sommer 9.15 Uhr) bis 15.30 Uhr (Sommer bis 16.30 Uhr) halbstündlich, und nach **Ellis Island**. Fahrkarten gibt es im Castle Clinton zu kaufen, siehe oben. Das Ticket für die Hin- und Rückfahrt kostete zuletzt 7,- Dollar pro Person.

Die Fahrkarten gelten für den gesamten Rundkurs, den die Fähren ab Battery Park über Liberty Island (Freiheitsstatue) nach Ellis Island und wieder zurück fahren. Man kann also mit ein und dem selben Ticket zunächst zur Freiheitsstatue fahren, aussteigen, das Monument besichtigen, auf eine der nächsten Fähren warten, weiter nach Ellis Island und von dort zurück zum Battery Park fahren.

Für den Ausflug zur Freiheitsstatue und nach Ellis Island sollte man eigens einen ganzen Tag vorsehen! Der Eintritt zur Freiheitsstatue und nach Ellis Island ist frei.

☑ *Mein Tipp!* Starten Sie Ihren Trip zur Freiheitsstatue am besten mit einer der ersten Fähren, vor allem dann, wenn Sie sich der Anstrengung unterziehen und die Freiheitsstatue gar besteigen wollen. Die Wartezeiten, um bis zur Krone der Statue hinaufsteigen können, können mehrere Stunden betragen. Drei, vier Stunden sind eher die Regel als die Ausnahme. Und Sie stehen in der Warteschlange im Freien, Sonne und Regen ausgesetzt. Und bei besonders großem Besucherandrang wird die Warteschlange oft schon um 14 Uhr geschlossen!

*Blick von der Fähre auf Freiheitsstatue und Lower Manhattan*

Vor der Kulisse der gigantischen Wolkenkratzer erhebt sich auf Liberty Island in der Upper New York Bay an der Einfahrt zum New Yorker Hafen die **Statue of Liberty**, die Freiheitsstatue, das weltbekannte Wahrzeichen von New York, ja der Vereinigten Staaten überhaupt.

**New Yorks Wahrzeichen, die Freiheitsstatue *****



Die etwa 46 m hohe Freiheitsstatue, von den New Yorkern kurz „The Lady" genannt, die auf einem rund 45 m hohen Sockel steht, begrüßte mit ihrer lodernden Fackel in der Hand des nach oben gestreckten rechten Arms Millionen von Besuchern und von Einwanderern, die Generationen lang kamen, um in der Neuen Welt ihr Glück zu versuchen.

Heute sind die Zahlen der Besucher, die auf dem Seeweg und über New Yorks Hafen anreisen, mit denen, die nach New York fliegen, überhaupt nicht mehr zu vergleichen. Die Freiheitsstatue aber hat nichts an ihrer Anziehungskraft verloren. Sie ist heute eine der am meisten besuchten Sehenswürdigkeiten in den USA.

Entsprechend groß kann der Andrang sein, vor allem an Wochenenden oder in Ferienzeiten. Wer es sich nicht nehmen lassen will und bis in die Krone der Statue zu steigen, muß mit Wartezeiten rechnen, die, wie schon erwähnt, in Spitzenzeiten bis zu drei, vier Stunden erreichen können. Und danach sind 355 Stufen zu erklimmen. Das entspricht einem Treppenmarathon über 22 Stockwerke. Bis zur Fackel, die die Freiheitsstatue in der Hand hält, dürfen Besucher aber nicht vordringen.

Überaus interessant und nicht so überlaufen ist das besuchenswerte **Museum** im Sockel der Freiheitsstatue, das mit Fotos, Dokumenten und Exponaten die Entstehungsgeschichte und den baulichen Werdegang des Monuments schildert.

Der Blick von Liberty Island hinüber zu den Wolkenkratzern Manhattans ist vor allem an klaren Tagen sehr eindrucksvoll!

## DIE FREIHEITSSTATUE

### Ein Symbol für politische Freiheit

Die Freiheitsstatue, dieses weltweit bekannte Symbol für politische Freiheit, entstand, auch von der Idee her, im Frankreich des 19. Jh.

Die noch recht junge Französische Republik wollte ihre hehren Ideale Freiheit, Gleichheit, Brüderlichkeit auch nach außen hin deutlich manifestieren. Der in Paris lebende *Edouard René Lefebvre de Laboulaye* sah in einer Frauengestalt das richtige Symbol zur Verkörperung dieser Ideale und fertigte erste Skizzen an. Der Schluß liegt nahe, dass sich de Laboulaye wohl von dem berühmten Revolutionsgemälde von Eugene Delacroix „Die Freiheit führt die Völker an" inspirieren ließ. De Laboulaye besprach seine Pläne mit seinem Freund, dem Bildhauer *Auguste Bartholdi*, der nun die Idee erstmals realisierte und Modelle anfertigte.

Im Laufe der Zeit ahnten die Befürworter der Freiheitsstatue wohl, dass ein solches republikanisches Symbol in der Zeit eines kaiserlichen Frankreichs Mitte des 19. Jh. viel politische Brisanz besaß. Und als Anhänger der Republikaner, wie de Laboulaye, von den Monarchisten immer mehr bedrängt wurden, verfiel man auf den Gedanken, die Statue dem jungen Amerika, das eben einen blutigen Bürgerkrieg überstanden hatte, und das bei seinen eigenen Unabhängigkeitsbestrebungen im 18. Jh. stark von den französischen Revolutionsideen beeinflußt worden war, als Symbol der Freundschaft und Verbundenheit zu schenken. Und anläßlich einer Reise Bartholdis 1871 nach Amerika, auf der er die zuständigen amerikanischen Stellen mit den Plänen der Franzosen bekanntmachte, fand er in der New Yorker Hafeneinfahrt auf Liberty Island den geeigneten Standort für die Statue.

Danach arbeitete Bartholdi an weiteren Modellen und nach der Restaurierung der Republik in Frankreich 1874 wurde der Bau des Freiheitssymbols offiziell bekanntgegeben.

Bartholdi, der zweifellos einen Hang zur Gigantonomie hatte, und dem antike Kolossalstatuen aus dem griechischen und altägyptischen Kulturkreis, wie etwa der legendäre Koloss von Rhodos als Vorbild für seine Statue durch den Kopf spukten,

**Ellis Island** war zwischen 1892 und 1954 für über 12 Millionen Einwanderer aus Europa das Tor zur Neuen Welt.

Am 1. Januar 1892 wurde der Komplex von insgesamt 35 Gebäuden auf Ellis Island in Betrieb genommen, um die steigende Flut der Einwan-

begann 1875 in Paris mit der Realisierung seines Vorhabens. Die Außenhaut der Statue, aufgeteilt in ein Puzzle von 300 Teilen, wurde aus 2,5 mm dickem Kupferblech durch ein besonderes Verfahren in die richtige Form gehämmert.

Der berühmte Turmbauer *Gustave Eiffel* konnte dafür gewonnen werden, eine stählerne Tragekonstruktion zu konzipieren und zu bauen, an der die Formteile aufgehängt und zur fertigen Figur zusammengefügt werden konnten. Im Juni 1884 war es dann soweit. Die Monumentalstatue mit ihren neutral-strengen Gesichtszügen und dem klassischen Faltengewand, konnte enthüllt werden.

Kaum ein halbes Jahr später zerlegte man die Kolossalstatue aus rund 225 Tonnen Kupfer und Eisen in hunderte von Einzelteilen und verfrachtete sie im Frühjahr 1885 nach New York, wo sie am 28. Oktober 1886 feierlich eingeweiht werden konnte.

Übrigens war die Errichtung der Freiheitsstatue im Hafen von New York lange keineswegs sicher. Die Franzosen hatten bei ihrem Geschenkantrag 1871 nur eine Bedingung gestellt, nämlich, dass die Amerikaner für die Errichtung des Denkmalsockels zu sorgen hätten. 1883 wurde mit dem Bau des vom Architekten Richard M. Hunt entworfenen Sockels zwar begonnen, aber der Bau zog sich unerträglich in die Länge. Die Gelder, vornehmlich aus freiwilligen Spenden, flossen immer spärlicher. Der viel zitierte ‚kleine Mann auf der Straße, sah in solchen Investitionen wenig Sinn. Immer mehr Stimmen wurden laut, dass doch besser die zu Geld gekommenen Unternehmer und millionenschweren Industriellen, und von ihnen gab es in den USA des ausgehenden 19. Jh. immer mehr, für das Vorhaben aufkommen sollten.

*Joseph Pulitzer* (1848 – 1911), der aus Ungarn eingewanderte Herausgeber der *„New York World“*, „Erfinder“ des Boulevard-Journalismus, Gründer der ersten Journalistenschule der Welt und nicht zuletzt Stifter des Pulitzer-Preises, war es, der die Situation letztendlich rettete. Mit geharnischten Artikeln faßte er dem neureichen Geldadel Amerikas ans Portepee und erreichte, dass die notwendigen Gelder endlich zusammenkamen und der Denkmalsockel rechtzeitig fertiggestellt werden konnte.

*Joseph Pulitzer*

Zum hundertjährigen Geburtstag des Monuments 1986 wurde die gesamte Konstruktion umfassend und von Grund auf renoviert. Dabei stellte man – als das rostanfällige stählerne Grundgerüst durch eine nichtrostende Stahlkonstruktion ersetzt wurde – fest, dass der alte Arm mit der Fackel nicht richtig installiert war. Nun wurde auch das Innere des Arms erneuert und verstärkt. Auch die Flamme der Fackel wurde ersetzt. War sie bisher von innen beleuchtet, ist sie nun vergoldet und wird von außen angestrahlt.

derer nach den USA in geordnete Bahnen zu lenken und deren Kontrolle und Registrierung besser zu organisieren.

Bis zu 5.000 Personen, meist Männer, vornehmlich aus europäischen Ländern, aber auch aus Asien, dem Nahen Osten oder von den Westindischen Inseln, passierten damals täglich die Kontrollstellen im Hauptge-

**Amerikas historische Einwandererinsel Ellis Island ***
tgl. 9.30 – 17.30 Uhr.
Fähren „Statue of Liberty Ferries“ ab Battery Park, Pier A, tgl. 8.30 bis 17 Uhr. Fahrkarten im Castle Clinton.

bäude. Damals war der große Registrierungssaal mit der umlaufenden Galerie im ersten Stock ständig erfüllt von einem fast babylonischen Stimmengewirr.

Die Emigranten wurden einer kurzen Befragung und einer medizinischen Musterung unterzogen, bevor sie die begehrten Einreisepapiere erhielten. Nur etwa zwei von hundert Einwanderern wurde im Durchschnitt die Einwanderung verweigert. Sie wurden umgehend auf ein Schiff gebracht, das sie zurück in ihr Heimatland brachte.

Heute können etwa 40% der amerikanischen Bevölkerung ihre familiären Wurzeln auf Einwanderer zurückführen, die Ellis Island passierten.

New York war zwar der wichtigste Einwanderungshafen in die Vereinigten Staaten. Gut 70% aller Emigranten reisten über den New Yorker Hafen ein. Aber nur die ärmsten der Einwanderer, die sich lediglich eine Schiffspassage Dritter Klasse oder gar nur einen Decksplatz für die Überfahrt leisten konnten, wurden über Ellis Island geschleust. Erste-Klasse- und Zweite-Klasse-Passagiere konnten das Privileg genießen, die Einreiseformalitäten bereits auf dem Schiff abzuwickeln.

Nachdem die Einwanderungswelle durch Beschränkungen im Einwanderungsgesetz und durch die Festlegung von Quoten nach 1924 stark zurückging, verlor Ellis Island mehr und mehr seinen Bestimmungszweck. Später wurde Ellis Island ein Abschiebelager für unerwünschte Einwanderer, dann wurden die Anlagen während der Weltkriege als Militärhospital genutzt und schließlich diente die Insel als Trainingsbasis für die U.S. Coast Guard. Ende November 1954 endlich wurde die ganz Anlage komplett geschlossen und begann langsam zu verfallen.

Erst Präsident Lyndon B. Johnson unterstellte 1965 die historischen und für die amerikanische Einwanderungsgeschichte einmaligen Gebäude der Obhut des National Park Service. In späteren Jahren dann wurden die Hauptgebäude mit enormem finanziellen Aufwand komplett restauriert und wieder in den Zustand versetzt, wie er während der Hochzeit der Einwanderungswelle wohl war. Seit September 1990 ist Ellis Island als nationales Denkmal für Besucher zugänglich.

Neben dem großen Registrierungssaal „Great Hall“, der medizinischen Station und den Verwaltungsräumen ist vor allem das **Ellis Island Immigration Museum** im Hauptgebäude sehenswert.

Sehr eindrucksvoll und informativ sind auch die Film- und Multivisionspräsentationen über die Geschichte der amerikanischen Einwanderung.

Auf der Ehrenmauer **Wall of Honor** hinter dem Hauptgebäude sind bislang etwa 420.000 Namen von Einzelpersonen und Familien festgehalten, die einstmals über Ellis Island und andere Häfen in die USA einwanderten. Unter den Namen findet man z. B. Colonel John Washington (Urgroßvater von George Washington), Patrick und Bridget Murphy Kennedy (Urgroßeltern des ehemaligen Präsidenten John Fitzgerald Kennedy), Rudolph Valentino, Marlene Dietrich, Namen der Familien von Mel Brooks, Neil Diamond, Gregory Peck, Telly Savalas, Barbara Streisand u.v.a.

## SOUTH STREET SEAPORT

Auf dem Wege vom Battery Park zurück in die Stadt kommt man auf unserem Rundgang durch die Südspitze Manhattans am nördlichen Ende

des Battery Parks am sogenannten **U.S. Custom House (20)** vorbei. Der Platz auf dem das Gebäude steht, war zur Kolonialzeit das Areal des *Fort Amsterdam.*

*sah hunderttausende von Emigranten, die historische Einwandererinsel Ellis Island*

Später wurden die ebenen Exerzierplätze nördlich des Forts gerne als Kegelbahn benutzt, worauf sich der heute gebräuchliche Name des kleinen Parks **Bowling Green** bezieht. Übrigens soll es hier gewesen sein, wo der Holländer *Peter Minuit* von den Algonquin-Indianern 1696 für Tand im Gegenwert von angeblich 24 Dollar die Insel Manhattan gekauft hat.

Heute ist im ehemaligen U.S. Custom House, 1 Bowling Green, das **National Museum of the American Indian** eingerichtet. Zu erreichen mit den Subway Linien 4 oder 5 bis Bowling Green Station.

**Nationalmuseum für Indianerkultur**
**

tgl. 10 - 17, Do. bis 20 Uhr.

Dieses von der ehrenwerten, in Washington D. C. ansässigen Smithsonian Institution betreute Museum befaßt sich mit der Geschichte und den vielfältigen Kulturaspekten der in Amerika lebenden Indianervölker. Mitarbeiter indianischer Abstammung betreuen viele der Projekte im Museum. Ein Besuch ist sehr empfehlenswert, vermittelt er doch einen guten Überblick z. B. über das hochentwickelte Kunsthandwerk der Indianerstämme, wie z. B. die Jadeschnitzerei aus dem Kulturkreis der mexikanischen Maya oder Olmeken oder die Korbflechterei der Basketmaker-Kultur aus dem Südwesten der USA, um nur einige Aspekte zu erwähnen.

Die Ausstellungen setzen sich vornehmlich aus Objekten der reichen Sammlung des New Yorker Bankiers *George Gustav Heye* zusammen. Über einen Zeitraum von 54 Jahren sammelte Heye auf seinen zahlreichen Reisen Gegenstände von Völkern und Kulturkreisen aus den Vereinigten Staaten, aus Kanada, Mexiko, Zentral- und Südamerika, der Karibik und Grönlands. Es sollen über eine Million Exponate zusammengekommen sein, die rund 10.000 Jahre indianische Kultur repräsentieren.

Das Museum will aber nicht nur Einblick in die lange Kulturgeschichte der Indianer Nord- und Südamerikas geben, sondern versteht sich auch als ein Anknüpfungspunkt zu bestehenden Indianerkulturen und als eine „institution of living culture". Vorgesehen sind auch wechselnde Ausstellungen und Präsentationen mit zeitgenössischer indianischer Musik und Kunsthandwerk heutiger indianischer Künstler.

Das Nationalmuseum im Custom House ersetzt das Museum of American Indian, das sich vormals in Washington Heights befand. Wie es heißt, sei das Museum damals im Gedenken an die Indianerstämme errichtet worden, die im Zuge des Erwerbs der Insel Manhattan im Jahre 1626 durch Holländer hier fast vollständig ausgerottet worden waren.

An der Nordseite des Parks Bowling Green können Sie ein Museum besichtigen, wie es typischer für diese Gegend Manhattans, dem Financial District, nicht sein könnte, das **Museum of American Financial History**, 28 Broadway. Zu sehen sind in dem Museum, das sich im Gebäude von Standard Oil befindet, vor allem Exponate aus der Welt des Börsenhandels. Eine der Sammlungen befaßt sich mit den Ereignissen des Börsencrashs am „Schwarzen Dienstag", dem 20. Oktober des Jahres 1929, einem der schlimmsten Finanzdesaster in der amerikanischen Börsengeschichte.

**South Street Seaport (21), Museumsschiffe**
Mo. - Fr. 11 - 16, Sa. + So. 11 - 15 Uhr. Eintritt.

**South Street Seaport Museum (21)** am East River, südlich der Brooklyn Bridge, in Höhe Fulton Street, ist ein mehrere Straßenzüge umfassendes Karree mit den renovierten Gebäuden eines Markt- und Hafenviertels aus dem 19. Jh. Im 18. und 19. Jh. war hier ein quirlender Umschlagplatz von Waren aller Art. Die Ziegelbauten dienten damals als Warenhäuser und Lagerschuppen und an den Piers machten die schnellsten Segelklipper aus aller Welt fest. Nachdem die Warenströme andere Wege nach Manhattan nahmen und der Seeverkehr nachließ, verlor die Gegend um die Fulton Street zusehends an Attraktivität für Investoren. Dennoch bedurfte es einiger Anstrengungen der Stadtväter, die Gegend am East River 1967 als „Historic District" auszuweisen und sie damit vor der Bebauung mit Wolkenkratzern zu bewahren. Die Straßenzüge, Häuserzeilen und Hafenpiers wurden in dem Bemühen restauriert und saniert, das Hafenviertel soweit wie möglich in der Art des 19. Jh. zu erhalten. Das Resultat der aufwendigen Sanierung: Aus South Street Seaport wurde eine Mischung aus historischen Stadtviertel und Einkaufs- und Vergnügungszentrum. South Street Seaport erreicht man mit der Subway Linien 2, 3 4 5, J, M und Z bis **Fulton Street Station** und mit Bussen der Linie M15 bis Water Street.

Völlig restauriert ist die immer noch gepflasterte, von ehemaligen Faktoreien und Warenhäusern aus dem 19. Jh. flankierte **Fulton Street**. Der **Fulton Market (22)** dort war Mitte des 19. Jh. der größte Fischmarkt New Yorks. Heute sind hier auf drei Etagen Geschäfte und Restaurants angesiedelt und die Trottoirs an der Fulton Street sind voll mit den Stühlen der Straßencafés.

**South Street Seaport Visitor Center**
Apr. - Sept. tgl. 10 - 18 Uhr, Do. bis 20 Uhr. Okt. - März tgl. außer Di. 10 - 17 Uhr.

In einem der alten Kontore ist heute das **South Street Seaport Visitor Center and Museum,** 12 Fulton Street, untergebracht. Neben Informationen über Veranstaltungen, die Sehenswürdigkeiten, Schiffe,

South Street Seaport

Galerien oder Einkaufsmöglichkeiten im Viertel, erfährt man hier auch Einzelheiten über geführte Rundgänge durch South Street Seaport, die vom Museum veranstaltet werden.

Das **Titanic Memorial**, in kleiner weißer Leuchtturm an der Fulton Street, Ecke Water Street, erinnert an den Untergang der Titanic im Jahre 1912.

Machen Sie einen kleinen Umweg über Water Street Nr. 211. Dort finden Sie die rekonstruierten Werkstätten der Druckerei **Bowne & Co.** aus dem 19. Jh.

In der benachbarten **Front Street** sieht man eine ganze Reihe schön restaurierter alter Backsteingebäude, die teilweise aus dem frühen 18. Jh. stammen sollen.

Auch in der hübschen **Schermerhorn Row** findet man in renovierten, historischen Lagerhäusern Restaurants, Bars und Geschäfte der verschiedensten Art.

An den **Piers 15 und 16** östlich der verkehrsreichen South Street liegen im East River mehrere recht beeindruckende **Museumsschiffe**, darunter die auffallende, fast 120 m lange Viermastbark **„Peking"** von 1911. Sie ist das zweitgrößte noch existierende Segelschiff der Welt. Schön nimmt sich auch die **„Pioneer"** aus, ein Windjammer von 1885, mit dem regelmäßig kurze Segeltörns im New York Hafen angeboten werden. Sehenswert auch die **„Wavertree"** oder das Leuchtschiff **„Ambrose"** u. a.

Ab Pier 16 starten Ausflugsschiffe der **Seaport Liberty Cruise** (Tel. 212/630-8888) zu einstündigen Bootstouren.

☑ *Mein Tipp!* Interessant für Besucher in Zeitnot: Mit dem Schnellboot **„The Beast"** kann man ab Pier 16 einen raschen Abstecher zur Freiheitsstatue machen, Dauer des Ausflugs nur 30 Minuten!

Theater, Musicals, Konzerte im New Yorks Theater District

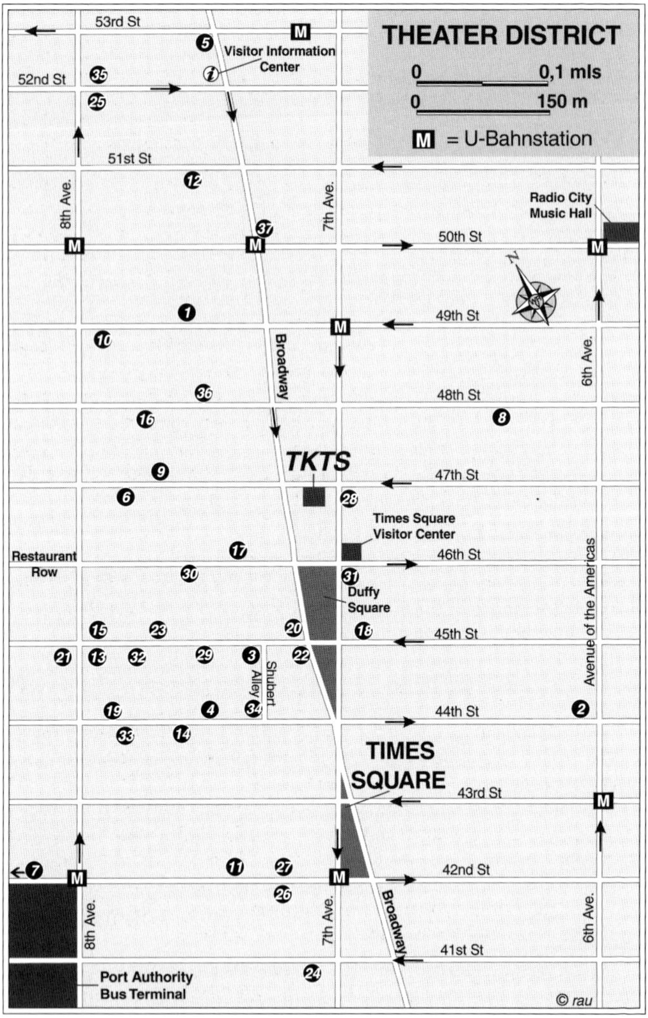


*THEATER DISTRICT – **1 Ambassador**, 219 W. $49^{th}$ St., zwischen Broadway und $8^{th}$ Ave. – **2 Belasco**, 111 W. $44^{th}$ St., zwischen $6^{th}$ und $7^{th}$ Aves. – **3 Booth**, 222 W. $45^{th}$ St., zwischen Broadway und $8^{th}$ Ave. – **4 Broadhurst**, 235 W. $44^{th}$ St., zwischen Broadway und $8^{th}$ Ave. – **5 Broadway**, 1681 Broadway und $53^{rd}$ St. – **6 Brooks Atkinson**, 256 W. $47^{th}$ St., zwischen Broadway und $8^{th}$ Ave. – **7 Theater Row (Nat Horne**, $9^{th}$ Ave. und $42^{nd}$ St., **Judith Anderson**, 412 W. $42^{nd}$ St. zwischen $9^{th}$ und $10^{th}$ Aves., **Harold Clurman**, 412 W. $42^{nd}$ St., zwischen $9^{th}$ und $10^{th}$ Aves., **Samuel Beckett**, 412 W. $42^{nd}$ St., zwischen $9^{th}$ und $10^{th}$ Aves., **Kaufman**, 534 W. $42^{nd}$ St., zwischen $10^{th}$ und $11^{th}$ Aves.) – **8 Cort**, 138 W. $48^{th}$ St., zwischen $6^{th}$ und $7^{th}$ Aves. – **9 Ethel Barrymore**, 243 W. $47^{th}$ St., zwischen Broadway und $8^{th}$ Ave. – **10 Eugene O'Neill**, 230 W. $49^{th}$ St., zwischen Broadway und $8^{th}$ Ave. – **11 Ford Center for the Performing Arts**, 213 - 215 W. $42^{nd}$., zwischen Broadway und $8^{th}$ Ave. – **12 Gershwin**, 222 W. $51^{st}$ St., zwischen Broadway und $8^{th}$ Ave. – **13 John Golden**, 252 W. $45^{th}$ St. und $8^{th}$ Ave. – **14 Helen Hayes**, 240 W. $44^{th}$ St.,*

*zwischen Broadway und 8th Ave. – **15 Imperial**, 249 W. 45th St., zwischen Broadway und 8th Ave. – **16 Longacre**, 220 W. 48th St., zwischen Broadway und 8th Ave. – **17 Lunt-Fontanne**, 205 W. 46th St., zwischen Broadway und 8th Ave. – **18 Lyceum**, 149 W. 45th St., zwischen 6th und 7th Aves. – **19 Majestic**, 247 W. 44th St., zwischen Broadway und 8th Ave. – **20 Marquis**, 1535 Broadway und 45th St. – **21 Martin Beck**, 302 W. 45th St., zwischen 8th und 9th Aves. – **22 Minskoff**, 1515 Boradway und 45th St. – **23 Music Box**, 239 W. 45th St., zwischen Broadway und 8th Ave. – **24 Nederlander**, 208 W. 41st St., zwischen 7th und 8th Aves. – **25 Neil Simon**, 250 W. 52nd St., zwischen Broadway und 8th Ave. – **26 New Amsterdam** 214 W. 42nd St. – **27 New Victory**, 209 W. 42nd St. – **28 Palace**, 1564 Broadway und 47th St. – **29 Plymouth**, 236 W. 45th St., zwischen Broadway und 8th Ave. – **30 Richard Rogers**, 226 W. 46th St., zwischen Broadway und 8th Ave. – **31 Roundabout/Criterion**, 1530 Broadway und 46th St. – **32 Royale**, 242 W. 45th St., zwischen Broadway und 8th Ave. – **33 St. James**, 246 W. 44th St., zwischen Broadway und 8th Ave. – **34 Shubert**, 225 W. 44th St., zwischen Broadway und 8th Ave. – **35 Virginia**, 245 W. 52nd St., zwischen Broadway und 8th Ave. – **36 Walter Kerr**, 219 W. 48th St., zwischen Broadway und 8th Ave. – **37 Winter Garden**, 1634 Broadway und 50th St.*

Etwas weiter nördlich schließt sich **Pier 17** an. Dort finden Sie ein großes Einkaufszentrum. Ein angenehmer Ort, sich von den Anstrengungen der Stadtbesichtigung etwas zu erholen, ist der **Promenade Food Court** im dritten Stock von Pier 17. Von den diversen Restaurants (Pizza, Fischgerichte, Salate etc.), die sich in einem verglasten Atrium aufreihen, genießt man bei einem Imbiss eine schöne Aussicht auf den East River und das Seaport Viertel.

Die Geschäfte des **Fulton Fish Market**, die sich nördlich anschließen, sind keine musealen Touristenattraktionen, sondern sind Teil eines seit nun fast 250 Jahren real existierenden, vor allem in den Morgenstunden turbulenten Fischmarkts, wie die Gerüche, die gelegentlich herüber wehen, eindeutig beweisen.

## THEATER, MUSICAL, KONZERTE

**New Yorks Theaterviertel**, weltberühmt z. B. für seine Musicalproduktionen, liegt zwischen 41st und 55th Streets, 6th und 8th Avenues. Lebhaftes Zentrum des Theaterviertels ist der **Times Square** (siehe auch Rundgang durch Midtown Manhattan). Hauptnerv dieser Theaterwelt ist der legendäre **Broadway**, obwohl nur zwei oder drei Theater tatsächlich unmittelbar am Broadway liegen. Aber auch die meisten der mehr als 30 anderen Theater im Distrikt zählen sich zu den Broadway-Theatern. Alles was nicht in diesem Viertel angesiedelt ist, z. B. die Theater in Greenwich Village, kennt man als Off-Broadway-Theater.

Vorstellungen beginnen gewöhnlich um 20 Uhr, Matineen um 14 Uhr, mittwochs und samstags um 15 Uhr. Montags bleiben viele Theater geschlossen. Eintrittspreise für ein Broadway-Musical liegen bei rund 80 Dollar, Off-Broadway-Shows liegen bei etwa der Hälfte.

Eintrittskarten (für Erfolgsstücke in der ersten Zeit oft auf Wochen und Monate hinaus ausverkauft) besorgt man sich in den Theateragenturen, an der Rezeption des Hotels oder direkt am „box office“ des jeweiligen Theaters.

**Telefonische Auskünfte** über Theateradressen, Spielpläne, Anfangszeiten erfährt man von The Broadway Line, Tel. 888/276-23929 oder 212/302-4111.

Vorverkaufsstellen, bei denen man unter Angabe einer Kreditkartennummer Theater-, Konzert- oder Musicalkarten telefonisch bestellen kann sind **Tele-charge**, Tel. 212/239-6200, und **Ticketmaster** Tel. 212/307-4100. Es werden Vorverkaufsgebühren um die fünf Dollar berechnet.

Musicalkarten zu Normalpreisen plus Vorverkaufsgebühr erhält man auch im **Broadway Ticket Center**, Broadway zwischen $46^{th}$ und $47^{th}$ Streets, im Times Square Visitors Center.

**TKTS Vorverkaufsstellen**

Zeitraubender, aber wesentlich billiger ist es, wenn man sich Tickets an den **TKTS-Schaltern** am Times Square (Broadway und $47^{th}$ St.) oder im Mezzanine des Two World Trade Center holt. Bei diesen Kartenverkaufsstellen gibt es Eintrittskarten mit Ermäßigungen zwischen 25% und 75%, (plus Vorverkaufsgebühr) für Vorstellungen am selben Tag, und zwar ab 11 Uhr für Matineen und ab 15 Uhr für Abendvorstellungen. Gehen Sie rechtzeitig und mit Geduld gewappnet dorthin. Die Schlangen vor den Schaltern sind oft entmutigend lang. Aber in den Schlangen vor dem TKTS-Schalter im World Trade Center wartet es sich etwas gemütlicher, man steht im Foyer des Gebäudes und nicht im Freien wie vor dem TKTS-Schalter am Times Square. Und denken Sie daran, Kreditkarten werden an den TKTS-Schaltern nicht akzeptiert!

Für Vorstellungen einiger „long runners“ (allerdings nicht am Wochenende oder für sehr populäre Shows und Erfolgsstücke) gibt es in den Visitors Bureau am Times Square und in der $7^{th}$ Ave. sog. **„Twofers“.** Das sind Gutscheine für zwei Eintrittskarten zum Preis von einer. „Twofers“ werden am Kartenschalter des jeweiligen Theaters in Eintrittskarten eingelöst. Vorstellung, Datum, Preis und Theater sind auf dem „Twofer“ angegeben.

☑ ***Mein Tipp!*** Wenn Sie Ihren New York Besuch dazu nutzen werden, häufig Konzerte und Theater zu besuchen, sollten Sie sich in einem der Hotels am Broadway bzw. an der $7^{th}$ Avenue einquartieren, z. B. im *Sheraton Hotel & Towers,* im *Sheraton Manhattan,* im *Marriott Marquis* u. a. Viele der Musicalbühnen, die Carnegie Hall oder die Radio City Music Hall und der TKTS-Schalter am Times Square liegen dann in Gehnähe. Das zeitraubende An- und Abfahren per Taxi kann man sich dann ersparen.

Nicht minder lebhaft ist New Yorks Musikszene. Konzerte in der Carnegie Hall mit ihrer perfekten Akustik, eine Vorstellung der Metropolitan Opera, ein Rock Konzert im Madison Square Garden oder ein Jazzabend im Village zählen zu den unvergeßlichen New York Erlebnissen.

**Informationen über New Yorks Theater- und Kulturszene**

Wenn Sie sich eingehend über die Theater-, Musik- und Musical- und Kulturszene allgemein informieren wollen, was, wann, wo gerade läuft, schauen Sie in die Beilage **„Arts and Leisure“** der Sonntagsausgabe der New York Times, oder in die Wochenzeitung **„The Village Voice“**, in das Magazin **„New Yorker“**, in **„Theatre Week“,** wo Sie wirklich alles über die Theaterszene in gesamt New York erfahren, oder in den **„Broadway Theatre Guide“**, der in den größeren Hotels ausliegt.

## Praktische Hinweise – New York City

New York City

**CIP-Code** (Postleitzahl): 10001.

☎ New York City Area Code (Telefonvorwahl): Manhattan und The Bronx – 212, Brooklyn, Queens, Staten Island – 718.

Es ist geplant, für Manhattan eine zweite Vorwahl, 646, und für die anderen Stadtteile zusätzlich die Vorwahl 347 zu schaffen.

Für Mobiltelefone gilt für alle fünf Stadtteile die Vorwahl 917!

**Wichtige Rufnummern:**

**Notruf** (Polizei, Feuer, Ambulanz): 911.

Bei gesundheitlichen Problemen, die eine Arztvisite verlangen, wenden Sie sich an den **Hotel Urgent Medical Service**, Tel. 737-1212. Ein Arzt kommt dann zu Ihnen ins Hotel. Ein bequemer, aber nicht gerade billiger Service.

**Telefonauskunft:** Den **Operator** erreichen Sie unter „0" (Null).

Auskunft über örtliche Rufnummer bekommt man unter 411 oder 555-1212.

Zeitansage: 212/976-1616

**Ortsgespräch** vom Münzfernsprecher: 3 Min. – 25 Cents.

Vermeiden Sie es wenn möglich, von Ihrem Hotelzimmer aus zu telefonieren. Die Gebühren, die da oft pro Einheit verlangt werden, sind haarsträubend hoch.

Vorwahlen

Bei Telefonaten nach **Deutschland** ist die **Vorwahl 01149**, nach **Österreich 01143** und in die **Schweiz 01141** zu wählen.

**Information**
Mo. - Fr. 8.30 - 18, Sa. + So. 9 - 17 Uhr

*Information:* **New York Convention and Visitors Bureau**, 810 7th Avenue, New York, NY 10019, 3rd Floor, zwischen 52nd und 53rd Street; Tel. 387-8200, 484-1200 oder 484-1222, Fax 484-1280. Geöffnet Montag bis Freitag 8.30 – 18 Uhr, Sa. + So. 9 – 17 Uhr. Internet: http://www.nycvisit.com

**Telefonischer Auskunftsservice** des New York City Visitors Information Center, Tel. 397-8222, Mo. – Fr. 9 – 18, Sa. + So. 10 – 15 Uhr.

**Times Square Visitors Center**, 1560 Broadway, zwischen 46th und 47th Streets, täglich 8 bis 20 Uhr. Telefonisch nicht erreichbar!

New York City im Internet

Internet: http://www.nycvisit.com, www.ny.yahoo.com, www.allny.com, www.metrobeat.com/nyc, www.cityguide.lycos.com, www.totalny.com. Unter **http://www.nypl.org** bietet die New York Public Library eine wahre Fundgrube an historischen Informationen.

Www.villagevoice.com oder www.newyork.sidewalk.com bieten Veranstaltungslisten.

Und wenn Sie Ihre U-Bahnfahrt durch New York durch einen Blick ins Internet vorbereiten wollen, unter www.krusch.com/nysf.html finden Sie fast alles dazu.

Automobilclub

**Automobile Club of New York (American Automobile Association AAA),** Broadway at West 62nd Street, New York, New York 10023. Infos und Unterlagen nur gegen Vorlage eines deutschen Automobilklub-Ausweises. Mo. – Fr. 8.45 – 17.30 Uhr, Sa. 9 –17 Uhr. Tel. 586-1166.

Bus Terminal

**Port Authority Bus Terminal,** 8th Ave. und 41st St., Tel. 564-8484. Greyhound Tel. 635-0800.

Bahnhöfe

**Pennsylvania Rail Road Station**, 7th Ave. und West 33rd St. Amtrak Tel. 582-6875.

**Grand Central Station,** Park Ave. und East 42nd St.

Fundbüro

**Fundbüro:** Tel. 340-2555.

Autovermietungen

**Alamo,** Tel. 800/327-9633. **Avis**, Tel. 800-331-1212. **Budget,** Tel. 800/527-0700. **Dollar,** Tel. 800/800-4000. **Hertz,** Tel. 800/654-3131. **National InterRent,** 800/227-7368.

Alle Unternehmen haben Büros auf den New Yorker Flughäfen und in den New Yorker Stadtteilen.

Flughäfen und Zubringer

**Flughäfen**

Der Flugverkehr von und nach New York wird über drei Flughäfen abgewikkelt – **John F. Kennedy International Airport (JFK),** Tel. 718/244-4444, einer der verkehrsreichsten Airports der Welt, **La Guardia (LGA),** Tel. 718/533-3400, beide im Stadtteil Queens, und **Newark International Airport (EWR)**, Tel. 973/961-6000, westlich des Hudson River und bereits im Bundesstaat New Jersey gelegen.

Flughafen-zubringer

In die Stadtmitte Manhattans gibt es ab JFK und ab La Guardia regelmäßige **Express Busverbindungen** der *Carey Bus Company* (Tel. 718/632-0509). Die Busse verkehren zwischen 6 Uhr und 24 Uhr alle 30 Minuten. Der Fahrpreis beträgt pro Person $ 13,- ab JKF und $ 9,- ab LGA. Die Busse verkehren zur Grand Central Station (41st Street und Park Avenue) und zum Port Authority Bus Terminal (42nd Street und 8th Ave. Airport Bus Center). Der Bus zum Port Authority Bus Terminal hält unterwegs an den Hotels NY Hilton, Sheraton Manhattan, Marriott Marquis und Holiday Inn Crowne Plaza.

Außerdem verkehren zwischen JFK und LGA und Manhattan Minibusse von **Gray Line Air Shuttle** (Tel. 212/315-3006 oder 800/451-0455). Die Minibusse fahren in der Zeit zwischen 7 Uhr und 23 Uhr von den Airports direkt zu den größeren Hotels in Manhattan. Pro Person zahlt man um die $ 15,-.

**Interessant für Budget Traveller:** Zudem bestehen zwischen JFK und Manhattan **Bus-Subway-Verbindungen**.

Vom JFK-Flughafen kann man mit dem **Bus Q-10** bis zur Station **Union Turnpike-Kew Gardens** fahren und von dort mit der U-Bahnlinie E oder F nach Manhattan gelangen.

Noch etwas billiger, dafür aber auch um einiges langsamer, geht es mit dem kostenlosen **Port Authority Shuttle Bus**, der alle Airport Terminals am JFK-Airport abklappert, bis er endlich zur **Howard Beach Subway Station** fährt. Dort nimmt man den A-Train nach Manhattan. Die Kosten beschränken sich auf die 1,5 Dollar für die U-Bahn.

Ab La Guardia Airport nimmt man den Bus M-60 bis 116th Street und Broadway und von dort die U-Bahn 1 oder 9 nach Midtown Manhattan. Alternativ dazu kann man sich des **Busses Q-33** bedienen, entweder bis **Roosevelt Avenue-Jackson Hights Station** und fährt dort weiter mit der U-Bahnlinie E oder F, oder bis **74th Street Broadway Station** und von dort weiter mit der U-Bahnlinie 7 nach Manhattan. Auf diesem Wege kommen Sie für rund drei Dollar in eineinhalb Stunden vom Flughafen in die Stadt. **Allerdings** – großes Gepäck sollten Sie aber nicht haben. Weder in den Bussen noch in den U-Bahnzügen gibt es geeignete Abstellmöglichkeiten dafür. In Bussen werden Tokens, die MetroCard und abgezähltes Kleingeld (keine Pennies!) akzeptiert. Durch die Drehkreuze der U-Bahn kommen Sie nur mit Tokens oder mit der MetroCard.Aber auch hier gilt: Eigentlich nur mit ganz wenig Gepäck erträglich.

Für eine **Taxifahrt** zwischen den Flughäfen JFK und LGA und Manhattan muß mit ca. $ 30,- gerechnet werden. Ab Newark, NJ nach Manhattan schlägt eine Taxifahrt mit ca. 50,- bis 60,- Dollar zu Buche, plus Mautgebühren von rund 10,- Dollar.

**Zwischen Newark Airport und Manhattan** verkehren die *New Jersey Transit Express Busse Nr. 300* (aus New Jersey Tel. 1-201 762-5100) zum Airport Bus Center am Port Authority Bus Terminal, 42nd Street und 8th Ave. Abfahrten rund um die Uhr alle 15 bis 30 Minuten. Fahrtdauer zwischen 30 und 40 Minuten, je nach Verkehrsdichte.

Die *Olympia Airport Express Busse* (Tel. 212/964-6233 oder 718/622-7700) verkehren rund um die Uhr etwa alle 20 Minuten zwischen Newark und Grand Central Station und Pennsylvania Station (34th Street und 8th Ave) bzw. alle 30 Minuten nach One World Trade Center (West Street). Fahrtdauer nach Grand Central Station je nach Verkehrslage bis 60 Minuten, nach Penn Station und

World Trade Center bis etwa 45 Minuten. Fahrpreis auf den erwähnten Buslinien von Newark nach Manhattan $ 10,-. Schließlich gibt es noch eine Busverbindung zwischen Newark und Port Authority, Manhattan, ca. alle 30 Minuten, Preis $ 10,-.

Ein Taxi von Newark, NJ nach Manhattan kostet rund $ 30,- plus Straßenmaut, plus Zusatzgebühr von $2,- und Trinkgeld. Für Taxifahrten von Manhattan nach Newark kommt zu den erwähnten Preisen und Zusatzgebühren einen Aufschlag von $ 10,-.

**Airport Shuttles der Hotels**

Viele der großen Hotels in der Nähe der Flughäfen bieten einen kostenlosen Airport-Transfer an. Erkundigen Sie sich bei der Zimmerreservierung nach diesem Service.

Besonders in den Verkehrsspitzenzeiten sollten Sie es nicht allzu eilig haben, zum Airport zu kommen. Busse und Taxis werden den Weg zum JFK Airport in den Rush-hours kaum unter eineinhalb Stunden schaffen.

☑ ***Mein Tipp!*** Überlassen Sie Ihr Gepäck nur uniformierten Gepäckträgern und nehmen Sie keine noch so freundlich angebotenen Transportmöglichkeiten in die Stadt von obskuren „Taxifahrern“ oder Privatpersonen an, die Sie nicht bestellt haben. Taxis dürfen Fahrgäste innerhalb des Flughafenbereichs nur an den kontrollierten, offiziellen Taxiständen (Taxi Dispatch) aufnehmen. Wenden Sie sich also an diese Taxistände vor dem Ankunftsgebäude. Taxis in JFK und LGA sind gelb, in EWR gelb, grün, weiß oder blau.

Und wenn Sie mit dem Bus in die Stadt fahren wollen, gibt man Ihnen an den Schaltern mit der Aufschrift „Ground Transportation“ in der Ankunftshalle Auskunft.

Falls Sie am Flughafen bereits ein Auto mieten wollen, bringen Sie deutlich gekennzeichnete Pendelbusse der jeweiligen Autovermietfirma kostenlos zu den Mietwagenbüros und den Standorten der Mietfahrzeuge.

**Transfers:** Wer auf dem JFK-Flughafen umsteigt und mit einer anderen Fluglinie weiter fliegt, bedient sich (ggf. nach der Zollkontrolle) der **Pendelbusse „Airline Connection“** täglich und rund um die Uhr alle 5 bis 15 Minuten alle Terminals der einzelnen Fluggesellschaften bedienen. Die Busse verkehren gegen den Uhrzeigersinn.

Die Busse sind zwar mit Möglichkeiten zum Gepäck abstellen versehen. Einfacher ist es aber – falls ihre Fluggesellschaft nicht automatisch für den Transfer des Gepäcks sorgt, was nicht immer der Fall sein muß – wenn Sie nach dem Schalter **„Baggage Transfer“** Ausschau halten und dort Ihr Gepäck wieder aufgeben. Die meisten Airlines haben von dort einen kostenlosen Gepäck-Transferservice zu ihrem Terminal.

## ❖ FESTE, PARADEN, VERANSTALTUNGEN

**Feste und Veranstaltungen**

**Januar:** In der **Silvesternacht** turbulentes, fröhliches und lautes Treiben auf dem Times Square zum „Count Down“ bis 12 Uhr Mitternacht. Im Central Park Feuerwerk.

**Chinese New Year;** Ende Januar/Anf. Februar (verschiebt sich etwas, da nach dem Mondjahr gerechnet) mit viel Feuerwerk in Chinatown.

**Ice Capades,** Eisrevue im Madison Square Garden.

Im Januar beginnt in New York die Opern-, Konzert- und Ballettsaison im Lincoln Center, Sitz der weltberühmten Metropolitan Opera, des New York City Ballett und des nicht minder berühmten New York Philharmonic Orchestra.

**März: St. Patrick's Day Parade**, am 17. März, auf der 5th Ave., Fest der Iren an ihrem Nationalfeiertag.

Zu Ostern findet auf der 5th Ave., zwischen 49th und 59th Street die **Easter Parade** statt.

**Feste und Veranstaltungen**

**April: Verrazano Day**, am 17. April.

Im April wird die Baseballsaison mit einem Match der legendären New York Yankees gegen die New York Mets eröffnet.

**Cherry Blossom Festival,** Ende April, Kirschblütenfest im Brooklyn Botanic Garden.

**Mai: Martin Luther King Jr. Parade**, Gedächtnismarsch die 5th Ave. hinab, in Erinnerung an den großen schwarzen Menschenrechtler.

**Memorial Day Parade**, Ende Mai, Parade zum Gedenken an die Kriegsgefallenen, vom Broadway zur 72nd Street.

**Washington Square Art Show**, Ende Mai bis Anfang Juni, Ausstellungen diverser junger Künstler im Herzen des Village, eine seit über 50 Jahren wiederkehrende Kunstausstellung..

**Juni: Shakespeare in the Park,** Shakespeare Festival im Delacorte Theater im Central Park. Paraden anläßlich des *Puerto Rico Day* und *Salute To Israel.*

**Lesbian and Gay Pride Day Parade,** schrille Parade der vitalen Lesben- und Schwulenszene New Yorks auf der 5th Ave. zum Washington Square.

**Juli: Fourth ofJuly,** der Unabhängigkeitstag, abendliches Feuerwerk im Hafen.

In der Avery Fisher Hall sechs Wochen lang „Mostly Mozart".

**Mostly Mozart Festival,** Mitte Juli bis August, Konzerte mit namhaften Interpreten und Solisten in der Avery Fisher Hall im Lincoln Center.

**August:** Das Orchester der **New York Philharmonics** spielt im Central Park. Näheres unter Tel. 755-4100.

Auf der Lincoln Center Plaza kostenlose Vorstellungen (Tanz, Theater, Schauspiel) während der **„Lincoln Center Out Of Doors".**

**U.S. Open Tennis Championship,** Ende August bis Anfang September, Topstars des internationalen Tenniszirkus treten auf dem National Tennis Center in Flushing Meadows in Queens an.

**September:** Es ist der Monat der Paraden. **Labor Day Parade, Steuben Day Parade** (Parade der Deutschen in Amerika) u. a.

**New York Film Festival** im Lincoln Center.

**San Gennaro Feast** in Little Italy, ein 10 Tage währendes Spektakel mit italienischer Folklore und italienischen kulinarischen Spezialitäten.

**Oktober:** Anfang Oktober, gewöhnlich am Ersten des Monats, **Feast of St. Francis** in der Kathedrale St. John the Devine. Vor allem die Tiersegnung, vom Meerschweinchen bis zum Zooelefanten, anläßlich des Kirchenfestes zieht Zuschauermassen an.

Paraden zum **Columbus Day** (Mitte Oktober).

In Yorkville deutsch-amerikanisches **Oktoberfest.**

Am 31. Oktober **Halloween Parade** in Greenwich Village, eine bunte, völlig verrückte Gespenstermaskerade.

**November: New York City Marathon**, Anfang November. Der größte Stadtmarathon der Welt startet in Staten Island und führt über die Verrazano-Brükke und durch alle fünf New Yorker Stadteile, um schließlich im Central Park zu enden.

**Thanksgiving Day Parade** am 4. Donnerstag im November. Santa Claus zieht mit seinem Schlitten in riesigen Wolken von Luftballons von der 77th Street, Central Park West, über den Broadway zu Macy's in der 34th Street.

**Veterans Day Parade**, Mitte November, Parade zu Ehren der Kriegsveteranen auf der Fifth Ave.

**Dezember: Weihnachtsbaum-Illumination** am Rockefeller Center.

**Veranstaltungskalender**

Es gibt kaum etwas, worüber New York kein Museum oder eine Veranstaltung hätte. Um über Neuigkeiten, Sonderausstellungen etc. auf dem Laufenden zu sein, schauen Sie in die **Veranstaltungskalender** der Stadt. Viele liegen meist kostenlos in den Hotels oder Museen aus.

Bestens informiert über nahezu alle Aspekte der Veranstaltungsszene in New York ist man nach einem Blick in die „Weekend"-Beilage der Freitagsausgabe der **New York Times**. Hervorragende Hintergrundinformation und längere Berichte über Opernaufführungen, Konzerte, Kabaretts, kulturelle Ereignisse aller Art etc. etc. liest man in der Sonntagsausgabe der Zeitung.

Ein Fundgrube für Veranstaltungstermine ist auch die Beilage „Cue" des Magazins **New York**.

Ausführliche Veranstaltungskalender findet man z. B. auch in **Time Out New York**, in den kostenlosen Wochenzeitungen **Village Voice** oder **New York Press**, im **Gallery Guide**, in **Where**, im **Quarterly Calender** u. a.

Restaurants

## RESTAURANTS

In New York gibt es einige Tausend Restaurants, vom exklusiven Feinschmeckerlokal bis zum Coffee Shop an der Ecke. Es gibt Spezialitätenrestaurants, die Gaumengenüsse aus allen Winkeln unseres Globus' servieren und es ist schlichtweg nicht möglich, alle einigermaßen namhaften Restaurants hier aufzulisten. Verlassen Sie sich bei der Auswahl von Restaurants auch ein bißchen auf Ihr Gespür und auf die Broschüren des Convention and Visitors Bureaus und blättern Sie in den Stadtmagazinen, die oft in den Hotels ausliegen.

Neben den bei den Stadtbesichtigungen erwähnten Lokalen im Village, in Chinatown, im World Trade Center und Rockefeller Center hier noch einige der renommierten Restaurants der Stadt, die Ihre Qualität und Ihren Standard über Jahre hin beibehalten konnten.

Auf die Erwähnung von sog. *„In-Lokalen"* wurde bewußt verzichtet, da sich die Gunst des Publikums hier oft über Nacht ändert. Und was gestern noch mega-in war, ist bis zu dem Zeitpunkt Ihres New York Besuches vielleicht schon wieder völlig out.

Machen Sie sich aber nicht zu viel Hoffnung, aufs Geratewohl einen Tisch in einem der namhaften Restaurants in der Stadt zu bekommen. Viele Toprestaurants sind auf Wochen hinaus ausgebucht! Andere Lokale, die bekannt sind für ihre Qualität und moderaten Preise, nehmen oft keine telefonischen Tischreservierungen an. Dort können dann schon Wartezeiten von einer Stunde oder so entstehen.

Sollte es in New York City Dinge geben, die als preiswert zu bezeichnen wären, ein Abendessen in einem guten Restaurant gehört mit Sicherheit nicht dazu. Einen Hauptgang werden Sie kaum unter 30 Dollar serviert bekommen. Brot und Wasser, früher meist im Preis inbegriffen werden heute extra berechnet. Und wenn Sie es nicht ablehnen, stellt man Ihnen vielleicht ein Fläschchen Mineralwasser für satte 10 Dollar auf den Tisch.

Die Liste der Tagesspezialitäten wird Ihnen vom Oberkellner oder von der Bedienung am Tisch meist mündlich vorgetragen. Dabei wird oft die Erwähnung des Preises „vergessen". Fragen Sie unbedingt danach, falls Ihnen eine der Spezialitäten verlockend erscheint. Leider stehen die Preise für manche Tagesspezialitäten in keinem Verhältnis zu den Preisen auf der normalen Karte.

Prüfen Sie Ihre Rechnung, bevor Sie bezahlen. In der Hektik kann es schon mal passieren, dass Sie Dinge auf Ihrer Rechnung finden, die Sie gar nicht bestellt haben.

Andererseits sollten Sie nicht vergessen, dass es in Amerika üblich ist, dass das Bedienungsgeld nicht im Rechnungsbetrag enthalten ist. Sie sollten also immer 15% bis 20% des Rechnungsbetrages dazu legen. Das, was Sie auf Ihrer Restaurantrechnung zur Endsumme dazu addiert sehen, ist in aller Regel nur die Steuer, die Tax, von 8 ¼ %. Allerdings gingen einige, hauptsächlich von ausländischen Touristen besuchte Lokale dazu über, das Bedienungsgeld doch schon auf die Rechnung zu schreiben! Schauen Sie sich also Ihre Rechnung diesbezüglich an und fragen Sie im Zweifelsfall, ob das Bedienungsgeld (service charge) bereits enthalten ist oder nicht.

**renommierte Restaurants und solche die man kennt**

**Restaurants in Midtown und Upper Manhattan:**

**„Ben Benson's Steak House“,** 123 W. 52nd St., Tel 581-888.

**„Café Des Artistes“,** 1 W. 67th St., Tel. 877-3500, Restaurant der Topklasse, sehr teuer.

**„Carnegie Deli“,** 854 7th Ave., zwischen 54th und 55th Streets, Tel. 757-2245, keine gastronomische Offenbarung, aber der richtige Platz für den „großen Hunger“, die Portionen sind gewaltig. Was Sie nicht schaffen, wird Ihnen eingepackt, wenn Sie wollen.

**„Joe Allen“,** 326 West 46thStreet, zwischen 8th und 9th Avenues, Tel. 581-6464, lassen Sie sich von dem „Kneipenstil“ nicht abhalten, die Küche ist gut und die Preise sind erschwinglich. Reservierung ratsam.

**„Monkey Bar“,** 60 E. 54th St., zwischen Madison und Park Avenues, Tel. 838-2600, im Hotel Elysée, extravagantes Ambiente, gute Küche, große Weinkarte, vorzügliche Desserts, gehobene Preislage. Reservierung notwendig. Jackett und Krawatte werden erwartet. Samstag und Sonntag keine Mittagskarte.

**„Remi“,** 145 W. 53rd St., zwischen 6th und 7th Ave., Tel. 581-4242, schickes Lokal, sehr guter „Italiener“, gehobenen Preislage, Reservierung notwendig, Samstag und Sonntag keine Mittagskarte.

**„Sardi's“,** Lokal vieler Broadway Künstler, 234 W. 44th St., Tel. 221-8440.

**„Silvia's“,** 328 Lenox Avenue, 124th Street, Tel. 996-0660, gilt nach wie vor als eines der besten Lokale, das deftiges Soul Food, begleitet von Jazzklängen, serviert. Zu den Spezialitäten zählt z. B. Hähnchen mit Kartoffelpüree. Ganztags bis 22.30 Uhr, sonntags von 13 bis 19 Uhr geöffnet.

**„Taci“,** Broadway, 110th Street, Tel. 678-5345, viele Studenten der Manhattan School of Music jobben hier als Kellner und servieren schon mal, eine Arie schmetternd, an den Tischen.

**„Tavern On The Green“,** Tel. 873-3200, Gartenrestaurant am Central Park, Central Park West und 67th St. Renommiertes Restaurant, gehobene Preislage.

**„The 21 Club“,** 21 West 52nd Street. Tel. 582-7200, sehr teuer, sehr elegant und sehr snoby. Sonntag Ruhetag.

Wesentlich preiswerter ißt man dagegen im **„Hard Rock Café“,** 221 W. 57th St. Tel. 489-6565, das für seine Hamburger bekannt ist (Preise ab etwa $ 10,-).

**Restaurants in Greenwich Village, SoHo, TriBeCa, Chinatown:**

**„City Hall“,** TriBeCa, 131 Duane Street, zwischen Church Street und W. Broadway, Tel. 227-7777, amerikanische Küche mit Fischgerichten, Steaks, u. ä. mittlere Preislage, Sonntag Ruhetag.

**„Fanelli“,** SoHo, 94 Prince St. Ecke Mercer Street, Tel. 226-9412, eines der stadtbekannten Bar-Restaurants in SoHo, untergebracht in einem historischen Stadthaus aus dem Jahre 1857, einer Zeit, als diese Gegend von SoHo eher zum Rotlichtmilieu gerechnet werden mußte, einfache, preiswerte Küche, viel Atmosphäre.

**„Grange Hall“,** 50 Commerce Street, Ecke Barrow Street, Tel. 924-5246, angenehmes, etwas versteckt in Greenwich Village gelegenes Lokal, gute Küche zu moderaten Preisen, Reservierung notwendig.

**„HSF-Hong Kong“,** Chinarestaurant, 578 2nd Ave., zwischen 31st und 32nd Sts., Tel. 374-1319.

**„New York Noodle Town“,** Chinatown, 28 Bowery, Ecke Bayard Street, Te. 349-0923, gute chinesische Küche zu erschwinglichen Preisen, Tischreservierung nicht möglich.

**„Old Homestead“,** in einem über 100 Jahre alten Haus, bekannt für Steaks und Hummergerichte, 9th Ave. zwischen 14th und 15th Sts., Tel. 242-9040.

Für ihre exquisite französische Küche (Menüs ab ca. $ 50,- ) sind bekannt **„Lutece“, „La Côte Basque“** oder **„La Caravelle“.**

Weniger um Gaumenfreuden zu frönen, als vielmehr zum people watching geht man ins **„Veruka“,** zumindest eine Zeit lang Anlaufpunkt vieler New Yorker „Celebrities“.

Restaurants

**„Village Green“,** Restaurant, 531 Hudson St., Tel. 255-1650.**Restaurants berühmter Stars:**

**Layla**, 211 W. Broadway, Finn Square, Tel. 431-0700, hier können Sie im Ambiente von 1001 Nacht Couscous nach alter Tradition auch mit den Fingern essen. Das preisgekrönte Dekor soll Robert DeNiro initiiert haben.

**„Mulholland Drive Café“,** 1059 Third Ave., Tel. 319-7740, Besitzer Patrick Swayze.

**„Planet Hollywood“,** 140 West 57th Street, Tel. 333-7827, Mitbesitzer sind Arnold Schwarzenegger und Sylvester Stallone. Interessant vor allem wegen der vielen Filmsouvenirs von Humphry Bogart bis Star Wars.

**„TriBeCa Grill“** 375 Greenwich St, Tel. 941-3900, vielleicht begegnen Sie hier tatsächlich Robert DeNiro, er ist Besitzer des Lokals.

**Restaurants in Lower Manhattan:**

**„American Park at the Battery“,** am Battery Park, in 175 State Street, gegenüber vom Park., Tel. 809-5508, der prächtige Blick vom Restaurant bis zur Freiheitsstatue und bis Ellis Island ist einen Besuch wert, schöne Freiterrasse am Wasser, obere Preislage.

☑ *Mein Tipp!* **„Bridge Cafe“,** 279 Water Street, Ecke Dover Street, Tel. 227-3344, etwas versteckt unter der Brooklyn Bridge, ein fast schon wieder romantisch zu nennendes Eckchen in der Großstadt, gute amerikanische Küche zu – für New Yorker Verhältnisse – moderaten Preisen. Empfiehlt sich z. B. als Stopp nach einer langen Besichtigungstour durch South Street Seaport. Sonntags nur Abendkarte.

**„Fraunces Tavern“,** 54 Pearl Street, Ecke Broad Street, Tel. 269-0144, Gasthaus und Restaurant seit 1762, als George Washingtons Leibkoch Samuel Fraunces hier erstmals Gäste bewirtete, Kolonialstilambiente. Ein Besuch lohnt sich eher des historischen Gemäuers, als der Küche wegen. Mittlere Preislage. Reservierung unbedingt anzuraten. Samstag und Sonntag sind Ruhetage.

**„Windows on the World“,** Tel. 524-7011, ein riesiges Restaurant, schon fast ein Restaurantkomplex, im 107. Stockwerk des World Trade Centers im Turm eins, prächtiger Stadtblick, gepflegter Service, erlesenes Ambiente und eben solche Menüpreise. Tischreservierung notwendig. Jackett und Krawatte werden erwartet. – Und viele, viele andere Restaurants.

## HOTELS

Hotels in Manhattan

Im „Big Apple“ stehen laut New York Convention and Visitors Bureau mehr als 58.000 Hotelzimmer zur Verfügung. Die nachstehende Auflistung kann also nur ein Auszug aus dem New Yorker Hotelangebot sein. Der statistische Zimmerdurchschnittspreis liegt bei $ 189,-.

Besonders in Manhattan empfiehlt es sich, eher ein Haus der besseren Kategorie zu wählen. Viele Hotels bieten erhebliche Ermäßigungen am Freitag und Samstag.

Falls nicht anders erwähnt, kann davon ausgegangen werden, dass die aufgeführten Hotels über Nichtraucherzimmer, über eine Hotelgarage und/oder über einen Parkdienst (valet parking) verfügen.

Folgende Unternehmen bieten Hotelreservierungsdienste an: **Accommodations Express**, Tel. 800/444-7666. **Central Reservation Service (CRS),** Tel. 800/548-3311. **Hotel Reservations Network**, Tel. 800/954-6835. Siehe auch unter „Hotels, Toll Free Numbers“, weiter hinten.

Speziell für Manhattan haben wir – abweichend von den unter *„Hotels, Motels und andere Unterkünfte“* aufgeführten und für den Rest des Reiseführers geltenden Preiskategorien – die angegebenen Hotels zur Groborientierung in folgende **fünf Preiskategorien** eingeteilt und durch das Dollarzeichen ($) symbolisiert:

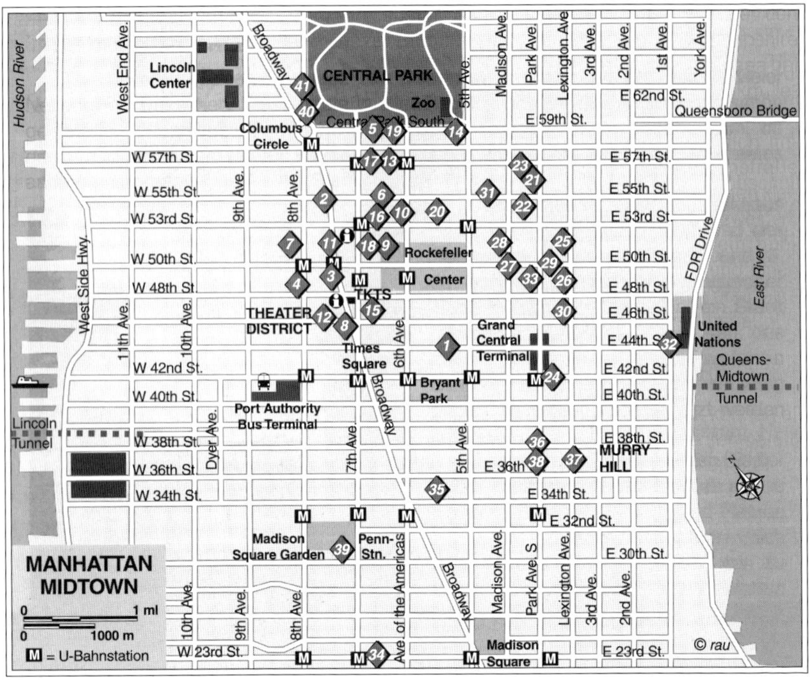


*NEW YORK CITY – MANHATTAN HOTELS – 1 Algonquin – 2 Best Western Woodward – 3 Crown Plaza – 4 Days Hotel – 5 The Essex House Westin Hotel – 6 The Gorham Hotel – 7 Howard Johnson Plaza – 8 Marriott Marquis – 9 Michelangelo – 10 New York Hilton and Towers – 11 Novotel New York – 12 Paramount – 13 Parker Meridien – 14 The Plaza – 15 Renaissance – 16 Rihga Royal – 17 Salisbury Hotel – 18 Sheraton New York Hotel & Towers und Sheraton Manhattan – 19 Westin Central Park South – 20 Warwick – 21 The Drake Swissotel – 22 Elysée Hotel – 23 Four Seasons – 24 Grand Hyatt – 25 Loews New York Hotel – 26 New York Marriott Eastside – 27 New York Palace – 28 Omni Berkshire Place – 29 Plaza Fifty – 30 Roger Smith – 31 St. Regis Hotel – 32 United Nations Plaza-Park Hyatt – 33 The Waldorf Astoria – 34 Chelsea Savoy Hotel – 35 Comfort Inn Manhattan – 36 Doral Park Avenue – 37 The Shelbourne Murray Hill – 38 Sheraton Park Avenue – 39 Southgate Tower Suite Hotel – 40 Trump International and Towers – 41 Mayflower On The Park*

**$** – Doppelzimmer bis $ 150,-
**$$** – Doppelzimmer bis $ 250,-
**$$$** – Doppelzimmer bis $ 350,-
**$$$$** – Doppelzimmer bis $ 450,-
**$$$$$** – Doppelzimmer über $450,-.

**Hotels Midtown Manhattan West**

**Hotels in Midtown Manhattan West**, zwischen Central Park und 49th Street, inkl. Theater District:

*Die Nummern in Klammern hinter den Hotelnamen beziehen sich auf die Nummern im Stadtplan „Midtown Manhattan Hotels“.*

**Algonquin (1)**, $$$$, 165 Zi, 59 W. 44th St., zwischen 5th und 6th Avenues, Tel. 840-6800 oder 800/548-0345, traditionsreiches Haus, auch heute noch Treffpunkt von Schriftstellern und Medienleuten, das Hotel liegt in der Nähe namhafter Verlagshäuser und der New York Magazine Büros, Restaurants,

**Hotels Midtown Manhattan West**

Bar, Bürokommunikationseinrichtungen, Fitnesseinrichtungen. Nach wie vor hat der **Oak Room** des Hotels einen guten Ruf als Schauplatz literarischer Veranstaltungen, Autorenlesungen, künstlerischer Bühnenshows u. ä.

**Best Western Woodward (2),** $$$$, 145 Zi., 210 W 55th St. und Broadway, Tel. 247-2000.

**Crown Plaza (3)**, $$$$, 770 Zi., 1605 Broadway und 49th St., Tel. 977-400, zentral im Theater District, Schwimmbad, Sauna, Restaurants, Konferenzräume.

**Days Hotel (4)**, $$, 365 Zi., 790 8th Ave. zwischen 48th und 49th Streets, Tel. 581-7000, Dachschwimmbad, Restaurant.

**The Essex House Westin Hotel (5)**, $$$$$, 595 Zi., 160 Central Park South, zwischen 6th und 7th Ave., Tel. 247-0300, Haus der Luxusklasse am Südrand des Central Parks, Restaurants, darunter das renommierte **„Les Celebrites“,** Sauna, Fitnesscenter, Konferenzräume u. a.

**The Gorham Hotel (6)**, $$$, 120 Zi., 136 W 55th St. zwischen 6th und 7th Ave., Tel. 245-1800.**Howard Johnson Plaza (7)**, $$, 300 Zi., 851 8th Ave., zwischen 51st und 52nd Streets, Tel. 581-4100, gute Mittelklasse, relativ preiswert, Restaurant.

**Marriott Marquis (8)**, $$$$, 2.000 Zi., 1535 Broadway, zwischen 45th und 46th St., Nähe Times Square, Tel. 398-1900, moderne „Hotelstadt“ der oberen Preisklasse mit 48 Stockwerken, zentral im Theater District, Kongress- und Konferenzräume, Sauna, Restaurants, Coffee Shop. Autozufahrt über 46th Street.

**Michelangelo (9)**, $$$$, 177 Zi., 152 W 51st St., zwischen 6th und 7th Ave., Tel. 765-1900, Luxusherberge im Stil der italienischen Renaissance, sehr zentral, sehr elegant, sehr teuer, Konferenzräume, Restaurant.

**New York Hilton and Towers (10)**, $$$$$, 2.060 Zi., 1335 6th Ave., Avenue of the Americas, zwischen 53rd und 54th Streets, Tel. 586-7000, zentral, sehr teuer, riesiges, New Yorks größtes Kongresshotel mit entsprechenden Einrichtungen und Räumlichkeiten, Sauna, Restaurant, Coffee Shop, Nachtclub. Autozufahrt über West 53rd Street.

**Novotel New York (11)**, $$$, 475 Zi., 226 W 52nd St., Tel. 315-0100, am Broadway, zentral im Theater District, Restaurant.

**Paramount (12)**, $$$$, 610 Zi., 235 W 46th Street, zwischen Broadway und 8th Ave., zentral im Theater District, wurde vor einiger Zeit renoviert, etwas nüchtern wirkendes Hotel, kleine, zeitgemäße Zimmer, Restaurant, Coffee Shop.

**Parker Meridien (13)**, $$$$$, 700 Zi., 118 W 57th St., zwischen 6th und 7th Ave., Tel. 245-5000, modernes Haus der Luxusklasse, imposante Lobby, Schwimmbad auf dem Dach, Sauna, Squash Court, Fitnesseinrichtungen, Restaurant.

**The Plaza (14)**, $$$$$, 815 Zi., 5th Ave. und 59th St., Central Park South, Tel. 759-3000, exklusives Luxushotel, eine der feinsten Adressen in Manhattan, auch wenn schon etwas in die Jahre gekommen, sehr teuer, mehrere Restaurants.

**Renaissance (15)**, $$$$, 305 Zi., 714 7th Ave., zwischen 47th und 48th Streets, zentral im Theater District, am Times Square, Konferenzeinrichtungen, Restaurant, Bar, Bürokommunikationsanschlüsse in Zimmer. In der Nebensaison gelegentlich reduzierte Zimmerpreise.

**Salisbury Hotel (17)**, $$$, 320 Zi., 123 W 57th St., zwischen 6th und 7th Ave., Tel. 246-1300, gegenüber Carnegie Hall.

**Sheraton New York Hotel & Towers (18)**, $$$$, 1.750 Zi., 811 7th Ave. und 52nd St., Tel. 581-1000, zentral im Theater District, Konferenzräume, Saunas, Restaurants, Coffee Shop.

**Sheraton Manhattan (18)**, $$$$, 660 Zi., 790 7th Ave., zwischen 51st und 52nd Sts., Tel. 581-3300, Schwimmbad, Sauna, Restaurant, Coffee Shop.

**Westin Central Park South (19)**, $$$$, ehemals Ritz-Carlton, 210 Zi., 112 Central Park South, zwischen 6th und 7th Avenues, Tel. 757-1900, elegantes, teueres Luxushotel mit allem erdenklichen Komfort und adäquatem Service, eine der Topadressen in New York.

☑ ***Mein Tipp!*** **Warwick (20)**, $$$, 425 Zi., 65 W. 54th St. und 6th Ave., Tel. 247-2700, historische Haus, 1927 vom amerikanischen Zeitungszaren William

Randolph Hearst gebaut, angenehmes, auch zu vielen Theatern günstig gelegenes Haus, Bar, Restaurant „Ciao Europa" mit italienischer Küche. – Und andere Hotels.

Hotels Midtown Manhattan East

**Hotels in Midtown Manhattan East**, zwischen 57th und 42$^{nd}$ Street:

*Die Nummern in Klammern hinter den Hotelnamen beziehen sich auf die Nummern im Stadtplan „Midtown Manhattan Hotels".*

**The Drake Swissotel (21)**, $$$$$, 440 Park Ave. und 56$^{th}$ St., Tel. 421-0900, gepflegt und teuer, gehört zu New Yorks besten Hoteladressen, großzügig konzipierte Zimmer, Konferenzräume, Restaurant, gepflegte Gastronomie.

**Elysée Hotel (22)**, $$$$, 100 Zi., 60 East 54$^{th}$ St., ein recht einladendes, angenehmes Haus mit noch erschwinglichen Zimmerpreisen, bekannter als das Hotel ist sein **Restaurant „Monkey Bar".**

**Fitzpatrick Manhattan**, $$$$, 90 Zi. überwiegend Suiten, 687 Lexington Ave., Tel. 355-0100, in der Nähe des Kaufhauses Bloomingdales, kleines, gepflegtes, traditionsreiches Hotel mit irischer Tradition. Restaurant. Im Fitzpatrick logierten schon die Chieftains, Sinead O'Connor, Liam Neeson und das eine oder andere Mitglied des Kennedy-Clans.

**Four Seasons (23)**, $$$$$, 365 Zi., 57 East 57$^{th}$ St., zwischen Park Ave. und Madison Ave., sehr teuer, die Zimmerpreise beginnen bei etwa 700 Dollar. Das Haus ist auch bekannt für sein **„Fifty-Seven Fifty-Seven" Restaurant.**

**Grand Hyatt (24)**, $$$$, 1.400 Zi., Park Ave., neben Grand Central Station, Tel. 883-1234, Konferenzräume, Restaurants.

**New York Marriott Eastside (26)**, $$$, 665 Zi., 525 Lexington Ave., zwischen 48$^{th}$ und 49$^{th}$ St., Konferenz- und Geschäftshotel, Restaurant, Coffee Shop.

**New York Palace (27)**, $$$$$, 960 Zi., 455 Madison Ave. und 50$^{th}$ St., eine exklusive und sehr teure Hoteladresse mit allen Annehmlichkeiten eines Luxushotels, Restaurants, Fitnesseinrichtungen.

**Omni Berkshire Place (28)**, $$$$$, 415 Zi., 21 East 52$^{nd}$ St. und Madison Ave. Tel. 355-7646, Restaurant.

**Roger Smith (30)**, $$$, 130 Zi., 501 Lexington Ave. zwischen 47$^{th}$ und 48$^{th}$ Sts., gutes Mittelklassehotel mit dem sympathischen Ambiente eines Antiquitätenladens, relativ preiswert, Restaurant, Bar.

**St. Regis Hotel (31)**, $$$$$, 320 Zi., 2 East 55$^{th}$ St., zwischen 5$^{th}$ Ave. und Madison, Tel. 753-4500, elegant, exklusiv, jede Etage hat ihre eigenen Butler. Nicht minder exquisit und teuer ist das **Hotelrestaurant „Lespinasse".** Die richtige Adresse für den Fall, dass Sie sich mal so richtig was gönnen wollen. Die Zimmerpreise beginnen bei ca. 600 Dollar.

**The Waldorf Astoria (33)**, $$$$$, 1.410 Zi., 301 Park Ave., zwischen 49$^{th}$ und 50$^{th}$ St. Tel. 355-3000, weltbekannt, traditionsreichstes Haus in New York (siehe auch unter „Midtown Manhattan" weiter oben), gepflegt, sehr teuer, Preise ab ca. 300,- Dollar, mehrere Restaurants.

**Vanderbilt YMCA**, $, 400 Zi., 224 East 47$^{th}$ St., Tel. 755-2410. Die richtige Adresse für den Budget Traveller, winzige Zimmer und (fast) winzige Preise. Nur ein Bruchteil der Zimmer (genauer gesagt 5) hat ein eigenes Bad. Restaurant, Schwimmbäder, Sauna, Sporteinrichtungen, Waschsalon, Flughafenshuttle. – Und andere Hotels.

Hotels Upper West Side:

**Hotels Upper West Side:**

**Excelsior**, $$$, 190 Zi., 45 West 81$^{st}$ St. zwischen Central Park West und Columbus Ave., Tel. 362-9200, wenn Sie den etwas angestaubten Charme etwas in die Jahre gekommener, aber immer noch einladender Hotels mögen, kann das Excelsior fast ein Schnäppchen sein (angesichts der New Yorker Hotelpreise), vor allem für Museumsliebhaber. Das American Museum of Natural History liegt gleich gegenüber und auf der anderen Seite des Cetral Parks verläuft New Yorks Museumsmeile (obere 5$^{th}$ Ave.), Coffee Shop.

**Mayflower On The Park (41)**, $$$, 375 Zi., davon 160 Suiten, 15 Central Park West und 61$^{st}$ St., ordentliches Mittelklassehotel, Nähe Columbus Circle, einige Zimmer (teuerer) mit Blick zum Central Park, Restaurant.

**Milbourne,** $$$, 100 Zi., davon 50 Suiten, 242 W. 76th Street, zwischen Broadway und West End Ave., Tel. 362-1006, einfacheres Mittelklassehotel, relativ günstig zum Lincoln Center und Nähe Central Park gelegen.

**Trump International and Towers (40),** $$$$$, 170 Zi., 1 Central Park West, zwischen 59th und 60th Streets, Tel. 299-1000, sündhaft teures First Class Hotel,

**YMCA West Side**, $, 550 Zi., davon 25 mit eigenem Badezimmer, 5 W. 63d St., Tel. 787-4400, sehr kleine Zimmer, aber recht günstig am Central Park West gelegen. – Und andere Hotels.

**Hotels Upper East Side:**

Upper East Side

**The Carlyle**, $$$$$, 200 Zi., 35 East 76th St. und Madison Ave., Tel. 744-1600, sehr elegante Residenz, sehr teuer, Restaurant, Bar.

**The Mark**, $$$$$, 180 Zi., 25 East 77th St. und Madison Ave., Tel. 744-4300, sehr teuer.

**Pierre**, $$$$$, 205 Zi., 2 East 61st St. und 5th Ave. Tel. 838-8000, am Central Park, nobel, elegant und sehr teuer, Restaurant.

**Plaza Athenee**, $$$$$, 150 Zi., 37 East 64th St., zwischen Madison und Park Aves., Tel. 734-91 00, sehr teuer, Restaurants, darunter das exquisite **„Le Regence“.**

**The Regency**, $$$$$, 370 Zi., 540 Park Ave. und 61st St., Tel. 759-4100, Sauna, Restaurant.

**The Stanhope**, $$$$, 150 Zi., 995 5th Ave. und 81st St., Tel. 288-5800, gegenüber Metropolitan Museum of Art, teures First Class Hotel, Restaurants.

**Hotels in Downtown Manhattan,** zwischen 42nd und 23rd Streets:

Downtown Manhattan

**Chelsea Savoy Hotel (34)**, $$, 90 Zi., 204 West 23rd Street, Tel. 929-9353, wer gerne im „Künstlerambiente“ wohnt, ist hier richtig. Arthur Miller ging hier ein und aus. Cafeteria.

**Comfort Inn Manhattan (35)**, $$$, 120 Zi., 42 W. 35th St., zwischen 5th und 6th Aves., Tel. 947-0200, preiswertes Mittelklassehotel, Nähe Herald Square.

**Doral Park Avenue (36)**, $$$$, 190 Zi., 70 Park Ave. und 38th St., Tel. 687-7050, Restaurant.

**The Shelburne Murray Hill (37)**, $$$$$, 260 Zi., 303 Lexington Ave. und 37th St., Tel. 689-5200, Appartement Hotel, Sauna, Restaurant.

**Sheraton Park Avenue (38)**, $$$$, 150 Zi., 45 Park Ave. und 37th St., Tel. 685-7676, Restaurant.

**Southgate Tower Suite Hotel (39)**, $$$, 515 Zi., 371 7th Ave., Tel. 563-1800, gegenüber Madison Garden, Restaurant, Coffee Shop.

**Hotels in Lower Manhattan und Financial District:**

Lower Manhattan und Financial District

**Best Western Seaport Inn**, $$, 72 Zi., 33 Peck Slip, zwischen Front Street und Water Street, Tel. 766-6600, am South Street Seaport, kleines, gepflegtes Hotel in historischem Gebäude aus dem 18. Jh., von einigen Zimmern Blick auf South Street Seaport, East River und Brooklyn Bridge.

**Holiday Inn Downtown**, $$$, 225 Zi., 138 La Fayette St. Ecke Howard St., Tel. 966-8898, in SoHo und westl. von Chinatown, Nähe Greenwich Village, Little Italy, Tribeca, relativ preiswertes Haus der Mittelklasse, **Restaurant „Pacifica“.**

**The Millenium Hilton**, $$$$$, 560 Zi., 53 Church St., zwischen Courtland und Dey Streets, Tel. 693-2001, östlich des World Trade Center, von Zimmern in den höheren Stockwerken teils imposanter Stadtblick, sehr teures Konferenz- und Businesshotel, Schwimmbad, Restaurants.

**Marriott Financial Center**, $$$$, 500 Zi., 85 West St., Tel. 385-4900, günstig mitten im Financial District, Konferenzräume, Schwimmbad, Sauna, Restaurant.

**Marriott World Trade Center**, $$$$, 820 Zi., 3 World Trade Center, im World Trade Center gelegen, Tel. 938-9100, Schwimmbad, Sauna, Restaurants, darunter das **„American Harvest Restaurant“.**

## AUSFLÜGE AB NEW YORK CITY

### ABSTECHER INS HUDSON RIVER VALLEY

Ein lohnender Ausflug in die Umgebung der Großstadt New York ist im Sommer und im Herbst eine Fahrt durch das **Hudson River Valley.** Mit seinen steilen, bewaldeten Uferhängen wurde es von manchen Reisenden schon mit dem Rheintal verglichen.

Der Hudson entspringt in den Adirondack Mountains am Lake Tear of the Clouds und fließt dann 315 mls/504 km südwärts, bis er bei New York in den Atlantik mündet. Der Fluß, auf dem 1807 eines der ersten dampfbetriebenen Schiffe verkehrte, war bis in unser Jahrhundert eine der wichtigsten Transportadern im Osten der USA. New York mit seinem Hafen verdankt nicht zuletzt dem Hudson River seinen kometenhaften Aufstieg zum wichtigsten Wirtschaftszentrum im Lande.

**mit dem Ausflugsdampfer nach Westpoint ****

Gemütlich ist eine Dampferfahrt auf dem Hudson River. Die Bootsfahrt führt hinauf bis zum Bear Mountain Park und zur Militärakademie **West Point** (großes Militärmuseum). Boote der *Hudson River Day Line*, Tel. 279-5151, verkehren täglich außer Montag zwischen Anfang Juni und Anfang September ab Pier 81, West 41st Street. Dauer rund 9 Stunden.

Boote von *Gray Line*, Tel. 397-2600, verkehren von Ende Juni bis Anfang September ab West 38th Street täglich nach **Tarrytown**.

**Autotour**

➔ **Route:** Auf einer Tour mit dem Auto läßt sich der Ausflug ausdehnen und individueller gestalten. Von Manhattan fährt am besten zunächst über den Henry Hudson Parkway und später über die US-9 oder die I-87 (NY-State Througway) nordwärts. Je nach Interesse kann man in **Yonkers, Tarrytown, Poughkeepsie, Hyde Park, Newburgh** oder **West Point** Station machen. ●

**Hudson River Museum in Yonkers**
Mi. - Sa. 12 - 17 Uhr. Eintritt.

**Yonkers, NY,** eine Industriestadt mit annähernd 190.000 Einwohnern, wartet im **Hudson River Museum of Westchester**, 511 Warburton Ave., mit Kunstausstellungen mit Werken amerikanischer Künstler des 19. und 20. Jh. auf. Außerdem werden historische und wissenschaftliche Sammlungen gezeigt. Ebenfalls zum Museumskomplex gehören das Glenview Mansion und das interessante Andrus Planetarium (separater Eintritt, freitags frei).

Wenn Ihnen der Sinn eher nach Shopping steht, finden Sie im **Cross County Shopping Center** über 100 Geschäfte und mehrere Kaufhäuser. Zu erreichen ist das Einkaufszentrum über den Cross County Parkway Exit 5.

**Washington Irvings Wohnhaus**
März - Dez. Mi. - Mo. 10 - 17 Uhr. Sa. + So. 10 - 17, Mi. - Mo. 10

Bei **Tarrytown, NY** sollten Sie das gut 10 km südlich der Stadt am Fuße der Uferhügel am Hudson River gelegene Anwesen **Sunnyside**, das Wohnhaus von *Washington Irving*, besuchen. Der bekannten amerikanischen Schriftsteller lebte hier von 1835 bis zu seinem Tode im Jahre 1859. Washington Irving war 1783 geboren worden. Bekannt wurde er in Amerika zunächst durch seine Kurzgeschichten. Mit seinen Essays und Reisebeschreibungen wie z. B. „Alhambra“ (1832) über das maurische Spanien oder mit „Geschichte New Yorks von Diedrich Knickerbocker“ aus dem Jahre 1812 machte sich Irving später auch einen Namen in

Europa. In der West Sunnyside Lane, Ecke Broadway, hat die Stadt ihrem berühmten Bürger ein Denkmal gesetzt. Das Washington Irving Memorial wurde von Daniel Chester French gestaltet, der auch die Figur im Lincoln Memorial in Washington D.C. kreierte.

**Lyndhurst Mansion**
15. Apr. - 31. Okt Di. - So. 10 - 17 Uhr. Übrige Zeit Sa. + So. 10 - 17 Uhr. Eintritt.

Bei ausreichend zur Verfügung stehender Zeit lohnt außerdem ein Besuch in **Lyndhurst**. Dieses stattliche Herrenhaus liegt knapp 4 km östlich von Tarrytown an der US-9 (635 South Broadway). Bemerkenswert sind die im Stil des 19. Jh. kostbar möblierten und dekorierten Zimmer und Salons sowie die Gärten des Anwesens am Hudson River.

**erste Hauptstadt des Staates New York**

**Poughkeepsie** entstand aus einer holländischen Siedlung und war 1777 die erste Hauptstadt des Staates New York. 1788 ratifizierte hier der Bundesstaat New York die US-Verfassung.

**Morses Wohnhaus**
Ende Mai - Ende Sept. Mi. - So. 10 - 16 Uhr. Eintritt. Führungen.

Besichtigen kann man das historische Anwesen **Samuel Morse Historic Site**. Der ehemalige Wohnsitz des Telegraphenerfinders *Samuel F. B. Morse* liegt ca. 2 mls/3 km südlich der Hudson Brücke. Morse erwarb das Haus, das 1830 errichtet worden und damals als Locust Grove bekannt war, im Jahre 1847, um es im Stil einer toskanischen Villa umbauen zu lassen. Das Haus ist mit technischen Exponaten aus der frühen Telegraphenära, mit zeitgenössischem Mobiliar, kostbaren Porzellan- und Kunstsammlungen ausgestattet.

**Poughkeepsie**

### Praktische Hinweise – Poughkeepsie

☎ Paughkeepsie Area Code (Telefonvorwahl): 914

**Poughkeepsie Area Chamber of Commerce,** 110 Main St., Poughkeepsie, NY 12601, Tel. 454-1700.

**Motels**

Motels: **Best Inn,** $$, 41 Zi., Tel. 454-1010, 62 Haight Ave., ca. 3 km östl. an der US-44, Schwimmbad.

**Holiday Inn Express,** $$, 123 Zi., Tel. 473-1151, US-9 ca. 3 km südl., Schwimmbad. – Und andere Motels.

**Amerikas Kochschule**

Rund 10 mls/16 km nördlich von Paughkeepsie liegt der Ort **Hyde Park, NY**. Hyde Park ist Sitz des renommierten Cullinary Institute of America, der größten Schule für Küchenchefs im Lande, einer bemerkenswerten Einrichtung im Land der Hamburger und des Fast Food. Das Institut unterhält drei Restaurants in der Stadt.

Sehenswert sind einige historische Landsitze, die etwas außerhalb des Ortes liegen.

**F. D. Roosevelt Villa**
Apr. - Okt. tgl. 9 - 17 Uhr. Winter Do. - Mo. 9 - 17 Uhr. Eintritt.

**Home of Franklin D. Roosevelt National Historic Site**, der ehemalige Wohnsitz von F. D. Roosevelt und seiner Frau Eleanor, liegt südlich der Stadt, zwischen US-9 und Hudson River. Der spätere US-Präsident war hier am 30. Januar 1882 als Sohn von James und Sara Delano Roosevelt geboren worden. Das Roosevelt Haus ist im Originalzustand von 1945, dem Todesjahr Roosevelts, belassen worden.

In der angeschlossenen **Roosevelt Bibliothek** mit **Museum** ist eine Vielzahl an Erinnerungsstücken an Roosevelt und seine Zeit im Weißen Haus zu sehen. Eine spezielle Abteilung befaßt sich mit dem öffentlichen Engagement der damaligen First Lady Eleanor Roosevelt.

Auf dem Gelände des Anwesens befinden sich auch die Grabstätten von Franklin D. und Eleanor Roosevelt.

☑ *Mein Tipp!* Wenn Sie mehrere der Historic Sites bei Hyde Park besuchen wollen, fragen Sie dort, wo Sie beginnen, also z. B. in der Roosevelt Villa, nach sog. Combination Tickets. Sie sind um einiges billiger als die Einzeltickets zusammengenommen und gelten für Home of Franklin D. Roosevelt National Historic Site, Roosevelt Library und Museum, Eleanor Roosevelt National Historic Site und Vanderbilt Mansion.

Zwei Meilen weiter östlich liegt **Eleanor Roosevelt National Historic Site**, das sommerliche Ferienhaus der Roosevelts, das der Präsidentenwitwe von 1945 bis zu ihrem Tode im Jahre 1962 als Wohnsitz diente.

**Vanderbilt Mansion**
Apr. - Okt. tgl. 9 - 17 Uhr, Winterhalbjahr kürzer. Eintritt.

Unweit nördlich von Hyde Park liegt **Vanderbilt Mansion National Historic Site**, eine im Stil der italienischen Renaissance erbaute Prunkvilla, die sich Frederick W. Vanderbilt ausgangs des 19. Jh. für nicht weniger als zwei Millionen Dollar als Landsitz hatte errichten lassen. Die Villa beeindruckt durch ihre luxuriöse Ausstattung u. a. mit Marmorbädern, französischen Möbeln, flämischen Gobelins und kostbaren Teppichen, Mahagonitäfelung, Kristallüstern u. ä. Schöner Blick vom Anwesen in das Tal des Hudson River.

**Mills Mansion**
Mai - Anf. Sept. Mi. - Sa. 10 - 17, So. 12 - 17 Uhr. Eintritt.

Ein anderer besuchenswerter Landsitz ist **Mills Mansion State Historic Site** bei Staatsburg, NY, rund fünf Meilen nördlich von Hayde Park. Diese 65-Zimmer-Villa im Jugendstil war Mitte des 19. Jh. die noble Residenz von Ruth Livingston Mills und ihrem Ehemann Ogden Mills, Sohn eines wohlhabenden kalifornischen Bankers. Das Haus ist üppig mit Stuckarbeiten, Marmor, Eichentäfelung, vergoldeten Schnitzereien, flämischen Wandteppichen und kostbarem Mobiliar ausgestattet.

**Hyde Park**

**Motels**

**Camping**

## Praktische Hinweise – Hyde Park

☎ Hyde Park Area Code (Telefonvorwahl): 914

Motels: **Golden Manor Motel,** $, 38 Zi., Tel. 229-2157, US-9 ca. 2 km südl., Schwimmbad, Sauna.
**Super 8,** $$, 60 Zi., Tel. 229-0088, US-9 ca. 2 km südlich.
**The Roosevelt Inn,** $$, 26 Zi., Tel. 229-2443, geöffnet 1. März – 31. Dezember. – Und andere Motels.

▲ – **Campinggelegenheit** im **Margaret Lewis State Park**, 15. Mai – 25. Okt.; 45 Stpl., einfache Standardausstattung, Miethütten.

➔ **Route:** Den Rückweg nach New York City kann man entlang der Westseite des Hudson River über die US-9W führen. Den Fluß überquert man dann bei Poughkeepsie Richtung Highland. ●

In **New Paltz, NY**, rund 8 mls/13 km westlich des Hudson River gelegen, können Sie sechs flämische Steinhäuser aus dem 17. Jh. sehen, die von Hugenotten erbaut wurden, die 1678 die Stadt gegründet hatten.

In **Newburgh, NY** am Westufer des Hudson River befand sich gegen Ende des Revolutionskrieges George Washingtons Hauptquartier. Sehenswert ist das **Hasbrouck House** aus der Mitte des 18. Jh., in dem Erinnerungsstücke und Möbel aus der Revolutionszeit zu sehen sind.

**New Windsor Cantonment** weiter südlich war das Lager, in dem Washingtons Armee den letzten Kriegswinter verbrachte.

Ein kleiner Umweg nach Südwesten führt nach **Washingtonville, NY.** Dort findet man die **Brotherhood Winery**, das älteste Weingut des Landes mit den größten unterirdischen Weinkellern im Osten der USA.

**West Point, NY,** die renommierte Militärakademie der Vereinigten Staaten, liegt auf einer steilen Anhöhe über dem Hudson River. Im April, Mai, September und Oktober finden hier die berühmten Kadettenparaden statt. Im **Militärmuseum** von West Point ist eine der größten militärischen Sammlung der westlichen Welt ausgestellt. Schöne Bleiglasfenster in der Kadettenkapelle.

## ABSTECHER ZU DEN NIAGARA FÄLLEN

**Ausflug zu den Niagara Fällen**

Ein Ausflug zu einem weiter entfernten Ziel ist ein Abstecher zu den **Niagara Fällen,** die an der kanadischen Grenze nordwestlich von New York City liegen. Die Wasserfälle gehören zu den ganz großen Sehenswürdigkeiten im Osten der USA und rechtfertigen den Weg bei ausreichend zur Verfügung stehender Zeit ohne Frage. Mindestens zwei, besser drei volle Tage sollten für den Abstecher aber zur Verfügung stehen, falls man ihn mit dem Auto unternimmt. Der einfache Weg beträgt ca. 440 mls/704 km. Wesentlich schneller ist man natürlich mit dem Flugzeug an Ort und Stelle und kann den Trip notfalls an einem Tag schaffen.

➔ **Route:** Mit dem Auto verläßt man New York über den Lincoln Tunnel. Danach folgt man über **Newark, NJ** den Highways I-280/ I-80 westwärts und zweigt westlich von **Stroudsburg, PA** (Motels) auf die I-380 nach Norden ab. Die Straße führt über **Scranton, PA** (Motels) zur I-81 bis **Binghampton, NY** (zahlreiche Motels, viele Nähe SR-17, und Camping im Chenango Valley State Park). Ab Binghampton nach Nordosten über **Elmira, NY** (Motels und Camping) zur I-90 bei **Batavia, NY** (Motels an der SR-98, und Camping) und über die I-90 nach **Buffalo, NY**. Buffalo ist unter touristischen Gesichtspunkten gesehen keine sonderlich attraktive Stadt. Man findet zahlreiche Motels im östlichen Stadtgebiet am Greater Buffalo International Airport, an der Kreuzung New York Thruway I-90 und US-20, sowie im nördlichen Stadtbereich an der I-290 und Richtung Niagara Falls an der US-62.
Von Buffalo ist es nur noch eine knappe Autostunde bis zum größten Naturschauspiel im Nordosten der Vereinigten Staaten, den **Niagara Fällen**. ●

### Naturschauspiel Niagara Fälle ***

Der Name „Niagara" stammt aus dem Indianischen und soll soviel wie „donnernde Wasser" bedeuten. Über zwei gewaltige Wasserfälle, die 350 m breiten **American Falls** und die 790 m breiten **Horseshoe Falls** auf der kanadischen Seite, stürzen jede Sekunde rund 60.000 Kubikmeter Wasser gut 50 m donnernd in die Tiefe. Das meiste Wasser des Niagara

Flusses wird allerdings vorher (nachts, um die Touristen nicht zu enttäuschen) abgezweigt, um die Kraftwerksturbinen eines der größten Wasserkraftwerke der Welt anzutreiben.

Getrennt werden die amerikanischen und kanadischen Wasserfälle von **„Goat Island“,** der Ziegeninsel, die von der amerikanischen Seite aus mit dem Auto erreichbar ist.

Der kleinere Teil der American Falls, zwischen den Luna Islands und Goat Island, ist als **Bridal Veil Falls** (Brautschleier-Fälle) bekannt.

Die Niagara Fälle, Resultat von Landverschiebungen nach der Eiszeit, lagen vor rund 12.000 Jahren gut 11 km weiter nördlich. Erosion und die Kraft der Wassermassen ließen die Fälle im Laufe der Jahrtausende südwärts „wandern“. Die Erosion geht weiter, jedes Jahr um rund 3 cm.

1678 entdeckte ein französischer Pater namens Louis Hennepin die Fälle. Rasch wurden sie ein Anziehungspunkt für Abenteurer, Flitterwöchner, Touristen, Hochseilartisten und Sensationsdarsteller. Der erste Mensch, der sich in einem Faß über die tobenden Fälle treiben ließ, war übrigens eine Frau, eine Lehrerin namens Ann Taylor, die 1901 das Abenteuer wagte. Es gab viele Nachahmer, die allerdings oft mit dem Leben bezahlten. Seit den 60er Jahren sind jegliche Sensationsaktionen an den Fällen verboten.

**hautnah bei den „donnernden Wassern“ ****

Am nächsten ist man den American Falls auf Goat Island. Dort kann man sich auch Führungen von etwa einstündiger Dauer anschließen. Die Besucher gelangen über Holzstege zur **Cave of the Winds** am Fuße der Bridal Veil Falls, nur noch rund 8 m von der infernalisch donnernden Wasserwand entfernt. Eine sehr nasse Angelegenheit. Man kann Stiefel und Regenmäntel leihen, zum Schutz vor der hier allgegenwärtigen Gischt. Geöffnet zwischen Mai und Oktober täglich von 9 bis 20 Uhr, übrige Jahreszeit bis 17 Uhr. Eintritt.

**grandioser Blick auf die Fälle vom Prospect Point aus ****
Sommer tgl. 8 - 23 Uhr, Winter 9 - 17 Uhr. Eintritt.

Einen grandiosen Blick auf die Niagara Fälle hat man auf amerikanischer Seite vom **Prospect Point Observation Tower** aus, einem 82 m hohen Aussichtsturm, dessen Aussichtsplattform mit dem Lift bequem zu erreichen ist.

Übrigens, die Niagarafälle werden abends illuminiert und im Sommer gibt es jeden Freitag und buntes Feuerwerk über den Fällen.

**Bootsfahrt zu den Fällen *****

Nimmt man am Prospect Point den Lift nach unten, kommt man zur Anlegestelle der **„Maid of the Mist“-Boote**, die Rundfahrten bis dicht an die von Sprühnebel fast verdeckten, röhrenden Wasserwände der Fälle durchführen. Die Tour dauert etwa 30 Minuten, Abfahrten von Ende Mai bis Anfang September alle 15 Minuten.

Auch von der kanadischen Seite, ziemlich genau gegenüber, legen die „Maid of the Mist“-Boote ab. Dort gelangt man mit einer Schrägbahn ($1,-) hinab zur Anlegestelle.

Das touristisch voll erschlossene Gebiet um die Niagara Fälle bietet weitere Sehenswürdigkeiten und Abwechslungen. Das **Niagara Viewmobil** z. B. fährt ab Prospect Point zu wichtigen Aussichtspunkten und rund um die Ziegeninsel.

Besuchen kann man das **Niagara's Wax Museum** in der Prospect Street, das **Schoellkopf Geological Museum**, knapp 500 m nördlich

der Rainbow Bridge gelegen, das Entwicklung und Entstehungsgeschichte der Niagara Fälle veranschaulicht, oder das **Aquarium of Niagara Falls** weiter flußabwärts.

*imposant, die Niagara Fälle*

Technisch Interessierte sollten bei ausreichend zur Verfügung stehender Zeit eine Besichtigung des **Niagara Power Project Visitor Center** einplanen, das rund 8 km nördlich von Niagara Falls an de US-104 liegt, und das anhand von Schaubildern, Filmen und Modellen die Arbeitsweise von Generatoren und Turbinen des Kraftwerkprojekts demonstriert.

Schließlich kann man von den Niagara Falls am Fluß entlang weiter nordwärts bis zur Mündung des Niagara River in den Ontario See fahren. Die Flußmündung wird vom historischen **Fort Niagara** von 1726 bewacht.

Auf dem Weg dahin erreicht man auf der River Road nach gut 3 km das **Whirlpool Basin**. Der Niagara Fluß hat hier an einem scharfen Flußknie ein riesiges, rundes Basin ausgewaschen, in dem die Wassermassen strudeln. Darüber hinweg führt die knapp 500 m lange Seilbahn **Niagara Spanish Aero Car**.

Einfach und ohne große Formalitäten kommt man über die mautpflichtige Rainbow Bridge auf die **kanadische Seite** des Niagara-Flusses, der hier die Grenze zwischen Kanada und den USA bildet. Von der kanadischen Seite aus hat man die beste Aussicht auf die American Falls wie auch auf die kanadischen Horseshoe Falls.

Am Nordende der Brücke sieht man den **Rainbow Carillon Tower**, in dessen Nähe sich **Maple Leaf Village** (Hotels, Geschäfte, Restaurants), **Louis Tussaud's Waxworks** (Wachsmuseum), **Guinness World of Records** (Museum über im Guinness Buch der Rekorde aufgeführte Höchstleistungen), **Ripley's Believe It or Not Museum** (Kuriositätenkabinett) und das **Movieland Wax Museum** liegen.

Im **Table Rock House** am Horsehoe Fall führt ein Lift nach unten und von dort wiederum gehen Tunnels in die unmittelbare Nähe der herabstürzenden Wassermassen. Wie erwähnt, kann auch von kanadischer Seite aus mit den „Maid of the Mist"-Booten bis dicht an die Fälle herangefahren werden.

Eine Attraktion besonderer Art sind die im **IMAX Theatre** auf einer Riesenleinwand vorgeführten Filme.

**Aussichtsturm mit Dreh-Restaurant**
tgl. 8.30 - 24 Uhr. Eintritt.

Ganz in der Nähe erhebt sich der **„Skylon Tower"**, ein 160 m hoher Turm mit Aussichtsplattformen und einem rotierenden Restaurant. Ein gläserner Aufzug führt nach oben. Eintritt.

Ein gutes Stück südlich vom Table Rock House findet man an der Portage Road das sehenswerte Seeaquarium **Marineland**.

Übrigens: Sollten Sie im Winter im Staat New York sein, planen Sie ruhig auch dann einen Besuch der Niagara Fälle ein. Es wird hier in der Gegend dann zwar recht kalt sein, aber die Wasserfälle präsentieren sich in einem besonders bizarren Bild.

**Niagara Falls**

### Praktische Hinweise – Niagara Falls

☎ Niagara Falls Area Code (Telefonvorwahl): 716

**The Niagara Falls Information Center,** 4th St. und Niagara St., (neben Convention Center), Tel. 284-2000, 800/421-5223.

**The Niagara Falls Convention and Visitors Bureau,** 345 Third St., Niagara Falls, NY 14303, Tel. 285-2400.

**Motels**

**Motels, zentrumsnah und Nähe Niagara River:**

**Budget Inns**, $$, 23 Zi., 492 Main St., Tel. 285-8366, Jan. – Apr. nur am Wochenende.

**Comfort Inn The Point**, $$$$, 120 Zi., 1 Prospect Point, Tel. 284-6835, Restaurant.

**Days Inn at the Falls**, $$$$, 168 Zi., 443 Main St., Tel. 285-8801, Restaurant.

**Holiday Inn Convention Center**, $$$$, 160 Zi., 231 Third St., Tel. 282-2211, Konferenzeinrichtungen, Schwimmbad, Restaurant.

**Howard Johnson Hotel at The Falls**, $$$$, 80 Zi., 454 Main St., Tel. 285-5261, Schwimmbad, Restaurant.

**Knights Inn,** $$, 22 Zi., 9900 Niagara Falls Blvd.; Tel. 297-3647. Schwimmbad, Restaurant nahebei.

**Ramada By the Falls**, $$$$, 115 Zi., 219 4th St., Tel. 282-1734, Schwimmbad, Restaurant.

**Riviera Motel,** $$, 30 Zi., 6621 Niagara Falls Blvd., Tel. 283-3839, Schwimmbad, Restaurant nahebei.

Weitere Motels entlang des Niagara Fall Boulevard (US-62), Richtung Airport. – Und andere Motels.

Eine wesentlich größere Zahl von Hotels und Motels findet sich auf **kanadischer Seite,** vor allem im Bereich Center Street und Victoria Ave. und entlang der Straße Nr. 20, Lundys Lane.

**Camping**

**▲ – Lewiston**

**– KOA-Camping Niagara Falls North,** Tel. 754-8013; 1. Apr. – 15. Okt.; über I-190 Exit 25B zum Robert Moses Pkwy. (4 mls) und ostwärts, ca. 100 Stpl.; Komfortausstattung.

**Grand Island**

**– KOA-Camping Niagara Falls,** Tel. 773-7583; 1. Apr. – 31. Okt.; südl. Niagara Falls über I-190 Exit 19/20B zur SR-324, auf Grand Island; ca. 650 Stpl.; Komfortausstattung. Mietbungalows. Schwimmbäder, Freizeiteinrichtungen.

## 2. NEW YORK CITY, NY – HARTFORD, CT

⊙ **Entfernung:** Rund 125 mls / 200 km.

➔ **Strecke:** Ab New York City über East River Drive, Bruckner Expressway (I-278) und I-95 bis **Greenwich, CT** – I-95 über **Stamford, CT** und **Bridgeport, CT** bis **New Haven, CT** – I-91 bis **Hartford, CT**.

🕒 **Reisedauer:** Mindestens ein Tag.

⌘ **Höhepunkte:** Der Herrensitz **Lockwood Mathews Mansion** * in Norwalk, CT – das **Barnum Museum** * in Bridgeport, CT– die **Yale University Art Gallery** ** in New Haven, CT – das **Mark Twain Haus** ** bei Hartford, CT.

Die in diesem Reiseführer beschriebene Rundreise durch alle sechs Neuenglandstaaten beginnt bewußt in New York City, dem größten Gateway in die USA an Amerikas Ostküste.

Man kann die Reise aber genau so gut in Boston, MA (hier die Tour 9) beginnen und fährt dann mit der Route 10 (Boston – Salem) fort. Die Routen 2 bis 8 setzt man dann an den zweiten Teil der Reise und kehrt über Hartford, CT, Newport, RI, Hyannis, MA, Cape Cod, MA, Plymouth, MA etc. zurück nach Boston.

➔ **Route:** New York, besser gesagt Manhattan, verläßt man am einfachsten über den D. Roosevelt Drive (auch East River Drive), der am East River entlang nach Norden führt. In Höhe der 125. Straße (Martin Luther King Jr. Boulevard) zweigen wir über die mautpflichtige Triborough Bridge nach Osten auf die I-278, den Bruckner Expressway ab, der quer durch den Stadtteil Bronx führt und bald auf die I-95, den New York State Thruway, stößt. Der I-95 folgen wir nordostwärts.

Beginnt man die Tour direkt ab John F. Kennedy Airport, folgt man von dort dem Van Wyck Expwy. I-678 nach Norden, der in Bronx auf die schon erwähnte I-95 trifft.

Über **New Rochelle** und **Port Chester** erreichen wir **Greenwich** im Staate Connecticut (CT). ●

**Greenwich, CT** ist eine 1640 gegründete Kleinstadt mit heute knapp 59.000 Einwohnern, die zu Beginn des 17. Jh. auf einem von Indianern für einen Ballen Stoff erworbenem Stück Land entstand.

Zu den eher bescheidenen Sehenswürdigkeiten in Greenwich zählt das **Bush-Holley House**, 39 Strickland Rd., (I-95 Exit 4), ein unter Denkmalschutz stehender ehemaliger Wohnsitz aus dem frühen 18. Jh. eines reichen Farmers und Mühlenbesitzers namens David Bush. Später, von Ende des 19. Jh. bis 1925, nutzten die Bushnachkommen das hübsche Anwesen als Gästepension, in der sich gerne Schriftsteller, Bildhauer und Maler trafen. Eine der Sehenswürdigkeiten im Haus ist denn auch die Samm-

**Bush-Holley House**
Apr. - Dez. Mi. - Fr. 12 - 16 Uhr, Sa. 11 - 16 Uhr, So. 13 - 16 Uhr. Übrige Zeit nur Sa. + So. 11/13 - 16 Uhr. Eintritt.

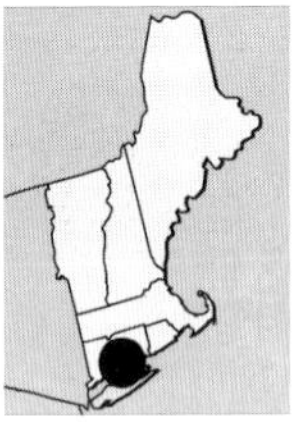

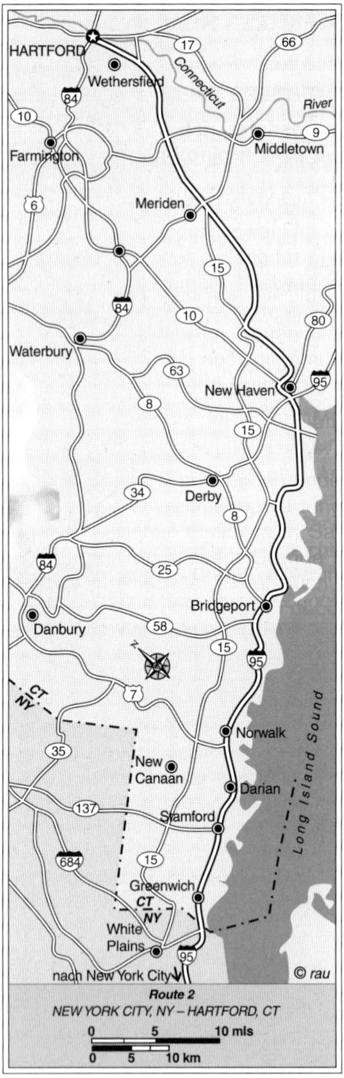

Route 2
NEW YORK CITY, NY – HARTFORD, CT

lung von Bildern und Skulpturen aus dem 19. und 20. Jh.

In einem Nebengebäude ist ein Besucherzentrum eingerichtet. Dort findet man außer einer Galerie auch einen Souvenirshop.

**Putnam Cottage**
Di. - Sa. 10 - 17,
So. 13 - 16 Uhr.
Eintritt, Di. frei.

Ein anderes historische Gebäude, das aus dem späten 17. Jh. erhalten blieb, ist die alte *Knapp Taverne*, heute besser bekannt als **Putnam Cottage**, 243 East Putnam Avenue (I-95 Exit 5). Während des Revolutionskrieges soll hier ein General der Kolonialarmee namens Israel Putnam logiert haben. Als im Februar 1779 aber britische Truppen in Greenwich einmarschierten, soll der General, der im Land als Revolutionsheld bekannt war, durch die Hintertür entschlüpft sein und sich auf seinem Pferd mit einem Sprung über eine Felsenklippe davongemacht haben.

Im Park südlich der I-95 (Exit 3) findet man das **Bruce Museum,** 1 Museum Drive. Gezeigt werden Ausstellungsstücke über die vergangene Kultur der hiesigen Indianerstämme, über die Tierwelt Connecticuts, über die Fauna und Flora vor der Küste und Gemäldesammlungen. Neu ist eine vorkolumbianische Sammlung.

**Greenwich**

## Praktische Hinweise – Greenwich

☎ Greenwich Area Code (Telefonvorwahl): 203

**Restaurants**

Restaurants: Sehr gepflegt, allerdings auch zu entsprechend teuren Preisen speisen kann man im exquisiten **„64 Greenwich Avenue“,** 64 Greenwich Ave., Tel. 861-6400, vorzügliche Angus Steaks, Tischreservierung ratsam.

Weit über die Grenzen von Greenwich hinaus ist die vorfeine französische Küche im **„Restaurant Jean-Louis“,** 61 Lewis St., Tel. 622-8450, sehr formell und teuer, Jackett wird erwartet. – Und andere Restaurants.

Greenwich Hotels

Bitte beachten! Die Dollarzeichen nach dem Hotel/Motelnamen symbolisieren nicht den Qualitätsstandard der Hotels/Motels, sondern in etwa deren Preiskategorie. Siehe dazu auch unter „Hotels und andere Unterkünfte" weiter hinten.

Hotels: **Greenwich Harbor Inn**, $$$, 98 Zi., 500 Steamboat Rd., über US-95 Exit 3, Tel. 661-9800, verbilligte Wochenendraten. Gutes Fischrestaurant. Pub.

**Homestead Inn**, $$$$$, 23 Zi., 420 Field Point Rd., über US-95 Exit 3, Tel. 869-7500, kleines, gepflegtes, aber sehr teures Haus in einem hübschen, historischen Gebäude aus dem frühen 19. Jh. im viktorianischen Stil. Das Haus ist bekannt für sein französisches Restaurant.

**Hyatt Regency**, $$$$$, 370 Zi., 1800 East Putnam Ave., Tel. 637-1234, über I-95 Exit 5, Tel. 637-1234, verbilligte Wochenendraten. Elegantes, modernes Luxushotel in Old Greenwich. Restaurant, Schwimmbad, Sauna.

**Stanton House Inn**, $$$$, 24 Zi., 76 Maple Ave., Tel. 869-2110, über I-95 Exit 4 und US-1, in einem kürzlich restaurierten Herrensitz aus dem späten 19. Jh., Schwimmbad. Nichtraucherhaus. – Und andere Hotels.

➔ **Route:** Von Greenwich aus erreicht man **Hartford** auf der I-95/I-91 in einer guten Stunde.
Es empfiehlt sich aber, auf der Weiterreise nicht die zwar schnelle, aber verkehrsreiche I-95 zu wählen, sondern lieber auf der fast paralell verlaufenden US-1 oder noch besser, auf Nebenstraßen zu fahren. Die Fernstraßen sind in den Rush-hours sehr stark befahren. Der Pendelverkehr ins nahe New York zeigt dann seine Auswirkungen. ●

Auf dem Wege nach Hartford kommt man nach rund 9 mls/14 km durch **Stamford, CT**. Auch Stamfords Stadtgeschichte beginnt Mitte des 17. Jh., als sich hier erste Siedler aus Wetherfield niederließen. Das **Hoyt-Barnum House**, 713 Bedford Street, das ehemalige Haus eines Hufschmiedes, ist aus jener Zeit erhalten und gilt als ältestes Haus der Stadt. Für Besucher ist es aber nicht zugänglich.

Zylinderschloß und Federwaage stammen aus Stamford

Namhafte Erfinder und Industrielle stammen aus Stamford. *Linus Yale* war es, der 1848 das revolutionäre Zylinderschloß erfand und mit dessen Produktion in Stamford eine florierende Industrie begründete.

Der Erfinder der Kupplung, eines Dampfwagens und der Federwaage, *Simon Ingersoll*, war ein Sohn der Stadt und begründete seinerzeit ganze Industriezweige.

Ausgangs des 19. Jh. erlebte Stamford einen gewaltigen wirtschaftlichen Aufschwung. Und aus dem nahen New York kamen nun nicht nur finanzkräftige Investoren, sondern auch zahlreiche billige Arbeitskräfte.

Heute ist Stamford eine moderne Stadt mit annähernd 108.000 Einwohnern und einer der lebhafteste Wirtschaftsstandpunkt an der Südwestküste der Neuengland Staaten. Gläserne Hochhausfassaden, Bürotürme, Hotels und Shopping Malls dominieren und kaum noch etwas erinnert an die Kolonialzeit.

Allerdings ist in einigen weniger privilegierten Vierteln der Stadt nicht zu übersehen, dass die ökonomischen Probleme des Landes in der Vergangenheit und die Umorientierung in manchen Industrien auch an Stamford nicht spurlos vorübergehen.

Wer sich für Kirchenarchitektur interessiert, wird seine Freude an der etwas eigenwilligen **First Presbyterian Church**, 1101 Bedford Street, haben. Der täglich zwischen 9 und 17 Uhr geöffnete Kirchenbau erinnert in seiner Form an einen Fisch, was vom Architekten Wallace K. Harrison sicher gewollt ist, ist der Fisch doch ein altes Symbol der Christen. Die Kirche verfügt über eine klangvolle Orgel. Sehenswert sind auch die modernen Bleiglasfenster, die von dem französischen Künstler Gabriel Loire gestaltet wurden. An gewissen Feiertagen im Jahr ist das Glockenspiel der Kirche zu hören

**Kunstmuseum**
Di. - Sa. 11 - 17 Uhr.

Liebhaber moderner Kunst sollten einen Besuch im **Whitney Museum of American Art at Champion**, 1 Champion Plaza, Ecke Atlantic Street und Tresser Blvd., nicht versäumen. Gezeigt werden wechselnde Ausstellungen zu Arbeiten amerikanischer Maler und Photographen. Mitunter sind auch Leihgaben des New Yorker Whitney Museums zu sehen.

**Museumsfarm**
Mo. - Sa. 9 - 17, So. 13 - 17 Uhr. Eintritt.

Wer sehen will, wie im 19. Jh. in Connecticut eine Farm betrieben wurde, sollte sich das **Stamford Museum & Nature Center** in der Scofieldtown Road Nr. 39 nicht entgehen lassen. Die Museumsfarm liegt an der SR-137 rund eine Meile nördlich der Stadt.

Auf dem Gelände findet man neben Naturlehrpfaden auch einen kleinen See, Picknickplätze und einen alten Krämerladen. In den Farmgebäuden sind u. a. interessante Ausstellungen zu sehen, z. B. über die Kolonialzeit, oder über die Kultur nordamerikanischer Indianerstämme. Je nach Jahreszeit finden Sonderausstellungen zum Bauernjahr statt.

**Stamford**

## Praktische Hinweise – Stamford

☎ Stamford Area Code (Telefonvorwahl): 203

**Restaurants**

Restaurants: Zu den renommierten Restaurants der Stadt zählen u. a. das **„La Hacienda"**, mexikanisches Restaurant mittlerer Preislage, 222 Summer St., Tel. 324-0577, dann das **„Amadeus"**, auch italienische Küche, obere Preislage, 201 Summer Street, Tel. 348-7775, oder das **„Kathleen's"**, Pasta und Steaks, 25 Bank St., Tel. 323-7785, mittlere Preislage. – Und andere Restaurants.

**Hotels, Motels**

Hotels, Motels: **Holiday Inn Select**, $$$$$, 385 Zi., 700 Main St., I-95 South Exit 8, I-95 North Exit 7, zentral gelegen, Restaurant, Schwimmbad.

**Marriott Hotel**, $$$$$, 500 Zi., 2 Stamford Forum, I-95 Exit 8, Tel. 357-9555, modernes Haus der oberen Preisklasse, Nähe Bus- und Bahnterminal, Restaurant, Coffee Shop, Bar, Schwimmbäder, Freizeiteinrichtungen.

**Ramada Plaza Hotel**, $$$, 380 Zi., 700 Main St., I-95 Exit 8 und über Atlantic St., Restaurant, Sauna, Schwimmbad.

**Sheraton Stamford Hotel**, 505 Zi., 1 Stamford Plaza, Tel. 967-2222, I-95 Exit 7, supermodern, chic und teuer, Restaurants, Schwimmbad, Fitnessclub, Tennis, verbilligte Wochenendraten. – Und andere Hotels.

Vier Meilen (ca. 6 km) weiter kommt man durch **Darien, CT**, eine hübsche Kleinstadt an der US-1. Besichtigen kann man **Bates-Scofield Homestead,** 45 Old Kings Highway North, ein schön restauriertes Farmhaus aus dem frühen 18. Jh., mit Spinnstube, Küche, Meierei und Kräutergarten.

**Praktische Hinweise – Darien**

☎ Darien Area Code (Telefonvorwahl): 203

Motels: **Howard Johnson Inn,** $$$, 80 Zi., 150 Ledge Road, I-95 Exit 11, Tel 655-3933, Restaurant in der Nähe. – Und andere Motels.

**Darien Motels**

➔ **Route:** In Darien kann man sich entscheiden ob man entweder über die küstennahe SR-136 mit den Jachthäfen **Rowayton** und **Norwalk** weiterreist, oder einen Abstecher nach **New Canaan, CT** unternimmt, das rund 10 km weiter nördlich an der SR-124 liegt. ●

**hübsche Kleinstadt New Canaan**

Nach **New Canaan** wird vor allem fahren, wer sich intensiv mit der nachkolonialen Zeit Neuenglands beschäftigt. Die *New Canaan Historical Society* hat sich dafür stark gemacht, dass in dem netten Ort mit annähernd 18.000 Einwohnern Gebäude aus dem 18. und 19. Jh. original restauriert und erhalten wurden, die nun einen sehr schönen Einblick in jene Zeit geben.

Im **Town House** z. B. findet man eine nostalgische Apotheke aus dem 19. Jh. und ein **Kostümemuseum**.

Das **Hanford-Silliman House** ist im Stil des 19. Jh. möbliert und in der **Rock School** ist eine Druckerei aus jener Zeit eingerichtet.

Schließlich gehört noch das **Tool Museum** und das **John Rogers Studio**, das Atelier eines namhaften Bildhauers aus der Mitte des vergangenen Jahrhunderts, zu den Sehenswürdigkeiten von New Canaan.

➔ **Route:** Der weitere Verlauf unserer Route führt nach **Norwalk, CT.** ●

Die Stadt **Norwalk, CT** mit heute etwas mehr als 77.000 Einwohnern, in der noch bis zur Jahrhundertwende ausgezeichnete Uhren und Standuhren gemacht und feinstes Papier und Keramik produziert wurden, ging durch *Natan Hale* in die Kolonialgeschichte ein. Hale soll 1776 für die Engländer spioniert haben. Norwalk wurde dafür drei Jahre später niedergebrannt.

In Norwalk soll der Song entstanden sein „Yankee Doodle came to town", ein etwas spöttisches Lied auf eine Schar bunt zusammengewürfelter Rekruten der Kolonialstreitkräfte aus Norwalk. Um dem bunten Haufen wenigstes ein in etwa eindrucksvolles Auftreten zu erlauben, verfiel man auf die Idee, auf den Hüten große Federn zu tragen. Die englischen Truppen nannten die Soldaten spöttisch *Yankee Doodle Dandies* und machten sich über die Federn als „Macaronis" lustig. In dem erwähnten Lied heißt es dann auch weiter „...stuck a feather in his hat and called it macaroni."

In jüngster Vergangenheit etabliert sich in den Küstenvororten von Norwalk eine bemerkenswerte Kunstszene mit Galerien, Butiken, Kunsthandlungen, Restaurants etc.

**Lockwood-Mathews Mansion, ***
Di. - Fr. 11 - 14, So. 13 - 15 Uhr. Eintritt. Führungen.

Sehenswert ist der prächtige Herrensitz **Lockwood-Mathews Manison**, 295 West Ave. Dieses pompöse viktorianische Schlößchen mit über 50 prächtig ausgestatteten Räumen und Salons, mit viel Marmor, vielen Gemälden, Fresken und vielen stilvollen Möbeln, ließ sich 1864 der damalige Schatzmeister der New Yorker Börse, Le Grand Lockwood, errichten.

**Maritimes Museum**
tgl. 10 - 18 Uhr. Eintritt.

In restaurierten ehemaligen Fabrikhallen am Norwalk River, 10 North Water Street, wurde das **Maritime Center** eingerichtet. Die Seefahrtgeschichte und die maritime Fauna im Long Island Sound sind Hauptthemen der Ausstellungen hier. Es gibt ein **Aquarium**, ein IMAX-Kino mit Riesenleinwand und eine Schiffsausstellung.

Im Sommer kann man vom Hope Dock in Norwalk, das ganz in der Nähe des Maritime Center liegt, **Bootsausflüge** zu den vorgelagerten Norwalk Inseln im Long Island Sound unternehmen.

**Norwalk**

## Praktische Hinweise – Norwalk

☎ Norwalk Area Code (Telefonvorwahl): 203

**Visitor Information Yankee Heritage District**, 297 West Ave., The Gate Lodge, Matthews Park, Norwalk CT 06850, Tel. 854-7825.

**Motels**

Motels: **Club Hotel by Doubletree,** $$$, 268 Zi., 789 Connecticut Ave., Tel. 853-3477, an US-1, über I-95 Exit 13, Restaurant, Schwimmbad, Sauna.

**Courtyard by Marriott,** $$$, 145 Zi., 474 Main Ave., Tel. 849-9111, nördl. Merritt Pkwy. (US-15) Exit 40, guter Motor Inn mit verbilligten Wochenendraten, Restaurant, Schwimmbad.

**Four Points Hotel,** $$$$, 120 Zi., 426 Main Ave., Tel. 849-9828, nördl. Merritt Pkwy. (US-15) Exit 40, Motor Inn der Mittelklasse, Restaurant.

**historischer Landgasthof „Silvermine Tavern“**

**Silvermine Tavern,** $$$, 10 Zi., 194 Perry Ave., Tel. 847-4558, kleines historisches, auf eine 200-jährige Tradition zurückblickendes Landgasthaus im Kolonialstil, etwas abseits gelegen, neben einem Wasserfall und Mühlenteich. Bekannt ist das rustikale, etwas teure **Restaurant** des Hauses. – Und andere Motels.

➔ **Route:** Als nächstes passiert man auf der US-1 **Westport, CT**, eine Stadt mit rund 24.000 Einwohnern.
Vor allem an einem schönen Sommertag lohnt der kleine **Umweg** über den südlich gelegenen **Sherwood Island State Park**, mit schönen **Stränden** und Picknickplätzen.
Weiterfahrt auf der SR-136 über **Greens Farms.** Die Straße führt an der sog. „Gold Coast“ entlang, an der man viele elegante Sommervillen sieht. Etwas weiter liegt **Southport, CT** am Wege, ein hübsches kleines Hafenstädtchen am Pequot River. ●

**Bridgeport, CT** (ca. 142.000 Einwohner), Hafen- und wichtige Industriestadt Connecticuts am Pequannock River, war im vergangenen Jahrhundert das Refugium des legendären Zirkusdirektors *Phineas Taylor Barnum.* Barnum führte als erster das Zirkuszelt mit drei Manegen ein. Furore machte er mit seinem spektakulären Zirkusprogramm „Greatest Show on Earth“, das er zusammen mit J. A. Bailey produziert hatte.

**Barnum Museum** *
Di. - Sa. 10 - 16.30, So. 12 - 16.30 Uhr. Eintritt.

Im **Barnum Museum** am Bridgeport Center mit der People's Bank in der Main Street, wird an die bunte Glitzerwelt des Barnum Imperiums im 19. Jh. erinnert. Das Zirkusmuseum, untergebracht in dem markanten, von Barnum selbst noch initiierten Natursteingebäude im viktorianischen Stil mit Turm und Kuppel, zeigt nicht nur Kuriositäten aus der großen Zeit des Zirkusunternehmens Barnum, sondern u. a. auch ein Modell der Barnumvilla „Iranistan", die dem Royal Pavillon im englischen Seebad Brighton nachempfunden ist, die rekonstruierte Barnum-Bibliothek aus der Villa Iranistan, Gemälde, Portraits und Plastiken.

Im ersten Stock sieht man vor allem Exponate, die sich auf das Leben in Bridgeport im 19. Jh. und auf die Verbindungen zwischen Barnum und der Stadt beziehen. Zum Beispiel ist hier der komplett im Stil des 19. Jh. eingerichtete, elegante Salon aus der ehemaligen Harral-Wheeler Villa in Bridgeport zu sehen.

Der ganze zweite Stock ist dem Thema „Barnum the Showman to the World" gewidmet. Kuriositäten aus den Museen Barnums, wie die „Feejee Mermaid", ein doppelköpfiges Kalb, eine ägyptische Mumie und ähnliche Dinge, die seinerzeit die Massen anzogen, sind dort ebenso ausgestellt wie das Showkostümen des Liliputaners „General Tom Thumb" (General Däumling). Man sieht außerdem die Karosse von General Tom Thumb in Form einer Walnußschale, dann Erinnerungstücke an die Sopranistin Jenny Lind oder ein großes Modell der größten Barnum Zirkusshow „The Greatest Show on Earth".

**Stratford**, nur wenige Meilen östlich von Bridgeport gelegen, erinnert mit seinem Namen an die große Namensschwester Stratford upon Avon in England.

Zumindest bei längerem Aufenthalt lohnt ein Besuch im **Boothe Memorial Park and Museum**, südlich des Merritt Pkwy. gelegen, Exit 53. In dem ausgedehnten Anwesen, das von den Anfängen der Stadt Stratford im 17 Jh. bis 1949 Sitz der Familie Boothe war, sind zahlreiche Gebäude erhalten, die nun als Museum dienen. Es gibt Picknick- und Spielplätze.

In einem der für Connecticut so typischen Kolonialstil-Häuser aus dem frühen 18. Jh., dem **Captain David Judson House**, 967 Academy Hill, ist ein Lokalmuseum eingerichtet, das Exponate aus Stratfords Kolonialperiode zeigt.

**Stratford Kolonialmuseum**
Mitte Apr. - Ende Okt. Mi. + Sa. + So. 11 - 16 Uhr. Eintritt.

**Praktische Hinweise – Bridgeport, Stratford**

☎ Bridgeport und Stratford Area Code (Telefonvorwahl): 203

Motels in **Bridgeport:**

**Bridgeport Holiday Inn**, $$$$, 234 Zi., 1070 Main St., Tel. 334-1234, I-95 Exit 2, zentral gelegen, Restaurant, Schwimmbad.

In **Stratford:**

**Ramada Inn Stratford,** $$$$, 145 Zi., 225 Lordship Blvd., Tel. 375-8866, I-95 Exit 30, Restaurant, Schwimmbad. – Und andere Motels.

**Bridgeport, Stratford, Motels**

➔ **Route:** Rund 18 mls/30 km nordöstlich von Stratford liegt **New Haven, CT**. ●

**New Haven, CT** entstand aus einer Gründung englischer Puritaner, die sich hier 1638 am Nordrand einer weit ins Land reichenden Bucht angesiedelt hatten. Schon damals wurde das Grundmuster der Straßen, die das Stadtgebiet im rechten Winkel durchschneiden, sehr großzügig

**P. T. BARNUM – AMERIKAS ZIRKUSBARON**

**Phineas Taylor Barnum** wurde 1810 in Bethel, CT geboren. Mit 31 Jahren ging Barnum nach New York, verkaufte dort zunächst Bibeln, dann Anzeigen und schrieb für eine Zeitung in der Bowery.

Ende 1841 erhielt Barnum die Möglichkeit, das American Museum samt Exponaten zu kaufen. Der unternehmungslustige Mann griff zu.

Ein Jahr später wurde Barnum auf den zwergwüchsigen, erst vier Jahre alten *Charles S. Stratton* aufmerksam gemacht.

Barnum hatte damals offenbar eine Idee, die sein künftiges Leben maßgeblich prägen sollte. Er stellte den „Zwerg" zur Weihnachtszeit 1842 als „Tom Thumb" (Tom der Däumling) in seinen Museumsräumen am Broadway aus, was ein riesiger Erfolg wurde.

1843 erwarb Barnum ein weiteres Kuriositätenmuseum, integrierte die Exponate aber bald in sein American Museum. Der Gedanke an spektakuläre Shows ließ Barnum nicht mehr los. Im August 1843 veranstaltete er in Hoboken, New Jersey mit Erfolg eine rodeoähnliche „Büffeljagd", die er in verschiedenen Städten wiederholte.

Ein Jahr später bereits ging Barnum mit einer Zirkusshow, deren Hauptattraktion Tom Thumb ist, nach London. Der Erfolg war überwältigend. Es schloß sich eine dreijährige Tournee durch Schottland, Irland, Belgien und Frankreich an. P. T. Barnum war zweifellos der Pionier der großen Revue und Show, der das „mass-market entertainment" als profitables Geschäft erkannt hatte.

Nach seiner Rückkehr in Amerika 1846 betätigte sich der unternehmungslustige Barnum auf dem Felde der Real Estate Broker, der Grundstücksmakler, und erwarb Baugrund in Fairfield (heute etwa an der Kreuzung State Street und Park Ave.) nahe bei Bridgeport. Dort errichtete er „Iranistan", seine erste hochherrschaftliche Villa.

Zwei Jahre später, 1848, ging Barnum wieder nach New York. Diesmal betätigte er sich als Kommunalpolitiker und Geschäftsmann.

1850 erwarb er ein weiteres Museum, diesmal in Philadelphia, das aber schon ein Jahr später abbrennt. Im selben Jahr beauftragte Barnum – sicher in Vorbereitung neuer Zirkusaktivitäten – ein Expedition, die in Ceylon Elefanten fangen und nach New York bringen soll. Für die damalige Zeit ein Riesenspektakel.

Im September 1850 gab die Sopranistin Jenny Lind, die „Schwedische Nachtigall", im Castle Garden in New York ein von rauschendem Applaus begleitetes Konzert. Barnum erkennt das Geschäft, das mit solchen Konzerten zu machen ist, wurde Jenny Linds Manager und ging mit ihr auf Tournee durch die Vereinigten Staaten und durch Kuba. Aber nach 95 Konzerten in nur neun Monaten trennte sich Jenny Lind von ihrem wohl etwas zu fordernden Manager.

1851 endlich startete Barnum, zusammen mit seinen Partnern, zu denen auch der Vater von Tom Thumb zählte, seine erste Riesenshow *„Barnum's Great Asiatic Caravan, Museum and Menagerie".* Die Show, mit Tom Thumb als einer der Zugnummern, zog vier Jahre lang erfolgreich durch Amerika. Barnum wurde zwischenzeitlich auch Bankier, gründete die Pequonnock Bank of Bridgeport, erwarb in großem Umfang Immobilien und fand auch noch Zeit, sich für eine Antialkoholkampagne zu engagieren.

Nur kurz ist die Zeit als Bankier. 1856 ist Barnum bankrott. Seine Spekulationen waren dann wohl doch etwas zu gewagt. Barnum verkaufte Iranistan und die meisten Immobilien in Bridgeport, brachte seine Familie nach New York und schiffte sich Ende des Jahres zusammen mit Tom Thumb nach England ein, um dort mit einer neuen Zirkusshow erneut sein Glück zu versuchen. Die Show lief mit respektablem Erfolg. Fast erfolgreicher aber war Barnum in England mit seiner Vortragstournee zum Thema „The Art of Money-Getting" (Die Kunst Geld zu machen).

1859 kehrte Barnum zurück nach New York. Sechs Jahre später zog er als Repräsentant von Fairfield in den Wahlkampf zum Senat von Connecticut. Eine seiner viel beachteten Reden galt der besseren Stellung der schwarzen Bevölkerung in der Gesellschaft. Zehn Jahre später – *Barnum's Museum, Circus and Menagerie* gastierte derweilen in New York – wurde Barnum zum Bürgermeister von Bridgeport gewählt. Seine politische Karriere gipfelte schließlich im November 1877 mit seiner Wahl in die Generalversammlung von Connecticut.

Zwischenzeitlich fusionierte Barnum mit einem englischen Zirkus und präsentierte sich als neues Zirkusunternehmen *„The Barnum and London Circus",* das im März 1881 im Madison Square Garden in New York seine Premiere erlebte. Erstmals in der Zirkusgeschichte werden drei Manegen gleichzeitig bespielt und der Zirkus ist elektrisch beleuchtet, eine aufsehenerregende Neuheit. Sechs Jahre später wurde der Direktor des englischen Zirkus, James A. Bailey, gleichberechtigter Partner von Barnum. Das Zirkusunternehmen firmierte von da an als *Barnum and Bailey*, noch heute ein klangvoller Name in der internationalen Zirkuswelt.

1891 schließlich gründete der nun bereits 81-jährige Barnum *das Barnum Institute of Science and History* und veranlaßte den Bau des Barnum Museums in Bridgeport, das heute noch zu den Sehenswürdigkeiten der Stadt zählt. Am 7. April 1891 starb der große Mann des amerikanischen Zirkus. Phineas Taylor Barnum wurde auf dem Friedhof Mountain Grove in Bridgeport beigesetzt.

**New Haven, CT**

angelegt. Zentrum war die Grünanlage Common Green, die noch heute als **New Haven Green** Mittelpunkt der Innenstadt ist.

In Erinnerung an eine Revolte während der Revolutionswirren im 18. Jh., als eine Gruppe von Aufständischen Kolonisten von der Stadt die Schlüssel zum Pulvermagazin (Powder House) erstritten, wird jedes Jahr auf dem New Haven Green der **Powder House Day** mit einer Parade in historischen Uniformen gefeiert.

Der Seehandel mit Fernost, die Einfuhr von Porzellan, Tee und Seide und der Umschlag von Waren waren bis ins 19. Jh. hinein die Basis, auf der New Haven seine wirtschaftliche Entwicklung stützte. 1820 baute man mit einem riesigen Finanzaufwand in 15 Jahren sogar einen Kanal über Farmington bis Northampton in Massachusetts, um den Handel mit dem Hinterland zu intensivieren. Das Projekt erwies sich aber schon nach zehn Jahren als unrentabel. Der Kanal wurde trockengelegt und darin eine Bahnlinie verlegt.

Zwischen 1701 und 1875 teilte sich New Haven zusammen mit Hartford das Privileg, Hauptstadt des Bundesstaates Connecticut zu sein. Hartford machte schließlich das Rennen um den Hauptstadtsitz, New Haven dagegen wurde Standort einer der namhaftesten Universitäten Amerikas.

Heute erinnert in der Stadt mit 130.000 Einwohnern bis auf die Grünanlage New Haven Green am Rande des Universitätsgeländes nichts mehr an die Kolonialzeit. Der Park ist umgeben von öffentlichen Gebäuden wie Rathaus und Postamt, Gebäuden der Universität und von den drei bedeutendsten Kirchen der Stadt – die im englisch-georgianischen Stil vom Architekten David Hoadley erbaute **United Church on the Green,** die **Center Church**, 1812 nach Plänen von Ithiel Town errichtet und schließlich die neugotische **Trinity Church** mit sehr schönem Tiffany Glasfenster, ebenfalls von Ithiel Town zu Beginn des 19. Jh. erbaut. Die Kirchen liegen alle in der Temple Street an der Westseite der Grünanlage.

New Haven, das sich zugute hält, dass in seinen Mauern Segnungen der Zivilisation wie Korkenzieher, Lollipop-Lutscher oder stählerne Angelhaken erfunden wurden, ist heute in erster Linie als Universitätsstadt bekannt. Die renommierte **Yale University** mit weltweitem Ruf hat ihren Sitz in New Haven.

**Yale University, ein der Eliteschmieden Amerikas**

Gegründet wurde die berühmte Lehranstalt ursprünglich in Bradford, nahm dann 1701 als Collegiate School in Killingworth den Lehrbetrieb auf, wurde 1707 nach Old Saybrook verlegt, um neun Jahre später endlich nach New Haven zu kommen. 1718 wurde dann das College nach dem Gönner der Wissenschaft und Forschung, Kunstmäzen und Großkaufmann *Elihu Yale* benannt, der mit enormen Finanzmitteln den Bau der ersten Universitätsgebäude in New Haven ermöglicht hatte. Hundert Jahre später konnte die Yale University den ersten in den jungen Vereinigten Staaten erarbeiteten Doktortitel der Philosophie verleihen.

Berühmte Absolventen der Yale University sind u. a. der Theologe *Jonathan Edwards* (1720), *John C. Calhoun* (1804), Vizepräsident des 6. US-Präsidenten John Quincy Adams, *James F. Cooper* der Schriftsteller, *Samuel Morse* und schließlich *William Howard Taft*, der als 27. US-Präsident zwischen 1909 und 1913 amtierte. Und auch der frühere US-Präsi-

*Yale University, New Haven, Ct*

dent **George W. Bush**, dessen Sohn im Jahr 2000 als Herausforderer von Vizepräsident Al Gore für die Republikanische Partei um das Präsidentenamt kandidierte, ist Yale Absolvent.

Das Universitätsgelände kann auf Führungen besichtigt werden. Man kann aber auch auf eigene Faust über den Alten Campus spazieren, den man über das **Phelps Gate** in der College Street betritt. Im Phelps Gate findet man auch ein Informationsbüro.

Das dreigeschossige rote Backsteingebäude mit den auffallend vielen Fenstern auf dem **Old Campus** ist die **Connecticut Hall**, das erste Gebäude der Yale Universität. Es stammt aus dem Jahre 1717.

An der Westseite des Old Campus erhebt sich in der High Street der fast 74 m (221 ft) hohe neugotische **Harkness Tower**, ein Wahrzeichen der Universität und des Staates Connecticut.

**Kunstmuseen, ****
Di. - Sa. 10 - 17,
So. 14 - 17 Uhr.

Lohnend ist ein Besuch in der **Yale University Art Gallery**, 1111 Chapel St., einem der bedeutendsten Kunstmuseen Connecticuts, mit sehenswerten Sammlungen amerikanischer Malerei, kostbarer Möbel und Silberarbeiten.

Gegenüber liegt das **Yale Center for British Art**, 1080 Chapel Street, mit der wohl feinsten Sammlung britischer Kunstobjekte außerhalb Englands. U. a. sieht man Werke von Reynolds, Gainsborough, Turner, Anthony van Dyck.

Nördlich des Universitätsgeländes liegt der Friedhof **Grove Street Cemetery** auf dem *Charles Goodyear*, der Pionier auf dem Gebiet des Autoreifens, die Schriftstellerin *Harriet Beecher-Stowe*, *General Alfred Terry*, rechte Hand des Generals George A. Custer, der in der historischen Schlacht am Little Big Horn gegen die Indianer unter dem Häuptling Crazy Horse von sich Reden machte, oder *Eli Whitney*, Unternehmer und Erfinder, der u. a. die erste Baumwollpflückmaschine erfand, begraben sind.

**Naturhist. Museum**
Mo. - Sa. 10 - 16.45, So. 13 - 16.45 Uhr. Eintritt.

Ein gutes Stück weiter nordöstlich des Old Campus, aber durchaus zu Fuß zu erreichen, findet man in der Whitney Ave., Ecke Sachem Street, das **Peabody Museum of Natural History.** Neben zoologischen und mineralogischen Sammlungen ist vor allem die Abteilung der Dinosaurier interessant. Weitere Ausstellungen befassen sich mit Kulturen aus dem mittelamerikanischen und pazifischen Raum.

Auf dem Wege dahin passiert man am Nordende der Temple Street das in der Whitney Ave. Nr. 114 gelegene Museum der **New Haven Colony Historical Society**, mit Ausstellungen zur über 300-jährigen Geschichte der Stadt.

**Heimat des „Hamburgers"**

Übrigens wurden in New Haven nicht nur Korkenzieher und Angelhaken erfunden, sondern hier wurde auch erstmals der vulkanisierte Autoreifen von einem Herrn namens *Charles Goodyear* produziert. Und sogar Amerikas Nationalgericht, der berühmt berüchtigte **Hamburger**, soll 1900 erstmals von *Louis Lassen* in seinem Restaurant *„Louis' Lunch"* in der 263 Crown St. angeboten worden sein, der dann bald die Grundlage aller Fastfood-Restaurants und Coffee Shops bildete.

Die ehrwürdigen Bauten im Universitätsviertel dürfen aber nicht darüber hinweg täuschen, dass nicht alle Bürger der Stadt auf der sozialen Sonnenseite leben. Rund 20% der Einwohner New Havens leben laut Statistik am Existenzminimum. Wie fast überall führen so eklatante soziale, wirtschaftliche Unterschiede zu Spannungen und Problemen in den unterprivilegierten Wohnvierteln. Es empfiehlt sich also durchaus, seine Besichtigungen auf das Gebiet unmittelbar um die Universität zu beschränken. Und wenn Sie abends unterwegs sind und keine genaue Karte bzw. Ortskenntnis haben, nehmen Sie lieber ein Taxi zum Restaurant, etc.

Im jenseits der I-95 und etwas südöstlich der Stadt gelegenen Hafen von New Haven werden im Sommerhalbjahr ab dem Long Wharf Pier Hafenrundfahrten, **Bootsausflüge** und abendliche Dinnercruises durchgeführt. Neueste Preise und Abfahrtszeiten erfährt man unter Tel. 562-4163.

**New Haven**

## Praktische Hinweise – New Haven

☎ New Haven Area Code (Telefonvorwahl): 203

**Restaurants**

Restaurants: Neben dem oben erwähnten, recht preiswerten **„Louis' Lunch"** (Sonntag und Montag Ruhetage), 263 Crown St., ißt man gut und preiswert in der Pizzeria **„Frank Pepe's",** 157 Wooster St., Tel. 865-5762, Dienstag Ruhetag, keine Reservierungen, mit Wartezeiten muß man mitunter rechnen, kein Wunder bei den leckeren Pizzas. Keine Kreditkarten.

Im **„Pika Tapas Café",** 39 High St., Tel. 865-1933, werden in angenehmen Ambiente spanische Gerichte, wie Gambas in Knoblauchbutter und natürlich Tapas und Paella, serviert. Mittlere bis obere Preisklasse. – Und andere Restaurants.

**Motels**

Hotels und Motels in der **Innenstadt**:

**The Colony Hotel,** $$$, 86 Zi., 1157 Chapel St., Tel. 776-1234, zentral gelegen, Restaurant.

New Haven Hotels

**Holiday Inn at Yale**, $$$$, 160 Zi., 30 Whalley Ave., Tel. 777-6221, Restaurant, Schwimmbad.

**Omni New Haven Hotel at Yale,** $$$$$, 305 Zi., 155 Temple St., Tel. 772-6664, modernes, sehr zentral am New Haven Green gelegenes Haus, **Dachrestaurant „Galileo's".**

Zwei preiswerte Hotels der Kette Motel 6 liegen etwas außerhalb der Innenstadt:

**Motel 6 New Haven North**, $, 58 Zi., 270 Foxon Blvd., über I-91 Exit 8, Tel. 469-0343.

**Motel 6 New Haven-Branford,** $, 100 Zi., 320 East Main St., Branford, über I-95 Exit 55 und US-1 East, Tel. 483-5828. – Und andere Motels.

### Alternativrouten

Bei sehr knappem Reiseplan kann man die beschriebene Route über Hartford etwas abkürzen und den direkten Weg über die I-95 ostwärts über **New London** und **Mystic** nach **Newport, RI** nehmen.

Zeitaufwendiger, dafür aber abwechslungsreicher, ist die küstennahe Alternativroute über die US-1. Man passiert dann zwischen **Madison, CT** und **Clinton, CT** den **Hammonasset Beach State Park** mit schönen Badestränden und Campingmöglichkeiten. Siehe auch nächste Etappe, Route 3 (Hartford, CT – Newport, RI).

### Hauptroute

Hauptroute

➔ **Route:** Der Verlauf unserer **Hauptroute** schließt ab New Haven, CT einen Umweg über Connecticuts Hauptstadt **Hartford** ein. Man erreicht die knapp 40 mls/64 km nordöstlich von New Haven gelegene Stadt bequem über die I-91. Unterwegs passiert man die Abfahrt (Exit 21 oder Exit 22) nach **Berlin, CT.** ●

Das Städtchen **Berlin, CT**, westlich des Highways I-91 gelegen, war im 18. und 19. Jh. im ganzen Land berühmt. Aus Berlin kamen nämlich die sog. **Yankee Peddler.** Peddler waren Hausierer, reisende Händler, die nicht selten durch ganz Neuengland zogen und dabei im Jahr bis zu 3.000 km zurücklegten. Von ihren Pferdewagen herab versorgten sie die Haushalte und Farmen mit Gebrauchsgütern. Peddler aus Berlin verkauften Töpfe und anderes Küchengerät, Werkzeuge, Uhren, Besen, Kaffeemühlen, Schaufeln, Rechen, Sensen, später auch Gewehre, Pistolen und sogar Seide, alles Dinge, die damals in Berlin hergestellt wurden.

## HARTFORD, CT

Connecticuts Hauptstadt

Holländische Kauffahrer waren es, die mit *Adriaen van Block* bereits 1614 das Tal des Connecticut River erkundeten und in Höhe des heutigen Hartford drei Handelsposten gründeten, aus denen später die Städte Hartford, Wethersfield und Windsor werden sollten, die Wiegen der Besiedelung Connecticuts.

Hartford entstand aus der erwähnten holländischen Handelsniederlassung, die 1635 vom englischen Prediger *Samuel Stone* und etwa 50 seiner Gefolgsleute zu einer Gemeinde ausgebaut wurde. Stone stammte aus der englischen Grafschaft Hartford und benannte seine Stadtgründung nach seinem Heimatcounty.

### THE COMMON GREEN

**The Common Green** oder kurz **The Common** ist typisch für das Ortsbild vieler Neuengland Städtchen. Diese heute in aller Regel gepflegten und gärtnerisch schön gestalteten öffentlichen Park- und Grünanlagen liegen meist im Ortszentrum, oft geschmückt mit einem kleinen Pavillon oder mit dem Denkmal eines Helden oder eines anderen namhaften Sohnes der Stadt.

*Common Green, Old Sturbridge*

Common Greens sind ein Relikt aus der frühen Kolonialzeit. Während der Stadtgründungen vor allem im 17. und 18. Jh. gehörte es nach alter englischer Tradition dazu, im Ortsgebiet ein Stück öffentliches Gelände auszuweisen, das allen Einwohnern, gleich welchen Standes, zugänglich war und von allen ohne Unterschied auch genutzt werden konnte.

Gerade in der Zeit der ersten Siedler wußte kaum jemand präzise, wie genau nun eine Stadt mit Straßen und Plätzen anzulegen war. Wohl erinnerte man sich aber an das Common Green von zu Hause. Was lag näher, einen solchen Platz auszuweisen und von dort aus mit der Ansiedlung der Häuser zu beginnen. So entstanden die ersten Straßenzeilen um den Platz des Common Green. Zwangsläufig wurde „The Green" Mittelpunkt des Ortes und Standort der Town Hall, dem Rathaus. Bald beschloß man, dass im Umkreis von einer halben Meile um das Common Green nur Wohnhäuser und keine Gehöfte oder Farmen errichtet werden durften.

Ein gepflegter Park, der auch den Namen „Grün" verdient hätte, waren die Common Greens aber lange nicht. Ähnlich wie auf den Allmenden süddeutscher Dörfer, weidete hier Vieh, wurden Versammlungen abgehalten, Exekutionen vollstreckt, es wurde exerziert auf den Commons oder Markt abgehalten. Hierher brachten die Hüter Schafe, Rinder, Ziegen, Pferde von den Weiden zurück, wo sie von den Bauern und Eigentümern wieder übernommen wurden. Man kann sich vorstellen, dass die Commons, vom Vieh zertreten, von Wagenspuren durchfurcht, bei Regen schlammig, zumindest in den Anfängen der Gemeinden sicher nicht die reine Zierde waren.

Das änderte sich aber mit dem Einzug der Industrialisierung zu Beginn und Mitte des 19. Jh. Die Gemeinden kamen zu Geld, „The Common" hatte seinen Zweck als Weide, Richtstätte und Exerzierplatz verloren und die Stadtväter gingen daran, die Common Greens nun wirklich in Grünflächen und hübsche, gepflegte Stadtparks umzuwandeln. Nun wurde die Gegend um die Greens attraktiv für vermögende Bauherren und Geschäftsleute. Bald fand man um die Commons die feinsten Geschäfte, den unverzichtbaren Country Store, Vorläufer des Warenhauses, Gasthöfe, repräsentative Stadthäuser und Kontore, die nun das Gesicht der Kolonialstädte prägten.

**Hartford, Ct**

Die Siedlung entwickelte sich gut. Eine ertragreiche Landwirtschaft, der Handel mit Fellen, Tabak und Holz machten das möglich. Das Haar in der Suppe allerdings war, dass die Siedlung bis weit in die Mitte des 17. Jh. hinein kein offizielles Dokument aus England besaß, das Hartford Stadtrechte zubilligte. Auf Betreiben des Gouverneurs *John Winthorp* erließ König Charles II. eine Charta, in der die *„Connecticut Colony“* ausgerufen wurde, deren Hauptstadt Hartford sein sollte. Allerdings schloß das Territorium der neuen Kolonie auch das Gebiet des selbstbewußten Hafens New Haven ein. Die Probleme ließen sich absehen.

Eine kuriose und wohl einmalige Geschichte in den Kolonien war das mysteriöse Verschwinden der erwähnten Charta. Schon ausgangs des 17. Jh. wurden die Querelen der Neuengland Staaten mit der britischen Regierung offenkundig. Als dann 1686 König James II. entschied, die Kolonien seinem direkten Machteinfluß zu unterstellen und 1687 den New Yorker Gouverneur *Edmond Andros* als Generalgouverneur über die gesamte englische Kolonie New England einsetzte, erklärte dieser alle früheren Vereinbarung der Provinzen mit England für nichtig. Mit diesem Streich war Andros völlig freie Hand gegeben. Energischer Widerstand regte sich in den Kolonien und auch in Hartford. Als Gouverneur Andros in Hartford eintraf und die Stadt ultimativ aufforderte, ihre Vetragsurkunden (Charters) bei ihm abzuliefern, wurde bei dem Treffen, das abends stattfand, ein Tumult inszeniert. Plötzlich wurden durch einen Luftzug alle Kerzen gelöscht. Als man wieder Licht hatte, waren die Dokumente verschwunden, gestohlen und versteckt. Der Baum, in dem das Versteck lag, war in Hartford lange als „Charter Oak“ bekannt.

Aber schon zwei Jahre später wurden mit der Thronbesteigung *König Williams III.* die alten Verträge wieder für gültig erklärt, die dann auf wundersame Weise auch wieder in den Stadtarchiven auftauchten.

Seit 1875 ist Hartford Hauptstadt des Staates Connecticut. Die Stadt hat heute annähernd 140.000 Einwohner.

**„Versicherungshauptstadt“ der USA**

Ausgangs des 18. Jh. gründeten Finanzleute in Hartford die erste Feuerversicherung. Daraus wurde nicht nur ein Bombengeschäft, sondern Hartford entwickelte sich nach und nach zur „Versicherungshauptstadt“ der Vereinigten Staaten, ja der Welt, wie manche behaupten.

1864 rief ein Mr. James Batterson in Hartford die Travelers Insurance Company ins Leben, die erste Reiseversicherungsgesellschaft in Amerika. Schiffsreisen nach Europa und vor allem das Reisen mit der Bahn innerhalb der USA verstärkten die Nachfrage vieler Reisender nach einer Absicherung der Reiserisiken, die Mr. Batterson mit gesalzenen Policen gerne befriedigte. Heute haben rund 40 Versicherungsgesellschaften ihren Sitz in Hartford, die wiederum über 50.000 Menschen beschäftigen, das entspricht mehr als einem Drittel der Einwohnerzahl von Hartford.

Die modernen, nüchternen Glaspaläste und Wolkenkratzer der Versicherungskonzerne in der City, wie der ca. 175 m hohe Travelers Tower, machen es dem Besucher heute etwas schwer, die wenigen Zeugen aus der Kolonialzeit zu finden oder der Stadt etwas Anziehendes abzugewinnen.

### Sehenswertes in Hartford

Auf der Anhöhe des **Capitol Hill** im Bushnell Park (3) im Stadtzentrum erhebt sich dominierend das **State Capitol (2)**, Amtssitz des Gou-

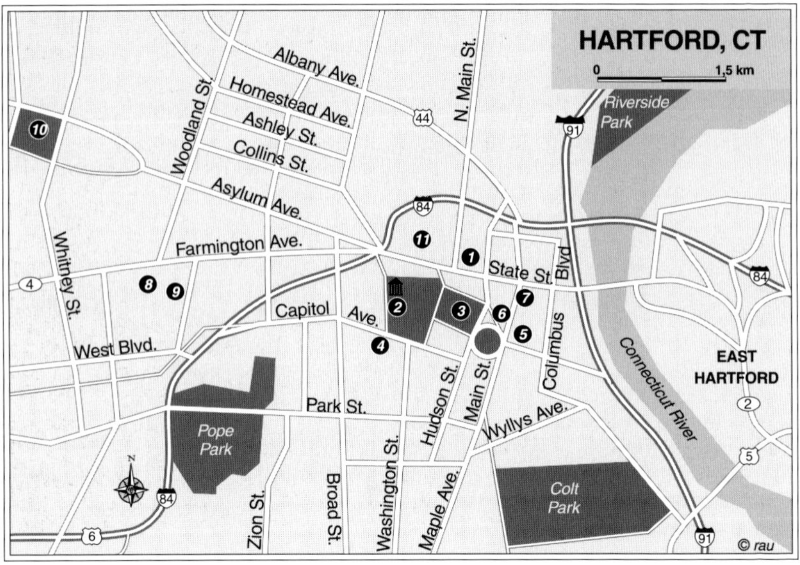


*HARTFORD, CT – 1 Information, Civic Center – 2 State Capitol – 3 Bushnell Park – 4 Baldwin Museum of Connecticut History – 5 Wadsworth Atheneum – 6 Center Church, Ancient Burying Ground – 7 Old State House –8 Mark Twain House – 9 H. Beecher Stowe House – 10 Elizabeth Park – 11 Bahnhof + Busterminal*

**Hartford, Ct**
**State Capitol (2)**
Mo. - Fr. 9 - 15 Uhr, Führungen zwischen 9.15 und 13.15 Uhr, Sa. 10.15 - 14,15.

verneurs des Bundesstaates Connecticut und seiner höchsten Regierungsbeamten.

Der stolze Komplex wurde in der zweiten Hälfte 19. Jh. nach Plänen des New Yorker Architekten *Richard Upjohn* auf dem Gelände des ehemaligen Trinity College errichtet. Viel Marmor, vor allem Connecticut-Marmor, wurde bei dem 2,5 Millionen Dollar Bau verwendet. Nicht verwunderlich wenn man erfährt, dass in früheren Baustadien James Batterson, Marmorhändler und Gründer der Travelers Insurance auch Baustofflieferant für den Capitolbau war.

Etwas unentschlossen scheinen die Bauherren bezüglich des Baustils gewesen zu sein. Man findet Elemente verschiedener Stile. An der Ost- und an der Südfassade erinnern Spitzbögen, Fenster und Arkaden etwas an einen venezianischen Dogenpalast, die Dachpartien mit den Simsen, Fenstern und Türmchen scheinen sich an der Renaissance zu orientieren, während sich am hohen, zentralen Turm mit der vergoldeten Kuppel gotische Stilelemente erkennen lassen.

Die prächtige Kuppel des Baus ist von allegorischen Figuren umgeben, die die Wissenschaft, die Lehre, die Macht, die Musik, den Handel und den Landbau symbolisieren.

An der Ostseite des Gebäudes sieht man über dem Eingang im mittleren Bogenfeld eine Abbildung des historischen Charter Oak Tree.

Auf Führungen kann man das Innere des Capitols und einige der Staatsräume sehen. Wenn möglich, wird auf der Tour auch der Sitzungs-

*Soldiers and Sailors Memorial Arch, Hartford, Ct*

saal des Senats gezeigt. Dort sieht man einen mächtigen, reich mit Schnitzwerk verzierten Stuhl, der aus dem Holz der erwähnten „Vertragseiche" Charter Oak Tree gefertigt wurde.

Gegenüber der Südseite des Capitols liegt das **Raymond E. Baldwin Museum of Connecticut History (4)**, 231 Capitol Ave. Neben diversen Exponaten und Dokumenten zur Geschichte des Bundesstaates Connecticut – darunter das Original des Kolonialvertrages – wird eine große Sammlung von Gewehren und Revolvern aus der Fabrik des *Samuel Colt* gezeigt, der in seiner Colt Firearms Factory in Hartford die von ihm entwickelte und als „Peacemaker of the West" (Friedensstifter des Westens) berühmt gewordene Faustfeuerwaffe, den Trommelrevolver „Colt" herstellte.

**Geschichtsmuseum (4)**
Mo. - Fr. 9.30 - 16 Uhr

Nach Osten hin erstreckt sich unterhalb des State Capitols der ausgedehnte **Bushnell Park (3)**. Der Park, durch den bis 1938 der Little River floß, der den Park bei Überschwemmungen oft 4 m unter Wasser setzte, wie 1936 zuletzt geschehen, wurde Mitte des 19. Jh. von dem Hartforder Landschaftsarchitekten *Frederick Law Olsted*, der auch den New Yorker Central Park gestaltete, angelegt. Bushnell Park, der älteste Stadtpark im Lande, mit vielen verschiedenartigen Bäumen, ist benannt nach *Horace Bushnell*, der durch eine Landschenkung die Entstehung des Parks erst möglich gemacht hatte.

Im Park sieht man den Brunnen „Corning Fountain". An der Basis umgeben den Brunnen vier Indianer, darüber tragen vier Indianerinnen eine kleinere Brunnenschale und obenauf schließlich steht ein stolzer Hirsch, das Wappentier der Stadt Hartford.

Markant ist an der Südostseite des Parks das einem Stadttor ähnliche, turmbewehrte und aus Naturstein errichtete Monument **The Soldiers and Sailors Memorial Arch.** Diese eigenwillige Art eines Triumphbogens entstand 1885 unter der Federführung des Architekten George Keller. Das Denkmal erinnert an die im amerikanischen Bürgerkrieg Gefallenen. Ein Figurenfries oben zeigt Kampfszenen. In der Mitte thront Justitia über dem Walspruch „Nach den Wolken, Sonne". Statuen an den Türmen stellen einen Soldaten, einen Farmer und einen Sklaven dar, der seine Ketten sprengt.

Unweit östlich des Torbogens stößt man auf die Main Street, der man ein Stück nach Norden bis zur Gold Street folgen kann.

**Butler-McCook Homestead**
Mitte Mai - Mitte Okt. Di., Do., Sa. 12 - 16 Uhr. Eintritt.

Nr. 396 Main Street ist **Butler-McCook Homestead**, ein historisches Stadthaus im Kolonialstil aus dem Jahre 1782, das bis 1971 von der Familie Butler-McCook bewohnt worden ist. Schöne Sammlung viktorianischer Möbel. Ausstellung mit Ostasiatischer Kunst.

**Kunstmuseum Wadsworth Atheneum (5)**
Di. - So. 11 - 17 Uhr, Eintritt, Donnerstag frei.

Ein Stück weiter rechts liegt Hartfords bedeutendstes Museum, das **Wadsworth Atheneum (5)**, 600 Main Street. Hier findet man Sammlungen von Kunstgegenständen, die von der Frühgeschichte bis zur Gegenwart reichen. Es gibt Gemäldeausstellungen, Keramik- und Glassammlungen, Abteilungen mit historischen Trachten u. a. Seit 1993 ist dem Museum die Fleet Gallery of African-American Art angegliedert, eine der besten Sammlungen in Amerika mit Werken schwarzer Künstler.

Das etwas martialisch wirkende Museumsgebäude stammt von Ithiel Town aus der Zeit um 1842 und steht auf dem Gelände, auf dem vorher das vornehme Stadthaus des wohlhabenden *Jeremiah Wadsworth* stand. Wadsworth war verschiedentlich Gastgeber bekannter Persönlichkeiten seiner Zeit. Zu seinen Gästen zählten z. B. George Washington, Lafayette, Rochambeau und der schottische Reformator John Knox.

Ein kurzes Stück weiter liegt linkerhand, Ecke Main und Gold Streets, die **Center Church (6)** oder First Church of Christ mit dem **Ancient Burying Ground**. Sehenswert in der 1807 entstandenen Kirche mit ihrer weißen Säulenvorhalle und dem schlanken Glockenturm, sind die Bleiglasfenster, von denen fünf der Werkstatt von Louis Tiffany zugeschrieben werden. Leider ist die Kirche nur während der Gottesdienste zugänglich.

Auf dem Friedhof Ancient Burying Ground sind viele der ersten Siedler und Stadtgründer Hartfords beigesetzt. Ein Obelisk trägt die Namen der Stadtgründer. Viele sehr alte Grabsteine.

**Old State House (7)**
Mo. - Fr. 10 - 17, Sa. 11 - 16 Uhr.

Einen Block weiter, Ecke State und Main Streets, sieht man rechts das **Old State House (7)**. Das im roten Backsteinstil (für das koloniale Amerika typisch) errichtete Gebäude, entstand 1796. Es ist mit einer hübschen weißen Kuppel abgeschlossen und fungierte fast hundert Jahre lang bis 1878 als Verwaltungs- und Regierungssitz des Bundesstaates Connecticut. Architekt des Old State House war kein geringerer als Charles Bulfinch, der auch die Pläne zum U.S. Capitol in Washington lieferte. Das Old State House dient heute als Museum und kann besichtigt werden. Im ehemaligen, fast schmucklosen Sitzungssaal des Senats im Obergeschoß hängt an der Kopfseite ein großes George Washington Gemälde von Gilbert Stuart.

Gegenüber erhebt sich der rund 176 m hohe **Travelers Tower**, das erste Versicherungsgebäude in Hartford, das auch lange das höchste Gebäude der Stadt war. Eine Aussichtsplattform ist zu bestimmten Zeiten

Mark Twain House, bei Hartford, Ct

für Besucher zugänglich. Schöner Stadtblick. Im ersten Stock gibt es eine kleine Ausstellung über die Geschichte des Versicherungswesen in Hartford.

Das Gebäude der Hartford Fire Insurance, der ersten Versicherung im Lande, ein imposanter klassizistischer Bau mit ionischer Säulenvorhalle und großer Kuppel, findet man übrigens in der Asylum Avenue, Ecke Cogsell Street. Ein gutes Stück weiter nordwestlich liegt Ecke Asylum und Ann Streets das **Civic Center (1)**, Hartfords Veranstaltungszentrum für Sport, Theater, Shows, mit Restaurants und Einkaufszentrum.

Von der nun schon mehrfach erwähnten legendären Vertragseiche **Charter Oak Tree** ist leider nichts mehr erhalten. Als der uralte Baum, in dem im Oktober 1687 für die Stadt überlebenswichtige Vertragsdokumente versteckt worden waren, 1856 von einem Sturm umgeweht wurde, stand die ganze Stadt Kopf. Colt's Militärkapelle spielte an der Stelle den ganzen Tag Trauermärsche. Man zählte die Jahresringe der Eiche und kam auf etwas mehr als 1.000. Heute erinnert an der Stelle am Westende der Charter Oak Ave. eine einfache runde Säule an den historischen Baum.

Westlich des Stadtzentrums liegt an der SR-4, das besuchenswerte **Mark Twain House (8)**, 351 Farmington Ave.. In dem von innen wie außen bemerkenswerten Haus, das im viktorianischen Stil des späten 19. Jh. errichtet ist, lebte von 1874 bis 1891 *Samuel Langhorne Clemens*, vielen sicher besser bekannt unter seinem Schriftstellerpseudonym **Mark Twain**. Samuel Clemens, der seinen Schriftstellernamen nach dem Mississippi-Lotsenkommando „Mark Twain" („Strich Zwei", was soviel wie zwei Faden Wassertiefe unter dem Schiffskiel beduetet) wählte, wurde vor allem mit seinen Romanen „Die Abenteuer des Tom Sawyer", „Die Abenteuer des Huckleberry Finn" und „Leben auf dem Mississippi" weltberühmt.

**Mark Twain House, ** (8)**
Jan. - Mai Di. - Sa. 9.30 - 16, So. 12 - 16 Uhr. Jun. - Columbus Day Mo. - Sa. 9.30 - 16, So. 12 - 16 Uhr. Eintritt. Kombiticket für Mark Twain House und H. Beecher Stowe House erhältlich.

**Samuel Langhorn Clemens alias Mark Twain**

Mark Twain war am 30. November 1835 in Florida im Bundesstaat Missouri geboren worden. Mit achtzehn erlernte er den Beruf des Drukkers, ging aber schon bald an den Mississippi, wo er vier Jahre lang als Flußlotse arbeitete. Aus jener Zeit stammt auch sein Pseudonym *Mark Twain*, unter dem er später Weltruhm als Schriftsteller erlangen sollte.

Nach einem sehr kurzen Intermezzo von nur wenigen Tagen in der Armee der Confederate Army der Südstaaten, ging Clemens 1861 nach Nevada und bekam dort ein Jahr später im vom Goldfieber geschüttelten Virginia City eine Redakteursstelle bei der Zeitung „Enterprise". Damals benutzte Clemens erstmals sein Pseudonym *Mark Twain.*

*Samuel L. Clemens alias Mark Twain*

In den Jahren zwischen 1864 und 1867 folgten Stationen in San Francisco und Hawaii, wo Clemens für verschiedene Zeitungen Reiseberichte schrieb.

Als Samuel Clemens 1868 erstmals nach Hartford kam, um mit Verlegern des Hauses American Publishing Company über die Herausgabe seines ersten Buches „The Innocents Abroad" zu verhandeln, gefiel ihm die Stadt offenbar sehr. Er notierte, dass Hartford die schönste Stadt sei, die er je gesehen habe. Dazu muß gesagt werden, dass Clemens bis dahin außer an den Mississippi und in den Westen noch keine größeren Reisen außerlandes unternommen hatte und dass die ganze Gegend an der Farmington Avenue im 19. Jh. noch einen sehr ländlichen Charakter hatte. Das Gelände, auf dem das Mark Twain Haus steht, war damals als Nook Farm bekannt.

Drei Jahre später – Samuel Clemens hatte zwischenzeitlich die aus einer wohlhabenden Familie aus Elmira, New York stammende Olivia Louise Langdon geheiratet – kam Clemens 1871 wieder nach Hartford. Mit seiner Frau und seinem kaum einjährigen Sohn Langdon Clemens mietete er ein Haus von Isabella und John Hooker in der nahen Forest Street Nr. 32.

Das junge Paar war dank einer ansehnlichen Erbschaft zwischenzeitlich recht wohlhabend. Olivia hatte von ihrem 1870 verstorbenen Vater einen Nachlass erhalten, der sich heute auf rund 250.000 Dollar belaufen würde. Sie erwarb 1873 ein weitläufiges Grundstück an der Farmington Avenue. Der Architekt *Edward Tuckerman Potter*, eigentlich ein Kirchenbaumeister, wurde engagiert, um das Haus der Clemens' zu entwerfen und zu bauen.

Im Oktober 1874 war es dann soweit. Die nun vierköpfige Familie konnte in die 19-Zimmer-Villa einziehen, die für die nächsten siebzehn Jahre ihr Domizil sein sollte. Und hier sollte Mark Twain einige seiner größten Bucherfolge schreiben.

So schön sich die schriftstellerische Karriere Mark Twains in diesen Jahren auch anließ – „The Innocents Abroad" und „Roughing It" waren bereits veröffentlicht – privat mußten Olivia und Samuel Clemens aber auch Schicksalsschläge hinnehmen. Der erste Sohn der Clemens', der 1870 in Buffalo geborene Langdon Clemens, starb kaum zwei Jahre alt.

1872 wurde die erste Tochter Susy geboren und kurz vor dem Einzug in die neue Villa erblickte 1874 Tochter Clara das Licht der Welt. Susy Clemens wurde nur 24 Jahre alt. Sie stirbt 1896 an Gehirnhautentzündung.

Das Urteil der Zeitgenossen über das neue Haus mit den zahlreichen Giebeln, Erkern, Vordächern und Balkonen war zwiespältig. Manche meinten sogar, es sei wohl das häßlichste Haus in Amerika. Samuel Clemens war über solche Äußerungen sicherlich nicht im Übermaße betrübt, führte er selbst doch auch mitunter ein recht lästerliches Mundwerk.

1876 wurden „The Adventures of Tom Sawyer“ (Die Abendeuter des Tom Sawyer) veröffentlicht. Der Roman sollte einer der größten Erfolge Mark Twains werden.

Das Jahr 1878 verbrachte die Familie in Europa. Zwei Jahre später wurde die Tochter Jean geboren. Im selben Jahr kommt „A Tramp Abroad“ heraus.

1880 und 1881 wurde die Villa einer umfassenden Renovierung mit Umbauten unterzogen. Das Küchenhaus wurde an- und der erste Stock völlig umgebaut. Dazu wurden Künstler der Associated Artists verpflichtet, zu denen auch Louis Comfort Tiffany, Candace Wheeler oder Lockwood de Forest zählten.

Zwei weitere berühmte Werke von Mark Twain werden veröffentlicht, 1883 „The Life on the Mississippi“ und 1884 „The Adventures of Huckleberry Finn“.

Mark Twain führte in seiner Villa an der Farmington Avenue ein „großes“ Haus. Laufend hatten Olivia und Samuel Clemens Gäste, deren Namen mit zunehmendem Ruhm des Schriftsteller auch immer illustrer wurden.

Bei einem finanziellen Engagement beim Maschinenbauer Paige, der so etwas wie einen Vorläufer der halbautomatischen Setzmaschine Linotype entwickelte, verlor Clemens 1885 ganz erhebliche Summen, um nicht zu sagen er war pleite. Ein authentisches Modell dieses „Investitionsgrabes“ sieht man im Eingangsbereich für Besucher.

Die Familie verließ Hartford und reiste erneut nach Europa. Samuel Clemens unternahm 1896 eine einjährige Vortragsreise rund um den Erdball. In jenem Jahr stirbt Tochter Susy in Hartford.

Ab 1900 lebte Clemens mit seiner Familie einige Jahre in New York und siedelte sich dann endgültig auf seinem Landsitz „Stormfield“ in Redding, CT an. Am Weihnachtsabend 1909 stirbt, kaum 29-jährig, die zweite Tochter Jean. Am 21. April 1910 stirbt Mark Twain in Redding im Alter von 75 Jahren.

Mark Twain und die Familie der Clemens' sind im Familiengrab der Langdons in Elmira im Bundesstaat New York beigesetzt.

Das Mark Twain Haus kann auf etwa einstündigen Führungen besichtigt werden. Dabei sieht man zunächst das etwas düsteren Erdgeschoß mit den „Vorzeigeräumen“, wie der Hausherr sie nannte. Mark Twain meinte damit die fast verschwenderisch ausgestattete Bibliothek, das noble Speisezimmer und das repräsentative Treppenhaus. Im lichten ersten Stock liegen die Wohnräume. U. a. sieht man dort Samuel Clemens' großes Bett, das er auf seine Europareisen mitgenommen hatte und in dem er angeblich verkehrt herum schlief, um die schönen Schnitzarbeiten am Kopfende auch sehen zu können, wie er sagte. Das Billardzimmer im

Dachgeschoß war Mark Twains eigentliches Arbeitszimmer, nachdem die Bibliothek bald von den Kindern „erobert“ worden war.

Autorin von „Onkel Tom's Hütte“

In unmittelbarer Nachbarschaft des Mark Twain Hauses liegt in 73 Forest St. das **Harriet Beecher Stowe House (9).** Hier lebte und arbeitete die weit über die Staaten hinaus bekannte Autorin von „Onkel Tom's Hütte“.

Harriet Beecher Stowe stammte aus Litchfield in Connecticut, wo sie 1811 geboren worden war. Später war sie Lehrerin in Hartford und zog schließlich nach Cincinnati im Bundesstaat Ohio, wo sie 1836 Calvin Stowe heiratete. Um 1850 lebte Harriet Beecher Stowe in Brunswick, Maine, wo ihr berühmt gewordener und in viele Sprachen übersetzter Roman „Uncle Tom's Cabin“ entstand.

*Harriet Beecher Stowe*

Die Schriftstellerin war bereits 62 Jahre alt, als sie 1873 zusammen mit ihrem Mann in das Haus hier in Hartford zog. Noch 23 Jahre konnte Harriet Beecher Stowe als Schriftstellerin tätig sein, bis sie 1896 im Alter von 85 Jahren als weltberühmte Buchautorin starb.

Übrigens, das Vorortviertel Nook Farm, in dem das Mark Twain House und das Harriet Beecher Stowe Haus liegen, war im 19. Jh. bis zur Jahrhundertwende ein sehr elegantes Villenviertel. Man liest sogar, es sei wahrscheinlich die reichste Gemeinde Amerikas im ausgehenden 19. Jh. gewesen. Hier hatten neben Mark Twain und die Beecher Stowes auch die Hookers, Nachkommen des Hartfordgründers, der Schauspieler William Gillette, der die Figur des Sherlock Holmes schuf, u. a. ihre Residenzen. Und auch die große Schauspielerin *Katharine Hepburn*, am 12. Mai 1907 in Hartford geboren, lebte als kleines Mädchen einige Jahre in Nook Farm.

Nördlich der Farmington Ave. liegt einer der schönsten Parks der Stadt, der **Elizabeth Park (10)**, der für seine herrlichen Rosen bekannt ist.

## Praktische Hinweise – Hartford

Hartford

☎ Hartford Area Code (Telefonvorwahl): 860

**Greater Hartford Convention and Visitors Bureau,** 1 Civic Center Plaza, Hartford, CT 06103-1592; Tel. 728-6789.

**Hartford Welcome Center**, Civic Center Mall, Tel. 275-6456.

Bahn und Bus

**Union Station**, 1 Union Plaza, Tel. 727-1776. Mit **Amtrak Station** (Tel. 800/872-7245) und **Greyhound Terminal** (Tel. 800/231-2222 oder 800/237-8747).

Restaurants

Restaurants: „**Civic Café,**“ 150 Trumbull St., Tel. 493-7412, bekannt für seine Black Angus Steaks, mittlere Preislage. Sonntag Ruhetag.

„**Max Downtown**“, City Place, Asylum St., Tel. 522-2530, gute Küche, man ißt in angenehmer Umgebung, teuer. – Und andere Restaurants.

Hotels, Motels

Hotels, Motels im **Zentrum**:

**Crowne Plaza,** $$$$$, 350 Zi., 50 Morgan St., Tel. 549-2400, gutes Haus der gehobenen Mittelklasse, Restaurant, Schwimmbad.

**Goodwin Hotel,** $$$$$, 135 Zi., 1 Haynes St., Tel. 246-7500, traditionsreiches Haus aus dem 19. Jh., das heute etwas unscheinbar zwischen den Hochbauten am Civic Center wirkt, gepflegtes Haus der oberen Preiskategorie, schönes Atrium, großzügige, komfortable Zimmer, das **Restaurant „Pierpont's“** ähnelt einem distinguierten Herrenclub.

**Hartford Hotels**

**Hilton Hartford Hotel,** $$$, 400 Zi., 315 Trumbull St., an der Civic Center Plaza, Tel. 728-5151, größtes Hotel der Stadt, gepflegtes First Class Hotel der obere Preisklasse, Restaurant, Schwimmbad, Sauna, Fitnessraum.

**Ramada Inn,** $$, 100 Zi., 440 Asylum St., Tel. 246-6591, einfaches, stark frequentiertes Hotel in verkehrsreicher Citylage, teils Blick zum State Capitol, Restaurant. Fragen Sie nach einem Zimmer zum State Capitol hin!

Preiswertere Motels liegen weit außerhalb der Stadt, vor allem an der I-91:

**Red Roof Inn,** $$, 115 Zi., 100 Weston St., I-91 Exit 33, Tel. 724-0433.

**Super 8 Motel,** $, 110 Zi., 57 West Service Rd., I-91 Exit 33, Tel. 246-8888.

**Susse Chalet,** $, 130 Zi., 185 Brainard Rd., I-91 Exit 27, Tel. 525-9306, Schwimmbad. – Und andere Motels.

**Wethersfield**

**Motel 6,** $, 146 Zi., 1341 Silas Deane Hwy., über I-91 Exit 24, Tel. 563-5900.

**Ramada Inn,** $$, 115 Zi., 1330 Silas Deane Hwy, über I-91 Exit 24, Tel. 563-2311.

**Camping**

▲ – In oder im näheren Umkreis von Hartford sind keine Campingmöglichkeiten zu finden. Der am nächsten gelegene Campingplatz **Nelson's Family Campground** liegt in **East Hampton** rund 25 mls/40 km südöstlich.

## AUSFLÜGE AB HARTFORD

**Abstecher nach Farmington und Wethersfield**

Wer gerne Museen besucht, macht einen **Abstecher nach Farmington**, ca. 10 mls/16 km westlich von Hartford gelegen und über die US-6 oder SR-4 rasch zu erreichen.

Etwas außerhalb des hübschen, alten Landstädtchen Farmington erreicht man über Farmington Avenue und Main Street das **Hill-Stead-Museum,** 35 Mountain Road. Es ist eingerichtet in einem repräsentativen alten Landhaus der Familie Pope und zeigt eine schöne Gemäldesammlung französischer Impressionisten (u. a. Manet, Degas), sowie chinesisches Porzellan. Und so ganz nebenbei macht das Haus durch die original möblierten Räume vertraut mit dem Lebensstil gehobener Kreise in Connecticut um die Jahrhundertwende.

Farmingtons **Stadtmuseum** ist im **Stanley Whitman House,** 37 High St., untergebracht. Das von einem Kräuter- und Blumengarten umgebene Haus stammt aus dem 17. Jh. Zeitgenössische Möblierung.

**Wethersfield** liegt südlich von Hartford und ist über die I-91 rasch zu erreichen. In Wethersfield ist eine Reihe weiterer schöner, historischer Gebäude zu sehen. Man findet sie im **Webb-Deane-Stevens Museum,** 211 Main St. Zu dem Gebäudeensemble zählen das Joseph Webb House, das Silas Deane House und das Isaac Stevens House, allesamt stattliche Residenzen wohlhabender Kaufleute und Diplomaten aus dem ausgehenden 18. Jh.

**Webb-Deane-Stevens-Museum**
Mai - Okt. Mi. - Mo. 10 - 16 Uhr. Übrige Zeit Sa. + So. 10 - 16 Uhr. Eintritt.

### Praktische Hinweise – Farmington

**Farmington**

☎ Farmington Area Code (Telefonvorwahl): 860

**Motels**

Motels: **Farmington Inn,** $$$, 72 Zi., 827 Farmington Ave., Tel. 677-2821, Motor Inn an der SR-4.

**Marriott Hotel,** $$$$, 380 Zi., 15 Farm Springs Rd., Tel. 678-1000, günstiges Preis/Leistungsverhältnis, Restaurant, Schwimmbäder, Tennisplätze, Fitnessraum, Konferenzräume. Flughafentransport. – Und andere Motels.

## 3. HARTFORD, CT – NEWPORT, RI

⊙ **Entfernung:** Rund 140 mls / 225 km, ohne Abstecher.

➔ **Strecke:** Über die Straße I-91 bis **Rocky Hill** – SR-99 bis **Cromwell** – SR9/154 über **Middletown, East Haddam**, **Chester** und **Essex** bis **Old Saybrook** – SR-156 über **Old Lyme** und **Niantic** bis **New London** – US-1 über Mystic (CT), Westerley (RI) und **Charlestown** bis **Narragansett** – US-1A bis **Allenton** – SR-138 über **Sounderstown** bis **Newport**.

🕒 **Reisedauer:** Mindestens ein Tag. Mit Abstechern oder ausgiebigen Museumsbesuchen, z. B. im Mystic Seaport Museum oder in den Newport Mansions mindestens zwei Tage.

⌘ **Höhepunkte:** Die rustikale „Sherlok Holmes Villa" **Gillette Castle** * – Abstecher ins **Kasinoeldorado Foxwoods** – das sehenswerte Schifffahrtsfreilichtmuseum **Mystic Seaport Museum** *** – die Prunkvillen **Newport Mensions** *** in Newport.

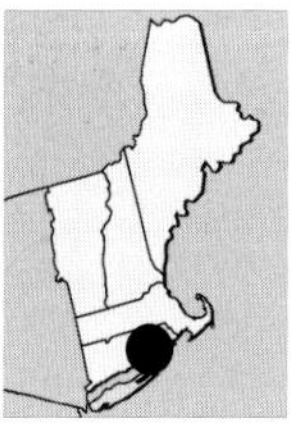

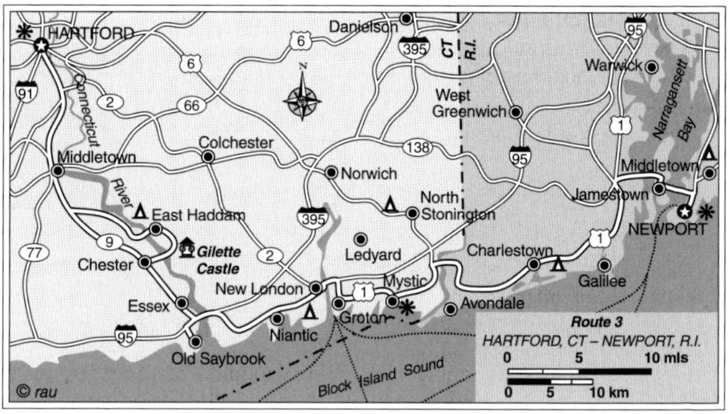


➔ **Route:** Zur Weiterreise ab Hartford wählt man am einfachsten die I-91 nach Süden, folgt ab **Rocky Hill** der SR-99 und zweigt rund 4 mls/6 km hinter **Middletown** auf die SR-154 ab, die am Connecticut River entlang Richtung **Essex** führt. ●

**Middletowns High Street**

**Middletown, CT**, heute ein Städtchen mit fast 43.000 Einwohnern, war seit seiner Gründung um 1750 bis zu den Revolutionskriegen eine der wohlhabendsten Städte im Connecticut Valley. Um 1800 stand in Middletown ein wichtige Rüstungsfabrik, in der Revolver produziert wurden. Leider hielt der wirtschaftliche Aufschwung nicht. Der Connecticut River, auf dem damals ein lebhafter Schiffsverkehr mit Frachtern und sehr eleganten Schaufelraddampfern herrschte, verlor bald seine Bedeutung als Transportweg. Die neuen Verkehrswege von Hartford an die Küste und von New York nach Boston gingen an Middletown vorbei.

1831 wurde in Middletown die **Wesleyan University** gegründet, durch deren Campus die **High Street** führt. Hier an der High Street findet man einige bemerkenswerte Bauwerke, die noch aus der guten alten Zeit der Stadt stammen, wie das **Russell House** an der Ecke zur Washington Street, das durch seine korinthischen Säulen auffällt. Samuel Russell war durch seinen erfolgreichen Chinahandel enorm reich geworden und ließ seinen Wohlstand durch prächtige Stadtpalais sichtbar werden.

Auch das **Davison Art Center**, 301 High Street, ist in einem bemerkenswerten Haus untergebracht.

Ein Stück weiter liegt in der Church Street Nr. 252, eine Querstraße zur High Street, die **Olin Library**, ein eindrucksvoller Bibliotheksbau, der 1928 vom Architekten des Lincoln Memorial in Washington, Henry Bacon, errichtet wurde.

Erwähnenswert ist weiter das **General Mansfield House**, 151 Main Street, das im sog. *Federal Style* errichtet ist, der vor allem in der ersten Hälfte des 19. Jh. im amerikanischen Osten populär war. Im Haus sind Möbel und Kunstgegenstände des 18. und 19. Jh. ausgestellt und man sieht eine Militariasammlung aus dem amerikanischen Bürgerkrieg.

**Information**

**Informationen** über Middletown und über Sehenswertes im Connecticut Valley erhält man von der *Connecticut Valley Tourism Commission*, 393 Main St., Middletown, CT 06457, Tel. 203/347-6924.

➔ **Route:** Bei **Taylorville** verlassen wir die SR-154 und zweigen ostwärts auf die SR-82 ab, die gleich darauf über den Connecticut River nach **East Haddam, CT** am Ostufer führt. ●

Auf dem Weg nach East Haddam sieht man unmittelbar an der Brücke über den Connecticut River das weiße Gebäude des historischen **Goodspeed Opera House**.

Bis weit nach der Jahrhundertwende war **East Haddam, CT** eine elegante Sommerfrische mit noblen Hotels. Neureiche Industrielle gingen hier ebenso ein und aus und wie die durch den Chinahandel oder den Walfang reich gewordenen Reeder und Kaufleute des Landes.

**Opernhaus im Connecticut River**

*William Goodspeed* war durch den Bau von Flußdampfern und mit seiner Reederei zu Geld gekommen. 1877 ließ er das nach ihm benannte Opernhaus errichten. Bei der Eröffnung überschlugen sich die Zeitungsreporter mit Lob über die kostbare Ausstattung des Theaters. Bis zur großen Wirtschaftskrise in den 30ern und auch noch danach wurde hier gutes Theater gespielt. Und noch heute finden in dem viktorianischen Theater gelegentlich noch Musical- oder Schauspielaufführungen statt.

➔ **Route:** Knapp eine Meile außerhalb von East Haddam biegt die SR-82 nach Süden ab. Ihr folgen wir bis zum gut beschilderten Abzweig zum **Gillette Castle**. Die Fahrt dorthin ist landschaftlich sehr reizvoll und führt lange durch ausgedehnte Waldgebiete. ●

**„a Rhineland Raeuberburg“ am Connecticut River**
Apr. - Anf. Okt. tgl. 10 - 17 Uhr. Eintritt.

Hoch über dem herrlich bewaldeten Tal des Connecticut River liegt in einem ausgedehnten Waldpark **Gillette Castle**. Diese etwas kurios anmutende und durch ihre sehr rustikalen Außenmauern aus grobem Feldstein eher an ein Drakulaschloß als an einen eleganten Landsitz erinnernde Villa ließ sich um 1915 der amerikanische Schauspieler und

Bühnenautor *William Hooker Gillette* errichten. Vorbild für das 24-Zimmer-Schloß, das penibel nach Gillettes eigenen Plänen gebaut wurde, sollen übrigens mittelalterliche Burgen am Rhein gewesen sein.

William Gillette war 1853 in Hartford geboren worden. Sein Vater, U.S. Senator, förderte die schauspielerischen Ambitionen, die William schon in frühen Jahren zeigte, nicht. Mit 18 verließ William Gillette seine Heimatstadt und besuchte mehrere Colleges.

Endlich bekam Gillette seine erste Theaterrolle. Er durfte für einen erkrankten Hauptdarsteller in „Broken Hearts", das in Boston aufgeführt wurde, einspringen. Den großen Durchbruch auf der Bühne schaffte Gillette aber erst, als er der Figur des *Sherlock Holmes* aus A. Canon Doyle's Detektivgeschichten eine unverwechselbare Bühnengestalt gab. Mit dieser Rolle verdiente er sein Vermögen. William H. Gillette starb 1937.

Die meisten, teils recht eigenwillig ausgestatteten Räume des Anwesens können besichtigt werden. Von den Terrassen vor dem Haus hat man einen sehr schönen Blick ins Tal des Connecticut River.

Gillette konnte sich sogar eine eigene Bahnlinie, die rund 5 km lang durch das Parkgelände führte, leisten. Teile der Strecke sind noch zu sehen. Entlang der alten Bahntrasse und durch den ausgedehnten umliegenden State Park findet man lange Spazierwege und zahlreiche Picknickmöglichkeiten.

**Schöner Blick von der Autofähre zurück zum Gillette Castle**

➔ **Route:** Weiterreise vom Gillette Castle durch den State Park zurück bis zur Landstraße. Ihr folgen wir rechts und gelangen nach wenigen Meilen hinab zur laufend verkehrenden **Autofähre** über den Connecticut River. Beim Übersetzen über den Connecticut River, dem längsten Fluß in Neuengland, den die Indianer Quinnehtukquet nannten, hat man noch einmal einen guten Blick auf das hoch über dem Ostufer liegende Gillette Castle.
Der weitere Verlauf unserer Route führt nun vorbei an **Chester** und durch **Deep Water** nach **Essex, CT**. ●

**Essex, CT,** eine recht beschauliche Kleinstadt weiter südlich mit kaum 6.000 Einwohnern, zwischen dem Westufer des Connecticut River und der SR-9 gelegen, war früher eine wichtige Stadt des Schiffbaus und des Seehandels mit den Westindischen Inseln. In der Glanzzeit der Stadt waren hier immerhin acht große Reedereien ansässig. Rum zum Beispiel gehörte zu den Artikeln, die über Essex hauptsächlich importiert wurden. Aus Afrika wurden Mengen von Elfenbein eingeführt, aus dem teure Kämme und vor allem Klaviertasten gefertigt wurden. Das nicht weit entfernt gelegene **Ivoryton, CT** war eine Hochburg der Klaviertastenproduktion.

An der Main Street von Essex, die zu den Docks hinunter führt, sind noch einige Häuser aus der Seefahrer-Ära erhalten.

Gillette Castle, Connecticut River Valley

Das **Connecticut River Museum** am Steamboat Dock am Ende der Main Street, mit seiner umfangreichen Seefahrtabteilung, erinnert an die große Zeit Essexs als Seehandelsstadt. Eines der spektakulärsten Ausstellungsstücke im Museum ist der Nachbau des ersten je gebauten U-Boots. Ein Herr namens *David Bushnell* wird als genialer Erfinder des kugelförmigen Ungetüms, das bereits 1775 gebaut wurde und auf den Namen „American Turtle" getauft war, genannt.

Ein beliebter Touristenanziehungspunkt ist der alte Bahnhof der **Essex Steam Railway**, einer dampfbetriebenen Veteranenbahn aus dem 19. Jh. Bis nach der Jahrhundertwende verkehrte die Bahn zwischen Old Saybrook und Hartford. Heute bedienen die restaurierten Züge zur Freude vieler Eisenbahnfans noch eine kleine Strecke bis Deep River. Es gibt auch kombinierte Touren bis East Haddam, auf denen teils die Oldtimerbahn, teils ein Ausflugsdampfer auf dem Connecticut River benutzt wird. In Betrieb zwischen Mai und Oktober.

**über 200 Jahre alter Gasthof ***

☑ *Mein Tipp!* Wenn Sie in Essex Station machen und einmal in einem wirklich alten, urigen Inn nächtigen wollen, sollten Sie sich nach dem über 200 Jahre alten **Griswold Inn**, 36 Main Street, Tel. 860/767-1776, umsehen. Dieser historische Gasthof beherbergt und verköstigt seit 1776 Gäste. Der rustikale Griswold Inn bietet 35 Gästezimmer, alle mit Bad und Telefon, der mittleren bis gehobenen Preisklasse, ein einladendes Restaurant und eine Bar.

**Old Saybrook, CT** an der Mündung des Connecticut River ist die nächste Station. Das einst lebhafte Fischer- und Schiffbaustädtchen wird heute vor allem im Sommer von zahlreichen Feriengästen belebt.

Aus Old Saybrook stammt der weiter oben schon erwähnte U-Boot-Erfinder *David Bushnell.* Hier vor der Küste testete er im Beisein von Benjamin Franklin und zusammen mit seinem Bruder das Ein-Mann-Tauchboot. Im Krieg gegen die Engländer wurde die **„American Turtle"** mehrfach eingesetzt. Aber es gelang nie, eine der ebenfalls von Bushnell erdachten Sprengminen an den feindlichen Schiffen anzubringen um diese zu versenken.

Ein schönes altes Stadthaus, das man in Old Saybrook im Sommer besichtigen kann, ist das **General William Hart House** in der Main Street Nr. 350. Das ansehnliche Palais stammt aus der Zeit um 1770 und gehörte damals einem reichen Kaufherrn, der auch auf dem Felde der Regionalpolitik ein wichtige Rolle gespielt hatte.

Old Saybrook

**Praktische Hinweise – Old Saybrook**

☎ Old Saybrook Area Code (Telefonvorwahl): 860

Restaurants

Restaurants: Bekannt für seine vorzügliche Küche zu noch erschwinglichen Preisen und für seine gute Weinkarte ist das **„Café Routier"**, 1080 Boston Post Road, Tel. 388-6270, Sonntag und Montag Ruhetage.

Bodenständige Hausmannskost nach Neuengland Art wird zu moderaten Preisen in **„Pat's Kountry Kitchen"** an der US-1 serviert. Viele Leute machen einen weiten Weg, um hier z. B. Pork Chops zu essen. – Und andere Restaurants.

Motels

Motels: **Days Inn**, $$$, 50 Zi., 1430 Boston Post Rd., Tel. 388-3453, an der US-1, Schwimmbad, Sauna.

**Sandpiper Inn**, $$$, 45 Zi., 1750 Boston Post Rd., Tel. 399-7973, an der US-1. Restaurant nahebei.

**Saybrook Point Inn and Spa**, $$$$$, 65 Zi., 2 Bridge St., Tel. 395-2000, elegantes, teures Haus am Long Island Sound, Zimmer teils mit Kamin, Schwimmbäder, Sauna, Marina, gutes **Restaurant „Terra Mar Grill"**.

**Super 8 Motel,** $$, 44 Zi., 37 Spencer Plaine Rd., Tel. 399-6273, Schwimmbad. – Und andere Motels.

## ABSTECHER NACH GUILFORD

➔ **Route:** Bei ausreichend zur Verfügung stehender Zeit bietet sich ab Old Saybrook ein Abstecher auf der US-1 westwärts über **Clinton, CT** nach **Guilford, CT** an. ●

In **Clinton, CT** kann man den ehemaligen Gasthof und General Store **Stanton House**, 63 East Main Street, aus dem ausgehenden 18. Jh. besichtigen. Das Haus ging in die lokalen Chroniken ein, weil hier der französische Politiker und General im amerikanischen Unabhängigkeitskrieg *Marquis de Lafayette* logiert hat.

**Hammonasset Beach State Park**
Visitor Center, Camping

An der Küste südlich von Clinton erstreckt sich an der Küste des Long Island Sound der **Hammonasset Beach State Park, CT.** Der Park bietet ein Visitor Center, Bademöglichkeiten am 3 km langen Sandstrand, Picknickplätze und im Sommer einfache Campingmöglichkeiten.

Clinton
Motels

**Praktische Hinweise – Clinton**

☎ Clinton Area Code (Telefonvorwahl): 860

Motels: **Clinton Motel**, $$, 15 Zi., 163 East Main St., Tel. 669-8850, ca. 2 km östlich an US-1 und SR-145, Schwimmbad. – Und andere Motels.

Camping

▲ – **Camping Riverdale Farm**, 111 River Rd., Tel. 669-5388; Mitte Apr. – Ende Sept., ca. 12 ha – 270 Stpl.; Wiesengelände am Hammonasset River, Komfortausstattung, Tennis. – Und andere Campingplätze.

**Guilford, CT**, eine Kleinstadt mit kaum mehr als 19.000 Einwohnern, war früher, wie so viele andere küstennahen Städtchen Connecticuts auch, ein Fischerei- und Handelshafen mit einigen Reedereien. Über Guilford wurde Granit aus nahen Steinbrüchen verschifft, aus dem u. a. Teile des Fundaments der Brooklynbrücke in New York und der Sockel der Freiheitsstatuen erbaut wurden.

**Guilford**
**ältestes Steinhaus Neuenglands ***
Apr. - Okt. Mi. - So. 10 - 17 Uhr. Eintritt.

In Guilford kann man das älteste erhaltene Steinhaus Neuenglands besichtigen. Das **Henry Whitfield House** in der Old Whitfield Street unmittelbar am Common Green, wurde bereits 1639 von Henry Whitfield, einem englischen Pastor und einer der ersten Siedler Connecticuts, errichtet. Das um 1930 restaurierte Haus ist heute historisches **Landesmuseum** und zeigt Möbel und Einrichtungsgegenstände aus dem 17. und 18. Jh. sowie Ausstellungen zur Kolonialgeschichte.

**Hyland House**
Juni - Anf. Sept. Di. - So. 10 - 16.30 Uhr. Eintritt.

Ganz in der Nähe liegt das ebenfalls sehenswerte **Hyland House**, 84 Boston St., das nur wenig älter ist und aus der Zeit um 1660 stammt.

**Griswold House**
Mitte Juni - Anf. Sept., Di. - So. 11 - 16. Eintritt.

Ein weiteres historisches Gebäude in Guilford ist das **Thomas Griswold House**, 171 Boston Street, das aus dem ausgehenden 18. Jh. stammt und heute als Museum dient.

**Guilford**

### Praktische Hinweise – Guilford

☎ Guilford Area Code (Telefonvorwahl): 203

**Restaurants**

Restaurants: In der Boston Post Rd. (US-1) Nr. 2455 findet man das gute Mittelklasserestaurant **„Guilford Tavern“,** Tel. 453-2216.

Als gutes Fischlokal ist das **„The Stone House“**, 506 Whitfield St., bekannt, Tel. 453-2566.

**Motels**

Motels: **Guilford Suites Hotel**, $$, 32 Zi., 2300 Boston Post Rd. (US-1), Tel. 453-0123. Sehr großzügig bemessene Zimmer mit abgeteilten Wohn- und Schlafbereichen. – Und andere Motels.

## HAUPTROUTE

➔ **Route:** Der weitere Verlauf unserer **Hauptroute** führt von **Old Saybrook** über den Connecticut River und weiter auf der küstennahen SR-156 ostwärts. ●

**Old Lyme, CT** am Ostufer des Connecticut River hat seine stürmische Zeit als Handelshafen und Reede längst hinter sich und ist heute mehr Sommerfrische für Neuenglandliebhaber. An der Lyme Street erinnern recht repräsentative Häuser an die Blütezeit des Ortes. Im 19. Jh. waren in Old Lyme mehr als 60 sehr wohlhabende Handelskapitäne und Schiffseigner ansässig.

Die **First Congregational Church** ist ein sehr typisches Exemplar für den Kirchenbaustil des kolonialen Neuengland. Der Bau mit seinem schlanken, hoch aufstrebenden Turm und dem ionischen Vorbau stammt in seinen Ursprüngen aus dem Jahre 1817. Hundert Jahre später wurde das Gotteshaus nach einem Feuer komplett nach den Originalplänen restauriert.

Seit geraumer Zeit versteht sich Old Lyme als eine der Kunst verbundene Gemeinde. Dazu beigetragen hat in erster Linie *Florence Griswold*, Tochter eines reichen Handelskapitäns, die einen in ganz Connecticut bekannten Salon führte und ihr Haus als Künstlerdomizil öffnete.

**Griswold House**
Di. - Sa. 10 - 17, So. 13 - 17 Uhr. Eintritt.

Heute ist das **Florence Griswold House and Museum**, 96 Lyme Street, ein namhaftes Kunstmuseum.

Nicht weit davon entfernt liegt die **Galerie Lyme Academy of Fine Arts**.

➔ **Route:** Weiterfahrt ab Old Lyme über **Niantic, CT** nach **New London, CT**. ●

Niantic Motels

Camping

**Praktische Hinweise – Niantic**

☎ Niantic Area Code (Telefonvorwahl): 860

Motels: **Best Western Hill Top Inn**, $$$, 90 Zi., 239 Flanders Rd, über I-95 Exit 74 zur US-161, Tel. 739-3951, Schwimmbad.

**Days Inn**, $$$, 90 Zi., 265 Flanders Rd., I-95 Exit 74 zur US-161, Tel. 739-6921 Restaurant nahebei, Schwimmbad.

**Motel 6,** $, 93 Zi., Tel. 739-6991, 269 Flanders Rd., über I-95 Exit 74. – Und andere Motels.

▲ – **Campinggelegenheiten** finden sich etwa 2 mls südlich der I-95 im **Rocky Neck State Park,** geöffnet Mitte April bis Ende Sept., 170 Stpl., einfache Ausstattung.

**New London, CT** wurde schon 1646 gegründet, als eine Gruppe von Puritanern aus Massachusetts unter *John Winthorp* neue Siedlungsräume an der Südküste Neuenglands suchte. Ein Denkmal im Zentrum in der State Street erinnert an den Stadtgründer Winthorp. Auch der Fluß an dem New London liegt, trägt den Namen des Gewässers, das durch die große Stadtschwester in England fließt, Thames River.

Dank seines tiefen, weitläufigen Hafens an der Mündung des Thames River entwickelte sich New London sehr rasch zu einer der größten Seehandelsstädte Neuenglands, die vor allem als Umschlagplatz für den Handel mit dem Hinterland der Kolonien Bedeutung erlangte.

Man erzählt sich, dass New London im September 1781 von britischen Truppen durch eine Finte eingenommen werden konnte. *General Arnold* von den Red Coats, wie die englischen Soldaten auch genannt wurden, stammte aus New London und war dadurch mit dem Verteidigungssystem der Stadt wohl vertraut. In New London war es üblich, mit zwei Kanonenschüssen Alarm vor einem Angriff auszulösen. Drei Kanonenschläge signalisierten Entwarnung. Als nun bei der Attacke durch die Briten das Alarmsignal ertönte, gab Arnold Order, ebenfalls einen Kanonenschuß abzugeben. Für die Verteidiger New Londons klang das wie der vereinbarte dritte Entwarnungsschuß. Ein fataler Irrtum, wie sich bald herausstellte.

Nach dem Krieg mit den Engländern und der Aufhebung der Blockade des Hafens 1812 erlebte New London einen rasanten Aufschwung als Walfangbasis, die drittgrößte in Neuengland nach New Bedford und Nantucket. Riesige Vermögen wurden mit der Verarbeitung von Walrat und mit der Gewinnung feiner Öle und anderer Produkte aus Waltran gemacht. Bis zu 150.000 Dollar (nach heutigem Wert ein Vielfaches davon) erbrachte damals die Ladung eines einzigen Schiffes nach einer gut einjährigen Fangreise. Und in New London waren damals über 80 Walfangschiffe registriert.

Die im wahrsten Wortsinne „fetten" Jahre in New London gingen aber Ende des 19. Jh. zu Ende. Durch die exzessive Jagd auf den Wal wurden die Erlöse der einzelnen Schiffe immer geringer. Ersatzstoffe für die ausgezeichneten, aber sehr teuren Walprodukte drängten auf den Markt. Und als dann die Elektrizität als Beleuchtungsenergie in den Haushalten Einzug hielt, sank die Nachfrage nach Walöl dramatisch. Der Niedergang des Walfangs im großen Stil war angebrochen.

Zu den Sehenswürdigkeiten New Londons zählen das alte **Custom House** am Hafen, das **Joshua Hempsted House** aus dem Jahre 1678, das als ältestes Haus der Stadt gilt und das **Nathaniel Hempsted House**, 11 Hempsted Street. Als einige der wenigen Gebäude hatten die Häuser den Feuerangriff der Engländer im 18. Jh. überstanden.

**Hempsted House**
Di. - So. 13 - 17 Uhr. Eintritt.

Einen Besuch lohnen, je nach Interessenlage, das **Lyman Allyn Art Museum**, 625 Williams Street, das neben der U.S. Coast Guard Academy am Nordrand der Stadt liegt und schöne Gemäldesammlungen amerikanischer Künstler aus der Zeit von den Anfängen des Bundesstaates Connecticut bis heute zeigt, dann **Lyman Allyn Dolls & Tays**, eine wunderschönen Puppen- und Spielzeugausstellung und schließlich das **Monte Cristo Cottage**, etwa 3 km südlich der Stadt an der US-1, in dem der Schriftsteller Eugene O'Neill während seiner Jugendjahre lebte.

**Kunstmuseum**
Di. - Sa. 10 - 17, So. 13 - 17 Uhr. Eintritt.

**Puppenmuseum**
Di. - Sa. 11 - 17 Uhr. Eintritt.

**Shaw Mansion**, 305 Bank St., ist ein ansehnliches Stadthaus aus dem Jahre 1756, das später dem Kapitän und Schiffseigner Capt. Nathaniel Shaw gehörte. Das Haus ist kostbar möbliert und eingerichtet.

**Shaw Mansion**
Mi. - Fr. 13 - 16, Sa. 10 - 16 Uhr. Eintritt.

Und schließlich erinnern in der Huntington Street, der sog. **Whale Oil Row**, noch vier erhaltene Nobelvillen aus dem frühen 19. Jh. an die große Zeit der reichen Walölhändler.

**Praktische Hinweise – New London**

**New London**

☎ New London Area Code (Telefonvorwahl): 860

**Southeastern Connecticut Tourism**, 470 Bank St., New London, CT 06320, Tel. 444-2206 oder 800/863-6569.

**Motels**

Motels: **Holiday Inn**, $$$, 135 Zi., Frontage Rd., Tel. 442-0631, über I-95 Exit 82A, Schwimmbad, Restaurant.

**The Radisson Hotel**, $$$$$, 120 Zi., 35 Governor Winthorp Blvd., Tel. 443-7000, gut ausgestattetes Haus der oberen Preisklasse, zentral gelegen, Restaurant, Schwimmbad.

**Red Roof Inn,** $$, 108 Zi., 707 Colman St., I-95 Exit 82A, Tel. 444-0001. – Und andere Motels.

Am Ostufer des Thames River liegt **Groton, CT.** Während der Kriegshandlungen im Jahre 1781 war Grotons Verteidigungsbastion **Fort Griswold** Ziel der englischen Truppen, die bei der Einnahme des Forts unter den Verteidigern ein Massaker anrichteten.

Heute ist Groton eine der wichtigsten U-Boot Werften der Vereinigten Staaten. Hier wurde das erste atomgetriebenen U-Boot die **„U.S.S. Nautilus“** gebaut, das 1954 von Stapel lief und 1958 das Eisschild des Nordpols unterfuhr. Die „U.S.S. Nautilus“ ist seit einigen Jahren außer Dienst gestellt und kann besichtigt werden. Das Boot liegt direkt außerhalb der U-Boot Basis und ist über die SR-12 zu erreichen.

**Atom-U-Boot „Nautilus“**
Mi. - Mo. 9 - 17 Uhr.

Das daneben gelegene **Submarine Force Library and Museum** gibt Einblick in die Geschichte der Unterseeboote. Zu sehen ist dort auch des ehemalige Forschungs-U-Boot „Explorer“.

## ABSTECHER ZUM SPIELERPARADIES FOXWOODS

Es muß nicht immer Las Vegas oder Atlantic City sein. Rund 6 mls/10 km nördlich der I-95 (Exit 92) liegt das Städtchen **Ledyard**, das über die SR-117 rasch zu erreichen ist.

Viele Orts-, Landschafts- und Flußnamen erinnern in der Gegend daran, dass hier bis zum Eintreffen der weißen Siedler mehr als 16 Indianerstämme, wie die Tunxis oder Pequot, ansässig waren, die sich alle zum Volk der Algonquins zählten.

Nachkommen der Mashantucket Pequot Indianer haben nun in Ledyard das **Foxwoods Resort & Casino**, ein riesiges Spielerparadies hingestellt, das als größter Kasino- und Unterhaltungskomplex im Nordosten Amerikas bezeichnet wird. Ironisch könnte man sagen, dies ist die späte Rache des Roten Mannes an den dekadenten, spielsüchtigen Weißen, durch die er sich für die vielen Demütigungen in der Vergangenheit schadlos hält. Denn das von den Indianern auf altem Stammesgelände in Eigenregie geführte Kasino ist ein Bombenerfolg.

Neben Spielkasinos mit ganzen Armeen von „einarmigen Banditen" und hunderten von Spieltischen findet man hier auch Hotels mit mehr als 1.400 Zimmern, 24 Restaurants, Theater- und Showbühnen und es gibt auch ein kleines Indianermuseum. Internet: http://www.foxwoods.com.

## HAUPTROUTE

➔ **Route:** Der weitere Verlauf unserer Route führt von Groton, CT über die US-1 ostwärts. Schon nach 6 mls/10 km erreicht man **Mystic, CT**. ●

Das kleine Küstenstädtchen **Mystic, CT** war in der Zeit der Ankunft der ersten Siedler um 1637 wiederholt Schauplatz blutiger Kämpfe gegen die Pequot Indianer. Und bis zu Beginn des 19. Jh. war Mystic, das auch heute kaum 3.000 Einwohner zählt, ein Küstenort ohne nennenswerte Bedeutung.

Im 19. Jh. allerdings, der großen Zeit der Segelschiffahrt, etablierten sich in Mystic einige Bootswerften, die bald zu den bedeutendsten und besten Werften an der amerikanischen Ostküste zählten. Bis in die Mitte des 19. Jh. wurden hier die schnellsten Klipper und Windjammer auf Kiel gelegt, die je die Weltmeere befuhren.

**Mystic Seaport Museum** ***
tgl. 9 - 18, Nov. - Apr. 10 - 16 Uhr. Eintritt.

**Mystic Seaport Museum** ist die große Sehenswürdigkeit von Mystic. Auf einer Landzunge im Mystic River, wo bis Mitte des 19. Jh. zwei große Werften ihren Sitz hatten, ist dank der Initiative der Museumsgesellschaft *Mystic Marine Historical Association* ein schön restauriertes Hafenviertel und ein sehenswertes Freilicht- und Schiffahrtmuseum entstanden.

Die große Attraktion ist der letzte, ganz aus Holz gebaute amerikanische Walfänger **„Charles W. Morgan"** von 1841, der hier vor Anker liegt. Von dem Schiff, das über 2.500 Faß Walöl fassen konnte, heißt es, dass es seinen Eignern in New Bedford rund 1,5 Mio. Dollar eingefahren haben soll. Im 19. Jh. eine immense Summe.

Beeindruckend sind weiter das Großschiff **„Joseph Conrad"**, das 1882 von Stapel lief und lange als Segelschulschiff diente und die elegante **„Brilliant"**, die am Ende der Landzunge an der Scott's Wharf bei dem kleinen Leuchtturm festgemacht hat.

*besuchenswert, Mystic Seaport, ein Hafen wie zu Walfängers Zeiten*

An den Docks im Eingangsbereich sieht man den schlanken Schoner **„L. A. Dunton"**, der 1921 gebaut wurde und als Fangboot im Nordatlantik eingesetzt war.

Gleich daneben ist die Anlegestelle des kleinen Dampfschiffoldtimers **„S.S. Sabino"**, mit dem man im Sommer kleine Rundfahrten im Hafengebiet unternehmen kann.

Und die neueste Errungenschaft des Museums ist der originalgetreue Nachbau des 45 Meter langen Schoners **„Amistad".** Der Mitte des 19. Jh. vor allem als Sklavenschiff eingesetzte Segler machte von sich reden, als auf einer Fahrt im Jahre 1839 die gefangenen Schwarzen meuterten, das Kommando übernahmen und tatsächlich ihre Freiheit erlangten.

Neben Bootsschuppen, einer historischen Seenotrettungsstation, einer Seemannstaverne und einem historischen Bankgebäude sind vor allem die alten Werkstätten von Faßmachern, Druckern, Schiffsschmieden, Schiffszimmerleuten, Kerzenziehern und anderen alten Handwerken, in denen noch nach alter Manier gearbeitet wird.

Besuchenswert in Mystic sind außerdem das Seeaquarium **Mystic Marinelife Aquarium**, 55 Coogan Blvd., das historische Kolonialstilhaus **Denison Homestead** (Pequotsepos Rd.) und der schön im Stil des 18. Jh. restaurierte und möblierte ehemalige Landsitz **Whitehall Mansion** aus dem Jahre 1770.

**Mystic**

**Praktische Hinweise – Mystic**

☎ Mystic Area Code (Telefonvorwahl): 860

**Mystic and Shoreline Visitor Information Center**, Old Mystic Village, Mystic, CT 06355, Tel. 536-1641.

**Restaurants**

✂ Restaurants: Neben den Restaurants **„Floodtide Restaurant"** im The Inn at Mystic und dem relativ preiswerten, guten Fischrestaurant **„Jamms**

**TEEKLIPPER**

**Die schnellsten Windjammer aller Zeiten**

Einer der wichtigsten Impulse für den Aufschwung des amerikanischen Schiffbaus ging zweifellos davon aus, dass 1849 die restriktive britische *Navigationsakte* aufgehoben wurde. Dieses Gesetz hatte es allen nicht britischen Schiffen untersagt,

Waren aller Art von und in die amerikanischen Kolonien zu transportieren.

Amerikanische Kaufleute, die im China- und Indienhandel tätig waren, verlangten nun nach immer schnelleren Schiffen. Die wertvollen, gewinnträchtigen Ladungen aus feinster Seide, erlesenem Porzellan, Jade und vor allem aus Tee sollten immer schneller nach England und in die wachsenden Städte an der Ostküste der USA gebracht werden. Die zu erzielenden Gewinne waren gigantisch.

Bis ins ausgehende 18. Jh. waren schwerfällig Frachtschiffe, mit voluminösen, plumpen Rümpfen, runden, dickbauchigen Bugen und einer Besegelung üblich, welche die Schiffe schwer manövrierbar machten. Und nur bei gewissen Windlagen waren gute Leistungen zu erzielen.

Den Chinafahrern aber kam es weniger auf Volumen im Frachtraum als vielmehr auf Segelfläche und auf Schnelligkeit der Schiffe an.

So entstanden auf den Reißbrettern der Schiffbauer sehr schlanke, langgestreckte („Länge läuft“, wußte man schon damals), relativ niedere Segler mit zwei, meist drei,

Mystic Restaurants

**Restaurant“** im Seaport Motor Inn, Tel. 536-2683, bietet u. a. das **„Seamen's Inne Restaurant“,** 65 Greenmanville Ave., Tel. 572-5303, eine ansprechende Atmosphäre.

Recht preiswert verköstigen, wenn auch nicht gerade mit ausgefallen Menüs, eher mit Sandwiches, leckeren Suppen u. ä., kann man sich tagsüber im **Harvest Moon Market and Deli,** 28 E. Main St. Dort schließt man allerdings um 18 Uhr! Sonntags ist ganztätig geschlossen.

Frischer Fisch vom Feinsten und in nahezu jeder Zubereitungsart wird in den beiden großen Speisesälen des Restaurants **„Go Fish“** serviert. In Olde Mistick Village, Tel. 536-2662. Sonntags keine Mittagskarte. Mittlere bis gehobene Preislage. – Und andere Restaurants.

Motels

Motels: **Comfort Inn**, $$$$, 120 Zi., Tel. 572-8531, 48 Whitehall Ave. (SR-27), Restaurant nahebei.

**Days Inn**, $$$$, 125 Zi., Tel. 572-0574, 55 Whitehall Ave. (SR-27), Restaurant, Schwimmbad.

später bis zu fünf Masten und mit einer Takelage, die bei jedem Wetter optimale Leistungen erwarten ließ. Ein ganz neuer, ja revolutionärer Schiffstyp, der als „Yankeeklipper" Furore machen sollte, war geboren.

Schon die ersten schnellen Teeklipper, rund 31 m lang und knapp 10 m breit, schafften die Reise nach China unter hundert Tagen. In Seemannskreisen war das damals eine riesige Sensation, zumal in einer Zeit, in der ein normaler Frachtensegler selbst bei günstigsten Bedingungen auf der Chinaroute mindestens 120 Tage unterwegs war.

Hatten die ersten Klipper noch eine Tonnage von unter 500 Tonnen, wurden bald die 1.000 Tonnen Grenze überschritten. In nur rund 80 Tagen segelten diese Windjammer von der amerikanischen Ostküste nach Hong Kong.

Weitere Nachfrage nach schnellen Transportkapazitäten entstand während und nach der turbulenten Zeit des Goldrausches im Westen. Zigtausende von Menschen wollten an die Westküste. Alle Fracht, jede Maschine, jedes Saatkorn mußte auf dem langen und nicht risikolosen Seeweg um Kap Horn an die Westküste gebracht werden, zumindest solange, bis die transkontinentale Eisenbahn eröffnet werden konnte.

Alleine 1849 verließen über 770 Schiffe die Häfen der Ostküste mit Ziel San Francisco. Bis zu 240 Tage waren die Passagiere oft unterwegs, bis sie endlich in die Bucht von San Francisco einlaufen konnten. Als dann die schnellen Klipper die Strecke in sage und schreibe 125 Tagen schafften, jubelten nicht nur die Reeder und Kaufleute. Rekordreisen lagen unter 90 Tagen. Und die in Mystic gebaute *„Andrew Jackson"* stellte im März 1860 unter Cpt. Williams mit nur 89 Tagen und 4 Stunden den absoluten Segelrekord um Kap Horn auf.

Dabei wurden unglaubliche Segelleistungen erbracht. Während eines Etmals (Zeit-/Entfernungsmaßeinheit, welche die zurückgelegte Seestrecke innerhalb von 24 Stunden, gemessen zwischen 12 Uhr mittags und 12 Uhr mittags des folgenden Tages, beziffert) sind in alten Logbüchern über 320 Seemeilen, das entspricht rund 600 km, verzeichnet. Immerhin entspricht das einer Durchschnittsgeschwindigkeit von 25 km/h, nur mit Windkraft wohlgemerkt!

Schiffe wie die *„Sea Witch", die „Flying Cloud"*, die *„Witch of the Waves"*, die *„Chalange"* oder die *„Ariel"* wurden zu Legenden in den Häfen und auf den Weltmeeren.

**The Inn at Mystic**, $$$$$, 67 Zi., Tel. 536-9604, über US-1 und SR-27, traditionsreiches Haus im Landhausstil, sehr gepflegt, sehr elegant, sehr teuer, ansprechend an der Pequotsepos Cove gelegen, exquisites **„Floodtide Restaurant"**, Schwimmbad, Tennis.

**Seaport Motor Inn**, $$$, 118 Zi., Tel. 536-2621, Coogan Blvd., **„Jamms Restaurant"**, Schwimmbad.

**Taber Inne & Suites**, $$$, 28 Zi., Tel. 536-4904, 66 Williams Ave., über US-1, zwei Nächte Mindestaufenthalt an Wochenenden von Mai bis Ende Oktober. Restaurant nahebei.

**Whaler's Inn and Motor Court**, $$$$, 41 Zi., 20 E. Main St., Tel. 536-1506, gepflegtes Anwesen im Landhausstil, das **Restaurant „Bravo Bravo"** serviert gute italienische Küche. – Und andere Motels.

**Strände zwischen Watch Hill und Charlestown**

Auf der Weiterfahrt über die US-1 ostwärts kann man schon wenige Meilen südwärts nach **Stonington, CT**, einem kleinen Fischerhafen mit dem **Old Lighthouse Museum** im kleinen Leuchtturm aus grauem Granit, abzweigen.

Wenig später überquert man den Pawcatuck River, der hier die Grenze zum **Bundesstaat Rhode Island (RI)** markiert.

Man passiert **Westerly.** Südlich der Stadt erstrecken sich an der Küste zwischen **Watch Hill, RI** und **Misquamicut** kilometerlange Strände. Watch Hill ist ein freundliches Seebad mit Fischereihafen und dem **Flying Horse Carousel** am Strand in der Bay Street, dem ältesten Karussell in den USA.

Lange Sandstrände liegen auch an den Küsten südlich von **Charlestown,** an der East Beach im **Charlestown Beachway State Park** oder an der **Moonstone Beach** bei Green Hill.

Die Region hier war vor der Zeit der Siedler Heimat der Narragansett und Niantic Indianer. Nur noch wenige ihrer Nachkommen leben heute in Rhode Island.

Nördlich von Charlestown liegt einer der wenigen noch erhaltenen *Indian Burial Grounds*, ein uralter Begräbnishügel der Narragansett. Keinerlei Beschilderung und nicht zugänglich!

**Umweg über Galilee**

Bei ausreichend zur Verfügung stehender Zeit lohnt der Umweg über die SR-108. Man passiert dabei den Fischereihafen **Galilee, RI**. Von hier aus werden Bootsausflüge zu Walbeobachtungen oder zum Point Judith angeboten.

Außerdem verkehren von **Point Judith/Port of Galilee, RI** aus ganzjährig **Autofähren nach Block Island, RI**. Block Island ist dem Festland etwa 16 km vorgelagert. Die Insel ist für ihr angenehmes Sommer- und Herbstklima bekannt.

**Block Island**

Am **Settlers Rock** an der Nordspitze der gerade mal knapp 30 ha großen Insel, die 1542 von Giovanni da Verrazano entdeckt worden ist, landeten 1661 erste Pioniere. Später war die Insel, die viele Besucher an das grüne Irland erinnert, ein gefürchteter Schlupfwinkel für Piraten und Schmuggler. Heute ist Block Island ein beliebtes Künstlerdomizil, das im Sommer mit Urlaubern überfüllt ist.

Besonders die Südostküste mit ihren Klippen **Mohegan Bluffs** bietet eine recht spektakulär Küstenszenerie. Schöne Strände findet man z. B. an der Ostküste, an der Block Island State Beach. Campinggelegenheiten gibt es auf der Insel keine.

Und obwohl Block Island – benannt ist die Insel übrigens nach einem holländischen Seefahrer namens Block – eine ausgesprochene Ferieninsel ist und über 50 Beherbergungsbetriebe, vom chicen Strandhotel bis zum familiären Bed&Breakfast-Haus aufweist, ist die Bettenzahl doch sehr beschränkt. Plant man eine Übernachtung auf der Insel, ist eine vorherige Zimmerreservierung (vor allem im Sommer) unbedingt ratsam!

Fähren verkehren nach Block Island ganzjährig von Galilee aus (ca. 1 1/4 Std.) und zwischen Juni und September zusätzlich von Newport (ca. 2 Std.), Providence (ca. 4 Std.) und von New London, CT (2 1/2 Std.).

Im Sommer sollte man einen Autoplatz auf den Fähren mindestens vier Wochen vorher reservieren bei **Interstate Navigation Co.,** Galilee State Pier, Point Judith, RI, Tel. 401/783-4613.

Nur wenige Meilen südlich vom Hafen von Galilee liegt der Leuchtturm **Point Judith Lighthouse**. Schöner Seeblick.

Vorbei an der Scarborough State Beach gelangt man über die SR-1A nach Narragansett Pier.

**Narragansett Pier, RI**, heute ein unscheinbares Hafenstädtchen, war vor allem im 19. Jh. ein elegantes Seebad mit Renommee. Direkte Bahnverbindungen aus Boston und New York machten es betuchten Besuchern leicht, in das an der ganzen Ostküste bekannte, elegante *Narragansett Pier Casino* zu kommen. Neben Spielkasinos gab es Restaurants, Ballsäle, Hotels, Tennisclubs u. ä. Im Herbst des Jahres 1900 allerdings fiel der ganze Kasinokomplex einem Großfeuer zum Opfer. Nur der Eingangsbereich des damaligen Anwesens, heute bekannt als „The Towers", wurde restauriert. Und 1938 wurde der größte Teil des Piers während eines Herbststurmes weggerissen.

Beim Verlassen von Narragansett Pier über die SR-1A bietet sich am nördlichen Ortsrand ein Stop im **South County Museum** auf dem Gelände der Canonchet Farm an. Diverse Häuser aus der Kolonialzeit, darunter ein Country Store, diverse Werkstätten alter Handwerke und Ausstellungen vermitteln einen Einblick in die Lebens- und Arbeitsweise der frühen Siedler im 18. Jh.

**Regionalmuseum**
Mai - Okt., Mi. - So. 11 - 16 Uhr. Eintritt.

**Praktische Hinweise**

**Motels, Restaurants und Campingplätze zwischen Charlestown, RI und Newport, RI**

Restaurants: **Narragansett, RI**

**„Basil's Restaurant"**, 22 Kingston Rd., Tel. 401/789-3743, Montag, im Winter auch Dienstag, Ruhetag und das **„Coast Guard House"**, 40 Ocean Rd., Tel. 401/789-0700, Candle-Light-Atmosphäre, Seeblick, sind zwei gute Adressen für ein gepflegtes Dinner. Beide Lokale müssen zur Kategorie „gut, aber teuer" gezählt werden.

Das **„Spain Restaurant"**, 1144 Ocean Rd., Tel. 401/783-9770, serviert Hummer, Steaks, spanische und italienische Spezialitäten; gut, aber teuer. – Und andere Restaurants.

**Motels**

Motels: **Charlestown, RI**

**Willows Resort Motel**, $$$, 50 Zi., 531 Post Rd., Tel. 401/364-7727, an der US-1, geöffnet Mitte Mai bis Mitte Okt., landschaftlich reizvolle Lage, Restaurant, Schwimmbad, Tennis.

**The General Stanton Inn**, $$$, 16 Zi., Old Post Rd. (SR-1A), Tel. 401/364-0100, kleiner historischer Gasthof mit gemütlichem Restaurant.

**Galilee, RI**

**The Lighthouse Inn**, $$$, 100 Zi., Tel. 401/789-9341, günstig an der Anlegestelle der Block Island Ferry gelegen, Restaurant, Schwimmbad. Geöffnet Mitte Mai bis Ende Oktober.

**Jamestown, Conanicut Island, RI**

**The Bay Voyage**, $$$$$, 32 Zi., 150 Conanicut Ave., Tel. 401/423-2100, in einem hist. viktorianischen Gasthof aus dem 19. Jh., Restaurant, Schwimmbad, Sauna. – Und andere Motels.

**Camping**

▲ – Camping: **Charlestown, RI**

– **Burlingame State Park Campground,** Tel. 401/322-7337; Mitte April – 31. Okt.; an der US-1, weitläufiges Gelände mit 755 Stpl.; Standardausstattung. Lebensmittel, Bademöglichkeiten, Wanderwege,

– **Charlestown Breachway State Campground,** Tel. 401/364-7000, 15. Apr. – 31. Okt.; 75 Stpl. für Wohnmobile; einfache Standardausstattung, Badegelegenheit.

**Narragansett, RI**
**– Fishermen's Memorial State Park Campground,** Tel. 401/1789-8374; 15. Apr. – 31, Okt.; an der SR-108 Richtung Point Judith; ca. 200 Stpl.; gute Standardausstattung; Bademöglichkeit, Tennis.

**Jamestown, Conanicut Island, RI**
**– Fort Getty Camping and Recreation Area,** Tel. 401/423-7264; Ende Mai – Mitte Okt.; kleiner, einfacher Platz mit 30 Stpl. auf der Insel Conanicut Island, Bademöglichkeit.

➔ **Route:** Der letzte Teil dieser Routenetappe folgt der SR-1A über **Sounderstown** bis zur SR-138, der wir ostwärts folgen. Auf zwei großen Brücken (Mautpflicht) wird der Südteil der verzweigten Narragansett Bay und die Insel **Conanicut Island** überquert. Danach Abzweig nach **Newport, RI**. ●

## NEWPORT, RI

Newport, RI, 1639 gegründet, ist seit jeher der Seefahrt verschrieben. Waren es früher Hochseeclipper, Handelsschiffe und im 18. Jh. auch Kriegsschiffe, die von hier ausliefen, sieht man heute im Hafen vor allem elegante Jachten liegen.

Die Hafenstadt mit knapp 30.000 Einwohnern liegt am Südausläufer der Aquidneck Insel an der Einfahrt in die Narragansett Bucht. Diese strategisch wichtige Lage des Hafens hatten auch die Engländer während des Unabhängigkeitskrieges erkannt und hielten Newport drei Jahre lang bis 1779 besetzt. Erst als starke französische Marinetruppen unter dem Comte de Rochambeau der amerikanischen Sache zu Hilfe kamen, mußten die Engländer aufgeben. Bevor sie Newport jedoch verließen, hinterließen sie eine Stadt der verbrannten Erde. Über die Hälfte der Stadt lag in Schutt und Asche. Erst im 19 Jh. erholte sich Newport wieder und wurde zu einem bedeutenden Handelshafen und zu einem wichtigen Marinestützpunkt. Noch heute ist Newport Sitz einer Marineakademie.

Die Handelsbeziehungen brachten es mit sich, dass wohlhabende Kaufleute, vor allem aus Charleston in South Carolina, auf Newport aufmerksam wurden und das Hafenstädtchen wegen des frischen Seeklimas häufig im Sommer zur Erholung aufsuchten. Daraus entwickelte sich im Laufe der Jahre ein richtiger Trend. Newport kam in Mode und erhielt ein so elegantes, exklusives Image, dass es bald zum guten Ton der reichen Amerikaner, den Upper Tens, gehörte, in Newport eine Villa zu besitzen. Es entstanden die berühmten „Cottages" von Newport, die heute zu den Sehenswürdigkeit Neuenglands zählen.

**Hunter House (1)**
Mai - Sept. tgl. 10 - 17 Uhr. Okt. Sa. + So. 10 - 17 Uhr. Eintritt.

Einige Baudenkmäler aus der Kolonialzeit sind im Original erhalten geblieben, wie z. B. das **Hunter House (1)**, 54 Washington St., unweit nördlich vom Hafen. Es ist ein sehr schönes Beispiel eines Herrensitzes, wie er im 18. Jh. von der wohlhabenden Bürgerschaft geschätzt wurde. Das Haus ist bekannt für seine kostbaren Holzarbeiten, z. B. am Treppenhaus, für seine Möblierung, seine Silber- und Porzellansammlungen.

Hunter House, so wie es der Besucher heute sieht, zeigt mit seiner Einrichtung sehr schön den eleganten Lebensstil, wie er in Kreisen rei-

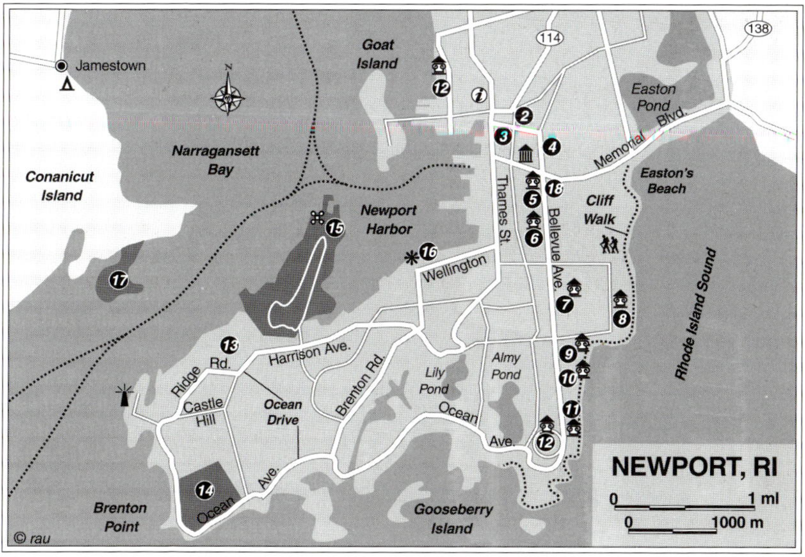


*NEWPORT, RI – 1 Hunter House – 2 Colony House – 3 Museum of Newport History at the Brick Market, Washington Square – 4 Newport Historical Society – 5 Kingskote – 6 The Elms – 7 Chateau-sur-Mer – 8 The Breakers – 9 Rosecliff – 10 Astor's Beechwood – 11 Marble House – 12 Belcourt Castle – 13 Hammersmith Farm – 14 Brenton Point State Park, Museum of Yachting – 15 Fort Adams State Park – 16 Rochambeau Monument – 17 Fort Wetherill State Park – 18 International Tennis Hall of Fame Museum*

cher Kaufmannsfamilien im 18. Jh. gepflegt wurde. Die Ananas über dem Eingang war übrigens ein Symbol der Gastfreundschaft in den Kolonien.

Zu den Stadtbauten aus der Kolonialzeit gehört vor allem auch der Backsteinbau des **Colony House (2)** in der Touro Street im Zentrum der Stadt, ganz in der Nähe des Washington Square. Das Haus, unmittelbar am Washington Square, dem gesellschaftlichen Zentrum des kolonialen Newport gelegen, war Sitz der Kolonialregierung und später Amtssitz der Regierung von Rhode Island, bis um 1900 Providence Hauptstadt wurde.

Das Colony House, gelegentlich auch als Old Colony House bezeichnet, war Schauplatz vieler wichtiger historischer Ereignisse in Rhode Island. Hier wurde der französische *General Rochambeau* im Sommer 1780 willkommen geheißen, als er mit seinen Truppen den Neu-Engländern in ihrem Kampf um die Unabhängigkeit zu Hilfe kam. Hier wurde der Öffentlichkeit die Unabhängigkeitserklärung verkündet und hier war es, wo der Beitritt Rhode Islands zu den Vereinigten Staaten beschlossen wurde.

Mehr über die Vergangenheit von Newport erfährt man im **Museum of Newport History at the Brick Market (3)**, 127 Thames St. Das historische Gebäude, das heute das Museum über Newports bewegte Stadtgeschichte beherbergt, stammt aus dem Jahre 1760. Architekt war Peter Harrison, nach dessen Plänen auch die Redwood Library und die Touro Synagoge erbaut wurden. Später diente das Gebäude als Theater, als Stadthaus und als Sklavenmarkt.

**Newports Stadtmuseum** *
Mai - Nov. Mo., Mi. - Sa. 10 - 17 Uhr, So. 13 - 17 Uhr. Übrige Zeit Fr. + Sa. 10 - 16, So. 13 - 17 Uhr. Eintritt.

In der Hafengegend um Bowen's Wharf und Bannister's Wharf und um den historischen **Brick Market** sind einige alte Häuser restauriert worden, um das Erscheinungsbild eines Hafenviertels der Kolonialzeit wieder herzustellen.

**Wanton-Lyman-Hazard-House**, das älteste erhaltene Haus in Newport, findet man ganz in der Nähe am Broadway Nr. 17. Es stammt aus der Zeit um 1690.

Ganz in der Nähe des Colony House steht die **Touro Synagoge**, 85 Touro St., die älteste Synagoge in Amerika. Sie stammt aus dem Jahre 1763 und war das Zentrum einer starken jüdischen Gemeinde, die wesentlich an der Entwicklung des Handelshafens beteiligt war. Viele der jüdischen Einwanderer kamen damals aus Spanien und Portugal nach Newport.

Etwas weiter findet sich das Gebäude der **Newport Historical Society (4)**, 82 Touro St., mit dem sehenswerten „Newport Room".

Am Nordende der Touro Street trifft man am Beginn der Bellevue Avenue auf die **Redwood Library**, die 1750 erstmals ihre Tore öffnete, seither als Bibliothek genutzt wird und somit wohl die älteste Bücherei in Amerika sein dürfte.

Benannt ist das Gebäude nach *Abraham Redwood*, einem reichen Kaufmann, der riesige Plantagen in Antigua besaß. Seinen großzügigen Spenden war es zu verdanken, dass sich die Bibliothek einen ungewöhnlich reichen und wertvollen Buchbestand leisten konnten. Redwood, der der Glaubensgemeinschaft der Quäker angehörte, wurde Ende des 18. Jh. allerdings aus seiner Kirchengemeinde ausgeschlossen, da er sich hartnäckig weigerte, die Sklaven auf seinen Plantagen in die Freiheit zu entlassen. Fast alle Quäker unterstützten ganz vehement die Abschaffung der Sklaverei.

**Tennis Hall of Fame Museum ***
tgl. 9.30 - 17 Uhr. Eintritt.

**International Tennis Hall of Fame Museum (18),** 194 Bellevue Ave. Dieser noble Tennisclub im **Newport Casino**, der seine besten Tage in der Zeit der Wende vom 19. zum 20. Jh. hatte und als Geburtsort der U.S. Open gilt, beherbergt heute ein interessantes Museum über die Geschichte des Tennis und seiner Weltstars. Multimediale Ausstellungen erinnern an Sternstunden des Tennissports.

Initiator des reichen Newport Casinos mit 13 Grasplätzen und einem historischen Court-Tennisplatz, war 1880 der wohlhabende Verleger James Gordon Bennet, Jr., dem es im benachbarten Poloclub zu ungemütlich geworden war.

**Museum of Yachting**
Mai - Okt. tgl. 10 - 17 Uhr. Eintritt.

**Museum of Yachting (15),** Ft. Adams Park, Ocean Dr. Dieses Museum ist fast schon ein Muss für alle Sportsegler. Ausstellungen befassen sich u. a. mit der Geschichte des legendären America's Cup oder mit berühmten Einhandseglern. Im Sommer sieht man in der schwimmenden Abteilung des Museum interessante Yachten.

## NEWPORT MANSIONS

**Kingscote (5)** ein hübsches Landhaus, entstand 1839 nach Plänen des Architekten Richard Upjohn, als Sommerresidenz von George Noble Jones, aus Savannah in Georgia. Später erwarb William Henry King, ein im Chinahandel zu Wohlstand gelangter Kaufmann, das Anwesen. Be-

*Marble House*
Foto: The Preservation Society of Newport County, Newport, RI

sonders sehenswert ist der Speisesaal aus dem späten 19. Jh. mit herrlichen Tiffany Glasfenstern.

**The Elms (6)** wurde dem Chateau d'Asnieres, einem französischen Schlößchen aus dem 18. Jh. bei Paris, nachempfunden. 1901 ließ es sich der deutschstämmige, dollarschwere Kohlemagnat aus Pennsylvania, Edward Julius Berwind, errichten. Die Pläne des prächtig und üppig ausgestatteten Schlößchens stammen von dem Architekten Horace Trumbauer. Sehenswerter Park mit Marmorstatuen, Springbrunnen, Terrassen etc.

**Chateau-sur-Mer (7)** entstand Mitte des vergangenen Jahrhunderts im viktorianischen Stil für die Familie Wetmore. William Shepard Wetmore war im Chinahandel tätig und hatte damit ein Vermögen gemacht. 1872 erweiterte Richard Morris Hunt das Anwesen. Elegantes Interieur mit französischer und italienischer Möblierung. Beeindruckend sind die große Halle des Hauses, die drei Stockwerke hoch ist, und die besonders kostbar und edel eingerichtete und ausgestattete Bibliothek und der Speisesalon.

Chateau-sur-Mer war das erste der Newport Mansions, das im Stil einer schloßähnlichen Prunkvilla errichtet worden war. Es setzte Maßstäbe. Alle späteren Bauherren an der Bellevue Ave. hatten den Ehrgeiz, Chateau-sur-Mer zu übertreffen.

**The Breakers (8)**, östl. Bellevue Ave., Ecke Ochre Point und Ruggles Ave. Dieses beeindruckende Anwesen entstand 1895. Es zählt wohl zu den prächtigsten der Newport Summer Cottages. Die Villa, in einem weitläufigen Park über dem Meer gelegen, wurde einst für Cornelius Vanderbilt errichtet. Die Pläne stammten von Richard Morris Hunt, der sich am Stil norditalienischer Renaissancepaläste des 17. Jh. orientierte.

**Newport Mansions** ****** – Kingscote, The Elms, Chateau-sur-Mer, The Breakers, Rosecliff, Astor's Beechwood, Marble House (5 - 11)***
Ende Apr./Anf. Mai - Ende Sept./Anf. Okt. tgl. 10 - 17 Uhr. Übrige Zeit bis 16 Uhr und teils nur am Wochenende. Eintritt. Verbilligte Kombinationstickets für zwei oder mehr Anwesen. Führungen. Parkmöglichkeit bei jedem Anwesen.

**Newport Mansions**

Bei der Ausstattung wurden weder Kosten noch Mühen gescheut. Die Vanderbilts beauftragten eigens Firmen, die nichts anderes zu tun hatten als z. B. die Schlafzimmer auszustatten. Und natürlich war einer der namhaftesten Landschaftsarchitekten damit beauftragt, den Park zu gestalten.

Selbst eine Remise gehörte zum Anwesen, in der heute Kutschen, Wagen und Reitutensilien besichtigt werden können.

**Rosecliff (9)** entstand 1902 für Mrs. Hermann Oerlichs und soll Marie Antoinettes Schloß Grand Trianon in Versailles nachempfunden sein. Architekt war Stanford White. Wunderschönes Treppenhaus und prächtiger Ballsaal. Haus und Garten dienten 1974 übrigens als Schauplatz für Aufnahmen zu dem Film „Der große Gatsby".

**Astors' Beechwood (10)** war eine der ersten Sommervillen an der Bellevue Ave. Der Enkel des legendären Pelzhändlers Johann Jakob Astor, William B. Astor, ließ es für seine Frau Caroline Schermerhorn Astor erbauen. Mrs. Astor hatte den Gesellschaftszirkel „New York 400" ins Leben gerufen. Wer hier eingeladen war, gehörte zur absoluten Creme de la Creme in Amerika.

Das Gebäude, das man heute besichtigt, ist eine Rekonstruktion des Originalbaus, der 1857 abgebrannt war. Auf Führungen werden die Besucher von kostümierten „Dienern" und „Bediensteten" durch die Räumlichkeiten begleitet.

**Marble House (11)** ließ sich ein anderer Vanderbilt, William K. Vanderbilt, 1892 von Richard Morris Hunt nach dem Vorbild französischer Schlösser errichten.

Marble House ist zweifellos das prunkvollste der Newport Mansions. Es heißt, dass der Bau alleine „nur" runde zwei Millionen Dollar gekostet habe. Die Frau des Bauherrn, Mrs. Alva, aber gab noch einmal über neun Millionen Dollar für die Ausstattung und Einrichtung des Anwesens aus. Gold, Glas und vor allem Marmor wurde hier zur Dekoration reichlich verwendet. So ist der ganze Treppenaufgang komplett aus Siena Marmor gestaltet und der Speisesaal und der Golden Salon sind dem Spiegelsaal in Versailles nachempfunden. Sehenswert auch das Chinesische Teehaus.

**Belcourt Castle (12)**
Memorial Day (Ende Mai) - Columbus Day (Mitte Okt.) 10 - 17, übrige Zeit bis 15 Uhr. Eintritt. Führungen.

**Belcourt Castle (12)** entstand 1891 nach Plänen von Richard Morris Hunt. Als Vorbild diente ein Jagdschloß König Louis XIII.

Die große Antiquitätensammlung des damaligen Hausherrn Oliver Hazard Perry Belmont mit Stücken aus über dreißig Ländern zählt für den Besucher zu den Sehenswürdigkeiten des Anwesens, das immer noch in Privatbesitz ist.

Mr. Belmont war verheiratet mit Alva Vanderbilt, die sich wenige Jahre nach Vollendung von Marble House von William K. Vanderbilt hatte scheiden lassen. Alva Vanderbilt wurde bei den Abfindungsmodalitäten übrigens auch Marble House zugesprochen.

Auf einige der Villen oder in ihre Parks kann man einen Blick werfen, wenn man dem Spazierweg **„Cliff Walk"** von Easton's Beach im Osten der Stadt südl. der Straße 138, bis zur Bailey's Beach, dem Nobelstrand der Villenbewohner, folgt (knapp 5 km).

## NEWPORT MANSIONS

**Wo Schlösser „Cottage" heißen**

Die größte Attraktion Newports aber sind die berühmten **„Summer Cottages"**, die Sommervillen betuchter Amerikaner aus der Zeit der Wende vom 19. ins 20. Jahrhundert. Eisenbahnbarone, Minenbesitzer, Börsenmakler, Bankiers, Kaufleute und andere, die sich während der Industrialisierung und bei der Erschließung des amerikanischen Westen eine Goldene Nase verdient hatten, ließen es sich nicht nehmen, hier in Newport einen Sommersitz ihr Eigen zu nennen. Erst eine in snobistischer Untertreibung „Cottage" genannte Villa in Newport wies alle, Freunde, Konkurrenten und Neider unmißverständlich darauf hin, dass man im Himmel des Geldadels angekommen war.

*The Elms,* Foto: Preservation Soc. Newport County

Nicht selten wurden 10 Mio. Dollar für Bau und Ausstattung eines solchen Anwesens ausgegeben, das dann vielleicht während sieben oder acht Wochen im Sommer bewohnt war. Aber in diesen acht Wochen jagte ein Empfang den anderen, eine Party folgte der anderen. Man weiß, dass während einer solchen Sommersaison für Unterhaltung, Dinners, Gäste u. ä. nicht selten eine weitere halbe Million ausgegeben wurde. So fürstlich residierte damals wohl nicht einmal der echte Adel im alten Europa.

Ganze Agentenbüros wurden damit beauftragt, in Europa Antiquitäten und Kunstschätze aufzukaufen. Und alles vom Feinsten versteht sich. Geld spielte nun wirklich keine Rolle. Erstaunlich, dass sich viele der Dollarbarone des 19. Jh. offenbar in einem opulenten, der Renaissance oder des Klassizismus nachempfundenen Stil besonders wohl fühlten. Ob hier der Kunstverstand eher die Feder führte als das Bankkonto, sei dahingestellt. Man hat allerdings den Eindruck, dass zusammengekauft wurde, was der Kunstmarkt in Italien, Spanien, England, Deutschland, Frankreich etc. hergab. An die Förderung der Künste im Lande, mit dem Ziel sich neue, eigene Stile entwickeln zu lassen, wurde bei den Bauherren in Newport offenbar kein Gedanke verschwendet.

Auch wenn es offenbar ein Sport der Cottageeigner war, so viel Geld wie möglich ein so kurzer Zeit wie möglich auszugeben, waren die Prunkbauten in Newport nicht nur Anlaß zu freudigen Kommentaren. Viele Zeitungen und Schriftsteller fanden auch harsche und kritische Worte über die Prunksucht, angesichts der steigen Zahlen von Arbeitslosen, die um die Jahrhundertwende z. B. in New York und anderen Industriestädten in immer größer werdenden Slums wohnten.

Die meisten dieser prächtigen Anwesen liegen an der Bellevue Ave., die vom Zentrum Newports nach Südosten führt. Einige der bekanntesten Villen sind *Kingscote, The Elms, Chateau-sur-Mer, The Breakers, Rosecliff, Astor's Beechwood, Marble House* oder *Belcourt Castle*. Die Reihenfolge der Auflistung entspricht der Reihenfolge der Häuser entlang der Bellevue Avenue.

Ist man lieber mit dem Auto unterwegs, kann man dem 10 mls/16 km langen **Ocean Drive** folgen, der in Küstennähe (schöne Ausblicke) um die Halbinsel führt. Hat man ein Kassettenradio im Auto, kann man im Visitors Bureau (siehe Information) für rund 13 Dollar eine Kassette mit einer sog. **„Auto Tape Tour“** (Dauer 90 Min.) kaufen, die dem Autofahrer auf akustischem Wege und nur in englischer Sprache hilft, dem Ocean Drive zu folgen und auf Sehenswertes und Historisches hinweist.

**J.F. Kennedys Sommerresidenz (13)** **
Apr. - Nov. tgl. 10 - 17 Uhr. Führungen. Eintritt.

Auf diesem Ocean Drive passiert man u. a. **Hammersmith Farm (13)** in der Harrison Ave. Einst eine der ersten Farmen von Newport, ist es heute eine elegante Sommerresidenz, die vor allem dadurch einer breiteren Öffentlichkeit bekannt wurde, dass hier 1953 John F. Kennedy und seine Frau Jacqueline ihren Hochzeitsempfang abhielten. Zum Anwesen gehört ein riesiger Park oberhalb der Narragansett Bucht. Präsident Kennedy kam im Sommer gelegentlich hierher. Damals war die Hammersmith Farm auch bekannt als „Summer White House“.

**Newport**

**Praktische Hinweise – Newport**

☎ Newport Area Code (Telefonvorwahl): 401

**Newport County Convention and Visitors Bureau**, 23 America's Cup Ave., Newport, RI 02840, Tel. 849-8048 oder 800/326-6030. Geöffnet Mai bis Sept. tgl. 9 – 19 Uhr, übrige Zeit 9 – 17 Uhr. Interessant und für den Besucher hilfreich bei einer Erstorientierung ist der Film über Newport, der regelmäßig gezeigt wird.

Im Visitors Bureau erhält man auch Kassetten fürs Autoradio für sog. Tape Tours.

**Rundfahrten**

☑ **Bustouren** zu den Villen und zu anderen Sehenswürdigkeiten in und um Newport sowie **Bootsausflüge** im Hafen und in die Narragansett werden angeboten u.a. von:

**Viking Bus and Boat Tours of Newport,** Brick Marketplace, Tel. 847-6921.

**The Spirit of Newport**, Bootstouren, ab Newport Harbour Inn, America's Cup Ave., Tel. 849-3575.

**Ausflug**

Bootsausflug im Sommer zur Insel **Block Island,** siehe auch unter Galilee.

**Veranstaltungen**

❖ Veranstaltungen: **Newport Music Festival**, Ende Juli. Tennis Week, im Juli.

**Newport Jazz Festival**, im August. Newport Sail Boat Show, im September.

**Restaurants**

Restaurants: **The Black Pearl,** Bannister's Wharf, Tel. 846-5264, am Hafen, Marine- und Hafenambiente, Fischspezialitäten, sehr teuer und im Commodore Room auch sehr formell, Jacket und Krawatte werden dort erwartet, Reservierungen empfehlenswert.

**Brick Alley Pub,** 140 Thames St., Tel. 849-6334, Fischgerichte, Steaks, Pasta, gut und relativ preiswert.

**The Mooring**, Sayer's Wharf, Tel. 846-2260, am Jachthafen, Fischspezialitäten, mittlere Preislage, gute Parkmöglichkeit.

**Puerini's,** 24 Memorial Blvd., Tel. 847-5506, recht gemütliches Lokal, moderate Preise, keine Reservierungen, keine Mittagskarte, Montag Ruhetag.

**Salas'**, 345 Thames St., Tel. 846-8772, bekannter und beliebter „Italiener“, Pasta aber auch Hummer, Muscheln u. ä., gut und relativ preiswert, rechtzeitig eintreffen, sonst in der Saison mit Wartezeiten rechnen.

**White Horse Tavern,** Marlborough St., Tel. 849-3600, eine der ältesten Tavernen im Lande, historisch, teuer, Jackett, Reservierung empfohlen. – Und andere Restaurants.

Motels

Hotels, Motels, **zentrumsnah**:

**Newport Harbor Hotel and Marina**, $$$$$, 133 Zi., 49 America's Cup Ave., Tel. 847-9000, sehr zentral, komfortabel, teuer, einige Zimmer mit Blick zum Hafen, Restaurant, Schwimmbad, Sauna, Marina.

**Newport Islander Doubletree Hotel**, $$$$$, 269 Zi., auf Goat Island im Hafen, Tel. 849-2800, sehr teuer zw. Mitte Juni u. Anf. Sept., Komforthotel, Hafenblick, **Restaurant „The Winward"**, Schwimmbäder, Saunas, Tennis.

**Newport Marriott Hotel**, $$$$$, 317 Zi., 25 America's Cup Ave., Tel. 849-1000, sehr teuer zw. Ende Mai u. Mitte Okt., Haus der Komfortklasse, sehr zentral, am Hafen, Restaurants, Schwimmbad, Sauna, Fitnessraum, Nachtclub.

**Bed & Breakfast** in kleinen, historischen Häusern bieten:

**Brinley Victorian Inn**, $$$$, 16 Zi., 23 Brinley St., Tel. 849-7645, zentral.

**Hydrangea House Inn**, $$$$$, 6 Zi., 16 Bellevue Ave., Tel. 846-4435, zentral, elegantes Haus, sehr teuer, Mindestaufenthalt zwei bis drei Nächte.

**Pilgrim House Inn**, $$$$$, 11 Zi., 123 Spring St., Tel. 846-0040, zentral, zwei Nächte Mindestaufenthalt an Wochenenden.

**Stella Maris Inn**, $$$$, 8 Zi., 91 Washington St., Tel. 849-2862, zentral, zwei Nächte Mindestaufenthalt an Wochenenden.

Motels Nähe **SR-138**, nördlich von Newport:

**Best Western Mainstay Inn**, $$$$, 110 Zi., 151 Admiral Kalbfus Rd., Tel. 849-9880, 1-800-528-1234, Restaurant. 2 Nächte Mindestaufenthalt von Anfang Mai bis Ende Oktober.

**Harbor Base Pineapple Inn**, $$, 48 Zi., 372 Coddington Hwy., Tel. 847-2600, teurer am Wochenende, sehr preiswert unter der Woche.

**Motel 6,** $$, 78 Zi., 249 J. T. Connel Hwy., Tel. 848-0600, preiswert, verkehrsgünstig. – Und andere Motels.

Camping bei Newport

▲ – Camping: **Middletown**

**– Camping: Paradise Mobile Home Park**, 265 Prospect Ave., Tel. 401/847-1500; 1. Mai – 15. Okt., an der SR-138A rund 2,5 km südöstl. der Kreuzung mit der SR-138; kleiner Platz mit nur 14 Stpl. ausschließlich für Wohnmobile, Komfortausstattung; keine Zelte oder übergroße Wohnmobile.

**Portsmouth**

**– Melville Ponds Campground,** 181 Bradford Ave., Tel. 401/849-8212, 1. Apr. – 31. Okt., weitläufiges Gelände, 120 Stpl.; Komfortausstattung.

*The Breakers*
Foto: The Preservation Society of Newport County, Newport, RI

## 4. NEWPORT, RI – MARTHA'S VINEYARD, MA

⊙ **Entfernung:** Rund 110 mls / 176 km.

➔ **Strecke:** Über die Straße SR-114 bis **Portsmouth, RI** – Abstecher über die SR-114 nach **Prividence, RI** – I-195 über **Fall River, MA** und **New Bedford** bis **Buzzards Bay** – SR-28 bis **Falmouth** – Fähre nach **Martha's Vineyard.**

🕐 **Reisedauer:** Mindestens ein Tag.

⌘ **Höhepunkte:** Das **Marine Museum** von Fall River – das **New Bedford Whaling Museum** ** – die Strände und Küsten von **Martha's Vineyard** – ein **Ausflug mit dem Fahrrad** auf Martha's Vineyard.

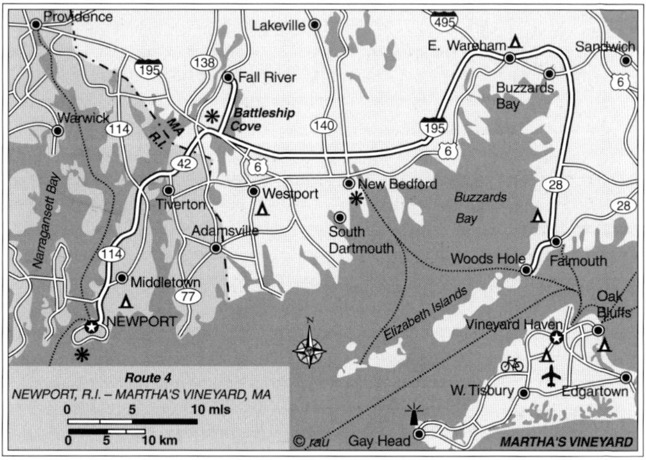


➔ **Route:** Viele Alternativen bieten sich ja nicht bei der Weiterreise ab Newport. Wir verlassen die Stadt über die SR-114 in nördlicher Richtung zunächst bis **Portsmouth, RI**. ●

**Portsmouth, RI** (17.000 Einw.) ist eine recht alte Stadt in Rhode Island. Bereits 1639 siedelten hier erste Pioniere aus England, die unter Anführung von *Anne Hutchinson* an der heute als *Founder's Brook* bekannten Stelle in der Boyd's Lane an Land gingen. Während der Unabhängigkeitskriege fand 1778 am **Butts Hill Fort** in der Nähe der Sprague Street (Gedenktafel) das einzige Gefecht auf Rhode Islands Territorium statt.

**Green Animals Park**
Mai - Okt. tgl. 10 - 17 Uhr. Eintritt.

Besichtigen kann man den botanischen Garten **Green Animals**, Cory's Lane, rund 1 km westlich der SR-114. Man sieht u. a. in der Form von Tieren, Vögeln und Figuren gestutzte Hecken, sowie Rosen- und Gemüsegärten. In den Gebäuden des dazugehörigen Anwesens ist ein Museum eingerichtet.

## ABSTECHER NACH PROVIDENCE

➔ **Route:** Ab Portsmouth bietet sich gute Gelegenheit, einen **Abstecher in das nahe Providence** zu unternehmen. Verzichtet man auf den Abstecher, folgt man der SR-138 nach Nordosten Richtung **Fall River** im **Bundesstaat Massachusetts**. ●

**Providence, RI,** Hauptstadt des Bundesstaates Rhode Island und wichtige Industriestadt Neuenglands mit heute annähernd 160.000 Einwohnern, wurde um 1630 von *Roger Williams* gegründet. Williams hatte sich mit den puritanischen und königstreuen Siedlern in der Plymouth Kolonie in Massachusetts überworfen und war dazu verurteilt worden, zurück nach England verfrachtet zu werden. Williams, der sich lauthals dafür aussprach, dass die englische Krone nicht Land konfiszieren konnte, ohne die Indianer angemessen dafür zu entschädigen, setzte sich vor seiner Festnahme ab und ließ sich am Nordende der Narragansett Bucht bei befreundeten Indianern nieder. Von ihnen erhielt Roger Williams Land am Zusammenfluß von drei Flüssen, Blackstone River, Ten Mile River und Moshassuck River. Dort gründete er seine *Providence Plantations,* aus der die Stadt Providence entstehen sollte.

Eine der Wiegen der amerikanischen Unabhängigkeit lag sicher in Providence. Der unbeugsame Wille nach Eigenständigkeit und Loslösung von England wurde unter Roger Williams und den Seinen schon deutlich. Außerdem galt in Rhode Island von Anbeginn an eine strikte Trennung zwischen Staatsmacht und Kirche.

Nach den Unabhängigkeitskriegen wurde Providence wichtiger Umschlaghafen im Chinahandel. Eines der reichsten Handelshäuser, das von *John Brown*, finanzierte 1793 einen *Samuel Slater*, der im Vorort Pawtucket am Blackstone River die erste Garnspinnerei baute. Providence wurde rasch ein Vorreiter der Industrialisierung und in der Folge entwikkelte sich die Textilindustrie zu einem der wichtigsten Wirtschaftszweige in Rhode Island.

Seit 1770 ist Providence Universitätsstadt. Damals siedelte sich hier das Rhode Island College aus Warren an. Die Ansiedlung der Hochschule war mit erheblichen Finanzmitteln des Handelshauses Brown unter *Nicholas Brown Jr.* möglich geworden. Was Wunder, dass die Uni 1804 in **Brown University** umbenannt wurde.

Das **John Brown House**, 52 Power Street, die repräsentative Stadtvilla, die sich John Brown 1786 hatte errichten lassen, zählte damals zu den elegantesten Residenzen in Neuengland. Sie ist noch heute eine der großen Sehenswürdigkeiten der Stadt. Das Haus und seine Besitzer hatten zu Beginn des 19. Jh. ein solches gesellschaftliches Renommee, dass hier der spätere Präsident John Quincy Adams ein und aus ging. Adams war über das Haus voll des Lobes.

**John Brown House**
März - Dez. Di. - Sa. 11 - 16, So. 13 - 16 Uhr. Führungen. Eintritt.

Für Kunstliebhaber lohnt ein Besuch im **Museum of Art – Rhode Island School of Design**, 224 Benefit Street. Die Kunstsammlungen zeigt Exponate von der Antike bis in die Gegenwart. Breiten Raum nehmen französische Maler des 19. Jh. und moderne Kunst aus Mittelamerika ein. Die Sammlung Pendelton, ebenfalls im Museum of Art zu sehen, befaßt sich mit amerikanischer Kunst.

**Kunstmuseum**
Di. + Mi., Fr. + Sa. 10.30 - 17, Do. 12 - 20, So. 14 - 17 Uhr. Eintritt.

Der **Roger Williams Park** wird bei längerem Aufenthalt ein Ziel auf der Stadtbesichtigung sein. Im Park, der ganz in der Nähe des State House liegt, findet man ein Naturgeschichtliches Museum und einen Zoo.

An der Nordostecke das Parks erhebt sich die **St. John's Cathedral**, die 1810 eingeweiht wurde. Sehenswert ist die Altartafel aus dem 17. Jh.

Bei ausreichend zur Verfügung stehender Zeit, lohnt ein Spaziergang über die Benefit Street, etwa zwischen John Brown House und Meeting Street. Entlang der Straße sind zahlreiche Gebäude aus dem 18. Jh. erhalten, die die Entwicklung der Stadtarchitektur anschaulich machen.

Das **State House**, zwischen Smith Street und Francis Street auf einer Anhöhe gelegen, fällt durch die gewaltige Kuppel auf, die angeblich die zweitgrößte Kuppel nach dem St. Peters Dom in Rom ist. Auf ihr sieht man eine fast 4 m hohe vergoldete Bronzestatue. Sie wird „Independent Man" genannt und symbolisiert die Unabhängigkeit.

**hist. Industriepark**
Juni - Anf. Sept. tgl. 10 - 17, übrige Zeit Sa. + So. 13 - 17 Uhr. Eintritt. Führungen.

Ein Monument aus der Zeit der Industrialisierung Neuenglands ist heute die **Slater Mill** in **Pawtucket**, Slater und Roosevelt Avenues. Slater Mill liegt nördlich der Innenstadt von Providence und ist z. B. über die I-94 Exits 27 oder 28 leicht zu erreichen.

Dieser Industriepark der ersten Stunde, in dem mehrere mit Wasserkraft betriebene Spinnereien, Webereien, Wirkereien aus dem ausgehenden 18. Jh. und beginnenden 19. Jh. am Blackwater River liegen, wurde restauriert und ist heute als **Slater Mill Historic Site** eines der wichtigsten Industriedenkmäler an der Ostküste der USA.

**Providence**

## Praktische Hinweise – Providence

Providence Area Code (Telefonvorwahl): 401

**Rhode Island Department of Economic Development, Tourism Division**, 7 Jackson Walkway, Providence, RI 02903, Tel. 277-2601, 800/556-2484.

**Greater Providence Convention and Visitors Bureau**, 1 West Exchange St., Providence, RI 02903, Tel. 274-1636, geöffnet Mo. - Fr. 8.30 - 17 Uhr.

**Flughafen**

**Theodore Francis Green Airport**, Tel. 737-4000, südlich von Providence in Warwick gelegen, wird von den wichtigsten amerikanischen Airlines angeflogen.

**Bahnhof**

**Union Station,** 100 Gaspee St., Amtrak-Info Tel. 800/872-7245, **Amtrak-Verbindungen** nach New York City und Boston.

**Busbahnhof**

**Providence Bus Terminal,** Bonanza Way, I-95 Exit 25, **Greyhound** und **Bonanza Bus Lines** bieten Verbindungen nach großen Städten im Nordosten der USA, Greyhound-Info-Tel. 800/231-2222. Buszubringer von der Kennedy Plaza in Providence zum Bus Terminal. Regelmäßige Busverbindungen mit Bonanza von und nach Logan Airport in Boston.

**Restaurants**

Restaurants: **Al Forno,** 577 South Main St., Tel. 273-9760, So. + Mo. Ruhetage, vor allem italienische Küche, sehr bekannt, teuer, Wartezeiten möglich, da keine Tischreservierungen angenommen werden.

**Union Station Brewery,** 36 Exchange Terrace, in einem historischen, ehemaligen Frachtkontor der Providence Train Station, hier ißt man bei einem frischen Glas Providence Creme Ale gut und preiswert in ungezwungener Atmosphäre. – Und andere Restaurants.

Motels

Hotel, Motels **zentrumsnah**:

**Days Hotels On The Harbor**, $$$, 136 Zi., 220 India St., Tel. 272-5577, über I-195 Exit 3, komfortable Zimmer teils mit Hafenblick, Restaurant. Flughafentransport.

**Holiday Inn Downtown**, $$$$, 275 Zi., 21 Atwells Ave., Tel. 831-3900, über I-94 Exit 21, nahe Civic Center, Restaurant, Schwimmbad, Flughafentransport.

**Marriott Hotel**, $$$$, 345 Zi., Charles & Orms Sts., Tel. 272-2400, über I-95 Exit 23, nördl. des State House, komfortables First Class Hotel, Restaurant, Schwimmbäder, Sauna.

**Old Court Bed & Breakfast**, $$$$, 10 Zi., 144 Benefit St., Tel. 751-2002, ziemlich teuer, dafür große Zimmer und sehr zentral, in hist. Gebäude von 1863.

**Providence Biltmore Hotel**, $$$$$, 87 Zi. und 155 Suiten, Kennedy Plaza, Dorrance und Washington Streets, Tel. 421-0700 oder 800/294-7209, traditionsreiches, zentral gelegenes Haus mit dem Charme der 30er, teuer, Restaurant, Fitnessraum.

**State House Inn**, $$$, 10 Zi., 43 Jewett St., Tel. 785-1235, über I-95 Exit 22 zur Smith St. (US-44), westl. vom State House, kleine Nichtraucher-Bed & Breakfast Pension im Shaker Stil.

**Flughafennähe, über I-95, bei Warwick:**

**Comfort Inn Airport**, $$$, 195 Zi., 1940 Post Rd., Tel. 732-0470, I-95 Exit 13, Flughafentransport.

**Crowne Plaza Hotel**, $$$$$, 265 Zi., 801 Greenwich Ave., Tel. 732-6000, I-95 Exit 12A, Restaurant, Schwimmbad, Sauna, Flughafentransport.

**Residence Inn By Marriott**, $$$$, 96 Zi., 500 Kilvert St., Tel. 737-7100, über I-95 Exit 13 zur US-1, landschaftlich ansprechend gestaltetes Hotelgelände, alle Zimmer mit Küche. Schwimmbad, Fitnessraum, Flughafentransport.

**Sheraton Providence Airport Hotel**, $$$$, 210 Zi., 1850 Post Rd., Tel. 738-4000, über I-95 Exit 13 zur US-1, Restaurant, Schwimmbad, Sauna, Flughafentransport.

**Susse Chalet**, $$, 115 Zi., 36 Jefferson Blvd., Tel. 941-660, I-95 Exit 15, Schwimmbad, Flughafentransport. – Und andere Motels.

Camping bei Providence

**Harmony**

▲ – **Holiday Acres Family Campground,** Tel. 934-0780, 591 Snake Hill Rd., über US-44 rund 11 mls/18 km nordwestlich von Providence, bei Harmony, rund 4 km östl. der SR-102; ausgedehntes, teils bewaldetes Gelände, recht ruhig gelegen, ca. 225 Stpl. teils am See, Komfortausstattung, Lebensmittel, Bademöglichkeit, Bootsrampe, Kanuverleih.

**Fall River, MA** am Taunton River, einem Seitenarm der weitverzweigten Narragansett Bucht, liegt bereits im Bundesstaat Massachusetts. Die Stadt mit heute rund 93.000 Einwohnern war im 19. Jh. bekannt als die „Stadt der Spindeln". Der Beiname wies auf die herausgehobene Bedeutung von Fall River in der Textilindustrie Neuenglands hin. In den besten Jahren arbeiteten in Fall River nicht weniger als 120 Baumwollspinnereien und Webereien.

Noch heute ist Fall River ein bedeutender Standort des textilverarbeitenden Gewerbes und der Bekleidungsindustrie. In Fabrik-Direkt-Verkaufsstellen, sog. Factory Outlets, z. B. an der Jefferson Street und Quarry Street, finden Schnäppchenjäger mit Sicherheit günstige Modeangebote.

Wer an der Geschichte der amerikanischen Kriegsmarine des 20. Jh. interessiert ist, zweigt in Fall River von der I-195 (Exit 5) ab und fährt

**Schlachtschiff-Freilichtmuseum**
tgl. 9 - 17, Juli + Aug. bis 20 Uhr. Eintritt.

zur **Battleship Cove**. Neben ausgedienten Schlachtschiffen, Zerstörern und U-Booten können im **Marine Museum**, 70 Water St., Schiffsmodelle besichtigt werden. Neben zahlreichen historischen Dokumenten, Gemälden und Fotografien zur Seefahrt, befaßt sich eine Sonderausstellung mit der Geschichte und dem tragischen Schicksal der „Titanic".

In unmittelbarer Umgebung der Battleship Cove findet man außerdem das **Fall River Carousel**, ein hübsches Oldtimerkarussell von 1920 mit 48 handgeschnitzten Pferdchen, das täglich ab 10 Uhr in Betrieb ist, dann den **Fall River Heritage State Park** mit Ausstellungen über Fall Rivers Geschichte als Textilstadt und schließlich das **Old Colony and Fall River Railroad Museum**, Central und Water Streets.

**Fall River**

### Praktische Hinweise – Fall River

☎ Fall River Area Code (Telefonvorwahl): 508

**Motels**

Motels: **Best Western Fall River**, $$$, 82 Zi., 360 Airport Rd., Tel. 672-0011, SR-79 Exit 8, am Fall River Flughafen, modern, zweckmäßig, Schwimmbad, Sauna. – Und andere Motels.

**Camping**

**Westport**

▲ – **Camping Horseneck Beach State Reservation**, Tel. 508/636-8816, 1. Mai – 10. Okt.; über SR-88, rund 15 mls/24 km südlich der I-195; ca. 100 Stpl.; Standardausstattung, Bademöglichkeit.

## NEW BEDFORD, MA

New Bedford, MA, eine Hafenstadt mit rund 100.000 Einwohnern, an einem weit ins Land reichenden Ausläufer der Buzzards Bay gelegen ist im 19. Jh. durch den Chinahandel und vor allem den Walfischfang reich und wohlhabend geworden. Noch heute macht der Hochseefischfang rund ein Viertel des Wirtschaftseinkommens der Stadt aus.

**New Bedford mit den Augen Melvilles**

In New Bedford waren die reichen Reeder, Kaufherren und Walölhändler jener Zeit ansässig. Die Stadt war damals ein auf Walöl begründetes Patrizierparadies mit den schönsten Villen und Gärten an der ganzen Ostküste. Das kostbare, überaus reine Walöl, das beim Verbrennen in den Öllampen kaum rußte und dabei noch angenehm roch, wurde buchstäblich mit Gold aufgewogen. Walöllampen gab es nur in reichen Familien. Und von denen gab es zur Zeit Herman Melvilles mehr als genug in New Bedford.

Herman Melville bedauert in seinem berühmt gewordenen Roman „Moby Dick", dass New Bedford die ganze Walfängerei an sich gerissen hätte und das arme Nantucket nun hinterherhinke. Hier in der „berühmten" Stadt New Bedford, die ohne „uns Waljäger ein Landstrich wäre, ebenso verlassen wie Labrador", sieht Melville im Gedränge der Straßen elegante New Yorker Damen neben Stutzern, Kannibalen, Harpunieren und Fidschi-Insulanern gehen.

New Bedford ist die erste Station der Romanfigur Ismael („nennt mich meinethalben Ismael") aus Melvilles großem Roman „Moby Dick", der hier an einem Dezembertag im Gasthof „Walfisch" beim Gastwirt Peter Coffin seinen Freund Quiqueg, den „Kronprinz der Südsee", kennenlernt und am darauffolgenden Montagmorgen von hier mit dem Postschoner

*NEW BEDFORD*

*1 Information*
*2 Walfangmuseum*
*3 Seaman's Bethel Chapel*
*4 Glasmuseum*
*5 Chamber of Commerce*
*6 Zeiterion Theatre*
*7 Walfängerdenkmal an der Bibliothek*
*8 City Hall*
*9 Postamt*
*10 Rotch-Jones-Duff House Museum and Garden*
*11 Feuerwehrmuseum*
*12 Küstenwache Feuerschiff*
*13 Fähre nach Cuttyhunk Island*

„Moss" nach Nantucket übersetzt, um dort auf einem Walfänger anzuheuern.

Am Sonntag vor der Überfahrt besucht Ismael einen Gottesdienst in der **Kapelle der Walfänger (3)** mit ihrem nüchternen Innenraum und der einem Schiffsbug gleichenden Kanzel, mit einer Bibel als Galionsverzierung. „Die Kanzel stößt vor, alles Irdische bleibt achteraus und der Beobachter sieht den Pastor sie entern wie das Großtop eines Schoners".

Diese Seefahrerkirche **Seamen's Bethel (3)** ist im wesentlichen erhalten geblieben. Man findet Sie im Stadtzentrum in der Straße Johnny Cake Hill Nr. 15. Die Kirche wurde Anfang des 19. Jh. gebaut, um den Seeleuten einen angemessenen Ort der Erbauung zu bieten. In der Blütezeit des Walfangs waren auf den in New Bedford registrierten Walfängern immerhin über 5.000 Seeleute angeheuert. An den Wänden des Kirchenraumes, der nach dem Brand von 1866 etwas umgestaltet wurde, sieht man aber immer noch die 31 schwarzen, marmornen Gedenktafeln, die an vermißte Seeleute erinnern, die auch Melville erwähnt.

**Walfängerkapelle (3)**
Juni - Anf. Okt. tgl. 10 - 16 Uhr, übrige Zeit 11 - 13 Uhr. Eintrittsspende.

Schräg gegenüber liegt das **New Bedford Whaling Museum (2)**, 18 Johnny Cake Hill, das vielleicht am besten bestückte Museum über

**Walfangmuseum** ** (2)
Mo. - Sa. 9 - 17, So. 13 - 17 Uhr. Eintritt.

die Geschichte des Walfangs. Ein Besuch lohnt! Eines der Prunkstücke des Museums ist ein gigantisches, begehbares Modell eines voll getakelten Walfangbootes namens „Lagoda".

Ein paar Straßenzüge weiter westlich, Ecke William und Pleasant Streets, steht vor dem Gebäude der städtischen Bücherei ein eindrucksvolles Walfängerdenkmal.

**New Bedford**

### Praktische Hinweise – New Bedford

☎ New Bedford Area Code (Telefonvorwahl): 508

**New Bedford Office of Tourism**, 47 North 2nd Street, New Bedford 02740, Tel. 991-6200, geöffnet tgl. 9 - 16 Uhr.

Im Touristenbüro ist eine Broschüre über einen Rundgang durch den historischen Teil New Bedfords zu bekommen.

**Restaurants**

Restaurants: **Antonio's**, 267 Coggeshall St., gut und preiswert, mit Anleihen an die portugiesische Küche, es gibt fast immer ein Bacalau-Gericht (Kabeljau). – Und andere Restaurants.

**Motels**

Motels: **Days Inn New Bedford**, $$$, 153 Zi., 500 Hathaway Rd., Tel. 997-1231, SR-140 Exit 3, Restaurant, Schwimmbad.

**Durant Sail Loft Inn**, $$, 16 Zi., 1 Merrill's Wharf, Tel. 999-2700, hist. Gebäude aus der Mitte des 19. Jh., Restaurant. – Und andere Motels.

**Camping bei East Wareham**

**East Wareham**

▲ – **Camping Maple Park Family Campground**, Tel. 508/295-4945; 15. Mai – 15. Okt.; ausgedehntes Gelände mit ca. 400 Stpl.; Komfortausstattung, Lebensmittel, Bademöglichkeit, Tennis.

➔ **Route:** Bei **Buzzards Bay** (Motels) zweigt man, falls ein Abstecher nach Martha's Vineyard geplant ist, südwärts auf die SR-28 ab und kommt nach rund 17 mls/27 km nach **Falmouth, MA**. ●

**Falmouth, MA** ist ein stark besuchter Sommerferienort auf einem Südwestausläufer der Halbinsel Cape Cod. Die hübsche Kleinstadt mit knapp 30.000 Einwohnern entstand einstmals aus einer Indianersiedlung namens *Succanessett*, wurde schon 1660 von Quäkern besiedelt und war lange eine wichtige Walfängerbasis.

Das kleine Heimatmuseum **Falmouth Historical Museum** am Village Green im Ort an der Palmer Avenue zeigt in zwei schön restaurierten Häusern aus dem 18. Jh. Exponate aus dem Leben der Familie eines wohlhabenden Walfängerkapitäns.

**Personenfähren nach Martha's Vineyard und Nantucket**

Im Sommer verkehren ab Falmouth Personenfähren nach Oak Bluffs auf Martha's Vineyard und weiter nach Nantucket.

**Falmouth**

### Praktische Hinweise – Falmouth

☎ Falmouth Area Code (Telefonvorwahl): 508

**Falmouth Chamber of Commerce**, P. O. Box 582 CC, Acadamy Lane.; Falmouth, MA 02541; Tel. 548-8500, 1-800-526-8532.

**Motels**

Motels: Einige Häuser sind zwischen Okt./Nov. und März geschlossen, einige verlangen einen Mindestaufenthalt von zwei und mehr Nächten in der Hochsaison.

**Falmouth Motels**

**Admiralty Inn**, $$$, 100 Zi., 53 Teaticket Hwy., Tel. 548-4240, westlich über SR-28, 2 Nächte Mindestaufenthalt an Sommerwochenenden, Restaurant, Schwimmbäder.

**Capewind**, $$$, 31 Zi., 34 Maravista Ave., Tel. 548-3400, Schwimmbad.

**Falmouth Marina Best Western**, $$$, 65 Zi., Robins Rd., Tel. 548-4300, geöffnet 1. März - 30 Nov., 2 Nächte Mindestaufenthalt an Sommerwochenenden, Schwimmbad.

**Holiday Inn**, $$$$$, 98 Zi., 291 Jones Rd., Tel. 540-2000, 2 Nächte Mindestaufenthalt an Sommerwochenenden, Restaurant, Schwimmbad.

**Mariner Motel**, $$, 30 Zi., 555 Main St., Tel. 548-1331, Schwimmbad.

**Ramada Inn on the Square**, $$$$$, 72 Zi., 40 North Main St., Tel. 457-0606, geöffnet 1. Mai - 31. Okt., Restaurant, Schwimmbad.

**Red Horse Inn Motel**, $$$, 22 Zi., Tel. 548-0053, 28 Falmouth Heights, geöffnet Mitte Mai – Ende Okt., Mindestaufenthalt in der Saison, Schwimmbad.

**Seaside Inn,** $$$$, 17 Zi., 263 Grand Ave. Tel. 540-4120, Restaurant nahebei. – Und andere Motels.

**Camping**

▲ – **Sippewissett Family Campground**, Tel. 548-2542; 15. Mai – 15. Okt.; ca. 4 km nordwestl. über Palmer Ave.; teils bewaldetes Gelände, ca. 5 ha – 100 Stpl.; Komfortausstattung, Lebensmittel, Mietbungalows.

**Woods Hole, MA**, ein kleines Hafenstädtchen 3 mls/5 km weiter südwestlich, ist wichtiger **Autofährhafen** mit Verbindungen nach **Vineyard Haven** (tgl. ganzjährig) und **Oak Bluffs** (im Sommer) auf Martha's Vineyard und nach **Nantucket** (nur im Sommer). Näheres siehe weiter unten bei Martha's Vineyard.

Besichtigen kann man in Woods Hole das **Woods Hole Oceanographic Institution's Exhibit Center**, 15 School St., mit Ausstellungen zu den ozeanographischen Forschungsarbeiten des Institutes. Es gibt einen Film über das Forschungs-U-Boot „Alvin", und Dokumentationen über die „Titanic" und das deutsche Schlachtschiff „Bismarck", bei deren Auffindung und Erkundung das Institut federführend war.

**Ozeanische Ausstellung**
Mo. - Fr.. 10 - 16,
So. 12 - 17 Uhr.

Das **Woods Hole Historical Museum**, 573 Woods Hole Rd., gibt Einblick in die Geschichte des Hafenstädtchens.

Parken in Woods Hole kann im Sommer problematisch werden. Es gibt fast nur Straßenparkplätze mit Parkuhren.

## Praktische Hinweise – Woods Hole

**Woods Hole Motels**

☎ Woods Hole Area Code (Telefonvorwahl): 508

Motels: **Sands of Time Motor Inn,** $$$$, 30 Zi., 549 Woods Hole Rd., Tel. 548-6300, geöffnet 1. Apr. – 30. Okt., oberhalb des Hafens, Schwimmbad.

**Sleepy Hollow Motor Inn**, $$$, 24 Zi., 527 Woods Hole Rd., Tel. 548-1986, geöffnet 1. Mai – 31. Okt., Schwimmbad. – Und andere Motels.

## MARTHA'S VINEYARD, MA

Die **Insel Martha's Vineyard, MA** liegt rund 7 mls/11 km südöstlich vor der Küste von Woods Hole.

**Autofähren** verkehren ganzjährig von **Woods Hole** nach **Vineyard Haven** und im Sommer auch nach **Oak Bluffs**, Fahrzeit ca. 45 Minuten.

Wenn man mit dem Auto übersetzen will, sind rechtzeitige Reservierungen für die Hin- und vor allem für die Rückfahrt besonders im Sommer

**Autofähren nach Martha's Vineyard**

sehr ratsam! Reservierungen werden nur nach Vorauszahlung des Passagepreises bestätigt. Infos und Reservierungen bei: *The Woods Hole, Nantucket & Martha's Vineyard Steamship Authority*, PO Box 284, Woods Hole, MA 02543, Tel. 508/477-8600 in Woods Hole, oder 508/693-9130 auf Martha's Vineyard.

☑ *Mein Tipp!* Wenn Sie Martha's Vineyard im Sommer (etwa von Ende Juni bis Mitte Sept.) besuche wollen und wenn es Ihnen nicht möglich war, rechtzeitig eine Fährreservierung für Ihr Auto vorzunehmen, weil die Fähren auf Tage und Wochen ausgebucht sind, lassen Sie Ihr Auto auf dem gebührenpflichtigen Parkplatz am Hafen in Woods Hole zurück und mieten Sie sich in Vineyard Haven ein Auto, einen Motorroller oder ein Fahrrad.

Aber auch für den Mietwagen sollten Sie in der Ferienzeit unbedingt (und natürlich auch für Ihre Hotelunterkunft) eine Reservierung vornehmen. Die Autovermietfirmen Budget (Tel. 508/693-7322) und Hertz (Tel. 508/693-2402) haben Büros in Vineyard Haven.

Verkehrsstaus und Parkplatzprobleme können im Sommer auf der Insel entmutigend sein!

Im Sommer verkehren zwischen Ende Mai und Anfang Oktober zusätzlich **Personenfähren** von **Falmouth** nach **Oak Bluffs** auf Martha's Vineyard, Fahrzeit ca. 40 Minuten.

Außerdem bestehen von Ende Mai bis Anfang Oktober Personenfährverbindungen zwischen **Hyannis Port** und **Oak Bluffs**, Fahrzeit ca. 1 ¾ Stunden (Preis- und Fahrplaninfo unter Tel. 508/778-2600), sowie zwischen Mitte Mai und Mitte Oktober von **New Bedford**, Billy Wood's Wharf, nach **Vineyard Haven**, Fahrzeit ca. 1 ½ Stunden (Info Tel. 508/997-1688).

Schließlich besteht noch eine Personenfährverbindung zwischen Mitte Juni und Mitte September zwischen **Oak Bluffs** und **Nantucket**, Fahrzeit ca. 2 ¼ Stunden.

**Flugverbindungen** bestehen von **Boston** und **Hyannis** nach **Edgartown** auf Martha's Vineyard.

**öffentlicher Nahverkehr im Sommer auf Martha's Vineyard**

Zwischen Mitte Mai und Mitte Oktober verkehren täglich von 07.30 Uhr bis 23.30 Uhr **Busse** zwischen Vineyard Haven, Oak Bluffs und Edgartown. Außerdem verkehrt in der Sommersaison im Juli und August regelmäßig ein Bus von Edgartown zu den Gay Head Cliffs am Westende der Insel.

Die Insel Martha's Vineyard, bis ins 17. Jh. nur von einer Handvoll Indianer bewohnt, wurde um 1602 erstmals von europäischen Seefahrern angelaufen. Einer der Kapitäne, dem der auf der Insel wild wachsende Wein wohl besonders in Erinnerung geblieben war, nannte die Insel in seinen Aufzeichnungen nach seiner Tochter *Martha's Vineyard.*

Die ersten Siedler lassen sich 1642 an der Ostküste der Insel nieder und gründen Edgartown. Fischfang, Walfang, Schiffsbau und etwas Landwirtschaft waren bis nach den Unabhängigkeitskriegen die wesentlichen Lebensgrundlagen der Einwohner der beschaulichen Insel.

Der Beginn des Industriezeitalters, der einherging mit der Entdekkung der ersten Erdölbestände und dem Niedergang der Segelschiffahrt und vor allem die Eröffnung des Cape Cod Canals bei Sagamore brach-

Kap und Leuchtturm von Gay Head

ten für die Insel erhebliche Probleme. Martha's Vineyard lag nun zu abseits. Aber diese Lage abseits der turbulent wachsenden Industriezentren sollte sich bald wieder in barer Münze auszahlen. Zunächst kamen nur Kirchengemeinden nach Martha's Vineyard, die für die Unterprivilegierten Sommerschulen und Sommerlager abhielten. Aber schon bald war die Insel ein im ganzen Lande bekannter Ferienort, der sich seitdem einer ständig steigenden Beliebtheit erfreut.

Sollten Sie Martha's Vineyard von einem herbstlichen Besuch her kennen, werden Sie die Insel in der Sommerferienzeit nicht wiedererkennen. Martha's Vineyard wird im Sommer von Feriengästen geradezu überflutet. Die Einwohnerzahl steigt dann auf das Zehnfache! 70.000 bis 80.000 Menschen beleben dann die Strände, die Straßen, Motels und Restaurants.

Das frische Seeklima und die herrlichen Strände und Dünen in den geschützten Buchten von **Katama Bay** südlich von Edgartown, am **Taskmoo Lake** westlich von Vineyard Haven oder am **Menemsha Pond** am Südwestende der Insel sind es, die von den Gästen besonders geschätzt werden.

Am **Gay Head**, dem von einem Leuchtturm markierten Südwestkap der Insel, findet man auch eine herrliche Klippenszenerie, die diesen Küstenstreifen zum beliebten Ausflugsziel macht. Nach Gay Head verkehren im Sommer Busse ab Edgartown.

**Vineyard Haven, MA**, eigentlich heißt die Hafenstadt *Tisbury*, am Ende einer geschützten Bucht an der Nordseite, ist nicht nur wichtigster Fährhafen von Martha's Vineyard, sondern auch das Einkaufs- und Geschäftszentrum der Insel.

Zu den wenigen Sehenswürdigkeiten, die diesen Namen wenigstens andeutungsweise verdienen, zählen die Kirche **Seaman's Bethel**, 15 Beach Road, aus dem Jahre 1893, mit einer interessanten maritimen Sammlung sowie das **Old Schoolhouse Museum**, Main Street und Colonial Lane.

**Edgartown, MA,** 1642 gegründet und damals Great Harbor geheißen, ist die älteste Siedlung auf Martha's Vineyard. Die alte und Walfängerbasis hinterläßt beim Besucher immer noch den anziehenden Eindruck eines Fischerstädtchens des 18. Jh., obwohl in den engen, hübschen Gassen viele der kleinen, nostalgischen Häuser längst von Gasthöfen, Restaurants und Geschäften erobert wurden.

Einblick in die Tage der Walfänger erhält man im Museum der **Dukes County Historical Society** in der Cook Street, der ersten Straße, die

**Historisches Museum**
Juli - Sept., Di. - Sa. 10 - 16.30, So. 12 - 16.30, übrige Zeit Mi. - Fr. 13 - 16, Sa. 10 - 16 Uhr. Eintritt.

die Siedler einst anlegten. Zum Museum gehört auch das Thomas Cook House, das noch original aus der Zeit um 1765 erhalten ist. Neben Schiffsmodellen sind Möbel, Handwerkszeug und Mode aus dem 18. Jh. zu sehen. Interessante Ausstellungsstücke sind weiter die mit 1.000 Prismenfelder geschliffene Fresnel-Linse von 1854, die einst im Leuchtturm am Gay Head verwendet wurde. Beachtung verdient das Walfangmuseum.

**Vincent House**, das nachweislich älteste Haus auf Martha's Vineyard, findet man in Edgartown in der Main Street. Es stammt aus dem Jahre 1672 und dient heute als Architekturmuseum.

Ganz in der Nähe liegt das **Daniel Fisher House** aus dem Jahre 1840, einst Wohnsitz eines wohlhabenden Walölhändlers, heute in Privatbesitz und nicht zugänglich. Nicht weit davon entfernt sieht man die **Whaling Church** aus dem Jahre 1843, die mit ihrer Säulenfassade die Main Street beherrscht.

Von Edgartown verkehren laufend Fähren (Fahrzeit kaum 5 Min.) zur **Insel Chappaquiddick**. Das Inselchen kam vor Jahren in die Schlagzeilen der internationalen Presse, als Ted Kennedy hier in einen tragischen Verkehrsunfall verwickelt war, dessen Umstände die politische Karriere des Senators beeinflußte.

**Martha's Vineyard**

## Praktische Hinweise – Martha's Vineyard

☎ Martha's Vineyard Area Code (Telefonvorwahl): 508

**Martha's Vineyard Chamber of Commerce**, Beach Road, Vineyard Haven, MA 02568, Tel. 693-0085, geöffnet Mo. – Fr. 9 – 17, im Sommer auch Sa. 10 – 14 Uhr.

**Fahrrad- und Roller-Verleih**

**Martha's Vineyard Scooter and Bike Rental,** 24 Union St., Tel. 693-0782.

**Restaurants**

Restaurants: Das Angebot an Restaurants und Coffee Shops ist groß, entsprechend der Nachfrage vor allem im Sommer. Allerdings sind Restaurants mit guter Karte oft extrem teuer.

**Übrigens:** Martha's Vineyard ist – mit Ausnahme von Oak Bluffs und Edgartown – eine sog. „dry area". Dies bedeutet u. a., dass dort keine Liquor Stores zu finden sind und die Restaurants (mit Ausnahme in den oben erwähnten Orten) keine alkoholischen Getränke servieren. Die meisten, doch nicht alle Restaurants tolerieren es, wenn Gäste ihr eigenes Tischgetränk (Bier, Wein o. ä.) mitbringen.

Zu den bekannten Lokalen mit relativ moderaten Preisen zählen u. a.:

**Black Dog Tavern**, Beach St., Vineyard Haven, Tel. 693-9223.**Cafe Moxie,** Main Street, Ecke Centre St., Vineyard Haven, Tel. 693-1484, Pizza und Salate beherrschen die eher einfache Speisekarte des relativ preiswerten Restaurants.

**David Ryans,** 11 North Water St., Edgartown, Tel. 627-4100. – Und andere Restaurants.

**Motels**

Motels, Hotels: Rechtzeitige Zimmerreservierungen sind notwendig! Zentrale Reservierungsstellen sind: **Martha's Vineyard and Nantucket Reservations**, P. O. Box 1322, Lagoon Pond Rd., Vineyard Haven, MA 02568, Tel. 693-7200 und **Accomodation Plus**, Edgartown, MA 02539, Tel. 627-7374.

**Edgartown**

**Clarion-Edgartown Heritage Hotel,** $$$$$, 33 Zi., 227 Upper Main St., Tel. 627-5161, Restaurant.

*an der Hafeneinfahrt von Vineyard Haven*

**Motels**

**Colonial Inn of Martha's Vineyard**, $$$$$, 42 Zi., 38 North Water St., Tel. 627-4711, geöffnet 1. Mai – Ende Nov., Restaurant, Seeblick.

**Daggett House**, $$$$$, 31 Zi., 59 North Water St., Tel. 627-4600, historischer Gasthof teils aus dem 17. Jh., 2 Nächte Mindestaufenthalt, sehr teuer, Rest.

**Dockside Inn**, $$$$$, 22 Zi., Circuit Ave., Tel. 693-2966, geöffnet Anf. Apr. – Mitte Okt., teures Bed & Breakfast Haus im viktorianischen Stil.

**Harbor View Hotel,** $$$$$, 124 Zi., 131 North Water St., Tel. 627-7000, teures Luxushotel, Restaurant, Schwimmbad, Tennis, Strand, Bootsanleger.

**Kelly House**, $$$$$, 59 Zi., 23 Kelly St., Tel. 627-7900, geöffnet 1. Mai – 31. Okt., im Stil eines Landgasthauses (Country Inn), sehr teuer, Restaurant, Schwimmbad.

**Martha's Vineyard Surfside Motel,** $$$, 38 Zi., Oak Bluffs Ave., Oak Bluffs, Tel. 693-2500 oder 800/537-3007, angenehmes Haus mit relativ moderaten Zimmerpreisen auf der in Sachen Hotelzimmer rechte teuren Ferieninsel.

Zahlreiche Privatzimmer (bed and breakfast) und kleinere Pensionen mit meist weniger als 10 Gästezimmern findet man in Edgartown, in Vineyard Haven und in Oak Bluffs. – Und andere Motels.

**Camping**

**▲ – Martha's Vineyard Family Campground,** Tel. 693-3772; 15. Mai – 15. Okt.; rund 2,5 km südl. von Vineyard Haven an der Edgartown Road; ca. 12 ha – 180 Stpl.; Komfortausstattung, Lebensmittel.

**– Webb's Camping,** Tel. 693-0233; 15. Mai – Mitte Sept.; an der Barns Rd. bei Oak Bluffs; teils bewaldetes Gelände, relativ ruhig gelegen, ca. 120 Stpl.; Komfortausstattung, Lebensmittel. – Und andere Campingplätze.

Man kann – zumindest in den Sommermonaten zwischen Mitte Juni und Mitte September und ohne Auto – von Martha's Vineyard ab **Oak Bluffs** mit der Fähre direkt nach **Hyannis Port** oder nach **Nantucket** weiterreisen. Ansonsten kehrt man von Vineyard Haven mit der Fähre zurück nach Woods Hole und nimmt ab dort den Landwege über die SR-28 nach Hyannis Port.

# 5. NANTUCKET, MA

⊙ **Entfernung:** Rund 180 km.
➔ **Strecke:** Auf der Straße SR-128 über **Centerville** und **Craigville** bis **Hyannis Port** – Autofähre nach **Nantucket**.
🕒 **Reisedauer:** Mindestens ein Tag Inselaufenthalt.
⌘ **Höhepunkte:** Die **Kapitänshäuser** *** an der Main Street in Nantucket – das **Nantucket Whaling Museum** * – das **Museum of Nantucket History**.

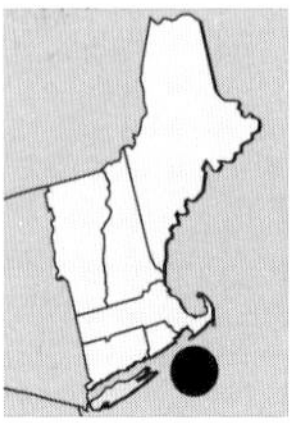

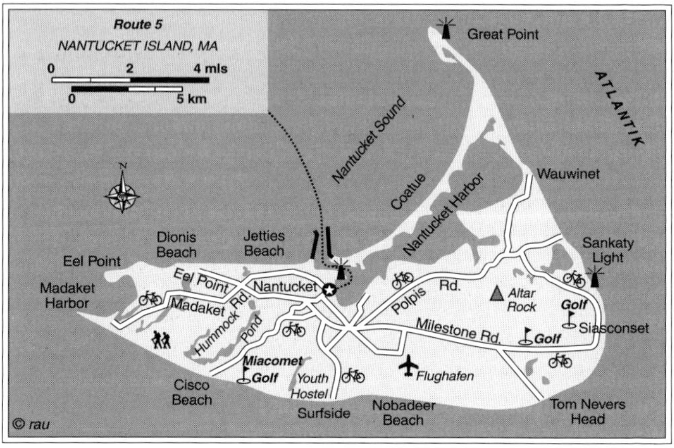


➔ **Route:** Von Woods Hole oder Falmouth über die SR-28 nordostwärts über **Centerville, MA** und **Craigville, MA** (schöne, lange, im Sommer sehr stark frequentierte **Strände** an der Craigville Beach) nach **Hyannis Port, MA**. Beschreibung von Hyannis mit Hotels siehe Anfang nächste Etappe, Route 6, Hyannis, MA – Provincetown, MA. ●

In **Centerville, MA,** einem ehemaligen Seefahrerstädtchen, hatten vor allem im 19. Jh. reiche Handelskapitäne ihre Wohnsitze. Besichtigen kann man das interessante **Kolonialmuseum**, 513 Main St.

Centerville und Craigville

Motels

**Praktische Hinweise – Centerville und Craigville**

☎ Centerville Area Code (Telefonvorwahl): 508

Motels: **Centerville**

**Centerville Corners Motor Lodge**, $$$, 48 Zi., 369 South Main St., Tel. 775-7223, geöffnet Anfang Mai – Ende Okt., 2 Nächte Mindestaufenthalt an Wochenenden, etwas südlich der Stadt, Nähe Craigville Beach, Schwimmbad, Sauna.

**Craigville Beach**
**Trade Winds Inn**, $$$$, 36 Zi., 780 Craigville Beach Rd., Tel. 775-0365,

geöffnet 1. Mai - 31. Okt., ansprechend oberhalb der Küste gelegen, Strand. – Und andere Motels.

## NANTUCKET ISLAND, MA

„Dieses abgelegene, vom Meer umtobte Eiland, das so kahl und arm ist, dass ein Stück Holz als so große Kostbarkeit betrachtet wird wie in Rom ein Stück vom Heiligen Kreuz" (Herman Melville) – liegt rund 48 km vor der Südküste von Cape Cod im Atlantischen Ozean.

**Fähren nach Nantucket**

**Autofähren** verkehren regelmäßig und ganzjährig von **Hyannis Port** nach **Nantucket,** Fahrzeit rund 2 ¼ Std. Auskunft und Reservierungen: *The Woods Hole, Nantucket & Martha's Vineyard Steamship Authority*, PO Box 284, Woods Hole, MA 02543, Tel. 508/477-8600. Telefon auf Nantucket: 508/228-3274.

**Personenfähren** verkehren zwischen Anfang Mai und Mitte/Ende Oktober von **Hyannis** (Fahrzeit knapp 2 Stunden) und im Sommer zwischen Mitte Juni und Mitte September von **Woods Hole** (siehe dort) über **Oak Bluffs** auf Martha's Vineyard (Fahrzeit rund 2 ¼ Stunden) nach Nantucket. Reservierungen und Infos über: *Hy-Line*, Ocean Street Dock, Hyannis, MA, Tel. 508/778-2600, Telefon auf Nantucket: 508/228-3949.

☑ *Mein Tipp!* Mehr noch als bei den Fähren nach Martha's Vineyard gilt bei Passagen nach Nantucket, vor allem, wenn man im Sommer mit dem Auto übersetzen will, rechtzeitig zu reservieren und zwar für die Hin- und vor allem für die Rückfahrt! Es ist durchaus möglich, dass für gewisse Wochenenden in der Ferienzeit oder im Herbst Plätze für Autos auf den Fähren tatsächlich Wochen, ja Monate im voraus ausgebucht sind. Reservierungen werden nur nach Vorauszahlung des Passagepreises bestätigt!

Sollten die Fähren für Autos ausgebucht sein, lassen Sie Ihren Wagen auf einem sicheren Parkplatz am Hafen in Hyannis zurück und mieten Sie sich auf Nantucket ein Auto oder ein Fahrrad. Parken ist im hübschen Hafenstädtchen Nantucket aber selbst in der Nachsaison noch schwierig und im Sommer ein zeitraubendes Geduldsspiel. Auto- und Fahrradvermieter siehe weiter unten.

**Flugverbindungen** bestehen nach Nantucket von Boston, New York, New Bedford, Providence und Hyannis.

### Nantucket, legendäre Insel der Walfänger

**Nantucket, „Moby Dick" und Herman Melville**

Nantucket, im 17. Jh. von einer Hand voll Puritanern für 30 Englische Pfund erworben, ist die fast schon legendäre Walfängerbasis, die durch den Roman „Moby Dick" in die Literatur einging. Die berühmte Geschichte von Kapitän Ahab und seiner Mannschaft in Melvilles Roman „Moby Dick" vermittelt einen ganz ausgezeichneten Eindruck von der knochenharten Arbeit der Walfänger und gibt Einblick in die rauhbeinige Lebensweise der Nantucket-Insulaner, die auf ihrem „Sandhügel ohne Hinterland, geformt wie ein Ellbogen" leben wie „Eremiten des Meeres", wie Melville schreibt.

Und Herman Melville hat natürlich auch eine schöne Geschichte über die Besiedelung Nantuckets auf Lager. Nach einer alten Indianerlegende, so schreibt er, sei irgendwo an der Ostküste Amerikas das Baby einer

**Nantucket, legendäre Insel der Walfänger**

jungen Indianerfamilie von einem Adler über das Meer entführt worden. Die Eltern stürzten zu ihrem Kanu und durchfuhren auf der bangen Suche nach ihrem Kind die Meere. Endlich landeten Sie auf Nantucket, wo sie am Strand aber nur noch das kleine Skelett vorfanden.

Auf Nantucket war es, wo im Roman „Moby Dick" Ismael mit seinem Gefährten, dem gewaltigen Harpunier Quiqueg, auf der „Pequod" zu seiner ersten Walfangreise anheuerte. Nirgendwo anders sollte das nach dem Willen des Romanhelden Ismael geschehen, als auf einem Schoner aus Nantucket, dem „Ur- und Vorbild" des amerikanischen Walfangs. Schließlich war hierher der erste erlegte Wal gebracht worden. Und Melville beschreibt in seinem mitreißenden Roman weiter, wie von Nantucket aus die ersten Walfangpioniere mit Ruderbooten auf Waljagd gingen. Die Boote, Nußschalen im Vergleich mit den Walkolossen, waren mit Steinen beladen, die man dazu verwendete, nach aufgetauchten Walen zu werfen um herauszufinden, ob man schon nahe genug heran war, um einen Wurf mit der Harpune wagen zu können.

*Fischerhaus im Hafen von Nantucket*

Walfang, Ölgewinnung aus Waltran, Schiffbau und Handel brachten bis in die Mitte des 19. Jh. immensen Reichtum auf die Insel. Entlang der Main Street entstanden vornehme Residenzen wohlhabender Kaufleute und Schiffseigner.

Während der Unabhängigkeitskriege wurden die Wirtschafts- und Handelsaktivitäten Nantuckets, die ausschließlich auf der Seefahrt basierten, durch britische Blockaden hart getroffen. Für Nantucket brachen dürre Jahre an. Und um dem Schlimmsten zu entgehen entschloß man sich auf Nantucket, sich als neutral zu erklären, um eine Lockerung der Blockade zu erreichen.

Aber schon kurz nach den Revolutionskriegen blühten die Geschäfte wieder. Und selbst das Großfeuer im Jahre 1846, bei dem der größte Teil der Stadt im Hafenbereich niederbrannte, hätte nur vorübergehend Einfluß auf die wieder aufstrebende Walfangindustrie in Nantucket gehabt, wäre nicht Mitte des 19. Jh. durch die Entdeckung des Petroleums ein neues Zeitalter eingeläutet worden. Walprodukte waren bald nicht mehr gefragt.

Und auch der Chinahandel konnte mit den neu entwickelten Dampfern bald schneller und preiswerter abgewickelt werden. Nantuckets große Zeit ging mit dem 19. Jh. zu Ende. Die stolzen Zeiten waren vorbei über die

**HERMAN MELVILLE**

*Herman Melville*, Autor des weltbekannten Walfängerromans „Moby Dick", stammte aus New York. Am 1. August 1819 war Melville dort als Sohn schottischer Einwanderer geboren worden. Mit fünfzehn Jahren begann er eine Banklehre, hing aber schon damals mehr seinem Traum nach, die Weltmeere zu befahren.

Und schon wenige Jahre später fuhr der junge Melville auf Walfängern über die Ozeane. Die Erlebnisse, reichen Erfahrungen und seemännischen Kenntnisse, die Melville auf seinen Reisen sammeln konnte, sollten die Basis für viele seiner Werke werden.

1844 ließ sich Melville in Massachusetts nieder, erwarb eine Farm, widmete sich aber eingehend der Literatur und begann nun seine schriftstellerische Tätigkeit. Seine ersten Werke, die in London erstveröffentlicht werden, sind 1846 der Roman „Taipi", dem schon ein Jahr später „Omu" folgt. Schon diese Erstlingswerke weisen Melville als brillanten Beobachter und Erzähler aus, und machen ihn als Reise- und Abenteuerautor berühmt. Von Friedrich Gerstäcker wurden die Romane ins Deutsche übersetzt und so auch in Deutschland bekannt.

Weitere Arbeiten Melvilles, der zwischenzeitlich Nathaniel Hawthorne, den vielleicht größten amerikanischen Erzähler des 19. Jh. kennen- und schätzen gelernt hatte, sind „Redburn", ein Roman aus dem Jahre 1849, der Melvilles Eindrücke auf einer Seereise nach England schildert und „Weißjacke" von 1851, ein Roman über die US-Navy des 19. Jh.

Ebenfalls 1851 erschien Melvilles Meisterwerk „Moby Dick", das aber lange nicht als solches erkannt wird. Erst in den 20er Jahren des vergangenen Jahrhunderts und nach etlichen Verfilmungen des dramatischen Romanstoffs, erhielt Melvilles „Moby Dick" seinen verdienten Stellenwert in der Weltliteratur.

Hintergrund des Romans ist die Geschichte des Walfängers „Pequod" aus Nantucket und seiner Besatzung, die von einem von blindem Vergeltungswahn getriebenen Kapitän namens Ahab befehligt wird. Melville schildert tiefgründig und in epischer Breite das Schicksal der Walfänger, das er auch als Gleichnis des Kampfes des Menschengeschlechts gegen die Natur sieht.

Kapitän Ahab, der auf einer früheren Jagd nach dem legendären weißen Wal Moby Dick ein Bein verloren hatte, führt auf der im Roman geschilderten Reise einen gnadenlosen Rachefeldzug gegen den Wal. Ahab sucht nach Vergeltung. Jahrelang sucht er in allen Weltmeeren nach dem Wal und trifft schließlich auf seinen Erzfeind aus den Tiefen der Ozeane. Bei der letzten entscheidenden Jagd auf den Meeresgiganten, ein von Melville mitreißend geschildertes Bild, finden alle Walfänger der „Pequod" – bis auf den erzählenden Ismael – ein nasses Grab.

Herman Melville war es leider nicht vergönnt, als Schriftsteller große Erfolg zu erleben. Enttäuscht und zurückgezogen fristete er sein Dasein mehr schlecht als recht durch Vorträge und wurde erst um 1875 mit einem ordentlich dotierten Posten als Zollinspektor betraut. In diesem Punkt erinnert sein Lebensweg an den seines verehrten Freundes Hawthorne. Hawthorne widmete er übrigens auch seinen Roman „Moby Dick".

Herman Melville starb am 28. September 1891.

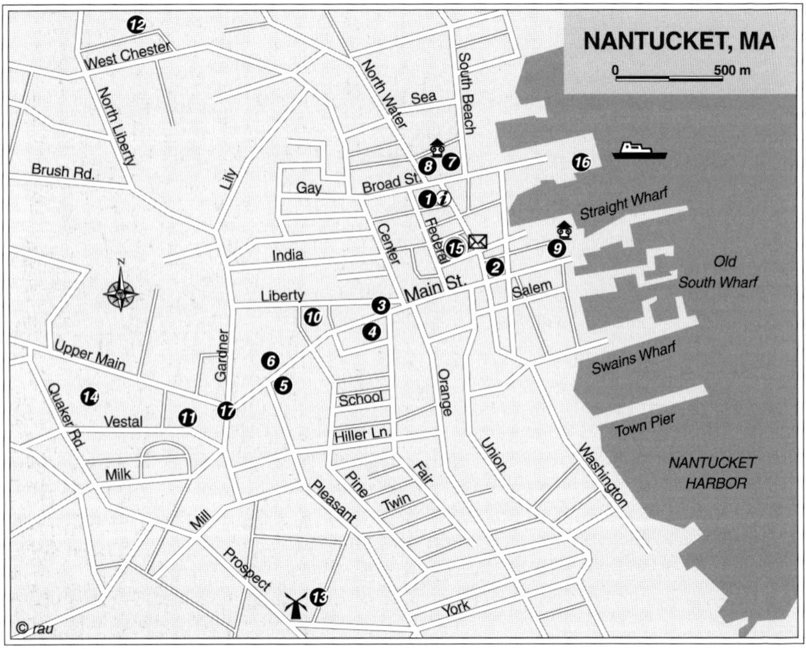


*NANTUCKET TOWN, MA – 1 Information – 2 Pacific Club – 3 Pacific Natl. Bank – 4 72 Main Street – 5 Hadwen House, „The Two Greeks" – 6 The Three Bricks – 7 Walfang Museum – 8 Peter Foulger Museum – 9 Nantucket Museum, Thomas Macy Warehouse – 10 Macy Christian House – 11 Mitchell Science Center – 12 Oldest House, Jethro Coffin House – 13 Old Mill – 14 „Old Goal" – 15 Postamt – 16 Fähren nach Hyannis Port u. Woods Hole – 17 Krieger- u. Seefahrerdenkmal*

Herman Melville schreibt: „Dem Seemann aus Nantucket gehört die See, wie dem Kaiser sein Reich gehört. Zwei Drittel der Erdkugel gehört Nantucket, denn sein ist die See".

Bis ins 19. Jh. war es der Walfang, der Geld nach Nantucket brachte. Heute sind es betuchte Touristen die das tun. Denn Nantucket ist keine billige Ferieninsel. Mehr als die Abgeschiedenheit oder die herrlichen Strände des Eilands zu genießen, zu segeln, zu radeln oder zu surfen ist für den Besucher nicht zu tun. Hübsch sind die kleinen Küstenorte, wie Siasconset an der Ostküste und natürlich der Haupthafen Nantucket.

Glücklicherweise ist das hübsche Hafenstädtchen Nantucket vor allem im Innenstadtbereich fast unverändert aus dem 18. und 19. Jh. erhalten. Es wurde als National Historic District ausgewiesen und unter strengen Denkmalsschutz gestellt. Große Verdienste bei der Erhaltung historischer Gebäude hat sich die *Nantucket Historical Association* erworben.

**Nantuckets hübsche Main Street ****

Man kann heute – über hundert Jahre nach der großen Zeit der Walfänger – wie zu Melvilles Zeiten, als in den Hafengassen wahrscheinlich der Tranduft der Ölsieder waberte, über die grob gepflasterte **Main Street,** vom 1849 gegründeten **Pacific Club (2)**, Ecke South Water, hinaufgehen zur bereits 1818 errichteten **Pacific National Bank (3).** Reiche Reederfamilien und Kaufleute hatten die Bank im Jahre 1804 ins Leben gerufen, um ihre auf den Weltmeeren gemachten Dollarvermögen hier kräftig weiterarbeiten zu lassen.

Achten Sie auf den Markierungsstein an der Außenmauer der Bank in der Main Street, der angeblich genau nach Norden ausgerichtet ist und den Seeleuten früher geholfen haben soll, ihre Chronometer zu justieren.

Das Gebäude des Pacific Club stammt aus der Zeit um 1770 und diente damals als Speicher für das Handelshaus William Rotch. Dem Hause Rotch gehörten u. a. drei große Handelsschiffe, die *„Bedford“,* die *„Beaver“* und die *„Dartmouth“.* Die beiden letzten waren schnelle Teeklipper, die während der *„Boston Tea Party“* das Pech hatten, gerade mit voller Ladung im Bostoner Hafen zu liegen, wo sie Ziel der Aufständischen waren, die wiederum die gesamte Ladung ins Meer warfen.

*in alten Schiffskontoren findet man heute elegante Geschäfte*

Die Main Street, Hauptgeschäftsstraße im alten Stadtkern, wurde bereits 1697 angelegt. Damals hieß sie allerdings bis 1834 State Street.

Gehen Sie auf jeden Fall links an der Bank vorbei die baumbestandene und hier von noblen Kaufmannsvillen und Kapitänshäusern flankierte **Main Street** bis zu deren Ende am Krieger- und Seefahrer-Denkmal (17). In der Main Street residierten die prominenten Familien Nantuckets wie die Starbucks, die Coffins, die Mitchells, die Macys oder die Gardners.

**Kapitänshäuser in der Main Street** **

**Haus Nr. 72 (4)** z. B. stammt aus dem Jahre 1820, gehörte damals dem Präsidenten der Pacific National Bank (3), und wäre bei dem Großfeuer von 1846 beinahe in die Luft gesprengt worden, um dem Feuer Einhalt zu gebieten.

**Haus Nr. 75** wurde 1883 von Henry Coffin gebaut und **Haus Nr. 76** ließ sich 1880 Capt. William T. Swain errichten. Die viktorianische Villa ist heute ein einladendes Gästehaus.

Unübersehbar sind die Fassaden der beiden Häuser Nr. 94 und Nr. 96 mit ihren imposanten griechischen Säulenfassaden. Diese Palais, in Nantucket als **„The Two Greeks“ (5)** bekannt, stammen aus der Zeit um 1844. Das linke Haus mit den korinthischen Säulen schenkte William Hadwen seiner Adoptivtochter Mary Swain bei ihrer Hochzeit mit George Wright, der später Kongressabgeordneter in Kalifornien wurde. Das Haus ist nicht zu besichtigen.

**Hadwen House ** (5)**
Mitte Juni - Anf. Sept. tgl. 11 - 15. Übrige Zeit auf Anfrage, Tel. 228-1894.

Besichtigen kann man dagegen das Nachbargebäude Nr. 96, **Hadwen House**, mit den ionischen Säulen. Ein Besuch lohnt sehr, zeigt dieses elegante Stadthaus doch noch einiges von dem noblen Lebensstil der Kaufmannschaft im 19. Jh. William Hadwen, der später im Walölhandel ein immenses Vermögen gemacht hatte, erhielt bei seiner Heirat mit Eunice Starbuck das Haus als Hochzeitsgeschenk. Hadwen war eigentlich Silberschmied, bekam aber nach der Einführung in die Familie Starbuck rasch Einblick in das Geschäft mit Walöl und wurde dort sehr erfolgreich. Von 1923 bis 1963 gehörte das Anwesen dann einer Familie namens Slater, die das Haus der Nantucket Historic Association überließ, die das Haus nun als Museum betreut.

Interessant ist u. a. ein kleines Detail im Haus, auf das früher jeder Hausbesitzer in Neuengland sehr stolz war. Im Hadwen Haus ist dieses kleine Detail natürlich aus Elfenbein und es ist als kleiner Knauf (Knopf) auf dem unteren Pfosten des Treppengeländers zu finden. Dieser kleine Elfenbeinknopf nennt sich **„Mortgage Knob".** Mortgage sind die Hypotheken, der Pfandbrief. Hatte man also seine Schulden bezahlt, die Hypotheken abgelöst, erhielt der Hausbesitzer die Hypotheken- und Schuldpapiere vom Kreditinstitut ausgehändigt und konnte sie nun als stolzer Eigentümer verwahren. Traditionsgemäß tat man das im Treppengeländerpfosten. Die Depotöffnung wurde mit einem kleinen, aber jedem Hausbesucher deutlich sichtbaren Knopf versiegelt, als stummer, aber jedem bekannter Hinweis „mein Haus ist schuldenfrei".

**„The Three Bricks" (6)**

Weniger opulent sind die Fassaden der drei fast identischen Backsteinhäuser vis à vis der „Two Greeks". Die Häuser Main Street Nr. 93, 95 und 97 stammen aus dem Jahre 1838 und sind als **„The Three Bricks" (6)** bekannt. Der reichste Kaufmann seiner Zeit auf Nantucket, Joseph Starbuck, baute – um absolute Gleichbehandlung seiner Kinder bemüht – die Stadthäuser für seine drei Söhne – George den ältesten, für ihn war Nr. 97 vorgesehen, Matthew, er sollte Nr. 95 bekommen und William den Jüngsten, der in Nr. 93 wohnte.

Von den Museen in Nantucket sind drei besonders interessant.

**Walfangmuseum * (7)**
Ende Mai - Anf. Okt. tgl. 10 - 17 Uhr. Eintritt.

Das **Nantucket Whaling Museum (7),** Broad St., veranschaulicht mit diversen Ausstellungen verschiedene Aspekte der langen Walfangtradition von Nantucket. Ausstellungen und Dokumentationen über die Walverarbeitung sind ebenso zu sehen wie Schiffsmodelle, Walfangutensilien oder Walskelette.

Das Museum ist in einem Gebäude aus dem 18. Jh. eingerichtet, das früher die Kerzenfabrik *Hadwen and Bareny* beherbergte.

**Peter Foulger Museum (8)**
tgl. 10 - 17 Uhr. Eintritt.

Das **Peter Foulger Museum (8)**, Broad St., gleich neben dem Whaling Museum, dokumentiert die Besiedelungs- und Entwicklungsgeschichte der Insel. Das Museum präsentiert oft auch Wanderausstellungen bzw. wechselnde Ausstellungen wie „Nantucket und der Chinahandel" u. ä. Dem Peter Foulger Museum ist ein Forschungszentrum angeschlossen mit einer wissenschaftlichen Bibliothek über die Seefahrtgeschichte der Insel, mit Logbüchern der Walfangschiffe, Manuskripten über den Schiffsbau etc.

**Nantucket Museum (9)**
1. Jun. - Anf. Sept. tgl. 10 - 17, 19 - 22 Uhr, Anf. Sept. - Ende Okt. tgl. 11 - 15 Uhr. Eintritt.

Das **Museum of Nantucket History (9)**, Straight Wharf, ist im *Thomas Macy Warehouse,* einem ehemaligen Speicherhaus und Depot untergebracht. Im „Goldenen Zeitalter“ der Walfängerei war hier alles zu bekommen das notwendig war, um einen Walfänger komplett für eine oft Jahre lange Reise auszurüsten. Das Museum zeigt anhand von Exponaten, Dokumenten, Bildern die Entwicklung der Stadt von der Frühzeit, über die Zeit des Walfangs bis hin zum großen Stadtbrand und zur jetzigen Touristenära.

*lohnt einen Besuch, Nantuckets Walfangmuseum*

Im Obergeschoß ist eine Sammlung der Nantucket History Association zu sehen.

**weitere Sehenswürdigkeiten**

**Weitere Sehenswürdigkeiten** in Nantucket sind das **Macy-Christian House (10)**, 12 Liberty Street, ein typisches frühkoloniales Bürgerhaus aus dem Jahre 1740, dann das **Maria Mitchell Science Center (11)**, 1 Vestal St., Geburtshaus der ersten weiblichen amerikanischen Astronomin, weiter das **Oldest House (12)**, Sunset Hill, nordwestlich der Innenstadt über die West Chester Street zu erreichen, das sich Jethro Gardner Coffin 1686 für sich und seine Familie erbauen ließ, und schließlich die **Old Mill (13)**, 96 Main Street, südwestlich der Innenstadt, eine Windmühle aus dem Jahre 1745.

**der „Widow Walk“, typisch für viele alte Häuser Nantuckets**

Auf den Dächern mancher alter Häuser in Nantucket und in anderen Hafenstädtchen Neuenglands werden Sie kleine, viereckige, von einem Geländer eingefaßte Freiterrassen sehen, die als **„Widow Walk“** bekannt sind. Von diesen hoch gelegenen Aussichtspunkten haben die Hausbewohner einen weiten Blick aufs Meer. Und es heißt, dass von hier aus die Frauen der Kapitäne und Offiziere nach den Schiffen ihrer Männer Ausschau hielten. Widow Walk wohl deshalb, da die Seemannsfrauen oft jahrelang das Los einer Strohwitwenschaft ertragen mußten.

## RADWEGE

Nantucket Town unterhält vier Radwege auf der Insel:

**Milestone,** dieser rund 10 km lange Weg mit Steigungen führt von Milstone Rotary nach Siasconset.

**Surfside,** diese flache Route von knapp 5 km Länge führt von der Surfside Beach bis zur Kreuzung Atlantic Ave./Vesper Lane.

**Cliff Road**, ein nur 4 km langer Weg mit leichten Steigungen und Abfahrten, der bei der Derrymore Road beginnt.

**Madaket,** dieser 8 km lange, etwas kurvenreiche Weg beginnt an der Kreuzung Quaker und Madaket Roads.

Fragen Sie im Visitors Bureau nach Informationen über weitere Radwege.

Nantucket

## Praktische Hinweise – Nantucket

Nantucket Area Code (Telefonvorwahl): 508

**Nantucket Island Chamber of Commerce**, 48 Main St., Nantucket, MA 02554, Tel. 228-1700, geöffnet Mo. – Fr. 9 – 17 Uhr.

**Nantucket Visitors Service and Information Bureau**, 25 Federal St., Nantucket, MA, 02554, Tel. 228-0925, geöffnet im Sommer tgl. 9 – 18 Uhr, Nebensaison Mo. – Sa. 9 – 16 Uhr.

Autovermieter

**Budget Rent a Car,** Tel. 228-5666, oder 888/228-5666.
**Hertz Rent a Car,** Tel. 228-9421, oder 800/654-3131.
**Nantucket Windmill,** Tel 228-1227, oder 800/228-1227.

Fahrrad- u. Mopedverleih

**Nantucket Bike Shops,** Steamboat Wharf und Straight Wharf, Tel. 228-1999. Geöffnet von April bis Oktober, man vermietet Fahrräder und Motorroller bzw. Mopeds. Mit den Mietunterlagen werden gute Karten ausgehändigt.

Stadtrundfahrten, Ausflüge

☑ Begleitete **Inselrundfahrten** per Bus von rund eineinhalbstündiger Dauer bieten an:

**Barrett's Tours**, 20 Federal St., Nantucket, MA, Tel. 228-0174 oder 800/773-0174.

**Carried Away,** Tel 228-0218, Fahrten durch die historische Innenstadt.

**Gail's Tours,** Tel. 257-6557, Fahrten zu allen sehenswerten Punkten auf Nantucket.

Geführte **Stadtrundgänge** im Sommer bietet an: Roger Young's Historic Walking Tours, Tel. 228-1062.

**Bootsausflüge zu Walbeobachtungen**

**Nantucket Whalewatch,** Hy-Line Dock, Straight Wharf, Tel. 978/283-0313 oder 800/942-5464..

Restaurants

Restaurants: Neben den bei den Hotels erwähnten Restaurants zählen folgende Häuser zu den bekannten Lokalen in der Stadt:

**American Seasons,** 80 Center St., Tel. 228-7111, gute amerikanische Küche, Steaks, Pork Loin, Hummer, gehobene Preisklasse.

**The Brotherhood of Thievs,** 23 Broad St., gut und relativ preiswert im gemütlichen Pub Stil.

**Chanticleer,** 9 New Street, Tel. 257-6231, Montag und Dienstag Ruhetage in der Herbstsaison, französische Küche vom Feinsten, sehr teuer, Tischreservierung dringend empfohlen.**21 Federal,** 21 Federal St., Tel. 228-2121, die richtige Adresse für ein elegantes, aber auch teures Dinner in gepflegter Umgebung. – Und andere Restaurants.

Hotels, Motels

*Motels, Hotels:* Rechtzeitige Zimmerreservierungen empfehlen sich vor allem für die Sommermonate! Die meisten der rund 1.400 Übernachtungszimmer auf Nantucket werden von kleineren Betrieben mit geringer Kapazität zur Verfügung gestellt.

Wenn Sie's darauf ankommen lassen wollen und aufs Geratewohl ein Zimmer suchen, versuchen Sie es zuerst im Information Bureau in der 25 Federal Street, Tel. 228-0925. Dort wird täglich eine aktualisierte Vakanzenliste aufgelegt.

Die meisten Beherbergungsbetriebe verlangen einen Mindestaufenthalt vor allem an Wochenenden.

Zimmerreservierungen werden in aller Regel erst nach Vorauszahlung des Übernachtungspreises bestätigt. Es gelten rigorose und hohe Streichungsgebühren (Einbehaltung der Vorauszahlung) bei kurzfristiger Absage. Erkundigen Sie sich *vor der Buchung* nach den Konditionen!

**Harbor House Motor Inn**, $$$$$, 113 Zi., South Beach St., Tel. 228-1500, in Hafennähe, 3 Nächte Mindestaufenthalt in der Sommersaison, sehr teuer

New York City, Skyline von Manhattan

⇦ New York City, St. Patricks Cathedral, 5th Ave.

New York City, die Freiheitsstatue

State Capitol, Hartford, Connecticut

Mystic Seaport Museum, Mystic, Connecticut ⇨

Old State House, Boston, Massachusetts

*„The Breakers", State Dining Room.* Foto: The Preservation Soc. of Newport County

*„Marble House", Ball Room.* Foto: The Preservation Society of New Port County

*„The Elms".* Foto: The Preservation Society of New Port County, Newport, R. I.

*Freilichtmuseum „Plimoth Plantation“, Plymouth, Massachusetts*

*Hancock Shaker Village, bei Pittsfield, Massachusetts*

*Strand bei Ogunquit, Maine*

*Mystic Seaport Museum, Mystic, Connecticut* ⇨

*Markierungsbojen für den Hummerfang, bei Cape Naddick, Maine*

Schaefer's
SPOUTER
TAVERN.

*hist. Dorfkirche im Freilichtmuseum „Old Sturbridge Village", Massachusetts*

⇦ *„Old Surbridge Village", Fitch House.* Foto: Th. Neill, Old Sturbridge Village, Ma.

*„Old Sturbridge Village", Knight Store.* Foto: Th. Neill, Old Sturbridge Village, Ma.

*skuril bemalte Hausfassade in Provincetown, Cape Cod, Massachusetts*

*Oldtimer „The Cord“, Heritage Plantation Museum, Sandwich, Massachusetts*

*Nantucket Baskets, Heritage Plantation Museum, Sandwich, Massachusetts*

*Fischereihafen Plymouth, Massachusetts*

„Kapitänshäuser", Main Street, Nantucket Town, Insel Nantucket, Massachusetts

Sommerhäuser in Vineyard Haven, Insel Martha's Vineyard, Massachusetts

*in Waits River, Vermont*

*Segelhafen und Windjammer in Camden, Maine ⇨*

*The Vermont Country Store in Weston, Vermont*

MERCANTILE

ROSEWAY

State Capitol, Montpelier, Vermont

⇦ Pemaquid Point, Maine

Acadia Nationalpark, am Otter Point, Maine

*überdachte Brücke bei Bethel, Maine*

*Seenlandschaft im Baxter State Park, Maine ⇨*

*Pumpkins (Kürbisse) in Vermont*

Hotels, Motels

zwischen Ende Juni und Mitte Sept., gepflegtes Anwesen in parkähnlicher Umgebung, Restaurants, darunter das renommierte **„The Hearth"** im distinguierten Kolonialstil, Schwimmbad.

**Nantucket Inn**, $$$$$, 100 Zi., 27 Macy's Ln., Tel. 228-6900, geöffnet Anf. Mai bis Ende Okt., am Flughafen, Schwimmbäder, Tennisplätze, Shuttle nach Nantucket Town, Restaurant, Schwimmbad.

**76 Main Street**, $$$$, 18 Zi., 76 Main Street, Tel. 228-2533, recht zentral in der Main Street gelegen, in einem elegant eingerichteten, ehemaligen Kapitänshaus im viktorianischen Stil aus dem Jahre 1880, fragen Sie nach Zimmern im ersten Stock des Haupthauses, es sind zwar die teuersten, aber sehr schön ausgestattet.

**Tuckernuck Inn**, $$$$, 19 Zi., 60 Union St., Tel. 228-4886, 3 Nächte Mindestaufenthalt an Wochenenden, angenehmes, kleines, relativ preiswertes Haus noch in Gehnähe zum Stadtzentrum, Widow Walk auf dem Dach, saisonales Restaurant.

**The White Elephant Inn**, $$$$$, 48 Zi. + 32 Cottages, Easton St., Tel. 228-2500, geöffnet Ende Mai – 15. Okt., exklusives, luxuriöses und sehr teures Haus am Hafen, 3 Nächte Mindestaufenthalt im Sommer, exquisites **„Topper's Restaurant"**, Schwimmbad. – Und andere Motels.

Jugendherberge

**Hostelling International - Nantucket,** 31 Western Avenue, Nantucket, MA 02554, Tel. 228-0433, 49 Betten, Ende April – 15 Okt., rund 6 km südlich Nantucket Hafen, in Surfside an der Südseite der Insel, in einer ehemaligen Seenotrettungsstation. Reservierung im Sommer dringend notwendig.

Campingverbot!

▲ – **Camping** ist auf Nantucket grundsätzlich und in jeder Form verboten. Übernachten am Strand oder im Auto wird z. B. mit einer Geldbuße nicht unter $ 200,- belegt.

*Viele der Gasthöfe und Pensionen in Nantucket Town findet man – ähnlich dem „Nesbitt Inn" – in historischen Gebäuden.*

## 6. HYANNIS, MA – PROVINCETOWN, CAPE COD, MA

⊙ **Entfernung:** Rund 70 mls / 112 km.

➔ **Strecke:** Über die Straße 28 und über **Harwich Port** und **Chatham** bis **Orleans** – US-6 über **Eastham, South Wellfleet** und **North Truro** bis **Provincetown**.

🕒 **Reisedauer:** Mindestens ein Tag.

⌘ **Höhepunkte:** Die **Strände an der Cape Cod National Seashore** ** – das **Provincetown Heritage Museum** * – die Strände und Dünen an der **Race Point Beach** * bei Provincetown.

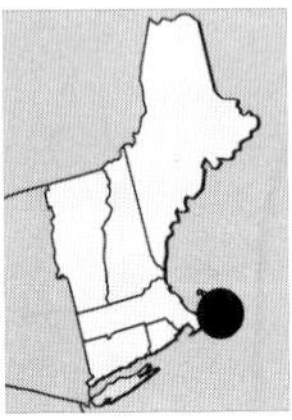

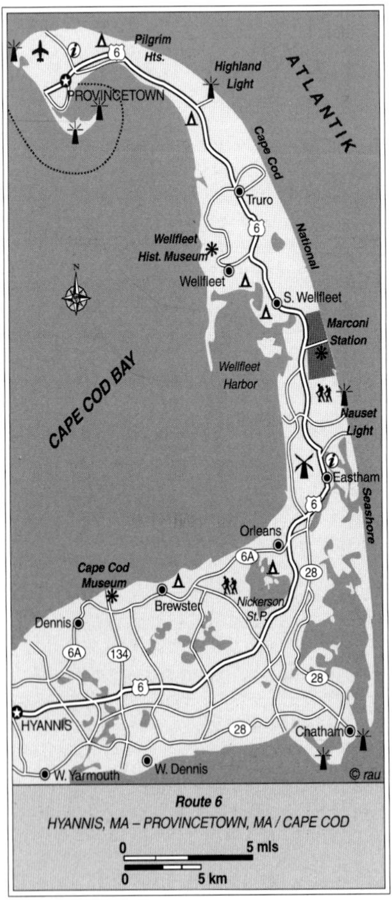


Diese Etappe führt zum „Lower Cape“, hinaus ans äußerste Ende der markanten, sichelförmigen **Halbinsel Cape Cod, MA** an der Ostküste von Massachusetts. Poetisch wird Cape Cod gelegentlich auch der „Starke Arm von Massachusetts“ genannt. Seinen Namen erhielt das Kap, das während der Eiszeit geformt wurde, von Kapitän *Bartholomew Gosnold*, der bereits 1602 die Gestade an der amerikanischen Nordostküste erkundete und hier in den Gewässern rings um das Kap ein ungewöhnlich reiches Vorkommen an *Cod Fish* (Kabeljau) vorfand.

Bis zur Ankunft der ersten weißen Siedler Anfang des 17. Jh. war Cape Cod das Refugium der Wampanoag Indianer, die bereits Landwirtschaft betrieben, aber auch schon wußten Wale zu jagen. Allerdings erlegten sie vornehmlich gestrandete Wale oder solche Tiere im nahen Ufergewässer, die mit ihren kleinen Kanus zu erreichen waren.

Cape Cod muß im 17. Jh. ein noch völlig anderes Landschaftsbild geboten haben. Es ist überliefert, dass die Insel über und über dicht bewaldet war. Davon ist heute nur noch herzlich wenig zu sehen. Die Siedler holzten die Wälder radikal ab. Man brauchte Brennstoff und Baumaterial für Häuser und Schiffe. Etwa seit der Jahrhundertwende wird nun wieder ein Auftorstungsprogramm betrieben.

Cape Cod ist an seiner Westseite durch den schmalen **Cape Cod Canal** zwischen Sagamore und Bourne vom „Festland" getrennt. Dieser rund 12 km lange Kanal wurde nach einem schier endlosen Hin und Her über Sinn und Nutzen des Wasserweges 1914 endlich eröffnet. Immerhin ersparte er den Handelsschiffen die Fahrt durch die riskanten, mit tückischen Sandbänken durchsetzten Gewässer südlich des Kaps. Für die Inseln Nantucket und Martha's Vineyard allerdings hatte der Kanal eine ziemlich negative Auswirkung. Denn ihre Häfen lagen nun mit einem Male völlig abseits der Handelsrouten.

In der Nähe von Bourne, wo vor der Zeit des Kanals ein Fluß in die Buzzards Bay mündete, entstand nach der Landung der ersten Pilgerväter in Provincetown um 1630 der Aptucxet Trading Post, der ersten Handelsplatz puritanischen Siedler. Von hier aus entwickelte sich bald eine Handelsverbindung mit den Holländern in New Amsterdam (New York), was u. a. zum Bestand der Siedlung beitrug. Bald folgten weitere Kolonien in Sandwich, Barnstable und Yarmouth.

Übrigens kamen die Kolonisten schon im 17. Jh. auf die Idee, unter Einbindung von zwei Flußläufen hier einen Kanal zwischen Cape Cod Bay und Buzzards Bay zu graben. Aber erst 300 Jahre später sollte das Projekt in die Tat umgesetzt werden.

Wenn die Sprache auf Cape Cod kommt, wird mitunter von *Lower Cape, Mid Cape* und *Upper Cape* gesprochen. Dabei meint man mit Upper Cape das Westende der Halbinsel, mit den Städten Bourne, Falmouth und Sandwich, mit Mid Cape die Region um die Städte Barnstable, Dennis und Yarmouth und mit Lower Cape schließlich das nach Norden ragende Ende der Halbinsel mit Chatham, Brewster, Orleans, Eastham, Truro und Provincetown.

**Cape Cods Sandstrände ***

Cape Cod ist eine der bekanntesten Sommerferiengebiete an der amerikanischen Ostküste. Weitläufige, hohe Dünengürtel und ausgezeichnete, **lange Sandstrände** bieten gute Bademöglichkeiten. Bootssport, Golf, Tennis, Radfahren und Hochseeangeln sind andere beliebte Freizeitaktivitäten. Hochsaison ist gewöhnlich zwischen Memorial Day (letzter Montag im Mai) und Labor Day (erster Montag im September). In dieser Zeit trifft man mit größter Sicherheit auf brauchbares Badewetter, aber Cape Cod ist dann – zumindest an den bekannten Ferienzentren und Stränden um Hyannis, Falmouth, Chatham oder Provincetown – so voll und so teuer, dass das Vergnügen doch etwas gedämpft wird. Hotel- und Campingreservierungen sollte man in der Hauptsaison rechtzeitig vorher tätigen.

**Cape Cod Radweg ***

**Radfahren** ist auf der fast durchweg ebenen Halbinsel eine überaus beliebte Freizeitbeschäftigung. Es gibt eine ganze Reihe von teils markierten Radwegen.

Eine sehr schöne Radtour läßt sich ohne sonderliche Schwierigkeiten auf dem **Cape Cod Rail Trail** unternehmen. Der Radweg führt abseits des Autoverkehrs auf überwiegend gut geteerten, breiten Trassen über flaches Gelände mit einigen kaum erwähnenswerten Steigungen durch Forstgebiete, vorbei an Süßwasserseen (sog. ponds) durch ansprechende Landschaft. Der Trail ist rund 32 km (nach Fertigstellung der Verlängerung 40 km) lang und man kann die Strecke bei gemütlicher Fahrweise in rund 2 ½ bzw. 3 ½ Stunden bewältigen.

Der Radweg verläuft auf der ehemaligen Trasse der Pen Central Railroad von **South Dennis** (SR-134) bis nach **Eastham** (Lacust Road). Dort endet der Radweg ganz in der Nähe des **Salt Pond Visitor Center**. Eine rund 8 km lange Verlängerung des Radweges führt am Parkplatz des Salt Pond Visitor Centers vorbei an die **Coast Guard Beach** an der Ostküste.

An den Endpunkten des Radweges, aber auch in Harwich und im Nickerson State Park bei der Gemeinde Brewster, durch die der Radweg führt, findet man Parkplätze fürs Auto.

**Hyannis, MA** gilt als der namhafteste Ferienort von Cape Cod. Beliebt sind die langen **Sandstrände,** z. B. bei Craigville. Und bei Seglern ist es der komfortable Jachthafen, der sehr geschätzt wird.

Der Name *Hyannis* stammt übrigens von einem Häuptling der Commaquid Indianer, *Sachem Iyanough*, der weiter nördlich bei Barnstable während eines Scharmützels mit Myles Standish ums Leben gekommen ist.

Die Hafenstadt Hyannis ist eng mit der Familie Kennedy verbunden. Einer der Sommersitze der Kennedys liegt in Hyannis Port. Der frühere US-Präsident John F. Kennedy verbrachte auf dem ausgedehnte Anwesen oft seine Sommerferien und machte damit Hyannis Port zeitweise zum „Summer White House“ des Landes. Nur auf einer Hafenrundfahrt gelingt in Blick auf das Kennedy Anwesen.

Eine Gedächtnisstätte in der Ocean Street erinnert an John F. Kennedy.

**Kennedy Museum**
tgl. 10 - 16 Uhr.
Eintritt.

In der **Old Town Hall**, dem alten Rathaus von Hyannis in der Main Street Nr. 397, zeigt das **John F. Kennedy Hyannis Museum** mittels Dokumentationen, Erinnerungsstücken aus der Amtszeit Kennedys, Filmen bzw. Videos die Verbindungen zwischen Hyannis und den Kennedys.

**Praktische Hinweise – Hyannis**

**Hyannis**

☎ Hyannis Area Code (Telefonvorwahl): 508

**Cape Cod Chamber of Commerce**, an der US-6/SR-132, Hyannis, MA 02601, Tel. 362-3225.

**Restaurants**

Restaurants: **Baxter's Fish N'Chips**, Pleasant St., hier gibt's nicht nur vorzüglichen Fisch, sondern auch Burgers, alles zu erschwinglichen Preisen. Und an einem schönen Tag können Sie auch im Freien sitzen und in der Fangsaison einen frisch zubereiteten Hummer genießen. – Und andere Restaurants.

**Motels**

Motels: **Anchor-In Motel**, $$$$, 43 Zi., 1 South St., Tel. 775-0357, südöstl. der Stadt, Schwimmbad.

**Heritage House**, $$$$, 143 Zi., 259 Main St., Tel. 775-7000, Restaurant Schwimmbäder, Saunas.

**Hyannis Inn Motel**, $$$. 73 Zi., 473 Main St., Tel. 775-0255, angenehme, familiengeführtes Haus, Coffee Shop, Schwimmbad, Sauna.

*Hyannis, Ma.*

**Hyannis Motels**

**Hyannis Motel Budget Host Inn**, $$, 43 Zi., SR-132, Tel. 775-8910. Schwimmbad.

**Hyannis Travel Inn**, $$$, 83 Zi., 16 North St., Tel. 775-8200, geöffnet Anf. Mai – Ende Nov., gutes Preis-/Leistungs-Verhältnis, Schwimmbäder, Sauna.

**Seacoast on the Towne**, $$, 26 Zi., 33 Ocean St., Tel. 775-3828, geöffnet 1. Mai – 31. Okt., gut und preiswert,

**Sheraton Hyannis Hotel and Resort**, $$$$$, 232 Zi., West End Circle, Tel. 775-7775, Restaurant, Schwimmbäder, Sauna, Tennis, Ferienhotel der teuren Preisklasse.

Zahlreiche weitere Motels findet man nordwestlich der Stadt an der SR-132 ,sowie entlang der SR-28 östlich Hyannis Richtung Chatham.

**Ausflüge ab Hyannis**

**Hafenrundfahrten** legen von Pier 1 am Ocean Street Dock in Hyannis Port ab und zwar vom 1. Juni bis Mitte September täglich von 9 bis 20 Uhr. Fahrtdauer rund eine Stunde. In der Vor- und Nachsaison Abfahrten täglich zwischen 10 Uhr und 14.30 Uhr.

Bei längerem Aufenthalt lohnt ein Ausflug mit der **Cape Cod Scenic Railroad**, 252 Main und Center Streets, Tel. 771-3788. Die Bahn verkehrt im Sommer von Mitte Juni bis Oktober zwischen Hyannis und Sagamore über Sandwich durch das seendurchsetzte Marschland des Upper Cape. Fahrzeit knapp zwei Stunden.

➔ **Route:** Der weitere Verlauf unserer Route führt von Hyannis über die SR-28 in der Nähe der Südküste von Cape Cod nach Osten. Man passiert **South Yarmouth, MA** und **West Dennis, MA**, mit sehr schönen **Stränden** an der **West Dennis Beach**, und erreicht bald darauf **Harwich Port, MA** und **Chatham, MA**. ●

In **Harwich Port, MA** findet man einige bemerkenswerte Bauwerke aus dem 19. Jh., wie das **Franklin Dodge House** aus dem Jahre 1836 im sog. Greek Revival Stil oder die **First Congregational Church** aus dem Jahre 1832.

In Harwich Port lohnt ein kurzer Abstecher über die Harbor Road zum hübschen Wychmere Hafen.

**Chatham, MA**, eine Kleinstadt mit kaum 7.000 Einwohner am „Ellbogen" von Cape Cod zwischen Atlantik und Nantucket Sound gelegen, ist noch heute ein regsamer Fischereihafen, aber auch eine sehr beliebte Basis von Hochseeanglern.

**Chatham Eisenbahn Museum**
Mitte Juni - Mitte Sept. Di. - Sa. 10 - 16 Uhr.

Außer einem Bummel über die recht einladende Main Street gibt es im **Atwood House** in der Stage Harbor Street Nr. 347 aus dem Jahre 1752 eine Ausstellung des Historienvereins über die Geschichte von Chatham und das **Chatham Railroad Museum** in der Depot Street zu besichtigen. Das Museum im ehemaligen Bahnhof von 1887 erinnert mit seinen Ausstellungen und Modellbahnen an die Zeit, als Chatham noch Bahnstation war.

Südlich der Stadt liegt der **Leuchtturm Chatham Light**, der aus dem Jahre 1877 stammt. Das Leuchtfeuer markiert einen ziemlich gefährlichen Küstenstrich, der bei Sturm schon vielen Seeleuten zum Verhängnis wurde. In der Nähe gibt es einen Friedhof auf dem viele unbekannte Seeleute beigesetzt sind, die an dieser Küste scheiterten.

**Chatham**

**Praktische Hinweise – Chatham**

☎ Chatham Area Code (Telefonvorwahl): 508

**Motels**

Motels: **Bradford-Mulberry Inn**, $$$$$, 28 Zi., 26 Cross St., Tel. 945-1030. Recht einladend, aber sehr teuer.

**Chatham Town House Inn**, $$$$$, 24 Zi., 11 Library Lane, Tel. 945-2180, Restaurant, Schwimmbad.

**The Dolphin of Chatham Inn**, $$$$$, 35 Zi., 352 Main St., Tel. 945-0070, Schwimmbad. – Und andere Motels.

➔ **Route:** Auf der Weiterfahrt über die SR-28 nordwärts entlang der Pleasant Bay trifft man in **Orleans, MA** auf die Hauptstraße US-6. Sie führt nach Norden durch **Eastham, MA** und **Wellfleet, MA** und endet schließlich in **Provincetown, MA**. ●

In **Orleans, MA** lohnt ein kurzer Abstecher an die Nordküste zur Rock Harbor Road, die von vielen hübschen, alten Kaphäusern flankiert wird.

**Orleans**

**Praktische Hinweise – Orleans**

☎ Orleans Area Code (Telefonvorwahl): 508

**Motels**

Motels: **Cove Motel**, $$$$, 47 Zi., Tel. 255-1203, SR-28/SR-6A, 2 Nächte Mindestaufenthalt im Sommer, Schwimmbad.

**Olde Tavern Motel & Inn**, $$, 28 Zi., Tel. 2551565, 151 Rt 6A, 2 Nächte Mindestaufenthalt in der Saison, Schwimmbad.

**Ridgewood Motel & Cottages,** $$, 18 Zi., Tel. 255-0473, 10 Quanset Rd., geöffnet 1. Mai - 31. Okt., 2 Nächte Mindestaufenthalt im Juli und August, Schwimmbad.

**Skaket Beach Motel**, $$$, 46 Zi., Tel. 255-1020, SR-6A/US-6 Exit 12, Schwimmbad. – Und andere Motels.

Man passiert **Eastham, MA**. Die Stadt kann ihre Geschichte zurückverfolgen bis 1645. Damals erkundete ein Kommando der von den Mayflower-Pilgerväter gegründeten Plymouth Kolonie unter Myles Standish das Terrain. Auf dem Old Cove Cemetery an der US-6 sind drei der ersten Pilgerväter begraben, die 1620 an der Nordküste von Cape Cod gelandet waren.

Ebenfalls an der US-6 sieht man die **Old Eastham Windmill**, die älteste Windmühle auf Cape Cod. Sie wurde 1680 in Plymouth gebaut und kam auf Umwegen 1793 schließlich hierher nach Eastham. Im Sommer wird gelegentlich zur Demonstration für Interessierte mit Windkraft nach alter Manier Korn gemahlen.

Besichtigen kann man das **Old Schoolhouse Museum** an der US-6 und das **Swift-Daley House** an der US-6 aus dem Jahre 1741, das im Stil des 18. Jh. eingerichtet ist.

**Eastham**

## Praktische Hinweise – Eastham

☎ Eastham Area Code (Telefonvorwahl): 508

**Motels**

Motels: **Captain's Quarters Motel**, $$$, 75 Zi., Tel. 255-5686, an US-6, geöffnet 1. Apr. – 30. Nov., Schwimmbad, Tennis.

**Sheraton Inn Ocean Park**, $$$$, 107 Zi., Tel. 255-5000, an US-6, Restaurant, Konferenzräume, Schwimmbäder, Saunas, Tennisplätze, Fitnessräume, Flughafentransport.

**Town Crier Motel**, $$, 36 Zi., Tel. 255-4000, an US-6, 2 Nächte Mindestaufenthalt im Sommer, Restaurant, Schwimmbad. – Und andere Motels.

**Camping**

▲ – **Atlantic Oaks Family Campground**, Tel. 255-1437; 1. Mai – 1. Nov.; an US-6 ca. 1 km nördl. des Salt Pond Visitor Center, ca. 7 ha – 100 Stpl.; Komfortausstattung.

**Strände an der Cape Cod National Seashore** **

Bei Eastham beginnt das Natur- und Landschaftsschutzgebiet der **Cape Cod National Seashore**. Ab hier zieht sich an der Ostküste ein fast ununterbrochener Sandstrand und Dünengürtel über rund 50 km bis hinauf nach Provincetown. Es bieten sich immer wieder Möglichkeiten, von der Hauptstraße US-6 zu den Badestränden an der Küste abzuzweigen.

Die vom National Park Service betreuten Badestrände und auch die meisten von den Stadtgemeinden betreuten Strände werden im Sommer von Lifeguards überwacht. An den öffentlichen Stränden sind zwar Parkplätze angelegt, die im Sommer aber oft schon ab 10 Uhr belegt sind. Von Ende Juni bis Anfang September ist ein Strandbus Service eingerichtet, der vom Parkplatz am Salt Pond Visitor Center zu nahen Stränden verkehrt.

Auf Parkplätzen an den von den Städten und Gemeinden betreuten Stränden werden im Sommer oft recht hohe Parkgebühren verlangt.

Camping oder das Übernachten in Wohnmobilen ist an allen Stränden der Cape Cod National Seashore grundsätzlich nicht erlaubt.

**Salt Pond Visitor Center**
tgl. 9 - 16.30 Uhr

Unweit nördlich von Eastham liegt östlich der US-6 deutlich beschildert das **Salt Pond Visitor Center**. Hier erhält man detaillierte Auskünfte und Informationsmaterial, auch Literatur, über Flora und Faune an der Cape Cod Küste und über das Marschland **Nauset Marsh** in der Salt Pond Bay, die sich südöstlich des Visitor Centers ausdehnt.

Vom Visitor Center führt der **Nauset Marsh Trail** durch einen Teil dieses von seltenen Pflanzen bewachsenen und interessanten Tieren bewohnten Naturparks. Im Sommer werden von naturkundigen Parkrangern begleitete Spaziergänge durchgeführt. Einzelheiten darüber im Visitor Center.

Vom Salt Pond Visitor Center führen Fahr- und Radwege zu den Stränden **Coast Guard Beach** und **Nauset Light Beach** und zum **Leuchtturm Nauset Light**.

Rund 5 mls/8 km weiter nördlich zweigt die Zufahrt zur **Marconi Beach** und zur **Marconi Station** ab. Die Station, hoch über der Ostküste gelegen, erinnert an den italienischen Physiker *Guglielmo Marconi* (1874 – 1937), dem es am 18. Januar 1903 erstmals gelang, von der amerikanischen Ostküste drahtlos Funksignale nach Europa zu übermitteln. Marconi erhielt 1909 zusammen mit K. F. Braun den Nobelpreis.

Markierte **Wanderwege** durch die Dünen- und Küstenregion wie **der Atlantic White Cedar Swamp Trail** sind bei der Marconi Station angelegt.

**Sandstrände**

Nördlich der Marconi Station liegen die Strände **El Court Hollow Beach**, **White Crest Beach, Cahoon Hollow Beach** und **Newcomb Hollow Beach**.

**Wellfleet, MA**, ein Städtchen mit kaum 3.000 Einwohner, liegt in einer geschützten Bucht an der Westküste von Cape Cod, hatte einst eine große Kabeljauflotte und war bekannt für seine Austernbänke. Heute ist Wellfleet bemüht, ein Ferienort für gehobene Ansprüche zu werden, dem man die Überkommerzialisierung anderer Badeorte auf Cape Cod nicht gleich auf Anhieb ansieht.

**Camping**

▲ – **Maurice's Tent & Trailer Park**, Tel. 349-2029, Ende Mai – Mitte Okt., an der US-6; ca. 225 Stpl.; Komfortausstattung. Reservierung und 3 Nächte Mindestaufenthalt im Sommer obligatorisch!

Die Küste nordöstlich von **Truro** gilt als gefährlichster Abschnitt der Cape Cod Küste, die vielen Fischern und Frachtschiffen zum Verhängnis geworden ist. Schon 1797 entschloß man sich deshalb, das Leuchtfeuer **Highland Light**, auch als Cape Cod Light bekannt, zu bauen, den ersten Leuchtturm auf Cape Cod. Das Gebäude, das man heute sieht, stammt aus dem Jahre 1857.

Nördlich davon erstrecken sich die **Head of the Meadow Beaches.**

Noch ein Stück weiter zweigt bei **North Truro** (Camping siehe unter Provincetown) von der US-6 die Zufahrtsstraße zur **Pilgrims Heights Aera** ab. Es heißt, dass Myles Standish auf seinen Erkundungsexpeditionen im 17. Jh. hier eine Süßwasserquelle entdeckt habe. Heute sind hier Rundwanderwege, wie der **Small Swamp Trail** und der **Pilgrim Spring Trail**, sowie Picknickplätze angelegt.

**Provincetown, MA**, am nördlichsten Punkt von Cape Cod gelegen, ist der historische Platz, an dem die Pilgerväter nach der Atlantiküberquerung am 21. November 1620 erstmals an Land gingen, bevor sie vier Wochen später die Cape Cod Bay überquerten und sich bei Plymouth endgültig niederließen. Ein Denkmal auf dem Town Hill erinnert an das Ereignis.

Heute ist das 4.000-Seelen-Städtchen, das sich zumindest früher exaltierte Künstler gerne als Aufenthaltsort aussuchten und das um 1900 gar als nördliches Greenwich Village bekannt war, ein ziemlich schriller Ferienort. Im Sommer drängen sich Touristen aus ganz Amerika durch die engen Gassen und aus der einstigen Künstlerkolonie ist eine Kolonie der Schwulen- und Lesbenszene geworden. Seinem Ruf als Künstlerkolonie versucht Provincetown aber auch dadurch gerecht zu werden, dass ein Symphonie Orchester im Sommer regelmäßig Konzerte gibt und die Truppe des Provincetown Playhouse zwischen Juli und September in der Stadt gastiert.

Zu einer der größten Sehenswürdigkeiten in der Stadt zählt das **Pilgrim Monument** auf dem High Pole Hill. Der fast 85 m hohe Granitturm wurde 1907 zum Gedenken an die Landung der Pilgerväter errichtet. Treppen führen hinauf zu einer Aussichtsplattform, von der ein herrlicher Panoramablick möglich ist. Der Treppenaufgang ist mit Gedenktafeln von Nachkommen der ersten Einwanderer und von Städten in Massachusetts geschmückt.

**Pilgrim Monument und Provincetown Museum**
im Sommer tgl. 9 - 19 Uhr. Frühjahr und Herbst 9 - 17 Uhr. Eintritt.

Am Fuße des Turms findet man das **Provincetown Museum**, das eine große Seefahrtausstellung, Fotografien und Dokumente über die Geschichte der Stadt, Schiffsmodelle, ein Schaubild mit der „Mayflower“ und Fundstücke des vor der Küste gestrandeten Piratenschiffes „Whydah“ zeigt.

In der Hauptgeschäfts- und Restaurantstraße **Commercial Street**, die die ganze Innenstadt der Länge nach durchläuft und in der sich offenbar alle Touristen immer gleichzeitig treffen, so voll ist es dort oft, findet man das **Provincetown Heritage Museum**, Center und 356 Commercial Streets. Der Museumsbau selbst ist markant. Das Heimatmuseum ist nämlich in der ehemaligen Center Methodist Church aus dem Jahre 1861 untergebracht. Auffallend ist der achteckige Glockenturm, an dem man den Bau schon von weitem erkennt.

**Provincetown Museum** *
Mitte Juni - Mitte Okt. tgl. 10 - 18 Uhr. Eintritt.

Ein Besuch lohnt. Das Prunkstück im ersten Stock des Museums ist das Riesenmodell (1:2) des Fischereischoners „Rose Dorothea“. Interessant ist auch das Walboot „Pico“, ein Ruderboot, das mit 12 bis 15 Ruderern besetzt war und von der Küste aus zu Wasser gebracht wurde, sobald Wale in Sichtweite kamen. Das Boot ist nach der Azoreninsel Pico getauft. Einige Familien in Provincetown können ihre Familiengeschichte zurückverfolgen bis auf Fischer und Seeleute von der portugiesischen Inselgruppe der Azoren. Breiten Raum nehmen im Museum natürlich Ausstellungen zur Fischereiindustrie in Provincetown ein. Weiter sind eine Feuerwehrspritze aus dem Jahre 1871, heimatkundliche Ausstellungen, sowie Exponate aus der Stadtgeschichte zu sehen.

Die Gemäldegalerie der **Provincetown Art Association**, 460 Commercial Street, zeigt Gemälde und Kunstgegenstände lokaler Künstler.

Einige Häuser an der Commercial Street, wie das Seth Nicherson House Nr. 72 oder das Captain Samuel Soper House Nr. 74 erinnern an die Zeit, als Provincetown Wohnsitz vieler wohlhabender Handels- und Walfängerkapitäne war.

**Strände bei Provincetown** *

Überall um Provincetown findet man kilometerlange **Strände** und Dünen. Nicht versäumen sollte man z. B. einen Abstecher zur nördlich der Stadt gelegenen **Race Point Beach** mit einem kleinen Seenotrettungsmuseum.

**Visitor Center**
Apr. - Nov. 9 - 17, Juli + Aug. bis 18 Uhr.

Auf dem Wege dahin kommt man am **Province Lands Visitor Center** vorbei. In der Nähe steht ein Aussichtsturm, der einen prächtigen Blick auf die Nordspitze von Cape Cod, auf die Dünen und Strände bietet.

Etwas südlich vom Visitor Center kann man auf dem Beech Forest Trail durch das Dünen- und Marschland wandern.

In Höhe des Visitor Center zweigt die Zufahrtsstraße zu einem weiteren kilometerlangen Sandstrand, der **Herring Cove Beach,** ab.

Bei längerem Aufenthalt kann, neben einer begleiteten Tour durch die Dünenlandschaft, die Teilnahme an einer ca. 4-stündigen **Whale Watch Cruise** interessant sein. Die Boote verkehren zwischen April und Oktober ab **MacMillan Pier**. Nicht allzu weit von Provincetown entfernt liegt die Stellwagen Bank im Atlantik, einer der „Futterplätze" an dem sich zu gewissen Zeiten im Jahr viele Wale versammeln.

## Praktische Hinweise – Provincetown

**Provincetown**

☎ Provincetown Area Code (Telefonvorwahl): 508

**– Province Lands Visitor Center Race Point Road**, Tel. 487-1256, geöffnet Apr. – Nov. 9 – 17, Juli + Aug. bis 18 Uhr.

**Fahrradverleihs**

**Arnold's Bike Rental,** 329 Commercial St., Provincetown, Tel. 487-0855.

**Motels**

Motels: Fast alle Häuser sind zwischen Ende Okt. und Mitte Apr./Anf. Mai geschlossen. Meist wird in der Hochsaison ein Mindestaufenthalt von 2 oder 3 Tagen verlangt.

**Brass Key,** $$$$$, 33 Zi., 67 Bradford St., Tel. 487-9005, eines der komfortabelsten Hotels am Platz, zentral gelegen, teuer.

**Chateau Motor Inn Best Western**, $$$$$, 54 Zi., 105 Bradford St., Tel. 487-1286, geöffnet Anf. Mai – Mitte Okt.; erhöhte Lage mit Aussicht, 2 bis 3 Nächte Mindestaufenthalt im Sommer, Schwimmbad.

**Cape Colony Inn,** $$, 54 Zi., 280 Bradford St., Tel. 487-1755, geöffnet Anf. Mai – Ende. Okt., 2 Nächte Mindestaufenthalt im Sommer, Schwimmbad.

**Surfside Inn,** $$$$, 84 Zi., 543 Commercial St., Tel. 487-1726, geöffnet 1. Mai – 30. Okt., 2 Nächte Mindestaufenthalt, Coffee Shop, Strand, Schwimmbad.

**Tides Beachfront Best Western**, $$$$$, 64 Zi., 837 Commercial St., Tel. 487-1045, geöffnet Mitte Mai – Mitte Okt., 2 Nächte Mindestaufenthalt im Sommer, Coffee Shop, Strand, Schwimmbad. – Und andere Motels.

Zahlreiche weitere Motels findet man südöstlich bei **North Truro.**

**Camping bei Provincetown**

**Provincetown**

▲ **– Dunes' Edge Campground**, Tel. 487-9815; Anf. Mai – Ende Sept.; an der US-6 Nähe Abzweig zum Race Point; terrassiertes, teils schattiges Gelände, ca. 5 ha – 100 Stpl.; Wohnmobile nur bis 27 feet (ca. 9 m) Länge, gute Standardausstattung.

**North Truro**

**– Horton's Camping Resort**, Tel. 487-1220; 15. Apr. – 15. Okt.; ausgedehntes, teils schattiges Gelände, ca. 16 ha – 220 Stpl.; Komfortausstattung; 2 – 3 Nächte Mindestaufenthalt in Hochsaison.

**– North of Highland Camping Area**, Tel. 487-1191; Ende Mai – Anf. Sept.; an der Straße zur Head of the Meadow Beach; ausgedehntes, aufgeforstetes Dünengelände, ca. 240 Stpl.; gute Standardausstattung; Wohnmobile bis max. 17 ft. (ca. 5,5 m) Länge.

**– North Truro Camping Area**, Tel. 487-1847, ganzjährig geöffnet, östlich des Ortes an der Highland Rd., aufgeforstetes Gelände, ca. 350 Stpl.; Komfortausstattung.

## 7. PROVINCETOWN, MA – PLYMOUTH, MA

⊙ **Entfernung:** Rund 90 mls / 144 km.

➔ **Strecke:** Über die Straße US-6 und über **Wellfleet** und **Eastham** bis **Orleans** – SR-6A über **Brewster, Dennis** und **Barnstable** bis **Sandwich** – SR-3/3A bis **Plymouth**.

⌘ **Höhepunkte:** Die **Heritage Plantation** ** bei Sandwich – **Plimoth Plantation** * – das Einwandererschiff **„Mayflower II“** **.

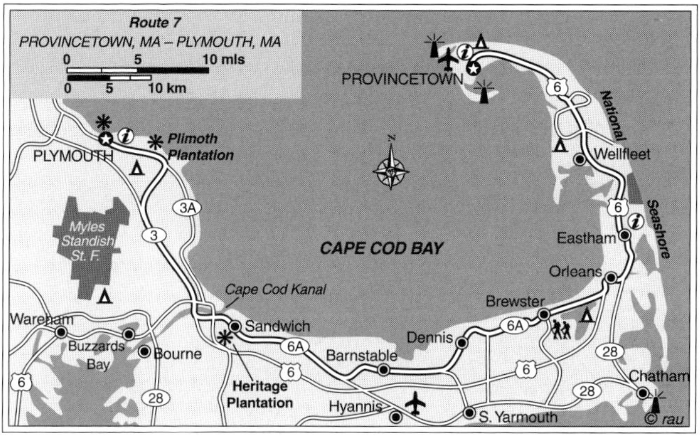


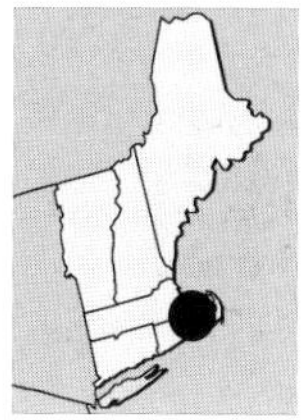

➔ **Route:** Für die Rückreise ab Provincetown gibt es keine Alternativroute. Man folgt also zwangsläufig der US-6 südwärts bis zur Ausfahrt Nr. 12 südwestlich von **Orleans, MA** und wendet sich dort auf die Straße SR-6A Richtung **Brewster, MA**. Nach rund 3 mls/5 km passiert man die Zufahrt in den **Roland C. Nickerson State Park**. ●

**Radwege und Camping im Nickerson State Park**

Im **Roland C. Nickerson State Park**, der nach seinem Initiator Roland Nickerson benannt ist, der 1934 dem Staat das Parkgelände vermacht hatte, findet man eine Reihe einladender Rad- und Spazierwege, sowie einen Campingplatz mit 420 Stpl. (siehe unter Brewster). Der Platz wird wegen seiner landschaftlich reizvollen Lage gewöhnlich stark frequentiert.

An der Küste nördlich des State Park dehnen sich die Sandstrände der **Point of Rocks Beach**.

**Brewster, MA** (ca. 9.000 Einw.) war im 19. Jh. ein wichtiger Warenumschlagplatz. Und obwohl Brewster keinen direkten Hafen hatte, waren hier viele Handelskapitäne, Schiffseigner und Reeder ansässig. Auf dem Friedhof der **First Parish Church** an der Main Street, die auch als „Captain's Church“ bekannt ist, sind viele der Kapitänsfamilien beigesetzt. Teils interessante Grabsteine.

Eine Reihe stattliche Häuser im Stadtzentrum erinnern an jene Zeit. Viele sind heute als Frühstückspensionen (Bed & Breakfast) eingerichtet.

Das „Dilling House" in der Stony Road, (privat, nicht zugänglich!) stammt aus der Mitte des 17. Jh. und gilt als eines der ältesten Häuser auf Cape Cod.

Übrigens, in den Süßwasserseen in dieser Gegend wachsen viele Cranberrys (Preiselbeeren ähnlich) die Anfang Oktober geerntet werden.

**Naturgesch. Museum**
Mo. - Sa. 9.30 - 16.30, So. 12.30 - 16.30 Uhr. Winterhalbjahr Mo. geschl. Eintritt.

Zu den Sehenswürdigkeiten bei Brewster zählen:

**Cape Cod Museum of Natural History**, westl. Brewster an der SR-6A, ist ein naturgeschichtliches Museum, das sich mit der Geschichte, mit Fauna und Flora und mit Umweltbelangen der Region befaßt. Auf dem Gelände gibt es Naturlehrpfade. Auch geführte Rundgänge.

**Feuerwehrmuseum**
Ende Mai - Anf. Sept. tgl. 10 - 16 Uhr. Übrige Zeit Sa. + So. 12 - 16 Uhr. Eintritt.

**New England Fire & History Museum**, an der SR-6A, eines der größten Museen des Landes zum Thema Brandbekämpfung und Feuerwehrausrüstung im 19. Jh. Ausgestellt sind diverse historische Feuerwehrspritzen. Großes Schaubild über das große Stadtfeuer in Chicago von 1871. Reproduktion Benjamin Franklins „Firehouse". Apotheke aus der viktorianischen Epoche, alte Schmiede u. a.

Bei längerem Aufenthalt wird man je nach Interessenlage sicher auch einen Besuch im Zoo **Basset Wild Animal Farm** einplanen.

**Brewster**

## Praktische Hinweise – Brewster

Brewster Area Code (Telefonvorwahl): 508

**Restaurants**

Bekannte **Restaurants** in Brewster sind u. a.:

**The Brewster Fish House**, 2208 Main St., Tel. 896-7868, Montag Ruhetag, mittlere Preislage.

**High Brewster Dining Room**, 964 Satucket St., Tel. 896-3636, elegantes Lokal in einem hist. Gebäude aus dem frühen 18. Jh., sehr teuer.

**Old Manse Inn**, 1861 Main St., Tel. 896-3149, im gleichnamigen Gasthof (9 Zi.), Sonntag, Montag Ruhetage, obere Preisklasse. – Und andere Restaurants.

**Motels**

Motels: **The Bramble Inn**, $$$, 13 Zi., 2019 Main St. (SR-6A), Tel. 896-7644, Zimmer in drei hist. Gasthäusern aus dem 18. u. 19. Jh., gutes, aber sehr teures Restaurant.

**The Captain Freeman Inn**, $$$$$, 12 Zi., 15 Breakwater Rd., Tel. 896-7481, in einer ehem. Kapitänsvilla aus dem Jahre 1860, Schwimmbad.

**Old Sea Pines Inn**, $$$, 21 Zi., 2553 Main St. (SR-6A), Tel. 896-6114, in einem ehemaligen Mädchenpensionat, 2 Nächte Mindestaufenthalt im Sommer an Wochenenden, Restaurant. Relativ preiswerte, aber einfach ausgestattete Zimmer, teils ohne Bad, Telefon und TV.

Und andere Motels sowie zahlreiche weitere kleine Gasthöfe und Frühstückspensionen, teils mit weniger als 10 Zimmer.

**Camping**

▲ – **Roland C. Nickerson State Forest Park Campground,** 1. Mai – 15. Okt.; rund 4 mls/6 km östlich Brewster über SR-6A; weitläufiges Gelände; ca. 420 Stpl.; gute Standardausstattung.

– **Shady Knoll Campground**, Tel. 896-3002, 15. Mai – 15. Okt.; über SR-6A und SR-137; meist schattiges Gelände, ca. 100 Stpl.; Komfortausstattung.

– **Sweetwater Forest Campground**, Tel. 896-3773; ganzjährig; an der SR-124, über US-6 Exit 10 und 3 mls nordwärts; weitläufiges Gelände, ca. 250 Stpl., Komfortausstattung.

➔ **Route:** Weiterreise ab Brewster auf der SR-6A über **Dennis, MA** und **Barnstable, MA** bis **Sandwich, MA**. ●

**Dennis, MA**, ein kleiner Ferienort mit heute annähernd 14.000 Einwohnern, in dem früher Meersalz gewonnen und Klipper für den Ostasienhandel gebaut wurden, ist im Sommer Gastspielort des renommierten Cape Playhouse. Unter Kennern einen guten Ruf hat das Cape Cinema, das in erster Linie künstlerisch konzipierte Filme zeigt.

Ganz in der Nähe des Kinos findet man das **Cape Museum of Fine Arts**, das Kunstwerke des 20. Jh. von lokalen Künstlern zeigt.

**Praktische Hinweise – Dennisport**

**Dennisport**

☎ Dennisport Area Code (Telefonvorwahl): 508

**Motels**

Motels: **Colonial Village Motel**, $$$, 59 Zi., 426 Lower County Rd., Tel. 398-2071, geöffnet Mitte Mai – Mitte Okt., Schwimmbäder, Sauna.

**Corsair & Cross Rip Resort Motels**, $$$“$, 49 Zi., 41 Chase Ave., Tel. 398-2279, geöffnet 1. Apr. – Ende Okt., am Meer, Strand, Schwimmbäder.

**Edgwater Beach Resort**, $$$$$, 90 Zi., 95 Chase Ave., Tel. 398-6922, geöffnet Mitte März – Mitte Nov., 3 Nächte Mindestaufenthalt im Sommer, am Meer, Strand, Schwimmbäder, Sauna.

**Holiday Hill Motor Inn**, $$, 56 Zi., 352 Main St., Tel. 394-5577, geöffnet 1. Mai – 15. Okt., 2 Nächte Mindestaufenthalt an Wochenenden, verkehrsgünstig und relativ preiswert, Schwimmbad.

**Spouter Whale Motor Inn**, $$$$, 40 Zi., 405 Old Wharf Rd., Tel. 398-8010, geöffnet Anf. Mai – Mitte Okt.; 2 Nächte Mindestaufenthalt an Wochenenden, am Meer, Strand, Schwimmbad. – Und andere Motels.

Auf dem Weg nach Westen passiert man auf der SR-6A **Yarmouth Port, MA** (ca. 2.500 Einw.) mit dem über einhundert Jahre alten Drugstore **Hallet's Store**. Die Center Street führt nordwärts zum Strand mit dem Bass Hole Boardwalk.

Yarmouth Port ist ein historisches Städtchen, das aus der dritten, 1639 von den ersten Pilgervätern gegründeten Siedlung auf Cape Cod hervorging. Myles Standish verhandelte mit den damals hier ansässigen Wampanoag Indianern über die Überlassung von Siedlungsland.

Yarmouth Port war, wie das benachbarte Dennis Port auch, bis ins 19. Jh. ein betriebsames Seefahrerstädtchen. So sind es auch in Yarmouth Port ehemalige Kapitänsvillen, die zu den Sehenswürdigkeiten der Stadt zählen.

**Kapitänshaus**
Juli + Aug. Do., Fr. + So. 13 - 16, Jun. + Sept. So. 13 - 16 Uhr. Eintritt.

In der Strawberry Lane Nr. 4, Ecke SR-6A, liegt das **Captain Bangs Hallet House**, das aus der Mitte des 18. Jh. stammt, später im neugriechischen Stil erweitert wurde und das ab 1863 von dem im Asienhandel zu Wohlstand gelangten Kapitän Hallet dreißig Jahre lang bewohnt war.

In der Nähe des Hauses führt ein Spazierweg um den Millers Pond.

**Crocker House**
1. Jun. - 15. Okt. Di., Do., Sa. + So. 12 - 17 Uhr. Eintritt. Führungen.

Das **Winslow Crocker House**, 250 Old King's Rd., Ecke SR-6A, stammt aus dem 18. Jh. und stand ursprünglich als Farmhaus in Barnstable. Um es vor dem Verfall zu retten wurde ist 1935 von einer Gesellschaft zur Erhaltung von Altertümern in New England abmontiert und hier als Museum wieder aufgebaut. In den Innenräumen sieht man interessante Möbelstücke aus der Kolonialzeit.

In **Yarmouth, MA** hat die Firma DeLorme, einer der größten Landkarten- und Globen-Hersteller Amerikas, ihren Firmensitz. Im Foyer des

Firmengebäudes ist der größte sich drehende Globus der Welt, Durchmesser fast 40 m, zu sehen.

**Barnstable, MA**, eine hübsche Kleinstadt mit etwas mehr als 40.000 Einwohnern, wurde bereits 1639 als zweite der ersten Siedlungen der Pilgerväter gegründet. Eines der ersten Bauwerke, die damals errichtet wurden, ist die **West Parish Congregational Church** in West Barnstable, die heute eine der ältesten Pfarrkirchen an der Ostküste sein dürfte.

Im 17. und bis ins 18. Jh. war die Gewinnung von Walölen ein Hauptgewerbe in Barnstable. Anfänglich hatte man sich darauf verlegt, an der nördlich des Ortes an der Landzunge Sandy Neck gestrandete Wale zu verarbeiten. Später wagte man auch Waljagden in der Cape Cod Bay. Es entwickelte sich daraus eine rege Seefahrt, die später zum einträgliche Seehandel mit ostasiatischen Ländern wurde.

Das Ausmaß des Seehandels läßt sich auch an dem stattlichen **Custom House** aus dem Jahre 1855 in der Main Street ermessen. Heute ist in dem ehemaligen Zollamt das **Donald G. Trayser Museum** eingerichtet, in dem Schiffsmodelle und andere Exponate über die Seefahrtgeschichte der Stadt zu sehen sind.

Zu den Kaufmannsfamilien Barnstables, die durch Handelsgeschäfte vornehmlich mit fernöstlichen Ländern und vor allem mit China sehr wohlhabend geworden waren, zählte u. a. die Familie William Sturgis, die der Stadt die umfangreiche Bibliothek **Sturgis Library** spendierte.

Wenn man darauf achtet, findet man etwas östlich von Brewster an der SR-6A einen **Historic Marker**, eine Hinweistafel, die das Grab des Cummoquid Häuptlings Iyanough markiert, der hier bei einem Angriff durch Myles Standish und einige seiner Siedler ums Leben kam.

**Sandwich, MA** liegt am Nordwestende von Cape Cod, ganz in der Nähe des Cape Cod Kanals, der die Cape Cod Bay mit der Buzzards Bay verbindet. Das hübsche Städtchen entstand bereits 1627 und ist somit die älteste Ansiedlungen auf Cape Cod. Die wirtschaftliche Entwicklung der Gemeinde ging nur langsam voran. Küstenfischerei, Waltrangewinnung und Landwirtschaft waren die Haupterwerbsquellen. In Ermangelung eines guten Hafens mußte sich Sandwich anderweitig orientieren. Eine wirtschaftliche Blütezeit erlebte Sandwich im 19. Jh., als hier eine sehr lebhafte und effektive Glasindustrie tätig war.

**Sandwich Glasmuseum**
Apr. - Okt. tgl. 9.30 - 16.30, übrige Zeit bis 16 Uhr. Eintritt.

Zu den Sehenswürdigkeiten der Stadt zählt denn auch ein Glasmuseum. Das **Sandwich Glass Museum**, 129 Main Street, zeigt eine umfangreiche Sammlung von teils auch kolorierten Glasgegenständen aus dem 19. Jh. Die Sandwich Glasindustrie hatte ihren Höhepunkt zwischen 1825 und 1888.

**Hoxie House**
Mitte Juni - Anf. Okt. Mo. - Sa. 10 - 17, So. 13 - 15 Uhr. Eintritt.

Nicht weit vom Glasmuseum entfernt findet man in der Water Street und um den schon im 17. Jh. angelegten Mühlteich Shawme Pond einige sehenswerte historische Häuser. Zu ihnen zählt vor allem das **Hoxie House** in der Water Street, das schon 1635 errichtet wurde. Es ist im Stil des 17. Jh. eingerichtet und kann besichtigt werden.

In der Nähe liegt das **Thornton W. Burgess Museum,** 4 Water Street. Es ist untergebracht im ehemaligen *Eldred House* und erinnert mit seinen Ausstellungsstücken an den 1874 in Sandwich geborenen Kinderbuchautor und Naturwissenschaftler *Thornton W. Burgess.*

*lohnt allemal einen Besuch, die Oldtimer Sammlung im Heritage Plantation Museum, bei Sandwich, MA*

Besichtigen kann man auch die **Dexter's Gritsmill** in der Main Street. In der aus dem Jahre 1654 stammenden, restaurierten Mühle kann man im Sommer täglich beim Kornmahlen zusehen.

Puppen und Puppenstuben sind im **Yesteryears Doll and Miniature Museum**, Main Street und River Street, zu sehen.

☑ ***Mein Tipp!*** Sehr empfehlenswert ist in Sandwich ein Besuch des Freilichtmuseums **Heritage Plantation, MA**, Grove und Pine Streets. Zufahrtsbeschilderung im Ort. Es gibt Parkplätze und ein Picknickgelände.

**Heritage Plantation ****
Mitte Mai - Okt. tgl. 10 - 17 Uhr. Eintritt.

In einem weitläufigen, landschaftsgärtnerisch sehr schön gestalteten Park werden durch sehenswerte Ausstellungen in diversen Gebäuden verschiedene Bereiche des amerikanischen Alltags veranschaulicht.

Man kann zu den einzelnen Ausstellungen schöne Spaziergänge durch das ausgedehnte Parkgelände unternehmen. Es verkehren aber auch Trolleybusse.

Schon wenige Schritte nach dem Eingang sieht man linkerhand die auffallende Rundscheune des sog. **Shaker Round Barn**. Er ist einer typischen Scheune im Hancock Shaker Village, Pittsfield, MA, nachgebaut.

Round Barns, eine eigenwillige, aber äußerst durchdachte Art von Scheunen, die oft noch kombiniert waren mit Rinderstallungen im Erdgeschoß, wurden im 18. und 19. Jh. vor allem auf Farmen der Shaker, einer von den Quäkern herkommende Glaubensgemeinschaft, gebaut.

**Autosammlung im Round Barn ****

Der Shaker Round Barn dient heute als **Museum für Autos**. Es werden einige sehr schöne Oldtimerkostbarkeiten präsentiert.

Auf der unteren Etage sieht man am Treppenabgang unmittelbar links ein auffallendes, gelbes Cabriolet, Modell CORD, Baujahr 1937, Originalpreis: $ 2.395,-, 8 Zylinder, 125 PS, hergestellt von Auburn Automobiles, designed by Gordon M. Buehrig, mit technischen Feinheiten, die für die damalige Zeit ungewöhnlich waren wie Frontantrieb, versenkbare Scheinwerfer, flacher Einstieg, vorne angeschlagene Motorhaube u. ä. Der Stummfilmheld Tom Mix fuhr übrigens so ein Modell.

Schräg gegenüber steht ein 1931er DUESENBERG, speziell von Fred und August Duesenberg für *Gary Cooper* hergestellt. Originalpreis $ 14.000,-, 8 Zylinder, 265 PS, Länge rund 5 m (153 inches), Höchstgeschwindigkeit über 120 mph, rund 190 km/h.

Ebenfalls im Museum ein Ford T-Modell „Thin Lizy", zwei ältere Rolls Royce, einer davon ein „Traum in Weiß" und viele amerikanische Autos, frühe Modelle von Ford über Lincoln, Oldsmobile, Packard bis Cadillac. Der Zustand der Wagen ist außerordentlich gut und äußerst gepflegt.

Vom Round Barn geht man weiter in den Park bis zum **Old Barn**, einer alten Scheune aus dem 17. Jh. Hier finden wechselnde Ausstellungen statt.

Nicht weit davon entfernt sieht man eine **Windmühle**, die um 1800 gebaut wurde und fast hundert Jahre lang in Orleans weiter östlich das Korn der Bauern dort gemahlen hat und später hier als Museumsstück wieder aufgebaut wurde.

Vom Old Barn, dort gibt es auch ein Imbissrestaurant und eine Haltestelle der Trolleybusse, folgt man dem Weg hinab durch das Parkgelände und durch Rhododendronwälder bis linkerhand auf einer Wiesenfläche das rustikale Gebäude des **Military Museum** auftaucht. Neben einer Waffenausstellung ist eine riesige Sammlung bemalter Zinnsoldaten zu sehen.

*aus der Gemäldesammlung des Art Museum der Heritage Plantation of Sandwich*
Foto: Heritage Plantation of Sandwich

Sehenswert ist vor allem auch das sog. **Art Museum** am Ende der Parkstraße. Ein Spaß für Jung und Alt ist das wunderschön restaurierte Karussell von 1912, auf dem der Besucher gerne eine Runde drehen darf.

Beachtung verdient besonders die Kunstausstellung mit Gemälden, Kinderportraits und Indianerszenen, alten Wetterfahnen mit Motiven wie Heuschrecken, Galopper o. ä., mit Bronzeskulpturen von Cowboys oder Indianern (Chief Crazy Horse) und Galionsfiguren.

Ungewöhnliche Exponate sieht man in den Abteilungen „Kunsthandwerk aus Walfischbein" und „Kunsthandwerk von Feuerschiffbesatzungen". Unter den Feuerschiffbesatzungen hatte sich die Korbflechterei als einträgliche Nebenbeschäftigung entwickelt. Vor allem die Leuchtturmwärter auf Nantucket hatten darin eine ganz besondere Fertigkeit erlangt.

Sehr schön und sicher auch eine Rarität ist die Sammlung bemalter Holzplastiken, die in aller Regel Indianergestalten darstellen, die früher vor Läden, speziell vor Tabakhandlungen, standen.

Vom Art Museum kann man mit dem Trolley zurück zum Eingang fahren.

*Indianerskulptur, ehemals vor Tabakläden üblich, Heritage Plantation Museum, Sandwich*

**Praktische Hinweise – Sandwich**

☎ Sandwich Area Code (Telefonvorwahl): 508

Motels: **Country Acres Motel**, $$, 18 Zi., an SR-6A, Tel. 888-2878, Schwimmbad.

**The Dan'l Webster Inn**, $$$$$, 46 Zi., 149 Main St., Tel. 888-3622, 2 Nächte Mindestaufenthalt an Wochenenden, Haus im Kolonialstil, gepflegtes Restaurant, sehr teuer, Schwimmbad.

**Sandwich Motor Lodge**, $$$$, 64 Zi., an SR-6A, Tel. 888-2275, Schwimmbäder, Restaurant nahebei.

**Shady Nook Inn**, $$, 30 Zi., an SR-6A, Tel. 888-0409, 2 Nächte Mindestaufenthalt im Sommer, Schwimmbad.

**Spring Hill Motor Lodge**, $$$, 24 Zi., an SR-6A, Tel. 888-1456, Schwimmbad, Tennis. – Und andere Motels.

**Camping bei Sandwich**

▲ – **Camping Peter's Pond Park**, Tel. 477-1775; 15. Apr. – Mitte Okt.; über SR-130 und Cotuit Rd. ca. 3,5 mls/5,5 km südlich; bewaldetes Gelände an einem See, ca. 500 Stpl.; Komfortausstattung.

– **Scusset Beach State Reservation Campground**, Tel. 888-0859, 15. Apr. – 15, Okt.; an der Küste der Cape Cod Bay nördl. des Cape Cod Kanals; ausgedehntes Gelände, ca. 100 Stpl., einfache Standardausstattung.

– **Shawme Crowell State Forest Campground**, 1. Apr. – 1. Dez.; über SR-130 ca. 1,5 mls/2,5 km nordwestl.; ca. 280 Stpl.; einfache Standardausstattung.

➔ **Route:** Bei **Sagamore** überquert man auf der SR-3 den **Cape Cod Canal** (siehe auch Route 6, Hyannis – Provincetown). Zuvor kann man auf der US-6 einen Abstecher nach Südwesten zum rund 4 mls/6,5 km entfernten **Aptucxet Trading Post** bei **Bourne, MA** unternehmen. ●

**alte Handelsstation**

Mai - Mitte Okt. Mo. - Sa. 10 - 17, So. 14 - 17 Uhr. Vor- u. Nachsaison Mo. geschl.; Eintritt.

Bei **Bourne, MA** wurde der **Aptucxet Trading Post** rekonstruiert, der erste Handelsposten, den Siedler hier 1627 anlegten und der wesentlich mit dazu beigetragen hat, dass die ersten Siedlungen der Pilgerväter von Bestand sein konnten. Es wird sogar angenommen, dass der Aptucxet Trading Post die erste Handelsstation im östlichen Nordamerika überhaupt war, über die ein reger Handel mit den Indianern und den Holländern im heutigen New York abgewickelt wurde.

Neben dem **Trading Post Museum** ist die **Grover Cleveland's Station** zu sehen. Diesen kleinen Eisenbahnhaltepunkt hatte sich der frühere US-Präsident Cleveland bauen lassen, der hier regelmäßig seine Sommerferien verbrachte. Zu den Attraktionen des Trading Posts zählen außerdem die **Joseph Jefferson Windmühle,** eine kleine **Salzfabrik** und schließlich ein **Kräutergarten**.

➔ **Route:** Rund 20 mls/32 km nördlich des Cape Cod Kanals erreicht man, entweder über die Schnellstraße SR-3 oder über die küstennahe SR-3A, **Plymouth, MA**. Verläßt man die SR-3 am Exit 4, trifft man auf **Plimoth Plantation** an der SR-3A. ●

**Plimoth Plantation, erste Siedlung der Pilgerväter** *
Apr. - Nov. tgl. 9 - 17 Uhr. Eintritt, gilt auch für „Mayflower II"

☑ *Mein Tipp!* **Plimoth Plantation, MA**, rund 3 mls/5 km südlich von Plymouth gelegen, ist ein Freilichtmuseum, das dem Dorf der ersten Siedler aus den Anfängen des 17. Jh. nachempfunden ist. Die Anlage besteht aus dem **Visitor Center**, dem **Crafts Center** (Laden mit Kunsthandwerk und Souvenirs) dem **Pilgrim Village** und dem **Habbamock's Homside**.

Im sog. **Pilgrim Village**, einem Straßendorf mit einfachen strohgedeckten Block- oder Fachwerkhäusern mit Lehmwänden, zeigen zeitgenössisch gekleidete Mitarbeiter, wie zu Zeiten der Pilgerväter gelebt und gearbeitet wurde.

Man betritt das durch einen Palisadenzaun geschützte Dorf durch das fortähnliche **Meeting House**. Dieses besonders befestigte Gebäude diente einst als Versammlungs- und Gemeinderaum, aber auch als Zufluchtsort bei Angriffen. Von der oberen Etage hat man einen sehr schönen Überblick über das Dorf.

Das Pilgrim Village ist so angelegt, wie die erste Siedlung der Pilgerväter aus England 1627 wohl ausgesehen haben mag. Die einzelnen, von Gemüsegärten und kleinen Feldern umgebenen Häuser tragen die Namen der Familien, die 1620 mit der „Mayflower" in die Neue Welt gekommen waren.

Das erste Haus links nach dem Eingangstor ist das Haus von Myles Standish, einem Soldaten, der große Teile von Cape Cod für die Siedler erkundet hatte.

Das nächste Haus ist das der Familie Alden. John Alden war Faßbinder auf der „Mayflower" und blieb in New Plymouth. Gegenüber liegt das Haus der Winslows.

Das nächste etwas freier stehende Haus ist das Haus von William Bradford. Bradford kam ebenfalls 1620 mit der Mayflower nach Neuengland und wurde 1621 Gouverneur der Kolonie. William Bradford war ein namhafter Anhänger der sog. Separatisten, die sich im frühen 17. Jh. von der Kirche von England getrennt hatten und 1608 nach Leiden in Holland ins Exil gegangen waren, von wo aus sie später über England nach Amerika segelten.

Das Bradford House ist daran zu erkennen, dass davor eine sog. *Redoute*, ein zaunbewehrtes Geviert steht, das an den Ecken mit Musketen bestückt ist und zur Verteidigung der Straße gedacht war.

Das Museumsdorf wird durch sog. „Interpreter" belebt. Interpreter sind besonders geschulte „Darsteller", die im Stil des frühen 17. Jh. gekleidet sind und in den Häusern, in den Werkstätten oder auf den Feldern wie zu Zeiten ihrer Vorväter arbeiten und auch so sprechen. Die Damen und Herren Interpreter erzählen Ihnen sehr gerne über ihre Arbeit und über ihre Lebensumstände. Und ihre Erklärungen, ihr Dialekt und ihre Sicht

*Plimoth Plantation, Rekonstruktion des Pilgrim Village von 1627*
Foto: Plimoth Plantation, Plymouth, MA

der Dinge klingen so, als wäre heute noch 1627, was interessant und belustigend zugleich ist.

Vom Pilgrim Village führt ein Fußweg hinab zum Eal River Pond und weiter zum **Hobbamock Homesite**. Diese Indianerdorf mit einigen rindengedeckten Hütten ist wie eine Siedlung der Wampanoag Indianer gebaut, so wie sie wohl zu Zeiten der Ankunft der ersten Weißen in Neuengland ausgesehen haben könnte. Es gibt Aufzeichnungen des ersten Gouverneurs der Kolonie, William Bradford, die das Dorf beschreiben und auch den Namen des Indianers erwähnen, nach dem das Museumsdorf heute benannt ist, *Hobbamock*. Hobbamock war ein Wampanoag Indianer aus der Gegend von Pakanoket, dem heutigen Warren in Rhode Island, dessen großer Hilfsbereitschaft und Toleranz es hauptsächlich zu verdanken ist, dass sich die ersten Siedler in der für sie fremden Umgebung an der Küste von Massachusetts überhaupt halten konnten.

Wir fahren auf der SR-3A noch ca. 3 mls/5 km weiter nach **Plymouth, MA**, stadteinwärts. Unterwegs bietet sich Gelegenheit, das **Harlow Old Fort House**, 119 Sandwich Street (SR-3A), zu besichtigen. Dieses historische Gebäude stammt aus dem Jahre 1677 und entstand zum größten Teil aus Eichenholz, das von einem Fort stammt, das 50 Jahre früher hier errichtet worden war. Die Einrichtungs- und Ausstellungsstücke im Haus dokumentieren die beschwerliche Lebensweise der ersten Siedlerfrauen.

**Harlow Old Fort House**
Mitte Mai - Anf. Okt. Di. - So. 12 - 17 Uhr. Eintritt.

Auf dem Weg nach Plymouth liegt außerdem das **Jabez Howland House**, 33 Sandwich Street (SR-3A). 1666 ließen sich Nachkommen der Familie Howland, die zu den ersten Mayflower-Passagieren zählte, dieses Haus bauen.

**Howland House**
Ende Mai - Mitte Okt. tgl. 10 - 17 Uhr. Eintritt.

Kurz nach dem Howland House halten wir uns rechts und folgen der Water Street, die uns zum Hafen bringt.

**Einwanderer-schiff „Mayflower II“ ****
Apr. - Nov. tgl. 9 - 17, Juli + Aug. bis 19 Uhr. Eintritt, gilt auch für Plimoth Plantation.

Im Hafen von Plymouth liegt an der State Pier die **„Mayflower II“** mit ihrem 10 m langen Beiboot vertäut. Das Schiff zählt zu den großen Sehenswürdigkeiten von Plymouth. Die „Mayflower II“ ist der originalgetreue Nachbau der legendären „Mayflower“, mit der im Jahre 1620 einhundertundzwei Auswanderer von Plymouth in England ablegten und nach 66 Tagen strapaziöser Atlantiküberquerung schließlich hier an der Küste von Massachusetts landeten.

Mit dem originalgetreuen Nachbau der „Mayflower“, einem Handelsschiff, wie es zu Beginn des 17. Jh. benutzt wurde, war im Juli 1955 auf der Upham-Werft in Brixham in der englischen Grafschaft Devon begonnen worden. Nach fast zweijähriger Bauzeit konnte der 35 m lange und ca. 9 m hohe dreimastige 181-Tonnen-Segler von Stapel laufen und am 20. April 1957 in Plymouth (England) endlich Segel zu seiner (einzigen) Atlantiküberquerung setzen. Unter großem Beifall lief die „Mayflower II“ am 13. Juni 1957 wohlbehalten in Plymouth, Massachusetts ein und ging dort für den Rest ihrer Tage als Museumsschiff vor Anker.

Es ist natürlich schon ein beeindruckendes Erlebnis – trotz der schiebenden Besuchermengen – sich auf und unter Deck des ziemlich beengten Seglers umzusehen und sich von den kostümierten Führern und „Darstellern“ etwas über die entbehrungsreiche Atlantiküberquerung der Passagiere von 1620 erzählen zu lassen.

Schauen Sie sich das enge Unterdeck *„tween Deck“* an, auf dem sich der Großteil der 102 Passagier damals rund zwei Monate lang aufgehalten hat. Sehr gemütlich kann es dort auf dem herbstlich kalten und stürmischen Nordatlantik nicht gewesen sein. Im Vergleich dazu sehen die sehr spartanisch-rustikalen Kajüten des Kapitäns und des Steuermanns, *Round House* und *Great Cabin* im Heck, fast komfortabel aus.

Die einzige Feuerstelle auf dem Schiff befand sich im sog. *Forecastel* im Bug. Dort war aber vor allem das Refugium der 26-köpfigen Besatzung.

**historische Landungsstelle der ersten Pilgerväter**

Die historische Landungsstelle der ersten Siedler, der **Plymouth Rock,** liegt etwas weiter südlich am Ufer in der Water Street. Hier, genau an dieser Stelle soll es gewesen sein, wo nach der Überlieferung am 21. Dezember 1620 die ersten Pilgerväter ihren Fuß in die Neue Welt setzten. Und natürlich ist die „Türschwelle Amerikas“, wie die Stelle auch genannt wird, heute eine viel besuchte Gedenkstätte. Das patriotische Denkmal dort wird von einer freistehenden Säulenhalle im neoklassizistischen Stil überspannt.

In der Nähe, westl. der Water Street, liegt **Cole's Hill**, die Begräbnisstätte der Siedler, die den ersten Winter 1620 nicht überlebten. Es heißt, dass man die Toten nachts im Dunklen begrub und die Gräber nicht kennzeichnete um den Indianern keine Möglichkeit zu geben auf die verbleibende Größe der Siedlergruppe zu schließen.

Wenig erwähnt wird die Statue des Häuptlings **Massasoit** der Wampanoag Indianer am Cole's Hill, der mit den Einwanderern 1621 den ersten Vertrag schloß und damit eine Ausweitung des Siedlungsraumes erst ermöglichte.

Einblick in die Welt der ersten Siedler erhält der Besucher auch im **Mayflower Society House Museum**, 4 Winslow Street, untergebracht in einem eleganten Stadthaus aus dem 18. Jh. und im **Pilgrim Hall Museum** weiter nördlich, Ecke Chilton/ Court Street (SR-3A), einem der ersten öffentlichen Museen der Vereinigten Staaten übrigens.

*Cranberry Ernte in Massachusetts*

Im Zusammenhang mit der Siedlergeschichte muß auch der **Burial Hill,** westlich der Main Street und des Town Square gelegen, erwähnt werden. In den Anfängen der Stadtgeschichte standen an dieser erhöhten Stelle ein Fort, ein Wachturm, ein Versammlungshaus und ein Pulvermagazin. Außerdem lag hier im 17. Jh. der Stadtfriedhof, auf dem auch William Bradford, der erste Gouverneur der Kolonie beigesetzt ist.

Weitere Sehenswürdigkeiten sind das **Spooner House,** 27 North St., das über 200 Jahre lang zwischen 1747 und 1954 von der Spooner Familie bewohnt war, weiter das **Sparrow House** in der Summer Street 42, das aus dem Jahre 1640 stammen soll und damit zu den ältesten Häusern von Plymouth zählt und schließlich das **Cranberry World Visitors Center**, noch etwas weiter nördlich in der Water Street. Hier wird dem Besucher täglich zwischen 9.30 und 17 Uhr gezeigt, was man alles aus und mit dieser besonders großen Art von Preiselbeeren machen kann.

## Praktische Hinweise – Plymouth

**Plymouth**

☎ Plymouth Area Code (Telefonvorwahl): 508

– **The Plymouth Area Chamber of Commerce**, 85 Samoset St., Tel. 746-3377; Mo. – Fr. 9 – 17 Uhr.

– **Plymouth Visitor Information Center**, 130 Water St., Plymouth, MA 02360, Tel. 747-7525 oder 800/872-1620.

**Stadtrundfahrten Stadtrundgänge**

☑ Besichtigungen in und um Plymouth werden durch die **Plymouth Rock Trolleys** erleichtert. Zwischen Mai und Ende November fahren die Busse auf den Touristenrouten durch Plymouth. Sie halten an 40 Stops, u. a. an der Mayflower II, am Plymouth Harbor und an der Plimoth Plantation, so dass man mit den Trolleys jeden touristisch interessanten Punkt erreicht. Mit einer Tageskarte kann man beliebig oft zusteigen. Infos im Touristenbüro oder unter Tel. 747-3419.

Im Sommer werden **Stadtrundgänge** durch das nächtliche Plymouth angeboten. Ausgangspunkt ist der John Carver Inn, 25 Summer Street. Infos bei *Colonial Lantern Tours*, Tel. 747-4161.

### DIE PILGERVÄTER UND IHRE „MAYFLOWER"

Die Geschichte der legendären Pilgerväter beginnt in den ersten Jahren des 17. Jh. Eine streng religiös motivierte Gruppe von Puritanern hatte sich im Jahre 1606 in der englischen Grafschaft Nottinghamshire zusammengefunden mit dem Ziel, sich von der Church of England zu trennen und eine eigene Kirchengemeinde zu gründen. Die Church of England trat als protestantische Staatskirche auf. Ein Austritt bedeutete gleichzeitig eine Konfrontation mit dem König und mit dem Staat.

Es ist leicht vorstellbar, dass Separatisten dieser Art im totalitären Königreich England Repressalien und Verfolgung zu erwarten hatten.

Um ihren religiösen Vorstellungen treu bleiben zu können, setzten sich die – natürlich auch nicht sonderlich toleranten – Separatisten und Puritaner nach Holland ab. Dort lebte man fast 12 Jahre lang in relativem Frieden, aber wohl in ziemlicher Armut. Die Holländer waren tolerant in Religionsfragen, aber rigoros, wenn es um ihre Vorteile in Handel und Gewerbe ging.

In Holland machte sich unter den englischen Puritanern die Einsicht breit, dass man nicht in Armut sterben wollte, auch nicht in einer religiös liberalen Umgebung. Und auch die Kinder sollten nicht holländisch erzogen werden. Erneut machte sich die unbeugsame religiöse Splittergruppe auf nach neuen Ufern, diesmal im wörtlichen Sinn.

Unterhändler der Gruppe hatten von englischen Kaufleuten ein kleines Handelsschiff ausgerüstet bekommen und waren ermuntert worden, eine Kolonie in der Neuen Welt zu gründen. Natürlich hatten die Kaufleute nicht wirklich die Unterstützung einer religiösen Sekte im Sinn, sondern vielmehr die profitablen Möglichkeiten vor Augen, die sich aus der Verbindung mit einer prosperierenden Kolonie ergeben konnten.

Ausgestattet mit einem Vertrag der Virginia Company, der die Gründung einer Siedlung an der Mündung des Hudson River vorsah und gestattete, machten sich die Separatisten mit ihrem Schiff „Speedwell" auf den Weg nach England, wo man sich in Plymouth einer Auswanderergruppe anschließen wollte, die mit der „Mayflower" in die Neue Welt auslaufen sollte. Aber schon nach wenigen Tagen erwies sich die „Speedwell" als hochseeuntüchtiger Seelenverkäufer und mußte zurückbleiben. Die Gruppe der

**Plymouth Restaurants**

Restaurants: **Lobster Hut**, Town Wharf, Tel. 746-2270, einfaches, aber gutes und preiswertes Fischlokal am Hafen.

**McGrath's Restaurant**, Water Street an der Town Wharf, Tel. 746-9751, rustikales Fischlokal am Hafen, mittlere Preislage.

**Mamma Mia's,** 122 Water St., Tel. 747-4670, italienische Küche, bekanntes, stark frequentiertes Lokal am Hafen.

**The Station**, 51 Main St., Tel. 746-1200, gute Karte, mittlere Preislage. – Und andere Restaurants.

**Motels**

Motels: **Blue Spruce Motel,** $$, 28 Zi., 710 State Rd., Tel. 224-3990, Schwimmbad.

**Cold Spring Motel**, $$, 31 Zi., 188 Court St., Tel. 746-2222, geöffnet Anf. Mai – Ende Nov., Schwimmbad.

**The Governor Bradford Motor Inn**, $$$, 95 Zi., 98 Water St., Tel. 746-6200, Schwimmbad. Restaurant nahebei.

**John Carver Inn at Town Brook**, $$$$$, 85 Zi., 25 Summer St., Tel. 746-7100, Restaurant, Schwimmbad.

englischen Puritaner aber, die auf der „Mayflower“ Platz gefunden hatte, stach am 6. September 1620 in See. Am 9. November landete man nach einer stürmischen Reise unter widrigen Umständen im heutigen Hafen von Provincetown auf Cape Cod.

Die Pilgerväter von 1620 hatten diese Ecke Amerikas eigentlich gar nicht zum Ziel. Sie wollten viel weiter im Süden landen, in der Nähe des Hudson River, einer Gegend, die damals der Virginia Company gehörte. Auch waren sie keineswegs die allerersten Einwanderer, die an der nordamerikanischen Ostküste zu siedeln versuchten. Die erste dauerhaft bewohnte Siedlung entstand schon Jahre vorher – nämlich in Jamestown, Virginia. Dennoch gab erst die Landung in Plymouth den Ausschlag dazu, dass die Besiedelung der Ostküste Amerikas mit Einwanderern aus Europa nun rasch voranschritt.

Von den 102 ersten puritanischen Pionieren überlebten allerdings nur 44 den Winter von 1620. Die Überfahrt hatte sich zu sehr verzögert, um vor Winterbeginn einzutreffen und rechtzeitig Quartiere zu bauen. Pferde, Rinder oder andere Haustiere waren nicht an Bord. Lebensmittel aus dem Land waren um diese Jahreszeit nicht zu erwarten. Die meisten starben an Hunger, Entkräftung, Krankheiten oder erfroren. Aber 20 Jahre später lebten in den ersten acht Ansiedlungen in Massachusetts schon 2.500 Einwanderer.

**Pilgrim Sands**, $$$, 65 Zi., 150 Warren Ave., Tel. 747-0900, südlich der Stadt, Schwimmbad.

**Sheraton Inn Plymouth at Village Landing**, $$$$, 177 Zi., 180 Water St., Tel. 747-4900, zentral gelegenes, komfortables Haus, Restaurant, Schwimmbad, Sauna. – Und andere Motels.

**Camping bei Plymouth**

▲ – **Ellis Haven**, Tel. 746-0803, 1. Mai – 1. Okt.; über SR-3 Exit 6 und noch rund 2,5 mls/4 km nach Südwesten; ausgedehntes, teils bewaldetes Gelände, ca. 400 Stpl.; Komfortausstattung; Bademöglichkeit, Bootsrampe.

– **Indian Resort Family Camping**, Tel. 888-3688; 1929 State Rd., 15. Apr. – 10. Okt.; rund 13 mls/21 km südl. Plymouth, über SR-3 Exit 2; weitläufiges, teils sandiges, bewaldetes Gelände, ca. 200 Stpl.; Komfortausstattung, Bademöglichkeit.

– **Pinewood Lodge Campground**, Tel. 746-3548; 190 Pinewood Rd.; 1. Mai – 1. Dez.; über SR-3 Exit 6 und rund 1 km südwärts über US-44; weitläufiges, teils bewaldetes Gelände am Pinewood Lake; ca. 150 Stpl.; Komfortausstattung; Bademöglichkeit, Bootsrampe.

## 8. PLYMOUTH, MA – FRAMINGHAM, MA

⊙ **Entfernung:** Rund 140 mls / 221 km.

➔ **Strecke:** Über die Straßen SR-3A, SR-104/106 und über **Bridgewater** bis **Mansfield** – I-95 bis Exit 4 – I-295 bis Exit 9 – SR-146 bis **Northbridge** – Landstraßen über **Oxford** bis **Sturbridge** – US-20 und I-90 bis **Worcester** – I-290 bis Exit 26, I-495 bis Exit 24, US-20 bis **Marlboro** – SR-126 bis **Framingham**.

🕑 **Reisedauer:** Mindestens ein Tag.

⌘ **Höhepunkte:** Das Freilichtmuseum **Old Sturbridge Village** *** – der historische Landgasthof **Longfellow's Wayside Inn** *.

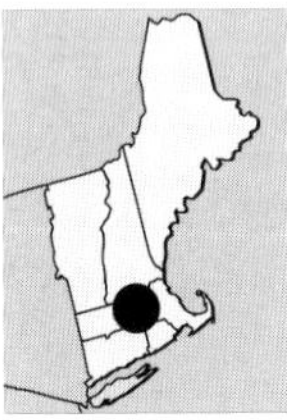

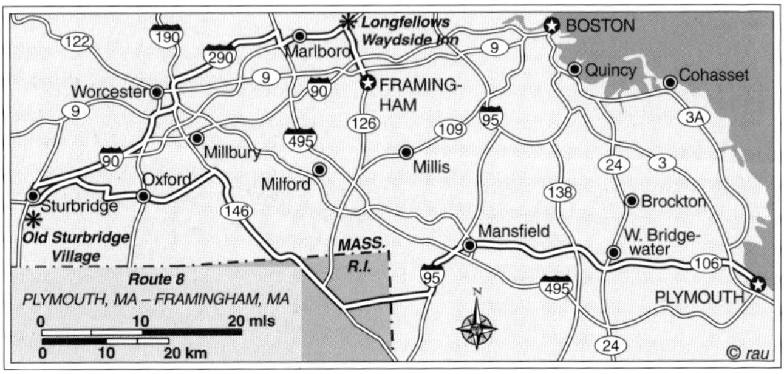


Der in dieser Etappe beschriebene Abstecher nach Framingham lohnt eigentlich nur dann wirklich, wenn man das Freilichtmuseum Old Sturbridge Village besichtigen will. Aber dieses Museum lohnt den Weg.

Verzichtet man auf den Umweg durch das Hinterland von Massachusetts, läßt sich der hier beschriebene Reiseweg durch Neuengland erheblich abkürzen, wenn man von Plymouth über die SR-3 direkt nach Boston weiterreist.

➔ **Route:** Unsere Route verläßt Plymouth über die SR-3A in nördlicher Richtung und folgt nach rund 3 mls/5 km der SR-104/106 westwärts über **Bridgewater, MA** und südlich vorbei an **Brockton, MA**, der großen Stadt der Schuhproduktion mit dem interessanten Kunstmuseum **Fuller Museum of Art**, 455 Oak St., nach **Mansfield, MA**. ●

**Mansfield**

**Motels**

### Praktische Hinweise – Mansfield

☎ Mansfield Area Code (Telefonvorwahl): 508

Motels: **Holiday Inn Mansfield,** $$$$, 202 Zi., 31 Hampshire St., Tel. 339-2200, über I-95 Exit 7A zur SR-140, Restaurant, Schwimmbad, Saunas, Fitnessraum, Tennis.

**Motel 6,** $, 126 Zi., 60 Forbes Blvd., Tel. 339-2323, über I-95 Exit 7A, Schwimmbad. – Und andere Motels.

Camping

**East Mansfield**

**▲ – Canoe River Family Campground**, Tel. 339-6462, 15. Apr. – 15. Okt.; ca. 1 ml südl. der SR-106; ausgedehntes, teils bewaldetes Gelände, ca. 140 Stpl; Komfortausstattung, Schwimmbäder, Freizeiteinrichtungen.

➔ **Route:** Knapp 2 km westlich von Mansfield trifft man auf die I-95. Ihr folgen wir ein kurzes Stück südwärts Richtung **Providence, RI**, verlassen die Autobahn aber bereits an der Ausfahrt Nr. 4, folgen der I-495 westwärts, um schließlich an der Ausfahrt Nr. 9 der I-495 über die SR-146 Richtung **Worcester, MA** zu fahren.
Nach 22 mls/35 km verlassen wir bei **Northbridge, MA** die SR-146, um nach Südwesten auf eine kleine Landstraße abzuzweigen, die durch schöne, hügelige Waldlandschaft nach **Oxford, MA** westlich der I-395 führt.
Aus **North Oxford, MA**, rund 3 mls/ 5 km weiter nordwestlich gelegen, stammt *Clara Barton*, die 1812 hier geborene Gründerin des Amerikanischen Roten Kreuzes.
Ab Oxford weiter westwärts nach **Charlton** an der US-20 und dort schließlich südwestwärts nach **Sturbridge, MA**. ●

**Sturbridge, MA**, ein Landstädtchen mit knapp 8.000 Einwohnern, wurde in den Anfängen des 18. Jh. gegründet und entwickelte sich rasch zu einem Agrarzentrum. Milchwirtschaft, Schafzucht und Obstanbau waren Schwerpunkte. Außerdem arbeiteten hier viele Getreidemühlen und Sägewerke. Später erlangte auch die Textilindustrie einen gewissen Stellenwert.

☑ *Mein Tipp!* Größte Sehenswürdigkeit in der Region ist **Old Sturbridge Village, MA**, ein wirklich besuchenswertes Freilichtmuseum, das einer typischen Neuengland Landgemeinde aus der Zeit um 1830 nachempfunden ist. Old Sturbridge Village liegt an der SR-20 West.

**Old Sturbridge Village** ***
Anf. Apr. - 30. Okt. tgl. 9 - 17, Mitte Feb. - Ende März und Nov. + Dez. tgl. 10 - 16 Uhr. Eintritt, gilt für zwei aufeinanderfolgende Tage.

In einem ausgedehnten, waldparkähnlichen Gelände sind seit 1946, als das Museum erstmals seine Pforten öffnete, auf rund 80 Hektar über 40 historische Gebäude aus allen Teilen Neuenglands zusammengetragen, restauriert und originalgetreu wieder aufgebaut und eingerichtet worden. Old Sturbridge ist ein „belebtes" Museum, in dem nach alter Manier mit den damals gebräuchlichen Werkzeugen und Materialien oft längst ausgestorbenen Handwerken und Berufen nachgegangen wird. Und wie zu Zeiten des 19. Jh. betreibt man Landwirtschaft und Gartenbau. Pferdekutschen, Ochsengespanne und im Stil des 19. Jh. gekleidete „Bewohner" bevölkern das Museumsdorf. Ziel des Museums ist es, den Alltag eines Neuenglanddorfes zu Beginn des 19. Jh. so authentisch wie nur irgend möglich zu dokumentieren.

Vom **Visitor Center** am Eingang, mit sehenswerter, 15-minütiger Diaschau zur Einstimmung und einer interessanten Uhrensammlung und kunsthandwerklichen Ausstellungen, gelangt man zum **Village Green**, einer Grünanlage, wie sie typisch für Dörfer und Städte in Neuengland waren. Markant am Dorfplatz ist das weiße **Center Meetinghouse** mit seinem schlanken Uhrturm, das als Kirche, Bethaus und als Versammlungsraum der Gemeinde genutzt wurde.

Am Village Green liegen, vom Center Meetinghouse aus gesehen, links das **Fenno House**, ein Wohnhaus aus dem frühen 18. Jh., das **Fitch House,** ebenfalls aus den Anfängen des 18. Jh., das einst der Wohnsitz einer Druckerfamilie war, eine **Bank** mit Blendfassade, der **Grant Store** mit Bäckerei und Souvenirshop und, schon etwas abseits, das **Printing Office,** die alte Druckerei.

Rechts am Village Green liegen der **Knight Store**, ein Gemischt- und Kolonialwarenladen alten Stils. Läden dieser Art waren wichtige Kommunikationspunkte in ländlichen Gegenden. Denn über den Country Store konnte man nicht nur Waren beziehen, sondern auch Produkte verkaufen. Das kleine, etwas zurückversetzte Haus daneben ist das **Law Office**, das Büro eines Advokaten und Notars.

Nebenan liegen das **Richardson Parsonage**, das Wohnhaus des Gemeindepfarrers und seiner Familie aus der Mitte des 18. Jh., der **Tin Shop**, ein Zinnladen, wie sie vor allem Mitte des 19. Jh. in Mode waren und schließlich die **Bullard Tavern,** ein typisches Landgasthaus aus dem frühen 19. Jh., in dem auch heute wieder ein Restaurant untergebracht ist.

Am Ostende des Village Green erhebt sich das **Towne House,** ein typisches Beispiel eines noblen Stadthauses, wie sie sich wohlhabende Farmer leisten konnten.

Von der Bullard Tavern kann man, vorbei am romantischen Mühlteich, hinuntergehen in den ländlichen Teil des Museumsgeländes. Rechts führt ein Weg am **Bixby House**, dem Haus eines Hufschmiedes, vorbei zur **Freeman Farm**, einem typischen Bauernhof mit Wohn- und Wirtschaftsgebäuden. Sehenswerte Räume. Rustikale, gemütliche Wohnküche.

Links gelangt man zur **Schmiede**, zur **Carding Mill**, einer wasserbetriebenen Wollkämmerei, zur **Getreidemühle** und zum ebenfalls wasserbetriebenen **Sägewerk**. In den Werkstätten und Mühlen wird gewöhnlich gearbeitet oder sie werden zu Demonstrationszwecken für die Besucher in Betrieb gesetzt.

Über eine überdachte Brücke, auch sie typisch für Neuengland, gelangt man zurück zur Bullard Tavern.

Planen Sie für einen Besuch im Old Sturbridge Village mindestens drei Stunden ein!

Sie können in Old Sturbridge Village auch übernachten und zwar in hübsch restaurierten Lodges und Häusern, teils aus dem späten 18. Jh., wie das Oliver Wight House. Die Zimmer sind mit zeitgemäßen Sanitär- und Kommunikationseinrichtungen ausgestattet. Infos und Reservierungen über: *Old Sturbridge Village Lodges*, Route 20 West, Sturbridge, MA 01566, Tel. 508/347-3327.

**Sturbridge**

**Praktische Hinweise – Sturbridge**

☎ Sturbridge Area Code (Telefonvorwahl): 508

**Tri-Community Area Chamber of Commerce**, 380 Main St., Sturbridge, MA 01550, Tel. 347-2761.

*Backen nach Großmutters Art, Old Sturbridge Village*
Foto: Old Sturbridge Village

**Motels**

Motels: **American Motor Lodge Best Western**, $$, 55 Zi., an der US-20/SR-131, Tel. 347-9121, Restaurant, Schwimmbad.

**Comfort Inn & Suites at Pistol Pond,** $$, 77 Zi., an der US-20, Tel. 347-3306, Schwimmbad, Fitnesseinrichtungen, Restaurant nahebei.

**Econo Lodge,** $$, 52 Zi., 682 Main St., über US-20 westl., Tel. 347-2324, Schwimmbad.

**Old Sturbridge Village Lodge**, $$, 59 Zi., Tel. 347-3327, in Old Sturbridge Village im Kolonialstil, Schwimmbad, Restaurant nahebei.

**Public House Historic Resort**, $$$$, 127 Zi., On-the-Common, Tel. 347-3313, Anlage mit mehreren Gebäuden, Zimmer teils im Motel, teils im Farmhaus, teils im historischen Inn; zwei bekannte, stark frequentierte, gute, aber teure Restaurants, Schwimmbäder, Tennis, Parkanlage.

**Sturbridge Coach Motor Lodge**, $$, 54 Zi., 408 Main St. an US-20, Tel. 347-7327, Schwimmbad.

**Sturbridge Host Hotel**, $$$$, 240 Zi., 366 Main St., an US-20, Tel. 347-7393, gepflegtes, teures Konferenzhotel gegenüber Old Sturbridge Village, zwei Restaurants, Schwimmbad, Saunas, Tennis, Fitnessraum, Freizeiteinrichtungen. – Und andere Motels.

**Camping**

▲ – **Yogi Bear's Sturbridge Jellystone Park**, Tel. 347-9570, 30 River Rd.; 1. Jan. – 31. Dez.; ca. 2,5 km südl. über I-84 Exit 2; freizeitparkähnliches, ausgedehntes, teils bewaldetes Gelände an einem See; ca. 400 Stpl.; Komfortausstattung, Sport- und Freizeiteinrichtungen, 11 Mietbungalows.

➔ **Route:** Der weitere Verlauf der Route führt über die US-20 nordostwärts bis zur I-395/290, der wir nordwärts nach **Worcester, MA** folgen. ●

**Worcester, MA**, eine eher unscheinbare Industrie- und Gewerbestadt mit annähernd 170.000 Einwohnern, liegt in hügeliger Landschaft mitten in New England. Im 19. Jh., mit dem Einzug der Dampfmaschine, blühten in Worcester die Textil-, Metall- und Papierindustrien.

Mit wachsender Industrialisierung wurde das Fehlen eines Hafens oder Schiffahrtsweges zum drängenden Problem. Man entschloß sich deshalb um 1820 mit gigantischem finanziellem und technischem Aufwand einen Kanal, den **Blackstone Canal**, nach Provincetown zu graben. Der Kanal, von dem Teile bei Northbridge und Uxbridge noch erkennbar sind, war nur etwas mehr als 20 Jahre in Betrieb. Dann übernahm die schnellere Eisenbahn den Gütertransport.

Heute ist Worcester aber nicht nur ein Zentrum des Handels und der Industrie, sondern auch einer der Mittelpunkte der Kultur in Massachusetts. In der Stadt sind mehrere namhafte Colleges ansässig.

Aus Worcester stammt *Robert H. Goddard*, der hier 1882 das Licht der Welt erblickte, in der Clark University von Worcester promovierte und später der große amerikanische Raketenpionier wurde, der südlich der Stadt seine ersten Versuche machte.

Einige stattliche Bauwerke erinnern an die prosperierende Epoche während der Industrialisierung der Stadt, so z. B. im **Oxford-Crown Historic District**, in der **Massachusetts Avenue**, in der **Highland Street** Nr. 40 mit der Villa **Salisbury Mansion**, die sich Stephen Salisbury, ein wohlhabender Kaufmann 1772 hatte errichten lassen oder das Konzerthaus **Mechanics Hall**, 321 Main St., im Renaissancestil aus der Mitte des 19. Jh.

**Worcester Kunstmuseum**
Di. - Fr. 9 - 16, Sa. 12 - 17, So., 13 - 15 Uhr. Eintritt.

Kunstliebhaber sollten dem **Worcester Art Museum**, 55 Salisbury Street, einen Besuch abstatten, dem die reichhaltigste und umfassendste Sammlung amerikanischer Malerei nachgesagt wird.

Ein anderes wichtiges Museum der Stadt ist das **Higgins Armory Museum**, 100 Barber Avenue, im nördlichen Stadtbereich in der Nähe der I-190 Exit 1. Zu sehen ist die mittelalterliche Waffensammlung des Industriellen und Stahlfabrikanten John W. Higgins.

**Worcester**

### Praktische Hinweise – Worcester

☎ Worcester Area Code (Telefonvorwahl): 508

**Worcester Area Chamber of Commerce**, 33 Waldo St., Worcester, MA 01608, Tel. 753-2924.

**Motels**

Motels: **Crowne Plaza Worcester**, $$$, 243 Zi., 10 Lincoln Sq., Tel. 791-1600, I-290 Exit 17, Restaurant, Schwimmbad, Sauna. Flughafentransport.

**Days Inn Lodge**, $$, 115 Zi., 50 Oriol Dr., Tel. 852-2800, I-290 Exit 20 und über SR-70 nordwärts, Schwimmbad, Tennis.

**Hampton Inn**, $$, 100 Zi., 110 Summer St., Tel. 757-040, I-290 Exit 16.

**Holiday Inn**, $$$, 142 Zi., 500 Lincoln St., Tel. 852-4000, I-290 Exit 20, Restaurant, Schwimmbad, Sauna.

**The Regency Suites**, $$, 110 Zi., 70 Southbridge St., Tel. 753-3512, über I-290 Exit 13 zur SR-122, relativ zentrales Stadthotel, Restaurant, Schwimmbad. Flughafentransport. – Und andere Motels.

➔ Weiterreise über die I-290 nordostwärts bis zur Ausfahrt 26, dort auf der I-495 südwärts bis Exit 24 und hier auf die US-20 nach **Marlborough, MA**. Rund 4 mls/6 km weiter zweigt kurz vor

**South Sudbury** von der US-20 die Zufahrtsstraße zum **Longfellow's Wayside Inn** ab. ●

**Abstecher zum ältesten Gasthaus Amerikas**

Der historische Landgasthof **Longfellow's Wayside Inn**, Postkutschenstation und Herberge aus dem frühen 17. Jh., gilt als das älteste ständig betriebene Gasthaus in Amerika. Gegründet wurde das historische Anwesen 1683 von David How, Sproß einer alten Wirtsfamilie, die bereits seit 1661 in Sudbury die „Black Horse Tavern" betrieb. David How nannte seinen Gasthof, der 1683 gerade mal aus zwei Räumen und einem Gemeinschaftsraum im Erdgeschoß und einem Raum darüber bestand, schlicht „How's Tavern". Später wurde das Haus mehrfach erweitert und der Name wurde in „Red Horse Inn" geändert. Der „Red Horse Inn" lag günstig auf halbem Wege von Boston nach Worcester und an der Handelsstraße nach Provincetown und wurde in der frühen Geschichte der Kolonien ein Treffpunkt der Revolutionskräfte.

Um 1850 hielt sich der Poet und Schriftsteller *Henry Wadsworth Longfellow* häufig im „Red Horse Inn" auf. Longfellow schrieb hier viele Balladen, Gedichte und Kurzgeschichten, in denen er Gestalten und Erzählungen, die er an den Kaminen im „Red Horse Inn" traf und hörte, lebendig werden läßt. 1863 wurden die Geschichten in der Sammlung „Tales of a Wayside Inn" erfolgreich veröffentlicht. Eine der bekanntesten und beliebtesten Balladen daraus ist „Paul Revere's Ride" in dem es heißt: „Listen my children and you shall hear of the midnight ride of Paul Revere".

Ein späterer Wirt erkannte den öffentlichkeitswirksamen Wert der Verbindung seines Gasthauses mit dem Poeten Longfellow und dessen Geschichtensammlung und benannte den „Red Horse Inn" um in „Longfellow's Wayside Inn".

Dass der historische „Wayside Inn" noch heute in originalem Zustand erhalten ist und nach wie vor als Restaurant und Hotel (10 Zimmer, Tel. 508/443-1776) betrieben werden kann, ist zum großen Teil Henry Ford, dem Automobilmagnaten, zu verdanken. Er erwarb den Gasthof 1923 und ließ in aufwendig als Denkmal der Kolonialgeschichte restaurieren.

Man kann den urigen Inn mit seinen rustikalen Schank- und Gasträumen mit Balkendecken, Kaminen und historischem Mobiliar besichtigen. Natürlich gibt es auch das Longfellow Gastzimmer zu sehen.

Henry Ford veranlaßte auch, dass in der Nähe des „Wayside Inn" eine wasserbetriebenen Getreidemühle und eine Kapelle im typischen Neuenglandstil nachgebaut wurden. Auf seine Anregung und mit seiner Finanzierung wurde auch das alte Schulhaus aus dem späten 18. Jh. aus Sterling in Massachusetts hierher versetzt, in dem der Kinderreim „Mary had a little lamb" entstanden sein soll.

**Sudbury, MA** ist ein hübsches Städtchen ganz in der Nähe, etwa 3 mls/5 km nordöstlich vom Wayside Inn. Interessante Gebäude sind The First Parish Church, die Grange Hall von 1846 und das Pfarrhaus Loring Parsonage von 1723 mit einem kleinen Museum. Auf dem Friedhof liegen zahlreiche Gefallene aus den Revolutionskriegen begraben.

**Framingham, MA,** eine kleine Industriestadt mit rund 65.000 Einwohnern, liegt rund 5 mls/8 km weiter südlich jenseits der I-90. Bereits 1650 gegründet, entwickelte sich im Ort aber erst ab 1837 mit der Nutzung der Wasserkraft eine nennenswerte Industrie. Heute setzt man in

Framingham mehr auf die Elektronikindustrie, auf Softwareentwicklung und zukunftsorientierte Gewerbezweige.

Besichtigen kann man das **Danforth Museum of Art**, 123 Union Ave. mit wechselnden Ausstellungen.

Boston, siehe nächste Etappe, ist nur knapp 20 mls/32 km entfernt und kann je nach Reiseplanung ebensogut als Etappenziel gewählt werden.

Framingham

**Praktische Hinweise – Framingham**

Framingham Area Code (Telefonvorwahl): 508

**Metro West Chamber of Commerce**, 1671 Worcester Rd., Framingham, MA 01701, Tel. 879-5600.

Motels

Motels: **Econo Lodge**, $$, 33 Zi., 1186 Worcester Rd., Tel. 879-1510, über SR-9E.

**Red Roof Inn**, $$, 170 Zi., 650 Cochituate Rd., Tel. 872-4499, über SR-30. Restaurant nahebei.

**Sheraton Hotel**, $$$, 375 Zi., 1657 Worcester Rd., Tel. 879-7200, über SR-9, Restaurant, Coffee Shop, Schwimmbäder, Sauna. Flughafentransport. – Und andere Motels.

## 9. BOSTON, MA

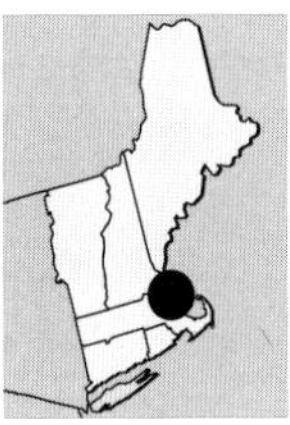

**Reisedauer:** Mindestens zwei Tage.

⌘ **Höhepunkte:** Ein Spaziergang auf dem **„Freedom Trail“** durch die **historische Innenstadt** *** – das **Old State House** ** – Schlemmen im **Quincy Market** * – die hübschen, alten Straßenzüge am **Beacon Hill** * – Window Shopping am **Copley Place** * – die Museen der Stadt, wie das **Museum of Fine Arts** **, das **Children's Museum** *, das **Isabelle Stewart Gardner Museum** ** oder das **Kennedy Library Museum** *.

**Boston, MA**, ca. 575.000 Einwohner (Großraum rund 4,2 Mio. Einwohner), ist die Hauptstadt des Bundesstaates Massachusetts und wichtigstes Handels- und Wirtschaftszentrum im Nordosten der USA. Der Größe nach rangiert Boston zwar nur an 13. Stelle der amerikanischen Großstädte. Nach seiner wechselvollen Vergangenheit gemessen aber zählt Boston zu einer der historischsten Städte der Vereinigten Staaten.

Und die Bostonians hören es sicher nicht ungern, dass ihre Stadt auch „Wiege der amerikanischen Unabhängigkeit“ genannt wird. Viele Ereignisse, die im 17. und 18. Jh. das Entstehen des Staatenbundes beeinflußten, fanden in Boston statt. Kein Wunder also, dass man im Stadtzentrum neben modernen Hochbauten überall auf historische Gebäude und Gedenkstätten aus der Kolonialzeit stößt. Und – ein Spaziergang durch Boston ist wie ein Crashkurs durch die Anfänge der amerikanischen Geschichte.

Der sog. **„Freedom Trail“** hilft dem Besucher sehr, auf den Spuren der Stadtgeschichte zu wandeln. Zu Fuß und ganz nach Belieben, rasch oder gemütlich, gelangt man auf dem mit einer breiten roten Linien auf

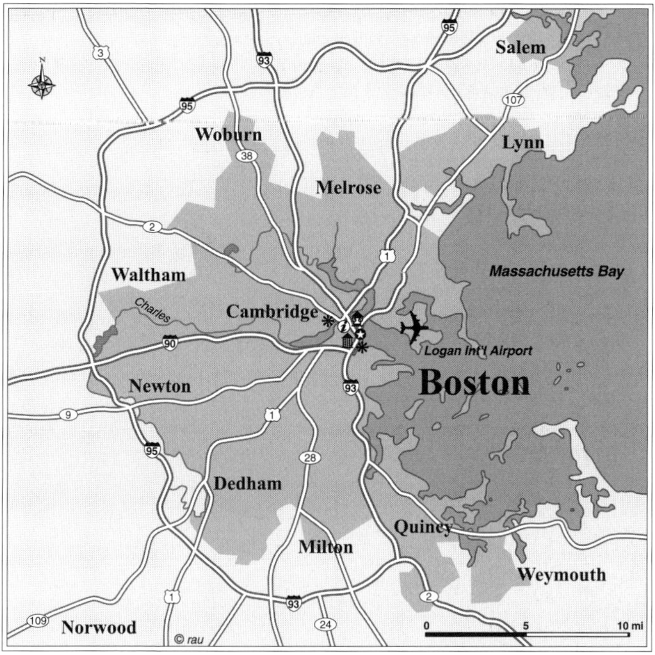


dem Gehsteig markierten Weg durch die Innenstadt zu allen wichtigsten Stationen der frühen Stadtgeschichte.

Der **„Black Heritage Trail"** führt zu wichtigen Station in der langen Stadtgeschichte der schwarzen Bevölkerung von Boston.

Über beide Trails, die weiter unten beschrieben sind, gibt es diverse Info-Blätter in den Touristenbüros.

**Bostons Stadtgeschichte**

Die Geschichte der Stadt Boston beginnt 1630. *John Winthorp* und einige Siedler ließen sich in jenem Jahr an der Mündung des Charles River an der Massachusetts Bay nieder und gründeten eine Gemeinde, die schon zwei Jahre später Hauptstadt der Kolonie werden sollte.

Der Handel mit Stockfisch, getrocknetem Kabeljau (Codfish), brachten der Stadt im 17. Jh. rasch wirtschaftlichen Erfolg. Und man machte damit gute Geschäfte mit den Zuckerplantagen in der Karibik. Die englischen Plantagenbesitzer dort führten Mengen von Kabeljau als Verpflegung für Ihre Sklaven ein. Außerdem eröffneten sich den Fischhändlern in den katholischen Mittelmeerländern weitere Absatzmärkte. Die puritanischen Bostonians lehnten die päpstliche Hegemonie zwar gänzlich ab, nutzten das katholische freitägliche Fleischverbot aber weidlich für ihren Fischhandel aus.

Über die intolerante Haltung der puritanischen Siedler in Glaubensfragen wurde an anderer Stelle (siehe Kurzporträt der USA und der Neuengland Staaten – Rhode Island, Massachusetts) schon berichtet. Im Boston des 17. Jh. ging das allerdings soweit, dass Andersgläubige oder

**Bostons Stadtgeschichte**

Abtrünnige von der puritanischen Theokratie als Hexen verfolgt und hingerichtet wurden (siehe auch unter Salem).

Die Bedeutung des Kabeljauhandels für die Prosperität der Stadt war in jener Zeit so gravierend, dass die Stadtväter dem „Sacred Cod" gar ein Denkmal im Sitzungssaal des State House setzten.

Um 1700 war aus dem Hafen von Boston der größte Warenumschlagplatz in den britischen Kolonien Nordamerikas geworden und es dauerte noch ein halbes Jahrhundert, bis Philadelphia Boston den Rang ablief. Aber größte Stadt an der Ostküste blieb Boston noch lange.

Im 18. Jh. hatte sich Boston und das Gebiet der Neuengland Staaten als selbstverwaltetes Gebiet, das aber Eigentum der Englischen Krone war, gut entwickelt. Politisch war der Einfluß aus London nicht übermäßig groß. Den Kolonien waren von der Krone sogar gewisse Privilegien in Sachen Selbstverwaltung eingeräumt worden.

Ganz anders sah das auf dem Handelssektor aus. Immer wieder gab es Reibereien zwischen den Kolonisten und britischen Beamten wenn diese versuchten, gegebene Zusagen zu beschneiden oder neue Auflagen zu verordnen. Um die Kreise des englischen Welthandels nicht zu stören, wurden Warenlieferungen aus den und in die amerikanischen Kolonien mit hohen Zöllen belegt. Dazu kam, dass die hier stationierten englischen Truppen von den amerikanischen Siedlern über Sondersteuern finanziert werden sollten.

In Boston machte man bald mit dem Slogan „No taxation without representation" gegen die britische Steuerschraube mobil. Bürger und Kaufleute wehrten sich in zunehmenden Maße gegen die Besteuerung, ohne aber im Parlament ausreichend vertreten zu sein.

Boston, als wichtiger Hafen, war natürlich von den Handelshemmnissen durch exorbitante Zölle sehr betroffen und wurde mehr und mehr zum Zentrum von Aufständen und Boykotten gegen die Engländer und deren Waren.

Im Frühjahr 1770, genauer am 5. März, fanden die Feindseligkeiten, die natürlich die Position der Befürworter der Unabhängigkeit von England stärkten, im **„Boston Massacre"** einen ersten blutigen Höhepunkt. Englische Soldaten des 29. Regiments schossen damals auf eine Menschenmenge, die sich in der Nähe des Old State House zu Protesten zusammengerottet hatte. Fünf Aufständische wurden getötet, viele verwundet. War das der erste Schritt zum amerikanischen Revolutionskrieg?

Schon drei Jahre später gab es einen neuen Affront gegen die Engländer. In der als **„The Boston Tea Party"** in die amerikanische Geschichte eingegangene Aktion warfen als Indianer verkleidete Bostoner Bürger mehrere Schiffsladungen englischen Tees ins Meer. König George ließ daraufhin den Hafen schließen. Bostons Vertreter in Philadelphia verlangten im Gegenzug die Einberufung des *First Continental Congress*. Die endgültige Abkehr der amerikanischen Kolonien von England zeichnete sich immer deutlicher ab.

Immer mehr Truppen der englischen Redcoats wurden in Boston zusammengezogen. Die Stadt wurde zu einer Bastion der Briten.

Um die sich nun häufiger formierenden Aufstände zu unterbinden, beschloß der englische Gouverneur von Massachusetts, *General Thomas Gage*, 1775 das Waffenarsenal der amerikanischen Truppen in

**Bostons Stadtgeschichte**

Concord auszuheben. Mit seinem historischen Ritt rief *Paul Revere* damals die Truppe der sog. *Minutemen* zu den Waffen, die Gage's Soldaten später bei Lexington beinahe eine Niederlage beifügten.

Auf dem *Second Continental Congress* von 1775 beschlossen die 13 Kolonialstaaten offiziell den Widerstand gegen England. Im folgenden Jahr brach der **Revolutionskrieg** aus, der sich bis 1783 hinziehen sollte. Schließlich zwang ein massives Artilleriefeuer, mit dem die Bostoner unter General George Washington von Dorchester Heights her die Engländer belegten, die Briten im März 1776 Boston freizugeben.

Nach Beendigung des Revolutionskrieges begann für Boston ein rasanter wirtschaftlicher Aufstieg. Der Hafen wurde zu einem der wichtigsten an der Ostküste und größter Umschlagplatz für Wolle und Leder.

Der Beacon Hill entwickelte sich zu einem der Nobelviertel jener Zeit, mit stattlichen Villen von Reedern und Kaufmannsfamilien, errichtet vom damaligen Stararchitekten Bulfinch. Hier residierte, wer im Bankgewerbe, im Seehandel oder im Schiffbau zu Wohlstand gelangt war. Kritische Zeitgenossen mokierten sich über den luxuriösen Lebensstil, der hinter den nüchternen Backsteinfassaden auf dem Beacon Hill mit unverkennbarer Yankee Verschrobenheit und einer gehörigen Portion an Neuengland-Hochnäsigkeit gepflegt wurde.

Allerdings wird der Niedergang der Segelschiffahrt von den Reedern und Kaufleuten in Boston ignoriert. Die Zeit des Dampfschiffbaus geht an den Werften dort vorbei. Das Kapital der wohlhabenden Handelshäuser fließt ab in Industriestandorte außerhalb Bostons und vor allem in den aufstrebenden Westen des Landes. Hafen und Stadt erleben um die Jahrhundertwende einen langsamen, aber unaufhaltsamen Niedergang.

Andererseits entwickelt sich Boston, aufbauend auf dem Renommee der Harvard University im benachbarten Cambridge, zu einem der namhaftesten Bildungszentren des Landes.

Edgar Allan Poe wurde 1809 in Boston geboren. Die Dichter Longfellow und Lowell lebten hier und der Schriftsteller Nathaniel Hawthorne (siehe unter Salem) verdiente sich damals seinen Lebensunterhalt als Zollinspektor im Custom House von Boston.

**Boston und die Iren**

Einen starken Impuls und einen Wandel im Bild des Bevölkerungsbildes erfuhr Boston Mitte des 19. Jh. durch den massiven Zuzug irischer Einwanderer. Eine wahre Einwanderungswelle aus Irland setzte während und nach der großen Hungersnot dort um 1848 ein. Die irische Gemeinde Bostons wuchs rasant und wurde zur Hochburg irischer Clans in Neuengland.

Kaum ein Bürgermeister der Stadt, der nicht irischer Abstammung wäre und kaum ein Ire, der nicht mindestens einen Verwandten in Boston oder Neuengland hätte. Und noch heute werden die Geschicke der Stadt von Politikern mitbestimmt, deren Stammbaumwurzeln in Irland liegen.

Aber so groß die irische Gemeinde in Boston auch war und ist, beliebt waren die katholischen Immigranten im puritanisch protestantischen Boston nicht immer. Im 19. Jh., als mit dem Beginn des Industriezeitalters überall billige Arbeitskräfte gesucht wurden, war an vielen Fabriktoren zu lesen: „No Irish need to apply“, Iren brauchten sich gar nicht erst zu bewerben.

Dass sich Ansehen und Einfluß der irischstämmigen Bostonians dennoch ganz gewaltig gesteigert haben, zeigt auf amüsante und hintergründige Weise die Einführung der St. Patricks Feiern.

Der St. Patrick's Day am 17. März, der irische Nationalfeiertag, wollte auch von den Iren in Boston gefeiert werden. Allerdings sieht die amerikanische Verfassung, die eine strikte Trennung von Staat und Kirche verlangt, vor, dass keine Feiertage zu Ehren von Heiligen festgesetzt werden dürfen. Schlitzohrig befürworteten die Iren heftig die Einführung des „Evacuation Day", der an die Vertreibung der Briten aus Boston durch die Truppen George Washingtons erinnert. Und was für ein Zufall, dass der Feiertag gerade auf den 17. März festgelegt wurde!

## TIPS ZUR STADTBESICHTIGUNG

Wer mit dem Auto oder gar mit einem Camper unterwegs ist, sollte, wenn immer möglich, nicht mit dem Wagen zur Stadtbesichtigung aufbrechen. Einbahnstraßen, Verkehrs- und vor allem Parkplatzprobleme verleiden rasch eine Sightseeing-Tour per Auto. Suchen Sie sich ein verkehrsgünstiges Motel oder Hotel am Stadtrand, besser noch (wenn auch teurer) in der Nähe des Copley Place und lassen Sie Ihr Auto dort stehen.

Muß man doch per Auto in die City fahren, findet man zentrale **Parkhäuser** oder Tiefgaragen u. a. unterhalb des Parks Boston Common, Einfahrt Charles Street, dann nördlich Government Center am Warren Square Nähe Congress Street, in der Province Street Nähe Old City Hall, in der Arch Street Nähe Old South Meeting House, in der Washington Street Ecke Water Street, in den Congress und Milk Streets, am zentralen Court Square Nähe Old State House oder östlich in Hafennähe in der New Atlantic Ave. Nähe New England Aquarium.

Im westlichen Stadtbereich findet man Tiefgaragen im Prudential Center, im Copley Place Komplex und beim John Hancock Tower.

### Öffentlicher Nahverkehr

**mit U-Bahn und Bus**

Bedienen Sie sich im Stadtzentrum der **öffentlichen Nahverkehrsmittel** der MBTA (Verkehrsbetriebe der Massachusetts Bay Transportation Authority, Tel. 722-3200 oder 800/392-6100 für Fahrpläne, Preise etc.) wie **U-Bahn** (Subway) **Busse** und **Trolleybusse.**

U-Bahnstationen sind mit einem großen „T" gekennzeichnet. Die U-Bahn kostete zuletzt 85 Cents im Innenstadtgebiet pro Ticket, Busse 60 Cents, Expressbusse $1,50 und mehr. Zur Fahrt genauen Geldbetrag bereithalten.

Die einzelnen Linien der U-Bahn sind durch Farben gekennzeichnet: Blue Line verkehrt z. B. vom und zum Flughafen, Red Line von South Station über Zentrum nach Cambridge oder Green Line über Zentrum, Boston Common und Prudential Center in die südwestlichen Vororte.

Die Nahverkehrsbetriebe MBTA geben den sog. **„Boston Passport"** heraus. Diesen Touristenpass kann man für eine Gültigkeitsdauer von 1 Tag, 3 Tage oder 7 Tage erwerben und während der Gültigkeitsdauer alle U-Bahnen und Stadtbusse benutzen. Außerdem gewähren manche städtischen Einrichtungen, Museen und Restaurants eine kleine Ermäßigung bei Vorlage des „Boston Passport". Zuletzt kostete der Paß $ 5,-, $ 9,-

bzw. $ 18,-. Zu kaufen ist der „Boston Passport" entweder im Boston Common Visitor Center, an den MBTA-Schaltern in den Bahnhöfen South Station, Back Bay Station, North Station, Government Center, Harvard Square und Airport, sowie in einigen größeren Hotels.

Recht bequem wird eine Stadtbesichtigung auf eigene Faust, wenn man sich der sog. **Sightseeing Trolleys** bedient. Diese nach Oldtimermanier gestylten, teils offenen Touristenbusse fahren auf festen Routen durch die gesamte Innenstadt und halten an oder in der Nähe der bedeutendsten Plätze und Sehenswürdigkeiten. Unterwegs werden Erklärungen in englischer Sprache abgegeben. An den Stops kann man aus- und wieder zusteigen. Trolleybusse bieten an: *Beantown Red Trolleys*, Tel. 236-2148, *Old Town Trolleys*, Tel. 269-7010, oder *Blue Trolleys,* Tel. 617-TROLLEY. Informationsbroschüren mit Preisen und Angabe der Haltepunkte gibt es bei den Touristenbüros und in den Hotels.

**Sightseeing Trolleys**

## Sightseeing

Begleitete **Stadtrundfahrten** veranstalten u. a. *Brush Hill Tours & Beantown Trolleys* (Tel. 236-2148) und *Boston Sightseeing Tours* (Tel. 899-1454). Die kürzeste Tour dauert ca. 3 Stunden. Abfahrten von allen großen Stadthotels.

**Stadtrundfahrten**

Neueste Attraktion sind Rundfahrten mit einem roten *Amphibien-Bus*, der Besucher zu historischen Plätzen und Sehenswürdigkeiten der Stadt bringt und dann in den Charles River und über den Fluß nach Cambridge zur Harvard University fährt.

Zahlreiche **geführte Stadtrundgänge** von etwa 1½-stündiger Dauer werden zwischen Mai und Oktober gegen Gebühr angeboten.

**Stadtrundgänge**

Einer der Stadtrundgänge führt über den zentralen Teil des **Freedom Trail.** Startpunkt ist vor der Congress Hall am Samuel Adams Denkmal, Nähe Faneuil Hall, Montag bis Samstag jeweils um 10 Uhr, Sonntag um 14 Uhr.

Zwischen April und November begleiten bestens informierte Angestellte des **National Park Service** Stadtspaziergänge über den Freedom Trail. Startpunkt ist das Boston National Historical Park Visitor Center in der State Street in der Nähe des Old State House.

An der großen Freitreppe vor dem State House beginnt Montag bis Freitag jeweils um 17.30 Uhr, Samstag um 10 Uhr und Sonntag um 14 Uhr die **„Beacon Hill Twilight Tour".**

Von Anfang Juni bis Anfang September werden außerdem Führungen über den **„Black Heritage Trail"** durchgeführt und zwar täglich um 10, 12 und 14 Uhr, Startpunkt am Shaw Denkmal in der Beacon Street vor dem State House.

Im Sommer werden **Hafenrundfahrten** ab Long Wharf beim New England Aquarium (22) angeboten, Info-Tel. 227-4321.

**Bootstouren**

**Bootsausflüge** auf dem Charles River starten im Sommerhalbjahr von Mitte Mai bis Ende September am Museum of Science, Info-Tel. 523-2169.

Eine besondere Art, ein Stück von Boston kennen zu lernen, ist eine Rundfahrt mit **Boston Duck Tours,** Tel. 723-3825. Die Gäste werden mit restaurierten Amphibienfahrzeuge aus dem Zweiten Weltkrieg auf einer 80-minütigen Tour durch Bostons Straßen und über den Charles River

**im Amphibienfahrzeug durch Boston**

kutschiert. Start- und Endpunkt der Rundfahrt das Prudential Center, Eingang Huntington Avenue (auch Avenue of the Arts). Abfahrten alle halbe Stunde täglich von 9 bis 20 Uhr, Sonntag bis 18 Uhr.

### Shopping

Im Viertel zwischen Prudential Center (21) und Hancock Tower (20) finden Sie neben Hotels, Restaurants (z. B. in der Boylston Street), Coffee Shops, Autovermietungen und öffentliche Bibliothek eine ganze Reihe von Geschäften.

Eine recht luxuriöse Einkaufsgegend ist **Copley Place** am Prudential Center. Zwischen den Hotels Marriott und Westin erstreckt sich eine gigantische Mall. Ein Eldorado für Schnäppchenjäger ist der Copley Place allerdings nicht.

Elegante Mode, Musikläden, Kunstgalerien, Buchläden und Modeboutiquen findet man vor allem in der **Newbury Street** im Back Bay Viertel.

Wer auf der Suche nach Antiquitäten ist, sollte mal in der **Charles Street** im Beacon Hill Viertel, etwa in Höhe der River Street, vorbei schauen.

Ein Einkaufsbummel durch Downtown sollte Sie auf alle Fälle in die Mall **Downtown Crossing** führen. In dem Einkaufszentrum mit seiner lebhafte Fußgängerzone östlich vom Park Boston Common, etwa zwischen Tremont St. und Washington St., finden Sie u. a. Filene's und Macy's, zwei der größten Warenhäuser der Stadt.

Am **Faneuil Hall Marketplace** gibt es im **Quincy Market** neben Bistros und Restaurants fast alles, was das Herz eines Gourmets höher schlagen läßt.

## STADTBESICHTIGUNGEN

Mindestens zwei Tage sollte man für eine Stadtbesichtigung (was im großen und ganzen einem Bummel entlang des „Freedom Trails" entspricht) mindestens vorsehen.

**Vorschlag für ein „Kurzprogramm"**

Hat man die Zeit nicht, wäre als Superkurzprogramm vorzuschlagen, den Besuch wie folgt zu beschränken: Bei klarem Wetter mit dem Aufzug hinauf zum *John Hancock Observatory* im 60. Stockwerk des ca. 240 m hohen **Hancock Tower (20)**, Bostons höchstem Aussichtspunkt, Ecke Clarendon Street/James Ave., U-Bahn Station *Copley Square*.

Anschließend zur U-Bahn Station *Copley Square* in der nahen Boylston Street und mit der Green Line drei Stationen stadteinwärts bis zur Station *Park Street* an der Ostecke es Stadtparks **Boston Common**. Ab dort kann man dem ersten Stück des **„Freedom Trail"** über **Old City Hall (7)** bis **Faneuil Hall (10)** am **Quincy Market (11)** folgen.

**Bostons „Freedom Trail" ***

Auf einer Länge von gut 3 km führt der **„Freedom Trail"** mit seiner unübersehbaren roten Markierung auf dem Gehsteig den Besucher durch Bostons Innenstadt. Dabei kommt man an insgesamt 16 Sehenswürdigkeiten und Gedenkstätten vorbei, die meist aus der bewegten Kolonialvergangenheit der Stadt stammen. Und mit seinem etwas pathetischen Namen *„Freiheitsweg"* soll der „Freedom Trail" wohl an den langen Weg zur Unabhängigkeit der Vereinigten Staaten im 18. Jh. erinnern.

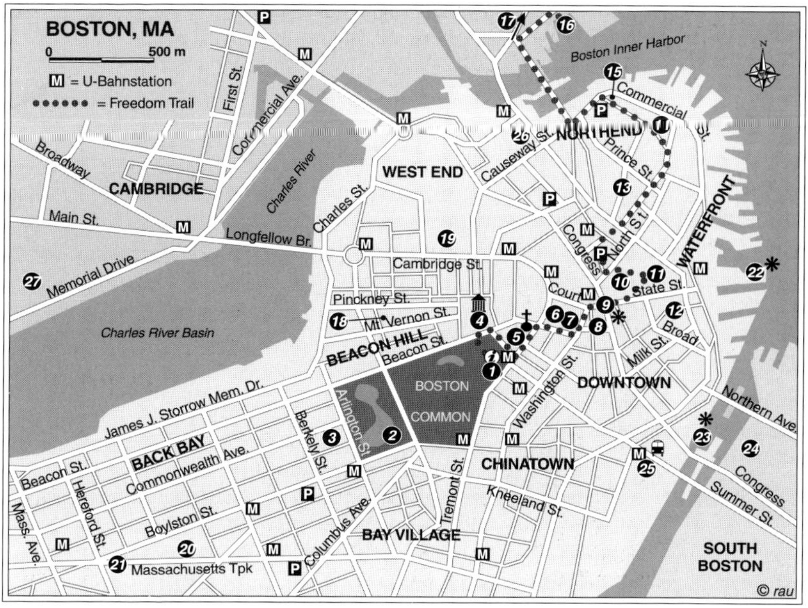


*BOSTON, MA – 1 Information – 2 Public Gardens – 3 Ritz Carlton Hotel – 4 State House – 5 Park Street Church u. Granary Burial Ground – 6 King's Chapel – 7 Old City Hall – 8 Old South Meeting House – 9 Old State House – 10 Faneuil Hall – 11 Quincy Market – 12 Custom House – 13 Paul Revere House – 14 Old North Church – 15 Copp's Hill Burial Ground – 16 „U.S.S. Constitution" – 17 Charlestown u. Bunker Hill Monument – 18 Louisburg Square – 19 Gray Otis House – 20 Copley Place – 21 Prudential Center – 22 New England Aquarium – 23 Boston Tea Party and Ship – 24 Children's Museum, Computer Museum – 25 South Station – 26 North Station u. Boston Garden – 27 Massachusetts Institute of Technology (MIT)*

## BOSTON DOWNTOWN

### Zwischen Boston Common und Old State House

**Stadtspaziergang über den „Freedom Trail"**

Ausgangspunkt dieses Stadtspaziergangs ist das **Informationsbüro (1)** (U-Bahnstation *Park Street*, Linien Green Line und Red Line) an der Tremont Street am Ostrand des Stadtparks Boston Common. Bostons U-Bahn, die erste im Lande übrigens, wurde bereits 1897 mit der Strecke unter der Tremont Street und der Boylston Street eröffnet.

**Boston Common**, eine der ältesten Grünanlagen und Stadtparks in Neuengland, wurde bereits von den ersten Stadtgründern in der ersten Hälfte des 17. Jh. angelegt. Damals war das Gelände aber nicht mehr als eine der Allgemeinheit zugängliche Wiese, die als Kuhweide ebenso genutzt wurde wie als Exerzierplatz und Richtstätte. Im 17. Jh. sollen hier diejenigen Bürger, die den Sabbath nicht heiligten (den Puritanern ein Sakrileg), ihre Stockhiebe empfangen haben.

Auf dem **Central Burial Ground**, dem Zentralfriedhof der Stadt des 18. Jh. in der Südostecke des Boston Common, liegen vor allem Revolutionskämpfer und Gefallene der Kämpfe um Bunker Hill begraben.

**Stadtspaziergang über den „Freedom Trail“**

Auch *Gilbert Stuart*, ein Porträtist, von dem eines der bekanntesten Bildnisse George Washingtons stammt, erhielt hier ein namenloses Armengrab, nachdem er 1828 völlig mittellos gestorben war.

Jenseits der Charles Street schließt der Stadtpark **Public Gardens (2)** mit einem großen Schwanenteich (Bootsfahrten mit den beliebten Swan-Boats) und einem Washington Denkmal an.

In der Arlington Street an der Westseite der Public Gardens liegt das **Hotel Ritz Carlton (3)**, eines der renommiertesten Hotels der Stadt.

Bis etwa zur Mitte des 19. Jh. bestand das Gebiet westlich des Boston Common aus der seichten, sumpfigen Bucht Back Bay, die mit der großen Stadterweiterung um 1850 aufgefüllt wurde. Auf dem gewonnen Land entstand zwischen Beacon Street im Norden und Boylston Street im Süden ein elegantes Wohnviertel, das heute noch als **Back Bay** bekannt ist.

Wir queren die Nordostecke des Parks Boston Common und gelangen hinauf zur Beacon Street. Oben an den Treppen links sieht man das **Shaw Monument**, ein Bronzerelief von Augustus Saint-Gaudens aus dem Jahre 1897. Das Denkmal erinnert an das 54. Massachusetts Regiment im amerikanischen Bürgerkrieg, das ausschließlich aus schwarzen Soldaten und weißen Offizieren bestand. Kommandant des Regiments war Colonel Robert Gould Shaw, der 1863 bei Charleston in South Carolina gefallen ist. Am Monument ist ein Haltepunkt der Sightseeing-Trolleys.

Weiter nordöstlich sieht man rechts in der Beacon Street das **Boston Athenaeum.** Sehenswert dort ist vor allem die Bibliothek, der **Reading Room**, im fünften Stock des Gebäudes. Leider ist der Raum, der Teile von George Washingtons Bibliothek beherbergt, nur auf allerdings kostenlosen Führungen zugänglich und zwar lediglich Dienstag und Donnerstag jeweils um 15 Uhr.

**Massachusetts' Regierungssitz (4)**
Mo. - Fr. 9 - 17 Uhr, Führungen 10 - 16 Uhr.

Auf der anderen Seite der Beacon Street liegt, durch seine vergoldete Kuppel unverkennbar, das **State House (4)**, das Regierungsgebäude des Staates Massachusetts. Der Bau, zu dem zwei Heroen der amerikanischen Revolution, Samuel Adams und Paul Revere, den Grundstein legten, stammt aus der Zeit um 1795 und ist ein Werk von *Charles Bulfinch*, Bostons namhaftem Architekten der damaligen Zeit. Eine mächtige Freitreppe führt hinauf zu dem von einer Säulenvorhalle überragten Eingang. Darüber erhebt sich die markante, Kuppel. Sie wurde 1874 vergoldet.

Im Inneren, das auf Führungen besichtigt werden kann, sind Statuen von Staatsmännern, Gemälde, Kriegsbanner u. ä. zu sehen. Eine breite Treppe führt hinauf zu den Sitzungssälen. Dort ist im ovalen, von einer Kuppel überspannten Sitzungssaal des Repräsentantenhauses u. a. Bostons Symbol „The Sacred Codfish“, die vergoldete Plastik eines Kabeljaus, zu sehen.

Im Staatsarchiv werden historische Originaldokumente aufbewahrt, wie die von König Charles I. unterzeichnete Handschrift der Massachusetts Bay Company Charta, oder die Verfassung des Staates Massachusetts von 1780 etc.

Über die Park Street zurück bis zur Tremont Street. An der Ecke links liegt die **Park Street Church (5)** von 1809. Hier wurde schon zu Beginn des 19. Jh. für die Antisklavereibewegung gepredigt.

das State House in Boston, Massachusetts' Regierungssitz

Die Kirche steht an der Stelle eines früheren Speicherhauses (Old Granery), das zu den größten Bauwerken im Boston des 18. Jh. zählte. Die Räumlichkeiten waren so groß, dass man hier leicht die riesigen Segel des Kriegsschiffes „U.S.S. Constitution" nähen konnte.

Wir gehen links, die Tremont Street nordwärts. Schon nach wenigen Metern erkennt man linkerhand den zwischen Häusermauern eingezwängt gelegenen Friedhof **Granary Burial Ground (5)**. Namhafte Persönlichkeiten aus der Zeit der Unabhängigkeitsbestrebungen sind hier begraben. Darunter sind die Opfer des „Boston Massacre", die Mitunterzeichner der Unabhängigkeitserklärung Samuel Adams, John Hancock und Robert T. Paine sowie Peter Faneuil. Ein markanter Granitobelisk markiert das Grab der Eltern von Benjamin Franklin.

Weiter bis zur School Street, in die wir am **Omni Parker Hotel**, einem gepflegten, sehr zentralen Stadthotel, rechts einbiegen.

An der Straßenecke gegenüber liegt die **King's Chapel (6),** die in der Mitte des 18. Jh. nach Plänen des Architekten Peter Harrison aus Newport entstand. Ihr Glockenturm blieb unvollendet. Sehenswertes Inneres mit korinthischen Säulen und schön gearbeitetem Holzaltar.

Der Friedhof der King's Chapel gilt als ältester Gottesacker in Boston. *Isaac Johnson* (gest. 1630), einer der ersten Siedler, liegt hier ebenso begraben wie *John Winthorp*, der erste Gouverneur der Kolonie.

Es heißt, dass der Schriftsteller *Nathaniel Hawthorne*, der zeitweise den Posten eines Zollinspektors im hiesigen Custom House bekleidete, öfters über den Friedhof gegangen sei und dabei auf das Grab einer gewissen Elizabeth Pain gestoßen sein soll. Das Grab liegt in der Nähe der Kirche hinter dem U-Bahn-Lüftungsschacht. Nach der Tradition der bigotten Puritaner war der Grabstein der Toten mit einem großen „A" gekenn-

**Stadtspaziergang über den „Freedom Trail"**

zeichnet, was darauf hinwies, dass die Frau zu Lebzeiten wegen eines Vergehens („A" weist auf „Adultery", Ehebruch, hin) angeklagt und mit dem Buchstaben gebrandmarkt war. Literaturhistoriker meinen nun, dass diese Geschichte der Hintergrund für Hawthornes Meisterroman „The Scarlet Letter" (Der scharlachrote Buchstabe) gewesen sein könnte (siehe auch unter Salem).

*Bronzetafel am Benjamin Franklin Denkmal vor der Old City Hall*

Etwas weiter, auf der linken Seite der School Street, liegt das alte Rathaus **The Old City Hall (7)**. Das im Empirestil gehaltene Gebäude stammt aus dem Jahre 1865. Der Eingang wird flankiert von einem Benjamin Franklin Denkmal und einem Denkmal, das an Josuah Quincy, Oberbürgermeister in Boston von 1829 bis 1845 und Initiator des Quincy Market erinnert.

Ein paar Häuser weiter trifft man an der Ecke School Street und Washington Street auf **The Old Corner Book Store**, eines der traditionsreichsten Buchgeschäfte der Stadt. Das Gebäude stammt aus dem frühen 18. Jh. Vor allem im 19. Jh. war hier ein wichtiges Literaturzentrum der Nation. Leute wie *Charles Dickens* (1812 – 1870, „Oliver Twist", „David Copperfield" u. a.) gingen hier ein und aus und trafen sich mit Gleichgesinnten. Und zwischen 1845 und 1865 war im Hause die Agentur Ticknor & Fields ansässig, die Werke von Longfellow, Hawthorne, Whittier oder Thoreau veröffentlichte.

**Treffpunkt der Revolutionäre (8)**
Apr. - Okt. tgl. 9.30 - 17, übrige Zeit Mo. - Fr. 10 - 16, Sa. + So. 10 - 17 Uhr. Eintritt.

Schräg gegenüber, Ecke Washington Street und Milk Street, finden Sie das **Old South Meeting House (8)**. Nach seiner Entstehung 1729 diente der historische Bau zunächst als Kirche. Später nahmen von hier aus viele Aufstände gegen die Engländer ihren Anfang. Die Aufständischen, die im Boston Massacre umkamen, zogen von hier aus und auch die Boston Tea Party wurde wohl hier ausgeheckt. Hier riefen Leute wie Samuel Adams oder James Otis zum Widerstand gegen die englischen Kolonialherren auf.

Im Dezember 1773 versammelten sich in und vor dem Old South Meeting House Tausende Menschen, einige Quellen sprechen von 7.000, als es darum ging, gegen die horrenden Teesteuern zu protestieren, die England den Bostonians aufgebrummt hatte. Wenig später wurden im Hafen drei Schiffsladungen Tee ins Meer gekippt. Und manchem wird nun aufgegangen sein, was Samuel Adams der „Organisator der Revolution" bei der Versammlung meinte als er während seiner Rede ausgerufen haben soll: „Wer weiß, wie sich Tee und Meerwasser vertragen". Und gelegentlich liest man heute noch, dass es das Gehirn von Samuel Adams und das Geld von John Hancock waren, die die amerikanische Revolution zum Erfolg führten. Dass die Protestaktion der spektakulären „Boston Tea Party“ keineswegs nur eine Bagatelle war wird deutlich wenn man erfährt, dass der Wert des vernichteten Tees heute einen Gegenwert von annähernd einer Million Dollar haben würde.

Ausstellungen, Multimedia-Präsentationen, Stadtmodelle, eine Darstellung der „Boston Tea Party“ u. a. erinnern im Old South Meeting House an die Ereignisse, welche die Geschicke des Landes beeinflußten.

In der Milk Street hinter dem Old South Meeting House war am 6. Januar 1706 *Benjamin Franklin* geboren worden. Das Haus existiert allerdings nicht mehr. Nur eine Inschrift an einer Hauswand erinnert an den Geburtsort des großen amerikanischen Staatsmanns und Philosophen.

*Bostons Old State House*

**Old State House (9),** tgl. 9.30 - 17 Uhr. Eintritt. U-Bahn Station *„State“*

Vom Old South Meeting House über die Washington Street nordwärts gehend, stößt man wenig später auf die Court Street. Rechts erkennt man, fast erdrückt von den Glasfassaden der umliegenden Hochhäuser, das **Old State House (9)**. Dieser erste Verwaltungssitz des Staates Massachusetts wurde 1713 auf den Mauern des alten Rathauses errichtet, das zwei Jahre zuvor einem Feuer zum Opfer gefallen war.

Vor dem Revolutionskrieg hatte der englische Gouverneur seinen Amtssitz im Old State House, das viele historische Ereignisse des jungen Bundesstaates sah. Von hier wurde vom Balkon in der State Street am 18. Juli 1776 den Bostoner Bürgern die Unabhängigkeitserklärung der Vereinigten Staaten verkündet. In der Folge der Proklamation wurden die Symbole des englischen Königreichs, das Einhorn und der Löwe auf dem Giebel, verbrannt, die heute auf dem vollständig restaurierten Gebäude wieder zu sehen sind. Und hier im Old State House war es auch, wo John Hancock 1780 als erster Gouverneur von Massachusetts vereidigt wurde.

Nach dem Bau des neuen State Houses auf dem Beacon Hill wurden die Räumlichkeiten des Old State House verpachtet.

Um die Jahrhundertwende wäre das historische Gebäude beinahe dem Übereifer der Stadtplaner zum Opfer gefallen und abgerissen worden. Erst als sich Chicago vehement dafür einsetzte, das Gebäude lieber Stein für Stein abtragen und in Chicago als Nationaldenkmal wieder aufbauen zu lassen, als es der Abrissbirne zu opfern, wachte man in Boston auf und übergab das Old State House 1882 der Obhut der Bostonian Society, die aus dem Haus ein Museum machte.

Faneuil Hall am Quincy Market

Unmittelbar unter dem Old State House befindet sich die U-Bahnstation *„State"*, die von Blue Line und Orange Line bedient wird.

Ganz in der Nähe des Old State House spielte sich 1770 das blutige **„Boston Massacre"** ab. Eine in die Verkehrsinsel in der State Street vor dem Old State House eingelassene Markierungen weist auf die historische Stelle hin.

Schräg gegenüber des Old State House findet man das **National Park Service Visitors Center**. Hier gibt es neben ausführlichen Informationen über die Sehenswürdigkeiten der Stadt und einer Diaschau über den Freedom Trail auch kostenlose, geführte Kurzrundgänge durch die Innenstadt..

Wir queren die State Street, gehen die Congress Street ein kurzes Stück nordwärts – links voraus sieht man die moderne Fassade der City Hall, Bostons Rathaus – und wenden uns rechts zur **Faneuil Hall (10)**, dem berühmten Versammlungsort der Aufständischen des 18. Jh. Faneuil Hall wird auch als „Cradle of Liberty" (Wiege der Freiheit) bezeichnet. Hier hatten die rhetorisch gewandten Verfechter einer unabhängigen Kolonie wie *James Otis* und *Samuel Adams* Mitte des 18. Jh. ihre großen Auftritte.

**Faneuil Hall (10), Bostons „Wiege der Freiheit"** *
tgl. 9 - 17 Uhr.

*Peter Faneuil*, ein im Sklavenhandel zu Reichtum und Wohlstand gelangter Kaufmann und Lebemann, errichtete 1742 das Handels-, Waren- und Versammlungshaus, das seinen Namen trägt und das er der Stadt stiftete, sehr zum Mißfallen seiner Kollegen. Denn die Kaufleute der Stadt taten alles, den englischen Zöllnern und Steuerbeamten das Leben so schwer wie nur irgend möglich zu machen. Und ein offener Markt, ein Warenhaus, war in ihren Augen geradezu eine Einladung für Steuerinspektoren. Wie dem auch sei, in der frühen Faneuil Hall wurden im Erdgeschoß Geschäfte getätigt, im ersten Stock dagegen befanden sich große Versammlungsräume für öffentliche Veranstaltungen.

Die Faneuil Hall stand noch keine zwanzig Jahre, als sie einem Feuer zum Opfer fiel. Der darauf hin 1763 errichtete Neubau sollte eines der Versammlungszentren der Revolutionsbewegung in Boston werden. Im Mai 1764 wurde hier anläßlich der Beratungen über eine neu verhängte Zuckersteuer eine der Maximen der Kolonie postuliert, die da lautete „no taxation without representation". Hier wurden Proteste gegen die „Stamp Act" und gegen die Stationierung von britischen Truppen formuliert. Und im Herbst 1773 wurde in der Faneuil Hall unter dem Vorsitz von John Hancock das erste Tea Meeting einberufen, auf dem über die zu erwar-

**THE „BOSTON MASSACRE“**

**Auftakt zur Amerikanischen Revolution**

So tragisch das Ereignis am Abend des 5. März 1770 auch war, so gnadenlos wurde es natürlich von den patriotischen Bostoner Honoratioren für die Zwecke der Unabhängigkeitsbewegung ausgeschlachtet und entsprechend interpretiert. Hintergrund und Anlaß des legendären „Massakers von Boston“, das zu den bedeutendsten Geschehnissen in der frühen Geschichte der Vereinigten Staaten gezählt wird, war anfangs ein banales Ereignis, das sich aber dramatisch zuspitzte.

Ein englischer Soldat wurde auf offener Straße wegen einer angeblich offenen Rechnung bei einem Perückenmacher von einem Angestellten der Werkstatt provozierend angesprochen. Der Soldat – für den einfachen Mann auf der Straße die Personifizierung der ungeliebten englischen Staatsmacht – verschwand, die Zahlungsaufforderung ignorierend, im Custom House gegenüber dem Old State House. Der Angestellte dagegen brüllte vor dem Haus weiter. Eine Menschenmenge versammelte sich, wurde aggressiv gegen den englischen Soldaten.

Von einem nahen Militärposten des 29. Regiments wurde der Aufruhr verfolgt. Aber erst als sich die Situation für den von der nun tobenden Menge eingekreisten englischen Soldaten zuspitzte, entschloß sich der Kommandant einzugreifen. Immer größer wurde die johlende, wütende Menge, die die Soldaten einkreiste und bedrängte. Gegenstände flogen, Steine und Schneebälle. Plötzlich geht ein englischer Soldat zu Boden, getroffen von einem Stein oder einem Stück Eis. Ein Soldat feuert daraufhin in die Menge, weitere Schüsse folgen. Als sich die Menge zerstreut, bleiben drei Tote, zwei Sterbende und mehrere Verletzte zurück.

Ob es historisch richtig ist, dass der Aufruhr von Leuten aus dem Kreis um Samuel Adams provoziert wurde, um die Revolution zu schüren, läßt sich nicht mehr mit Sicherheit sagen. Verbürgt dagegen ist die Aussage des jungen Iren Patrick Carr, der bei der Schießerei verletzt worden war und wenig später seinen Wunden erlag. Er versicherte, dass die Soldaten in Notwehr zur Selbstverteidigung gehandelt hätten, andernfalls wären sie wohl vom Mob gelyncht worden.

tenden Erhöhungen der Teesteuer diskutiert wurde. Wenige Jahre später verboten die Engländer alle Versammlungen in der Faneuil Hall und quartierten statt dessen Truppeneinheiten ein.

Das Gebäude das man heute sieht, hat nur noch wenig gemein mit der Faneuil Hall des 18. Jh. Es wurde 1806 von Charles Bulfinch vollkommen restauriert und erfuhr dabei erhebliche Umbauten und Erweiterungen.

Auf Führungen können die historischen Versammlungssäle besichtigt werden. Die Stirnseite des großen Sitzungssaales wird von einem Gemälde von George P. A. Healy eingenommen, das eine Szene der Debatte zwischen Senator Daniel Webster und Robert Y. Hayne im Januar 1830 in Washington zeigt.

Auf der Turmspitze der Faneuil Hall sieht man eine vergoldete Wetterfahne in Form einer Heuschrecke, ein Wahrzeichen von Boston.

**„Schlemmermeile“ Quincy Market (11)**

An der Ostseite der Faneuil Hall erstrecken sich die langen Gebäude des quirligen **Quincy Market (11),** die flankiert werden von den Geschäftsgebäuden **North** und **South Market**. Bürgermeister Josuah Quincy hat-

**Stadtspaziergang über den „Freedom Trail"**

te 1825 den Bau der Markthallen initiiert, als die Handelsräume in der Faneuil Hall aus allen Nähten platzten. Heute herrscht im sanierten alten Marktviertel um Faneuil Hall und Quincy Market eine jahrmarktähnliche, volksfestartige Atmosphäre, mit Blumenständen, Akrobaten, Straßenmusikanten. Im Quincy Market findet man eine ganze Reihe von Restaurants und Kneipen. Eines der ältesten Lokal der Stadt ist das **Durgin-Park Market Restaurant** im North Market.

**Bostons Custom House (12) Museum, Aussichtsetage**

Südlich des Quincy Market fällt inmitten der Glasfassaden der Hochhäuser der markante Turm des **Custom House (12)**, Ecke State und India Streets, auf. Das Gebäude im neugriechischen Stil (Greek Revival), mit einer herrlichen Kuppel, die romanische Stilelemente aufweist, entstand Mitte des 19. Jh. nach Plänen des Architekten Ammi B. Young. Es wird als eines der schönsten und größten öffentlichen Gebäude diesen Stils außerhalb Washingtons gerühmt.

Das Custom House stand einstmals unmittelbar am Wasser. Durch Landauffüllungen „wanderte" es später immer weiter landeinwärts. 1915 wurde der über 150 m hohe Turm angefügt. Nun war das Customs House für viele Jahrzehnte das höchste Gebäude in ganz Neuengland. Es gibt ein Museum und im 25. Stock des Turms eine Aussichtsplattform.

Nördlich des Quincy Markets liegt an der North Street das **Hotel Bostonian**, das zu den besten Häusern am Ort zählt (und entsprechende Preise verlangt).

Östlich findet man in dem hübschen Sträßchen Haymarket eine ganze Reihe einladender Restaurants.

## NORTH END UND CHARLESTOWN

Der Freedom Trail macht nun einen weiten Umweg in die Nordstadt und über den Inner Harbor bis nach Charlestown.

Zur nächsten Station auf dem Trail, dem Paul Revere House geht man etwa 10 Minuten zu Fuß.

Man geht von der Faneuil Hall nordwärts, überquert die North Street und folgt der Union Street. Achten Sie auf das Restaurant **Union Oyster House** in einem alten Backsteinhaus aus dem Jahre 1713. Das stadtbekannte Restaurant wurde bereits 1826 hier gegründet und ist wahrscheinlich das älteste Restaurant der Stadt überhaupt.

In einer Querstraße nach dem Union Oyster House liegt das **Ebenezer Hancock House**, das um 1770 Sitz des Zahlmeisters der ersten Continental Army war. Zeitweise wurde dort die Riesensumme von 2 ½ Millionen Silberkronen aufbewahrt, die aus Frankreich stammte und zur Besoldung der amerikanischen Soldaten gedacht war.

Am Ende der Union Street wendet man sich rechts, unter der Hochstraße I-93 (Fitzgerald Expressway) hindurch, zur Cross Street. Sehr schön ist dieser von Straßen durchfurchte, verkehrsreiche Teil der Stadt nicht gerade.

Die Cross Street nun ein kurzes Stück rechts (ostwärts) zur Hanover Street im Stadtteil North End. North End war der Teil von Boston, der zuerst besiedelt und entwickelt wurde. Heute ist es das „Little Italy" von Boston mit einer ganzen Reihe von italienischen Restaurants, Läden und Cafés.

Wir folgen der Hanover Street nach Nordosten bis zur Richmond Street. Nun rechts bis zur North Street und hier links zum **Paul Revere House (13)**, 19 North Square. Dieses historische Gebäude stammt aus dem Ende des 17. Jh., wurde nach dem großen Brand von 1676 errichtet und wird als Bostons ältestes Wohnhaus bezeichnet.

**Paul Revere House (13)**
Apr. - Okt. tgl. 9.30 - 17.15 Uhr, übrige Zeit bis 16.15 Uhr. Eintritt.

*Paul Revere*, Sohn französischer Einwanderer, Vater von 16 Kindern und einer der großen Revolutionshelden Amerikas, lebte hier von 1770 bis 1800 mit seiner Familie als leidlich erfolgreicher Silberschmied. Durch einen einflußreichen Freund erhielt Revere Zugang zu politischen Zirkeln und ab 1773 war er einer der sechs reitenden Boten, die geheime politische Nachrichten unter den Gemeinden und Kolonien Neuenglands verbreiteten. Nach den Ereignissen der nächtlichen „Boston Tea Party" war es Paul Revere, der die Nachricht bis nach New York und Philadelphia brachte. Sein berühmtester Ritt aber war der nach Lexington, um vor den anrückenden Redcoats zu warnen.

Die Taten Reveres wären wohl – wie viele andere Begebenheiten während der Revolutionswirren – in Vergessenheit geraten, hätte nicht *Henry Wadsworth Longfellow* in seiner berühmten Ballade den nächtlichen Ritt nach Lexington glorifiziert, „Listen, my children, and you shall hear of the midnight ride of Paul Revere ...".

Das Haus wurde restauriert und dient heute als Revere-Gedächtnisstätte.

In der Garden Court Street, nicht weit vom Paul Revere Haus entfernt, erblickte im Jahre 1890 in einem heute nicht mehr existierenden Haus *Rose Fitzgerald*, spätere Kennedy, das Licht der Welt. Die Enkelin irischer Einwanderer und Tochter des Zollbeamten John F. Fitzgerald wurde 1917 Mutter von John Fitzgerald Kennedy, dem späteren 35. US-Präsidenten.

Rose Fitzgerald wuchs aber nicht im North End auf. Ihr Vater John F. machte eine große politische Karriere, wurde Kongressabgeordneter und Bürgermeister von Boston und verlegte das Domizil der Familie bald in noblere Stadtviertel der westlichen Vorstadt Brookline.

Der weitere Verlauf des Freedom Trail führt über die Hanover Street und die Paul Revere Mall zur **Old North Church (14)**, Ecke Salem Street und Hull Street. Die Kirche stammt aus den Anfängen des 18. Jh. und gilt als ältestes Kirchengebäude der Stadt. Ihr fast 60 m hoher Kirchturm wurde gelegentlich von Hurricanes umgeblasen, das erste Mal 1804, ein anderes Mal 1954. Orgel aus der Mitte des 18. Jh. Von einem Fenster im Turm gab Paul Revere in der Nacht des 18. April 1775 mit Laternen Lichtsignale, um die Aufständischen vor den Redcoats, den rot bejackten englischen Soldaten, zu warnen, die auf Concord zumarschierten.

Der Weg des Freedom Trail folgt der Hull Street nach Westen. Rechterhand liegt **Copp's Hill Burial Ground (15)**. Von der Anhöhe kann man das Segelschiff „U.S.S. Constitution" in den Werftanlagen am nördlichen Ufer des Charles River liegen sehen. Es ist das nächste Ziel auf dem Freedom Trail.

Etwas weiter nordwestlich an der Commercial Street befindet sich ein Haltepunkt der Sightseeing Trolleys, die von hier hinüber nach Charlestown und zum Charlestown Navy Yard fahren.

Wir überqueren den Charles River auf der Charlestown Bridge, unterqueren den Highway 1 und gehen über die Constitution Road zur **„U.S.S Constitution“ (16).** Die mit 44 Kanonen bestückte Fregatte lief 1797 von Stapel und machte in einem Seegefecht 1812 gegen die Engländer Furore.

In einem benachbarten Liegeplatz liegt der Zerstörer **„U.S.S. Cassin Young“** vertäut, der ebenfalls besichtigt werden kann.

Im **U.S.S. Constitution Museum** in der Nachbarschaft erfährt man noch mehr über die Geschichte der Schiffe und ihre Fahrten.

Es werden Führungen auf den Kriegsschiffen und auf dem ehemaligen Dock- und Werftgelände der US-Navy durchgeführt.

Nicht weit westlich des Marinemuseums findet man den **Bunker Hill Pavillon**.

Ein gutes Stück weiter nördlich, über Chelsea Street, Adams Street und High Street zu erreichen, liegt mitten im Stadtteil **Charlestown (17)** das **Bunker Hill Monument**, Endpunkt des Freedom Trail. Der rund 70 m hohe Obelisk des Bunker Hill Monuments erinnert an die Schlacht von Bunker Hill am 17. Juni 1775, dem ersten Gefecht zwischen englischen Truppen und der amerikanischen Kolonialarmee. Eine Innentreppe führt zu einem Aussichtspunkt in der Spitze des Monuments.

Busse zurück in die Stadt (downtown) verkehren ab Main Street. Oder man benützt die Sightseeing Trolleys ab Charlestown Navy Yard.

### BEACON HILL

Unmittelbar nordwestlich hinter dem State House erstreckt sich das Stadtviertel **Beacon Hill**. Beacon Hill war vor allem im vergangenen Jahrhundert die vornehmste Adresse in Boston. In der ersten Hälfte des 19. Jh. entstand hier zwischen Cambridge Street im Norden, Beacon Street im Süden, Charles River Esplanade im Westen und Bowdoin Street im Osten ein nobles Wohnviertel, in dem reiche Kaufleute, Reeder, Banker, arrivierte Künstler, Ärzte, Anwälte ihre Stadtvillen, Ateliers und Residenzen hatten. Noch heute flankieren elegante Backsteinfassaden mit säulengeschmückten Portalen im Kolonialstil grob gepflasterte Gassen mit romantischen Gaslampen.

Um 1940 wäre das nostalgische Flair von Beacon Hill beinahe den Modernisierungsplänen der Stadtarchitekten zum Opfer gefallen, hätten sich die Anwohner nicht massiv für den Erhalt ihres Viertels eingesetzt. Heute wacht eine Beacon Hill Gesellschaft penibel über den Erhalt des Viertels im Stil des 19. Jh.

**sehenswerte Straßenzüge am Beacon Hill**

Besonders hübsch sind die Häuserzeilen am **Louisburg Square (18).** In Nr. 20 zum Beispiel lebte *Samuel Gray Ward*, der den Alaska-Kauf von Rußland für 7,5 Mio. Dollar finanzierte.

In der **Mt. Vernon Street** im Haus Nr. 55, das aus dem Jahre 1804 stammt, hatte namhafte Autorin und Politikwissenschaftlerin *Rose Standish Nicholas* (1872 – 1960) ihren Wohnsitz, heute Museum.

Und in der **Chestnut Street** (Nr. 13 bis 17 stammen vom Architekten Charles Bulfinch) gehörte Haus Nr. 50 bis 1895 dem Schriftsteller historischer Romane *Francis Parkman.*

Vor allem in den erwähnten Straßen ist der ursprüngliche Charakter des Viertels Beacon Hill mit seinen typischen „Red-Brick Townhouses“

noch besonders lebendig. Geradezu romantisch ist die grob gepflasterte Gasse **Acorn Street**, die parallel dazwischen in Höhe Willow Street verläuft.

Die Nordseite des Beacon Hill, etwa zwischen Pickney Street und Phillips Street, war im 18. und 19. Jh. auch eine Hochburg der schwarzen Bevölkerung Bostons. Als eines ihrer Zentren galt das **African Meeting House**, 8 Smith Court, in der Nähe der Joy Street und Myrtle Street. Das schlichte Versammlungshaus entstand um 1806. William Lloyd Garrison rief hier 1832 die Antisklaverei-Gesellschaft ins Leben.

Das African Meeting House liegt am **Black Heritage Trail**, einem markierten Rundweg durch die Straßen von Beacon Hill, der zu Gebäuden und in Straßen führt, die für die Geschichte der schwarzen Einwohner vor der Aufhebung der Sklaverei von Bedeutung waren. Infos über Führungen Tel. 742-5415.

Am Nordrand des Viertels findet man in der lebhaften Cambridge Street Nr. 141 das **Harrison Gray Otis House (19)**. Harrison Gray Otis, ein einflußreicher und wohlhabender Advokat, Grundstücksmakler und Politiker (eine Mischung von Berufen, die schon damals zielsicher an die finanziellen Fleischtöpfe der Gesellschaft führte) ließ sich dieses elegante Stadthaus 1795 von Charles Bulfinch bauen. Otis war einer der Initiatoren bei der Erschließung von Beacon Hill. Sein Haus – die ernste Fassade kaschiert ganz bewußt die noble Eleganz der Innenausstattung – sollte Maßstäbe setzten für den nachrevolutionären Baustil in Neuengland. Das Haus, heute Sitz der Society of the Preservation of New England Antiquities (SPNEA), kann auf Führungen zur vollen Stunde besichtigt werden.

**Gray Otis House (19)**
Di. - Fr. 12 - 17, Sa. 10 - 17 Uhr. Eintritt.

## BACK BAY UND SOUTH END

**Back Bay**, der Teil Bostons westlich des Boston Common am Südufer des Charles River, wurde durch ein aufwendiges Landauffüllprogramm gewonnen, das von 1857 bis zum Wechsel ins nächste Jahrhundert andauerte. Bis dahin war das Gebiet eine seichte, sumpfige Bucht, die bis zur heutigen Charles Street reichte.

Hauptader des neu gewonnenen Geländes, auf dem ein vornehmes, großzügiges Geschäfts- und Wohnviertel entstand, wurde der breite, baumbestandene Boulevard Commonwealth Avenue, der von der Arlington Street am Park Public Gardens bis zum Westende des Viertels an der Massachusetts Ave. führt. Bei ausreichend zur Verfügung stehender Zeit lohnt ein Bummel über die Commonwealth Ave. ebenso wie ein Spaziergang über die nördliche Parallelstraße Marlborough Avenue, an der einige sehenswerte Gebäudeensembles aus dem 19. Jh. erhalten sind.

In der Newbury Street, der südlichen Parallelstraße zur Commonwealth Avenue, die gelegentlich auch als Bostons Fifth Avenue bezeichnet wird, findet man eine Reihe eleganter Geschäfte.

An seiner Südseite wird das Viertel Back Bay von der Boylston Street begrenzt. Sehenswert sind dort zwei architektonische Kleinodien von Boston, die **Trinity Church** am Copley Square, zwischen 1873 und 1877 nach den Plänen von Henry Hobson Richardson aus Marmor und Sandstein errichtet und die **Public Library**, erbaut Ende des 19. Jh. im Stil der italienischen Renaissance. Sehenswert ist das marmorne Treppenhaus.

Südlich der Boylston Street findet man die Geschäfts-, Büro-, Hotel- und Konferenzkomplexe **Copley Place (20)** (John Hancock Tower, Marriott Hotel und Shopping Mall, Copley Plaza Hotel, The Westin Hotel, Copley Square Hotel) und das **Prudential Center (21)** (Prudendial Towers, Back Bay Hilton Hotel, Boston Sheraton Hotel & Towers).

Mit Aufzügen gelangt man bequem hinauf zum **John Hancock Observatory** im 60. Stockwerk des ca. 240 m hohen **Hancock Tower**, Bostons höchstem Aussichtspunkt, Ecke Clarendon Street und James Ave., U-Bahnstation *Copley Square*.

Imposant ist auch der Blick vom **Prudential Tower**. Von der sog. „Skywalk"-Aussicht im 50. Stockwerk hat man einen prächtigen Rundblick auf die Stadt. Im 52. Stockwerk bietet das Restaurant *„Top of the Hub"* Gelegenheit ein gepflegtes Abendessen mit einem schönen Stadtblick zu verbinden.

## WEITERE SEHENSWÜRDIGKEITEN

**Museum f. Naturwissenschaften** *
tgl. 9 - 17, Fr. bis 21 Uhr. Eintritt.
U-Bahn Green Line, Station *Science Pk.*

**Museum of Science,** Science Park am Charles River. Sehenswertes Naturgeschichtliches Museum mit Abteilungen über Physik, Medizin, Völkerkunde und Astronomie. Dem Museum angeschlossen ist das **Charles Hayden Planetarium** und das **Mugar Omni Theater** mit einer gigantischen Rundleinwand, Vorstellungen ab 11 Uhr.

**Aquarium (22)**
Juli - Anf. Sept. tgl. 9 - 18, Mi. + Do. 20 Uhr. Übrige Zeit tgl. 9 - 17. Eintritt. U-Bahn Blue Line, Station *Aquarium,* Sightseeing Trolley Stop

**New England Aquarium (22)**, Central Wharf. Ein riesiges Seeaquarium mit einer Vielzahl von Fischen und Seetieren und einem mehrstöckigen zentralen Rundbassin, in dem ein Korallenriff nachgebildet ist. Im Untergeschoß kann man eine Pinguinkolonie beobachten. Filmpräsentationen über das Leben in den Meeren. Delfin- und Seelöwendressur.

**Boston Teaparty Site and Ship (23)**
Sommer tgl. 9 - 18, übrige Zeit 9 - 17 Uhr. Eintritt.
U-Bahn Red Line, Station *South Station*, Sightseeing Trolley Stop

**Boston Teaparty Site and Ship (23)**, Congress Street Bridge. Die 1907 in Dänemark nach Plänen des Teaparty Clippers „Beaver" nachgebaute Brig „Beaver II", erinnert heute an die Ereignisse des historischen Bürgerprotests von Boston. Authentisch kann die Stelle, an der heute an die „Boston Tea Party" erinnert wird, allerdings nicht sein. Zu viele Änderungen der Uferlinie durch Landaufschüttungen wurden seitdem durchgeführt.

Auf der anderen Seite der Congress Street Bridge finden Sie das **Children's Museum (24)** in dem nirgends „Berühren verboten" steht und die kleinen Besucher alles anfassen dürfen, sowie das **Computer Museum (24)**, das die Entwicklung dieser rasant fortschreitenden Technologie zeigt.

**Kunstmuseum** *
Mo. + Di. 10 - 16.45 Uhr. Mi. - Fr. 10 - 21.45 Uhr. Sa. + So. 10 - 17.45 Uhr. Eintritt.
U-Bahn Green Line E, Station *Museum*

Nicht nur für ausgesprochene Kunstliebhaber lohnt, zumindest bei längerem Aufenthalt in der Stadt, ein Besuch im **Museum of Fine Arts**, 465 Huntington Avenue (SR-9). Die Straße im Südwesten der Stadt wird auch als Avenue of the Arts bezeichnet.

Das Kunstmuseum mit Gemälden, Skulpturen und anderen Kunstgegenständen aus allen Erdteilen wurde 1909 hier an der Huntington Avenue eröffnet, nachdem die früheren Räumlichkeiten am Copley Square für die umfangreichen, bereits 1870 begründeten Sammlungen nicht mehr ausreichten. Sechs Jahre später kam der Evans-Flügel hinzu, der in erster Linie Gemälde beherbergt. Später wurde die Rotunde von dem ame-

**BOSTON TEA PARTY**

**Bürger protestieren gegen Steuerwillkür**

Am 16. Dezember 1773 kippten hunderte als Indianer verkleidete Patrioten und Revolutionäre in einer spektakulären Nacht- und Nebel-Aktion drei ganze Schiffsladungen Tee im Wert von über einer Million Dollar in den Hafen von Boston. Die Protestaktion war gegen die hohe Teesteuer gerichtet, die England den amerikanischen Kolonien auferlegt hatte, um u. a. den überteuerten Tee der East India Company zu subventionieren.

Am 28. November 1773 waren die schnellen Teeklipper „Dartmouth" und „Beaver" des Handelshauses William Rotch in Nantucket mit einer reichen Ladung Tee im Hafen von Boston eingelaufen. Die Steuer- und Zollvorschriften verlangten, dass die Ladung binnen 20 Tagen gelöscht und der entsprechende Zoll dafür entrichtet sein mußte.

Drei Wochen lang wurden erbitterte Debatten und Diskussionen über die Teesteuer geführt. Spätestens um Mitternacht des 16. Dezember mußte ja die Fracht gelöscht sein. Und damit wäre die Teesteuer fällig geworden. Quasi in letzter Minute stürmten die Steuergegner mit dem Ruf „To the wharfs" die Griffin's Wharf und löschten die Ladungen der „Dartmouth", der „Beaver" und eines dritten Schiffes unter den Augen von etwa 2.000 Schaulustigen auf ihre Art. Drei teure Schiffsladungen Tee landeten unter dem johlenden Beifall der Menge im trüben Wasser des Bostoner Hafens.

rikanischen Künstler John Singer Sargent mit Wandgemälden dekoriert. Erst 1981 wurde der Westflügel angefügt, der neben Kunstausstellungen auch Platz für Vortragssäle und Cafeterias bietet.

Berühmt ist das Museum für seine Sammlung asiatischer Kunst und für seine ägyptischen Antiquitäten. Seit Bestehen des Museums engagiert sich das Museum of Fine Arts intensiv bei Ausgrabungen in Ägypten.

Breiten Raum nimmt die Sammlung von Werken amerikanischer Maler und Bildhauer ein, wie Albert Bierstadt, John Singleton Copley, Winslow Homer, Samuel Morse, John S. Singer, John Trumbull, Benjamin West u. a.

**Isabelle Stewart Gardner Museum**
Di. - So. 11 - 17 Uhr. Mo. geschl. Eintritt.
U-Bahn Green Line E, Station *Museum*

Das **Isabelle Stewart Gardner Museum**, 280 The Fenway, nicht weit vom Museum of Fine Arts entfernt, besticht zum einen durch seine herausragende Kunstsammlung, zum anderen aber auch durch das Gebäude, in dem die Ausstellungsstücke untergebracht sind. Mrs. Isabelle Stewart Gardner hatte auf einer ihrer Europareisen ausgangs des 19. Jh. ihre Zuneigung zur Kunst der Renaissance entdeckt. Glücklicherweise hatte sie auch die Möglichkeiten und die Mittel, ihrer Passion zu frönen. Daraus entstand eine sehenswerte Kunstsammlung.

Um die Exponate in einem würdigen Rahmen präsentieren zu können, Mrs. Gardner machte 1903 ihre Sammlung der Öffentlichkeit zugänglich, wurde dieses Gebäude im Stil eines venezianischen Palazzo mit einem wunderschönen Innenhof errichtet.

Die 1924 verstorbene Dame des Hauses ist auf einem Gemälde zu sehen, das John Singer Sargent 1888 anfertigte. Es zeigt Mrs. Gardner in einem schwarzen, etwas tiefer ausgeschnittenen Kleid, was in jener Zeit aber als sehr unschicklich galt und in der prüden Bostoner Society beinahe einen Skandal ausgelöst hätte – heißt es.

**Kennedy Gedächtnisstätte**
Mi. - So. 10 - 16.30 Uhr. Eintritt. Führungen.

**John F. Kennedy National Historic Site**, 83 Beals Street, liegt im westlichen Vorort **Brookline**. Gedächtnisstätte für Präsident J. F. Kennedy, der hier am 29. Mai 1917 geboren worden war. John. F. lebte hier mit seiner Familie bis 1920, dann zogen die Kennedys in ein Haus in der nahen Abbotsford Street um. Man kommt mit der Green Line U-Bahn in die Nähe der Gedenkstätte.

**Kennedy Library Museum** *
tgl. 9 - 17 Uhr. Eintritt.

Etwas außerhalb südlich der Stadt liegt auf einem Landvorsprung in der Bucht Boston Harbor und in der Nähe der University of Massachusetts die **John Fitzgerald Kennedy Library**, Columbia Point, Dorchester. Im Museum der Bibliothek, die in einem futuristischen Glasbau mit freier Sicht auf die Bucht untergebracht ist, ist eine nationale Gedächtnisstätte für John F. Kennedy, den 35. US-Präsidenten, eingerichtet. Ein halbstündiger Film vermittelt einen Überblick über das Leben und die politische Karriere John F. Kennedys. Ausstellungen mit Fotografien, Film-, Rede- und Zeitungsausschnitten u. ä. dokumentieren die Wahlkampagne zur Präsidentschaft 1960, die Kennedy-Nixon Fernsehdebatte, die Amtseinführung, einen Korridor des Weißen Hauses, das Oval Office, die Kubakrise, die First Lady Jaqueline und die Kennedy Familie.

Mit öffentlichen Verkehrsmitteln erreicht man das Museum mit der Red Line der U-Bahn bis JFK/UMass Station. Von dort fahren alle halbe Stunde kostenlose Busse zur J.F.K-Library.

## CAMBRIDGE

**Cambridge, MA**, am Nordufer des Charles River gelegen und durch diesen von Boston getrennt, ist nicht nur eine historische Stadt (George Washington übernahm hier 1775 das Kommando über die Truppen der Amerikaner, die Continental Army), sondern Cambridge ist vor allem ein über die Grenzen der USA hinaus bekannter Ort der Lehre und Forschung.

Man erreicht Cambridge am einfachsten mit der Red Line der U-Bahn. Fahren Sie bis zur Station *„Harvard"* am **Harvard Square** und Sie sind mitten im Universitätsviertel.

**Cambridge Information**

Ganz in der Nähe des U-Bahn Eingangs liegt das **Cambridge Discovery Information Center**, geöffnet im Sommer täglich 9 – 18 Uhr, im Winter Montag bis Samstag 9 – 17 Uhr. Es sollte Ihr erster Anlaufpunkt sein. Fragen Sie auch nach einem Plan der „Heritage Trail Walking Tour". Ähnlich wie in Boston führt der Weg zu allen wichtigen Gebäuden der Stadt. Außerdem werden vom Infocenter geführte Rundgänge angeboten.

**Harvard University**, die älteste Universität des Landes, liegt mitten in Cambridge. Cambridge hieß bei seiner Gründung 1630 noch *New Towne* und war damals erste Hauptstadt der Kolonie.

Die Harvard University entstand aus einem bereits 1636 ins Leben gerufene College. Sie trägt den Namen des jungen, vermögenden Charlstowner Collegeangestellten John Harvard, der zwei Jahre nach der Collegegründung starb und der Schule seine umfangreiche Bibliothek und ansehnliche Grundstücke hinterließ. Damals, 1638, wurde die Stadt nach der englischen Universitätsstadt Cambridge umbenannt. Fast 60 Jahre lang war die Harvard University die einzige Lehranstalt in der gesamten Neuen Welt.

Cambridge

Interessant zu sehen sind die Universitätsgebäude, die die Architekturgeschichte vom Kolonialstil des 18. Jh. bis hin zum Stil eines Le Corbuisier widerspiegeln.

Man sollte an einer **Führung durch das Universitätsgelände** teilnehmen. Auf den etwa einstündigen, kostenlosen und von Studenten geführten Rundgängen wird man zwar nicht in die Gebäude hinein oder in die zahlreichen Museen geführt, man erhält aber einen umfassenden Überblick über das Universitätsgelände, der zur späteren Orientierung sehr vorteilhaft ist. Rundgänge starten im Sommer Montag bis Samstag viermal am Tag (10, 11.15, 14 und 15.15 Uhr, Zeiten veränderlich!) vom Informationsbüro der Harvard University im **Holyoke Center**, 1350 Massachusetts Ave., (Tel. 617/495-1573).

Hat man die Zeit nicht, sollte man wenigstens durch das Universitätsviertel Old Yard und Harvard Yard nordöstlich vom Harvard Square und über die Brattle Street nach Westen bis zum **Longfellow House** bummeln.

**H. W. Longfellow House**
tgl. 10 - 16.30 Uhr.
Eintritt.

Das heute Longfellow House genannte, stattliche Wohngebäude an der Brattle Street ließ sich Mitte des 18. Jh. ein dem englischen Königshaus in Loyalität verbundener Kaufmann errichten. Als es für Königstreue in Boston und Umgebung immer unsicherer wurde, wurde das Anwesen 1774 verlassen. Zwischen 1775 und 1776 residierte George Washington hier während der Zeit, als er die Continental Army aufstellte.

Von 1837 bis zu seinem Tode im Jahre 1882 lebte hier Henry Wadsworth Longfellow, einer der bedeutendsten amerikanischen Erzähler des 19. Jh. Longfellow, der an der Harvard University Professor für moderne Sprachen war, schrieb hier u. a. seine berühmt gewordene Ballade „The Song of Hiawatha", die 1855 veröffentlicht wurde.

**Museen** auf dem Universitätsgelände der Harvard University:

**Fogg Kunstmuseum**
tgl. 10 - 17 Uhr.
Eintritt, Sa. frei.

**Fogg Art Museum**, östlich des Harvard Yard in der Quincy Street, mit Sammlungen aus allen bedeutenden Kunstepochen. Schwerpunkte bilden französische Impressionisten und mittelalterliche Kunst aus Italien.

Andere Kunstsammlungen findet man im **Busch-Reisinger Museum** (Werner Otto Hall) beim Fogg Museum und im **Arthur M. Sackler Museum** gegenüber, das vor allem Kunst aus Fernost, aus der Antike des Mittelmeerraumes und aus dem islamischen Kulturkreis zeigt.

**Museen für Naturgeschichte und Völkerkunde ***
Mo. - Sa. 9 - 16.30,
So. 13. - 16.30 Uhr.
Eintritt.

Nördlich des Harvard Yard in der Oxford Street liegen das **Harvard University Museum of Natural History** (vier Schwerpunktbereiche befassen sich mit Botanik, Zoologie, Archäologie und Mineralienkunde) und das **Peabody Museum of Archaeology and Ethnology** mit einer der größten völkerkundlichen Ausstellungen. Schwerpunkte bilden die Kulturen der Indianer in Nord-, Mittel- und Südamerika.

Eine weitere sehr renommierte Stätte der Wissenschaft ist das 1861 gestiftete **Massachusetts Institute of Technology MIT (28)**. Das Institut liegt am Nordufer des Charles River. Führungen werden von Montag bis Freitag jeweils um 10 und 14 Uhr durchgeführt. Infos in Building Seven, 77 Massachusetts Ave., Tel. 617/253-4795.

**Boston**

## Praktische Hinweise – Boston

☎ Boston Area Code (Telefonvorwahl): 617

– **Greater Boston Convention & Visitors Bureau**, 2 Copley Place, Suite 105, Boston, MA 02116; Tel. 536-4100 oder 800/888-5515.

– **Boston Common Visitors Information Center**, 147 Tremont St., am Ostrand des zentralen Stadtparks, Boston, MA 02111, Tel. 536-4100, 800/888-5515, geöffnet tgl. 9 – 17 Uhr. Nächste U-Bahnstation *Park Street*, Green und Red Lines.

Am Boston Common Visitors Information Center beginnt übrigens der „Freedom Trail".

– **Boston Welcome Center**, 140 Tremont St., Boston, MA 02111, Tel. 451-2227, geöffnet So. – Do. 9 – 17, Fr. + Sa. 9 – 18 Uhr, im Sommer bis 19 Uhr.

– **Boston National Historical Park Visitor Center**, 15 State St.; gegenüber dem Old State House im Zentrum von Boston, Tel. 242-5642, geöffnet tägl. 9 – 17 Uhr. U-Bahnstation *State Street*, Blue und Oragne Lines.

Internet: www.boston.com (Informationsseite des Boston Globe, Reise- und touristische Informationen, reiche Linksammlung, u. a.)

www.bostonphoenix.com (Kino, Theater, Restaurants, Boston by night u. a.)

**Cambridge**

– **Cambridge Discovery Kiosk**, Harvard Sq., Cambridge, MA 02238, Tel. 497-1630.

**Boston By Phone**, Tel. **1-800-374-7400**, kostenlose 24 Stunden Info-Line, gibt Auskunft über Restaurants, Hotels, Museen, Shopping, Veranstaltungen, Theater, Nahverkehrssystem, Stadtrundfahrten etc.

**Travelers Aid Society of Boston**, 17 East St., Nähe South Station, Boston, MA 02111, Tel. 542-7286, Informationen und Hilfe für Bostonbesucher, geöffnet Mo. – Fr. 8.45 – 16.45, Sa. + So. 9 – 17 Uhr.

**Notrufnummer: 911** (Notfälle, Polizei, Feuerwehr, Ambulanz).

**Flughafen und Flughafen-transport**

**Logan International Airport**, Tel. 561-1800 oder 800/235-6426, liegt rund 3 mls/ 5 km östlich der Stadt und jenseits des Hafens. Zu erreichen über I-93 N, Exit 24. Der Flughafen wird von allen namhaften nationalen und internationalen Airlines angeflogen.

Es gibt verschiedene Terminals für Inlandflüge und internationale Flüge. Kostenlose „MASSPORT" Shuttle Busse (Pendelbusse) verbinden die Terminals untereinander und mit der U-Bahnstation *Airport*. Von dort verkehrt die Blue Line der Rapid Transit U-Bahn ins Stadtzentrum.

Der kostenlose Pendelbuss „Water Shuttle" fährt zur Anlegestelle des **Water Shuttle Bootes**, das täglich außer Samstags etwa alle 15 Minuten durch den Bostoner Hafen zur zentrumsnahen Rowes Wharf in Boston verkehrt, Fahrpreis $ 8,-, Fahrzeit ca. 7 Minuten. Mit nicht allzuviel Gepäck eine gute Alternative zu den anderen öffentlichen Verkehrsmitteln, vor allem während der verkehrsreichen morgendlichen und abendlichen Rush-hours.

Zu den größeren Hotels im Zentrum verkehren werktags Pendelbusse (Info-Telefon 321-2282, Fahrpreis ca. $ 8,00) und Limousine Services. Natürlich gibt es auch Taxis (Fahrpreis in die Stadt rund $ 15,-) und Autovermietstationen am Flughafen.

Nähere Einzelheiten, Preise, Zeiten etc. erfährt man am **Ground Transportation Desk** (Tel. 800/235-6426) in der Ankunftshalle des Flughafens.

**Rent-a-Car**

Autovermietungen: Alle namhaften Autovermieter haben Büros am Logan International Airport und in der Stadt.

**Toll-Free-Numbers** für Reservierungen:

**Alamo** 800/327-9633. **Avis** 800/331-1212 oder 331-1084. **Budget** 800/527-0700. **Dollar** 800/800-4000. **Hertz** 800/654-3131. **National InterRent** 800/227-7368. Siehe auch unter „Reisen im Lande – Mit dem Mietwagen".

**Bahnhof**

Bahnreisende aus südlichen und südwestlichen Regionen, aus Washington oder New York z. B, kommen gewöhnlich in der **South Station**, Atlantic Ave. und Summer St. an. Amtrak-Büro Tel. 482-3660 oder 800/872-7245. U-Bahnstation der Red Line.

Zwischen Boston u. New York verkehren auch Hochgeschwindigkeitszüge .

**Busterminals**

– **Greyhound Bus Terminal,** 720 Atlantic Ave., beim South Station Bahnhof, Tel. 800/231-2222, Fahrkartenbüro in der South Station Amtrak Area.

– **Peter Pan Bus Lines,** 555 Atlantic Ave., schräg gegenüber des South Station Bahnhofs, Tel. 426-7838.

**Restaurants**

Restaurants: **„Biba Foot Hall“,** 272 Boylston St., Tel. 426-7878, südlich der Public Gardens, stark frequentiertes, ziemlich teures Lokal mit variantenreicher Speisekarte. Obwohl eines der besten Restaurants in der Stadt gehen viele Leute ins Biba nur um zu sehen und gesehen zu werden. Reservierung ratsam.

**„Blue Diner“**, 178 Kneeland St., Tel. 338-4639, einige Häuserblocks südwestlich der South Station, von Dienstag bis Samstag rund um die Uhr geöffnet, Sonntag und Montag bis 24 Uhr, in einem originalen „Diner“, den traditionsreichen, fast gemütlichen Vorläufern des Coffee Shops, gute, „handfeste“ Küche, mittlere Preislage.

**„Café Budapest“** im Hotel Copley Square, 47 Huntington Ave., Tel. 536-9000, empfehlenswerte Adresse, wenn Ihnen der Sinn nach Gulasch oder Wiener Schnitzel steht. Gehobene Preislage.

**„Chau Chow“,** 50 - 52 Beach St., Tel. 292-5166, in Downtown (Chinatown), vorzügliche Fischgerichte zu erschwinglichen Preisen, mehrere Chau Chow Lokale in der Nachbarschaft.

**„Daily Catch“,** 323 Hannover St., im North End Viertel, das kleine, immer volle Restaurant hat nicht nur viel Atmosphäre, sondern auch leckere und relativ preiswerte Gerichte, Pasta, Fettuccine etc. etc. Keine Reservierung, keine Kreditkarten.

**„Durgin Park“,** 340 Faneuil Hall Market Place, im nördlichen Marktflügel, urig und immer voll, das Lokal für den großen Hunger, gut und preiswert, früher kochte man hier für die Arbeiter und Händler vom Quincy Market.

**„Grill 23“,** 161 Berkely St., Tel. 542-2255, wenn Sie Steaks lieben sind Sie hier richtig, es gibt aber auch Fischgerichte, etwas formell und recht teuer, Jackett und Krawatte erwünscht, Reservierung notwendig, nur Abendkarte!

**„Jumbo Seafood“,** 5 - 9 Hudson St., Tel. 542-2823, ein ziemlich einfaches Lokal in Downtown (Chinatown), aber eines der besten Chinarestaurants mit Fischspezialitäten in der Stadt und dazu noch relativ preiswert.

**„Legal Seafoods“,** 26 Park Square, Tel. 426-4444, frische Fischgerichte vom Feinsten, sehr teuer, (mehrere Lokale in der Stadt, u. a. in Copley Place Mall, in Cambridge und im Logan Airport Terminal).

**„Mamma Maria's“,** 3 North Square, Tel. 523-0077, im North End Viertel Nähe Paul Revere House, elegantes, einladendes Ambiente, gute italienische Küche, aber teuer.

**„Mirabelle“,** 85 Newbury St., Tel. 859-4848, exquisit, formell und teuer.

**„Union Oyster House“,** 41 Union St., Tel. 227-2750, ältestes Restaurant in der Stadt, 1826 gegründet, Austern, Fischspezialitäten, mittlere bis gehobene Preislage. – Und viele, viele andere Restaurants.

**Hotels, Motels**

☑ *Mein Tipp!* Für Hotels in der Innenstadt von Boston sollten Sie immer eine Reservierung vornehmen. Besonders zu Semesterbeginn, Anfang September, aber mehr noch am Semesterende, Anfang Juni. Wenn dann viele Angehörige der Studenten zu den Abschlußfeierlichkeiten in den Colleges und Unis nach Boston kommen, sind freie Hotelzimmer rar. Einige Hotels bieten z. T. stark verbilligte Wochenendraten an.

Hotels, Motels

Hotels, Motels: **Boston Downtown**

**Boston Harbor Hotel at Rowes Wharf**, $$$$$, 230 Zi., 70 Rowes Wharf, Tel. 439-7000, 800/752-7077, sehr teures Luxushotel unmittelbar am Hafen, Anlegestelle des Logan Airport Water Shuttle, elegantes **„Rowes Wharf Restaurant“**, Fitnessclub, Schwimmbad, Sauna, Marina.

**Bostonian Regal Hotel**, $$$$$, 163 Zi., Faneuil Hall Marketplace, Tel. 523-3600, 800/343-0922, ein einladendes, relativ kleines, teures, aber sehr zentral gelegenes Haus, in unmittelbarer Nähe zum Quincy Market, bekanntes **Restaurant** mit Blick auf den Marketplace.

**Holiday Inn Select Boston Government Center**, $$$$$, 303 Zi., 5 Blossom St., Ecke Cambridge St., Tel. 742-7630, am Nordrand des Beacon Hill Viertels, Restaurant, Schwimmbad.

**Le Meridien Hotel**, $$$$$, 326 Zi., 250 Franklin St., Tel. 451-1900, 800/543-4300, komfortables, teures Business-Hotel im Financial District, im neoklassizistischen Bau der ehemaligen Federal Reserve Bank, Restaurants.

**Marriott Hotel Long Wharf**, $$$$$, 400 Zi., 296 State St., Tel. 227-0800, verkehrsgünstig und relativ zentral gelegenes, sehr teures Firstclass Hotel, Blick auf Boston Harbor, neben New England Aquarium, Restaurant, Schwimmbad, Sauna, Fitnessraum, Konferenzeinrichtungen.

**Omni Parker House,** $$$$$, 60 School St., Tel. 227-8600, 800/843-6664, traditionsreiches, luxuriöses Haus mit viel Atmosphäre, das Omni Parker soll das älteste, ständig als Hotel operierende Haus in Amerika sein, 1998 aufwendig renoviert, in bester zentraler Lage gegenüber der Old City Hall, Restaurant. Bürokommunikationseinrichtungen.

**Swissôtel Boston**, $$$$$, 500 Zi., 1 Ave. de Lafayette, Tel. 451-2600, zentral gelegenes, sehr teueres Luxushotel, Restaurant, Schwimmbad, Sauna, Konferenz- und Fitnesseinrichtungen.

**Südlich Boston Common**

**Boston Park Plaza Hotel & Towers**, $$$$$, 966 Zi., 64 Arlington St., Tel. 426-2000, traditionsreiches, relativ zentral gelegenes Haus, Restaurants, Coffee Shop, Konferenzeinrichtungen, Nachtclub.

**Four Seasons Hotel**, $$$$$, 288 Zi., 200 Boylston St., Tel. 338-4400, 800/332-3442, elegantes, sehr teures Luxushotel im Stil der gediegenen Eleganz der Jahrhundertwende, teils Blick auf Boston Common, Schwimmbad, Sauna, Fitnessraum. Hier sollten Sie einmal nachmittags ab 15 Uhr vorbei schauen und den High Tea nach alter englischer Tradition in der Bristol Lounge genießen.

**The Ritz-Carlton**, $$$$$, 290 Zi., Arlington und Newbury Streets, Tel. 536-5700, elegantes, sehr teures Luxushotel am Park Public Garden und am Anfang der schicken Einkaufsstraße Newbury Street, eine der besten Hoteladressen in der Stadt, das Haus ist bekannt für seinen guten Service, exquisites Restaurant mit entsprechenden Preisen, Bars, Cafés, Fitnesseinrichtungen.

**Tremont House - Wyndham Grand Heritage**, $$$$$, 322 Zi., 275 Tremont St., Tel. 426-1400, 800/331-9998, vollkommen renoviertes Haus in einem historischen, neoklassizistischen Bau, im Theater District, Restaurant, Nachtclub.

**Copley Place und Prudential Center**

**Back Bay Hilton**, $$$$$, 330 Zi., 40 Dalton St., Tel. 236-1100, renommiertes Luxushotel mit Konferenzeinrichtungen am Prudential Center und neben Hynes Convention Center, Restaurant, Schwimmbad, Nachtclub.

**Boston Marriott Hotel Copley Place**, $$$$$, 1.139 Zi., 110 Huntington Ave., Tel. 236-5800, riesiges Firstclass Hotelhochhaus, Konferenzeinrichtungen, unmittelbar an Shopping Mall grenzend, Restaurants, Schwimmbad, Sauna.

**Copley Plaza Wyndham Hotel**, $$$$$, 360 Zi., 138 St. James Ave., Tel. 267-5300, 800/826-7539, gediegene Eleganz im Stil der 20er Jahre, sehr teuer, Restaurants, Bars.

**Copley Square Hotel**, $$$$$, 143 Zi., 47 Huntington Ave., Tel. 536-9000, 800/225-7062, vollkommen renoviertes, gutes Mittelklassehotel, stark variierende Zimmergrößen, sehr bekannt ist das **„Café Budapest"** im Hotel, Coffee Shop.

**Hotels, Motels, Copley Place und Prudential Center**

**The Eliot Hotel**, $$$$$, 95 Zi., hauptsächlich Suiten, 370 Commonwealth Ave., Tel. 267-1607, renoviertes, luxuriöses Haus mitten im eleganten Back Bay Viertel, Restaurant, Bürokommunikationseinrichtungen.

**The Lenox Hotel**, $$$$$, 222 Zi., 710 Boylston St., Tel. 536-5000, 800/225-7676, gutes Haus der oberen Preiskategorie, **Restaurant „Samuel Adams Brew House"**, bekannte Diamond Jim's Piano Bar.

**The Midtown Hotel**, $$$$$, 159 Zi., 220 Huntington Ave., Tel. 262-1000, gutes und relativ preiswertes Haus Nähe Prudential Center, Restaurant, Schwimmbad.

**Sheraton Boston Hotel & Towers**, $$$$$, 1.208 Zi., 39 Dalton St., Tel. 236-2000, riesiges Business- und Konferenz-Hotel am Prudential Center, sehr teuer, Restaurants, Schwimmbad, Sauna, Flughafentransport.

**The Westin Hotel Copley Place**, $$$$$, 804 Zi., 10 Huntington Ave., Tel. 262-9600, sehr groß, sehr teuer, sehr elegant, Restaurants, Coffee Shop, Schwimmbad, Sauna, Konferenzeinrichtungen.

**Jugendherberge**

**Boston International AYH Hostel,** 12 Hemmenway Street, Boston, MA 02115, Tel. 536-9455, Nähe Prudential Center.

**Hotels, Motels in Airportnähe**

**Logan Airport**

**Hyatt Harborside Conference Center**, $$$$$, 270 Zi., 101 Harborside Dr., Tel. 568-1234, 800/233-1234, gegenüber der Innenstadt auf der Ostseite des Hafens in unmittelbarer Flughafennähe, modernes Luxushotel, von vielen Zimmer herrlicher Stadtblick, für Gäste kostenloser Transport zu den Airport Terminals, Pendelboot (Gebühr) zur Innenstadt, Restaurant, Schwimmbad, Sauna, Fitnesseinrichtungen.

**Hotels, Motels in Cambridge**

**In Cambridge**

**Cambridge Center Marriott**, $$$$$, 431 Zi., 2 Cambridge Center, Tel. 494-6600, Firstclass Hotel im Osten von Cambridge Nähe Kendall Square, Restaurant, Coffee Shop, Schwimmbad, Sauna, Fitnessraum.

**The Charles Hotel in Harvard Square**, $$$$ 296 Zi., Tel. 864-1200, 800/882-1818, 1 Bennett St., **Restaurants „Rarities", „Bennett Street Café"**, Jazzlokal „Regattabar", Schwimmbad, gute Fitnesseinrichtungen.

**Howard Johnson Hotel**, $$$$, 205 Zi., Tel. 492-7777, 777 Memorial Drive, mehrere Restaurants. Eines der wenigen Häuser mit relativ moderaten Preisen.

**Hyatt Regency Cambridge**, $$$$$, 469 Zi., Tel. 492-1234, 575 Memorial Drive, Restaurants, Schwimmbad, Fitnessraum.

**The Inn at Harvard**, $$$$, 113 Zi., Tel. 491-2222, 800/527-0444, 1201 Massachusetts Ave., zentral am Harvard Square, Restaurant.

**Royal Sonesta**, $$$$$, 400 Zi., Tel. 491-3600, 5 Cambridge Pkwy., im Osten von Cambridge am Charles River.

**Sheraton Commander Hotel**, $$$$$, 176 Zi., 16 Garden St., Tel. 547-4800, 800/325-3535, zentral am Cambridge Common Park gelegen, **„Brandywine" Restaurant**, Coffee Shop.

**Motels außerhalb von Boston**

Zahlreiche Motels, die um einiges billiger sind als die zentralen Stadthotels, findet man vor allem entlang der **I-95** im **Westen** und **Norden** von Boston und entlang der **US-1** nördlich von Boston bei Revere.

**Einige Häuser südlich von Boston an der I-93/SR-3:**

**South Bay Hotel Boston Southeast**, $$$, 100 Zi., 5 Howard Johnson Plaza, Tel. 617/288-3030, I-93/SR-3 Exit 16.

**Susse Chalet Inn**, $$$$$, 133 Zi., 900 Morrissey Blvd., Tel. 617/287-9200, I-93/SR-3 Exit 13, in Neponset. Restaurant in der Nähe.

**Susse Chalet Boston Hotel**, $$$$, 175 Zi., 800 Morrissey Blvd., Tel. 617/287-9100, I-93/SR-3 Exit 13, in Neponset. Restaurant in der Nähe.

**Motels außerhalb von Boston**

**Braintree**

**Days Inn,** $$$, 104 Zi., 190 Wood Rd., Tel. 781/848-1260, nordwestlich I-93/SR-128.

**Motel 6**, $, 92 Zi., Union St., Tel. 781/848-7890, SR-3 Exit 17. – Und zahlreiche andere Hotels und Motels.

## AUSFLUG NACH QUINCY

An der südlichen Peripherie von Boston liegt **Quincy, MA**, Heimatstadt zweier namhafter Familien der amerikanischen Ostküste und Geburtsort zweier US-Präsidenten. Die Anwesen der Familien **Adams** und **Quincy,** sowie die Geburtsstätten der Präsidenten *John Adams* und *John Quincy Adams* sind zu Gedächtnisstätten umgewandelt worden:

– **Adams National Historic Site** in der Adams St. 135 war das Anwesen der Adams Familie vom Ende des 18. Jh. bis 1927. Das Haus ist original möbliert und besitzt eine große Bibliothek.

– **John Adams Birthplace** in der Franklin St. 133 ist das Geburtshaus von John Adams, der hier 1735 das Licht der Welt erblickte und von 1797 bis 1801 das Amt des 2. US-Präsidenten innehatte.

– **John Quincy Adams Birthplace**, ein paar Hausnummern weiter, in der Franklin St. 141 ist das Geburtshaus von John Quincy Adams, Sohn von John und Abigail Adams. Er wurde 1767 geboren und war von 1825 bis 1829 sechster US-Präsident.

– **The Quincy Homestead** in der Butler Road 34 ist ein Gebäude aus dem 17. Jh. in dem Dorothy Quincy lebte, die spätere Frau John Hancocks, der am 4. Juli 1776 als Präsident des Continental Congress die Unabhängigkeitserklärung mit unterzeichnete.

# 10. BOSTON, MA – SALEM, MA

⊙ **Entfernung:** Rund 60 mls / 96 km.

➔ **Strecke:** Über die Straße SR-2 bis **Concord** – SR-4/225, I-95 und SR-128 bis **Salem**.

🕑 **Reisedauer:** Mindestens ein Tag.

⌘ **Höhepunkte:** Das **Concord Museum** * – das **Hancock-Clarke House** und die **Munroe Tavern** in Lenox – das **House of the Seven Gabels** * und das **Peabody Essex Museum** * in Salem.

➔ **Route:** Von Boston über **Cambridge** nach Nordwesten zur Straße SR-2, der wir bis **Concord, MA** folgen. ●

Die ganze Region um **Concord, MA** und Umgebung bis hin nach Lexington, MA ist historischer Boden in den USA. Hier wurden die allerersten Gefechte und Schlachten geschlagen, die den Auftakt zu den Unabhängigkeitskriegen ausgangs des 18. Jh. bildeten.

Aber ob all der heroischen Ereignisse tritt etwas in den Hintergrund, dass Concord auch eine große literarische Vergangenheit hat. In Concord lebten und arbeiteten im 19. Jh., zumindest zeitweise, die Schriftsteller

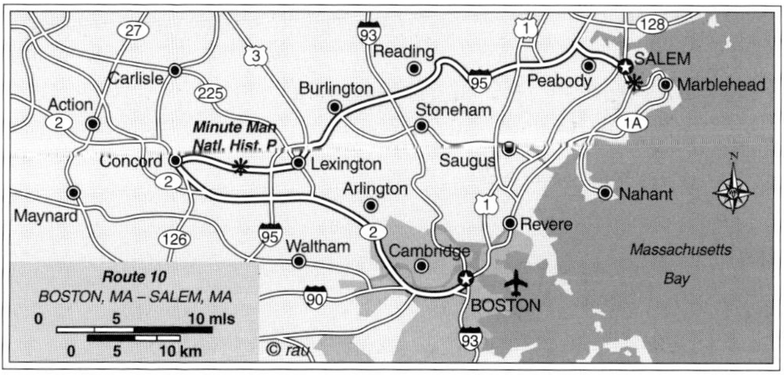


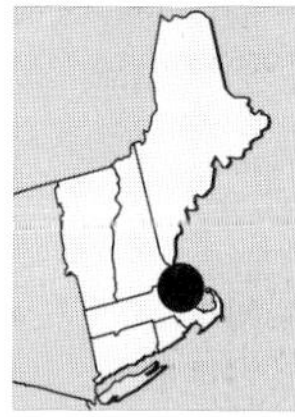

und Dichter *Ralph Waldo Emerson, Henry David Thoreau, Louisa May Alcott* und *Nathaniel Hawthorne*. Die Gräber der Literaten und das von *Daniel C. French* findet man auf dem Friedhof Sleepy Hollow Cemetery an der Bedford Street etwas östlich vom Stadtzentrum.

Auch der Bildhauer Daniel Chester French, der die Minute Man Statue an der North Bridge schuf, ist ein Sohn der Stadt.

Wir beginnen die Besichtigung der Sehenswürdigkeiten und historischen Stätten – ein Fahrzeug ist hier fast unerläßlich, da die einzelnen Stationen recht weit auseinander liegen – am **Monument Square** im Zentrum des Ortes. Der Platz ist umgeben von Kirchen, Tavernen und Gasthöfen. In der historischen **Wright's Tavern** am Südrand des Platzes hatten die Britischen Truppen am 19. April 1775 ihr Hauptquartier. Heute findet man hier eine **Touristeninformation** der Chamber of Commerce

**Concord Information**

Vom Concord Square fahren wir nordwärts über die Monument Street bis zum Parkplatz in unmittelbarer Nähe der North Bridge. Ein nur kurzer, breiter Fußweg führt durch ein Waldstück zur historischen **North Bridge**. Die hölzerne Brücke überspannt in einem sanften Bogen den Concord River.

**historische North Bridge**

Hier war es also, wo am Morgen des 19. April 1775 die Kolonisten von Massachusetts, in aller Regel bewaffnete Bauern und Handwerker, „embattled farmers" wie Emerson schreibt, auf die wohlorganisierten und gut bewaffneten Redcoats der Briten stießen. Die englischen Soldaten schickten sich an, die Brücke zu überqueren und auf Concord zuzumarschieren. Nun hatten die amerikanischen Milizionäre zwar Befehl, nicht das Feuer zu eröffnen, als aber aus den Reihen der Redcoats erste Schüsse fielen und zwei der Revolutionäre getötet wurden, rief Major Buttrick von den Revolutionstruppen „Fire, fellow soldiers, for God's sake, fire!" (etwa: Schießt, Kameraden, um Gottes Willen, schießt!). Die ersten Salven der Revolutionäre donnerten über den Concord River, weitere folgten, bis sich die Briten zurückzogen.

Der erste große, offene und bewaffnete Angriff auf britische Truppen durch Amerikaner, der kaum ganze drei Minuten andauerte, wurde später von einem Historiker als „physisch so klein, für den Geist der Revolution aber signifikant" bewertet. Diese Aktion an der North Bridge konnte nicht mehr ignoriert werden. Der Revolutionskrieg nahm seinen Anfang.

Ralph Waldo Emerson faßte das Geschehen in seiner „Concord Hymn" in sehr patriotisch klingende Verse, in denen es u. a. heißt: „Here once the embattled farmers stood, and fired the shot heard round the

## AUFTAKT ZUM UNABHÄNGIGKEITSKRIEG

*Minuteman Denkmal bei Concord, MA*

700 Mann britischer Truppen, die Boston besetzt hielten, machten sich in der Nacht des 18. April 1775 auf Befehl von General Thomas Gage auf den Weg von Boston nach Concord. Ziel der Aktion war es, ein Waffen-, Munitions- und Verpflegungsdepot auszuheben, das die amerikanischen Revolutionäre insgeheim angelegt hatten.

Die Briten zogen in der trügerischen Gewißheit aus, ihr Marsch nach Concord sei geheim geblieben. Spione der Revolutionäre waren aber bestens über die Aktivität unterrichtet und brachten die warnende Nachricht über die anrückenden Truppen durch Paul Revere und William Dawes nach Lexington, Concord und in die umliegenden Gemeinden. Der mitternächtliche Ritt Paul Revers von Boston über Cambridge, Somerville und Arlington nach Lexington wurde nachträglich und nicht zuletzt durch die Ballade von Henry Wadsworth Longfellow zur heroischen Legende.

Die Warnung, zusätzlich verbreitet durch vereinbarte Signale wie Kanonenschüsse und Glockengeläut, rief in Lexington und Concord die legendäre Formation der „Minute Men" und Milizen der revolutionären amerikanischen Kolonisten auf den Plan, die den Britischen Truppen in Lexington und vor allem in Concord entgegentraten. Es kam zu verlustreichen Feuerwechseln. Die offene Konfrontation der amerikanischen Kolonisten gegen die britischen Truppen und damit gegen die Krone war nun nicht mehr rückgängig zu machen. Der amerikanische Unabhängigkeitskrieg, auch Revolutionskrieg genannt, hatte begonnen.

Nach den Kämpfen in Concord zogen sich die Briten in Richtung Boston zurück. Auf diesem Wege, heute bekannt als „Battle Road", kam es zu zahlreichen Kämpfen und Scharmützeln, die unter den englischen wie unter den amerikanischen Truppen hohe Verluste forderten.

world" (etwa: Hier standen einst die in Schlachtenordnung aufgestellten Farmer und gaben den Schuß ab, der in der ganzen Welt gehört wurde).

Die originale North Bridge wurde 1793 abgerissen. 1875 wurde aber ein originalgetreuer Nachbau errichtet, der an die historischen Ereignisse von 1775 erinnern sollte. Die Brücke, die man heute sieht stammt aus dem Jahre 1956.

Ganz in der Nähe des östlichen Brückenkopfes erinnert eine Tafel an die am 19. April 1775 hier Gefallenen. Und an der Westseite der Brücke sieht man das **Minute Man Denkmal** von Daniel Chester French.

Die North Bridge gehört zum **Minute Man National Historic Park**, der sich östlich von Concord entlang der „Battle Road" bis kurz vor Lexington fortsetzt.

*die legendäre North Bridge bei Concord, MA*

Ein Fußweg führt von der North Bridge durch ein parkähnliches, hügeliges Gelände zum **North Bridge Visitor Center** an der Liberty Street. Neben Parkplätzen findet man dort Ausstellungen zu den Revolutionsereignissen in und um Concord, Informationen, Park Ranger Programme und eine gut sortierte Buchecke.

Ein Denkmal in der Nähe des Visitor Center erinnert an *Major John Buttrick*, der am 19. April 1775 an der North Bridge den Schießbefehl erteilte.

Das **Major John Buttrick House** (privat, nicht zugänglich) liegt nicht weit vom Visitor Center auf der anderen Seite der Straße.

Auf dem Weg zurück zum Parkplatz kann man einen Abstecher zum Haus **The Old Manse** machen, das etwas südlich der Brücke nahe der Monument Street liegt. Reverend *William Emerson* hatte sich dieses Haus 1770 errichten lassen und es heißt, von hier aus habe er die Schießerei an der North Bridge verfolgt.

**The Old Manse**
Mitte Apr. - Ende Okt. Mo., Mi. - Sa. 10 - 16, So. 10 - 17.30 Uhr. Eintritt.

Später sollte The Old Manse in die amerikanische Literaturgeschichte eingehen. Von 1834 bis 1835 lebte hier der Schriftsteller und Dichter *Ralph Waldo Emerson*, Enkel von William Emerson, der in seinem Schreibstudio im ersten Stock sein erstes Buch „Nature" schrieb.

Sieben Jahre später mietete sich der jungvermählte *Nathaniel Hawthorne* mit seiner Frau Sophia für fast vier Jahre in The Old Manse ein. Das junge Paar verbrachte hier am 9. Juli 1842 seine Hochzeitsnacht. U. a. schrieb Hawthorne im Old Manse eine seiner Geschichtensammlungen, von denen sich viele mit The Old Manse befassen. Im März 1844 wurde im Haus das erste Kind der Hawthornes, die Tochter Una, geboren.

1846 verließen die Hawthornes The Old Manse, um nach Salem zu ziehen, wo Nathaniel Hawthorne eine Stellung im Custom House erhielt.Im Haus sind viele Erinnerungsstücke an Emerson und Hawthorne ausgestellt.

Man kehrt zurück nach Concord. Westlich des Zentrums, zu erreichen über die Main Street (SR-62), liegt das **Thoreau Lyceum,** Sitz der Thoreau Gesellschaft. Auf dem Gelände des Institutes steht eine Nachbildung von Thoreaus Blockhaus, das sich der Schriftsteller 1845 am Walden Pond, einem kleinen Waldsee südlich der Stadt selbst errichtet hatte.

Über zwei Jahre lang hatte *Henry David Thoreau* in der primitiven, einräumigen Hütte am See, abgeschieden von der Umwelt gelebt. Er sah sein Eremitenleben als Experiment, Sinn und Zweck des irdischen Daseins zu ergründen. In seinem Werk „Walden", in dem Thoreau seine Erfahrungen und Erkenntnisse im Haus am Walden Pond schildert, schreibt er u. a. „Wenn's ans Sterben geht will ich nicht entdecken müssen, dass ich nicht gelebt habe".

An der Walden Street (SR-126) südlich von Concord liegt mitten im **Walden Pond State Park** ein Parkplatz, von dem aus ein Fußweg rund um den See Walden Pond und zu der Stelle am Nordrand des Sees führt, an dem einst Thoreaus Cabin (Hütte) stand.

**Gropius Haus**
1. Juni - 15. Okt. Fr. - So. 12 - 16 Uhr. Führungen zur vollen Stunde. Eintritt.

Macht man den Abstecher zum Walden Pond, sollte man anschließend noch etwa 2 km weiter nach Südosten zum **Gropius Haus** an der Baker Bridge Road fahren. *Walter Gropius* (1883 – 1969), Begründer des Bauhaus, der berühmten Schule für Architektur und bildende Künste in Dessau, und einer der großen Verfechter moderner Architektur, ließ sich das Haus 1938 errichten, als er an der Graduate School of Design at Harvard unterrichtete.

**Codman House**
1. Juni - 15. Okt. Mi. - So. 12 - 16 Uhr. Führungen zur vollen Stunde. Eintritt.

Nicht weit vom Gropius Haus entfernt liegt knapp 2 km weiter östlich das **Codman House**, ein sehr schönes Beispiel eines herrschaftlichen Landsitzes im georgianischen Stil eines englischen Herrenhauses. Die Familie Russell, eine prominente Politikerfamilie in Neuengland, ließ sich das Haus 1740 errichten. Später ging es in die Hände des Kaufmanns John Codman über. Sehenswerte Innenausstattung im Stil des späten 18. Jh.

**Concord Museum**
Apr. - Dez. Mo. - Sa. 10 - 17, So. 13 - 17 Uhr. Übrige Zeit kürzer. Eintritt.

Ab Concord führt der weitere Verlauf unserer Route über die SR-2 (Cambridge Turnpike) ein kurzes Stück nach Südosten bis zum **Concord Museum**. Das kleine, aber gut bestückte Museum befaßt sich in aller erster Linie mit Themen der Amerikanischen Revolution, aber auch mit anderen Aspekten der Geschichte in und um Concord.

Außerdem wurde im Museum die **Ralph Waldo Emersons Bibliothek** rekonstruiert. Und man sieht Utensilien, die Henry David Thoreau in seiner Cabin am Walden Pond benützte.

**Emerson House**
Mitte Apr. - Ende Okt. Do. - Sa. 10 - 16.30, So. 14 - 16.30 Uhr. Führungen. Eintritt.

Gegenüber vom Museum liegt das **Emerson House**. Der Schriftsteller Ralph Waldo Emerson zog 1835 von The Old Manse hierher und lebte hier, wenn er nicht auf einer seiner ausgedehnten Vortragsreisen war, bis zu seinem Tode im Jahre 1882. Das Haus ist bis auf die Bibliothek noch original eingerichtet.

**Concord**

### Praktische Hinweise – Concord

☎ Concord Area Code (Telefonvorwahl): 978

**Concord Chamber of Commerce**, 2 Lexington Rd., Concord, MA 01742, Tel. 369-3120. **Büro für Besucher** in der Wright Tavern am Monument Square.

**Restaurants**

Restaurants: Handfeste und relativ preiswerte Küche in formloser Atmosphäre bietet das **Restaurant Walden Station**, 24 Walden Street Tel 371-

Concord

2233. Das Restaurant ist in einem ehemaligen Feuerwehrhaus untergebracht. Mittlere bis gehobene Preislage. – Und andere Restaurants.

Motels

Motels: **Best Western at Historic Concord**, $$$, 106 Zi., 740 Elm St., Tel. 369-6100, Schwimmbad. Restaurant nahebei.

**The Colonial Inn**, $$$$$, 54 Zi., 48 Monument Sq., Tel. 369-9200, gutes, renommiertes **Restaurant** der oberen Preisklasse, in einem alten Inn aus dem frühen 18. Jh. eingerichtet. – Und andere Motels.

Vom Emerson House in Concord fährt man das kurze Stück zurück bis zur Straßengabelung und wendet sich hier scharf rechts auf die Lexington Road. Die Straße, die auch als **„Battle Road"** bekannt ist, folgt im wesentlichen dem Weg, den die Britischen Truppen im April 1775 bei ihrem Marsch von Lexington nach Concord und auf ihrem Rückzug nach Boston genommen haben. Vor allem auf dem Rückzug kam es damals zu zahlreichen Gefechten mit den amerikanischen Revolutionstruppen.

Schon nach kurzer Zeit passiert man das links (nördlich) der Straße gelegene **Orchard House,** 399 Lexington Road. Orchard House war in der zweiten Hälfte des 19. Jh. der Wohnsitz der Familie Alcott. Louisa May Alcott die Schriftstellerin schrieb hier u. a. ihre erfolgreichen Romane „Little Woman" und „Little Man".

**Orchard House**
Apr. - Okt. Mo. - Sa. 10 - 16.30, So. 13 - 16.30 Uhr. Eintritt.

Nur ein paar hundert Meter weiter liegt **The Wayside**, 455 Lexington Road. Hier lebten die Alcotts, bevor sie in das Orchard House zogen. Louisa May Alcott soll hier erste Aufzeichnungen über ihre Mädchenzeit gemacht haben, die später Grundlage zu ihrem Roman „Little Woman" werden sollten.

**The Wayside**
Apr. - Okt. Fr. - Di. 9.30 - 17.30 Uhr. Eintritt.

1852 kaufte Nathaniel Hawthorne das Haus, nachdem sein recht erfolgreicher Roman „The Blithdale Romance" erschienen war. Im The Wayside schrieb Hawthorne auch eine Biographie seines Studienfreundes Franklin Pierce, die nicht unwesentlich mit dazu beitrug, dass Pierce die Präsidentschaftswahlen gewann und 1853 als 14. US-Präsident ins Weiße Haus einziehen konnte. Als Gegenleistung ernannte er Hawthorne zum US-Konsul in Liverpool. Hawthorne bekleidete den Posten in England sieben Jahre lang.

1860 kam Hawthorne nach Wayside zurück und arbeitete an diversen Romanfragmenten und Erzählungen, die aber alle ohne Erfolg blieben, so dass er sich auf die Reiseschriftstellerei verlegte, um wenigsten etwas für seinen Lebensunterhalt zu verdienen. In jener Zeit ließ Hawthorne auch den Turmbau am Haus errichten, in dem er sein Schreibstudio hatte.

Rund einen halben Kilometer weiter östlich kommt man am Abzweig der Old Bedford Road am **Meriam House** vorbei. Auf dem Rückzug von Concord nach Boston nach der Konfrontation an der North Bridge stießen die Engländer am Meriam House auf Milizen der Revolutionäre, die aus der Deckung von Mauern und Scheunen heraus auf die Engländer feuerten. Der Schußwechsel sollte Auftakt zu einer ganzen Reihe von größeren und kleineren, teils sehr verlustreichen Gefechten auf den nächsten 16 Meilen bis nach Boston sein.

Eine gute Meile weiter zweigt links die Virginia Road ab, die später wieder auf die Hauptstraße trifft. An der Straße liegt die alte **Hartwell**

**Tavern**, die Mitte des 18. Jh. ein bekannter Sammelpunkt der Widerständler war.

Ein Fußweg führt zur einstigen Samuel Hartwell Farm und weiter zum **William Smith House**. William Smith war um 1775 Captain der Lincoln Minute Men.

Nach einer weiteren Meile passiert man die Stelle, an der Paul Revere auf seinem Ritt in der Nacht vom 18. auf den 19. April 1775 gegen ein Uhr morgens von einem berittenen britischen Kommando entdeckt und festgenommen wurde. Revere hatte zuvor in Lexington seine Warnung vor den anrückenden Briten im Hancock-Clarke Haus hinterlassen und war nun zusammen mit William Dawes auf dem Wege nach Concord. Dawes konnte bei dem Zwischenfall entkommen.

**Battle Road Visitor Center**
Mitte Mai - 31. Okt. tgl. 9 - 17.30 Uhr.

Später zweigt von der Straße nach links die Zufahrt zum **Battle Road Visitor Center** ab. Recht informativ ist der knapp 20-minütige Film, der hier über die Vorgeschichte des Revolutionskrieges gezeigt wird. Außerdem gibt es vielfältige Informationen über die Stationen an der Battle Road, Rangerprogramme, Literatur u. ä.

Schließlich erreicht man **Lexington, MA**, eine Kleinstadt mit kaum 30.000 Einwohnern. Lexington war der erste Brennpunkt im heraufziehenden Revolutionskrieg, an dem es im April 1775 zu einer bewaffneten Auseinandersetzung zwischen den britischen Truppen und den revolutionären Milizen am Stadtpark Lexington Green, heute **Lexington Battle Green**, kam. Samuel Adams, einer der Köpfe der Unabhängigkeitsbewegung soll das Ereignis mit „What a glorious morning for America" kommentiert haben.

Am Ostende des dreieckigen, von Häusern aus dem 18. Jh. umgebenen Stadtgrün sieht man ein Denkmal, das an die legendären Minute Men von Lexington erinnert, die am Morgen des 19. April 1775 den Engländern ersten Widerstand boten. Die Stelle, an der die Minute Men gegen die britischen Truppen Stellung bezogen, ist mit einem Gedenkstein markiert. Von Captain John Parker, der die Revolutionäre kommandierte, ist der Ausspruch überliefert (frei übersetzt): „Wenn die [die Briten] meinen, sie müßten einen Krieg haben, dann soll er hier beginnen".

Am Nordrand des Parks, auf der gegenüberliegenden Straßenseite der Hancock Street, findet man das **Visitor Center** und nicht weit davon entfernt die historische, 1709 errichtete **Buckman Tavern**, in der sich in der Nacht zum 19. April 1775 die Milizionäre und Minute Men nach der Warnung durch Paul Revere zusammenfanden und den Einmarsch der Engländer erwarteten. Geöffnet wie Hancock-Clarke House.

**Hancock House**
Mitte Apr. - 31. Okt. Mo. - Sa. 10 - 17, So. 13 - 17 Uhr. Eintritt.

Weiter im Norden der Stadt liegt das **Hancock-Clarke House**, 36 Hancock Street. In dem Haus aus dem ausgehenden 17. Jh. hielten sich in der Nacht vom 18. zum 19. April 1775 John Hancock und Samuel Adams auf, denen Paul Revere die Nachricht von den anrückenden Briten überbrachte.

Südöstlich der Stadt findet man an der Massachusetts Avenue (SR-4/225) die **Munroe Tavern**, einen Gasthof aus dem ausgehenden 17. Jh., der größtenteils noch original erhalten ist und immer noch als Inn dient. Hier machten die Briten auf ihrem ziemlich chaotischen Rückzug von Concord nach Boston Station. Zu sehen sind Erinnerungsstücke berühmter Gäste, wie z. B. George Washington, der sich in der Munroe Tavern 1789 aufgehalten hatte.

**Regionalmuseum**
Mo. - Sa. 10 - 17, So. 12 - 17 Uhr.

Einen Besuch lohnt das **Museum of Our National Heritage**, das südlich von Lexington an der S-2A (33 Marret Rd.) unweit der Munroe Tavern liegt. Das Museum zeigt wechselnde Ausstellungen zu Themen des amerikanischen Brauchtums und der Kulturgeschichte.

Eines der größten und buntesten Feste in Lexington ist der **Patriot's Day**, der dem 19. April am nächsten gelegenen Montag gefeiert wird. Um 6 Uhr morgens wird der Kampf gegen die Briten im April 1775 symbolisch wiederholt. Nachmittags um 14 Uhr große Parade.

**Praktische Hinweise – Lexington**

**Lexington**

☎ Lexington Area Code (Telefonvorwahl): 781

**Visitor Center (Chamber of Commerce),** 1875 Massachusetts Ave., Lexington, MA 02173, Tel. 862-1450. Geöffnet Mitte Apr. – 31. Okt. tgl. 9 – 17 Uhr; übrige Zeit bis 15 Uhr.

**Restaurant**

Restaurants: **Bertucci's**, 1777 Massachusetts Ave., Tel. 860-9000, gute italienische Küche zu moderaten Preisen, einladende Atmosphäre. – Und andere Restaurants.

**Motels**

Motels: **Sheraton Lexington Inn**, $$$, 120 Zi., 727 Marrett Rd., Tel. 862-8700, Restaurant, Schwimmbad, Flughafentransport. – U. a. Motels.

➔ **Route:** Ab Lexington erreicht man über die SR-4/225 rasch die I-95, die nördlich um Lexington herumführt. Wir folgen der Fernstraße ostwärts bis zur Ausfahrt Nr. 45 und zweigen dort auf die SR-128 und kurz darauf nach **Salem, MA** ab. ●

Wer sich dafür interessiert, wie man Mitte des 17. Jh. in Neuengland Eisen produzierte, macht einen südlichen Umweg über **Saugus** und besichtigt dort das rekonstruierte, historische Hüttenwerk **Saugus Iron Works**.

**Salem, MA**, eine alte Seehandelsstadt mit einstmals bedeutenden Schiffswerften, war kurz schon nach seiner Gründung 1626 einer der wichtigsten Orte der Massachusetts Bay Company.

Einen weniger guten Ruf erwarb sich die Stadt im späten 17. Jh. Damals war Salem ein Zentrum der Hexenverfolgung in den jungen britischen Kolonien der Neuen Welt. Mehrere Hinrichtungen nach Hexenprozessen fanden um 1692 statt. Eine der treibenden Kräfte dabei war ein Richter namens Jonathan Corwin. Das Haus in dem er gelebt haben soll, ist als „The Witch House" bekannt und in der Essex Street 310 zu finden.

**Hexenwahn in Salem**

Ursache und Auslöser des Hexenwahns in Salem waren Geschichten über übersinnliche, spirituelle Legenden, die eine Sklavin von den Westindischen Inseln der jungen Tochter ihres Herrn erzählte. Das Kind fügte in seiner Phantasie den Geschichten noch Details hinzu und erzählte sie unbekümmert weiter. Resultat: Das Mädchen wurde als verhext bezeichnet. Nach strenger Befragung beschuldigte das Mädchen schließlich Tituba, die Sklavin, von der sie die Geschichten hatte und

Salem, MA

zwei Frauen aus Salem, Sarah Good und Sarah Osborne, als Hexen. Sarah Good und im Laufe der unseligen Zeit noch 19 weitere Frauen wurden gehängt. Eine als Hexe beschuldigte Frau wurde zu Tode gesteinigt.

Ein Ende dieser tragischen Episode in der Geschichte von Salem kam erst, als auch die Frau des Gouverneurs in den Verdacht der Hexerei geriet, woraufhin der die Freilassung aller eingesperrten „Hexen" befahl.

Die meisten Touristen kommen nach Salem, um den grotesken Stories aus der Zeit des Hexenwahns nachzuspüren. Dabei hat Salem dem Besucher wesentlich mehr zu bieten.

**Salems Blütezeit als Handelshafen**

Salem war vor allem in den Jahrzehnten um die Wende vom 18. ins 19. Jahrhundert eine sehr reiche Stadt. Schiffsbau und Seehandel waren die Basis für den Wohlstand zahlreicher Familien der Stadt.

Nach Beendigung der Unabhängigkeitskriege hatten es die Kauffahrer aus Salem zunächst recht schwer wieder ins Geschäft zu kommen. Die Briten hatten viele Häfen auf den Westindischen Inseln – bis dahin wichtige Stützpunkte für die amerikanischen Handelsschiffe – und natürlich auch die Häfen in England für amerikanische Waren und Schiffe kurzerhand geschlossen. Diese Maßnahme wurde von den Briten nicht zuletzt auch deswegen ergriffen, da während des Unabhängigkeitskrieges viele der amerikanischen Handelsschiffe als sog. „Privateers" bewaffnet auf den Meeren kreuzten und britische Schiffe aufbrachten und kaperten oder versenkten.

Die Kapitäne und Kaufleute aus Salem suchten sich nun zwangsläufig andere Märkte und Stützpunkte, so z. B. im Baltikum, im Mittelmeerraum, in Südamerika und in Westafrika. Eine der einträglichsten Routen wurde der Weg um das Kap der Guten Hoffnung nach Indien und Fernost. Als wichtigster Stützpunkt entwickelte sich dabei die Insel Ile de France, heute Mauritius. Dort hatten die amerikanischen Handelskapitäne gigantische Warenumschlagplätze eingerichtet, über die ein schwunghafter, einträglicher Handel abgewickelt wurde. Güter, die man in Kapstadt, im Arabischen Golf oder in Indien erworben hatte, wurden auf Mauritius mit Gewinn getauscht gegen Seide, Porzellan, Gewürze, Tee und Edelhölzer aus Fernost.

Jeder Kapitän war am Warengeschäft prozentual beteiligt. Ihm stand sogar eine gewisse Tonnage des Laderaums für eigene Geschäfte zur Verfügung. Dies und andere Privilegien trugen natürlich mit dazu bei, dass die Kapitäne immer auf profitable Geschäfte aus waren, und so ganz im Interesse der Schiffseigner handelten.

In der Blütezeit des Seehandels befuhren die Segler aus Salem die Fernostroute in so großer Zahl, dass in den fernöstlichen Häfen und Handelshäusern manche glaubten, Salem sei ein Land, ein Staat und nicht nur eine Stadt.

Zu den großen Schiffseignern und Handelsherren in Salem gehörten damals Elias Hasket Derby (1739 – 1799), William Gray (1750 – 1825) und Simon Forrester (1748 – 1817). Letzterer z. B. machte eine amerikanische Bilderbuchkarriere. Mit 19 Jahren kam er als mittelloser Seemann aus Irland nach Massachusetts, hatte wenige Jahre später schon ein eigenes Kommando auf einem Handelsschiff und hinterließ bei seinem Tode ein Vermögen von weit über einer Million Dollar.

Salem, MA

Einen gravierenden Einbruch, von dem sich die Stadt nie mehr so richtig erholen sollte, erlebte der Seehandel von Salem im Jahre 1807, als Präsident Jefferson ein Embargo über den Handel mit England und Frankreich verhängte. Als Schutz für amerikanische Handelsschiffe gegen Angriffe von England und Frankreich während der Napoleonischen Kriege gedacht, gereichte das Embargo den Amerikanern mehr zum Nachteil als zum Nutzen. Salem litt besonders darunter. Denn anders als Boston, New York oder Philadelphia, deren Handelshäuser sich ins Hinterland orientieren konnten, fehlte es Salem, das völlig seeorientiert war, an der nötigen Infrastruktur im Inland. Dieser Umstand gereichte Salem auch zum Nachteil, als in den Hafenstädten Neuenglands das Zeitalter der Industrialisierung Einzug hielt. Salem entwickelte sich zum unwichtigen Provinzstädtchen zurück.

Mitte des 19. Jh. war Salems Seehandel so gut wie nicht mehr existent und der endgültig letzte Kauffahrer der alten Klasse legte 1890 von den damals schon verfallenen Kais ab.

Noch ein anderer Umstand hatte zum Niedergang des Hafens mit beigetragen. Salem verfügt nämlich über keinen Tiefseehafen und die neue, schnelle Schiffsgeneration der Clipper konnte wegen ihres größeren Tiefgangs in Salem nicht mehr festmachen.

Viele der Stadthäuser der Kaufmannsfamilien und Handelskapitäne aus der großen Zeit der Stadt sind erhalten geblieben und zählen heute zu den Sehenswürdigkeiten von Salem.

## SEHENSWERTES IN SALEM

Ein kleiner Teil des alten Hafens an der Derby Street mit der Central Wharf und der langen **Derby Wharf**, einst eines der großen, pulsierenden Zentren des Salemer Seehandels, wurden saniert und sind als **Salem Maritime National Historic Site** erhalten. Auf den heute kahlen, immer noch weit in den Hafen ragenden und am Ende durch ein kleines Leuchtfeuer abgeschlossenen Kais der Derby Wharf standen ehemals 14 große Speicherhäuser. Die Pier war einer von einstmals über 50 Schiffsanlegern.

**Salem Maritime National Historic Site**
Visitor Center, tgl. 8.30 - 17, Sommer bis 18 Uhr.

Im Central Wharf Warehouse, 174 Derby Street, ist das **Informationszentrum** des Salem Maritime National Historic Site eingerichtet. Dort gibt es eine Dia-Schau über die Geschichte des Hafenviertels zu sehen. Führungen durch das Hafengebiet und zu den dazugehörigen denkmalgeschützten Häusern werden durchgeführt. Interessenten können sich durch Eintragen in eine Liste dazu anmelden.

Zu den Gebäuden des Maritime National Historic Site zählt das **Custom House** an der Derby Street, genau gegenüber der Derby Wharf. Hier hatten die Kaufleute Zoll und Steuern für die importierten Waren zu entrichten. Die Einnahmen aus den Zöllen waren damals einer der wichtigsten Haushaltsposten des jungen Staates. Entsprechende Bedeutung hatte das Amt, in dem zeitweise auch Nathaniel Hawthorne, namhafter amerikanischer Schriftsteller des 19. Jh. und einer der namhaftesten Söhne der Stadt, zwischen 1846 und 1849 beschäftigt war. Große Freude und Erfüllung fand Hawthorne in dem überheblichen Beamtenapparat nicht und schied aus dem Dienst bald wieder aus. Über den großen, goldenen

**Custom House**
tgl. 9 - 17, Sommer bis 18 Uhr.

**Sehenswertes in Salem, MA**

Wappenadler über dem Portal des Custom Haus äußert er sich im Vorwort zu seinem Roman „The Scarlet Letter“ sehr sarkastisch.

Rechts neben dem Custom House liegt **Hawkes House**, das aus der Zeit um 1780 stammt und vom damaligen Stararchitekten der Stadt, Samuel McIntire, als Lagerhaus für besonders kostbare Waren für das Handelshaus Derby errichtet worden war. 1801 erwarb der Kaufmann Benjamin Hawkes das Anwesen, der es in die heute sichtbare Form umbauen ließ.

Das Nachbarhaus, ein roter Backsteinbau rechts daneben, ist das **Derby House** (1762), einstige Residenz des Kaufmanns und Schiffseigners Elias Hasket Derby, in Salem damals eher als „King Derby“ bekannt. Derby House kann nur auf Führungen besichtigt werden.

Der schnurgerade in die Bucht weisende Kai der heutigen **Derby Wharf** war wohl schon zu Nathaniel Hawthornes Zeiten – von ihm ist gleich ausführlich die Rede – ziemlich verlassen. Denn er erwähnt ihn in seinem Roman „The Scarlet Letter“ (Der scharlachrote Buchstabe) als einen Kai, „der vor einem halben Jahrhundert, in den Tagen des alten King Derby, voll Betriebsamkeit war, der aber jetzt [der Roman kam 1850 heraus] nur eine Last heruntergekommener hölzerner Speicher und wenig oder gar keine Anzeichen von Handel und Wandel trägt, ....“.

Auch in anderen Schilderungen seiner Heimatstadt, äußert sich Hawthorne nicht eben überschwenglich, wenn er meint: „Diese alte Stadt Salem hält meine Zuneigung gefangen. Man könnte freilich ebensogut eine sentimentale Zuneigung zu einem durcheinandergewürfelten Damebrett aufbringen – mit ihrer flachen, abwechslungsarmen Topographie, ...“.

Die Zitate stammen aus „Nathaniel Hawthorne, Der scharlachrote Buchstabe, Winkler Verlag München“.

**House of the Seven Gables ***
1. Juli - 31. Okt. tgl. 9 - 18 Uhr. Feb. - Juni + Nov. - Dez. tgl. 10 - 16.30 Uhr. Eintritt. Führungen.

Zu den meistbesuchten Sehenswürdigkeiten der Stadt zählt das **House of the Seven Gables,** 54 Turner St., weiter östlich vom Hafen.

Das Haus aus dem späten 17. Jh., mit seinen verschachtelten Räumen, engen und steilen Treppen, bietet an sich nichts Außergewöhnliches, was in anderen historischen Häusern Neuenglands nicht auch zu sehen wäre. Richtig berühmt wurde das Haus vor allem durch den gleichnamigen Roman von Nathaniel Hawthorne. Eine Cousine Hawthornes, Susan Ingersoll, lebte lange in dem Haus. Hawthorne besuchte sie oft und kam dabei wohl auf den Gedanken seinen Roman hier spielen zu lassen.

Das Haus wurde restauriert, im Stil des 18. Jh. möbliert und mit einigen Andenken an Hawthorne versehen.

Das Haus kann nur auf Führungen besichtigt werden. Zur Einführung wird eine Diaschau gezeigt.

Zu dem Gebäudeensemble gehört außerdem das **Retire Becket House** aus der Mitte des 17. Jh. und das **Hathaway House**, das aus dem Jahre 1682 stammt sowie das **Counting House** aus der Mitte des 19. Jh., das Büro eines Handelskapitäns.

Auf dem Gelände des House of the Seven Gables steht heute auch das Geburtshaus des Schriftstellers **Nathaniel Hawthorne**. Das Haus befand sich ursprünglich in 19 Union Street und wurde 1958 hierher ver-

*mysteriös, The House of the Seven Gables*

setzt. Dort in der Union Street war Nathaniel Hawthorne am 4. Juli 1804 geboren worden. Später lebte er zwölf Jahre lang in 10 Herbert Street (privat, nicht zugänglich), ging dann nach Boston, wo er als Custom Clerk arbeitete und danach nach Concord (siehe dort), wo er in The Old Manse wohnte. Nach seinem ersten Concordaufenthalt kehrte Nathaniel Hawthorne mit seiner Frau Sophia und seiner Tochter Una 1846 zurück nach Salem, wo er eine Stellung im Custom House annahm. Hawthorne lebte mit seiner Familie damals lange in 14 Mall Street (privat, nicht zugänglich), wo er den größten Teil seines berühmt gewordenen Romans „The Scarlet Letter" schrieb.

Aber schon nach wenigen Jahren kehrte er 1852 zurück nach Concord. Dort erwarb er nach der erfolgreichen Veröffentlichung seines Romans „The Blithdale Romance" die Villa The Wayside. Hawthorne war dann einige Jahre amerikanischer Konsul in Liverpool, England, und kehrte nach Beendigung des Postens abermals zurück nach Concord. Nathaniel Hawthorne starb am 18. Mai 1864. Er ist auf dem Sleepy Hollow Cemetery in Concord beigesetzt.

In Salem erinnert ein Denkmal am Hawthorne Boulevard an den namhaften Schriftsteller.

**Peabody Essex Museum ***
Mo. - Sa. 10 - 17, So. 12 - 17 Uhr. Eintritt.

Besuchenswert ist im Zentrum der Stadt das **Peabody Essex Museum** am East India Square am Ende der Fußgängerzone, Ecke Liberty und Essex Streets. Das Museum ist eines der ältesten Museen seiner Art in Amerika. 22 honorige Mitglieder der exklusiven East India Marine Society, die alle im Fernosthandel tätig waren, hatten das Museum 1799 gegründet, um einen gebührenden Ausstellungsort für ihre „Souvenirs" und für „natürliche und künstliche Kuriositäten" zu schaffen, die Mitglieder der Gesellschaft auf ihren Handelsreisen rund um den Globus zu-

**Sehenswertes in Salem, MA**

sammengetragen hatten. Im Laufe der Jahre ist die Sammlung auf über 300.000 Objekte angewachsen.

Neben einer Sammlung von Galionsfiguren und Schiffsmodellen, Gemälden, Portraits, Uhren, Silber und Porzellan sieht man Möbel, Kunst-, Kult- und Gebrauchsgegenstände vor allem aus China, aus Japan aus dem pazifischen Raum und aus Indien.

Weitere Abteilungen des Museums mit amerikanischem Mobiliar, Gemälden, Ausstellungen zu Themen aus Essex County, einer Spielzeug- und Puppensammlung u. ä. befinden sich in der **Plummer Hall**, Eingang Essex Street.

Ganz in der Nähe des Museums liegt ein großes, städtisches Parkhaus.

Ebenfalls in der Obhut des Museums liegen neben der Plummer Hall im Viertel Essex, New Liberty, Brown Streets und Hawthorne Boulevard eine Reihe von historischen Häusern aus der Zeit vom 17. bis ins 19. Jh. Zu ihnen zählen das Gardner-Pingree House in der Essex Street, das Crowninshield-Bentley-House aus der Zeit um 1730 am Hawthorne Blvd, oder das John Ward House aus dem Jahre 1690.

**Hexenmuseum**
tgl. 10 - 17, Sommer bis 19 Uhr. Eintritt.

An der Westseite des zentralen, dreieckigen Stadtparks Salem Common, der offiziell Washington Square heißt, findet man in einem ehemaligen Kirchengebäude aus der Mitte des 19. Jh. das **Salem Witch Museum**. Dort sind Aspekte der Hexenverfolgung um 1692, der wohl dunkelsten Periode in Salems Stadtgeschichte, dokumentiert. Gezeigt wird eine halbstündige Licht- und Ton-Schau.

Im sehenswerten **Stephen Phillips Memorial Trust House**, 34 Chestnut St., im Westen der Stadt, sind es die englische Inneneinrichtung des Hauses sowie die Kutschen- und Oldtimersammlung, die interessieren.

**Freilichtmuseum**
Mitte Juni - Ende Okt. tgl. 9 - 16 Uhr. Eintritt

Bei ausreichend zur Verfügung stehender Zeit kann man dem **Pioneer Village** im Forest River Park einige Meilen südlich der Stadt einen Besuch abstatten. Dieses Freilichtmuseum wurde 1930 zum 300. Jahrestag der Landung des Auswandererschiffes „Arabella" errichtet und ist der ersten Siedlung von Roger Conant nachempfunden, aus der später die Stadt Salem entstand.

**Salem**

## Praktische Hinweise – Salem

☎ Salem Area Code (Telefonvorwahl): 978

**Salem Office of Tourism,** 10 Liberty St., Salem, MA 01970, Tel. 744-3663. Internet: http://www.salem.org

**National Park Service Visitor Service**, 2 New Liberty St., Salem, MA 02642, Tel. 740-1650. Hier gibt es u. a. Informationen über Rundgänge und Rundfahrten auf eigene Faust („The Maritime Trail", „The Early Settlement Trail") zu den Sehenswürdigkeiten in und um Salem. Interessant und informativ ist der Film (freier Eintritt) über Essex und Umgebung. Geöffnet tgl. 9 – 17 Uhr.

**Stadtrundfahrten**

☑ **The Salem Trolley**, 191 Essex St., Trolley Depot, Tel. 745-3003, führen zwischen April und Dezember täglich zwischen 10 und 16 Uhr einstündige Stadtrundfahrten durch. Abfahrtspunkt am Trolley Depot.

**Motels**

Motels: **Hawthorne Hotel**, $$$$, 90 Zi., On the Common, 18 Washington Sq., Tel. 744-4080, zentral gelegenes, recht elegantes Haus am Stadt-

## NATHANIEL HAWTHORNES „HOUSE OF THE SEVEN GABLES“

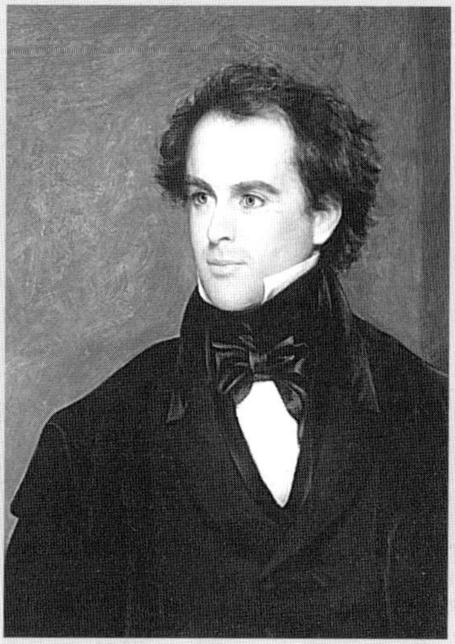

*Nathaniel Hawthorn*

Einer der bedeutendsten und 1851 erstmals veröffentlichten Romane Nathaniel Hawthornes trägt nicht von ungefähr den Titel *„The House of the Seven Gables“*. Er spielt rund um dieses angeblich verwunschene Anwesen.

Das erste Kapitel des Romans beginnt Hawthorne mit den Worten: *„Half-way down a by-street stands a rusty wooden house, with seven actualy-peaked gables. ..... The street is Pyncheon Street; the house is the old Pyncheon House.“* (Aus „The House of the Seven Gables“, A Romance by Nathaniel Hawthorne, Ausgabe „The World's Classics“, Oxford University Press, London, 1924).

Weiter erzählt Hawthorne, dass vor der Zeit des Pyncheon House hier die einfache, strohgedeckte Kate des Farmers Mathew Maule gestanden habe, damals noch außerhalb des Stadtgebietes. Und die Pyncheon Street (heute vermutlich Turner Street) hieß damals auch noch nicht so, sondern war als Maule's Lane bekannt und nicht mehr als ein Kuhpfad.

Im Laufe der Jahrzehnte wuchs die Stadt Salem. Maule's Grundstück, an der Küste mit eigener Süßwasserquelle, wurde langsam zur begehrten Immobilie. Vor allem einem gewissen Colonel Pyncheon, dem der Ruf vorausging, dass er durch seinen eisernen Willen alles bekam, was er sich in den Kopf gesetzt hatte, hatte es auf Maule's Anwesen abgesehen. Aber Mathew Maule dachte nicht im Traum daran, sein Lebenswerk zu verkaufen. Es kam zum Disput, der sich über Jahre hinzog.

Letztlich aber zog Mathew Maule doch den Kürzeren. Er wurde nämlich kurzerhand wegen Hexerei hingerichtet. Angeblich hatte er sein ganzes Anwesen samt Kate verhext. Und Hawthorne schildert, mit welcher Wohlgefälligkeit die Stadthonoratioren der Hinrichtung beiwohnten: „Beamte, Richter, Staatsmänner – die weisesten, ruhigsten, bigottesten Personen ihrer Zeit – standen im inneren Kreis um den Galgen und applaudierten am lautesten angesichts der Bluttat“.

Wer hinter der Anklage steckte, die schließlich zur Hinrichtung Mathew Maules führte, ließ und läßt sich erraten. Denn schon bald gehörte es zum Stadtgespräch, dass Colonel Pyncheon auf dem angeblich verwunschenen Grundstück seine neue Villa errichtete. Aber hinter vorgehaltener Hand wurde auch getuschelt, dass die Pyncheons ihr neues Haus eigentlich auf dem Grabe des armen Mathew bauten, der fortan im Haus zweifellos als Geist weiterleben werde. Und tatsächlich soll die Quelle auf dem Grundstück, die bislang bestes Süßwasser gespendet hatte, schon kurz nach Baubeginn nur noch brackiges, krankmachendes Wasser gefördert haben.

**Salem Motels**

park, gutes **Restaurant „Nathaniel's"**. Internet: http://www.hawthornehotel.com

**The Salem Inn**, $$$$$, 39 Zi., 7 Summer St., Tel. 741-0680, Bed & Breakfast in historischen Gebäuden, an der SR-114 rund 3 mls/5 km östlich der Stadt.

Eine größere Auswahl an Motels der bekannten Ketten findet man vor allem in **Danvers** rund 6 mls/10 km nordwestlich von Salem. U. a. das **Motel 6**, $, 109 Zi., Tel. 774-8045, über I-95 Exit Route 114 West zur US-1 North. – Und andere Motels.

## AUSFLUG NACH DANVERS

Wer sich besonders für die Machenschaften während der Hexenverfolgung ausgangs des 17. Jh. in und um Salem interessiert wird auch **Danvers, MA** aufsuchen. Viele der unglücklichen Episoden spielten sich nämlich nicht direkt in Salem ab, sondern nahmen in Danvers ihren Anfang. **Danvers** liegt rund 6 mls/10 km nordwestlich von Salem.

**Rebecca Nurse Homestead**
15. Juni - Anf. Sept. Di. - So. 13 - 16.30 Uhr, übrige Zeit nur Sa. + So., Eintritt.

Erhalten geblieben ist z. B. ein als **Rebecca Nurse Homestead** bekanntes Haus, 149 Pine Street. Hier lebte im ausgehenden 17. Jh. eine über siebzig Jahre alte Frau namens Rebecca, die als gläubige Kirchgängerin bekannt war, der aber 1692 der Hexenprozess gemacht wurde. Dass solche Prozesse weniger der Rechtsfindung dienten als vielmehr Machenschaften irregeleiteter Fanatiker und im Grunde eine reine Farce waren und eigentlich nur ein Urteil kannten, nämlich den Schuldspruch, wird aus dem Rebecca-Fall deutlich. Rebecca war von den Schöffen des Hexenprozesses zunächst als unschuldig erklärt worden, was von einflußreichen, religiösen Eiferern und Richtern aber solange hintertrieben wurde, bis das Urteil revidiert wurde und die unselige Rebecca 1692 schließlich doch am Galgen endete.

Da hingerichtete Verbrecher, und Rebecca galt ja nun als solche, nicht in geweihter Erde, sprich auf dem Friedhof beigesetzt werden durften, holten ihre Verwandten die Gehängte des nachts vom Galgen und beerdigten sie insgeheim auf dem Gelände ihres Anwesens in der heutigen Pine Street.

## ABSTECHER NACH MARBLEHEAD

Man kann einen Abstecher nach **Marblehead, MA** an der Ostseite der Bucht des Salem Harbor machen. Der hübsche Küstenort mit seinen eng aneinander gebauten relativ einfachen Stadthäusern, der schon 1629 von Fischern besiedelt wurde, hat einen schon legendären Ruf als Yacht- und Regattahafen.

Die Fischer und Seeleute von Marblehead taten sich während des Unabhängigkeitskrieges hervor. Sie stellten z. B. das erste Kriegsschiff für die Revolutionstruppen und ruderten George Washington auf seiner legendären Überquerung des Delaware durch gefährliches Treibeis über den Fluß in der Nähe der heutigen Hauptstadt Washington.

## 11. SALEM, MA – PORTLAND, ME

⊙ **Entfernung:** Rund 200 mls / 320 km.
➔ **Strecke:** Über die Straße SR-127 nach **Gloucester** und **Rockport** – SR-133 über **Essex** bis **Ipswich** – SR-1A bis **Newburyport, MA** – US-1 über **Portsmouth, NH**, **Ogunquit**, **Kennebunk** und **Scarborough** bis **Portland, ME**.
🕒 **Reisedauer:** Mindestens ein Tag.
⌘ **Höhepunkte: Beauport Mansion** * in Gloucester – **historische Stadthäuser** in **Ipswich** – das Gebäudeensemble des **Strawbery Banke Museum** * bei Portsmouth – die **Strände** *** bei Ogunquit und Kennebunk – die Küste am **Portland Head Light** *.

➔ **Route:** Auf der Weiterreise verlassen wir Salem über die SR-1A in nördlicher Richtung und wenden uns nach rund 2 mls/3 km ostwärts auf die SR-127. Kurz darauf passiert man **Beverly, MA**. ●

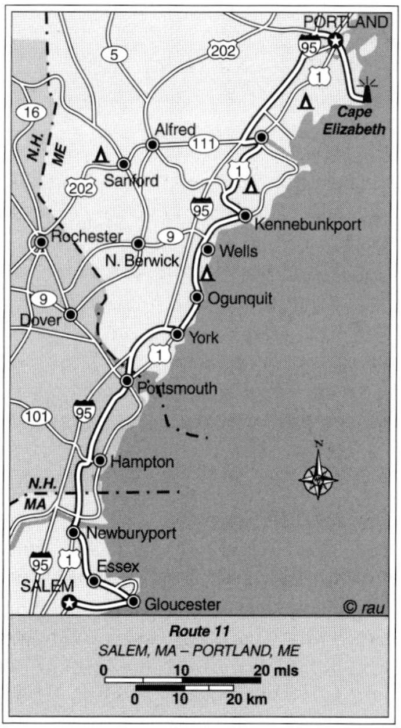


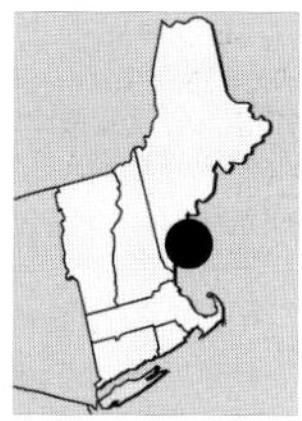

interessante Stadthäuser in Beverly

**Beverly, MA**, heute eine Stadt mit annähernd 38.000 Einwohner, ist schon 1626 gegründet worden. Bis nach den Revolutionskriegen blieb Beverly ein wichtiger Hafen der nach Unabhängigkeit strebenden Kolonien.

In der Stadt sind drei interessante, historische Häuser aus dem 17. und 18. Jh. erhalten geblieben, die in der Obhut der Beverly Historical Society stehen:

**Balch House**, 448 Cabot St., stammt aus dem Jahre 1635, ist eines der ältesten Häuser in Massachusetts und war bis 1914 von der Familie Balch bewohnt.

**Balch House**
Mai - Okt. Mi. - Sa. 10 - 16, So. 13 - 16 Uhr. Eintritt.

**Cabot House**, 117 Cabot St. John Cabot, ein durch den Fernosthandel zu Wohlstand gelangter Kaufmann, hatte sich dieses Wohnhaus 1781 errichten lassen. Es ist im Stil jener Zeit möbliert. Kleine maritime Ausstellung über die Zeit der „Continental Navy“ und Sammlungen zu Neuenglands Geschichte.

**Cabot House**
Mi. - Fr. 10 - 16 Uhr. Eintritt.

Das **John Hale House**, 39 Hale St., stammt aus dem Jahre 1694 und wurde damals von dem leitenden Vertreter der englischen Krone in

**John Hale House**
Juni - Sept. Sa. + So. 10 - 16 Uhr. Eintritt. Kombi-Tickets für alle drei Häuser erhältlich.

Beverly, John Hale, errichtet. Der Mann war eine der treibenden Kräfte in der Zeit der Hexenverfolgung. Der „Saulus" wandelte sich aber rasch zum „Paulus", als der Hexenwahn soweit ging, dass seine eigene Frau verdächtigt und angeklagt wurde. Hale setzte sich dann überraschend schnell für die Freilassung aller „Hexen" ein.

➔ **Route:** Die Straße SR-127 führt schön in Küstennähe über **Manchester-By-The-Sea**, einem kleinen Seebad mit eleganten Ferienvillen, nach **Gloucester** und **Rockport** auf der Halbinsel **Cape Ann, MA**. ●

Die Gestade von Cape Ann sollen schon ums Jahr 1000 von Wikingern auf ihren abenteuerlichen Fahrten nach Vinland irgendwo an der amerikanischen Ostküste, die in ihren Sagas andeutungsweise erwähnt werden, erkundet worden sein. Besiedelt wurde die Halbinsel aber erst um 1620 von englischen Fischern.

**Gloucester, MA** liegt hübsch in einer geschützten Bucht an der südöstlichen, felsigen Küste von Cape Ann. Wie viele andere Städte an der Küste Neuenglands eine Gründung puritanischer Siedler aus England, die sich erstmals 1623 hier ansiedelten, ist Gloucester mit annähernd 29.000 Einwohnern heute der älteste und einer der wichtigsten Fischereihäfen und ein beliebter Sommerferienort in Massachusetts. Das bedeutendste Denkmal der Stadt, es liegt in der Western Avenue, ist denn auch ein Monument, das an die Seeleute und Fischer aus Gloucester erinnert, die auf See geblieben sind.

**Cape Ann Museum**
Di. - Sa. 10 - 17 Uhr. Eintritt.

Mit der langen Tradition der Hochseefischerei befaßt sich u. a. das **Cape Ann Historical Association's Museum**, 27 Pleasant Street. Außerdem sind im Museum zahlreiche Arbeiten von Malern zu sehen, die in Gloucesters Künstlerkolonie *Rock Neck* lebten und leben. Einer von ihnen war Fitz Hugh Lane (1804 – 1865), der sich vor allem mit maritimen Motiven beschäftigte. Viele seiner Werke sind im Museum ausgestellt. Neben Möbel-, Silber- und Schiffsmodellsammlungen zeigt eine Abteilung historische Photographien von Cape Ann.

Nicht weit vom Cape Ann Historical Association's Museum entfernt findet man in der Middle Street Nr. 49 das **Sargent House Museum**. Das Haus ist ein sehr schönes Beispiel georgianischer Architektur aus dem 18. Jh. Der Kaufmann und Schiffseigner Winthorp Sargent hatte es 1782 für sich errichten lassen. Sargent House ist noch original im Stil des 18. Jh. möbliert. Es ist aber nur von Anfang Juni bis Anfang September freitags und samstags zwischen 12 und 16 Uhr auf Führungen zu besichtigen.

**Beauport** *
Mitte Mai - Ende Okt. Mo. - Fr. 10 - 16 Uhr. Eintritt.

Schon eher einen Besuch lohnt da **Beauport**, 75 Eastern Point Blvd., südlich des Stadtzentrums. Diese elegante 40-Zimmer-Villa am Gloucester Harbor wurde zwischen 1907 und 1934 von dem renommierten Innenarchitekten Henry Davis Sleeper mit Kunstwerken und kostbaren Antiquitäten ausgestattet und möbliert.

Etwas kurios an der felsigen Neuenglandküste mutet das **Hammond Castle Museum** in der Hesperus Ave. an, das etwas außerhalb südwestlich der Stadt liegt. Diese Villa ist tatsächlich europäischen, beson-

**Hammond Castle**
Juni - Aug. tgl. 10 - 18 Uhr, Mai + Sept. Do. - So. 10 - 17 Uhr. Übrige Zeit Sa. + So. 10 - 17 Uhr. Eintritt. Führungen.

ders wohl französischen Burgen nachempfunden, für die der Erbauer John Hays Hammond offenbar eine Vorliebe hatte. Hammond, Forscher, Entdecker und Entwickler, der viele Patente auf dem Gebiet der Radio- und Radartechnik besaß, ließ die Riesenvilla um 1927 erbauen nicht zuletzt, um für seine umfangreiche Kunstsammlung Platz zu schaffen. Neben römischen Bädern und Geheimgängen ließ sich Hammond in der Großen Halle eine Orgel mit über 8.000 Pfeifen einbauen.

Von Hammond Castle aus ist die Klippe **Norman's Woe** zu sehen. Henry Wadsworth Longfellow hat die Felsen in seinem Poem „The Wreck of the Hesperus" bedichtet und sie dadurch berühmt gemacht.

**Whale Watch Cruises**

Als Ausflug ab Gloucester bietet sich eine Bootstour zu Walbeobachtungen an. Solche „Whale Watch Sightseeing Cruises" oder „Whale Safaris" werden hier von Mai bis Oktober zahlreich angeboten.

## Praktische Hinweise – Gloucester

**Gloucester**

☎ Gloucester Area Code (Telefonvorwahl): 978

**Cape Ann Chamber of Commerce**, 33 Commercial St., Gloucester, MA 01930, Tel. 283-1601 oder 800/321-0133. Geöffnet ganzjährig Mo. – Fr. 8 – 17 Uhr, Mai – Okt. auch Sa. 10 – 18, So. 10 – 16 Uhr.

**Restaurants**

Restaurants: Seit Jahrzehnten in Gloucester bekannt ist das Restaurant **„Evie's Rudder"**, Rocky Neck, Tel. 283-7958, rustikales Seemannskneipenambiente, gute Küche, mittlere Preislage. Unterhaltung der Gäste durch die Inhaber.

Gute Fischgerichte und in der Saison frischer Hummer werden im sehr guten, aber auch sehr teuren **„White Rainbow"**, 65 Main Street, serviert. Tel. 281-0017. – Und andere Restaurants.

**Motels**

Motels: **Bass Rock Ocean Inn Best Western**, $$$$, 48 Zi., 107 Atlantic Rd., Tel. 283-7600, geöffnet Anf. Mai – Ende Okt., 3 Nächte Mindestaufenthalt an Wochenenden in der Saison, Schwimmbad, am Meer.

**Cape Ann Motor Inn**, $$$, 31 Zi., 33 Rockport Rd., Tel. 281-2900, etwa 3 km nördlich über SR-127A, einfaches, aber relativ preiswertes Haus, am Strand, Zimmer mit Meerblick.

**The Manor Motel**, $$$, 27 Zi., 141 Essex Ave., Tel. 283-0614.

**Vista Motel**, $$$, 40 Zi., 22 Thatcher Rd., Tel. 281-3410, ca. 3 km östlich an der SR-127A, Blick auf den Strand, Schwimmbad. – Und andere Motels.

**Camping**

▲ – **Camping Cape Ann,** Tel. 283-8683; 1. Mai – 31. Okt., 80 Atlantic St., rund 2 km nördl. über SR-128; weitläufiges, teils bewaldetes Gelände,. ca. 250 Stpl.; Komfortausstattung; 3 Nächte Mindestaufenthalt an Wochenenden von 15. Juni bis Mitte Sept. – Und andere Campingplätze.

**Rockport, MA,** ein Hafenstädtchen, das schon bessere Tage gesehen hat, liegt rund zwei Meilen nordöstlich von Gloucester und wird von den Touristen gerne wegen seiner abgeschiedenen Lage aufgesucht. Viele kommen auch hierher, um im Hafen zu malen oder die bunten Hafenschuppen zu fotografieren. Ganz so beschaulich wie diese Beschreibung klingt, ist es im Sommer, wenn die Gäste aus dem nahen Boston einfallen, allerdings nicht.

Versuchen Sie in der Sommerferienzeit erst gar nicht, einen Parkplatz im Ort zu finden. Es wird unmöglich sein. Parken Sie am Visitor

Center in der Main Street Nr. 3 und nehmen Sie dort die Cape Ann Trolleys nach Rockport.

Übrigens: Rockport ist eine sog. „trockene" Stadt. Der Beschluß früherer Stadtväter, in Rockport keinen Alkohol auszuschenken, gilt auch heute noch. Sie werden also kaum ein Restaurant finden, das Ihnen zu Ihrem Menü ein Fläschchen Wein, Bier etc. servieren wird. Es ist deshalb durchaus üblich, dass Gäste ihr alkoholisches Getränk mitbringen. Der Wirt berechnet dann gewöhnlich nur eine kleines Korkengeld. Nicht übermäßig erstaunt ist man, wenn man in diesem Zusammenhang erfährt, dass Restaurants in aller Regel schon um 21 Uhr schließen.

Rockport

### Praktische Hinweise – Rockport

☎ Rockport Area Code (Telefonvorwahl): 978

**Rockport Chamber of Commerce**, 3 Main St., Rockport, MA 01966, Tel. 546-6575.

Restaurants

Restaurants: **Portside Chowder House**, ein relativ einfaches Lokal, ganzjährig geöffnet, in erster Linie serviert man Fischgerichte, Schalentiere, Krabben, Schalentiere zu erschwinglichen Preisen, es gibt aber auch Burgers, Sandwiches und Salate. – Und andere Restaurants.

Motels

Motels: **Emerson Inn**, $$$$$, 36 Zi., 1 Cathedral Ave., Tel. 546-6321, 2 Nächte Mindestaufenthalt an Wochenenden, Restaurant.

**Sandy Bay Motor Inn**, $$$, 79 Zi., 173 Main St., Tel. 546-7155, 2 Nächte Mindestaufenthalt an Wochenenden, Coffee Shop, Schwimmbad, Sauna, Tennis.

**Seaward Inn**, $$$$$, 38 Zi., 62 Marmion Way, Tel. 546-3471, geöffnet Mitte Apr. – Ende Nov., hübscher Country Inn, Restaurant „Sea Garden", teuer.

**Turk's Head Motor Inn**, $$, 28 Zi., 283 South St., Tel. 546-3436, geöffnet Mitte Apr. – 15. Okt., Coffee Shop, Schwimmbad.

Außerdem zahlreiche kleine Bed & Breakfast Pensionen und andere Motels.

Der weitere Verlauf der Route über **Pigeon Cove** um die Nordseite der Halbinsel Cape Ann ist landschaftlich sehr reizvoll und bietet viele Fotomotive. Im Norden führt ein Fußweg durch den Halibut Point State Park zum Kap. Westlich davon um Lanesville viele schöne Buchten.

➔ **Route:** Über **Annisquam** gelangt man zurück zur SR-128. Ihr folgen wir 3 Meilen westwärts und zweigen dann auf die SR-133 nach **Essex, MA** ab. ●

**Schiffbaumuseum** *
Mai - Okt. Do. - Mo. 11 - 16 Uhr. Eintritt.

**Essex, MA,** eine Kleinstadt mit etwas mehr als 3.000 Einwohnern, die heute mitten in Salzmarschen liegt, war bis Ende des vergangenen Jahrhunderts ein namhaftes Zentrum des Schiffsbaus an der Nordküste von Massachusetts. Vor allem zweimastige Schoner und Segler für die Hochseefischerei wurden hier gebaut. Zeitweise waren in Essex 15 Werften ansässig, die jährlich bis zu 50 Schoner von Stapel ließen.

Einen Besuch lohnt das **Essex Shipbuilding Museum**, 28 Main Street, das auf dem Gelände des Story Shipyard eingerichtet worden ist. Über 300 Jahre lang wurden hier Segelschiffe gebaut. Im eigentlichen Museum, das im ehemaligen Schulhaus aus dem Jahre 1835 untergebracht ist, sind u. a. herrliche Schiffsmodelle und andere Exponate aus der großen Zeit der Windjammer ausgestellt.

**Praktische Hinweise – Essex**

Essex

☎ Essex Area Code (Telefonvorwahl): 978

Restaurants

Zwei gute Fischrestaurants:: **„Jerry Pelonzi's Heartside Restaurant"**, 109 Eastern Ave., mehrere kleine, urige Speisezimmer in einem ehemaligen, über 200 Jahre alten Bauernhaus.

**„Woodman's of Essex"**, rustikal, aber gute, frische Fischgerichte und Schalentiere zu erschwinglichen Preisen, an der SR-133.

Bed & Breakfast

Im Ort gibt es nur eine nennenswerte, sehr kleine Pension, **George Fuller House Historic Bed & Breakfast, $$,** 7 Zimmer, 148 Main Street, Tel. 978/768-7766.

sehenswerte Stadthäuser in Ipswich

Nur wenige Meilen weiter kommt man durch **Ipswich, MA** an der SR-1A. Von dem kleinen Städtchen, das 1633 von 12 Familien aus England gegründet wurde und das heute für seine Venusmuscheln (clams) bekannt ist, wird behauptet, es habe die größte Anzahl von Häusern im Lande, die aus dem 17. Jh. erhalten sind und immer noch genutzt oder bewohnt werden. Tatsächlich vermittelt Ipswich in einigen Bereichen noch gut den Eindruck einer Stadt aus der Zeit des 17. und 18. Jh.

Die meisten der **historischen Häuser** findet man um den Stadtpark Common Green in den Straßen South Main Street (John Whipple House, Nr. 53; John Heard House, Nr. 40), High Street und East Street.

Im **Informationskiosk** der Chamber of Commerce in der Crane Beach Road, der von Juni bis Anfang September täglich zwischen 10 und 16 Uhr geöffnet ist, bekommt man die Broschüre „A Walking Tour Guide of Historic Ipswich", die den Weg zu den Bauwerken zeigt und diese beschreibt.

➔ **Route:** Unsere Route führt über die SR-1A weiter nordwärts und über **Rowley** und **Newbury** in den Salzmarschen am Plum Island River nach **Newburyport, MA**. ●

**Newburyport, MA** (ca. 16.000 Einw.), an der Mündung des Merrimack River gelegen, war bis zum Niedergang der Segelschiffahrt ausgangs des 19. Jh. ein bedeutendes Zentrum des Schiffsbaus. Nach einem aufwendigen Sanierungs- und Renovierungsprogramm wurde das Stadtzentrum um die **High Street** und am **Market Square Historic District** wieder in den Zustand seiner Glanzzeit in der zweiten Hälfte des 19. Jh. versetzt, als – ähnlich wie in Salem – viele Kaufleute und Reeder hier ihre Stadthäuser hatten.

Vor allem wer sich für die Architektur in Neuengland nach den Revolutionskriegen interessiert, findet in Newburyport viele Stilbeispiele aus dem 17. bis ins 19. Jh.

Einen schönen Blick auf den Hafen hat man von der Promenade am **Waterfront Park** (kostenlose Parkplätze) aus.

**Seefahrtmuseum**
Apr. - Dez. Mo. - Sa. 10 - 16, So. 13 - 16 Uhr. Eintritt.

In der Nähe findet man das **Custom House Maritime Museum,** 25 Water Street. Das Museum ist in einem Gebäude im neugriechischen Stil aus dem Jahre 1835 untergebracht. Es zeigt Schiffsmodelle, Gemälde und andere Gegenstände, die die maritime Vergangenheit von Newburyport dokumentieren. Stündliche Tonbildschau.

Östlich von Newburyport kann man einen Abstecher in das Natur- und Vogelschutzgebiet **Parker River National Wildlife Refuge** auf der schmalen und langgestreckten Insel **Plum Island** machen, Badestrände, schöne Sanddünen, Eintritt. Lästig sind im Sommer die sehr begrenzte Parkplatzkapazitäten.

Bei Newburyport überqueren wir den Merrimack River und kommen kurz darauf in den Bundesstaat **New Hampshire** (siehe auch unter „Kurzporträt der USA und der Neuengland Staaten"), dessen Küstenanteil aber gerade mal knapp 20 mls/32 km mißt und an der Mündung des Piscatagua River bei Portsmouth schon wieder endet.

Bei Hampton zweigt die Zufahrt zur **Hampton Beach** an der Atlantikküste ab. Der weitläufige Strand mit Kasino, kilometerlanger Promenade, Musikveranstaltungen, lauten Amüsierbetrieben und Kirmesatmosphäre im Sommer wird jedes Jahr von Tausenden und abertausenden von Feriengästen besucht.

**Portsmouth, NH**, zweifellos New Hampshires wichtigste Hafenstadt, hieß bei seiner Gründung im Jahre 1630 und bis 1653 *Strawbery Banke* (etwa Erdbeerufer). Erste Siedler fanden hier bei ihrer Landung in der Mündungsbucht des Piscatagua River angeblich ein riesiges Feld wilder Erdbeeren vor.

Bis ins 19. Jh. war Portsmouth ein bedeutender Handelshafen mit großen Schiffswerften. Handel wurde vor allem mit Fellen, Schiffen, Holz und Fisch getrieben. Zu einem richtiggehenden Exportschlager aber wurden bis zum Niedergang der Segelschiffaera der Handel mit Schiffsmasten, der vor allem mit der Royal Navy der Briten hervorragend florierte. In den Wäldern im Hinterland wuchsen starke, kerzengerade, bis weit über 30 m hohe Kiefern, die sich ganz ausgezeichnet als Schiffsmasten eigneten.

Die Prosperität der Stadt manifestierte sich in vornehmen Stadthäusern wohlhabender Reeder und Kaufleute, Handelskapitäne und Politiker. Portsmouth war lange Sitz des Provinzgouverneurs der Kolonie New Hampshire.

**alte Stadthäuser am Portsmouth Trail**

Trotz eines Großbrandes im Jahre 1813, der weite Teile der Stadt in Schutt und Asche legte, sind doch eine ganze Reihe der Stadtvillen aus dem 18. und 19. Jh. erhalten geblieben. Die meisten findet man im denkmalgeschützten **Portsmouth Historic District**, entlang des **Portsmouth Trail** sowie in einem Teil der Vorstadt **Strawbery Banke**.

**John Paul Jones House**
Ende Mai - Mitte Okt. tgl. 10 - 16 Uhr. Eintritt.

Eines der sechs historischen Häuser am Portsmouth Trail ist das **John Paul Jones House**, Middle und State Streets. Der Seekapitän Gregory Purcell hatte sich das Haus 1758 bauen lassen. Nach seinem Tode führte seine Witwe das Anwesen als nobles Gästehaus weiter. Einer der Stammgäste war im 18. Jh. Kapitän John Paul Jones, der sich oft in Portsmouth aufhielt, um die Ausrüstung der ersten in Portsmouth gebauten Schiffe der jungen US-Navy zu überwachen.

Im Haus sind schönes Porzellan, Glasgegenstände, Gemälde, historische Kleidungsstücke, Dokumente u. ä. aus dem 18. Jh. zu sehen. Kostümierte Führer geben Auskunft.

Das **Governor John Langdon House**, 143 Pleasant St., ein weiteres Haus am Portsmouth Trail, war ausgangs des 18. Jh. Residenz des dreimal wiedergewählten Gouverneurs John Langdon und wurde damals als „feinstes Haus in Portsmouth" bezeichnet.

Im Informationsbüro am Market Square erhält man eine Auflistung aller Häuser am Portsmouth Trail, die alle in Gehnähe zueinander liegen.

Sehenswert ist auch **Wentworth-Coolidge Mansion**, Little Harbor Road. Das vielfach gegliederte Haus war um 1750 Wohnsitz des ersten britischen Gouverneurs in New Hampshire, Benning Wentworth.

Weitere Sehenswürdigkeiten sind der **Prescott Park** am Piscataqua River mit historischen Speicherhäusern, die zur Ausrüstung der Navy im 18. Jh. dienten. Im Park findet man auch die Gräber der ersten Bürger von Portsmouth.

**Strawbery Banke Museum** *
Mai - Okt. tgl. 10 - 17 Uhr. Eintritt.

An der Landungsstelle der ersten Siedler, **Strawbery Banke**, sind zahlreiche alte Häuser aus der Zeit des 16. bis 18. Jh. vor dem Abriß gerettet und restauriert worden und bilden nun das interessante, sehr sehenswerte Freilichtmuseum **Strawbery Banke Museum**.

Es werden Stadt-, Hafen- und Kutschenrundfahrten durch die Stadt, den Hafen und die kolonialen Stadtteile angeboten.

**Portsmouth**

### Praktische Hinweise – Portsmouth

☎ Portsmouth Area Code (Telefonvorwahl): 603

**Greater Portsmouth Chamber of Commerce**, 500 Market St., Portsmouth; NH 03802, Tel. 436-1118.

**Motels**

Motels: **Anchorage Inn**, $$, 93 Zi., 417 Woodbery Ave., Tel. 431-8111, an der US-1/I-95, Schwimmbad, Sauna.

**Comfort Inn at Yonken's**, $$$, 120 Zi., 1390 Lafayette Rd., Tel. 433-3338, ca. 1,5 mls südlich an der US-1, Schwimmbad.

**Holiday Inn Portsmouth**, $$$, 130 Zi., Tel. 431-8000, an US-1/I-95, Schwimmbad, Restaurant.

**Howard Johnson Hotel**, $$$$, 135 Zi., Tel. 436-7600, an US-1/I-95, Schwimmbad, Restaurant, Coffee Shop.

**The Port Motor Inn**, $$$, 57 Zi., Tel. 436-4378, an US-1/I-95, Schwimmbad.

**Sheraton Portsmouth Hotel & Conference Center**, $$$$, 165 Zi., 250 Market St., Tel. 431-2300, zentral gelegenes Konferenzhotel der oberen Preisklasse, **Restaurant „Harbor's Edge"**, Schwimmbad, Sauna.

**Susse Chalet Inn,** $$, Tel. 436-6363, über US-1 Bypass bis Borthwick Ave., Schwimmbad. – Und andere Motels.

Jenseits des Piscataqua River beginnt der **Bundesstaat Maine (ME),** siehe auch unter „Kurzporträt der USA und der Neuengland Staaten".

➔ **Route:** Rund 8 mls/13 km nördlich von Portsmouth führt die US-1 an **York, ME** vorbei. ●

**York, ME** gilt als die erste Siedlung an der Küste von Maine. Gelegentlich wird York gar als die „älteste Stadt Amerikas" bezeichnet, was aber eher patriotischem Überschwang entsprungen sein dürfte. Sicher ist, dass sich 1624 hier erste Auswanderer ansiedelten. Im Winter 1692 war York, das bei seiner Gründung 1624 *Gorgeana* hieß, während der sog. French and Indian Wars Schauplatz einer heftigen Indianerattacke.

Zu den Sehenswürdigkeiten von York zählen in **Old York**, 140 Lindsay Rd., eine Reihe alter Häuser aus der ersten Hälfte des 18. Jh., einer Zeit, in der York vor allem durch Holzhandel mit den Westindischen Inseln zu Wohlstand kam.

**Old York**
Mitte Juni - Ende Sep. Di. - Sa. 10 - 17, So. 13 - 17 Uhr. Eintritt.

Unter den Häusern, die von der Old York Historical Society restauriert und betreut werden, sind zum Beispiel der Country Inn **Jefferd's Tavern**, das **John Hancock Warehouse**, ein altes Lagerhaus, ein Schulhaus und das Stadtgefängnis **Old Goal** bemerkenswert. Informationen darüber gibt's bei der Old York Historical Society in der Lindsay Road 140, Tel. 363-4974 oder beim Informationsbüro der Chamber of Commerce.

**York Harbor** und **York Beach** sind beliebte Ferienorte.

**York**

### Praktische Hinweise – York

☎ York Area Code (Telefonvorwahl): 207

**York Chamber of Commerce**, Box 417, York, ME 03909, Tel. 363-4422.

**Motels**

Motels: **York**

**York Commons Inn**, $$$, 90 Zi., US-1 und Brickyard Ln., Tel. 363-8903, Schwimmbad.

**York Harbor**

**Dockside Guest Quarters**, $$$, 22 Zi., Tel. 363-2868, geöffnet Anf. Mai – 31. Okt., 2 Nächte Mindestaufenthalt, Marina, bekanntes Restaurant.

**Stage Neck Inn**, $$$$$, 60 Zi., Stage Neck Rd., Tel. 363-3850, Schwimmbad, Sauna, Tennis, Restaurant.

**York Harbor Inn**, $$$$, 37 Zi., York St., Tel. 363-5119, rustikaler, komfortabler Gasthof am Hafen, Restaurant, Pub.

**York Beach**

**Anchorage Inn**, $$$$, 178 Zi., südl. an US-1A, Tel. 363-5112, Schwimmbäder, Restaurant.

**Lighthouse Inn**, $$$, 29 Zi., südl. an US-1A, Tel. 363-6072, Schwimmbad.

**Sunrise Motel**, $$$$, 23 Zi., südl. an US-1A, Tel. 363-4542, geöffnet 1. Mai – Mitte Nov., 2 Nächte Mindestaufenthalt in Hochsaison, Sandstrand.

**The Union Bluff Hotel**, $$$$$, 40 Zi., 8 Beach St., Tel. 363-1333, modernes Haus am Sandstrand Short Sands Beach, Restaurant, Pub. – Und andere Motels.

**Camping**

**York Harbor**

▲ – **Camp Eaton**, Tel. 363-3424; 1. Mai – 30. Sept.; nördl. über Küstenstraße US-1A; weitläufig, teils Wiesen-, teils Waldgelände, ca. 300 Stpl.; Komfortausstattung. Strand, Schwimmbäder.

– **Libby's Oceanside Camp**, Tel. 363-4171; 15. Mai – 15. Okt.; nördl. über Küstenstraße US-1A; relativ kleines Gelände mit 95 Stpl., Standardausstattung.

**York Beach**

– **Burnette's Trailer and Tent Area,** Tel. 363-4756, 15. Mai – 1. Okt.; an US-1A, ca. 150 Stpl.; Standardausstattung.

➔ **Route:** Für die Weiterreise nach Norden sollte man den Weg über die küstennahe Straße US-1A, die Shore Road, nehmen. ●

*Markierungsbojen für den Hummerfang, bei Cape Neddick, ME*

Auf der sehr schönen Fahrt entlang der Felsküste mit hübschen Strandhäusern passiert man **Cap Neddick**. Vom Parkplatz dort hat man einen schönen Blick hinüber zum malerisch auf einer Insel gelegenen Leuchtturm **Nubble Light** aus dem Jahre 1879.

Später kommt man auf der sehr kurvenreichen Küstenstraße am **Ogunquit Museum of American Art** vorbei. Das Museum wurde erst 1952 errichtet. Es zeigt eine interessante Sammlung an Gemälden und Plastiken amerikanischer Künstler aus der Zeit von 1910 bis 1980. Neben den Kunstobjekten ist auch die schöne Lage des Museums an der Küste von Maine, die einen Besuch lohnt. Durch das Panoramafenster der Großen Galerie z. B. bietet sich dem Besucher ein herrlicher Blick auf eine der felsigen Buchten.

**Kunstmuseum**
1. Juli - 30 Sept. Mo. - Sa. 10.30 - 17, So. 14 - 17 Uhr. Eintritt.

Kurz darauf ist man in **Ogunquit, ME**, einem sehr beliebten Seebad an der Südküste von Maine. Das Städtchen mit seinem indianischen Namen, der soviel bedeutet wie „Schöner Platz am Meer“, wird dank seiner langen, weißen Sandstrände jeden Sommer von Tausenden von Feriengästen aufgesucht.

Besonders reizvoll ist die Hafenszenerie an der kleinen, schmalen Felsbucht **Perkins Cove** (sehr kleiner Parkplatz), die von einer Fußgängerzugbrücke überspannt wird.

Von der Perkins Cove führt der **Marginal Way,** ein gut 1,5 km langer Fußweg, oberhalb der zerklüfteten Küste mit den eingelagerten Sandstränden von Little Beach zurück in die Stadt.

Im Sommer verkehren Trolleybusse zu den touristisch interessanten Plätzen und Stränden.

## Praktische Hinweise – Ogunquit

Ogunquit

☎ Ogunquit Area Code (Telefonvorwahl): 207

**Ogunquit Chamber of Commerce**, P. O. Box 2289, Ogunquit, ME 03907, Tel. 646-2939. Geöffnet Mitte Mai – Mitte Oktober täglich 9 – 17 Uhr.

Restaurants

Restaurants: **„Arrows“**, Berwick Rd., in einem ehemaligen Farmhaus, bekannt, elegant und sehr teuer, Tel. 361-1100, Jackett und Krawatte werden erwartet. Montag Ruhetag.

**„Hurricane“**, an der Perkins Cove, recht gemütliches, kleines Fischrestaurant, dem man außen nicht ansieht, dass innen ausgezeichnet gekocht wird. Obere Preisklasse. Tel. 646-6348.

**„Jonathan's“**, Bourne Ln. Tel. 646-4777, in hübscher Umgebung, Cocktail Lounge, Unterhaltung.

**„Lobster Pound Ogunquit“**, urig, man sucht sich seinen Lobster aus, und genießt ihn ganz frisch zubereitet im Gartenlokal oder im rustikalen Restaurant. Mittler Preislage. Nur Mitte Mai bis Ende Okt. – Und viele andere Restaurants.

Motels

Motels: **Anchorage By The Sea**, $$$$$, 204 Zi., 55 Shore Rd., Tel. 646-9348, 2 Nächte Mindestaufenthalt, Restaurant, Schwimmbäder, Sauna.

**Briarbrook Motor Inn**, $$, 18 Zi., südl. an US-1, Tel. 646-7571, geöffnet 1. Mai – Mitte Okt., 2 Nächte Mindestaufenthalt an Wochenenden, kleine, aber ansprechende Motelanlage beim Theater.

**Juniper Hill Inn**, $$$$, 100 Zi., 196 Main St., Tel. 646-4501, mehrere Schwimmbäder, Sauna. Restaurant nahebei.

**Mariner Resort Motel**, $$$, 56 Zi., an US-1, Tel. 646-5931, geöffnet 1. Mai - Ende Okt., 2 Nächte Mindestaufenthalt.

**Milestone Motor Inn**, $$$, 70 Zi., 333 Main St., Tel. 646-4562, geöffnet Anf. Apr. – Ende Okt., Schwimmbad. Restaurant nahebei.

**Ogunquit Resort Motel**, $$$, 47 Zi., nördl. an US-1, Tel. 646-8336. Schwimmbad, Restaurant nahebei.

**Riverside Motel**, $$$, 37 Zi., Shore Rd., Tel. 646-2741, geöffnet 1. Mai - Mitte Okt., 3 Nächte Mindestaufenthalt im Juli und August, sehr schön an der Perkins Cove gelegen.

**Sea View Motel**, $$$, 40 Zi., nördl. an US-1, Tel. 646-7064, geöffnet Anf. mai g Mitte Okt., Schwimmbad. Restaurant nahebei. – Und andere Motels.

Camping

▲ – **Dixon's Campground**, Tel. 363-2131; Ende Mai – Anf. Sept.; südlich an der US-1; ausgedehntes, bewaldetes Gelände; ca. 100 Stpl.; gute Standardausstattung; 3 Nächte Mindestaufenthalt Mitte Juni bis Anfang Sept.!

– **Pinederosa Campground**, Tel. 646-2492; 15. Mai – 15- Okt.; ca. 3 mls/5 km nordwestl.; ca. 100 Stpl.; Komfortausstattung.

Auf der Weiterreise nach Norden entlang der Küste passiert man **Wells, ME**, ein weiteres Seebad mit langen Sandstränden, das sich aus mehreren Feriensiedlungen zusammensetzt.

Besichtigen kann man das **Wells Auto Museum** an der US-1, das eine ganze Reihe schöner Oldtimer und Automobilklassiker aus der Zeit von 1900 bis 1960 zeigt.

**Kennebunk, ME** und **Kennebunkport, ME**, wenige Meilen weiter nördlich, zählen zu den populärsten Badeorten an der Küste von Maine. Bis zur Jahrhundertwende hatten die Orte bedeutende Schiffswerften, die aber mit dem Aufkommen der Dampfschiffzeit mehr und mehr verwai-

*Strand bei Ogunquit, ME*

sten. Etwa ab den 20er Jahren entwickelte sich besonders Kennebunkport zu einem bekannten Seebad und zu einer namhaften Künstlerkolonie.

Aus der Zeit des florierenden und gewinnbringenden Schiffsbaus sind in den Kennebunks einige interessante Architekturbeispiele des Kolonialstils und des späteren Federal Style erhalten geblieben.

**Brick Store Museum**
Di. - Sa. 10 - 16.30. Eintritt.

The **Brick Store Museum**, 117 Main St., ist eines jener Architekturbeispiele. Der Komplex aus mehreren Backsteingebäuden wurde 1825 von dem Kaufmann und Schiffseigner William Lord errichtet. Der ehemals als Lagerhaus konzipierte Bau dient heute als Galerie und Museum mit Gemäldeausstellungen und sehr schönen Sammlungen zur Geschichte von Kennebunk und Maine.

**Taylor-Barry House**
Juni - Sept. Di. - Fr. 13 - 16 Uhr. Eintritt.

In der Obhut des Museums ist auch das 1803 von Thomas Eaton für eine wohlhabende Reederfamilie im Federal Style erbaute **Taylor-Barry House**, 24 Summer Street. Original möblierte und dekorierte Räume.

In Kennebunkport sind vor allem in der lebhaften Ortsmitte um den **Dock Square**, in der Main Street und entlang der North Street einige Häuser aus dem 19. Jh. zu sehen.

**White Columns**
Jun. - Ende Okt. Mi. - Fr. 13 - 16 Uhr.

Besichtigen kann man z. B. das Nott House, besser bekannt als **The White Columns** in der Main Street. Das Gebäude mit einer imposanten dorischen Säulenfassade wurde um 1853 von einem Schiffsausrüster namens Charles Perkins im neugriechischen Stil errichtet.

White Columns ist im Juli und August jeden Mittwoch um 10.30 Uhr und Freitag um 13.30 Uhr auch Sammel- und Startpunkt von geführten Stadtrundgängen. Näheres unter Tel. 867-2751.

Kennebunkport ist ein beliebter Ausgangspunkt für Hochseeangeltörns.

Kennebunk

## Praktische Hinweise – Kennebunk

☎ Kennebunk Area Code (Telefonvorwahl): 207

**Kennebunk-Kennebunkport Chamber of Commerce**, 17 Western Ave. (SR-9), P. O. Box 740, Kennebunk, MA 04043, Tel. 967-0857.

Restaurants

Restaurants: Zu den besten Restaurants in ganz Maine wird das **White Barn Inn**, in Kennebunkport gezählt. Rustikales Ambiente, gepflegter Service, feine Küche, teuere Preise.Preiswert und gut ißt man bei **„Alisson's"** am Dock Square. Hier gibt es auch kleinere Gerichte, Salate, Burgers.

An Ort und Stelle frisch gefangene Hummer genießen, und das auch noch zu erschwinglichen Preisen, kann man bei **„Cape Porpoise Lobster Co.",** 15 Pier Rd. in Cape Porpoise in der Nähe des Goat Island Leuchtturms am Meer gelegen.

Motels

Motels: **Kennebunk**

**Econo Lodge at Kennebunk**, $$$, 46 Zi., 55 York St. (US-1), Tel. 985-6100, Schwimmbad.

**The Lodge at Kennebunk**, $$, 40 Zi., 45 Alewive Rd., Tel. 985-9010, geöffnet Anf. Mai - Ende Okt., Schwimmbad.

**Turnpike Motel**, $, 25 Zi., 77 Old Alewife Rd., an SR-35, Tel. 985-4404, ordentliches preiswertes Motel.

**Kennebunkport**

**Captain Lord Mansion**, $$$$$; 16 Zi., Ocean Ave., Tel. 967-3141. Ecke Pleasant und Green Streets, Nähe Dock Square, kleine Frühstückspension in einem ehemaligen Kapitänshaus aus dem Jahre 1812 mit viel Atmosphäre, sehr teuer. 2 Nächte Mindestaufenthalt an Wochenenden.

**The Colony Hotel**, $$$$$, 132 Zi., 140 Ocean Ave., Tel. 967-3331, geöffnet Ende Mai – Ende Okt., 2 Nächte Mindestaufenthalt an Wochenenden, sehr teuer, Haus im Stil der Jahrhundertwende in gepflegten parkähnlichem Gelände mit Meerblick, Strand, Schwimmbad, Freizeiteinrichtungen, Restaurant.

**The Kennebunkport Inn**, $$$$$, 34 Zi., zentral am Dock Square, Tel. 967-2671, in einem Kapitänshaus aus dem 19. Jh., Schwimmbad, Restaurant.

**Lodge at Turbat's Creek**, $$$, 26 Zi., Main St. ca. 1 ml südl., Tel. 967-8700, geöffnet Anf. Apr. – Ende Okt., 2 Nächte Mindestaufenthalt an Wochenenden, Schwimmbad.

**The Nonantum Resort**, $$$$$, 116 Zi., Ocean Ave. Nähe Dock Square, Tel. 967-4050, geöffnet Ende April – Anf. Dez., in parkähnlichem Gelände am Meer, Schwimmbad, Restaurant, Marina.

**Old Fort Inn**, $$$$$, 16 Zi., Old Fort Ave., Tel. 967-5353, 2 Nächte Mindestaufenthalt an Wochenenden im Juli und August, oberhalb der Ocean Ave. gelegen, rustikal, in historischen Farmgebäuden, sehr teuer, die Zimmer liegen in einer restaurierten Remise, Schwimmbad, Tennis.

**Rhumb Line Motor Lodge**, $$$, 59 Zi., 41 Turbor Creek Rd., Tel. 967-5457, in ruhiger Wohngegend, Schwimmbad, Sauna.

**Village Cove Inn**, $$$$, 32 Zi., Nähe Dock Square, Tel. 967-3993, Schwimmbäder, Restaurant.

**The White Barn Inn**, $$$$$, 24 Zi., Beach St., Tel. 967-2321, historischer Gasthof aus dem 19. Jh., gepflegt, sehr teuer; bekanntes, elegantes, formelles Restaurant (Jackett und Krawatte empfohlen), Strand.

**The Yachtsman Motor Inn and Marina**, $$$$$, 30 Zi., Ocean Ave., Tel. 967-2511, geöffnet Mitte Mai – Ende Okt. – Und andere Motels.

Camping

**Kennebunk**

▲ – **Mousam River Campground,** Tel. 985-2507; 15. Mai – 15. Okt.; über Alfred Rd. ca. 3 mls/5 km westl.; teils bewaldetes Gelände bis zum Mousam River reichend, ca. 115 Stpl.; Komfortausstattung.

**Kennebunk Camping**

– **Yankeeland Campground**, Tel. 985-7576; 1. Mai – Mitte Okt.; über Alfred Rd. ca. 3 mls/5 km westl. ausgedehntes, teils schattiges Gelände, bis zum Mousam River reichend; ca. 250 Stpl.; Komfortausstattung.

**Kennebunkport**

– **Fran-Mort Campground**, Tel. 967-4927; Mitte Mai – Mitte Okt.; rund 3 mls/5 km nördl. über US-1 zur Log Cabin Rd., ca. 110 Stpl.; gute Standardausstattung.

– **Kennebunkport Camping,** Tel. 967-2732; 15. Mai – 15. Okt.; ca. 2,5 km östl. an der SR-9; ca. 80 Stpl.; Standardausstattung.

Man durchquert Kennebunkport auf der lebhaften Ocean Ave., die entlang des Hafens, vorbei an stattlichen Villen und später, außerhalb des Ortes, um die Halbinsel **Cape Arundel** führt. Am äußersten Ende der Halbinsel sieht man rechts das Anwesen der Familie des ehemaligen Präsidenten George Bush wunderschön auf der Landzunge Walker's Point liegen.

**Straßenbahnmuseum ***
Ende Mai - Ende Okt. tgl. 10 - 16, Sommer bis 17.30 Uhr. Eintritt.

Etwa 3 mls/5 km außerhalb von Kennebunkport findet man in der Log Cabin Road das sehenswerte **Seashore Trolley Museum**, mit einer der wahrscheinlich größten Sammlungen von Straßenbahnen aus der Zeit von 1872 bis 1970. Hier sieht man Elektrotrams aus New York, San Francisco, Boston, Nagasaki, Budapest, Sydney und New Orleans („A Streetcar named Desire") u. a.

➔ **Route:** Bei **Biddeeford** am Saco River trifft die Küstenstraße wieder auf die US-1, der wir ein kurzes Stück nordwärts folgen, um bei **Saco** wieder meerwärts abzuzweigen. ●

Die Fahrt Richtung Küste führt vorbei am **Ferry Beach Park**, an der **Old Orchard Beach** (gut 5 km langer Sandstrand, Spiel- und Freizeiteinrichtungen und „Kirmesatmosphäre" im Sommer) und an **Scarborough** bis hinaus zum **Cape Elizabeth, ME**. Dort findet man zwei sehr bekannte Leuchttürme, von denen das **Portland Head Light** das vielleicht bekannteste und eines der meist fotografierten Leuchtfeuer in Maine ist. Portland Head Light wurde 1790 auf Anordnung von George Washington gebaut.

**Portland, ME** (ca. 65.000 Einw.), Maines größte Stadt und von 1820, als Maine den Vereinigten Staaten beitrat, bis 1831 Hauptstadt des Bundesstaates, ist Maines wichtigste Industrie- und Handelsstadt.

Portland, Sitz der University of Southern Maine, wurde in den letzten Jahren aber auch mehr und mehr zu einer Kulturmetropole im nördlichen Maine. Die Stadt hat ein Symphonieorchester, eine Tanzkompagnie, Theater, das Portland Performing Arts Center, ein namhaftes Kunstmuseum und andere kunstorientierte Einrichtungen.

Auch in der Stadtentwicklung erlebt Portland eine Renaissance. **The Old Port Exchange**, eine Reihe von alten Lagerhäusern und Warenschuppen, wurde in einer aufwendigen Sanierungsaktion in ein schickes Laden- und Einkaufsviertel mit Restaurants, Galerien und Boutiquen verwandelt. Dem modernen Geschäftsleben und den Gewohnheiten der Konsumgesellschaft soll hier Rechnung getragen werden, ohne das Ambiente eines rustikalen Handelskais zu übertünchen. Die Sanierung der

Old Port Exchange gilt als eines der ehrgeizigsten Urbanisierungsprogramme an der Nordostküste Neuenglands.

Und mit etwas gutem Willen kann man zumindest in einigen Bereichen der Innenstadt das Zitat „beautiful town that is seated by the sea“ des Dichters Henry Wadsworth Longfellow nachvollziehen. Longfellow wurde in Portland geboren.

Schon 1623 hatten sich in der mit zahlreichen Inseln durchsetzten Casco Bay Franzosen und Engländer niedergelassen, die in erster Linie Fellhandel mit den Indianern trieben. Bis ins 18. Jh. hinein hatte sich aber noch keine richtiggehende Siedlung entwickelt.

Das änderte sich erst nach 1715, als eine Gruppe von Siedlern aus Massachusetts an der Küste eine befestigte Garnison einrichtete, die sich durch Handel mit Holz, Fellen und Fisch und durch Schiffbau langsam entwickelte und um 1770 als *Falmouth* bekannt war. Aber die junge Stadt wurde im Oktober 1775 während der Revolutionskriege durch die Kanonen englischer Kriegsschiffe fast vollständig wieder eingeäschert.

Nach den Unabhängigkeitskriegen wurde die Stadt neu aufgebaut und 1786 in Portland umbenannt. Das 19. Jh. sollte für Portland das Jahrhundert des Aufschwungs und des Wohlstandes werden. Es entstanden Schiffswerften, Textilfabriken und Holzindustrien. Der Handel mit Rußland, Indien und Europa florierte, die Eisenbahn machte den Warentransport ins Inland und in die großen Städte weiter südlich möglich. Und 1855 hatte Portland die erste Zuckerfabrik in den Vereinigten Staaten, die aus Melasse von den Westindischen Inseln Zucker raffinierte. Damals zog Portland viele Emigranten aus Irland, Italien und aus dem skandinavischen Raum an.

Im Juli 1866 erlebte Portland ein verheerendes Großfeuer, das fast ein Drittel der damaligen Stadt vernichtete. Nach dem Brand wandelten einige Straßen der Stadt ihr Gesicht, wurden wie die heutige Haupt- und Einkaufsstraße Congress Street von einer Wohnstraße zur Geschäftsstraße.

**Sehenswertes in Portland**

Fast alle der bescheidenen Sehenswürdigkeiten in Portland liegen an oder in der Nähe der **Congress Street**, die sich vom Park Eastern Promenade durch die gesamte Innenstadt zieht.

**Neal Dow Memorial**
tgl. 11 - 16 Uhr. Führungen.

Am Südwestende der Congress Street findet man das **Neal Dow Memorial**, 714 Congress St., eine Backsteinvilla im Federal Style aus dem Jahre 1829. Der Bürgerkriegsgeneral Neal Dow hatte sie für sich erbauen lassen. Dow war zweimal Bürgermeister von Portland und ein vehementer Verfechter der Prohibition. Er setzte sich aber auch ein für die Rechte der Frau und für eine Reform des Strafvollzugs. Wie man sich leicht vorstellen kann, war dem Reformer die Rumproduktion in Portland ein ständiger Dorn im Auge und Dow brachte es tatsächlich soweit, dass auf seine Initiative hin 1851 die sog. „Maine Law“ eingebracht und verabschiedet wurde, die fürderhin die Herstellung und den Verkauf von Alkohol im Bundesstaat verbot.

Das Haus, das größtenteils noch original eingerichtet und möbliert ist und heute von der *Maine Woman's Christian Temperance Union* betreut wird, kann auf Führungen besichtigt werden.

*Portland Head Light, ME*

Das **Portland Museum of Art** liegt weiter stadteinwärts am Congress Square Nr. 7. Das Museum beherbergt eine große Sammlung von Landschaftsbildern und Gemälden mit maritimen Motiven und Küstenszenerien. Die Arbeiten stammen fast ausschließlich von amerikanischen Künstlern. Die dem Museum angeschlossene Joan Whitney Payson Sammlung zeigt Werke von Monet, Renoir, Picasso u. a.

**Kunstmuseum**
Di. - Sa. 10 - 17, Do bis 21 Uhr, So. 12 - 17 Uhr. Eintritt.

Einige Straßen weiter östlich stößt man auf das **Wadsworth Longfellow House**, 485 Congress Street. Das im Kolonialstil errichtete Haus stammt aus dem Jahre 1785.

**Wadsworth Longfellow House**
Juni - Mitte Okt. Di. - Sa. 10 - 16 Uhr.

Über die Entstehungsgeschichte des Hauses heißt es, dass es in drei Etappen gebaut wurde. Longfellows Großvater, General Wadsworth, machte sich 1785 daran, hier das erste Backsteingebäude in Portland zu errichten. Man bestellte Ziegel aus Philadelphia, die dann aber nur für das Erdgeschoß ausreichten. Aus mangelnder Kenntnis über das Baumaterial hatte der Architekt die Mauern doppelt so dick als woanders üblich geplant. Ein Jahr später wurde das erste Stockwerk errichtet und das Dachgeschoß schließlich wurde erst 1815 nach einem Dachstuhlbrand vollendet.

Hier verbrachte Henry Wadsworth Longfellow, der große amerikanische Schriftsteller des 19. Jh., seine Jugendjahre. Mit seinen Eltern, direkte Nachkommen der ersten Mayflower Pilgerväter, und sieben Geschwistern lebte er hier von 1807 bis 1821.

Nicht weit vom Wadsworth Longfellow House entfernt liegt das **Children's Museum of Maine**, 142 Free Street.

Eine der nächsten Querstraßen ist die Market Street die rechts hinab zum Hafen führt und an der Commercial Street endet. Dort sieht man die

**Mariner's Church** (376 Fore St.) mit einer bemerkenswerten Säulenfassade aus Granit.

Nördlich der Fore Street und zwischen Exchange und Union Streets erstreckt sich der Backsteinkomplex der **Old Port Exchange**, der aus mehreren ehemaligen Waren- und Lagerhäusern besteht, die nach dem großen Stadtbrand von 1866 errichtet wurden. Aus dem noch um die 50er Jahre fast verfallenen und abbruchreifen Hafenquartier, wurde ein viel besuchtes Geschäfts- und Einkaufsviertel.

**Victoria Mansion**
*
Juni - Ende Aug. Di. - Sa. 10 - 16, So. 13 - 16 Uhr. Sept. Di. - Sa. 10 - 13, So. 13 - 16 Uhr. Eintritt.

Sehenswert ist das **Morse-Libby House**, 109 Danforth St., im Südwesten der Innenstadt, das besser als **Victoria Mansion** bekannt ist. Ruggles Sylvester Morse, ein vermögender Hotelier, der Häuser in New York, Boston und später auch in New Orleans betrieb, hatte sich die Villa 1860 als Sommersitz errichten lassen, um dem schwülen Klima im Mississippidelta zu entkommen. Nachdem sich aber der Bürgerkrieg abzeichnete, zog Morse mit seiner Familie ständig hierher. Prächtige, üppige Inneneinrichtung im Rokokostil.

**Portland**

## Praktische Hinweise – Portland

☎ Portland Area Code (Telefonvorwahl): 207

**Convention and Visitors Bureau of Greater Portland**, 305 Commercial St., Portland, ME 04101, Tel. 772-5800. Geöffnet Mo. – Fr. 9 – 17 Uhr.

**Greater Portland Chamber of Commerce**, 145 Middle St., Portland, ME, Tel. 772-2811.

**Restaurants**

Restaurants: **Augergine**, 555 Congress St., Tel. 874-0680, günstige Lage, gute Küche, mittlere Preislage, Sonntag Ruhetag.

**Fore Street,** 288 Fore St., Tel 775-2717, rustikal in einem ehemaligen Lagerhaus von Old Port Exchange, gepflegte Küche, teuer.

Recht preiswert ißt man in den Lokalen des **Portland Public Market**, 25 Preble ST., geöffnet 7 bis 19 Uhr. – Und andere Restaurants.

**Motels**

Motels: **Double Tree Hotel,** $$$, 150 Zi., 1230 Congress St., Tel. 774-5611, im Innenstadtbereich, Schwimmbad, Sauna, Restaurant.

**Holiday Inn by the Bay**, $$$$, 240 Zi., 86 Spring St., Tel. 775-2311, Innenstadtbereich, am Hafen, Schwimmbad, Restaurant. Flughafentransport.

**Howard Johnson Hotel**, $$$, 120 Zi., 155 Riverside St., I-95 Exit 8 zur SR-25, Tel. 774-5861, Schwimmbad, Restaurants.

**Motel 6,** $, 129 Zi., 1 Riverside St., I-95 Exit 8, Tel. 775-0111.

**Portland Regency Hotel**, $$$$$, 95 Zi., 20 Milk St., Tel. 774-4200, das führende Haus am Platze, im Innenstadtbereich am Old Port Exchange, in einem umgebauten Arsenal, Restaurant, Flughafentransport.

**Susse Chalet Inn**, $$, 105 Zi., 340 Park Ave., Tel. 871-0611, über I-295 Exit 5A, Schwimmbad. – Und andere Motels.

## 12. PORTLAND, ME – ELLSWORTH, ME

⊙ **Entfernung:** Rund 215 mls / 344 km.

➔ **Strecke:** Über die Straße US-1 und über **Freeport, Brunswick** und **Bath** bis **Wiscasset** – Abstecher auf der SR-27 bis **Boothbay Harbor** – US-1 bis **Newcastle** – Abstecher auf der SR-129/130 über **Damariscotta** bis zum **Pamaquid Point** – US-1 über **Rockland, Camden, Searsport** und **Bucksport** bis **Orland** – Abstecher auf der SR-175/SR-15 nach **Castine** und/ oder nach **Stonington** – US-1 oder SR-172 bis **Ellsworth**.

🕒 **Reisedauer:** Mindestens ein Tag, besser zwei Tage.

⌘ **Höhepunkte:** Shopping in den **Outlet Centers** oder bei L. L. Bean in Freeport – das **Schiffbaumuseum** * in Bath – die **Küstenszenerie Maines** *** z. B. bei Boothbay Harbor – die Felsküste und der Leuchtturm am **Pamaquid Point** *** – die **Windjammer** ** im Hafen von Camden – die Main Street und der Hafen von **Castine** – das abgelegene Fischerstädtchen **Stonington**.

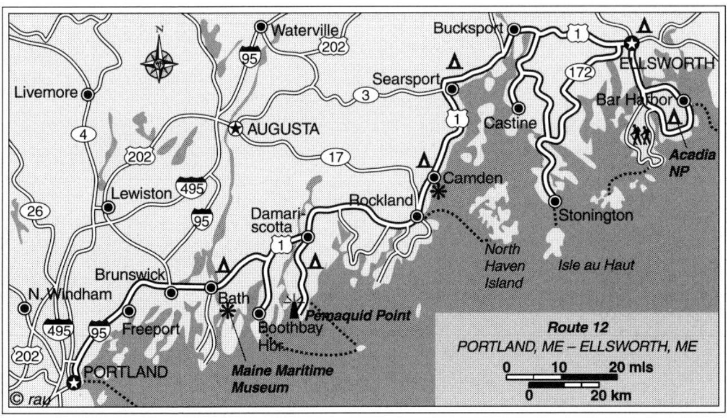


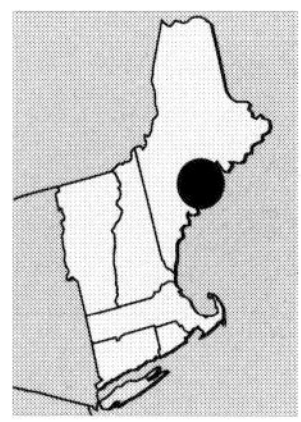

➔ **Route:** Auf der Weiterreise über die US-1 nach Nordosten passiert man nach rund 15 mls/24 km die Stadt **Freeport, ME**. ●

**Freeport, ME** wird gelegentlich auch als „Birthplace of Maine" (Geburtsort von Maine) bezeichnet. Hier war es, wo 1819 die Abtrennung des *District of Maine* vom *Commonwealth of Massachusetts* besiegelt wurde und Maine somit ein eigenständiger US-Bundesstaat in der Union werden konnte.

Heute kommen Besucher und Touristen in aller erster Linie nach Freeport, um bei *L. L. Bean*, einem der bekanntesten Sportgeschäfte in den USA, einzukaufen. Das Warenhaus ist 365 Tage im Jahr rund um die Uhr geöffnet, was selbst in den USA, mit ihren großzügigen Ladenöffnungszeiten, eine Besonderheit ist.

Begonnen hatte alles 1912, als die Firma Bean als kleiner Versandhandel anfing. Bald machte sich L. L. Bean einen Namen als vorzüglicher Ausstatter von Jägern und Fischern. Einer der Verkaufsschlager wurde der bekannte Bean-Jagdstiefel. Obwohl das Sortiment des Hauses, das zwischenzeitlich fast vier Millionen Kunden jährlich begrüßen kann, heute den gesamten Freizeit-, Sport und Out-Door-Markt komplett abdeckt, ist L. L. Bean nach wie vor die führende Adresse in den USA in Sachen qualitativ hochwertiger Jagd- und Angelutensilien.

Gegenüber dem Hauptgeschäft findet man einen Fabrikdirektverkauf von L. L. Bean mit regelmäßigen Sonderaktionen und preisreduzierter Ware.

**Freeport**

## Praktische Hinweise – Freeport

☎ Freeport Area Code (Telefonvorwahl): 207

**Motels**

Motels: **Casco Bay Inn,** $$, 30 Zi., südl. an US-1, Tel. 865-4925.
**Coastline Inn**, $$, 109 Zi., südl. an US-1, Tel. 865-3777.
**Eagle Motel**, $$, 20 Zi., südl. an US-1, Tel. 865-4088.
**Freeport Inn**, $$, 90 Zi., südl. an US-1, Tel. 865-3106, Restaurant.
**Harraseeket Inn**, $$$$$, 54 Zi., 162 Main St., Tel. 865-9377, Country Inn im Kolonialstil, teuer, Restaurants.
**Super 8 Motel**, $$, 73 Zi., südl. an US-1, Tel. 865-1408. – Und andere Motels.

**Camping**

▲ – Nordöstlich von Freeport liegen drei kleinere, privat geführte **Campinganlagen** mit jeweils knapp 50 Stellplätzen, die von Anfang Mai bis Mitte Oktober geöffnet sind.

Größter Platz in der Gegend ist

– **Recompence Shore Campsite,** Tel. 865-9307, 10 Burnett Rd.; 15. Mai – 15. Okt.; ca. 6 km nordöstlich über Bow St.; ausgedehntes Gelände in ländlicher Umgebung, ca. 100 Stpl.; einfache Standardausstattung.

➔ **Route:** Vor **Brunswick, ME** teilen sich die Hauptstraßen. Die I-95 führt nordwärts über **Augusta, ME** und **Bangor, ME** zur kanadischen Grenze. Wir folgen der US-1, die in Küstennähe nach Osten verläuft. ●

**Brunswick, ME**, eine kleine Industrie- und Collegestadt mit kaum mehr als 15.000 Einwohnern, war zwar schon im frühen 17. Jh. von Fellhändlern bewohnt, wurde damals aber immer wieder von Indianern zerstört. Erst als eine Gruppe von Siedlern im sog. *Pejepscot Project* den gleichnamigen hier ansässigen Indianern Land abhandelte und Fort George errichtete, begann sich die Stadt zu entwickeln. Bei der Anlage der Stadt ging man großzügig vor. Die Main Street ist immerhin über 65 m breit und damit eine der breitesten Straßen in Neuengland.

1794 wurde das **Bowdoin College** gegründet, heute u. a. Sitz des renommierten Maine State Music Theater. Führungen über den Campus der Lehranstalt mit ihren historischen Gebäuden starten täglich außer sonntags an der Chamberlain Hall.

**Arctic Museum**
Di. - Fr. 10 - 16, Sa. 10 - 17, So. 14 - 17 Uhr. Eintritt.

In der Hubbard Hall auf dem Gelände des Bowdoin College ist das **Peary-MacMillan Arctic Museum** untergebracht. Das Museum befaßt sich mit den ersten amerikanischen Nordpolexpeditionen im Jahre 1909, die von Admiral *Robert E. Peary* und *Donald B. MacMillan* unternommen wurden. Beide waren Absolventen des Bowdoin College.

**Kunstmuseum**
Di. - Sa. 10 - 17, So. 14 - 17 Uhr.

Besuchenswert ist das **Bowdoin College Museum of Art**, das sich im Walker Art Building befindet. Der im Stil der Renaissance errichtete Bau mit imposanter Fassade stammt aus dem Jahre 1894. Zu den Kunstsammlungen zählen Gegenstände aus dem Altertum, Werke alter Meister aus Holland, Italien und Frankreich und eine umfangreiche Sammlung amerikanischer Gemälde aus der Kolonial- und Nachkolonialzeit.

**Skolfield-Whittier House**
Ende Mai - Anf. Sept. Di. - Fr. 10 - 15, Sa. 13 - 16 Uhr. Eintritt. Führungen.

Schließlich zählt das **Skolfield-Whittier House - Pejepscot Museum**, 159 – 161 Park Row, zu den Sehenswürdigkeiten der Stadt. Das historische Doppelhaus wurde 1858 von George Skolfield, Kapitän und Gründer der Brunswick Skolfield Werft, für seine Kinder erbaut. Nachkommen der Skolfields lebten weit über hundert Jahre in dem Haus, das sie 1982 der Pejepscot Historical Society stifteten.

*Harriet Beecher Stowe*, die Schriftstellerin, lebte von 1850 bis 1852 in der Federal Street Nr. 63. Ihr Mann lehrte damals am Bowdoin College und Mrs. Stowe schrieb in jener Zeit hier den größten Teil ihres Bestsellers „Onkel Tom's Hütte".

Im Sommer findet in Brunswick jeden Freitag um die Main Street ein viel besuchter Farmer's Market statt.

**Brunswick**

### Praktische Hinweise – Brunswick

☎ Brunswick Area Code (Telefonvorwahl): 207

**Brunswick Area Chamber of Commerce**, 59 Pleasant St., Brunswick, ME 04011, Tel. 725-8797. Geöffnet Mo. – Fr. 8.30 – 16.30 Uhr.

**Motels**

Motels: **Captain Daniel Stone Inn**, $$$$$, 25 Zi., 10 Water St., Tel. 725-9898, zentral, gutes, bekanntes Restaurant.

**Comfort Inn**, $$, 80 Zi., 199 Pleasant St., Tel. 729-1129, südl. an US-1.

**Interstate Oasis Econo Lodge**, $$, 29 Zi., über I-95 Exit 22 zur US-1 nördl., Tel. 729-9991, Schwimmbad.

**Super 8 Motel**, $$, 72 Zi., 224 Bath Rd., Tel. 725-8883.

**Travelers Inn**, $, 37 Zi., 130 Pleasant St. (US-1), Tel. 729-3364. – Und andere Motels.

**Bath, ME,** knapp 8 mls/13 km weiter östlich an der US-1 gelegen, ist eine Stadt des Schiffsbaus mit langer Tradition. Waren es früher Segelschiffe und Klipper, sind es heute Fregatten für die US-Navy und Containerschiffe für die Handelsschiffahrt, die in den Werften von Bath auf Kiel gelegt werden.

**Schiffsbaumuseum ***
tgl. 9.30 - 17 Uhr. Eintritt.

Bedeutendste Sehenswürdigkeit ist denn auch das wirklich interessante **Maine Maritime Museum** in der Washington Street Nr. 243. Das Museum am Ufer des Kennebec River liegt auf dem ehemaligen Gelände der namhaften Werft *Percy and Small Shipyard* und besteht aus mehreren Gebäuden und Abteilungen. Auf der Percy and Small Werft wurde z. B. 1909 die „Wyoming" gebaut, das größte, je in Amerika gebaute Holzschiff.

U. a. gehören zum Museum der Fischereischoner „Sherman Zwikker" und Werkstätten wie der Apprenticeshop – hier wird heute noch der

Holzschiffbau praktiziert – in denen früher Segel genäht, Takelagen und Auf- und Innenausbauten angefertigt wurden. Und im Maritime History Building, dem Hauptgebäude es Museums im Eingangsbereich sind Modellschiffe, Gemälde, Navigationsinstrumente und viele interessante Ausstellungsstücke zu sehen, die Einblick in die Entwicklung des Schiffbaus an der Küste von Maine und die Seefahrt geben.

Eine separate Abteilung befaßt sich mit dem Hummerfang, bis heute ein wichtiger Erwerbszweig in Maine.

In Bath selbst, in North End zum Beispiel, sind einige schöne alte Stadthäuser aus dem 18. und 19. Jh. erhalten geblieben, die sich einst wohlhabende Werftbesitzer errichten ließen und die an die große Zeit des Schiffbaus und Handels erinnern, als Bath der fünftgrößte Hafen von Maine war.

Bath

Motels

Camping

**Praktische Hinweise – Bath**

☎ Bath Area Code (Telefonvorwahl): 207

**Bath/Brunswick Area Chamber of Commerce**, 45 Front St., Bath, ME 04530, Tel. 443-9751.

Motels: **Holiday Inn**, $$$, 141 Zi., 139 Richardson St., südl. an US-1, Tel. 443-9741, Restaurant, Schwimmbad. – Und andere Motels.

▲ – **Meadowbrook Camping Aera,** Tel. 443-4967; ganzjährig; südl. über SR-209, ab Winnegance Store beschildert; ca. 100 Stpl.; Komfortausstattung.

In Bath bietet sich Gelegenheit nach Süden auf die SR-209 abzuzweigen, die am **Popham Beach State Park** endet. Dort findet man – neben dem halbkreisförmigen, 1861 zu Beginn des Bürgerkrieges zum Schutz der Mündung des Kennebec River aus Granit errichtete Fort Popham – einen Sandstrand, Picknickplätze und in **Small Point Beach** den *Hermit Island Campground*, mit 275 Stellplätzen, geöffnet Mitte Mai bis Mitte Oktober.

➔ **Route:** Im weiteren Verlauf unserer Route kommt man auf der US-1 nach 10 mls/16 km durch **Wiscasset, ME**. ●

In **Wiscasset, ME** erinnern zwei alte, langsam im Hafen vor sich hin rottende Viermast-Schoner, die „Luther Little" von 1917 und die „Hesper" von 1918, an die Zeit des Segelschiffbaus, der auch hier lange in Blüte stand.

**Nickels-Sortwell House**
Juni - Sept. Mi. - So. 12 - 17 Uhr. Eintritt.

Zu den Sehenswürdigkeiten von Wiscasset zählt das **Nickels-Sortwell House**, Main und Federal Streets. Das Haus gilt als eines der schönsten Beispiele des sog. Federal Style, der vor allem in der Zeit nach dem Unabhängigkeitskrieg gepflegt wurde. Es stammt aus dem Jahre 1807, der Zeit, in der die Stadt und viele seiner Bürger durch den Handel mit Holz zu Wohlstand gelangt waren. Holz wurde nach der Revolution nicht nur für den Schiffbau und für den Aufbau des jungen Bundesstaates, sondern an der ganzen amerikanischen Ostküste in Mengen gebraucht. Das Haus war bis 1815 Wohnsitz des vermögenden Handelskapitäns und Politikers Captain William Nickels.

*Küste bei Boothbay Harbor*

Ebenfalls an der Federal Street liegt das **Old Lincoln Museum and County Jail**. Das mit mächtigen Granitmauern versehene Gefängnis entstand um 1810. Damals war die Stadt voller Seeleute und Holzfäller, die bei dem Bemühen, ihre Heuer und Löhnung in Alkohol umzusetzen, wohl des öfteren mit dem Gesetz in Konflikt kamen und so den „Kundenkreis“ des Gefängnisses bildeten.

Wer sich für alte Musikautomaten und mechanische Musikinstrumente interessiert, sollte einen Besuch im **Musical Wonder House**, 18 High St., nicht versäumen. U. a. sieht man Musikboxen aus Amerika und Europa, automatische Klaviere etc. Zu gewissen Stunden (bei unserem letzten Besuch waren 11, 13 und 15 Uhr dafür vorgesehen) werden an den Öffnungstagen Klangproben der unterschiedlichen Instrumente gegeben.

**Musikalienmuseum**
Ende Mai - Mitte Okt. tgl. 10 - 17 Uhr. Eintritt.

Schließlich kann in den Sommermonaten Juli und August, täglich außer Sonntag und Montag, das **Castle Tucker House Museum**, Lee und High Streets, eine im viktorianischen Stil eingerichtete Villa aus dem Jahre 1807 besichtigen.

➔ **Route:** Ein weiterer lohnender Abstecher führt 2 mls östl. von Wiscasset über die SR-27 südwärts über **Edgecomb** nach **Boothbay Harbor, ME**. ●

## ABSTECHER NACH BOOTHBAY HARBOR

**Boothbay Harbor, ME** ist ein schon malerisch zu nennender Fischerhafen und etwa seit den 20er Jahren ein beliebter Ferienort. Zahlreiche Bootstouren werden angeboten, darunter Segeltörns mit dem Windjammer „Appledor“. Außerdem kann man an Whale Watch Cruises, Trips zum Einholen von Lobsterfallen oder an Tagesausflügen zur **Insel Monhegan**, die weiter östlich liegt und als eines der bezauberndsten Inselchen an der Küste von Maine gilt, teilnehmen.

**Freilichtmuseum**
Mitte Juni - Mitte Okt. tgl. 9.30 - 17 Uhr. Eintritt.

Ca. 5 km nördlich von Boothbay Harbor findet man das Eisenbahnfreilichtmuseum **Boothbay Railway Village**. Fahrten mit einer Schmalspur-Dampfeisenbahn durch ein nachempfundenes Neuenglandstädtchen können hier unternommen werden. Zudem gibt es ein Auto Oldtimer Museum zu sehen.

**Boothbay Harbor**

**Praktische Hinweise – Boothbay Harbor**

☎ Boothbay Harbor Area Code (Telefonvorwahl): 207

**Feste, Märkte**

❖ Feste, Märkte: **Windjammer Days Festival** Ende Juni.

**Motels**

Motels: **Boothbay Harbor Inn**, $$$$, 60 Zi., 37 Atlantic Ave., Tel. 633-6302, geöffnet Ende Mai – Ende Okt., viele Zimmer mit Hafenblick, Restaurant.

**Brown's Wharf Motel and Marina**, $$$, 70 Zi., 105 Atlantic Ave., Tel. 633-5440, geöffnet 1. Mai – Ende Okt., gut geführtes Haus mit eigener Marina, Restaurant.

**Cap'n Fish's Motel and Marina**, $$, 53 Zi., 65 Atlantic Ave., Tel. 633-6605, geöffnet Mitte Mai – Mitte Okt., Zimmer teils mit Hafenblick. Restaurant nahebei.

**The Pines Motel**, $$, 29 Zi., Sunset Rd., östl. vom Hafen, Tel. 633-4555, geöffnet Anf. Mai – Mitte Okt., Schwimmbad, Tennis.

**Rocktide Inn**, $$$, 100 Zi., 45 Atlantic Ave. am Hafen, Tel. 633-4455, geöffnet Mitte Juni – Anf. Okt., Schwimmbad, Restaurant, Bootsanleger.

**Seagate Motel**, $$, 25 Zi., 124 Townsend Ave., Tel. 633-3900, geöffnet Mitte Apr. – Ende Okt., Schwimmbad.

**Tugboat Inn**, $$$$, 64 Zi., 100 Commercial St., am Hafen, Tel. 633-4434, geöffnet Mitte Apr. – Mitte Nov., Restaurant, Bootsanleger. – Und andere Motels.

**Camping**

▲ – **Little Ponderosa Campground**, Tel. 633-2700; 15. Mai – 15. Okt.; nördl. Boothbay über SR-27; ca. 100 Stpl.; Komfortausstattung.

– **Shore Hills Campground**, Tel. 633-4782; 15. Apr. – Anf. Okt.; nördl. über SR-27; ca. 150 Stpl.; Komfortausstattung.

➔ **Route:** Von Boothbay Harbor zurück zur US-1. ●

**herrliche Küstenszenerien von Maine ***

Die Küste von Maine, nördlich von Portland bis Bar Harbor etwa, wurde schon oft als eine der schönsten Landschaften in Amerika bezeichnet. Die Küstenlinie ist hier überaus zerklüftet. Viele kleinere Inseln sind ihr vorgelagert. Zahlreiche schmale Buchten reichen weit ins Land und zwischen den felsigen Abschnitten der Ufer sind immer wieder Sandstrände eingelagert. Die abgeschiedenen Landschaften hier sind fast überall sehr reizvoll und ein Abstecher hinaus zu den kleinen Fischerorten und zu den leuchtturmbewehrten Kaps der unzähligen Landzungen und Halbinseln lohnt immer.

Aber so malerisch die Küste auch erscheint, so tückisch und gefährlich war sie, und ist sie bei schlechtem Wetter sicher auch heute noch für die Schiffahrt. Einer der ersten, der Maines Küsten schon 1604 erkunde-

Pemaquid Point, ME

te war *Samuel de Champlain*. Er erlitt hier mehrfach Schiffbruch bzw. lief auf Grund. Und dennoch schildert er z. B. die Bucht Penobscot River in überschwenglichen Worten.

## LOHNENDER ABSTECHER ZUM PEMAQUID POINT

➔ **Route:** Sehr lohnend ist ein Abstecher von der US-1 über **Damariscotta, MA** mit seiner hübschen Main Street am Ostufer des Damariscotta River gelegen, auf der SR-130 südwärts nach **Pemaquid Point, ME**. ●

Auf dem Wege nach Pemaquid Point kann man in **New Harbor** von der SR-130 westwärts nach **Pemaquid Beach** an die Küste abzweigen. Dort wurde in der sog. **Colonial Pemaquid Restoration, ME** eine alte Siedlung wiederentdeckt, die englische Seeleute zu Beginn des 17. Jh. als Handelsposten errichtet hatten. Bei Ausgrabungsarbeiten haben Wissenschaftler in und um das **Fort William Henry** zahlreiche Gegenstände aus der frühen Kolonialzeit geborgen und neben Resten einer Taverne und Wohnhäusern auch Spuren einer frühen Indianersiedlung gefunden. Viele der Fundstücke sind in einem kleinen Museum vor Ort zu sehen.

**Colonial Pemaquid**
Ende Mai - Anf. Sept. tgl. 9.30 - 17 Uhr. Eintritt.

Südlich des Forts erstrecken sich die langen Sandstrände der **Pemaquid Beach**.

Die Straße 130 endet am **Pemaquid Point Leuchtturm**, der sehr malerisch die zerklüftete Granitküste überragt. Das Gestein hier hat eine auffallende, bänderartige Strukturierung.

**lohnt den Weg, die Küste am Pemaquid Point Leuchtturm** **

Im ehemaligen Leuchtturmwärterhaus ist heute das **Fishermen's Museum** eingerichtet, das mit seinen Schiffsmodellen, Fotografien und

Ausstellungsgegenständen Einblick in die Küstenfischerei in Maine gibt. Außerdem gibt es eine kleine Kunstgalerie.

➔ **Route:** Man kann über den gleichen Weg (SR-130) oder über die SR-32 und über **Bremen, ME** zurück zur US-1 fahren. Weiterreise auf der US-1 nach Nordosten über **Waldoboro, ME, Thomastown, ME** und **Rockland, ME** nach **Camden, ME.** ●

Rund 19 mls/30 km östlich von **Waldoboro, ME**, eine deutsche Siedlung übrigens aus dem Jahre 1748 (**Old German Church** aus dem Jahre 1772 an der SR-32), führt hinter **Thomaston, ME** (sehenswerte historische Villa **Montpelier** des ersten Sekretärs von George Washington, Henry Knox, aus dem Jahre 1793) die SR-131 südwärts nach **Port Clyde** (Marshall Point Lighthouse aus dem Jahre 1857 und Museum).

Von Port Clyde verkehren regelmäßig Fähren zur **Insel Monhegan, ME**. Das Inselchen mit seiner steilen Klippenküste soll schon vor Kolumbus bei Fischern aus Portugal und aus der Bretagne bekannt gewesen sein. In unserem Jahrhundert wurde Monhegan Island von Künstlern als Domizil entdeckt. Heute ist die Insel ein stark frequentiertes Sommerferienziel.

**prächtiger Blick vom Owls Head**

In Rockland, ME stößt die US-1 an die Küste der mit vielen Inseln durchsetzten **Penobscot Bay**. Ein besonders schöner Blick in die Bucht gelingt vom Leuchtfeuer auf dem Landvorsprung bei **Owls Head** weiter östlich.

**Rockland, ME,** ein kleiner Küstenort mit rund 8.000 Einwohnern, ist der wichtigste Fischereihafen am Penobscot River und das Zentrum des Hummerhandels an der Küste von Maine schlechthin. Enthusiasten nennen Rockland gar „Lobster Capital of the States“. Im August wird das bunte „Maine Lobster Fest“ abgehalten.

**Farnsworth Homestead und Kunstmuseum**
Juni - Ende Sept.
Di. - Sa. 10 - 17,
So. 13 - 17 Uhr.
Eintritt.

Zu den Sehenswürdigkeiten von Rockland zählt vor allem **Farnsworth Homestead**, eine bemerkenswerte Stadtvilla im neugriechischen Stil aus dem Jahre 1854. Der Geschäftsmann William Farnsworth konnte es sich damals leisten, sich dieses repräsentative Haus für seine Familie bauen zu lassen.

Nebenan liegt das **Farnsworth Art Museum**, 19 Elm St., das eine umfangreiche Sammlung an Gemälden und Plastiken amerikanischer Künstler zeigt.

**Rockland**

## Praktische Hinweise – Rockland

☎ Rockland Area Code (Telefonvorwahl): 207

**Rockland-Thomaston Area Chamber of Commerce**, Harbor Park, P. O. Box 508, Rockland, ME 04841, Tel. 596-0376, geöffnet im Sommer tgl. 8 – 17 Uhr, im Winter Mo. – Fr. 9 – 16 Uhr.

**Feste, Märkte**

❖ Feste, Märkte: **„Maine Lobster Festival“**, im August.

**Motels**

Motels: **Navigator Motor Inn**, $$, 80 Zi., 520 Main St., Tel. 594-2131, Restaurant.

**Trade Winds Motor Inn**, $$$, 138 Zi., 2 Park View Dr., Tel. 596-6661, Schwimmbad, Sauna, Restaurant. – Und andere Motels.

*Segelhafen von Camden, ME*

**Camden, ME**, wenige Meilen weiter nördlich von Rockland gelegen, ist ein hübsch an den Ausläufern einer Hügelkette gelegenes, traditionsreiches Seebad und ein gerne besuchter Ferienort. Einer der Fremdenverkehrsslogans beschreibt die Lage des Städtchen treffend mit „where the mountains meet the sea“ (etwa: wo Berge und Meer zusammentreffen).

Vor allem im nördlichen Stadtbereich sind entlang der Stadtausfahrt einige prächtige Villen aus Camdens „goldenem Zeitalter“, der Zeit um 1830, zu finden. Damals war Camden Sommerresidenz der Reichen. Beispielhaft für die noblen Sommervillen ist das einem Phantasieschlößchen ähnliche Haus **Norumbega**, 61 High Street, heute ein kleines, sehr teures Hotel mit 12 Zimmern.

Weit über seine Grenzen hinaus bekannt ist Camden als Heimathafen einer ganzen Reihe wunderschöner Windjammer. Viele sind aus der großen Zeit der Segelschiffahrt erhalten geblieben und werden nun liebevoll gepflegt. Andere sind Rekonstruktionen und Nachbauten bekannter Segler. Vor allem im Sommer kann man fast sicher sein, Großsegler im Hafen zu sehen.

Ab Camden werden **Segeltörns** mit Zweimast-Schonern entlang der Maine Küste von drei- und sechstägiger Dauer angeboten. Infos von Maine Windjammer Cruises unter Tel. 236-2938.

**Camden**

**Praktische Hinweise – Camden**

☎ Camden Area Code (Telefonvorwahl): 207

**Rockport-Camden-Lincolnville Chamber of Commerce**, Public Landing, P. O. Box 919, Camden, ME 04843, Tel. 236-4404, oder 800/223-5459, geöffnet Mo. – Fr. 9 – 17, Sa. 10 – 17, So. 12 – 16 Uhr. Im Winterhalbjahr sonntags geschlossen. Internet: http://www.visitcamden.com

**Camden Restaurants**

Gute Fischrestaurants der mittleren Preisklasse sind u. a. das **„Waterfront Restaurant“**, Bay View Street am Camden Harbor, und das **„Cappy's Chowder House“**, 1 Main Street.

Im **„Waterfront Restaurant“**, Bay View St., Tel. 236-3747, kann man an einem schönen Tag vorzüglich auf dem Freideck am Hafen sitzen und die Fischgerichte des Hauses genießen, mittlere bis gehobene Preislage. – Und andere Restaurants.

**Motels**

Motels mit mehr als 10 Zimmern: **Birchwood Motel**, $, 15 Zi., ca. 5 km nördl. an der US-1, Tel. 236-4204, geöffnet 1. Mai – 31. Okt.

**Camden Harbour Inn**, $$$$$, 22 Zi., 83 Bayview St., Tel. 236-4200, zentral, teuer, in einer historischen Villa aus dem 19. Jh., Restaurant.

**Cedar Crest Motel**, $$$, 37 Zi., 115 Elm St., Tel. 236-4839, geöffnet Mitte Mai – Ende Okt., Schwimmbad, Coffee Shop.

**The Lodge at Camden Hills**, $$$$$, 21 Zi., ca. 2 km nördl. an der US-1, Tel. 236-8478. Restaurant nahebei.

**Lord Camden Inn**, $$$$$, 31 Zi., 24 Main St., Tel. 236-4325, Blick auf Camden Harbor. Restaurant nahebei.

**Towne Motel**, $$, 19 Zi., 68 Elm St., zentral, Tel. 236-3377.

**The Whitehall Inn**, $$$$$, 44 Zi., 52 High St. (US-1), Tel. 236-3391, geöffnet Ende Mai – Mitte Okt., einer der bekanntesten Gasthöfe nördlich von Camden, eingerichtet in einem stattlichen Kapitänshaus aus der Mitte des 19. Jh., Restaurant. Tennis.

In der Stadt gibt es zahlreiche weitere Unterkünfte in eleganten, alten Villen mit oft nicht mehr als einer Handvoll Zimmer, die als noble Bed & Breakfast Pensionen der obersten Preisklasse geführt werden.

**Camping**

▲ – **Camden Hills State Park Campground**, Tel. 236-3109; 15. Mai – 15. Okt.; rund 4 km nördlich Camden; 112 Stpl., einfache Standardausstattung.

Nördlich von Camden liegt der **Camden Hills State Park**, mit Wanderwegen und Campingmöglichkeit.

➔ **Route:** Weiterreise ab Camden auf der US-1 über **Belfast, ME** und **Bucksport, ME** nach **Ellsworth, ME**. ●

**Belfast, ME** (Motels) ist eine Gründung irischer Siedler aus dem Jahre 1770. Heute fungiert das Städtchen als Fischerei- und Handelshafen. Zu den eher bescheidenen Sehenswürdigkeiten können das **Belfast Museum** und einige schöne alten Stadthäusern in der Church Street gezählt werden.

**Searsport, ME** ist nicht nur Maines zweitgrößter Tiefseehafen, sondern auch Neuenglands Antiquitäten-Metropole mit einem riesigen Flohmarkt jedes Sommerwochenende an der US-1. Interessant ist das **Penobscot Marine Museum** in der Church Street.

**Bucksport**

## Praktische Hinweise – Bucksport

☎ Bucksport Area Code (Telefonvorwahl): 207

**Restaurants**

Restaurants: **Macleod's Restaurant & Pub** in der Main St., Ecke Central St., ist ein gutes Steakhaus mittlerer Preislage.

**Motels**

Motels: **Best Western Jed Prouty Motor Inn**, $$, 41 Zi., an der SR-15, zentral, Tel. 469-3113. Restaurant nahebei.

*bei Bucksport, ME*

**Bucksport Motor Inn**, $, 24 Zi., 151 Main St., zentral, Tel. 469-3111.
**Spring Fountain Motel**, $, 40 Zi., östl. an SR-3, Tel. 469-3139, Schwimmbad. – Und andere Motels.

**Bucksport Camping**

▲ – **Flying Dutchman Campground**, Tel. 469-6004; 15. Mai – 15. Okt.; ca. 2 km südl. über US-1; kleines Gelände am Penobscot River; ca. 35 Stpl.; Komfortausstattung.
– **Shady Oaks Campground;** Tel. 469-7739; 1. Mai – 15. Okt.; ca. 3 km nördl. über US-1; ca. 40 Stpl.; Komfortausstattung.
– **Balsam Cove Campground**, Tel. 469-7771; Ende Mai – 30. Sept.; ca. 7 km nördl. übe US-1 und SR-15; an einem See; ca. 60 Stpl.; Komfortausstattung.

## ABSTECHER NACH STONINGTON

Östlich von **Bucksport, ME**, bei **Orland**, bietet sich abermals Gelegenheit zu einem Abstecher auf eine der landschaftlich schönen Landzungen bzw. Inseln in der Penobscot Bay, nach **Castine, ME** und **Stonington, ME**.

Castine liegt rund 14 mls/22 km südlich der US-1 und ist über die SR-175 und die SR-166A zu erreichen.

**Castine, ME** ist ein hübsches, kleines Hafenstädtchen mit einer einladenden **Main Street,** an der u. a. zwei der Gasthöfe des Ortes liegen, und mit einigen beschaulichen Ecken z. B. am **Town Common** an der Court Street, östlich der Main Street. Der Stadtplatz ist umgeben von schönen, historischen Stadthäusern.

Ausgangspunkt für einen kleinen Stadtrundgang kann der Anleger unten am Hafen sein. Dort findet man auch eine Reihe von Parkplätzen.

Die zeitweise recht bewegte Geschichte von Castine beginnt im Jahre 1604 als der Franzose Samuel de Champlain, Geograph und Entdekker in Diensten König Heinrichs IV. von Frankreich, bei der Erkundung der Penobscot Bay auch hier an Land ging. Ein französischer Handelsposten entstand kurz darauf.

Zehn Jahre später landete hier der englische Seefahrer John Smith, einer der ersten Engländer, der die amerikanische Ostküste eingehend erkundete, und beanspruchte das Land für die englische Krone. Es folgte eine Reihe von Kämpfen zwischen Franzosen und Engländern, die erst mit dem Vertrag von Breda 1667 endeten, in dem das Gebiet den Franzosen zugesprochen wurde.

Benannt ist Castine nach *Jean Vincent d'Abbadie de St. Castin* aus dem Pyrenäenstädtchen Oleron, der hier nach dem erwähnten Vertrag das Kommando im Fort Pentagoet in der Nähe übernahm.

Castine unterhielt gute Beziehungen zu den hier lebenden Abenaki Indianern, was eine friedliche Periode ermöglichte, bis 1674 und 1676 Holländer den Ort attackierten. 1759 hißten die Briten ihre Fahne im Hafen.

Noch einmal war Castine während des Unabhängigkeitskrieges hart umkämpft, bis im April 1815 die britischen Truppen den zwischenzeitlich bedeutenden Hafen für immer verließen.

In den folgenden Jahren wurde Castine eine lebhafte Stadt des Schiffbaus, ein Handelshafen und ein Marinestützpunkt. Heute ist Castine ein beschauliches Städtchen mit kaum mehr als 1.000 Einwohnern und Sitz der Maine Maritime Academy.

Im Hafen von Castine ist die „State of Maine" stationiert. Der einstige Luxusliner wurde während des Koreakrieges in einen Truppentransporter umfunktioniert und dient heute als Schulschiff der Maine Maritime Academy. Wenn im Hafen, werden auf der „State of Maine" im Juli und August täglich Führungen angeboten.

**Castine**

### Praktische Hinweise – Castine

☎ Castine Area Code (Telefonvorwahl): 207

**Castine Town Office**, Emerson Hall, Court Street, Castine, ME 04421, Tel. 326-4502.

**Motels**

Motels: **The Castine Inn**, $$$$, 20 Zi., zentral an der Main St., Tel. 326-4365, geöffnet 1. Mai – Ende Okt., das Gasthaus im Stil eines Country Inn besteht seit 1898, Cocktail Lounge, gutes, aber teures Restaurant, Fischspezialitäten, Pub.

**The Pentagoet**, $$$, 16 Zi., zentral an der Main St., Tel. 326-8616, geöffnet Anfang Mai – Anf. Okt., historischer Gasthof im viktorianischen Stil. – Und andere Motels.

Bei ausreichend zur Verfügung stehender Zeit, sollte man den Abstecher nach Süden ausdehnen. Man fährt dann von Castine zurück bis Penobscot und dort südwärts über die SR-175 und SR-15 bis nach **Stonington, ME** am Südende der Insel Deer Isle. Die Entfernung dahin beträgt ca. 25 mls/40 km.

Das kleine, abgeschiedene Hafen- und Fischerstädtchen Stonington läßt ein bißchen „am Ende der Welt Feeling" aufkommen. Der Ort macht den Eindruck, als wären Touristen zwar willkommen, aber sonderlich um sie bemühen würde man sich nicht.

Ab Stonington verkehren Postboote zur Insel **Isle au Haut, ME** und zwar täglich außer sonntags, Fahrzeit 40 Minuten. Ein Teil der Insel gehört zum Acadia Nationalpark.

☑ *Mein Tipp!* Wer einmal in wirklicher Abgeschiedenheit leben will, sollte sich auf der Insel Isle au Haut im **The Keeper's House** einmieten, Tel. 207/367-2261. In der kleinen, recht teuren Pension (im Übernachtungspreis ist Vollpension eingeschlossen) im ehemaligen Leuchtturmwärterhaus mit gerade mal fünf Gästezimmern (die sich zwei Badezimmer teilen) und einem Cottage, muß der Gast auf den Komfort von Elektrizität verzichten. Man ißt bei Kerzenlicht und im Zimmer gibt's Petroleumlampen zur Beleuchtung. Fahrradverleih. Schöne Spazierwege im Naturschutzgebiet.

**Praktische Hinweise – Stonington**

Stonington

☎ Stonington Area Code (Telefonvorwahl): 207

**Deer Isle/Stonington Chamber of Commerce**, P. O. Box 459, Stonington, ME 04681, Tel. 348-6124.

Motels

Motels: **The Captain's Quarters Inn on the Harbor,** $$, 13 Zi., Main St., Tel. 367-2420, Frühstückspension, moderate Preise. Nehmen Sie ein Zimmer mit Blick zum Hafen.

Schön wohnen und gut essen kann man im **Pilgrim's Inn**, einem urigen Gasthof aus dem Jahre 1793 in **Deer Isle Village**, 13 Zi., Tel. 348-6615, ziemlich teuer, geöffnet Mitte Mai – Mitte Oktober.

➔ **Route:** Auf der Rückfahrt über die SR-175/172 Richtung **Ellsworth, ME** passiert man **Blue Hill**. Das alte Hafenstädtchen hat sich im Laufe der Jahre hin zu einem beliebten Ferienort und einem Zentrum des Kunsthandwerks mit zahlreichen Galerien gewandelt. ●

**Ellsworth, ME**, ein Städtchen mit 6.000 Einwohnern, liegt verkehrsgünstig an der US-1 in einer bewaldeten Hügellandschaft und bietet sich als guter Ausgangspunkt für einen Abstecher in den Acadia Nationalpark an, wenn man das teure und in der Saison oft ausgebuchte Bar Harbor meiden will.

Das Städtchen, gemessen an der Ausdehnung seines geographischen Territoriums Maines „größte Stadt", das durch Schiffbau und Holzverarbeitungsindustrie aufblühte, ist nicht ganz ohne Sehenswürdigkeiten.

**Black Mansion**
1. Juni - 15 Okt.
Mo. - Sa. 10 - 16 Uhr. Eintritt.

Das **Colonel Black Mansion** an der West Main Street (SR-172) stammt aus dem Jahre 1826. John Black, ein englischer Kaufmann und Handelsagent hatte sich die luxuriöse Villa im georgianischen Stil errichten lassen. Die zeitgenössische Möblierung und schöne Porzellan- und

Kristallgegenstände sind erhalten geblieben. Kutschen- und Schlittensammlung in den Remisen. Das Anwesen kann auf Führungen besichtigt werden.

Schließlich kann man das **Stanwood Homestead Museum and Birdsacre Sanctuary**, südlich der US-1 an der SR-3, besuchen. Der ehemalige Wohnsitz der Ornithologin Cordelia Stanwood dient heute als Vogelkundemuseum.

## Praktische Hinweise – Ellsworth

Ellsworth

Ellsworth Area Code (Telefonvorwahl): 207

**Ellsworth Area Chamber of Commerce,** 163 High St., Ellsworth, ME 04605, Tel. 667-5584.

Restaurants

Restaurants: **Hilltop House Restaurant**, Tel. 667-9368, rund 2 km südl. an der SR-3, gutes Restaurant der mittleren Preisklasse, u. a. werden Fischgerichte und Steaks serviert.

**Jasper's Restaurant**, 200 High St., beim gleichnamigen Hotel, gute Küche, mittlere Preislage, stark frequentiert, Steaks, Fischgerichte, Hummer in der Saison. – Und andere Restaurants.

Motels

Motels: **Comfort Inn**, $$$, 63 Zi., 130 High St., Tel. 667-1345.

**The Eagle's Lodge**, $$, 44 Zi., an der SR-3 Bar Harbor Rd., Tel. 667-3311, Schwimmbad. Restaurant nahebei.

**Ellsworth Motel**, $, 16 Zi., 24 High St., Tel. 667-4424, Anf. April – Ende Nov., Schwimmbad.

**Holiday Inn**, $$$$, 103 Zi., High St., Tel. 667-9341, Schwimmbad, Sauna, Tennis, Restaurant.

**Jasper's Motel**, $$, 32 Zi., 200 High St., Tel. 667-5318, Restaurant, gegenüber einer Einkaufs-Mall.

**Twilite Motel**, $$, 23 Zi., ca. 2 km westl. an der US-1, Tel. 667-8165.

**The White Birches**, $$, 70 Zi., an der US-1, Tel. 667-3621, „Crazy Gills" Restaurant, 9-Loch-Golf. – Und andere Motels.

Camping

▲ – **The Gatherings**, Tel. 667-8826; 1. Mai – 15. Okt.; ca. 4 mls/6 km südl. an der SR-172; teils schattiges Gelände, ca. 110 Stpl.; Komfortausstattung; Bademöglichkeit, Bootsverleih.

– **Patten Pond Camping Resort**, Tel. 667-5745; 15. Mai – 15. Okt.; ca. 8 mls/13 km westl. über US-1 und ca. 1,5 km südwärts über Schotterstraße; ausgedehnter Waldpark; ca. 160 Stpl.; Komfortausstattung; Bademöglichkeit, Bootsverleih.

– **Timberland Acres,** Tel. 667-3600; 15. Mai – 15. Okt.; ca. 2 mls/3 km südl. an der Bar Harbor Rd. (SR-3); weitläufiges, bewaldetes Gelände; ca. 175 Stpl.; gute Standardausstattung; Schwimmbad.

## 13. BAR HARBOR, ME, ACADIA NATIONALPARK

⊙ **Entfernung:** Rund 180 km.

➔ **Strecke:** Über die Straße SR-3 bis **Bar Harbor** – Rundfahrt durch den Acadia Nationalpark auf der **Park Loop Road**.

🕑 **Reisedauer:** Mindestens ein Tag.

⌘ **Höhepunkte:** Eine Rad- oder Wandertour im **Acadia Nationalpark** * – der Ausblick vom **Cadilac Mountain** *.

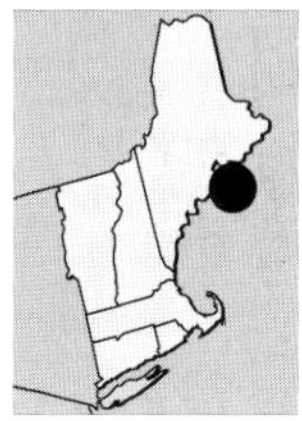

➔ **Route:** Rund 2 km östlich von Ellsworth zweigt die SR-3 südwärts in die Hafenstadt **Bar Harbor, ME** ab, die man nach rund 25 mls/40 km erreicht. ●

**Bar Harbor, ME** liegt an der Ostküste von **Mount Desert Island** in herrlicher, waldreicher Küstenlandschaft. Die buchtenreiche Insel in der Frenchman Bay wird zum größten Teil vom **Acadia Nationalpark** eingenommen.

Anfangs ein Geheimtip bei wohlhabenden Sommergästen aus Boston und anderen Wirtschaftszentren an der Ostküste und hochgeschätzt wegen seiner „Luft wie Champagner", wurde Bar Harbor spätestens nach den Wirtschaftswirren der 30er Jahre zu einem Ferienziel für jedermann.

Ungefähr ab der Mitte des 19. Jh. konkurrierte Bar Harbor sogar mit dem Renommee des schicken Newport, das damals schon das Ziel der Reichen war. Extravagante Künstler und der amerikanische Geldadel entdeckten Bar Harbor damals als Sommerdomizil. Es entstanden zahlreiche noble Villen (*Petunia Cottage*, West Street, *The Turrets*, Eden Street, *La Rochelle*, West Street, *Reverie Cove*, Harbor Lane, *Redwood*, Bayberry Lane u. a.) und die ersten Gasthöfe, wie das *Agamont House*, das 1855 eröffnete.

Zu den namhaften und illustren Sommergästen zählten damals Millionäre wie John. D. Rockefeller oder der Zeitungsverleger Joseph Pulitzer. Bar Harbor entwickelte sich vom Fischereihafen zu einem vom Tourismus geprägten Küstenort. Viele der Sommervillen fielen 1947 einem verheerenden Großfeuer zum Opfer.

Heute wird Bar Harbor in erster Linie wegen des nahen Acadia Nationalparks besucht. Die jährliche Besucherzahl erreicht oft die Vier-Millionen-Grenze. Entsprechend vielfältig ist das Angebot an Hotels, Motels, Restaurants, Geschäften (vor allem entlang der Main St., Mt. Desert St. oder Cottage St.) und an Freizeiteinrichtungen.

**Sehenswertes in Bar Harbor**

Einen Überblick über die Stadtgeschichte vermittelt das **Bar Harbor Historical Society Museum**, 34 Mt. Desert Street. Dokumente, Fotografien und diverse Exponate zeigen die Stadt als Domizil der Upper-Class. Eine andere Abteilung befaßt sich mit dem großen Stadtbrand von 1947.

**Stadtmuseum**
Mitte Juni - Okt.
Mo. - Sa. 13 - 16 Uhr.

Interessantes über die Hummerzucht erfährt man auf Führungen durch die **Lobster Hatchery**, Municipal Pier, 1 Harbor Place.

**Seeaquarium**
Mitte Mai - Ende Okt. Mo. - Sa. 9 - 17 Uhr. Eintritt.

Rund 9 mls/14 km nordwestlich der Stadt findet man an der SR-3 das **Mount Desert Oceanarium**, ein Seeaquarium mit großem Seehundebassin und dem *Maine Lobster Museum*. Naturlehrpfad durch das küstennahe Ökosystem.

In Bar Harbor ist das **Jackson Laboratory** beheimatet, eines der größten medizinischen Forschungszentren der Welt, in dem u. a. auch mit Hilfe von Tierexperimenten neue Wege der Medizin (Genforschung u. ä.) und Heilstrategien erforscht werden. Besucher werden im Sommer von Mitte Juni bis 30 August an einigen Tagen in der Woche (meist Dienstag und Donnerstag) nachmittags mit Vorträgen und Filmvorführungen über die Arbeiten des Institutes informiert.

**Autofähren nach Kanada**

Vom Hafen verkehren regelmäßig **Fähren nach Yarmouth**, Nova Scotia, Kanada. Die Überfahrt dauert 6 Stunden. Die 55 mph (ca. 88 km/h) schnelle High-Speed Autofähre „The Cat“ (900 Passagiere, Cafeteria, Kasino) bewältigt die Strecke von Bar Harbour nach Yarmouth in nur 2 ½ Stunden.

Man könnte also am gleichen Tag hin und zurück fahren und so aus dem Kanadaabstecher einen Tagesausflug machen.

Es werden auch Pauschalarrangements mit Hotelübernachtung in Yarmouth angeboten. Autotransport möglich. Im Sommer besteht täglich eine Abfahrt morgens ab Bar Harbor und nachmittags ab Yarmouth. Auskünfte gibt es bei *Marine Atlantic, Bluenose Ferry Terminal*, Tel. 207/288-3395.

Es werden zahlreiche Schiffsausflüge und Whale Watch Cruises angeboten.

## Praktische Hinweise – Bar Harbor

**Bar Harbor**

☎ Bar Harbor Area Code (Telefonvorwahl): 207

**Bar Harbor Chamber of Commerce**, 93 Cottage St., P. O. Box 158, Bar Harbor, ME 04609, Tel. 288-5103 oder 800/288-5103. Geöffnet im Sommer Mo. – Fr. 8 – 17, im Winter bis 16.30 Uhr.

**Bluenose Ferry Terminal**, 3 Eden St., SR-3, geöffnet Juli – Anf. Okt. tgl. 8 – 23 Uhr. Mitte Mai bis Ende Juni tgl. 9 – 17 Uhr.

**Fahrradverleihs**

**Acadia Bike & Canoe**, 48 Cottage St., Bar Harbor, Tel. 288-9605.
**Bar Harbor Bicycle Shop**, 141 Cottage St., Bar Harbor, Tel. 288-3886.

**Walbeobachtungen**

**Acadia Whale Watcher,** Golden Anchor Pier, West St., Tel. 288-9794 oder 800/421-3307.
**Whale Watcher Inc.,** 1 West St., Tel. 288-3322 oder 88/508-1499.

**Motels**

Motels: Schon aus Platzgründen mußte unter den sehr zahlreichen Beherbergungsbetrieben in und um Bar Harbor an dieser Stelle ein Auswahl (Häuser mit mehr als 25 Zimmern im Innenstadtbereich und in Fährhafennähe) getroffen werden.

**Anchorage Motel**, $$, 46 Zi., 51 Mt. Desert St., Innenstadtbereich, Tel. 288-3959; geöffnet Mitte Mai – Ende Okt.

**Atlantic Oakes By The Sea**, $$$$, 152 Zi., 119 Eden St., SR-3 am Fährhafen, Tel. 288-5801, Zimmer teils mit Blick auf die Bucht, Schwimmbäder, Tennisplätze, Bootsanleger.

**Bar Harbor Inn**, $$$$$, 130 Zi., Newport Dr., Innenstadtbereich am Stadtpier, Tel. 288-3351, Schwimmbad, Bootsanleger.

**Bar Harbor Motels**

**Bar Harbor Motel**, $$$, 70 Zi., 100 Eden St. (SR-3), Tel. 288-3453, geöffnet Mitte Mai – Mitte Okt., Schwimmbad. Restaurant nahebei.

**Bar Harbor Quality Inn**, $$$$, 76 Zi., 40 Kebo St., Innenstadtbereich, Tel. 288-5403, geöffnet 1. Mai – Ende Okt.; Schwimmbad, Restaurant.

**Bluenose Inn**, $$$$$, 97 Zi., 90 Eden St. (SR-3), Tel. 288-3348, Zimmer teils mit Blick auf die Bucht, geöffnet Anf. Mai – Ende Okt., Restaurant, Schwimmbad.

**Cadillac Motor Inn**, $$$$, 29 Zi., 336 Main St., Tel. 288-3831, geöffnet Mitte Mai – Mitte Okt.

**Edenbrook Motel**, $$, 45 Zi., 96 Eden St. (SR-3), Tel. 288-4975, geöffnet Mitte Mai – Mitte Okt.

**Fairfield Inn By Marriott**, $$$$, 59 Zi., 125 Eden St. (SR-3), Tel. 288-8983, geöffnet 15. Mai – Mitte Okt.

**Highbrook Motel**, $$, 26 Zi., 94 Eden St. (SR-3), Tel. 288-3591, geöffnet Mitte Mai – Mitte Okt.

**Holiday Inn Bar Harbor**, $$$$$, 221 Zi., 123 Eden St. (SR-3), an der Frenchman's Bay, Tel. 288-9723, geöffnet 15. Mai – Ende Okt., Schwimmbad, Sauna, Tennis, Marina, Restaurant.

**Main Street Motel**, $$, 43 Zi., 315 Main St., Tel. 288-3188, geöffnet Anf. Mai – Ende Okt., Restaurant nahebei.

**The Villager Motel**, $$, 52 Zi., 207 Main St., Innenstadtbereich, Tel. 288-3211, geöffnet Mitte Mai – Ende Okt., Schwimmbad. Restaurant nahbei. – U. a.

**Camping**

▲ – Campingplätze Nähe SR-3, **nordwestlich Bar Harbor**:

– **Barcadia Campground,** Tel. 288-3520; Ende Mai – 15. Okt., am Abzweig der SR-102/198 von der SR-3, 200 Stpl., Komfortausstattung.

– **Bar Harbor Campground,** Tel. 288-5185; Ende Mai – Mitte Okt.; 300 Stpl.; Komfortausstattung.

– **Hadley Point Campground,** Tel. 288-4808; 15. Mai – 15. Okt.; 180 Stpl.; Komfortausstattung.

– **Mt. Desert Narrows Camping Resort,** Tel. 288-4782; 1. Mai – 25. Okt.; östl. Abzweig der SR-102/198 von der SR-3; 210 Stpl.; Komfortausstattung.

– **Spruce Valley Campground,** Tel. 288-5139, 1. Mai – 31. Okt.; an der SR-102/198 südl. Abzweig von der SR-3; 100 Stpl.; Komfortausstattung.

Weitere Plätze findet man bei Bass Harbor.

**Acadia Nationalpark**

– **Black Woods Campground,** Tel. 288-3274, Reservierung von 15. Juni bis 15. September obligatorisch, Tel. 800/365-2267; ganzjährig geöffnet; südl. Bar Harbor, über SR-3; 310 Stpl., einfache Standardausstattung.

– **Seawall Campground,** Tel. 244-3600; Ende Mai – Ende Sept.; südl. **Southwest Harbor**, über SR-102A, 210 Stpl.

## ACADIA NATIONALPARK, ME

Die Anlage und Organisation der amerikanischen Nationalparks ist beispielhaft. Natürlich gilt dies auch für den Acadia Nationalpark, dem ältesten Nationalpark im Osten der Vereinigten Staaten.

Der Park ist bestens mit dem Auto zu erreichen. Alle Sehenswürdigkeiten, Aussichtspunkte und Startpunkte von Wanderwegen, sind mit dem Wagen zugänglich. Zumindest gelangt man mit dem Auto in ihre unmittelbare Nähe. Haupteinfahrt in den Acadia Nationalpark ist in **Hulls Cove**, an der SR-3, rund 6 km nördlich von Bar Harbor.

Die Eintrittsgebühr in den Acadia Nationalpark beträgt $ 10,-.( Die Eintrittskarte gilt für sieben Tage und schließt alle Personen ein, die zusammen in einem Privatauto reisen.

**Acadia Nationalpark** *
Visitor Center Juli + Aug. tgl. 8 - 18 Uhr. Mai + Juni sowie Sept. + Okt. tgl. 8 - 16.30 Uhr.

Von der Parkeinfahrt in Hulls Cove führt die Parkstraße zunächst zum **Visitor Center**, dem Besucherzentrum, in dem Broschüren und Literatur über die Besonderheiten des Nationalparks, seine Fauna und Flora zu haben sind. Es gibt ein kleines Museum und einen 15-Minuten-Film, der dem Besucher einen kurzen, aber informativen und recht lohnenden Überblick über die Landschaften, die Tier- und Pflanzenwelt im Park und in den Küstengewässern gibt.

Für eine Rundfahrt durch den Acadia Nationalpark sollten Sie mindestens vier Stunden vorsehen. Wenn Sie gut englisch verstehen, können Sie sich im Visitor Center eine Tonkassette (mit Abspielgerät, wenn im Auto kein Kassettengerät vorhanden ist) leihen oder kaufen und haben dann mit dieser **Tape Tour** einen Führer „auf Knopfdruck" parat.

Im Park gibt es mehrere Picknickplätze, einfache Campingmöglichkeiten (siehe oben unter Camping), aber keine Lodges, Hotels, Motels oder Verpflegungseinrichtungen. Die findet man in großer Zahl in Bar Harbor.

**Zur Vorgeschichte des Acadia Nationalparks:** Im Jahre 1604 lief der französische Seefahrer *Samuel de Champlain*, damals im Dienste König Heinrichs IV. auf Erkundungsfahrt im Nordatlantik unterwegs, in der heutigen Frenchman Bay östlich von Bar Harbor mit seinem Schiff auf Grund. Wenig angetan von den kahlen Höhen der Insel vor sich im Westen, nannte er sie „Isle des Monts Desert" was soviel wie „Insel der trockenen (kahlen, unfruchtbaren) Berge" bedeutet. Eine Siedlung, die französische Jesuiten 1613 am Fuße der Berge gründeten, hatte keinen Bestand.

Seinen Namen hat der Nationalpark von der alten *Provinz Acadia* aus dem 17. Jh., die Frankreich damals hier an der nordamerikanischen Atlantikküste gegründet hatte und um die bis 1760 mit den Engländern gefochten wurde.

Höchster Punkt der buchten- und seenreichen Insel Mount Desert Island ist der 466 m hohe **Cadillac Mountain**, südlich von Bar Harbor.

Etwa ab 1915 – Bar Harbor war auf dem Höhepunkt seines „Golden Age" als Sommerresidenz der reichen Upper-Class – wurde auf Anregung und mit finanzieller Hilfe namhafter Persönlichkeiten, wie dem Präsidenten der Harvard University Charles W. Eliot, und wohlhabender Industrieller wie John D. Rockefeller, damit begonnen, weite Teile der interessanten, felsigen Küste von Mount Desert Island und ihr vegetationsreiches, landschaftlich überaus reizvolles Hinterland unter Naturschutz zu stellen. Wenig später wurde ein weit über 100 qkm großes Gebiet auf Mount Desert Island zum Nationalpark erklärt. Der Acadia Nationalpark ist bislang der einzige Nationalpark im Nordosten der USA.

John D. Rockefeller, jr., der über 4.400 ha Land (ein Drittel des heutigen Nationalparks) auf Mount Desert Island zur Verfügung stellte, um den Nationalpark zu ermöglichen, ließ in den 20er Jahren einen gut 80 km langen Kutschenweg (carriage path) mit 16 Steinbrücken anlegen, der heute noch als vorzüglicher Reit-, Fahr- und Fußweg dient und der sich bestens für Radtouren eignet.

Heute stehen dem Besucher im Acadia Nationalpark neben fast 200 km Wanderwegen über 80 km Reit-, Fahr- und Radwege zur Verfügung. Es gibt Parkplätze in großer Zahl, Picknickplätze, an den Seen Boots-

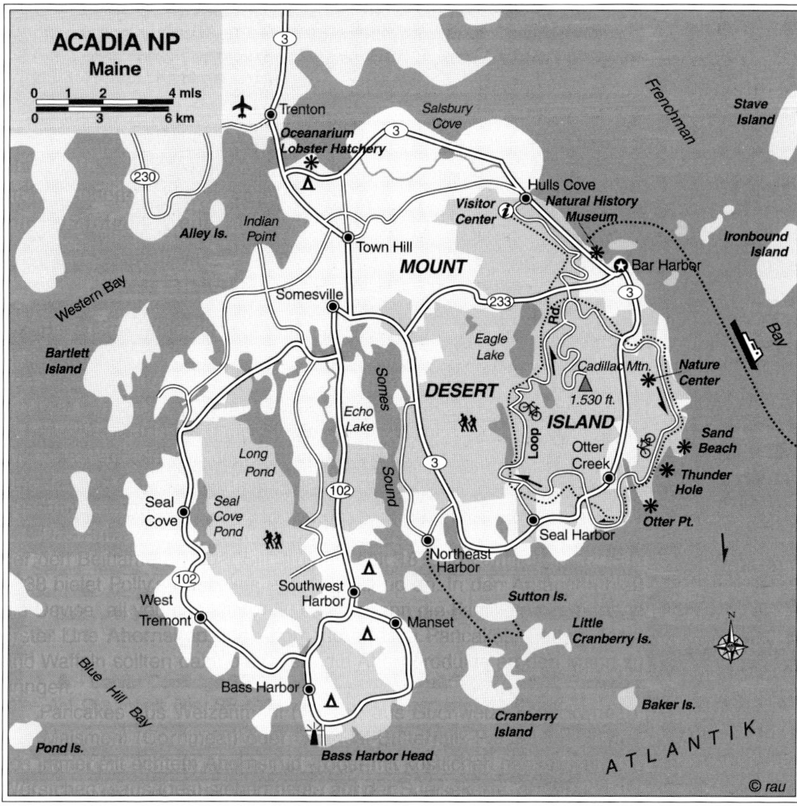


slips, einen Ankerplatz für Sportboote in Valley Cove und zwei Campingplätze (siehe Info Bar Harbor).

Zur ersten Orientierung empfiehlt es sich, zunächst der 32 km langen **Park Loop Road** zu folgen, die den Autofahrer durch den östlichen Teil des Nationalparks und zu besonders interessanten Küstenpartien führt. Der größte Teil der Park Loop Road ist Einbahnstraße. Der Beginn der Einbahnstrecke ist deutlich markiert. An- und Abfahrt zum Cadillac Mountain liegen nicht in diesem Einbahnabschnitt. Die zahlreichen Parkplätze, Aussichtspunkte und Trailheads sind deutlich beschildert.

**Park Loop Road**

Machen Sie diesen Weg über die Park Loop Rad ruhig auch dann, wenn es bedeckt ist und nieselt und vom Meer her Dunst oder gar leichter Nebel hereinweht – übrigens eine keineswegs außergewöhnliche Wetterlage im Acadia Nationalpark. Die Küste ist dann fast noch interessanter, die Stimmung noch beeindruckender und die Abgeschiedenheit noch spürbarer.

Bei schönem Wetter sollte man unbedingt die vom Westteil der Park Loop Road ausgehende, gut beschilderte Stichstraße hinauf zum 510 m

**prächtiger Rundblick vom Cadillac Mountain** **

hohen **Cadillac Mountain** fahren, dem höchsten Punkt nicht nur im Park, sondern an der gesamten US-Ostküste weit und breit. Herrlicher Rundblick von der kahlen, von rosaroten Granitblöcken übersäten Höhe!

Ziemlich am Anfang der Osthälfte der Park Loop Road, südöstlich vom Visitor Center, liegt linkerhand am Quellhaus der Sieur de Monts Quelle das **Nature Center** mit botanischen Ausstellungen und einem Garten mit Wildblumen. Auch das **Abbe Museum** mit der steinzeitlichen Sammlung des New Yorker Chirurgen Robert Abbe, der das Museumsgebäude 1926 hatte errichten lassen, ist hier zu finden. Außerdem sind hier Exponaten aus der Indianerkultur in Maine, sowie das Denkmal des Parkinitiators G. B. Dorr zu sehen.

Am Nature Center hat man die letzte Möglichkeit vor Seal Harbor, die Park Loop Road zu verlassen und über die SR-3 nach Bar Harbor weiterzufahren.

Einige der interessantesten und landschaftlich reizvollsten Stellen an der Loop Road sind an der Ostküste der Strand **Sand Beach**, dann **Thunder Hole**, wo das Meer bei entsprechendem Wellengang an den Klippen ein gehöriges Getöse aufführt und **Otter Point**.

**Bootsausflüge**

Es gibt die Möglichkeit mit Booten zu einigen der nahen vorgelagerten Inseln zu fahren, von **Northeast Harbor** z. B. nach **Great Cranberry Island** und **Little Cranberry Island** (kleines Seefahrtmuseum) oder von **Bass Harbor** mit seinem markanten Leuchtturm **Bass Harbor Head Light** nach **Swans Island**.

Wer sich sehr für Einzelheiten aus der artenreichen Fauna und Flora interessiert, wird sicher an dem im Sommer regelmäßig von Park Rangern durchgeführten Programm Gefallen finden (Info im Visitor Center). Dazu gehören z. B. geführte Wanderungen oder Vorträge am Lagerfeuer in den Campgrounds.

Sind Sie ohne Auto unterwegs, bietet sich Gelegenheit an Bustouren teilzunehmen, die ab Bar Harbor in den Nationalpark angeboten werden.

### TIPPS ZUM WANDERN IM ACADIA NATIONALPARK

Obwohl man den Park, wie schon angedeutet, bequem mit dem Auto „erwandern" kann – selbst der höchste Aussichtspunkt auf dem Cadillac Mountain ist mühelos per Auto zu erreichen – sind es (bei ausreichend zur Verfügung stehender Zeit) vor allem Spaziergänge und Wanderungen auf den markierten Wegen (Trails), auch zu den etwas abseits gelegenen Parkregionen, die die Schönheiten des Nationalparks, seine bewaldeten Berge und felsigen Küsten erst richtig erschließen.

Der Acadia Nationalpark bietet ganz ausgezeichnete Wandermöglichkeiten, von einfachen Halbtagsausflügen bis hin zu anspruchsvollen und anstrengenden Mehrtagestouren. Dem Wanderer steht ein Wegenetz von sage und schreibe 120 Meilen, rund 192 km Länge zur Verfügung, auf dem er jede Höhe erklimmen und jedes Tal im Park erreichen kann.

Bei längerem Aufenthalt lohnt z. B. eine Wanderung auf dem **Jordan Pond Nature Trail** um den gleichnamigen See, oder auf dem steilen **Precipice Trail**, der hinein in die Berge und auf den 466 m hohen **Cadil-**

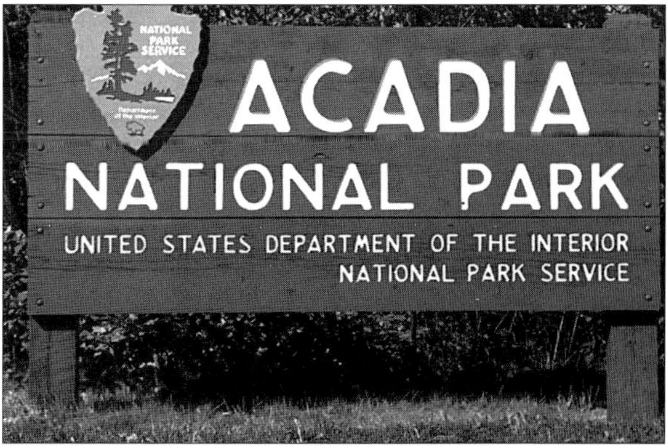


**lac Mountain** führt. Im Visitor Center des Acadia Nationalparks erhalten Sie ausführliche Listen über alle Hiking Trails im Park.

Außer einer Fülle an Wanderwegen steht dem Parkbesucher ein 50 mls/80 km langes Netz von autofreien Forststraßen, ehemaligen Kutschenwegen, zur Verfügung, die sich ganz vorzüglich zum **Radeln**, zum **Joggen** und im Winter zum **Langlaufen** eignen. Genaue Karten und Detailinformationen über die Trails im Park erhält man im Visitor Center.

Eine Radtour könnte Sie z. B. rund um den **Eagle Lake** führen oder zum **Jordan Pond**. Etwas geübt sollte man aber sein. Die Radwege sind dem hügeligen Terrain entsprechend nicht nur eben. Räder kann man in Bar Harbor leihen.

☑ *Mein Tipp!* Bevor Sie sich in Nationalparks zu längeren Touren entschließen, sollten Sie nach den Empfehlungen der Parkverwaltungen Folgendes nicht außer acht lassen:

– Erkundigen Sie sich bei den Park Rangern oder im Visitor Center nach Zustand, Länge, Schwierigkeit, notwendigem Zeitaufwand, Versorgungsmöglichkeiten, z. B. mit Trinkwasser, über Besonderheiten des jeweiligen Trails und nach den notwendigen Wettervoraussetzungen und nach den für den Zeitpunkt ihrer Tour zu erwartenden Wetterbedingungen.

– Gehen Sie nie alleine auf längere Wanderungen oder auf Klettertour. Und informieren Sie jemanden über ihr Vorhaben und über den geplanten Weg.

– Für einige Trails in abgelegene Teile der amerikanischen Nationalparks können Hiking Permits notwendig sein, die gewöhnlich im Visitor Center oder in den Ranger Stations zu bekommen sind, meist kostenlos.

– Manche Trails führen über steiles Gelände. Schätzen Sie Ihre Kondition richtig ein.

– Bleiben Sie auf den angelegten und erkennbaren Pfaden. Abkürzungen zerstören die oft sehr empfindliche Landschaft und sie begünstigen an Hängen und Abbruchkanten die Erosion.

– Erkundigen Sie sich nach der Wettervorhersage. Meiden Sie bei Gewitterstürmen exponierte, erhöhte Geländestellen.

– Und, dass jeglicher Müll aus dem backcountry wieder herausgenommen werden muß, dass Tiere, welcher Art auch immer, nicht gestört oder gar gejagt werden dürfen, sollte selbstverständlich sein. Der Slogan heißt: „Leave nothing but footprints, take nothing but pictures“.

## 14. ELLSWORTH, ME – GREENVILLE, ME – LEWISTON, ME

⊙ **Entfernung:** Rund 470 mls / 752 km.

➔ **Strecke:** Über die Straße US-1A bis **Bangor** – I-95 bis **Medway** – SR-157 über **Millinocket** bis **Baxter State Park** – Forststraße bis **Greenville** – SR-6/15 bis **Jackman** – US-201 bis **Waterville** – I-95 bis **Augusta** – US-202 bis **Lewiston**.

🕒 **Reisedauer:** Mindestens zwei Tage.

⌘ **Höhepunkte:** Eine Wildniswanderung im **Baxter State Park** * – Outdoor-Aktivitäten am **Moosehead Lake** – das **Maine State Museum** * in Augusta.

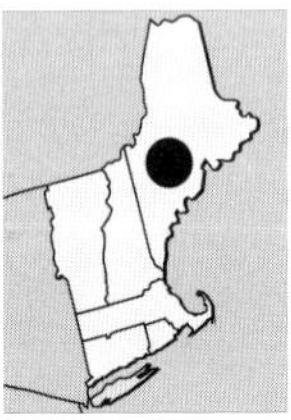

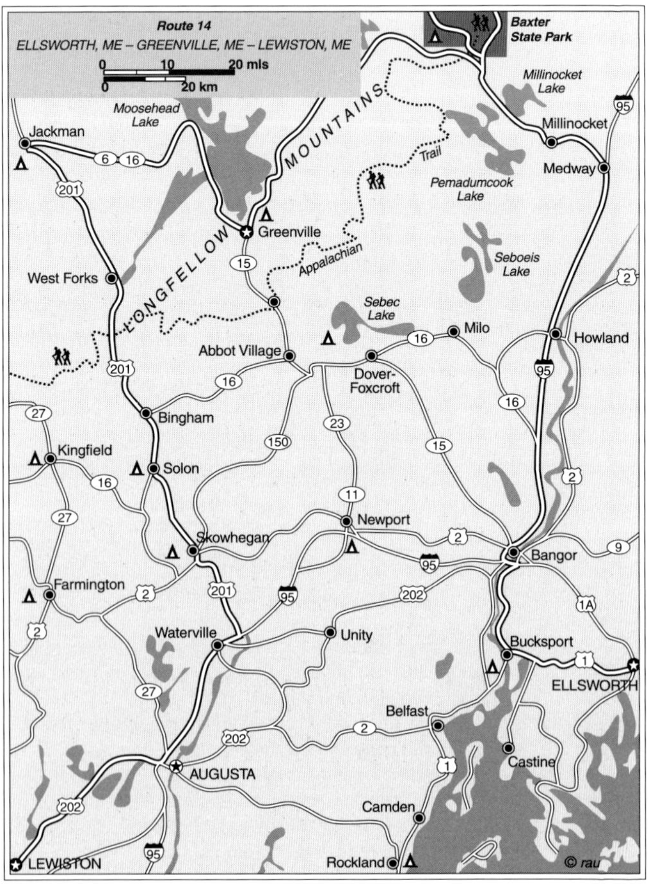

Für diese sehr lange Route durch den nördlichen Teil des Bundesstaates Maine sollte man sich mindestens zwei ganze Reisetage vorbehalten. Unterbrechen kann man in Millinocket oder in Greenville, oder – wenn man campt – im Baxter State Park.

**abkürzende Alternativroute spart Reisezeit**

Will man den Umweg über den Baxter State Park, der sich nur für Naturliebhaber, Wildniswanderer, Kanuten oder Jäger wirklich lohnt, nicht unternehmen, kann man den Reiseweg erheblich abkürzen. Man fährt dann von Ellsworth über die US-1 und über **Bucksport** zurück bis nach **Belfast** und zweigt dort auf die SR-3 direkt nach **Augusta, ME** ab.

➔ **Route:** Unsere **Hauptroute** allerdings folgt der US-1A nach **Bangor, ME**, das rund 30 mls/48 km nordwestlich von Ellsworth liegt. ●

**Bangor, ME** (rund 33.000 Einw.) am Unterlauf des Penobscot River, ist das wirtschaftliche und kulturelle Zentrum, der Verkehrsknotenpunkt (wichtiger Verkehrsflughafen, Greyhound Terminal) schlechthin und die letzte „richtige Stadt" im Nordosten von Maine und der Vereinigten Staaten.

Die Entwicklung der Stadt schritt vor allem nach den Kriegswirren und Handelsblockaden nach 1812 rasch voran. Motor des wirtschaftlichen Aufschwungs waren und sind bis heute in aller erster Linie der Holzhandel, der Holzexport über Bangors Binnenhafen am Penobscot River und diverse holzverarbeitende Industriezweige.

Andere bedeutende Industrien findet man in Bangor in den Bereichen Elektronik, Schuhfabrikation und bis zu einem gewissen Grade auch im Tourismus.

Als kulturelles Zentrum hat sich Bangor vor allem durch seine weit über die Grenzen der Stadt hinaus bekannte *Penobscot Theatre Company* hervorgetan.

Wirklich Interessantes gibt es in Bangor – außer den zwei Museen vielleicht – eigentlich nicht zu sehen.

**Bangor Museum**
Juli - Sept. Mo. - Fr. 12 - 16, Winter Di. - Fr. 12 - 16 Uhr. Eintritt. Führungen.

Das **Bangor Historical Society Museum**, 159 Union Street, ist in einem sehenswerten Haus von Richard Upjohn aus dem Jahre 1836 untergebracht. Die Möblierung, die Innenausstattung und die Gemäldesammlung im Museum spiegeln den Lebensstil des 19. Jh. wider.

**Transportmuseum**
Mai - Mitte Nov. tgl. 9 - 17 Uhr. Eintritt.

Im **Cole Land Transportation Museum**, 405 Perry Rd., ist eine interessante Sammlung von Fahrzeugen zu sehen, mit denen sich die Entwicklung des Transports von Frachten und Gütern anschaulich nachvollziehen läßt. Breiten Raum nimmt natürlich die Geschichte des Holztransports im nördlichen Maine ein.

**Bangor**

## Praktische Hinweise – Bangor

☎ Bangor Area Code (Telefonvorwahl): 207

**Greater Bangor Chamber of Commerce**, 519 Main St., P. O. Box 1443, Bangor , ME 04402, Tel. 947-0307.

**Motels**

*Motels* im **Zentrum:**

**Holiday Inn Civic Center**, $$, 123 Zi., 500 Main St., Tel. 947-8651, Schwimmbad, Restaurant.

**Bangor Motels**

**Main Street Inn**, $, 64 Zi., 480 Main St., Tel. 942-5282, einfach, preiswert, zentral.

**The Phenix Inn at West Market Square**, $$$$, 32 Zi., 20 Broad St., Tel. 947-0411, komfortables, zentral gelegenes Haus in einem historischen Gebäude aus dem 19. Jh., Restaurant nahebei.

Am **Flughafen**:

**Bangor Airport Marriott**, $$$$, 100 Zi., Tel. 947-6721, Restaurant.

Südlich an der **I-95 Exit 45B**:

**Days Inn**, $$, 100 Zi., 250 Odlin Rd., Tel. 942-8272, Schwimmbad. Restaurant nahebei.

**Econo Lodge**, $, 131 Zi., 327 Odlin Rd., Tel. 945-0111, Restaurant nahebei, Flughafentransport..

**Fairfield Inn By Marriott**, $$, 153 Zi., 300 Odlin Rd., Tel. 990-0001, Schwimmbad, Sauna. Restaurant nahebei.

**Holiday Inn**, $$$, 207 Zi., 404 Odlin Rd., Tel. 947-0101, Schwimmbad, Restaurant, Flughafentransport.

**Motel 6,** $, 60 Zi., 1100 Hammond St., Tel. 947-6921, Schwimmbad.

**Ramada Inn,** $$, 115 Zi., 357 Odlin Rd., Tel. 947-6961, Schwimmbad, Restaurant, Flughafentransport.

**Roadway Inn**, $, 98 Zi., 482 Odlin Rd., Tel. 942-6301, Restaurant

Super 8 Motel, $, 77 Zi., 462 Odlin Rd., Tel. 945-5681, Restaurant nahebei. – Und andere Motels.

**Camping**

▲ – **Pleasant Hill Campground,** Tel. 848-5127; 1. Mai – Mitte Okt.; I-95 Exit 47, ca. 5 mls/8 km nordwestl. über SR-222; weitläufiges, teils schattiges, relativ ruhig gelegenes Gelände; ca. 100 Stpl.; Komfortausstattung.

## DER ÄUSSERSTE NORDOSTEN DER USA

Nördlich von Bangor dehnen sich kaum besiedelte Landschaften mit schier endlosen Fichten-, Kiefern-, Birken-, Eichen- oder Ahornwäldern, mit weiten Hügelketten und zahllosen (angeblich über 2.500) Seen. Maine, alleine schon halb so groß wie alle sechs Neuenglandstaaten zusammen, ist zu über 80 Prozent bewaldet. Und mitten drin erhebt sich im Gebiet des Baxter State Parks Maines höchster Berg, der 5.267 ft. (ca. 1.580 m) hohe **Mt. Katahdin**.

Dieser Teil der Vereinigten Staaten war schon vor über 10.000 Jahren besiedelt, wie frühgeschichtliche Funde beweisen. Und etwa 5.000 Jahre vor unserer Zeitrechnung hatte sich hier die Kultur der sog. Red Paint People entwickelt, so genannt wegen der rot gefärbten Grabbeigaben, die in allen Hügelgräbern aus dieser Kulturepoche zu finden sind.

Später waren es vor allem Indianer des Abenaki Volkes, Teil der großen Gruppe der Algonquin Indianer, die in den wildreichen Wäldern und an den Ufern der Seen siedelten.

In den Anfängen des 17. Jh. mußten die hiesigen Indianerstämme nach der Ankunft der ersten Siedler aus England eine tragische und dramatische Dezimierung ihrer Bevölkerung durch eingeschleppte Krankheiten erleben. Und gut hundert Jahre später war nach dem French and Indian War Mitte des 18. Jh. die Zahl der im Nordosten lebenden Indianer soweit zurückgegangen, dass ihre Existenz für die weitere Entwicklung des Landes nicht mehr von Belang war.

Nach den Unabhängigkeitskriegen verloren die Indianer alle Landansprüche. Der Staat Maine verkaufte damals riesige Landgebiete in den nördlichen Counties Aroostook, Piscataquis, Penobscot und Somerset an vermögende Privatunternehmer und Grundstücksmakler. Und seit dem 19. Jh., als mit dem Holzeinschlag im großen Umfang begonnen wurde, ist die fast unberührt erscheinende, kaum erschlossene Region das Revier der großen Holzunternehmen.

In dieser abgeschiedenen, nordöstlichsten Ecke der Vereinigten Staaten liegt aber auch ein wahres Eldorado für Jäger, für engagierte Wanderer und Wassersportler. Drei wesentliche Gebiete für naturnahe Outdoor-Aktivitäten sind der Baxter State Park, der Allagash Wilderness Waterway und der riesige Mooshead Lake.

**Privatstraßen im Norden**

Öffentliche Straßen sind in der nördlichen Region abseits des Interstate Highways I-95 und westlich der SR-11 rar. Viele Straßen, in aller Regel unbefestigte Forststraßen, sind von der Holzindustrie angelegte **Privatstraßen**. Sie sind fast ohne Ausnahme für den öffentlichen Autoverkehr gesperrt oder nur gegen eine Mautgebühr zu befahren. Wenn Sie auf solchen Privatstraßen unterwegs sind, sollten Sie daran denken, dass sie das Revier der Langholz-Lkw's sind, die sich um den Pkw-Verkehr nicht sonderlich kümmern. Holztransporter haben Vorfahrt! Defensives Fahren, rechtzeitiges Ausweichen und tolerantes Vorfahrtgewähren macht einem hier das Leben um einiges leichter.

**Medway Camping**

➔ **Route:** Von Bangor führt unsere Route auf der I-95 nordwärts bis **Medway, ME** (*Katahdin Shadows Campground*, 1. Mai – 30. Nov., zu erreichen über I-95 Exit 56 und SR-157 ca. 3 km westwärts, 110 Stpl.) und von Medway westwärts über **Millinocket, ME** zum **Baxter State Park, ME.** ●

**Millinocket, ME** ist das Zentrum der Holzindustrie im nördlichen Maine schlechthin. Hier hat der Holz-, Papier- und Zellstoffkonzern Bowater seinen Sitz. Jährlich sollen in Millinocket über 800.000 Tonnen Papier produziert werden.

**Praktische Hinweise – Millinocket**

**Millinocket**

☎ Millinocket Area Code (Telefonvorwahl): 207

**Baxter State Park Authority**, 64 Balsam Dr., Millinocket, ME 04462, Tel. 723-5140.

**Katahdin Area and Millinocket Chamber of Commerce**, 1029 Central St., Millinocket, ME 04462, Tel. 723-4443.

**New England Outdor Center**, Old Medway Rd., P. O. Box 669, Millinocket, ME 04462, Tel. 800 - 766-7238. (

**Motels**

Motels: In diesem riesigen, so gut wie nicht besiedelten Gebiet gibt es im weiten Umkreis nur in Millinocket Motels.

**The Atrium Inn**, $$, 82 Zi., 740 Central St., Tel. 723-4555, Schwimmbad.

**Best Western Heritage Motor Inn**, $$, 50 Zi., 935 Central St., Tel. 723-9777, Restaurant. – Und andere Motels.

**Camping**

▲ – Mehrere kleine, zwischen Mitte Mai und Mitte Oktober geöffnete **Campingplätze** mit Mindestausstattung findet man im **Baxter State Park**.

## BAXTER STATE PARK

**Baxter State Park, Eldorado für Outdoor-Aktivitäten**

Der **Baxter State Park, ME** liegt rund 20 mls/32 km nordwestlich von Millinocket. Zunächst gelangt man zum **Togue Pond Gatehouse** am Südrand des Parks. Jeder Parkbesucher wird hier registriert. Der Zutritt zum Park ist gebührenpflichtig (zuletzt $ 10,-).

Initiiert wurde der State Park, ein rund 81.000 ha großes Natur- und Landschaftsschutzgebiet, von Governor *Percival P. Baxter*, der 1930 die ersten 2.400 ha Land um den 5.267 ft. (ca. 1.580 m) hohen Mount Katahdin, Maines höchsten Berg, erwarb und das Gebiet dem Staat Maine vermachte. 1933 wurde das Gebiet offiziell als State Park ausgewiesen und zu Ehren des generösen Spenders „Baxter State Park" benannt. Auch der Gipfel des Mt. Katahdin, „Baxter Peak", trägt den Namen des früheren Gouverneurs.

Die dicht bewaldete Berglandschaft im Baxter State Park ist ein wahres Eldorado für Leute, die sich gerne in einsamer, abgeschiedener Natur aufhalten und Wildniswanderungen oder Kanutouren unternehmen wollen. Im Park gibt es 18 Berge von beinahe 1.000 m Höhe und über 30 Trails (Wanderwege) von insgesamt über 280 km Länge und unterschiedlicher Schwierigkeitsgrade. Wer sich auf längere Wanderungen begibt, sollte sich im State Park Büro in Millinocket oder auf einem der Campingplätze genaues Kartenmaterial besorgen, mit Karte und Kompaß umgehen können, gute Kondition und vor allem die richtige Ausrüstung mitbringen.

**Startpunkt des Appalachian Trail**

Von der höchsten Erhebung im Park, dem Mount Katahdin, beginnt einer der längsten Wanderwege in den USA, der rund 3.500 km lange **Appalachian Trail,** der im Südstaat Georgia am Mount Springer endet.

Die herrlichen Berg- und Waldlandschaften erschließen sich nur auf Wanderungen ins Hinterland richtig. Dem Autofahrer gelingt von der Parkstraße nur an ganz wenigen Stellen, so z. B. schon kurz nach dem Togue Pond Gate, ein weiter Blick auf die Berge und Seen. Die Höchstgeschwindigkeit auf den Parkstraßen ist – falls nicht anders ausgeschildert – 20 mph/32 km/h.

Die Straßen im Park sind unbefestigt. Es gibt weder Tankstellen, Lodges oder Restaurants, noch gibt es Lebensmittel zu kaufen. Wenn Sie also im Park bleiben wollen, decken Sie sich vorher in Millinocket mit allem Nötigen ein. Und starten Sie nur mit vollem Tank!

**Camping im Baxter State Park**

Außer acht kleiner, sehr einfach ausgestatteter **Campingplätze** mit jeweils kaum mehr als 30 Stellplätzen, gibt es keine Unterkunftsmöglichkeit im Park. Die Campingplätze sind zwischen 15. Mai und 15. Oktober geöffnet und in den Sommermonaten immer stark belegt. Im Sommer ist eine Reservierung oder ein Erfragen der Platzsituation bei Baxter State Park Headquarters, 64 Balsam Drive, Millinocket, ME 04462, Tel. 207/723-5140 dringend anzuraten! Sind Sie mit einem Wohnmobil unterwegs, erfragen Sie auch die im Park erlaubten Höchstmaße für Campingfahrzeuge.

**Achtung! Black Flies!**

☑ *Mein Tipp!* Besonders Ende Mai, Anfang Juni treten in dieser Gegend, aber auch an der Küste, die sog. „black flies" verstärkt auf. Diese Plagegeister von kleinen Insekten können einem den Aufenthalt im

im Baxter State Park, ME

Freien sehr verleiden. Wenn Sie also in dieser Zeit unbedingt in die Wälder und an die Seen von Maine wollen, denken Sie an einen gutes, wirksames Insektenschutzmittel!

### Eldorados für Kanutourer und Wildwasserfahrer

Ein wahres Paradies für Kanutourer und Wildwasserfahrer ist der **Chamberlain Lake** nordwestlich vom Baxter State Park und der **Allagash Wilderness Waterway**.

Der Allagash Wilderness Waterway windet sich nördlich vom Baxter State Park rund 150 km weit bis zur kanadischen Grenze. Die Stromschnellen auf dem Allagash werden von den zuständigen Institutionen zwar als „einfach" eingestuft, dennoch sollte das Gewässer nicht unterschätzt werden. Gute Vorbereitung, Kondition und Kanuerfahrung sowie eine entsprechende Ausrüstung sind unerläßlich. Für die gesamte Strekke des Allagash Wilderness Waterways benötigt man zwischen sieben und zehn Tagen. Saison ist von Mai bis Oktober.

Eine ganze Reihe von Firmen bieten begleitete Kanutouren an, verleihen Kanus, Zelte und Ausrüstung.

Einzelheiten über den Allagash Wilderness Waterway, über weitere Kanureviere im nördlichen Maine und über Ausrüster und Veranstalter erteilt: *State of Maine, Bureau of Parks and Recreation,* State House, Station 22, Augusta, ME 04333, Tel. 207/287-3821.

➔ **Route:** Für die Weiterreise vom Baxter State Park nach Westen muß auf einer Strecke von 30 mls/48 km Länge die private, mautpflichtige Forststraße des Unternehmens *Bowater, Great Northern Paper* benutzt werden. Die Straße zweigt rund 8 mls/13 km südlich vom Baxter State Park von der Hauptstraße SR-157 nach We-

**keine Tankstelle zwischen Millinocket und Greenville**

sten ab. Am **Checkpoint Debsconeag** erhält man die Durchfahrtsgenehmigung und hat die Straßengebühr (zuletzt $ 8,-) zu entrichten. Auf der rund 90 mls/144 km langen Strecke zwischen Millinocket und Greenville gibt es keine Tankstelle! ●

Es folgt eine sehr schöne Fahrt auf teils unbefestigter Straße durch „endlose" Wälder mit gelegentlich eindrucksvollen Ausblicken auf die Höhen der Longfellow Mountains. Die Wälder sind das Revier einer sehr zahlreichen Elchpopulation. Vor allem in den Morgen- und Abendstunden können die Tiere auch auf der Straße auftauchen. Umsichtige Fahrweise ist also angesagt.

Ab dem Holzfällercamp **Kokadjo** ist die Straße wieder geteert. Schließlich passiert man den **Sias Hill Checkpoint** am Ende der Privatstraße und erreicht bald darauf Greenville, ME.

**Greenville, ME** liegt sehr schön am Südende des großen, weitverzweigten Sees **Moosehead Lake.** Die Stadt ist das Versorgungszentrum der Region, mit Hotels, Geschäften und Restaurants und sie ist Ausgangspunkt für diverse Outdoor-Aktivitäten, vor allem für Kanutouren auf dem Moosehead Lake, Maines größtem See. Angeln, Wandern, Reiten, Klettern, Wildwasser- und Kanufahren, Ausflüge mit Wasserflugzeugen sind nur einige Freizeitbeschäftigungen, denen man hier im Sommer nachgehen kann. Und im Herbst treffen sich hier Jäger aus dem ganzen Land um Bären, Rotwild und vor allem Elchen nachzustellen.

Im Winter können in der Squaw Mountain Ski Area nordwestlich von Greenville Abfahrtslauf und Snowmobiling praktiziert werden.

Besichtigen kann man in Greenville das **Moosehead Marine Museum** mit einer Ausstellung über die lange Geschichte der Holzfäller und der Forstwirtschaft und über die Zeit der Dampfschiffahrt auf dem Moosehead Lake.

Der Veteranendampfer „Katahdin" ist aus jener Zeit erhalten geblieben und dient heute als Ausflugsschiff. Zwischen Ende Mai und Mitte September bietet das Moosehead Marine Museum Rundfahrten und Tagesausflüge mit der „Katahdin" auf dem See an.

## Praktische Hinweise – Greenville

Greenville

Greenville Area Code (Telefonvorwahl): 207

**Moosehead Lake Region Chamber of Commerce**, Main St., P. O. Box 581, Greenville, ME 04441.

Restaurants

Restaurants: **Kelly's Landing,** am See gelegen, man kann auch draußen sitzen, schöne Blick auf den See, einfache, aber preiswerte Speisen, Sandwiches, Burgers, Fischgerichte, Steaks. – Und andere Restaurants.

Motels

Motels: **Evergreen Lodge Bed & Breakfast**, $$$, 6 Zi., rund 5 mls südl. an der SR-15, Tel. 695-3241, sehr familiär.

**Greenville Inn**, $$$$, 6 Zi. u. 6 Cottages, Norris St., Tel. 695-2206, am Moosehead Lake, gutes Restaurant.

**Greenwood Motel**, $, 15 Zi., 3 mls/5 km westl. an der SR-6/15, Tel. 695-3321, am Moosehead Lake, Schwimmbad.

**Indian Hill Motel**, $, 15 Zi., südl. an der SR-15, Tel. 695-2623, schöner Blick zum Moosehead Lake.

**Kineo View Motor Lodge**, $, 12 Zi., südl. an der SR-15, Tel. 695-4470.

Camping

▲ – **Campinggelegenheit** findet man im 8 mls/13 km weiter nördlich gelegenen **Lily Bay State Park** am Moosehead Lake. Bademöglichkeit, Bootsrampe.

➔ **Route:** Der weitere Verlauf unserer Route führt ab Greenville – von der Anhöhe südlich der Stadt hat man einen sehr schönen Blick auf den Moosehead Lake – über die SR-6/15 nach Nordwesten und über **Rockwood, ME** weiter nach **Jackman, ME**, das man nach rund 50 mls/80 km erreicht. Jackman liegt nur 16 mls/26 km von der kanadischen Grenze entfernt. In Jackman stößt man auf die US-201, der wir südwärts, auf weite Strecken entlang des Kennebec River, bis zur I-95 folgen, die uns schließlich nach **Augusta, ME** bringt. ●

Maines Hauptstadt

**Augusta, ME**, am Kennebec River gelegen, heute eine Stadt mit annähernd 22.000 Einwohnern, ist seit 1831 Hauptstadt des Bundesstaates Maine.

Um 1628 gründeten erste Pioniere hier am Kennebec River einen Handelsplatz, über den vor allem von den Indianern erworbene Produkte wie Felle, aber auch Fisch und Holz umgeschlagen wurden. Diese erste Siedlung war nicht von Bestand. Schon zwei Generationen später war der Handelsposten wieder verlassen und es dauerte nochmals gut 150 Jahre bis Mitte des 18. Jh. erneut eine Siedlung entstand, die sich im Schutze des 1754 am Ostufer des Kennebec River errichteten Fort Western entwickeln konnte.

Die Nachfrage in den sich entwickelnden Neuenglandstaaten nach Bauholz sicherte den Bestand und den raschen Aufschwung der lebhaften Gemeinde, die sich bald an beiden Ufern des Kennebec River ausdehnte und die dank ihres küstennahen Binnenhafens vor allem vom Holzhandel profitierte.

Mit der Zeit kristallisierte sich noch ein weiteres profitables Exportgeschäft heraus, der Handel mit Eis. Im Winter wurden gewaltige Mengen Eis aus dem zugefrorenen Kennebec River gesägt, durch Sägemehl, das ja in den zahlreichen Sägewerken reichlich anfiel, isoliert und in südliche Regionen des Landes verkauft.

Ende des 18. Jh. wurde die Stadt *Augusta* getauft. Namenspatin soll die Tochter eines Generals namens Henry Deaborn gewesen sein.

1832 endlich konnte nach Fertigstellung des Capitols die Hauptstadt Maines von Portland nach Augusta verlegt werden. Seitdem ist Augusta Sitz der wichtigsten Institutionen des Bundesstaates.

Holzverarbeitende Industrien, Lebensmittelproduktion und Computertechnologie sind die bedeutendsten Wirtschaftszweige heute.

### Sehenswertes in Augusta

Zu den Sehenswürdigkeiten der Stadt zählt das **Maine State House**. Das Regierungsgebäude des Bundesstaates entstand in den Jahren 1829

**Sehenswertes in Augusta**

bis 1832 nach Plänen des Architekten Charles Bullfinch. Bullfinch schuf mit dem Bau auch vollendete Tatsachen in der Frage, ob die Hauptstadt nun wirklich von Portland nach Augusta verlegt werden sollte. Denn Portlands Stadtväter unternahmen mehrere letztendlich aber vergebliche Versuche, dass ihre Stadt Hauptstadt des Landes blieb.

Fast hundert Jahre lang, bis 1910, erfuhr das State House zahlreiche Umbauten und Erweiterungen. Nur das griechische Säulenportal blieb ohne Veränderungen erhalten. Als letzte Baumaßnahme, die nun unter der Regie des Architekten Henry Desmond durchgeführt wurde, entstand die rund 70 m hohe, relativ schlanke, von Säulen getragene abschließende Kuppel des Bauwerks, die von der „Weisheit“ (Wisdom) gekrönt wird, einer vergoldeten Skulptur des Bildhauers W. Clark Noble.

Das Gebäude kann werktags zwischen 9 und 17 Uhr besichtigt werden.

**Maine State Museum** *
Mo. - Fr. 9 - 17, Sa. 10 - 16, So. 13 - 16 Uhr. Eintritt.

Nur etwa 100 m südlich vom Maine State House ist im modernen Gebäude des Staatsarchivs und der Bibliothek das besuchenswerte **Maine State Museum** untergebracht. Neben naturgeschichtlichen, prähistorischen, gesellschaftspolitischen und heimatkundlichen Aspekten, Ausstellungen zur Indianerkultur, zu Fauna und Flora der Region, widmet sich ein großer Teil des Museums dem Thema „Made in Maine“, was soviel bedeutet, dass sich die unter diesem Aspekt zusammengefaßten und sehr ansprechend präsentierten Ausstellungen mit Dingen beschäftigen, die vor allem im 19. Jh. in Maine im Haushalt, in den Werkstätten der Handwerker oder industriell hergestellt wurden. Hier sieht man Küchen, Spinnereien, Werkstätten von Büchsenmachern, Stellmachern oder Möbelschreinern, Schmieden, Schustern, Wollmühlen, Webereien, Schmelzöfen u. ä.

**Fort Western**
Mitte Juni - Anf. Sept. Mo. - Fr. 10 - 17 Uhr, übrige Zeit Sa. + So. 13 - 16 Uhr. Eintritt.

Schließlich kann noch das **Fort Western Museum**, 16 Cony Street, am Kennebec River besichtigt werden. Das 1745 errichtete Fort soll das älteste erhaltene Holzfort in Neuengland sein. Von im Stil des 18. Jh. gekleideten Angestellten erhält der Besucher Auskünfte über die Militäranlage und ihre Vergangenheit.

**Augusta**

## Praktische Hinweise – Augusta

☎ Augusta Area Code (Telefonvorwahl): 207

**Kennebec Valley Chamber of Commerce**, p. O. Box E, Augusta, ME 04332-0192, Tel. 623-4559.

**Motels**

Motels: **Best Western Senator Inn**, $$$, 100 Zi., 284 Western Ave., über I-95 Exit 30 oder 30A zur US-202, Tel. 622-5804; Schwimmbad, Sauna, Restaurant.

**Comfort Inn**, $$, 100 Zi., 281 Civic Center Dr., über I-95 Exit 31 oder 31B, Tel. 623-1000, Schwimmbad, Sauna, Restaurant.

**Holiday Inn**, $$, 102 Zi., 110 Community Dr., über I-95 Exit 31 oder 31A, Tel. 622-4751, Schwimmbad Restaurant.

**Motel 6**, $, 68 Zi., 18 Edison Dr., über I-95 Exit 30, US-202, Western Ave. West, Tel. 622-0000. Restaurant nahebei.

**Super 8 Motel**, $$, 50 Zi., 395 Western Ave., über I-95 Exit 30 oder 30A zur US-202, Tel. 622-2888.

**Susse Chalet**, $$, 58 Zi., Whitten Rd., in Augusta-Winthrop, über I-95 Exit 30 oder 30A, Tel. 622-3776, Schwimmbad. – Und andere Motels.

➔ **Route:** Ab Augusta führt der letzte Teil dieser Etappe über die US-202 südwestwärts nach **Lewiston, ME.** ●

die Kuppel des Maine State House in Augusta, ME

**Lewiston, ME** ist mit knapp 40.000 Einwohnern die zweitgrößte Stadt in Maine. Lewiston liegt am Ostufer des Androscoggin. Gegenüber liegt die „Zwillingsstadt“ Auburn.

Erste Siedlungsversuche wurden hier am Androscoggin erst ausgangs des 18. Jh. unternommen. Zu einer richtiggehenden Stadt entwickelte sich Lewiston aber erst, nachdem Mitte des 19. Jh. der Androscoggin gestaut wurde und nun genügend Wasserkraft zum Betrieb von Spinnereien und Textilfabriken zur Verfügung stand. Damals kamen viele Franzosen als Arbeitskräfte nach Lewiston, die im Laufe der Jahre der Stadt eine bißchen franco-amerikanisches Flair vermittelten.

1864 wurde in Lewiston das Bates College gegründet, das der Stadt das Image eines regionalen Bildungszentrums verlieh.

Zu besichtigen ist das **Bates College Museum of Art** im Olin Arts Center auf dem Campus des College in der Russel St. Das Museum ist täglich außer montags bis 17 Uhr geöffnet.

**Praktische Hinweise – Lewiston**

**Lewiston**

☎ Lewiston Area Code (Telefonvorwahl): 207

**Androscoggin County Chamber of Commerce**, 179 Lisboa St., Lewiston, ME 04243-0059, Tel. 783-2249.

**Motels**

Motels: **Chalet Motel**, $, 75 Zi., 1243 Lisbon St., über I-495 Exit 13, Tel. 784-0600, Schwimmbad, Sauna, Restaurant.

**Motel 6**, $, 68 Zi., 516 Pleasant St., über I-95 Exit 13, Tel. 782-6558. Restaurant nahebei.

**Ramada Conference Center**, $$, 120 Zi., 490 Pleasant St., über I-495 Exit 13, Tel. 784-2331, Schwimmbad, Sauna, Restaurant. – Und andere Motels.

## 15. LEWISTON, ME – GORHAM, NH

⊙ **Entfernung:** Rund 210 mls / 336 km.

➔ **Strecke:** Über die Straße I-495 bis **Gray** – US-202 und US-303/SR-35 über **North Windham** bis **Naples** – Abstecher auf der SR-26 bis **Sabbathday Lake** – US-302 bis **Bridgton** – SR-93 bis **Lovell** – SR-5 über **Lynchville** bis **Bethel** – Abstecher auf der SR-26 zur **Grafton Notch, ME** – US-2 bis **Bethel, NH**.

🕑 **Reisedauer:** Mindestens ein Tag.

⌘ **Höhepunkte:** Die Landschaften am **Sebago Lake** und am **Kezar Lake** – die überdachte Brücke **„Artist's Bridge"** – die Felsklamm in der **Grafton Notch** – „Climb to the Clouds", Fahrt auf den **Mt. Washington** *.

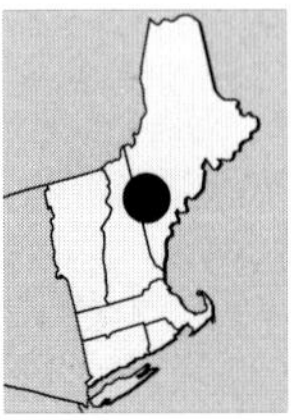

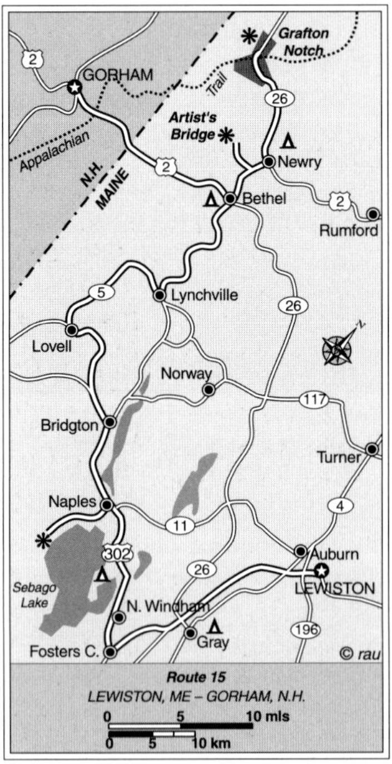


➔ **Route:** Ab **Lewiston** nehmen wir den gebührenpflichtigen Maine Turnpike (I-495) bis **Gray, ME**, verlassen dort den Turnpike am Exit 11 und fahren auf der US-202/SR-115 nach **North Windham, ME** am **Sebago Lake**. Ab North Windham folgen wir der US-302/SR-35 nordwestwärts zunächst bis **Naples, ME**. ●

Am Nordufer des Sebago Lake liegt der **Sebago Lake State Park** mit Bade-, Angel-, Picknick- und Campingmöglichkeiten.

Unweit des State Parks findet man die Schleuse **Songo Lock** von 1830, die einmal Teil des Cumberland-Oxford-Canals war und heute im Sommer vor allem den zahlreichen Freizeitkapitänen den Weg vom Sebago in den nördlich anschließenden Long Lake ermöglicht.

**Naples**

### Praktische Hinweise – Naples

☎ Naples Area Code (Telefonvorwahl): 207

**Motels**

Motels: **Inn at Long Lake** ***, 16 Zi., Lake House Rd., Tel. 693-6226, Gasthof im Stil der Jahrhundertwende, Seeblick. – Und andere Motels.

**Naples Camping**

▲ – **Sebago Lake State Park Campground,** Tel. 693-6613; 1. Mai – 15. Okt.; an der US-302; weitläufiges Gelände am Sebago Lake; ca. 250 Stpl.; einfache Standardausstattung, Bademöglichkeit.

– **Four Seasons Camping Area,** Tel. 693-6797; Mitte Mai – Mitte Okt.; rund 5 km westl. der US-302; teils bewaldetes Gelände in Seenähe; ca. 120 Stpl.; Komfortausstattung.

– **Bay of Naples Family Camping,** Tel. 693-6429; Ende Mai – Mitte Okt.; Waldgelände in Seenähe, ca. 150 Stpl.; Komfortausstattung. 3 Tage Mindestaufenthalt bei Vorausreservierungen.

## ABSTECHER NACH SABBATHDAY LAKE

Ab Naples bietet sich einen Abstecher nach **Sabbathday Lake, ME** an der SR-26 zum **Sabbathday Lake Shaker Village** an. Zu sehen gibt es die Farm und das Versammlungshaus einer Shakergemeinde. Shaker sind eine in etwa mit den Quäkern vergleichbare religiöse Sekte, die vor allem in Neuengland ansässig und aktiv war. Unter den Shakern fanden sich ausgezeichnete Farmer und hervorragende Handwerker. Von Shakern und ihrem Weltbild wird an anderer Stelle noch die Rede sein. An Sonntagen, der nach alter Shakertradition ganz dem Gebet und der Meditation gehört, bleibt das Museum für Besucher geschlossen.

**Sabbathday Lake Shaker Museum**
Ende Mai - Anf. Okt. Mo. - Sa. 10 - 16.30 Uhr. Eintritt.

## HAUPTROUTE

➔ **Route:** Der wetitere Verlauf unserer **Hauptroute** führt von **Naples, ME** (Heimatmuseum *Naples Historical Society Museum*, am Village Green, nur Juli und August geöffnet) auf der US-302 bis **Bridgton, ME**. Rund zwei Meilen westlich von Bridgton zweigen wir ab auf die SR-93 und fahren über **Sweden**, ein recht einsamer Ort, nach **Lovell.** Ab dort folgen wir der SR-5 nordwärts.

Dieser Teil der Strecke, etwa ab Bridgton bis hinauf nach Bethel, ist eine sehr schöne Fahrt oberhalb des Kezar Lake mit den White Mountains westlich im Hintergrund.

Weiterfahrt über **Stoneham** nach **Lynchville**. Dort nordwärts auf die SR-36. Nach 13 mls/21 km erreichen wir **Bethel, ME**. ●

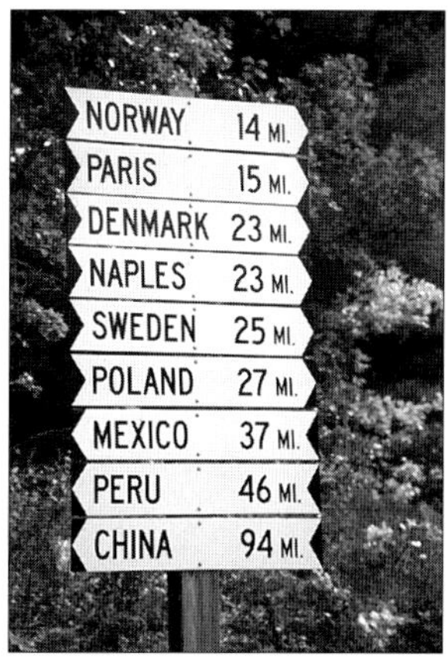


*Wegweiser bei Bridgton*

In **Lynchville, ME** sieht man an der Kreuzung der SR-35 mit der SR-5 einen Wegweiser, auf dem die Tafeln nach Orten weisen, die Namen tragen die den Schluß zulassen, dass in New England nicht nur ausgewanderte Engländer, Schotten oder Iren siedelten. Da liest man Namen wie Paris, Norway, Berlin, Denmark, Mexico, Moscow oder Lisbon.

**Bethel, ME**, ein typisches Neuenglandstädtchen mit kaum zweieinhalbtausend Einwohnern im Tal des Andoscoggin River gelegen, ist ein Ferienort für Sommer- und Winteraufenthalte. Nordwestlich von Bethel erstrecken sich am Goose Eye Mountain und südöstlich am Mt. Abram weite Wintersportgebiete für Abfahrts- und Langlauf.

## COVERED BRIDGES

Covered Bridges waren in allen New England Staaten üblich und verbreitet. Sie sind zu einem Wahrzeichen für den Nordosten der Vereinigten Staaten geworden.

Mehr als 120 überdachte Brücken waren einstmals in Maine zu finden. Leider fielen diese interessanten Holzkonstruktionen im Laufe der Jahrzehnte Bränden, den reisenden Fluten bei Überschwemmungen, der Eisdrift oder ganz einfach Modernisierungsmaßnahmen im Straßenbau zu Opfer.

Heute sind in ganz Maine gerade mal neun überdachte Brücken erhalten:

Die erwähnte **„Artist's Bridge"** bei Newry, ME und die **Babb's Bridge** über den Presumpscot River rund drei Meilen nordwestlich zwischen Gorham und Windham. Sie war eine der ältesten überdachten Brücken aus dem Jahre 1843, bis sie 1973 abbrannte. Sie ist aber längst wieder aufgebaut.

Eine relativ „junge" Brücke ist die **Bennet Bridge** aus dem Jahre 1901. Sie liegt südlich von Wilson Mills (Nähe SR-16).

Die **Hemlock Bridge** aus dem Jahre 1857 überspannt den Saco River Kanal in Fryeburg (Nähe US-302).

Die **Lovejoy Bridge** stammt aus dem Jahre 1883 und führt über den Ellis River bei Andover (Nähe SR-5). Mit einer Länge von knapp 24 m ist sie Maines kürzeste überdachte Brücke.

Die **Low's Bridge** über den Piscataquis River, nordöstlich von Sangerville (Nähe SR-6/15), stammt aus dem Jahre 1857. 1987 wurde sie von einer Flut weggerissen, aber drei Jahre später wieder aufgebaut.

Weiter zählt zu den neun überdachten Brücken in Maine die **Porter Bridge** aus dem Jahre 1876, die den Ossipee River unweit südlich von Porter (Nähe SR-160) überspannt. Und die **Robyville Bridge** aus dem Jahre 1876 in Corinth (Nähe SR-15) gilt als einziges erhaltenes Exemplar einer vollständig mit Holzschindeln verkleideten Covered Bridge.

Schließlich ist die **Watson Settlement Bridge** zu erwähnen, die nördlichste und jüngste überdachte Brücke in Maine aus dem Jahre 1911, die bei Littleton den Meduxnekeag Fluß überspannt.

Zu den Sehenswürdigkeiten Bethels zählt das **Moses Mason House**, 14 Broad Street, im Zentrum am hübschen Common Green gelegen. Das schön im Stil des 19. Jh. möblierte Haus mit bemerkenswerten Wandgemälden, war der Wohnsitz von Dr. Moses Mason, der zwischen 1833 und 1837 Repräsentant im US-Senat war.

Das Haus ist nur von Juli bis Anfang September regelmäßig von Dienstag bis Sonntag zwischen 13 und 16 Uhr geöffnet.

Die meisten der erhaltenen überdachten Brücken findet man im Südwesten von Maine. Es sind historischen Baudenkmäler und interessante Beispiele der Zimmermannskunst. Die meisten von ihnen entstanden im 19. Jh. Die erste Covered Bridge stammte übrigens aus dem Jahre 1819. Sie überspannte in Augusta den Kennebec River.

Über den baugeschichtlichen Hintergrund der Brücken ist eigentlich nicht sehr viel bekannt. Die Gemeinden beauftragten Handwerker, die dann die Brücken in einer Art Fachwerkkonstruktion errichteten. Im Laufe der Zeit bildeten sich aber doch gewisse Konstruktionsmerkmale in Bezug auf die Anordnung des Fachwerks und der tragenden Teile des Daches heraus, die von gewissen Handwerkern erdacht und angewandt wurden. Diese Konstruktionsprinzipien erhielten dann den Namen ihrer „Erfinder". So gibt es u. a. ein Palmer-, ein Howe-, ein Long- oder ein Burr-Konzept. Die Robyville Bridge bei Corinth ist z. B. nach dem Long-Konzept, die Babb's Bridge und die Watson Settlement Bridge sind nach dem Howe-Prinzip errichtet. Interessant sind die Hemlock und die Porter Bridge. Bemerkenswertes Konstruktionsmerkmal sind dort laminierte Holzbögen, die den überdachten Brückenaufbau tragen.

Überdachte Brücken konnten Längen von 600 m erreichen. Leider existiert von den längsten Brücken in Maine keine mehr. Den Rekord hielt die 1.792 Fuß (ca. 597 m) lange Bangor-Brewer-Bridge, die 1846 entstanden war und den Penobscot River überspannte.

Übrigens – in der Zeit, als diese Brücken entstanden, wurden im Winter in den schneereichen Neuenglandstaaten ja alle Transporte noch mit Pferdeschlitten durchgeführt. Nun konnte auf die überdachten Brücken aber kein Schnee fallen. Also war es notwendig, jedesmal Schnee auf die Brücken zu schaufeln, um sie mit den Schlitten passieren zu können.

## Praktische Hinweise – Bethel

Bethel

☎ Bethel Area Code (Telefonvorwahl): 207

**Bethel Area Chamber of Commerce**, 30 Cross St., P. O. Box 1247, Bethel, ME 04217, Tel. 824-2282.

Motels

Motels: **Bethel Inn and Country Club**, $$$$$, 130 Zi., Tel. 824-2175, mitten im Ort am Common Green gelegenes, komfortables, teures Ferienhotel mit gepflegtem, aber sehr teurem **Restaurant,** formell, Schwimmbad, Sauna, Tennis, Golfplatz.

Bethel Motels

**Norseman Inn and Motel**, $$$, 31 Zi., 134 Mayville Rd., Tel. 824-2002.
**Rostay Motor Inn**, $$, 18 Zi., 186 Mayville Rd., Tel. 824-3111.
**Sudbury Inn**, $$$$, 22 Zi., 151 Main St., Tel. 824-2174, zentral gelegen, im Stil eines gepflegten Landgasthofes des 19. Jh., gutes **Restaurant** der oberen Preisklasse. **Victoria Inn**, $$$, 15 Zi., 32 Main St., Tel. 824-8060, gutes **Restaurant** der gehobenen Preisklasse. – Und andere Motels.

## ABSTECHER ZUM GRAFTON NOTCH STATE PARK

Bei ausreichend zur Verfügung stehender Zeit lohnt ab Bethel ein Abstecher nordwärts über die SR-2 zum State Park an der Grafton Notch.

überdachte Brücke über den Sunday River

Auf dem Wege zur Grafton Notch passiert man etwa 3 mls/5 km nördlich von Bethel bei der Sunday River Brewing Co. nähe **Newry, ME** einen Abzweig nach Westen, der zur **„Artist's Bridge", ME**, einer der für Neuengland so typischen überdachten Brücken führt, die hier den Sunday River überspannt. Man erreicht die Brücke, die aus dem Jahre 1871 stammt und angeblich zu einer der am meisten gemalten und fotografierten überdachten Brücken in Maine zählt, nach knapp 4 mls/6,5 km.

*Grafton Notch*

Der **Grafton Notch State Park** erstreckt sich am Fuße der Mahoosuc Berge rund 10 mls/16 km nördlich von Newry beiderseits der SR-26, die hier den Beinamen „Maine Scenic Highway" trägt. Die Fahrt hierher in die hügelige Waldlandschaft mit bemerkenswerten Felsklammen und Wasserfällen, lohnt vor allem zur Zeit der Laubfärbung im Herbst. Im State Park gibt es eine ganze Reihe von ausgeschilderten Wanderwegen.

Durchfährt man den Naturpark von Süd nach Nord (rund 6 mls/10 km), passiert man kurz nach dem Parkeingangsschild die **Screw Auger Falls** links der Straße. Dort haben die strudelnden Wasser des Bear River eine spektakuläre, gewundene, rund 8 m tiefe Klamm in den Fels gegraben. Danach erreicht man die **Mother Walker Falls** und bald darauf den Startpunkt des **Moose Cove Trails**.

Die Straße folgt in reizvoller Umgebung dem Bear River flußaufwärts. Nächste Station ist links der Straße der Parkplatz und Startpunkt des **Eyebrow Trails**, der Teil des Appalachian Trails ist. Letzter Haltepunkt im State Park ist die Spruce Meadow Picnic Area.

Vom Park zurück bis nach Bethel.

## HAUPTROUTE

➔ **Route:** Der weitere Verlauf unserer Route führt ab Bethel über die US-2 westwärts nach **Gorham, NH**. Man erreicht den Ort, der bereits im Bundesstaat **New Hamp-shire (NH)** liegt, nach 22 mls/ 35 km. ●

**Praktische Hinweise – Gorham**

Gorham

☎ Gorham Area Code (Telefonvorwahl): 603

**Northern White Mountain Chamber of Commerce**, 164 Main St., Berlin, NH 03570, Tel. 752-6060 oder 800/992-7480.

Motels

Motels: **Mt. Madison Motel**, $$, 33 Zi., 365 Main St., Tel. 466-3622, Schwimmbad, Restaurant nahebei.

**Moose Brook Motel**,$, 13 Zi., 65 Lancaster Rd., Tel. 466-5400, geöffnet Anf. Mai – Ende Okt., Schwimmbad.

**Royalty Inn**, $$, 89 Zi., 130 Main St., Tel. 466-3312, Schwimmbad, Restaurant.

**Top Notch Motor Inn**, $$$, 30 Zi., 265 Main St., Tel. 466-5496, geöffnet Anf. Mai – Ende Okt., Schwimmbad, Restaurant nahebei.

**Town and Country Motor Inn**, $$, 160 Zi., östlich an der US-2, landschaftlich reizvoll gelegen, Schwimmbad, Sauna, Golfplatz, gutes Restaurant. Flughafentransport. – Und andere Motels.

Camping

▲ – **Dolly Copp Campground,** Tel. 466-2713; 15. Mai – 15. Okt.; an der SR-16, ca. 6 mls/10 km südwestlich Gorham; ausgedehntes Gelände; ca. 180 Stpl.; Standardausstattung.

– **Moose Brook State Park Campground,** Tel. 466-3860; Ende Mai – Mitte Okt.; über US-2, ca. 2 mls/3 km westlich Gorham; 42 Stpl.; einfache Standardausstattung.

– **Timberland Camping Area,** Tel. 466-3872; 1. Mai – 25. Okt.; an der US-2 ca. 5 mls/8 km östlich Gorham; teils bewaldetes, gepflegtes Gelände; ca. 100 Stpl.; Komfortausstattung, Schwimmbad.

## AUSFLUG IN DIE WHITE MOUNTAINS

Gorham liegt an den Nordostausläufern der **White Mountains**, dem höchsten Bergmassiv im Nordosten der Vereinigten Staaten.

Es empfiehlt sich, einen Aufenthalt in Gorham zu einem Ausflug in die Bergkette der **Presidential Range** südlich von Gorham zu nutzen. Die Presidential Range ist Teil des White Mountains Massivs und weist die höchsten Gipfel der White Mountains auf. Allen voran steht der rund 2.100 m hohe **Mt. Washington, NH**, der höchste Berg im ganzen Nordosten der Vereinigten Staaten. Presidential Range heißt die Bergkette deshalb, weil ihre Gipfel Namen von US-Präsidenten tragen. Da gibt es unter anderem den schon genannten Mt. Washington (6.288 ft.), dann den Mt. Monroe (5.385 ft), den Mt. Franklin (5.004 ft), den Mt. Eisenhower (4.775 ft.) oder den Mt. Jefferson (5.715 ft).

1861 wurde der Kutschenweg „The Road to the Sky“ auf den Gipfel des Mt. Washington eröffnet, der sich aber spätestens nach dem ersten Auto-Bergrennen „Climb to the Clouds“ 1899 auf den Gipfel zur **Mt. Washington Auto Road** mauserte. Und seit jener Zeit gehört eine Fahrt

*Blick vom Glen House zum Mt. Washington*

auf den Mt. Washington fast schon zu den Pflichtübungen eines Sommeraufenthalts in der Region.

Ab **Glen House,** 8 mls/ 13 km südlich von Gorham, zweigt von der SR-16 die einzige Autozufahrt auf den Mt. Washington ab. Die acht Meilen lange Bergstraße ist kurvenreich und relativ steil, sie ist mautpflichtig (ca. $ 15,-, inkl. Auto und Fahrer, jede weitere Person $ 6,-), und nur im Sommer von Mitte Mai bis Ende Oktober zwischen 7.30 und 18 Uhr geöffnet. Im Herbst muß mit zeitweisen, wetterbedingten Sperrungen gerechnet werden.

**„Climb to the Clouds", Fahrt auf den Mt. Washington ***

Für Wohnmobile, Pick-ups oder Caravangespanne ist die Straße gesperrt. Auch Autos, deren Automatikgetriebe sich nicht auf „Low Gear", meist Stellung 1 am Wählhebel, schalten läßt, dürfen die Straße grundsätzlich nicht befahren. Der untere Gang ist für die Bergfahrt ebenso notwendig wie für die Talfahrt, einmal um eine Überhitzung des Motors zu vermeiden und zum anderen, um auf der Talfahrt die Bremsen nicht überzustrapazieren.

Für den gesamten Bergausflug per Auto sollte man mindestens zwei Stunden einplanen. Für die Bergfahrt benötigt man rund 45 Minuten.

Wer nicht mit dem eigenen Auto fahren will, kann sich einer der regelmäßigen Bustouren mit Führer anschließen. Diese Touren dauern etwa 1 ½ Stunden, Gipfelaufenthalt 30 Minuten.

Auf dem Gipfel erwartet den Besucher das **Sherman Adams Summit Building** mit einer verglasten Aussichtsterrasse, auf der Sie sich das Brüllen des Rekordorkans von 1934 anhören können. Es gibt ein Museum (Eintritt) sowie Ausstellungen über die Wetterbeobachtung auf dem Gipfel und über die Fauna und Flora der Bergregion. Von den drei Hotels, die auf dem Gipfel einstmals Gäste beherbergten, die aber 1908 abbrannten, wurde das Tip Top House von 1853 restauriert.

Bei klarem Wetter ist der **Panoramablick vom Mt. Washington** gigantisch. Nehmen Sie aber auf jeden Fall ein wärmendes Kleidungsstück mit, auch wenn die Sonne während der Anfahrt noch so verlockend scheinen sollte. Der Mt. Washington ist berühmt berüchtigt als tückische Wetterküche.

## 16. GORHAM, NH – CONWAY, NH

⦿ **Entfernung:** Rund 170 mls / 272 km.

➔ **Strecke:** Über die Straße SR-16 bis **Glen** – US-302 über **Bretton Woods** bis **Twin Mountains** – US-3/I-93 bis **North Woodstock** – SR-112 bis **Conway**.

🕑 **Reisedauer:** Mindestens ein Tag.

⌘ **Höhepunkte:** Wandern im **Crawford Notch State Park** – mit der **Cog Railway** ** auf den Mt. Washington – die **Franconia Notch**.

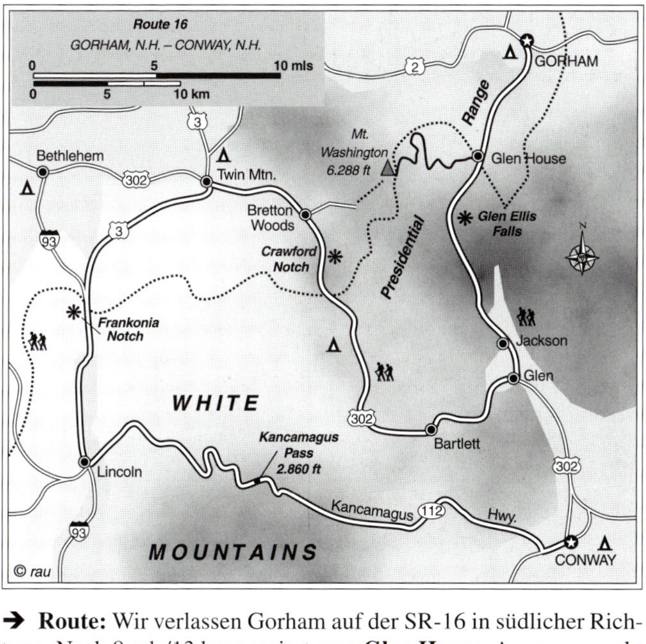


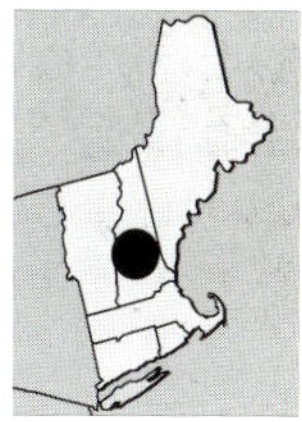

➔ **Route:** Wir verlassen Gorham auf der SR-16 in südlicher Richtung. Nach 8 mls/13 km passiert man **Glen House,** Ausgangspunkt der Mt. Washington Auto Road (siehe vorhergehende Etappe). Wenig später führt die SR-16 im Schatten der **Presidential Range**, die sich im Westen erhebt, über die **Pinkham Notch** (2.032 ft/ ca. 610 m – mit „Notch" werden im Gebiet der White Mountains Bergübergänge bzw. Pässe bezeichnet) in einer landschaftlich reizvollen Fahrt hinab nach **Glen, NH.** ●

Besichtigen kann man in **Glen, NH** den Freizeitpark **Storyland** mit Märchenschloß, Wasserbahn, Mondfahrt u. ä., oder das ganz in der Nähe gelegene **Heritage New Hampshire**, eine multimediale Zeitreise in Bildern, Szenen und Geräuschen durch 300 Jahre Geschichte und Kultur des Bundesstaates.

Glen

**Praktische Hinweise – Glen**

☎ Glen Area Code (Telefonvorwahl): 603

Restaurants

Als gute Restaurants in Glen gelten u. a. **„Prince Palace"** im Gasthof **Bernerhof Inn** mit neun Fremdenzimmern, Tel. 383-4414, obere Preisklasse, sog. „europäische" Küche; dann das **„Copperfield's"** im Kolonialstil, Tel. 3836800, mittlere bis obere Preisklasse und **„The Red Parka Pub"**, Tel. 383-4344. – Und andere Restaurants.

Motels

Motels: **Best Western Storybook Resort Inn**, $$$$, 78 Zi., Tel. 383-6800, an der US-302 + SR-16 Glen Jct., gut geführtes Ferienhotel, Restaurant, Schwimmbäder, Sauna, Tennis.

**Linderhof Motor Inn**, $$, 33 Zi., Tel. 383-4334, nördl. an der SR-16, geöffnet Ende Mai – Anf. Okt., Haus im sog. „Bavarian Style", Schwimmbad.

**The Red Apple Inn**, $$$, 16 Zi., Tel. 383-9680, westl. an der US-302. Schwimmbad, Restaurant nahebei.

**Will's Inn**, $$$$, 23 Zi., Tel. 383-6757, westl. an der US-302. Schwimmbad. – Und andere Motels.

Camping

▲ – **Glen Ellis Family Campground**, Tel. 383-4567; Ende Mai – Mitte Okt.; westl. an der US-302; teils bewaldetes Gelände am Saco River; ca. 200 Stpl.; Komfortausstattung; Schwimmbad, Tennis.

– **Green Meadow Camping Area**, Tel. 383-6801; Ende Mai – Mitte Okt.; nördl über SR-16; ca. 95 Stpl.; Komfortausstattung. Schwimmbad.

➔ **Route:** In Glen stoßen wir auf die US-302, der wir westwärts über **Bartlett** und später entlang des Saco River nordwärts folgen. Etwa 10 mls/16 km nördlich von Bartlett passiert die Straße den **Crawford Notch State Park**. ●

Crawford Notch State Park Wanderwege, Camping

Der **Crawford Notch State Park**, ein eindrucksvolles Hochtal im Nordwesten des ausgedehnten White Mountain National Forest, wartet mit reizvollen Landschaftsbildern auf. Bis in die zweite Hälfte des 18. Jh. hinein war der Gebirgsübergang nur zur Fuß und sehr beschwerlich passierbar. Der Bau der ersten Straßentrasse durch die Crawford Notch um 1790 trug sehr zur Entwicklung der nördlichen Region von New Hampshire bei. Im Osten erhebt sich der rund 1.350 m (4.052 ft.) hohe Mt. Jackson.

Der State Park erstreckt sich über eine Länge von rund 6 mls beiderseits der US-302. Ein Netz von markierten **Wanderwegen** durchzieht das Gebiet, die zu Aussichtspunkten auf die Presidential Range oder zu malerischen Wasserfällen wie die **Silver Cascades** (die am Nordende der Passage auch von der Straße aus sichtbar sind) oder zu den **Arethusa Falls** führen, die nach rund 2 ½ km teils steiler Wegstrecke erreicht werden und die mit einer Fallhöhe von rund 65 m New Hampshires höchsten Wasserfall bilden.

Eine Hinweistafel im Park erinnert an das **Willey House**, das ausgangs des 18. Jh. von Samuel Willey errichtet worden war. Damals diente das Anwesen als eine wichtige Pferdewechsel- und Kutschenstation. Das Haus wurde 1826 von einem Erdrutsch zerstört, bei dem die ganze Willey-Familie ums Leben kam.

*Mount Washington Hotel bei Bretton Woods, NH*

Neben den erwähnten Wanderwegen findet man im Crawford Notch State Park Picknickplätze, Angelmöglichkeiten, Kanureviere, ein Infobüro (Tel. 374-2272) und den einfachen **Dry River Campground** (1. Mai – 31. Okt.), bei Hart's Location, mit Stellplätzen für 30 Zelte, General Store.

**Wanderweg auf den Mt. Willard ***

Es gibt in der Gegend, wie im ganzen Gebiet der White Mountains, sehr viele **Wanderwege**. U. a. führt der **Appalachian Trail** diagonal durch die gesamte Region. Ein anderer Weg startet in der Crawford Notch an der US-302, ganz in der Nähe des Crawford Depots des Appalachian Mountain Club. Der Weg führt auf den **Mt. Willard** und gilt wegen seiner guten Wegführung, seiner moderaten Steigungen und wegen der herrlichen Ausblicke als einer der beliebtesten Wanderwege in dieser Gegend der White Mountains.

An wichtigen Wanderstrecken (wie etwa dem Appalachian Trail) sind Schutzhütten zu finden, die im Sommer bewirtschaftet sind. Die Hütten werden vom Appalachian Mountain Club (AMC) betreut. Näheres über Wanderwege, Hütten und Karten sollte man im Informationsbüro in der Crawford Notch oder beim Appalachian Mountain Club, Box 298, Pinkham Notch, Gorham, NH 03581, Tel. 603/466-2727 erfragen.

→ **Route:** Weiterreise auf der US-302 über **Crawford House** und **Bretton Woods** bis **Twin Mountains, NH**. ●

Bekannt ist **Bretton Woods, NH** für sein altehrwürdiges **Mount Washington Resort Hotel**. Die exklusive Nobelherberge wurde vom Eisenbahnmagnaten Joseph Stickney erbaut und 1902 eröffnet. Das Haus galt sehr bald als Topadresse und standesgemäße Bleibe für die wohlhabenden „upper ten" aus New York, Boston oder Philadelphia, die damals mit ihren eigenen Privatzügen hierher in die Berge reisten. Das Hotel mit 280 Zimmern, in dem heute wie damals Wert auf Stil und äußere Formen gelegt wird – vom Gast wird z. B. erwartet, dass er ab 18 Uhr in der Halle oder in den Restaurants mit Jackett und Krawatte erscheint – bietet neben fünf Restaurants und Bars, eine ganze Reihe von Freizeit- und Sporteinrichtungen, von Golfplätzen, über Saunas, Schwimmbäder im Freien und in der Halle oder Reitstall bis hin zu einer Reihe von 12 Tennisplätzen. Das Hotel ist von Mitte Oktober bis Mitte Mai geschlossen, Tel. 800/258-0330, 603/278-1000.

Im Juli 1944 hatte das Haus die erlauchte Gesellschaft der Teilnehmer an der „*World Monetary Fund Conference*“ zu Gast, einer Art Weltwährungskonferenz wohl, die den Dollarkurs und den Weltpreis für Gold (auf damals $ 35,- pro Unze) angesichts der Wirren des 2. Weltkriegs neu festlegte und den US-Dollar zur Basiswährung des Welthandels ernannte.

**Bretton Woods**

**Praktische Hinweise – Bretton Woods**

☎ Bretton Woods Area Code (Telefonvorwahl): 603

**Motels**

Motels, Hotels: **The Mount Washington Resort Hotel**, siehe oben.

**The Bretton Arms Country Inn**, $$$$$, 34 Zi., Tel. 278-3000, an der US-302, beim Mt. Washington Hotel, Restaurant.

**Bretton Woods Motor Inn**, $$$, 50 Zi., Tel. 278-1000, an der US-302, Restaurant, Schwimmbad. – Und andere Motels.

**Bergbahn auf den Mt. Washington** *

Nordwestlich von Bretton Woods führt eine ausgeschilderte Zufahrtsstraße ostwärts (ca. 6 mls/10 km) zur Talstation der **Mount Washington Cog Railway**. In einer 1½-stündigen Fahrt bringt Sie diese dampfbetriebene Zahnradbahn auf den Gipfel des Mt. Washington (6.288 ft./ca. 1.918 m), den höchsten Berg im Nordosten der Vereinigten Staaten. Als die Trasse 1869 angelegt wurde, war sie die zweit steilste Bahnstrecke der Welt und die kleinen Lokomotiven waren damals die ersten zahnradgetriebenen Bergbahnen der Geschichte. In einer Zeit, in der weder das Auto, noch die Elektrizität noch das Telefon erfunden waren, galt die Mount Washington Cog Railway als technische Sensation. Bei jeder Bergfahrt werden eine Tonne Kohle verfeuert und über 3.000 Liter Wasser verdampft.

Wenn Sie die nicht gerade billige Fahrt unternehmen (ca. $ 35), vergessen Sie nicht, ein warmes Kleidungsstück mitzunehmen, auch wenn es im Tal noch so angenehm sein sollte. Der Mt. Washington ist nämlich berühmt-berüchtigt für rapide Wetter- und Temperaturstürze.

Auf dem Gipfel können Sie vom Sherman Adams Observation Center eine grandiose Aussicht genießen, die bei klarem Wetter bis nach Kanada und bis zum Atlantik reichen kann.

Die Mount Washington Cog Railway verkehrt von Anfang Mai bis Anfang Oktober stündlich ab 8 Uhr im Sommer.

**Twin Mountains**

**Praktische Hinweise – Twin Mountains**

☎ Twin Mountains Area Code (Telefonvorwahl): 603

**Motels**

Motels: **Carlson's Lodge,** $$, 27 Zi., Tel. 846-5501, westl. an der US-302, geöffnet Ende Mai – Ende Okt, Ende Nov. – Mitte Apr.; Schwimmbad.

**Northern Zermatt Inn & Motel**, $, 17 Zi., Tel. 846-5533, Schwimmbad, Zimmer teils in Cottages, teils im Motel.

**Paquette's Motor Inn**, $, 33 Zi., Tel. 846-5562, südl. an der US-3, Schwimmbad, Tennis, **Restaurant**.

**Profile Deluxe Motel**, $, 14 Zi., Tel. 846-5522, südl. an der US-3, Schwimmbad.

**Seven Dwarfs Motel**, $$, Tel. 846-5535, südl. an der US-3. – U. a..

**Camping**

▲ – **Ammonoosuc Campground**, Tel. 846-5527; 15. Mai – 15. Okt., 1. Dez. – 31. März; südlich an der US-3; 100 Stpl.; Komfortausstattung.

– **Beech Hill Campground,** Tel. 846-5521; Ende Mai – 15. Okt.; westlich an der US-302; 85 Stpl.; Komfortausstattung.

**Twin Mountains Camping**

– **Cherry Mt. KOA Kampground,** Tel. 846-5559; Ende Mai – 15. Okt.; ca. 3 mls nördlich an der SR-115; 65 Stpl.; Komfortausstattung; Campinghütten.
– **Living Water Campground,** Tel. 846-5513; 15. Mai – 15. Okt.; östl. an der US-3; 75 Stpl.; Komfortausstattung.

➔ **Route:** In **Twin Mountains, NH,** einem Ort, der im wesentlichen aus Motels Restaurants, Coffee Shops und Geschäften zu bestehen scheint, stoßen wir auf die US-3, der wir südwestwärts bis zur I-95 folgen. Weiter auf der I-95 bis **North Woodstock, NH**. ●

## ABSTECHER IN DEN „PANCAKE HIMMEL“

Bei ausreichend zur Verfügung stehender Zeit oder wenn Sie für lekkere Pfannkuchen mit Ahornsirup meilenweit fahren würden, dann müssen Sie unbedingt auf der I-93 anstatt südwärts nach North Woodstock ein paar Meilen nordwärts bis **Franconia, NH** fahren und dort über die SR-117 westwärts ins nahe **Sugar Hill** abzweigen. Dort finden Sie das rustikale Pancake Paradies **Polly's Pancake Parlor**, eine „Oase in der amerikanischen Essenswüste“, wie ein Besucher einmal ins Gästebuch geschrieben haben soll.

Das Anwesen der Gründer des Pancake Parlor, Polly und Wilfred, der den Beinamen „Sugar Bill“ trug, ist seit 1819 in Familienbesitz. Seit 1838 bietet Polly's Pancakes und Ahornsirup an. In den Anfängen hieß die Devise „all you can eat for 50 cents“, denn die Familie produzierte in erster Line Ahornsirup und Ahornzucker. Und Pancakes, French Toast und Waffeln sollten dazu beitragen, die Ahornprodukte an den Mann zu bringen.

Pancakes aus Weizenmehl (wheat), aus Buchweizen (buckwheat), aus Maismehl (Cornmeal) oder Oatmeal-Buttermilk-Pancakes – natürlich immer mit echtem Ahornsirup – oder mit köstlichen hausgemachten Würstchen (sausages) stehen heute auf der Speisekarte, aber auch andere kleine Gerichte, wie Bohnen mit Räucherschinken, werden angeboten.

## HAUPTROUTE

➔ **Route:** Unsere **Hauptroute** über die I-95 südwärts passiert rund 20 km vor North Woodstock den **Franconia Notch State Park, NH**. ●

**Franconia Notch, „The Old Man of the Mountains“ und „The Flume“**

Das Landschaftsschutzgebiet des Franconia Notch State Parks in New Hampshire umfaßt eines der schönsten Bergtäler in den White Mountains. 1928 wurde der Park mit Geldern aus einer Spendenaktion, die landesweit unter dem Motto „Buy a tree to save the North“ durchgeführt wurde, eingerichtet. Der Franconia Notch State Park reicht vom kleinen, landschaftlich sehr reizvoll gelegenen **Echo Lake**, der von hohen Bergflanken eingerahmt wird und an der Zusammenführung der Schnellstraße I-93 und der US-3 liegt, bis kurz vor North Woodstock.

Kurz nach dem Echo Lake bietet sich Gelegenheit zur Talstation der **Cannon Mountain Aerial Tramway** (großer Parkplatz) abzuzweigen.

Mit der Kabinenseilbahn kann man in rund fünf Minuten hinauffahren zur Aussichtsplattform des rund 1.350 m hohen Mt. Cannon. Prächtiger Ausblick. Auf der Anhöhe findet man eine ganze Reihe von Wanderwegen.

**Neuengland Ski Museum**
Ende Mai - Mitte Okt. 11 - 17 Uhr. Eintritt.

Nördlich der Talstation findet man das **New England Ski Museum** mit einer interessanten Sammlung von Skiern, Bindungen, Schuhwerk und Fotodokumenten über die Geschichte des Skisports in Neuengland seit dem ausgehenden 18. Jh.

Vom Parkplatz an der Talstation führt ein Wanderweg zum nicht weit entfernten **Profile Lake**. Im Westen erkennt man etwa 400 m über dem See eine Felswand, deren obere Eckkante sich bei genauerem Hinsehen und mit etwas Phantasie zu den Zügen eines männlichen Profils formten, das als **„The Old Man of the Mountains“** bekannt ist. Es heißt, zwei Landvermesser, Luke Brooks und Francis Whitcomb, hätten das Profil erstmals erkannt, als sie 1805 die Gegend erkundeten. Seitdem ist das Steinprofil, dem die Entdecker Ähnlichkeit mit Präsident Jefferson zuschrieben, zu einem Wahrzeichen und zu einer bekannten Touristenattraktion in New Hampshire geworden. Längst ist man mit einigem technischen Aufwand darum bemüht, dass „The Old Man“ nicht Opfer von Unbilden der Witterung und der Erosion wird.

Am Südende der Franconia Notch schließlich liegt **„The Flume“.** Die knapp 300 m lange Felsklamm, deren fast 30 m hohen Wände steil aufragen und die an der engsten Stelle gerade mal 4 m breit ist, zählt zu den großen Attraktion in der Franconia Notch.

Besucher werden vom **Gilman Visitor Center** mit Pendelbussen über eine überdachte Brücke bis zur Bolder Cabin gebracht. Von dort kann man auf dem durch Stege und Treppen gut ausgebauten Fußweg „Flume Path“ durch die Schlucht und weiter zu Wasserfällen und Seen wandern. Der ganze Ausflug (Pendelbus und Fußweg durch die Klamm) dauert rund 40 Minuten. Man kann aber auch den ganzen Weg vom Visitor Center bis zur einen guten Kilometer entfernten Klamm zu Fuß gehen.

**North Woodstock, NH** liegt an der I-93 wenige Meilen südlich der Franconia Notch. Die Region um North Woodstock und vor allem um das benachbarte **Lincoln, NH** ist ein beliebtes Sommerferien- und Wintersportgebiet.

Besichtigen kann man den **Clark's Trading Post**, einen ehemaligen Handelsposten an der White Mountain Central Railroad nördlich von North Woodstock. Museen, Ausstellungen, Veteranenbahn u. ä.

Loon Mountain bei Lincoln ist alljährlich Mitte September Austragungsort der **New Hampshire Highland Games**, dem größten sportlichen Volksfest schottischer Prägung und Tradition im Nordosten der Vereinigten Staaten.

**Abstecher zur Kinsman Notch**

Ab North Woodstock lohnt ein Abstecher auf der SR-112 rund 6 mls/ 9 km nach Westen bis zum Engpaß **Kinsman Notch, NH**. Kurz vorher bildet der **Lost River** eine phantastische Flußlandschaft mit Klammen, Schluchten, Gletschertöpfen und Höhlen. Durch den „Lost River Site“ führt ein gut 1 km langer Fußweg.

North Woodstock/ Lincoln

## Praktische Hinweise – North Woodstock/Lincoln

☎ North Woodstock/Lincoln Area Code (Telefonvorwahl): 603

**Lincoln-Woodstock Chamber of Commerce**, P. O. Box 358, Lincoln, NH 03251, Tel. 745-6621 oder 800/227-4191. Internet: http://www.linwoodcc.org

**White Mountains Attractions Association**, P. O. Box 10; Kancamagus Hwy., North Woodstock, NH 03251; Tel. 745-8720 oder 800/346-3687.

Motels

Motels: **The Woodstock Inn**, $$$$, 21 Zi., Tel. 745-3951, ehemaliges Bahnhofshotel in einem historischen Gebäude im viktorianischen Stil, **Restaurant „Woodstock Station"** mit moderaten Preisen.

**Lincoln**

**Drummer Boy Motor Inn**, $$, 53 Zi., Tel. 745-3661, nördl. an der US-3, Schwimmbäder, Sauna. Restaurant nahebei.

**Franconia Notch Motel**, $$, 18 Zi., Tel. 745-2229, an der US-3. Restaurant nahebei.

**Indian Head Resort**, $$$$, 98 Zi., Tel. 745-8000, an der US-3, ansprechend gelegenes Ferienhotel mit diversen Sport- u. Freizeiteinrichtungen, Restaurant, Coffee Shop, Lounge.

**The Lodge**, $$$$, 72 Zi., Tel. 745-3441, östl. an der SR-112, Ferienhotel mit Sport- u. Freizeiteinrichtungen, im Winter Transport zu den Skigebieten. Restaurant nahebei.

**Mill House Inn**, $$$$, 96 Zi., Tel. 745-6261, östl. an der SR-112, Nähe Einkaufszentrum Millfront Marketplace, Schwimmbäder, Sauna, Tennis, Fitnessraum, Nachtclub. Restaurant nahebei.

**The Mountain Club on Loon**, $$$$$, 228 Zi., Tel. 745-8111, ca. 2 mls östl. an der SR-112, eleganter, in der Wintersaison relativ teurer Ferienkomplex mit einem umfassenden Angebot an Freizeit- und Sporteinrichtungen. Schwerpunkt Wintersport. Restaurant.

**Mount Coolidge Motel**, $, 20 Zi., Tel. 745-8052, an der US-3, Schwimmbad. Restaurant nahebei.

**Parker's Motel**, $$, 27 Zi., Tel. 745-8341, an der US-3, preiswert, ansprechend gelegen, Schwimmbad.

**Red Doors Motel**, $$, 30 Zi., Tel. 745-2267, an der US-3, Schwimmbad. Restaurant nahebei.

**Woodward's Motor Inn**, $$$, 80 Zi., Tel. 745-8141, an der US-3, Schwimmbäder, Sauna, Tennis. Restaurant. – Und andere Motels.

Camping

**North Woodstock**

▲ – **Lost River Valley Campground**, Tel. 745-8321; Mitte Mai – Mitte Okt.; westl. über SR-112; Komfortausstattung.

**Woodstock**

– **KOA Campground Broken Branch**, Tel. 745-8008; 1. Mai – 15. Okt.; südöstl. über SR-175; Komfortausstattung.

➔ **Route:** Der weitere Verlauf unserer Route führt ab North Woodstock auf der SR-112 und über **Lincoln, NH** ostwärts durch die herrliche Berglandschaft des White Mountain National Forest hinauf auf den ca. 950 m (2.860 ft) hohen **Kancamagus Paß**. Im Süden erkennt man die Höhen des Mt. Kancamagus (3.728 ft), im Norden den Mt. Huntington (3.679 ft) und dahinter den Mt. Hancock (4.430 ft). ●

Die Straße SR-112, die hier den Beinamen „**Kancamagus Highway**“ trägt, zählt zu den reizvollsten Autorouten in den White Mountains. Vor allem zur Zeit der herbstlichen Laubfärbung sind die Ausblicke von den gut markierten Haltepunkten recht malerisch.

Lohnend sind in dieser Gegend kurze Spaziergänge auf markierten Trails, wie z. B. knapp 20 mls/32 km östlich von Lincoln vom beschilderten Park- und Picknickplatz an der SR-112 zu den nur knapp einen Kilometer entfernten **Sabbaday Falls**, zur **Rocky Gorge** oder zu den **Lower Falls** weiter östlich.

➔ **Route:** Südlich von **Conway, NH** trifft die SR-112 auf die SR-16. Wenige Meilen nördlich liegt an der SR-16 das Städtchen **North Conway, NH**. ●

**North Conway, NH** hat sich zum kommerziellen und touristischen Zentrum (annähernd 150 sog. Outlet Stores [Herstellerdirektverkauf] und zahlreiche Motels aller Preisklassen) in der Ferienregion des Mt. Washington National Forest Gebietes entwickelt.

Vor allem an einem schönen Herbsttag ist eine Fahrt mit der **Conway Scenic Railroad** ab North Conway ein lohnender Ausflug. Die Oldtimerbahn – Speisewagen vorhanden – macht eine 11 Meilen lange Rundfahrt durch reizvolle Landschaft.

Die Bahn verkehrt von Mai bis Oktober täglich zwischen 9 und 18 Uhr, im April und von November bis Ende Dezember an Wochenenden zwischen 9 und 18 Uhr. In der Zeit des Indian Summer empfiehlt sich eine rechtzeitige Platzreservierung, Tel. 356-5251, 800/232-5251.

Im Bahnhof aus dem Jahre 1874 an der Main Street, der im viktorianischen Stil gehalten ist, gibt es Nostalgiesouvenirs aus der „guten alten Zeit“ der Dampfeisenbahn zu kaufen.

Sehr schöne **Aussichtspunkte**, die beide mit dem Auto zu erreichen sind, und von denen man eindrucksvolle Panoramablicke auf die Bergwelt und ins Tal des Saco River genießen kann, sind die Anhöhen **Cathedral Ledge** und **White Horse Ledge**, südlich vom Echo Lake, die beide vom **Echo Lake State Park** aus, der nordwestlich von North Conway liegt, zu erreichen sind.

North Conway

**Praktische Hinweise – North Conway**

☎ North Conway Area Code (Telefonvorwahl): 603

**Mount Washington Valley Chamber of Commerce**, P. O. Box 2300, North Conway, NH 03860, Tel. 356-3171 oder 800/367-3364. Internet: http://www.mtwashingtonvalley.org

Restaurants

Restaurants: **Delaney's Hole in the Wall,** Tel. 356-7776, etwas nördlich außerhalb an der SR-16, gute Küche, nettes Ambiente, mittlere Preislage. – Und andere Restaurants.

Motels

Motels: **Conway**

**The Conway Valley Inn**, $$$, 20 Zi., Tel. 447-3858, SR-16 ca. 3 km nördlich., Schwimmbad.

**The Darby Field Inn**, $$$$$, 16 Zi., Tel. 447-2181, SR-16, ca. 1,5 km südlich, geöffnet 1. Mai – 31. März; traditionsreiches Haus in schöner Berglandschaft, Schwimmbad, gutes **Restaurant**.

**White Deer Motel**, $$, 15 Zi., Tel. 447-5366, SR-16 nördlich. Restaurant nahebei.

**North Conway Motels**

**North Conway**

**Best Western Red Jacket Mountain View Inn**, $$$$, 164 Zi., Tel. 356-5411, US-302/SR-16 1,5 km südlich, auf weitläufigem, gepflegten Gelände mit Bergblick, Sommer- und Winter-Ferienhotel Schwimmbäder, Sauna, Tennis, Fitnessraum, Restaurant. Unterhaltung.

**Clarendon Motel**, $$, 17 Zi., Tel. 356-3551, geöffnet Anf. Mai – Ende März, US-302/SR-16 ca. 3 km nördlich.

**Eastern Inns**, $$$, 56 Zi., Tel. 356-5447, US-302/SR-16 nördlich, Schwimmbad, Sauna. Restaurant.

**Fox Ridge Motor Inn**, $$$$, 136 Zi., Tel. 356-3151, US-302/SR-16 südlich, Schwimmbäder, Sauna, Tennis, Restaurant.

**Green Granite Inn and Conference Center**, $$$$, 88 Zi., Tel. 356-6901, US-302/SR-16 ca. 3 km südlich, Schwimmbad. Restaurant nahebei.

**Merril Farm Resort**, $$$, 60 Zi., Tel. 447-3866, SR-16 nördlich, Zimmer in Cottages, im Motelgebäude oder im Country Inn aus dem 19. Jh., Schwimmbad, Sauna, Angel- und Kanugelegenheit. Flughafentransport. Restaurant nahebei. Das Anwesen liegt neben mehreren Discount Shopping Outlets.

**North Conway Mountain Inn**, $$$$, 28 Zi., Tel. 356-2803, Main Street, Bergblick.

**Sheraton Four Points Hotel**, $$$$$, 200 Zi., Tel. 356-9300, östlich US-302/SR-16, beschildert, moderne Hotelanlage mit Freizeiteinrichtungen, Restaurant.

**White Mountain Hotel and Resort**, $$$$, 80 Zi., Tel. 356-7100, West Side Rd., landschaftlich sehr schön gelegenes, teures Ferienhotel, Zimmer teils mit Blick auf die White Mountains, Golfplatz, Tennis, Schwimmbad, Fitnessanlage, Restaurant, Coffee Shop.

**White Trellis Motel**, $$$, 22 Zi., Tel. 356-2492, US-302/SR-16 nördlich. – Und andere Motels.

**Camping**

**Conway**

▲ – **The Beach Camping Area**, Tel. 447-2723; Mitte Mai – Mitte Okt.; über SR-16 ca. 2 mls/3 km nördlich; Waldgelände am Saco River; ca. 120 Stpl.; Komfortausstattung.

– **Cove Camping Area**, Tel. 447-6734; Ende Mai – Anf. Okt.; ca. 3 mls/5 km südöstlich über SR-113; ca. 85 Stpl.; Komfortausstattung, Lebensmittel, Bademöglichkeit, Bootssport.

– **Eastern Slope Camping Area**, Tel. 447-5092; Ende Mai – Mitte Okt.; nördlich über SR-16; 260 Stpl.; Komfortausstattung, Lebensmittel, Bootssport.

– **Pipier Trail Campground,** Tel. 447-5672; 1. April – 1. Nov.; ca. 5 mls/8 km südlich über SR-16; schöne Stellplätze in einem Waldgebiet an einem Flußlauf; 85 Stpl.; Komfortausstattung, Lebensmittel, Bademöglichkeit. Wanderweg auf den Mt. Chocorua. – Und andere Campingplätze.

**North Conway**

– **Saco River Camping Area**, Tel. 356-3360; 1. Mai – 15. Okt.; nördlich über US-302/SR-16; 140 Stpl.; Komfortausstattung.

## 17. CONWAY, NH – BURLINGTON, VT

⊙ **Entfernung:** Rund 260 mls / 416 km.

➔ **Strecke:** Über die Straße SR-16 bis **West Ossipee** – SR-25 bis **Moultonborough** – **Rundfahrt** um den **Lake Winnipesaukee** – **Abstecher** über **Laconia** zum **Canterbury Shaker Village** * – US-3 über **Meredith** bis **Holderness** – SR-175 bis **Plymouth** – SR-25 bis **Wentworth** – SR-10 und I-91 über **Örford, NH** bis **Bradford, VT** – SR25 bis **West Topsham** – US-302 über **Barre** bis **Montpelier** – I-89 über **Richmond** bis **Burlington**.

🕒 **Reisedauer:** Mindestens ein Tag.

⌘ **Höhepunkte:** Landschaftlich reizvolle Fahrt um den **Lake Winnipesaukee** – Abstecher zum **Canterbury Shaker Village** * – das **Vermont State House** und die **Wood Gallery** * in Monpelier.

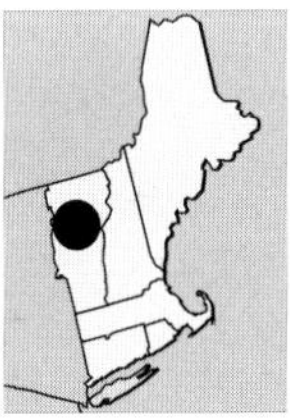

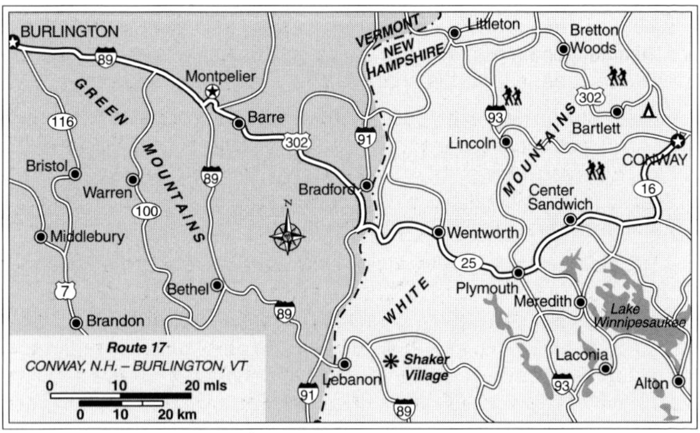


➔ **Route:** Ab Conway folgen wir der SR-16 rund 15 mls/24 km südwärts. Bei **West Ossipee** halten wir uns rechts (westlich) und folgen der SR-25 bis **Moultonborough, NH**. ●

**Abstecher zur überdachten Durgin Bridge**

Schon nach gut 5 mls/8 km kann man hinter **South Sandwich** auf die SR-114 Richtung North Sandwich abzweigen. Von dieser Straße gelangt man an einem beschilderten Abzweig zur überdachten Brücke **Durgin Bridge** aus dem Jahre 1869.

**abkürzende Routenalternative**

Im weiteren Verlauf dieser Route läßt sich der Reiseweg erheblich abkürzen, wenn man die im Folgenden beschriebenen Rundfahrt um den Lake Winnipesaukee ausläßt und über die SR-113/175 direkt nach **Plymouth, NH** an der I-93 weiterfährt.

## RUND UM LAKE WINNIPESAUKEE

➔ **Route:** Ab **Moultonborough** über die SR-109 nach Südosten und über **Mirror Lake** bis **Wolfeboro**. Weiter über die SR-28 bis **Alton**. Hier auf die SR-11 und nordwestwärts bis **Glendale**. Ab Glendale Abstecher auf der US-3 und SR-106 über **Laconia** bis zum **Canterbury Shaker Village** oder Weiterfahrt auf der US-3 über **Weirs Beach** bis **Meridith**. ●

Bei ausreichend zur Verfügung stehender Zeit sollte auf diesen Umweg nicht verzichtet werden. Die Fahrt rund um den Lake Winnipesaukee führt durch die zu jeder Jahreszeit landschaftlich sehr reizvolle **Lake Region** (Seendistrikt) von New Hampshire. Dutzende von Seen sind hier zu finden, von denen der **Lake Winnipesaukee, NH** – der Name ist indianischen Ursprungs und soll soviel wie „lächelnde Wasser" bedeuten – das mit Abstand größte Gewässer in New Hampshire ist. Die Uferlinie – immerhin über 450 km lang – des mit hunderten von Inselchen durchsetzten Sees ist überaus stark gegliedert und bildet zahlreiche Buchten und Seitenarme.

Die Region bietet viele Möglichkeiten zu Sommer- und Wintersportaktivitäten. Wandern, Angeln oder Segeln sind die beliebtesten Freizeitbeschäftigungen im Sommer. Schwimmen dagegen wird in den ziemlich kalten Seen aber nur für Abgehärtete zum reinen Vergnügen.

Erste Station ist **Moultonborough, NH** an der gleichnamigen Bucht, einem nordöstlichen Seitenarm des Lake Winnipesaukee. Ein sehr beliebtes Touristenziel hier ist der **Old Country Store**, Moultonborough Corner, dem ein Museum über Gerätschaften aus dem bäuerlichen Alltag früherer Jahre angeschlossen ist.

**Castle in the Clouds**
Juni - Mitte Okt. tgl. 10 - 16 Uhr. Eintritt.

Die eigentliche Sehenswürdigkeit aber liegt weiter südöstlich an der SR-171. **Castle in the Clouds** ist eine etwas merkwürdige Villa, die sich der Industrielle Thomas Gustav Plant 1911 auf einer Anhöhe über dem See hatte errichten lassen. Über acht Millionen Dollar sollen in den eleganten 16-Zimmer-Bau, der im übrigen vollständig ohne Nägel errichtet wurde, geflossen sein. Offenbar hatte der Bau und der Unterhalt des Herrenhauses die Konten des Dollarmillionärs stark in Mitleidenschaft gezogen, denn er starb 1946 so gut wie mittellos.

The Castle in the Clouds kann besichtigt werden. Von vielen der Räume hat man prächtige Ausblicke.

In der Nähe des Anwesens befinden sich die Quellen „Castle Springs". Durch die hiesigen Wasserabfüllanlagen werden Führungen angeboten.

### Praktische Hinweise – Moultonborough

**Moultonborough**

☎ Moultonborough Area Code (Telefonvorwahl): 603

**Motels**

Motels: **Matterhorn Motor Lodge,** $$$, 28 Zi., Tel. 253-4314, SR-25 westlich, 2 Nächte Mindestaufenthalt an Wochenende, Schwimmbad, Tennis. Restaurant nahebei. – Und andere Motels.

**Camping**

▲ – **Camp Iroquois Campground**, Tel. 253-4287; Ende Mai – 1. Okt.; ca. 2 mls südl. über SR-25; am Lake Winnipesaukee, 100 Stpl.; gute Standardausstattung.

Moultonborough

– **Long Island Bridge Campground,** Tel. 253-6053; 1. Mai – 1. Okt.; ca. 7 mls/11 km südl. über SR-25; 3 Nächte Mindestaufenthalt im Sommer; terrassiertes Gelände über dem Lake Winnipesaukee; 115 Stpl.; gute Standardausstattung.

– **Provident Winnipesaukee Campground,** Tel. 253-6251; 1. Mai – 31. Okt.; über SR-25 südwärts; Waldgelände, abgelegen; 90 Stpl.; Komfortausstattung.

**Wolfeboro, NH** ist nicht nur der älteste Sommerferienort am Lake Winnipesaukee, sondern einer der ältesten im Lande überhaupt. Seit Mitte des 18. Jh. kommen Gäste nach Wolfeboro. Bekannt wurde der Ort 1763, als sich *John Wentworth*, erster königlicher Gouverneur in New Hampshire, seine Sommervilla am Lake Wentworth, der sich östlich erstreckt, hatte errichten lassen.

Leider ist die Wentworth Villa nicht mehr erhalten. Sie brannte 1820 ab. Aus dem Feuer wurden damals aber doch einige Möbelstücke und Kunstwerke gerettete, die heute im **Libby Museum** besichtigt werden können.

**Heimatmuseum**
Juli + Aug. Mo. - Sa. 10 - 16 Uhr.

Die andere Sehenswürdigkeit in Wolfeboro – das jeden Sommer seine Einwohnerzahl von normalerweise rund 5.000 durch Besucher verzehnfacht – ist das **Clark House Historical Exhibit and Museum** in der South Main Street. Zu sehen gibt es ein altes Schulhaus, das Clark Farmhaus und eine Feuerwehrstation aus dem 19. Jh.

Wolfeboro

## Praktische Hinweise – Wolfeboro

☎ Wolfeboro Area Code (Telefonvorwahl): 603

**Wolfeboro Chamber of Commerce**, Railroad Ave., P. O. Box 547-TA, Wolfeboro, NH 03894, Tel. 569-2200.

Motels

Motels: **The Lake Motel**, $$, 35 Zi.; Tel. 569-1100, SR-28 südlich, Tennis. Restaurant nahebei.

**Lakeview Inn and Motor Lodge**, $$, 17 Zi., 200 N. Main St., Tel. 569-1335, Restaurant.

**Piping Rock Motel and Cottages**, $$$$, 23 Zi., Tel. 569-1915, ca. 3 mls/5 km nördlich über SR-109.

**The Wolfeboro Inn**, $$$$$, 43 Zi., Tel. 569-3016, 44 North Main St., im Stil eines eleganten Country Inn, Wolfe's Tavern und das gute, teure **Restaurant „1812 Room"**, Unterhaltung, Freizeiteinrichtungen, Strand. – U. a. Motels.

Camping

▲ – **Wolfeboro Campground**, Tel. 569-9881; 15. Mai – 15. Okt.; über SR-28 ca. 5 mls/8 km nordwärts; 50 Stpl. in Waldgelände; gute Standardausstattung.

**Alton Bay, NH** liegt am äußersten Südende des Lake Winnipesaukee am Fuße des Pine Mountain (1.480 ft/ca. 500 m).

Einige Meilen nordwestlich des Ortes erstreckt sich an der SR-11A die **Gunstock Recreation Area** mit Freibädern, Wanderwegen, Bootsverleih, Reitstall, Campingplatz und Skilifts zu Wintersportpisten.

## ABSTECHER ZUM CANTERBURY SHAKER VILLAGE

➔ **Route:** Wenige Meilen nordwestlich von Alton Bay bietet sich bei Glendale Gelegenheit, einen Abstecher nach Süden über **Laconia, NH** am Lake Winnisquam und Belmont Lake zum etwa

herbstliche Idylle in New Hampshire

20 mls/32 km südlich gelegenen **Canterbury Shaker Village, NH** zu unternehmen. ●

**Canterbury Shaker Village ** lohnt einen Besuch**
Mai - Okt. tgl. 10 - 17. Winterhalbjahr Fr. - So. 10 - 17 Uhr. Eintritt.

Das historische **Canterbury Shaker Village, NH,** das sich von Feldern umgeben auf grünen Hügeln in der südlichen Seenregion von New Hampshire ausdehnt, ist eine Ansiedlung von 23 Gebäuden, die eine Gemeinde der Shakersekte hier um 1780 für ihre Mitglieder errichtet hat. Das einem ländlichen Weiler ähnelnde Dorf war die sechste von insgesamt neunzehn Shakersiedlungen, die im 18. Jh. in diesem Teil der Neuenglandstaaten entstanden.

Der letzte Canterbury Shaker, besser die letzte Canterbury Shakerin, die wie ihre Brüder und Schwestern Zeit ihres Lebens darum bemüht war, dem Anspruch der Shaker gerecht zu werden, aus ihren Siedlungen eine autarke Kommune, einen „Himmel auf Erden" zu machen, war Schwester *Ethel Hudson*, die 1992 im gesegneten Alter von 96 Jahren starb.

Canterbury Shaker Village ist heute ein „lebendes" Museum, das auf Führungen besichtigt werden kann und das einen ausgezeichneten Einblick in den Alltag, in die Lebens- und Arbeitsweise der Shaker gibt, sind doch viele Aspekte ihrer Lebensregeln (Gleichberechtigung der Geschlechter, keine Rassendiskriminierung, naturnahe, einfache Lebensweise) heute noch von einer frappierenden Aktualität.

Neben den diversen Wohn-, Verwaltungs- und Wirtschaftsgebäude gibt es einen Souvenirladen mit Shaker-Kunsthandwerk und ein Restaurant, das vor allem Gerichte aus Molkereiprodukten anbietet.

Einen Höhepunkt erlebte die Shakerbewegung um 1860. Über 300 Leute lebten damals im Canterbury Shaker Village. Landwirtschaft, Getreideanbau und Viehzucht bildeten den Haupterwerb.

Mehr über die Welt der Shaker erfahren Sie unter *Hancock Shaker Village* bei Pittsfield, MA, Route 19.

### Rundfahrt um den Lake Winnipesaikee

➔ **Route:** Unsere **Rundfahrt um den Lake Winnipesaukee** führt ab Glendale über die US-3 am Westufer des Lake Winnipesaukee entlang und über **Weirs Beach, NH** nach **Meredith, NH**. ●

**Weirs Beach, NH** ist ein lauter Ferienort, der mit seinen Geschäften, Spielhallen, Videospielen und billigen Vergnügungen an der Strandpromenade offenbar bemüht ist, Jahrmarkts- und Karnevalsatmosphäre an den See zu bringen und den Rummel von Coney Island nach New Hampshire zu transferieren.

Zwischen Mai und Ende Oktober verkehrt ab Weirs Beach und ab Wolfeboro täglich die **M/S Mount Washington** zu dreistündigen Ausflügen auf dem Lake Winnipesaukee. Mehrmals wöchentlich werden dabei Center Harbor und Alton Bay angelaufen. Es werden auch abendliche Moonlight Cruises mit Abendessen und Tanz angeboten. Auskünfte über die neuesten Abfahrtszeiten und Preise erhält man unter Tel. 603/2628.

Eine bequeme Möglichkeit, die Seenlandschaft am Westufer des Lake Winnipesaukee kennen zu lernen, bietet sich auf einer Fahrt mit der **Winnipesaukee Railroad**, die zwischen Weirs Beach und Meredith verkehrt.

Wer sich für hübsche Puppen interessiert, sollte unbedingt in **Meredith, NH** im **Annalee's Doll Museum** vorbeischauen.

## HAUPTROUTE

➔ **Route:** Der weitere Verlauf unserer **Hauptroute** führt von **Meredith** über die SR-25 nordwestwärts nach **Holderness, NH** an der US-3. ●

In **Holderness, NH**, ein gutes Stück weiter nordwestlich an der US-3 gelegen, kann man das **Science Center of New Hampshire** besichtigen, eine Mischung aus Freilichtmuseum, Naturlehrpfaden, Zoo und Ausstellungsgelände.

Östlich von Holderness erstreckt sich der **Squam Lake**, der, was den Besucheransturm betrifft, etwas im Schatten des Lake Winnipesaukee liegt. Dieses Manko, das sich wohl darauf begründet, dass es lange Zeit so gut wie keine erschlossenen Zugänge zum See gab, tut der Seenlandschaft aber keinen Abbruch. Im Gegenteil. Die Ruhe und der Eindruck der Abgeschiedenheit machen den Reiz des Sees aus. Die in manchen Teilen noch ziemlich unverfälschten Gestade am Squam Lake dienten als Kulisse für diverse Außenaufnahmen des 1981 gedrehten Films „On Golden Pond" mit Katherine Hepburn, Jane Fonda und Henry Fonda.

In Holderness werden im Sommer zwischen Ende Mai und Ende Oktober **Bootsausflüge** auf dem Squam Lake angeboten, die auch einen Besuch der Filmlocations von „On Golden Pond" einschließen.

**Praktische Hinweise – Holderness**

Holderness

☎ Holderness Area Code (Telefonvorwahl): 603

Motels

Motels: **The Manor on Golden Pond,** $$$$$, 27 Zi., Tel. 968-3348, Shepard Hill Rd., traditionsreicher Country Inn in schöner Lage am Squam Lake, sehr teuer, Schwimmbad, Strand, Tennis, Bootsanleger, gepflegtes Restaurant. – Und andere Motels.

Camping

▲ – **Bethel Woods Resort Campground**, Tel. 279-6266; 15. Mai – 15. Okt.; über US-3, 95 Stpl.; Komfortausstattung.
– **Squam Lakeside Camp Resort,** Tel. 968-7227; ganzjährig; 90 Stpl.; Komfortausstattung.

➔ **Route:** Der weitere Verlauf dieser Route führt über die SR-175 nach **Plymouth, NH** und weiter über die SR-25 nach Nordwesten. Nach 16 mls/26 km zweigen wir in **Wentworth, NH** westwärts ab auf die SR-25A, die nach 14 mls/22 km bei **Örford, NH** den Connecticut River, den Grenzfluß zwischen New Hampshire und Vermont, überquert und nach weiteren 3 mls/5 km auf die I-91 trifft. Der Fernstraße I-91 folgen wir nordwärts bis zur Ausfahrt Nr. 16 bei **Bradford, VT**. Dort wenden wir uns auf die SR-25, die landschaftlich sehr reizvoll dem Weirs River nordwestwärts folgt und nach 16 mls/26 km in die US-302 einmündet, die uns schließlich über **Barre, VT** nach **Montpelier, VT** bringt. ●

In **Barre, VT,** das gelegentlich auch „Granitkapitale der Welt" genannt wird, findet man einen der größten und ältesten Granitsteinbrüche des Landes, der besichtigt werden kann.

**Praktische Hinweise – Barre**

Barre

☎ Barre Area Code (Telefonvorwahl): 802

**Central Vermont Chamber of Commerce**, Pine Tpke. und Stewart RD., P. O. Box 336, Barre, VT 05641, Tel. 229-5711.

Motels

Motels: **Days Inn Barre**, $$, 42 Zi., Tel. 476-6678, 173 Main St. (SR-14), Schwimmbad, Restaurant.
**The Hollow Inn and Motel**, $$, 41 Zi., Tel. 479-9313, 278 South Main St. (SR-14), Schwimmbad, Sauna.
**Motel Pierre**, $$, 20 Zi., Tel. 476-3189, 362 North Main St., Schwimmbad.

Vermonts Hauptstadt

**Montpelier, VT,** um 1790 als städtische Ansiedlung organisiert, ist seit 1805 Hauptstadt des Bundesstaates Vermont. Wirtschaftliche Schwerpunkte der etwas provinziell und kleinstädtisch wirkenden Kapitale mit kaum mehr als 9.000 Einwohnern bilden in erster Linie granitverarbeitende Industrien und die Aktivitäten diverser Versicherungsunternehmen.

Montpelier ist zwar die kleinste Hauptstadt der amerikanischen Bundesstaaten, ihr Regierungsgebäude an der westlichen State Street aber zählt mit zu den schönsten State Capitols in den Vereinigten Staaten.

Schon drei Jahre nach der Ernennung zur Hauptstadt war 1808 das erste **Vermont Statehouse** fertiggestellt. Der erste Bau war ein eher

**Vermont Statehouse**
Mo. - Fr. 8 - 16 Uhr. Führungen von Juli bis Mitte Oktober Mo. - Fr. 10 - 15.30, Sa. 11 - 14.30 Uhr jeweils zur halben Stunde.

bescheidenes Holzgebäude, das bereits 1836 wieder abgerissen wurde, um einem größeren Regierungsgebäude Platz zu machen. Von Bestand war aber auch das zweite Statehouse nicht. Schon 1857 brannte es bis auf die Grundmauern nieder.

Der repräsentative, schneeweiße Regierungssitz des Staates Vermont den man heute sieht, wurde 1859 nach Plänen des Architekten Thomas Silloway fertiggestellt. Vorbild für die von einer Reihe dorischer Granitsäulen getragene Vorhalle, die von einer rund 17 m hohen, vergoldeten Kuppel überragt wird, soll der Theseustempel in Griechenland gewesen sein. Abgeschlossen wird die Kuppel von einer über 4 m hohen Holzplastik, die Ceres, die römische Göttin des Landbaus, darstellt.

Das Vermont Statehouse ist Sitz des Gouverneurs von Vermont, des Repräsentantenhauses mit 150 Abgeordneten und des Senats mit 30 Mitgliedern. Der Bundesstaat Vermont ist in Washington mit zwei Senatoren und mit einem Repräsentanten im U. S. Congress vertreten.

Das Statehouse, in dessen Ostflügel der Vermont Senate tagt, im mittleren Gebäudeteil das House of Representatives seine Sitzungsräume hat und im Westflügel andere Verwaltungs- und Regierungsinstitutionen untergebracht sind, kann besichtigt werden. Es werden auch Führungen angeboten, bei denen u. a. der Sitzungssaal des Obersten Gerichtshofs (Supreme Court), der hier früher tagte, gezeigt wird. Weiter sind zu sehen das Büro des Gouverneurs und die offiziellen Staats- und Repräsentationsräume.

**Vermont Museum**
Di. - Fr. 9 - 16, 30, Sa. 9 - 16, So. 12 - 16 Uhr. Eintritt.

Ebenfalls in der westlichen State Street, gar nicht weit vom Statehouse entfernt, ist im Erdgeschoß des markanten Pavillon Gebäudes, 109 State Street, das heute Sitz der Vermont Historical Society ist, das **Vermont Museum** untergebracht, das sich mit der Geschichte und mit Aspekten der Kultur und des Brauchtums des Bundesstaates von der Zeit der Indianer, über die Periode der ersten Einwanderer aus Europa bis in die nachindustrielle Zeit befaßt.

**Wood Gallery** *
Di. - So. 12 - 16 Uhr. Eintritt.

Montpelier ist Sitz des Vermont College, das in einem hübschen Gebäudekomplex im viktorianischen Stil in der East State Street untergebracht ist. Kunstliebhaber empfiehlt sich ein Besuch in der **T. W. Wood Art Gallery**, die in der College Hall auf dem Vermont College Campus untergebracht ist. Gegründet wurde die Kunstgalerie von Thomas Waterman Wood (1823 –1903), einem Künstler aus Montpelier, der mit seinen Arbeiten (Portraits, Landschaften u. ä.) den Grundstock für die Kunstsammlung lieferte.

**Montpelier**

### Praktische Hinweise – Montpelier

Montpelier Area Code (Telefonvorwahl): 802
**Vermont Travel Division**, 134 State St., Montpelier, VT 05602, Tel. 828-3236.
**Vermont Chamber of Commerce**, Montpelier, VT 05601, Tel. 223-3443.

**Restaurants**

Zu den bemerkenswerten Restaurants der Stadt zählt das **„Chef's Table“**, 118 Main St., im Zentrum zwischen School und State Streets, Tel. 229-9202.

Montpelier ist Sitz des New England Culinary Institute und das **Tubb's** ist das Restaurant, in dem viele der Absolventen des Instituts ihre Erfahrungen und Menükreationen einbringen. Dass hier am Gast eigentlich noch „geübt“

*das Vermont State House in Montpelier, VT*

wird, lassen weder der professionelle Service noch die täglich wechselnde Speisekarte vermuten. Mittlere Preislage. Sonntag Ruhetag.

**Wayside Restaurant and Bakery**, an der US-302, Nichtraucherlokal mit reichhaltiger, preiswerter Karte, die beinahe für jeden Geschmack etwas bietet, es gibt Pasta und Burgers ebenso wie Fischgerichte, Roastbeef oder Sandwiches und natürlich frische Backwaren. – Und andere Restaurants.

**Montpelier Motels**

Motels: **Capitol Plaza Hotel and Conference Center**, $$$, 55 Zi., 100 State St., Tel. 223-5252, zentral Nähe State Capitol gelegen, Restaurant.

**The Inn at Montpelier**, $$$$, 19 Zi., Tel. 223-2727, 147 Main St., zentral, historisches Stadthotel, Restaurant. – Und andere Motels.

Bei **Stowe, VT**, das ein gutes Stück weiter nordwestlich von Montpelier liegt, findet man in den nördlichen Ausläufern der Green Mountains eines der beliebtesten Wintersportgebiete (im Sommer kilometerlange Wanderwege wie der 8 km lange Stowe Recreation Path) in Neuengland. Hausberg quasi ist der **Mount Mansfield** (4.393 ft/ca. 1.318 m), höchste Erhebung in Vermont. Eine Gondelbahn und die mautpflichtige Stowe Auto Road führen auf den Gipfel.

In Stowe findet man eine ganze Reihe von Motels und Sporthotels. Einzelheiten über die Wintersportmöglichkeiten mit Hotellisten erhält man von der *Stowe Area Association*, Main St., Stowe, VT 05672, Tel. 802/ 253-7321.

➔ **Route:** Weiterreise von Montpelier zur I-89, der wir über **Richmond, VT** ins 36 mls/ 58 km entfernte **Burlington, VT** folgen. ●

Wer sich für Kirchenbaukunst interessiert, sollte sich in **Richmond, VT** die **Old Round Church**, eine 16-eckige Rundkirche aus dem Jahre

1813 ansehen, die damals nicht weniger als fünf Konfessionen als Gotteshaus diente, seit 1879 aber nur noch als Versammlungsraum genutzt wird.

**Burlington, VT,** am Ostufer des Lake Champlain gelegen, ist heute mit annähernd 40.000 Einwohnern Vermonts größte Stadt, wichtiger Industriestandort und Handelszentrum, sowie Universitätsstadt.

Erste Siedler ließen sich hier um 1770 nieder. Allerdings hatte die erste Gemeinde keinen Bestand. Die meisten Einwohner verließen ihre bescheidenen Anwesen am Lake Champlain während der Revolutionswirren wieder. Nach den Unabhängigkeitskriegen war es der Revolutionsaktivist *Ethan Allen*, der sich wieder in Burlington ansiedelte und im Norden der Stadt eine Farm gründete.

**Allen Homestead**
Mai - Ende Okt. tgl. 13 - 17, Sommer ab 10 Uhr. Eintritt.

**Ethan Allen Homestead**, zwei Meilen nördlich an der SR-127 gelegen, das rekonstruierte Farmhaus des Revolutionärs und Siedlungspioniers, der auf dem Friedhof Greenmount Cemetery beigesetzt ist, kann besichtigt werden.

Noch heute ist das ursprüngliche Planungskonzept der Stadt erkennbar, das sich den drei großen Geländestufen, durch die das Ostufer des Lake Champlain geprägt ist, anpaßt. Unten, unmittelbar am See, findet man Hafen- und Werftanlagen, Lagerhäuser und den ältesten Teil der Stadt. Entlang der Battery Street in der Mitte erstreckt sich der eigentliche Stadtkern um den **Church Street Marketplace** (lebhafte Fußgängerzone und buntes Einkaufszentrum). Und darüber liegt das Gelände der University of Vermont, die 1791 gegründet worden ist.

Einen deutlichen Aufschwung erlebte Burlington nach dem Bau eines Champlain-Kanals im Jahre 1823, der nun die Schiffahrt vom Atlantik über den Hudson River bis in den Lake Champlain ermöglichte und Burlington zum Verkehrsknotenpunkt und zu einer Drehscheibe im Handel mit Kanada machte. Jakob Astor z. B. wickelte einen großen Teil seines Fellhandels, an dem er sich eine goldene Nase verdiente, über Burlington ab.

Ab Burlington verkehren regelmäßig **Autofähren** über den Lake Champlain nach Port Kent im Bundesstaat New York.

Bei längerem Aufenthalt lohnt eine kleine Kreuzfahrt auf dem inselreichen Lake Champlain mit der **„Spirit of Ethan Allen“,** einem Schaufelraddampfer, der einem echten Mississippi Paddlewheeler nachempfunden ist. Dauer 90 Minuten. Abfahrt ab Perkins Pier von Ende Mai bis Mitte Oktober täglich alle zwei Stunden zwischen 10 und 16 Uhr. Ebenso Dinner und Moonlight Dance Cruises.

**Burlington**

**Praktische Hinweise – Burlington**

☎ Burlington Area Code (Telefonvorwahl): 802

**Lake Champlain Regional Chamber of Commerce**, 60 Main St. Suite 100, Burlington, VT 05401, Tel. 863-3489.

**Flughafen**

**Burlington International Airport,** Tel. 863-2874, nordöstlich der Stadt gelegen, wird von den großen amerikanischen Fluggesellschaften angeflogen und regelmäßige Flugverbindungen mit allen großen amerikanischen Städten.

**Restaurants**

Bekannte Restaurants der Stadt sind das **„Déjà Vu“,** 185 Pearl St., das **„Daily Planet“,** 15 Center St., das **„Five Spice Cafe“,** 175 Church St., oder

Burlington

das **„Sweet Tomatoes"**, am Church Street Market Place, 83 Church St.

Bei Bier und Folkmusic kann man im **„Vermont Pub and Brewery"**, Ecke College Street und St. Paul Street, sitzen. – Und andere Restaurants.

Motels

Motels: **Anchorage Inn**, $$, 89 Zi., 108 Dorset St., I-89 Exit 14E, Tel. 863-7000, 2 Nächte Mindestaufenthalt an einigen Herbstwochenenden, Schwimmbad, Restaurant nahebei.

**Best Western Windjammer Inn**, $$$$, 173 Zi., 1076 Williston Rd., I-89 Exit 14E, Tel. 863-1125, komfortables Mittelklassehotel, Schwimmbäder, Sauna, Fitnesseinrichtungen Restaurant, Flughafentransport.

**Comfort Inn**, $$$, 105 Zi., 1285 Williston Rd., I-89 Exit 14E, Tel. 865-3400, Schwimmbad, Restaurant nahebei.

**Holiday Inn Burlington**, $$$, 173 Zi., Tel. 863-6363, I-89 Exit 14E, 1068 Williston Rd., Schwimmbäder, Fitnessraum, Restaurant, Flughafentransport.

**Radisson Hotel Burlington**, $$$$$, 255 Zi., 60 Battery St., Tel. 658-6500, Innenstadtbereich, in der Nähe des Ferry Terminals, Schwimmbad, Restaurant, Konferenzeinrichtungen, Comedy Shows am Wochenende, Flughafentransport.

**Sheraton Burlington**, $$$$$, 310 Zi., Tel. 862-6576, 870 Williston Rd., Flughafennähe, Restaurant, Schwimmbad, Konferenzeinrichtungen, Flughafentransport.

**Town and Country Motel**, $$, 12 Zi., Tel. 862-5786, 490 Shelburne Rd., US-7 ca. 2 mls/3 km südl.

Zahlreiche weitere Motels findet man weiter südlich in **South Burlington** entlang der **US-7**.

## 18. BURLINGTION, VT – WOODSTOCK, VT

⊙ **Entfernung:** Rund 140 mls / 224 km.

➔ **Strecke:** Über die Straße US-7 und über **Vergennes, Midlebury** und **Brandon** bis **Rutland** – US-4 über West **Bridgewater** bis **Woodstock**.

**Reisedauer:** Mindestens ein Tag.

⌘ **Höhepunkte:** Das **Shelburne Museum** ** – das **Dana House Museum** * in Woodstock – **Billings Farm and Museum** * bei Woodstock.

**Shelburne, VT**, ein Städtchen mit annähernd 6.000 Einwohnern, das 1768 übrigens von zwei aus Deutschland eingewanderten Holzfällern gegründet wurde, liegt rund 6 mls/10 km südlich von Burlington und ist über die Straße US-7 rasch zu erreichen.

Ein Aufenthalt lohnt, um das ausgedehnte, sehenswerte Freilichtmuseum **Shelburne Museum** zu besichtigen. Planen Sie aber mindestens zwei bis drei Stunden für den Besuch ein. Das Museum mit fast 40 historischen Gebäuden, Einrichtungen, Museen und Ausstellungen bietet einen umfassenden Überblick über die Lebensweise, die Welt der Arbeit, des Verkehrs, über das Kunsthandwerk und über die Geschichte des Staates Vermont.

**sehenswert, das Shelburne Museum** **
Ende Mai - Ende Okt. tgl. 10 - 17 Uhr. Eintritt.

Gleich im Eingangsbereich trifft man auf eine **Rundscheune** (Information und 8-minütige Diaschau), wie sie typisch für die Neuenglandstaaten, vor allem in Shakergemeinden, waren.

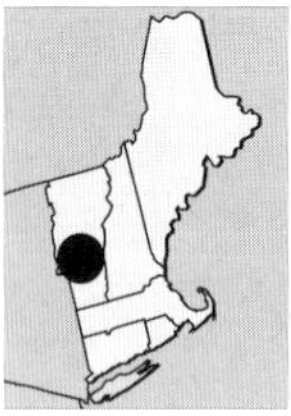

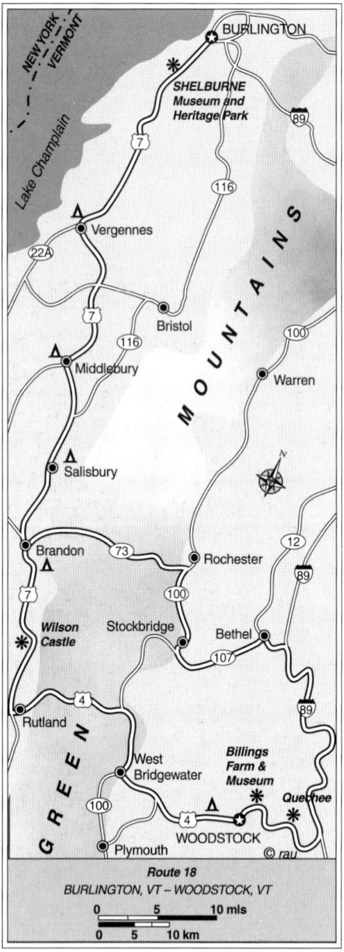


Wenige Schritte weiter sieht man links den hufeisenförmigen Bau das **Circus Building** liegen, das hier im Jahre 1965 nach dem Quartier eines Kleinzirkus rekonstruiert wurde. Sehr schöne Ausstellung aus der Zirkuswelt um die Jahrhundertwende.

Weitere interessante Stationen sind der **Bahnhof** aus dem Jahre 1890 mit einem eleganten Privatwaggon „Grand Isle" aus dem selben Jahr und einer imposanten Dampflok, dann die schön restaurierte **„Ticonderoga"**, der letzte noch erhaltenen Schaufelraddampfer in Vermont, weiter verschiedene **Werkstätten** und alte **Ladengeschäfte, Farmgebäude** und **Wohnhäuser** aus dem 18. und 19. Jh., die im Stil jener Zeit möbliert und eingerichtet sind und teilweise – wie das Electra Havemeyer Webb Memorial Building zum Beispiel – bemerkenswerte Kunst- oder Gemäldesammlungen beherbergen. Weiter sieht man einen **Stagecoach Inn**, eine **überdachte Brücke**, ein **Sägewerk**, u. v. m.

Auf dem Museumsgelände verkehrt eine Kleinbahn, die den Besucher auf einer Rundstrecke zu allen wichtigen Punkten bringt.

**Shelburne Farms, Inn und Restaurant**
Anf. Mai - Ende Okt. tgl. 9.30 - 17 Uhr. Eintritt. Führungen.

Eine andere Sehenswürdigkeit von Shelburne sind die **Shelburne Farms**, ca. 2 mls/3 km westlich gelegen, ein ausgedehntes Gehöft, das im ausgehenden 19. Jh. von dem Eisenbahnbaron William Seward Webb und seiner Frau Lila Vanderbilt errichtet wurde. Bemerkenswert auf dem landschaftsgärtnerisch gestalteten Anwesen ist vor allem das **Herrenhaus** im Stil eines englischen Cottages mit nicht weniger als 110 Zimmern, das heute als Gasthaus **Inn at Shelburne Farm** (24 Zimmer, 17 mit Bad, Tel. 802/985-8498) und als Restaurant (elegant, teuer) dient.

Die 400-Hektar-Farm am Lake Champlain, die heute als Lehr- und Forschungsbetrieb geführt wird, kann besichtigt werden.

Schließlich sei noch die **Vermont Teddy Bear Co.** in der Vermont Teddy Bear Common Shopping Plaza erwähnt, rund 4 mls/6 km südlich an der US-7 (2301 Shelburne Rd.) gelegen.

*die historische „Ticonderoga" im Shelburne Museum*

**Praktische Hinweise – Shelburne**

☎ Shelburne Area Code (Telefonvorwahl): 802

**Shelburne Motels**

Motels: **Countryside Motel,** $$, 12 Zi., Tel. 985-2839, US-7 ca. 2 km südl., Schwimmbad.

**Shelburne Travelodge**, $$$, 73 Zi., Tel. 985-8037, US-7 ca. 5 km südl., Schwimmbäder, Sauna. Restaurant nahebei.

**T-Bird Motel**, $$$, 24 Zi., Tel. 985-3663, US-7 ca. 1 km südl., geöffnet Mitte Mai – Ende Okt., Schwimmbad. – Und andere Motels.

**Camping**

▲ – **Shelburne Camping Area**, Tel. 985-2540, 44 Webster Rd.; 1. Mai – 1. Nov.; über US-7 ca. 1 ml/1,6 km südl.; ca. 80 Stpl., Komfortausstattung.

➔ **Route:** Der weitere Verlauf unserer Route führt nun südwärts durch das westliche Vermont auf der US-7 nach **Vergennes, VT**. ●

**Vergennes, VT** ist ein kleines, vor allem ausgangs des 19. Jh. sehr aktives Industriestädtchen mit heute knapp 3.000 Einwohnern. Vergennes ist 1766 gegründet worden und nach dem französischen Außenminister Comte de Vergennes benannt, der die amerikanische Revolutionsbewegung unterstützte.

Während der Revolutionskriege diente das Städtchen im Jahre 1812 als Winterhafen für eine kleinen Flottille unter Commodore Thomas Macdonough. In einer Gewaltaktion verstärkte die Bevölkerung damals den Verband Macdonoughs, indem mehrere kanonentragende Schiffe gebaut und über 170 Tonnen Kanonenkugeln gegossen wurden. Commodore Macdonough gelang es im Herbst 1814 dann tatsächlich, bei Plattsburg am Westufer des Lake Champlain im Bundesstaat New

*Round Barn, ca. 1901, Shelburne Museum*

York einen wichtigen Sieg über die Engländer zu erringen. Ein Denkmal im Stadtpark erinnert an den Seeoffizier.

Das kleine **Lake Champlain Maritime Museum** in der Basin Harbor Road, rund 5 mls/8 km westlich von Vergennes, erinnert an die Zeit der Schiffahrt auf dem Lake Champlain.

**Middlebury, VT,** 13 mls/21 km weiter südöstlich gelegen, ist eine alte Collegestadt, die schon 1761 gegründet worden ist. Auf dem Campus des College findet man u. a. die **Painter Hall**, das älteste Collegegebäude in ganz Vermont. Ebenfalls zum Collegekomplex gehört neben der **Mead Memorial Church** auch das **Emma Willard House National Historic Landmark**. Das Haus war einstmals Wohnsitz von Emma Hart Willard, der großen amerikanischen Vorreiterin auf dem Gebiet der Frauenbildung um 1807.

Middlebury weist eine ganze Reihe stattlicher alter Häuser aus dem 18. und 19. Jh. auf, die vor allem im historischen **Altstadtviertel** am Otter Creek in der Main Street zu finden sind.

**Sheldon Museum**
Juni - Okt. Mo. - Sa. 10 - 17 Uhr.

Besichtigen kann man das **Sheldon Museum**, 1 Park Street, ein Regionalmuseum, das eine schöne Sammlung von Möbeln, Farmgerätschaften, Kunstgegenständen, Haushaltsgeräten, Puppen, Spielzeug u. ä. zeigt.

**Middlebury**

**Praktische Hinweise – Middlebury**

☎ Middlebury Area Code (Telefonvorwahl): 802

**Addison County Chamber of Commerce**, 2 Court St., Middlebury, VT 05753, Tel. 388-7951.

**Motels**

Motels: **Blue Spruce Motel**, $$, 20 Zi., Tel. 388-4091, US-7 3 mls/5 km südl., 2 Nächte Mindestaufenthalt an Wochenenden.

**Middlebury Motels**

**The Middlebury Inn**, $$$$$, 75 Zi., Tel. 388-4961, US-7, historischer Country Inn, traditionsreiches Haus in einem Backsteingebäude im georgianischen Stil aus dem 19. Jh. und in einem modernen Komplex; gutes, teures **Restaurant**, Konferenzräume.

**Swift House Inn**, $$$$$, 21 Zi., Tel. 388-9925, US-7, elegantes Haus im Stil eines Country Inn, in einer ehemaligen Gouverneursresidenz aus dem frühen 19. Jh., Sauna, bekanntes, teures **Restaurant**. – Und andere Motels.

**Camping**

▲ – **River Bend Campsites**, Tel. 388-9092; 1. Mai – 1. Okt.; rund 5 mls/8 km nordwestlich; 50 Stpl.; Standardausstattung.

➔ **Route:** Weiterreise ab Middlebury südwärts über die US-7 und über **Brandon, VT** und **Pittsford, VT** (New England Maple Museum) bis **Pittsford Mills, VT.** Dort südwestwärts auf die SR-3 nach **Proctor, VT**. ●

**Brandon, VT** ist Geburtsort von *Stephen A. Douglas*, der hier im Jahre 1813 das Licht der Welt erblickte. Douglas war bei den Präsidentschaftswahlen von 1860 demokratischer Gegenkandidat von Abraham Lincoln.

In **Proctor, VT** kann man **The Vermont Marble Exhibit**, 61 Main Street, besichtigen. In einer eindrucksvollen Ausstellung sieht man dort Gegenstände, Skulpturen, Portale u. ä., die aus Marmor, der in dieser Gegend von Vermont gebrochen wird, gefertigt werden.

**Wilson Castle**
Mitte Mai - Ende Okt. tgl. 8 - 18 Uhr.

Zu den Sehenswürdigkeiten zählt auch **Wilson Castle** in der West Proctor Road. Die 32-Zimmer-Villa, in einem weitläufigen, gepflegten Park gelegen, ist in einem etwas eigenwilligen Backstein-Zuckerbäckerstil mit Türmchen, Erkern, runden Fensterbögen und geschwungenem Frontgiebel gehalten. Die Räume sind mit bemerkenswerten Bleiglasfenstern, mit Fresken, reich dekorierten Decken und mit Möbeln, Teppichen und Kunstwerken aus Europa und Fernost ausgestattet.

Nur wenige Meilen weiter südlich, an der Kreuzung der US-7 mit der US-4, liegt **Rutland, VT**, wichtiger Verkehrsknoten, kommerzieller Mittelpunkt und Zentrum des Marmorhandels der Region. Nicht von ungefähr trägt Rutland den Beinamen „Marble City“.

**Rutland**

## Praktische Hinweise – Rutland

☎ Rutland Area Code (Telefonvorwahl): 802

**Motels**

Motels: **The Best Western Inn and Suites**, $$$, 115 Zi., Tel. 773-3200, US-4 3 mls/5 km östl.; Schwimmbad, Tennis, Restaurant nahebei.

**Comfort Inn at Trolley Square**, $$$, 105 Zi., Tel. 775-2200, US-7 1 ml südl., Schwimmbad, Sauna. Restaurant nahebei.

**Green Mont Motel**, $$, 29 Zi., Tel. 775-2575, 138 N. Main St., US-7 nördl.

**Holiday Inn,** $$$$$, 150 Zi., Tel. 775-1911, US-7 2 mls/3 km südl., Schwimmbad, Sauna, Restaurant, Konferenzeinrichtungen, Flughafentransport.

**Howard Johnson**, $$$, 96 Zi., Tel. 775-4303, US-7 2 mls/3 km südl., Schwimmbad, Sauna. Restaurant nahebei.

**Ramada Limited**, $$$, 60 Zi., Tel. 773-3361, 253 S. Main St., US-7 2 mls/3 km südl., Schwimmbad, Sauna.

**Royal Motel**, $$, 31 Zi., Tel. 773-9176, 115 Woodstock Ave., östl. an der US-4, Schwimmbad, Restaurant nahebei. – Und andere Motels.

➔ **Route: Woodstock, VT**, das Ziel dieser Etappe, liegt rund 31 mls/50 km weiter östlich an der US-4.
Landschaftlich reizvoll ist aber auch der kleine **Umweg** nordwärts über die SR-100 bis **Stockbridge, VT**, dort ostwärts bis **Bethel, VT**, nun über die I-89 südostwärts bis zur Ausfahrt Nr. 1 an der **White River Junction** und dort schließlich über die US-4 westwärts nach **Woodstock, VT**. ●

Auf dem eben erwähnten Umweg über die SR-100 kommt man rund 6 mls/10 km westlich von White River Junction durch **Quechee, VT**. Die Straße US-4 überquert hier auf einer Brücke die **Quechee Gorge**, eine in Fremdenverkehrsprospekten auch gerne „Vermont's Little Grand Canyon" genannte, ca. 50 m tiefe Schlucht des Ottaquechee River.

**Quechee**

**Motels**

**Praktische Hinweise – Quechee**

☎ Quechee Area Code (Telefonvorwahl): 802

Motels: **The Quechee Inn at Marshland Farm**, $$$$$, 24 Zi., Tel. 295-3133, 2 Nächte Mindestaufenthalt an Wochenenden, gepflegter Country Inn in einem Gebäude aus der Kolonialzeit. Restaurant. – Und andere Motels.

**Woodstock, VT** ist ein hübsches, kleines Landstädtchen mit einem reizvollen, ovalen Stadtpark, das sich viel auf seine gepflegten alten Wohnhäuser zugute hält. Mitten im Ort überspannt eine jener für Vermont so typischen überdachten Holzbrücken den Ottaquechee River, an dem der von bewaldeten Höhen umgebene Ort liegt.

Woodstock ist im Herbst zur Zeit der Laubfärbung immer voller Touristen und es ist vor allem im Winter ein beliebter Ferienort. In der Umgebung gibt es zahlreiche Wintersportmöglichkeiten und Skigebiete.

**Dana House ***
Mitte Mai - Ende Okt. Mo. - Sa. 10 - 17, So. 14 - 17 Uhr. Eintritt.

Neben einer Reihe hübscher Stadthäuser um das Village Green, wie das **Windsor County Courthouse** mit seinem achteckigen Turm aus dem Jahre 1855 oder das **Ottaquechee House** aus dem Jahre 1804, lohnt vor allem ein Besuch im **Dana House Museum** in der Elm Street Nr. 27. Das heute als Museum dienende Gebäude, dem eine Forschungsbibliothek, ein historisches Archiv und ein Museumsshop angeschlossen ist, ist seit 1944 im Besitz der Woodstock Historical Society.

Der Kaufmann Charles Dana hatte sich das Haus im Jahre 1807 im sog. Ferderal Style für seine 10-köpfige Familie errichten lassen. Dana House ist sehr schön im Stil des frühen 19. Jh. möbliert und eingerichtet. Man sieht eine interessante Kollektion von Portraits und Gemälden, Sammlungen historischer Kleidungsstücke, Puppen und Spielzeug, sowie diverse Kunstgegenstände aus der Zeit der Familie Dana, die das Haus übrigens drei Generationen lang bewohnte.

**Billings Farm and Museum ***
1. Mai - 31. Okt. tgl. 10 - 17 Uhr. Eintritt.

Wer sehen will, wie es auf einer Farm im letzten Jahrhundert zuging, wie damals auf einem Gehöft gearbeitet, gewirtschaftet und gelebt wurde, erfährt bei einem Besuch auf der **Billings Farm and Museum** viel über das ländliche Leben im 19. Jahrhundert. Billings Farm and Museum liegt etwas nordöstlich von Woodstock unweit der SR-12.

Der aus Woodstock stammende Anwalt und Eisenbahnunternehmer Frederick Billings hatte eine Vorliebe für die Viehzucht. Er ließ Rinder von

*Dana House, Woodstock, VT*

der englischen Kanalinsel Jersey nach Woodstock bringen und begann 1871 auf seiner Farm mit Hilfe seines Gutsverwalters George Aitken sehr erfolgreich mit der Zucht von Jersey Rindern.

Heute ist Billings Farm and Museum eine sehr interessantes, belebtes und arbeitendes bäuerliches Museum, in dem die ländliche Kultur und die Arbeits- und Lebensweise auf den Farmen Vermonts und Neuenglands wie vor hundert Jahren noch lebendig ist.

## Praktische Hinweise – Woodstock

**Woodstock**

☎ Woodstock Area Code (Telefonvorwahl): 802

**Woodstock Area Chamber of Commerce**, 18 Central St., Woodstock, VT 05091, Tel. 457-3555.

**Motels**

Motels: **Braeside Motel**, $$, 12 Zi., Tel. 457-1366, US-4 1 ml östl., Schwimmbad.

**The Jackson House Inn**, $$$$$, 15 Zi., Tel. 457-2065, 114-13 Senior Lane, knapp 2 mls westl. des Village Green, teurer Country Inn.

**Ottaquechee Motor Lodge**, $$$$, 15 Zi., Tel. 672-3404, US-4 ca. 5 mls/ 8 km westl., Restaurant nahebei.

**Pond Ridge Motel**, $$, 17 Zi., Tel. 457-1667, US-4 ca. 2 mls/ 3 km westlich, ansprechend gelegen, gut und preiswert.

**The Shire Motel**, $$$$, 33 Zi., Tel. 457-2211, US-4 östlich., Restaurant nahebei.

**Woodstock Inn and Resort**, $$$$$, 145 Zi., Tel. 457-1100, zentral am Village Green, elegant, teuer, Schwimmbäder, Tennis, Squash, Sportzentrum, Golfplatz, Wintersportmöglichkeiten; gute, gepflegte **Restaurants** der oberen Preiskategorie. – Und andere Motels.

**Camping**

Campingmöglichkeiten gibt es bei **Barnard**, rund 10 mls/16 km nordwestlich von Woodstock:

Woodstock Camping

▲ – **Silver Lake Family Campground**, Tel. 234-9974; 15. Mai – 15. Okt.; über SR-12 rund 10 mls/16 km nordwestlich; Waldgelände; ca. 70 Stpl.; Standardausstattung; Bademöglichkeit, Kanuverleih.

– **Silver Lake State Park**, Tel. 234-9451; Ende Mai – 15. Okt.; 45 Stpl.; einfache Standardausstattung; Bade- u. Angelmöglichkeit, Bootsverleih.

Woodstock ist nicht Woodstock

☑ *Übrigens!* Viele erinnern sich vielleicht noch an das aufsehenerregende, unter der 68er-Generation legendäre **Woodstock Festival**, das Ende der 60er Jahre einen Höhepunkt in der Hippie und Flower Power Bewegung markierte. Jimmy Hendrix und Janis Choplin, heute längst Legende und unvergessen, waren, wie Joe Cocker, Carlos Santana und andere, die Megafiguren von Woodstock 1969. Dieses spektakuläre und auch chaotische Festival, auf dem man drei Tage lang mit viel Rock und Pop Freedom, Peace and Love feierte, ging damals durch die Medien der Welt. Allerdings fand die oft kopierte Rockfete nicht im oben erwähnten Woodstock im Bundesstaat Vermont, sondern in Woodstock bei Bethel im benachbarten Bundesstaat New York auf dem Gelände des Farmers Max Yasger statt. Das hiesige Woodstock legt da ziemlich großen Wert auf die Unterscheidung.

## AUSFLUG ZUM LOWER SHAKER VILLAGE

Wer Interesse an der doch recht bemerkenswerten Kultur und Lebensweise der Shakersekte gefunden hat, sollte einen Abstecher ostwärts in den Bundessaat New Hampshire und über **Lebanon, NH** zum **Lower Shaker Village, NH** am Westufer des Mascoma Lake, südlich von **Mascoma, NH** an der SR-4A unternehmen.

Die Siedlung war zwischen 1793 und 1923 von Shakern bewohnt und bewirtschaftet. 1850 lebten in der Gemeinde 350 Erwachsene und 100 Kinder. 1923 zogen die letzten Bewohner, sieben Shakerschwestern und ein Bruder um nach Canterbury, NH (siehe dort, Route 17). Die Gemeinde hier wurde aufgelöst, die Immobilien an einen katholischen Orden verkauft. Seit 1985 wird Lower Shaker Village von einer privaten Unternehmergruppe geführt, die die Siedlung als Shakermuseum weiterführt. Museum und Shaker Store.

Das **Great Stone Dwelling**, ein imposanter Granitbau im Lower Shaker Village aus der Zeit um 1840, war einst Wohnsitz der sog. Church Family, die sich aus den 150 Stammitgliedern der Gemeinde zusammensetzte. Heute beherbergt das Gebäude, das nach seiner Entstehung lange das größte Steingebäude nördlich von Boston war, den *Shaker Inn* mit Restaurant und Fremdenzimmern (Tel. 603/632-7800).

Bemerkenswert ist auch **The Mary Keane Chapel.** Das strenge Äußere des markanten Granitbaus wird nur durch eine Säulenfassade etwas aufgelockert. Durch ein Bronzeportal mit Medaillons, die Szenen aus dem Leben Christi zeigen, betritt man den Kirchenraum. Innen sieht man Marmorsäulen und prächtige Bleiglasfenster mit Kreuzigungsszenen. An den Wänden Mosaiken mit den Kreuzwegstationen.

## 19. WOODSTOCK, VT – DANBURY, CT

⊙ **Entfernung:** Rund 290 mls / 464 km.

➔ **Strecke:** Über die Straße US 4 bis **Bridgewater Corn.** SR-100A bis **Plymouth** – SR-100 über **Ludlow, Weston** und **Londonderry** bis **West Townshand** – SR-30 bis **Brattleboro** – SR-9 bis **Wilmington** – SR-100/8, SR-2 über **Whitingham, VT** bis **Williamstown, MA** – US-7 bis **Pittsfield** – Abstecher nach **Hancock Shaker Village** – US-7 über **Lenox, Stockbridge, Great Barrington** und **Sheffield, MA** bis **South Canaan, CT** – SR-63 bis **Litchfield** – US-202 über **New Preston** und **New Milford** bis **Danbury**.

🕒 **Reisedauer:** Mindestens ein Tag, besser zwei Tage.

⌘ **Höhepunkte: Plymouth, VT**, Präsident Coolidge's Geburtsort * – der **Vermont Country Store** in Weston, VT – das **Brattleboro Museum and Art Center** – die Hügellandschaft der **Berkshires** – das **Hancock Shaker Village** **.

➔ **Route:** Weiterreise von Woodstock auf der US-4 westwärts. Nach 8 mls/13 km Abzweig südwestwärts auf die SR-100A. Nach etwa 6 mls/10 km erreicht man den kleinen Ort **Plymouth, VT**. In manchen Karten taucht der Ort auch als Plymouth Notch auf. ●

**Plymouth, VT**, ca. 400 Einwohner, hübsch in der waldreichen Hügellandschaft der Green Mountains gelegen, ähnelt auf den ersten Blick eher einer größeren Farm als einer eigenständigen Gemeinde. Aber, Plymouth ging in die Analen der US-Geschichte ein. Der Weiler ist der Geburtsort von *Calvin Coolidge*, dem 30. Präsidenten der Vereinigten Staaten.

**Präsident Coolidge's Geburtsort**
Ende Mai - Mitte Okt. tgl. 9.30 - 17 Uhr. Eintritt.

Calvin Coolidge wurde hier, in einem bescheidenen Haus gleich neben dem General Store, der von seinem Vater John seit 1868 betrieben wurde, am 4. Juli 1872 als erster Sohn von Victoria Josephine Moor Coolidge und Colonel John Calvin Coolidge geboren. Erst vier Jahre später – Calvin hatte zwischenzeitlich eine Schwester Abigail bekommen – zogen die Coolidges, deren Familie seit Generationen in Vermont ansässig war, in ein größeres Haus schräg gegenüber, das heute als The Coolidge Homestead bekannt ist und in dem Calvin Coolidge seine Jugendjahre verbrachte.

Der junge Calvin besucht in Plymouth die Grundschule. Es heißt, dass er seine damalige Lehrerin Carrie Brown sehr verehrt habe. Insofern war er sicher ganz damit einverstanden, als sein zwischenzeitlich verwitweter Vater die Lehrerin 1891 heiratete und sie somit seine Stiefmutter wurde.

Seine politische Karriere begann Calvin Coolidge in Massachusetts, wo er nach dem Besuch des Amherst College Bürgermeister von Northampton und 1919 Gouverneur von Massachusetts wurde. Ein Jahr später kämpfte er an der Seite des Republikaners *Warren Gamaliel Harding* (1865 – 1923) bei den Präsidentschaftswahlen gegen James Cox.

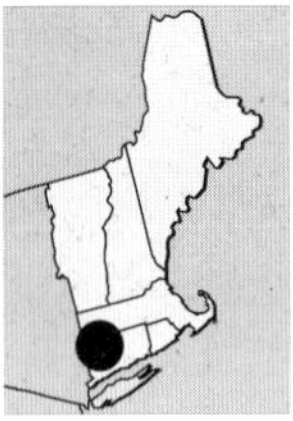

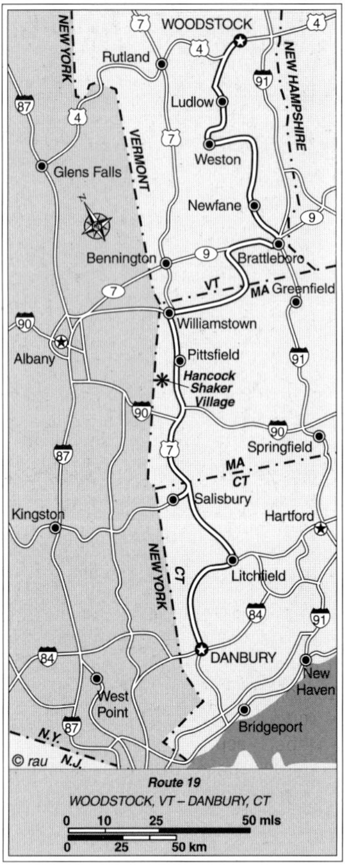

Route 19
WOODSTOCK, VT – DANBURY, CT

Harding gewann und wurde 1921 29. US-Präsident.

Im August 1923 – Calvin Coolidge war damals Vize Präsident der Vereinigten Staaten und machte gerade Urlaub in seinem Elternhaus in Plymouth – erreichte ihn und seine Begleiter die Nachricht vom Tode des amtierenden Präsidenten Warren G. Harding. Calvin Coolidge wurde noch in der Nacht des 3. August 1923 morgens um 2.47 Uhr von seinem Vater, Colonel John Coolidge, in seinem Elternhaus als 30. US-Präsident vereidigt. Coolidge hatte die Präsidentschaft bis 1929 inne. Nach Ablauf der ersten Amtsperiode 1925 wurde er auf weitere vier Jahre gewählt. Calvin Coolidge starb 1935. Er ist auf dem Friedhof von Plymouth, der nicht weit vom Dorf entfernt an der Straße 100A liegt, beigesetzt.

1970 wurde das Gebäudeensemble des Dorfes unter Denkmalschutz gestellt und wieder in den Stand wie zu Zeiten des jungen Calvin Coolidge versetzt. Heute ist Plymouth einer der „National Historic Places“ des Landes. Neben einem Visitor Center sind der Öffentlichkeit zugänglich die Museumsscheune „The Wilder Barn“, Haus und Anwesen der Familie Coolidge „The Coolidge Homestead“, dann „The Florence Cilley General Store“ und das Geburtshaus des Präsidenten nebenan, weiter die Union Christian Church aus dem Jahre 1840, die „Plymouth Cheese Factory“ am Ortsrand, eine Käserei, die bis 1930 arbeitete und 1960 von John, dem Sohn des Präsidenten reaktiviert wurde und schließlich „The One Room Schoolhouse“ nebenan, das das alte Schulhaus ersetzt, welches der spätere 30. US-Präsident Calvin Coolidge bis 1885 besucht hatte.

Plymouth

## Praktische Hinweise – Plymouth

☎ Plymouth Notch Area Code (Telefonvorwahl): 802

Motels

Motels: **Farmbrook Motel**, $$, 12 Zi., Tel. 672-3621, an der SR-100A rund 3 mls/5 km nördlich, geöffnet Anf. Mai bis Ende Okt.

**Hawk Inn and Mountain Resort**, $$$$$, 115 Zi., Tel. 672-3811, an der SR-100 rund 3 km südlich, Ferienhotel in schöner Berglandschaft, Schwimmbad,

Sauna, Tennis, Sommer- und Wintersporteinrichtungen, mehrere Restaurants, darunter die gepflegte **„River Tavern"**.

**Salt Ash Inn**, $$$, 18 Zi., Tel. 672-3748, am Abzweig der SR-100A von der SR-100, Schwimmbad, Restaurant.

*das Geburtshaus von Präsident Calvin Coolidge, in Plymouth, VT*

**Camping**

**▲ – Calvin Coolidge State Forest Campground**, Tel. 672-3612; Ende Mai – Anf. Okt.; nördl. über SR-100A; ca. 60 Stpl.; Standardausstattung.

➔ **Route:** Ab Plymouth, VT folgen wir der SR-100 durch die Green Mountains südwärts über **Ludlow, VT** bis **Weston, VT**. ●

Der **Green Mountain National Forest**, der sich zwischen den Straßen SR-100 im Osten und US-7 im Westen erstreckt, ist ein ganz ideales Wandergebiet. Rund 740 km Wanderwege stehen zur Verfügung, sowie eine ganze Reihe von Campingplätzen. Außerdem bietet das Bergland diverse Skigebiete wie die Bromley Mountain Ski Area, die Snow Valley Ski Area, die Stratton Mountain Ski Area westlich von Jamaica, die Mount Snow Ski Area und die Haystock Mountain Ski Area nördlich von Wilmington. Einzelheiten über Wanderwege, Campingplätze, Skigebiete und Wanderkarten erfährt man vom Supervisor, Green Mountain National Forest, P. O. Box 519, Rutland, VT 05701; Tel. 802/773-0300.

**Ludlow Museum**
Ende Mai - Anf. Sept. Mi. - So. 12 - 16 Uhr, danach bis Anf. Okt. Sa. + So. 12 - 16 Uhr.

Man passiert **Ludlow, VT**, einen kleinen Wintersportort in ländlicher Umgebung. Weit über die Grenzen von Vermont hinaus bekannt war Ludlows Black River Academy, zu der Studenten aus dem ganzen Lande kamen.

Heute kann man das **Black River Academy Museum**, 14 High Street, besichtigen. Neben Dokumenten, Fotografien und anderen Exponaten über das Leben im Black River Valley des 19. Jh., wartet das Museum mit einer Ausstellung über Calvin Coolidge auf.

Aus der Region um Ludlow kommt ein landesweit bekannter, handgemachter Käse. Rund 7 mls/11 km nordwestlich des Ortes und westlich der SR-103 liegt die **Crowley Cheese Factory**, die älteste Käserei in den USA, die man montags bis freitags zwischen 8 und 16 Uhr besichtigen und dabei die Herstellung besagter Käseart verfolgen kann. Gekäst wird allerdings nur an drei Tagen in der Woche, gewöhnlich von montags bis mittwochs.

Ludlow

Motels

## Praktische Hinweise – Ludlow

☎ Ludlow Area Code (Telefonvorwahl): 802

Motels: Fast alle Motels in Ludlow bieten im Sommer (Mai bis Sept.) wesentlich billigere Zimmerpreise als im Winter.

**All Seasons Motel**, $$$$, 17 Zi., Tel. 228-8100, 112 Main St., Schwimmbad.

**Best Western Ludlow Colonial Motel**, $$$$$, 37 Zi., Tel. 228-8188, 93 Main St., Schwimmbad. Restaurant nahebei.

**Happy Trails Motel**, $$$$, 27 Zi., Tel. 228-8888, an der SR-103.

**Timber Inn Motel**, $$$, 18 Zi., Tel. 228-8666, Main St. (SR-103) 1 ml östlich, Schwimmbad, Sauna. Restaurant nahebei. – Und andere Motels.

**Weston, VT** im West River Valley, weist entlang der Hauptstraße (SR-100) einige hübsche alte Häuser aus dem Ende des 19. Jh. auf.

Einer der Anziehungspunkte für Besucher ist der urige **Vermont Country Store** ganz in der Nähe des Village Green an der Hauptstraße. Dort können Sie vom Haushaltsgerät aus Großmutters Zeit, über landwirtschaftliche Gerätschaften, Gartenwerkzeuge und Alltagskleidung bis hin zu Gewürzgurken aus dem Faß oder bunten Süßigkeiten aus der nostalgischen Glasvitrine so ziemlich alles kaufen, was das Landleben früher angenehmer machte.

Und im Sommer können Sie im **Weston Playhouse** sogar ins Theater gehen und/oder im angeschlossenen Playhouse Dining Room in gepflegter Atmosphäre zu Abend essen.

Im Weston Playhouse, einem repräsentativen Haus im New-England-Stil des 18. Jh. mit eindrucksvoller Säulenvorhalle, gastiert von Juni bis September das älteste **Sommertheater** von Vermont. Gespielt werden meist Musicals. Vorstellungen sind Dienstag bis Samstag um 20 Uhr, Mittwoch und Samstag zusätzlich um 15 Uhr und am Sonntag um 19 Uhr. Reservierungen und Informationen unter Telefon 824-8167.

Weston

Motels

Camping

## Praktische Hinweise – Weston

☎ Weston Area Code (Telefonvorwahl): 802

Motels: **Colonial House Inn**, $$, 15 Zi., Tel. 824-6286, SR-100 2 mls/3 km südlich, 2 Nächte Mindestaufenthalt an Wochenenden, Restaurant. – Und andere Motels.

▲ – **Greendale Campground**, Ende Mai – Anf. Sept., sehr einfache Campingmöglichkeit rund 5 mls/8 km nordwestlich von Weston; nur 11 Stpl., Mindestausstattung.

**Peru**

– **Hapgood Pond Campground**, Ende Mai – Mitte Okt., sehr einfacher Platz rund 2 mls/3 km nordöstlich von **Peru;** 28 Stpl., Mindestausstattung.

Camping

**Andover**

**– Horseshoe Acres Campground**, Tel. 802/875-2960; 1. Jan. – 31. Dez.; bei Andover östlich von Weston, rund 4 mls/6 km nordwestlich an der SR-11; weitläufiges, teils bewaldetes Gelände; ca. 130 Stpl.; Komfortausstattung. Bademöglichkeit. Schwimmbad.

➔ **Route:** Anstatt nun ab Weston weiter auf der SR-100 zu fahren, um über **Londonderry, VT** und **West Townsend, VT** nach **Newfane, VT** an der SR-30 zu gelangen, bietet sich ein Umweg ostwärts über **Chester, VT** und **Grafton, VT** an.
**Chester, VT** erreicht man von Weston aus ostwärts auf der SR-11 nach rund 10 mls/16 km. ●

Das Städtchen **Chester, VT** war ausgangs des 18. Jh. Schauplatz von Rivalitäten verschiedener religiöser Gruppierungen, was schließlich dazu führte, dass sich ein südlicher Stadtteil herausbildete, in dem die Baptisten dominierten und ein nördlicher Stadtteil, der wegen seiner massiven Steingebäude entlang der North Street als **Stone Village** bekannt wurde, in dem die Anhänger der Kongregationskirche das Sagen hatten.

## Praktische Hinweise – Chester

Chester

☎ Chester Area Code (Telefonvorwahl): 802

Motels

Motels: **The Fullerton Inn**, $$$$, 22 Zi., Tel. 875-2444, 40 Common St., On the Green, Restaurant nebenan.

**The Chester House**, $$, 4 Zi., Bed & Breakfast, in einem historischen Gebäude aus dem Jahre 1780.

**The Stone Hearth Inn**, $$$$, 9 Zi., Tel. 875-2525, westlich an der SR-11, historischer Country Inn in einem ehemaligen Farmhaus aus dem Jahre 1810, Schwimmbad. Restaurant.

7 mls/11 km nordöstlich von Chester liegt an der SR-11 **Springfield, VT**, eine Kleinstadt mit knapp 10.000 Einwohnern, die vor allem im ausgehenden 18. und beginnenden 19. Jh. von einer Anzahl von Mühlenbetrieben am Black River profitierte.

Besiedelt wurde Springfield schon Mitte des 18. Jh., als hier eine Militärstraße vom Connecticut River zum Lake Champlain angelegt wurde.

1790 errichteten die ersten Siedler das **Eureka Schoolhouse**, das östlich von Springfield an der SR-11 liegt und heute das älteste Schulhaus mit nur einem Klassenzimmer in Vermont ist.

Ganz in der Nähe liegt die **Baltimore Covered Bridge** aus dem Jahre 1870.

## Praktische Hinweise – Springfield

Springfield

☎ Springfield Area Code (Telefonvorwahl): 802

Motels

Motels: **The Hartness House Inn,** $$$, 40 Zi., Tel. 885-2115, 30 Orchard St., Country Inn, gutes Restaurant.

**Holiday Inn Express**, $$, 88 Zi., Tel. 8854516, 818 Charleston Rd., Schwimmbad, Restaurant nahebei.

Camping

▲ **– Tree Farm Campground**, Tel. 885-2889; 1. Jan. – 31. Dez.; an der SR-143 ca. 2 mls/3 km östlich; ca. 110 Stpl.; Komfortausstattung.

➔ **Route:** Von Chester über die SR-36 südwärts nach **Grafton, VT**, 7 mls/11 km. ●

Dank eines umfassenden Restaurierungsprogramms konnten große Teile von **Grafton, VT** in seinem ursprünglichen Erscheinungsbild erhalten bleiben, so dass sich der recht hübsche Ort mit einer Einwohnerzahl um 600 noch heute fast unverfälscht im Stil des 19. Jh. präsentiert.

Eine Ausstellung mit Fotografien und anderen Exponaten im **Grafton Historical Society Museum** in der Townshend Road dokumentiert den Wandel von Grafton im vergangenen Jahrhundert. Das Museum ist nur samstags, im Juli und August sonntags von 14.30 bis 16.30 Uhr geöffnet.

Bemerkenswerte Gebäude im Ort sind des **Brick Meeting House** (Main Street) aus dem Jahre 1833, dann die nahebei ebenfalls in der Main Street (SR-121) gelegene **Baptist Church** und schließlich die historische **Old Tavern** aus dem Jahre 1801 an der Main Street, in der weiland schon Daniel Webster und Nathaniel Hawthorne logierten. In der Old Tavern werden noch heute Gäste beherbergt und im renommierten Restaurant des Hauses verköstigt.

**Grafton**

**Praktische Hinweise – Grafton**

☎ Grafton Area Code (Telefonvorwahl): 802

**Motels**

Motels: **The Old Tavern at Grafton,** $$$$$, 66 Zi., Tel. 843-2231, zentral an der SR-121, obere Preisklasse, nur 14 Zimmer liegen im historischen Inn, der Rest der Zimmer befindet sich in benachbarten Gebäuden und Ferienhäusern; Schwimmbad, Tennis, Wintersportmöglichkeiten. Zwei gute, aber teure Restaurants.

➔ **Route:** Über **Townshend, VT** (südlich des Ortes sieht man unweit der SR-30 am West River die rund 83 m lange **Scott Covered Bridge** aus dem Jahre 1870, eine der längsten überdachten Brükken in Vermont) und **Newfane, VT**, einem vor allem am Village Green sehr hübschen Landstädtchen mit dem Heimatmuseum *Windham County Historical Society Museum* in der Main Street nahe Village Green, gelangt man über die SR-30 nach **Brattleboro, VT**. ●

**Brattleboro, VT**, heute eine der in Vermont am weitesten industriell entwickelten Städte mit knapp 13.000 Einwohnern, wirbt mit dem Slogan „Where Vermont Begins“ und weist damit darauf hin, dass hier 1724 die erste permanent bewohnte Siedlung in Vermont entstand.

Damals, in der ersten Hälfte des 18. Jh., erwarb eine Gruppe von Investoren aus Massachusetts Land am Connecticut River, auf dem später die Stadt entstehen sollte. Zu der Gruppe der Landkäufer gehörten u. a. William Dummer und der Bankier William Brattle, nachdem die Stadt später benannt werden sollte, obwohl er die Gegend hier nie selbst gesehen hat.

Nach William Dummer ist Fort Dummer benannt, eine der ersten permanent bewohnten Ansiedlungen in Vermont.

*Pumpkins, Kürbisse, gehören zum Herbst in Neuengland*

*Rudyard Kipling* (1865 – 1936), der englische Schriftsteller, Nobelpreisträger (1907) und Autor der berühmt gewordenen „Dschungelbücher" (The Jungle Books), lebte und arbeitete zwischen 1892 und 1896 in Dummerston bei Brattleboro. Und ein anderer Schriftsteller von Weltruf, nämlich *Carl Zuckmayer* (1896 – 1977), lebte hier während des Dritten Reiches.

**Brattleboro Museum and Art Center**
Mai - Okt. Di. - So. 12 - 18 Uhr. Eintritt.

Zu den Sehenswürdigkeiten von Brattleboro läßt sich mit gutem Gewissen eigentlich nur *das* **Brattleboro Museum and Art Center** rechnen. Es ist im ausgedienten Bahnhof Union Railroad Station, Ecke Main und Vernon Streets, untergebracht und besteht im wesentlichen aus mehreren Bildergalerien. Eine Ausstellungsabteilung des Museums ist den Arbeiten der Jacob Estey Organ Company gewidmet, einer der größten Fabriken des Landes für Orgelpfeifen, die lange in Brattleboro produzierte.

## Praktische Hinweise – Brattleboro

**Brattleboro**

☎ Brattleboro Area Code (Telefonvorwahl): 802

**Brattleboro Area Chamber of Commerce**, 180 Main St., Brattleboro, VT 05301; Tel. 254-4565.

**Motels**

Motels: **Colonial Motel**, $$, 73 Zi., Tel 257-7733, I-91 Exit 3 zur US-5, Schwimmbad, Restaurant.

**Quality Inn and Suites**, $$$, 104 Zi., Tel 254-8701, I-91 Exit 3 zur US-5, Schwimmbad, Restaurant.

**Motel 6**, $, 59 Zi., Tel. 254-6007, I-91 Exit 3. – Und andere Motels.

**Camping**

▲ – **Fort Dummer State Park Campground**, Tel. 254-2610; Ende Mai – Anf. Sept.; ca. 60 Stpl.; einfache Standardausstattung.

– **KOA-Kampground Brattleboro North,** Tel. 254-5908; 15. Apr – Ende Okt.: über US-5 ca. 4 mls/6 km nördlich; ca. 40 Stpl.; Komfortausstattung.

– **Hidden Acres Camping Resort,** Tel. 254-2098; 1. Mai – 15. Okt.; über US-5 ca. 3 mls/5 km nördlich; ca. 80 Stpl.; Komfortausstattung.

Von Brattleboro aus lassen sich die großen internationalen Flughäfen von Boston und New York City auf Interstate Highways relativ rasch erreichen. Boston ist rund 120 mls/192 km und New York City etwa 215 mls/344 km entfernt.

Bei ausreichend zur Verfügung stehender Zeit und je nach Interessenlage empfiehlt es sich aber, die Reise noch etwas auszudehnen und einen Umweg über die **Berkshires** im Westen des Bundesstaates Massachusetts zu machen.

➔ **Route:** Weiterrreise von Brattleboro auf der SR-9 westwärts über **Marlboro, VT** nach **Wilmington, VT**. ●

**Marlboro, VT** liegt rund 9 mls/14 km westlich von Brattleboro an der SR-9. Das kleine Städtchen ist jedes Jahr im Juli und August während des **Marlboro Music Festival** Treffpunkt von Liebhabern klassischer Musik.

8 mls/13 km weiter westlich passiert man **Wilmington, VT**, ein guter Ausgangspunkt für Touren in die Skigebiete am Haystock Mountain und am Mount Snow.

## ABSTECHER NACH BENNINGTON

**Bennington, VT**, an der Kreuzung der Straßen US-7 und SR-9, 40 mls/64 km westlich von Brattleboro, ist Vermonts drittgrößte Stadt und wichtigstes Wirtschaftszentrum im Südwesten des Bundesstaates.

Bennington, heute eine Stadt mit 17.000 Einwohnern, ging in die Geschichtsbücher des Landes durch die Schlacht von Bennington ein, in der am 16. August 1777 amerikanische Revolutionstruppen unter General John Stark einen Sieg über britische Einheiten errangen. Maßgeblich zum Erfolg der Amerikaner trugen die *Green Mountain Boys* bei, die legendäre, 1775 von Ethan Allen in der **Catamount Tavern** von Bennington ins Leben gerufene Einheit.

Dem Ereignis wird jedes Jahr am Bennington Battle Day Weekend Mitte August gedacht. Außerdem erinnert das **Bennington Battle Monument** in der Monument Ave. an den Sieg. Das über 100 m hohe, obeliskähnliche Denkmal wurde 1891 errichtet und war lange das höchste Bauwerk in Vermont. Besucher gelangen per Aufzug zur Aussichtsplattform.

Eine Besichtigung lohnen außerdem das **Bennington Museum** in der West Main Street und in **North Bennington** das **Park-McCullough House,** Park und West Streets, ein staatliches Palais im Second-Empire Style aus der Mitte des 19. Jh., das einst Wohnsitz zweier Gouverneure von Vermont war, Hiland Hall und John G. McCullough.

## HAUPTROUTE

➔ **Route:** Landschaftlich sehr reizvoll, mit Ausblicken auf die Bergwelt der Green Mountains, ist der weitere Weg unserer **Haupt-**

**route** von **Wilmington, VT** südostwärts über die SR-100. Man passiert **Whitingham, VT,** den Geburtsort des legendären Mormonenführers und Gründers von Salt Lake City, *Brigham Young,* und erreicht über **Readsboro, VT**, **Heartswellville, VT** und **Stamford** schließlich **North Adams**, das bereits im Bundessaat Massachusetts liegt. ●

**North Adams, MA** liegt am sog. **Mohawk Trail.** Heute verläuft hier die Straße SR-2, die 1914 eröffnet wurde und auf weiten Teilen dem alten Indianerpfad folgt, der vom Hudson Valley im Bundesstaat New York entlang des Deerfield River ins Tal des Connecticut River führte.

Bis nach der Jahrhundertwende war North Adams eine lebhafte Industriestadt und wichtiges Bahn- und Frachtdepot.

Einige historische Gebäude und Einrichtungen aus jener Zeit, darunter das ehemalige **Boston and Maine Freight House**, sind auf dem ehemaligen Frachtgelände der Stadt restauriert worden. Als **Western Gateway Heritage State Park** geben Sie nun den Besuchern einen Einblick in die große Zeit der Stadt. Außerdem wird in den Ausstellungen die lange, tragische Geschichte des Hoosac Eisenbahntunnels dokumentiert.

Gut 20 mls/32 km östlich von North Adams und nur über einen gehörigen Umweg über Zoar zu erreichen, liegt der **Hoosac Railway Tunnel**. Es dauerte 24 Jahre lang und kostete fast 200 Arbeitern das Leben, den 4,7 Meilen (7,5 km) langen Tunnel durch die Hoosac Range zu treiben. Bei seiner Eröffnung 1875 war er der längste Eisenbahntunnel in den Vereinigten Staaten.

Im **Natural Bridge State Park** an der SR-8 nördlich von North Adams kann man eine der größten durch Wassererosion entstandene Natursteinbrücke des Landes bestaunen.

**Praktische Hinweise – North Adams**

☎ North Adams Area Code (Telefonvorwahl): 413

**North Adams Motels**

Motels: **Holiday Inn Berkshires**, $$, 86 Zi., Tel. 663-6500, in der Stadt an der Main Street, Schwimmbad, Sauna, Restaurant. – Und andere Motels.

**Camping**

▲ – **Historic Valley Campgrounds**, Tel. 662-3198; 15. Mai – 15. Okt.; östlich über SR-2, East Main Street und Kemp Ave., beschildert; 100 Stpl.; Komfortausstattung.

**Williamstown, MA** an der US-7, 5 mls/8 km westlich von North Adams gelegen, verdankt seine Existenz ganz wesentlich dem Engagement von *Colonel Ephraim Williams*, der es sich zum Lebensziel gemacht hatte, mit seinem Vermögen eine freie Lehranstalt zu gründen. Als Standort wurde West Hoosuck am Rande der Berkshire Hills gewählt. 1793 endlich konnte das **Williams College** seine Tore öffnen. Auch der Ort war zwischenzeitlich in Williamstown umbenannt worden. Leider konnte Colonel Williams die Eröffnung des College nicht mehr miterleben. Er war 1755 im French and Indian War gefallen.

Das Adams Memorial Theatre auf dem Campus ist alljährlich Schauplatz des sommerlichen (Juli u. Aug.) **Williamstown Theatre Festival**.

Bemerkenswert, nicht nur wegen seiner Ausstellungen, sondern auch wegen seines imposanten Marmorbaus, ist das **Sterling and Francine Clark Art Institute**, 225 South Street. Zu sehen ist eine ausgesuchte Kunstsammlung mit Gemälden französischer Meister des 19. Jh. und amerikanischer Künstler wie Frederic Remington, Winslow Homer oder John Singer Sargent. Außerdem sind Kunstgegenstände aus englischem Silber und wertvollen Möbeln aus der Kolonialzeit ausgestellt.

Südöstlich von Williamstown erstreckt sich die Mount Greylock State Reservation mit dem 3.491 ft (ca. 1.087 m) hohen **Mt. Greylock**, dem höchsten Berg in Massachusetts. Das Landschafts- und Naturschutzgebiet um den Berg bietet Möglichkeiten zum Wandern, zum Angeln, zum Radfahren und zum Snowmobiling im Winter.

**Pittsfield, MA** (ca. 49.000 Einw.) ist der Hauptort und das Verwaltungszentrum der Region Berkshire County. Große Sehenswürdigkeiten bietet die Stadt – neben einigen repräsentativen öffentlichen Gebäuden wie das Berkshire Athenaeum oder die Town Hall, beide aus dem 19. Jh. und im neugriechischen Stil gehalten, oder das eher bescheidene Berkshire Museum in der South Street – im Grunde aber nicht.

Bekannt ist Pittsfield allerdings für sein **Berkshire Ballett**, das seinen Sitz im Koussevitzky Arts Center im Berkshire Community College in der West Street hat und das ganze Jahr über ein klassisches Ballettrepertoire präsentiert.

**Herman Melvilles Wohnsitz Arrowhead**

Wer sich für *Herman Melville* und sein Werk interessiert, wird natürlich **Arrowhead** besuchen. Das ehemalige Anwesen des Schriftstellers liegt in der Holms Road Nr. 780 südöstlich von Pittsfield. Hermann Melville hatte die Farm Mitte des vergangenen Jahrhunderts erworben. Hier lebte er von 1850 an dreizehn Jahre lang. 1863 verkaufte er Arrowhead an seinen Bruder, um in New York einen Posten als Zollinspektor anzunehmen. Hier in Arrowhead war es, wo er seinen – leider erst lange nach seinem Tode – berühmt gewordenen Roman „Moby Dick“ und viele andere seiner Werke wie „Pierre“ oder „The Piazza Tales“ schrieb. Siehe auch unter Nantucket, MA, Route 5.

## Praktische Hinweise – Pittsfield

**Pittsfield**

☎ Pittsfield Area Code (Telefonvorwahl): 413

**Berkshire Visitors Bureau**, Berkshire Common, Pittsfield, MA 01201, Tel. 443-9186, 800/237-5747.

**Bahnhof**

**AMTRAK Station**, Tel. 872-7245. In Pittsfield macht der „Lake Shore Limited“ täglich auf dem Wege von Boston nach Chicago (und umgekehrt) Station.

**Motels**

Motels: **Berkshire Inn**, $$$, 38 Zi., Tel. 443-3000, Schwimmbad.

**Comfort Inn,** $$$$, 58 Zi., Tel. 443-4714, 3 mls/5 km südl. an der US-7/20, Restaurant nahebei.

**Crowne Plaza**, $$$$$. 179 Zi., Tel. 499-2000, zentral am Berkshire Common, zwei Nächte Mindestaufenthalt an Sommerwochenenden, Schwimmbad, Sauna, Restaurant, Konferenzeinrichtungen. Flughafentransport. – U. a.

**Camping**

▲ – **Bonnie Brae Campsites**, Tel. 442-3754; 1. Mai – 30. Okt.; an der US-7 ca. 3 mls/5 km nördlich; kleineres Wiesengelände mit ca. 50 Stpl.; Komfortausstattung. Außerdem Campingmöglichkeit im **Pittsfield State Forest**.

*markant, Neuenglands Kirchengebäude*

**die reizvolle Hügellandschaft der Berkshires** *

**The Berkshires**, eine reizvolle, waldreiche Hügellandschaft im äußersten Südwesten des Bundesstaates Massachusetts, wurde ausgangs des 19. Jh. bei wohlhabenden Geschäftsleuten, Industriellen und Bankern vor allem aus New York und aus Boston quasi als Sommerfrische vor ihrer Haustüre entdeckt. Die Landschaft und das angenehme Klima hatten es den Herrschaften angetan, die nun begannen, in den Berkshires ihre Cottages, ihre stattlichen Sommervillen, zu bauen. Und es dauerte nicht lange, da hatten die Zeitungen und Gazetten auch schon eine etwas sarkastische Schlagzeile für das neureiche Siedlungsgebiet, das nun als „Inland Newport" bekannt wurde.

**Hancock Shaker Village** **

Apr. - Nov. tgl. 9.30 - 17 Uhr. Eintritt. Führungen.

☑ *Mein Tipp!* Besuchenswert ist **Hancock Shaker Village** an der Straßengabelung US-20/SR-41, rund 5 mls/8 km westlich von Pittsfield.

Die Siedlung wurde ausgangs des 18. Jh. von Mitgliedern der Shakersekte gegründet. Sie war damals die dritte von insgesamt 19 Shakerkommunen zwischen Maine und Kentucky.

Mitte des 19. Jh. erreichte die Gemeinde den Höhepunkt ihrer Daseinsgeschichte. Weit über 300 Menschen lebten und arbeiteten damals im Hancock Shaker Village.

Vor allem die Landwirtschaft und der Handel mit Agrarprodukten, aber auch die Zucht von Pflanzensetzlingen, Samen und Kräutern, die Herstellung von Möbeln und anderen handwerklich hochwertigen Holzprodukten waren es, die die wirtschaftliche Grundlage der religiös motivierten Gemeinde lieferte.

170 Jahre konnte das Shakerdorf existieren, bis es 1960 wegen mangelnden Nachwuchses geschlossen werden mußte und ein Jahr später als Museum und als nationales Kulturdenkmal der Öffentlichkeit zugänglich gemacht wurde.

Von den zahlreichen Gebäuden, Werkstätten und Einrichtungen sind von ganz besonderem Interesse:

Der **Round Stone Barn** aus dem Jahre 1826 z. B. ist eine sehr clevere, durchdachte Stall-Scheunen-Kombination. Die mit Heu beladenen Wagen fuhren über eine Rampe direkt in die obere Etage, wo relativ bequem in einen zentralen Heuschober abgeladen werden konnte.

Darunter auf der ebenerdigen Etage befand sich die Stallung, die Platz für über fünfzig Milchkühe bot. Die Kühe standen im Kreis, mit dem Kopf dem zentralen, runden Heuschober zugewandt, konnten so also leicht und ohne allzu großen Aufwand gefüttert werden.

Der Dung fiel in unter der Stallung angebrachte Gruben, wo er bis zur Ausbringung auf die Felder verblieb.

Das **Brick Dwelling** von 1830 war das große Wohngebäude der Shaker Familien. Annähernd 100 Brüder und Schwestern wohnten hier in strikt getrennten, aber identisch ausgestatteten Bereichen. Hier befand sich die große Küche der Gemeinschaft, der Speisesaal, der große Versammlungsraum, Räume zum Ruhen oder Meditieren, Näh- und Wirtschaftszimmer, eine Apotheke u. a. Ein Besuch und eine Führung, die einen kleinen Einblick in die Lebensweise der Kommune vermittelt, ist beeindruckend.

The **Trustees' Office and Store** aus dem Jahre 1813 war das Verwaltungszentrum der Farm und der Gemeinde. Hier befand sich das Ladengeschäft, die Administration und der Besuchsraum, in dem man Außenstehende „aus der Welt" empfangen konnten.

Der heutige Besucher hat Zugang zu zahlreichen weiteren Gebäuden wie den **Ministry Shop**, einst Sitz des Ältestenrates, der die Gemeinde in religiöser Hinsicht führte, und zu Werkstätten wie die Weberei, die Molkerei, das Eishaus, das Maschinenhaus mit seiner Wasserturbine u. ä.

➔ **Route:** Der weitere Verlauf unserer Route führt durch die reizvolle Hügellandschaft der **Berkshire Hills** über die SR-41 südwärts bis **Richmond, MA** und dort ostwärts nach **Lenox, MA**. ●

**Lenox, The Mount**
Jun. - Okt. Di. - Sa.
10 - 17 Uhr. Eintritt.

Der kleine Ort **Lenox, MA** ist eines der Zentren der einst als „Inland Newport" bezeichneten Nobelsommerfrische in den Berkshire Hills. Hier findet man eine ganze Reihe gepflegter Inns und natürlich „Summer Cottages" vom Feinsten. Einige davon sind der Öffentlichkeit zugänglich wie **The Mount**, der ehemalige Sommersitz der Schriftstellerin und ersten weiblichen Pulitzerpreisgewinnerin *Edith Wharton*, in der Plunkett Street, südlich SR-7/SR-7A.

Im Sommer ist The Mount Schauplatz von Theateraufführungen der Gruppe *Shakespeare and Company*. Gegeben werden natürlich Shakespearestücke, aber auch Stücke von Edith Wharton.

Und das **Berkshire Performing Arts Center**, 40 Kemble Street, ist bei Fans der Rock-, Folk- und Jazzszene beliebt.

**Lenox**

**Praktische Hinweise – Lenox**

☎ Lenox Area Code (Telefonvorwahl): 413

**Lenox Chamber of Commerce**, Lenox Academy Building, 75 Main St., Lenox, MA 01240, Tel. 637-3646.

*Hancock Shaker Village, Deacon's Office, Brick Dwelling*
Foto: Hancock Shaker Village

**Lenox Motels**

Motels: **The Lenox Motel**, $$$, 17 Zi., Tel. 499-0324, US-7/20 ca. 4 mls/6 km nördl., zwei Nächte Mindestaufenthalt an Sommerwochenenden. Schwimmbad, Restaurant nahebei.

**Mayflower Motor Inn**, $$$$, 20 Zi., Tel. 443-4468, US-7/20 ca. 4 mls/6 km nördl., zwei Nächte Mindestaufenthalt an Sommerwochenenden. Schwimmbad, Restaurant nahebei.

**Quality Inn**, $$$$, 120 Zi., Tel. 637-4244, US-7/20 ca. 2 mls/3 km nördl., Schwimmbad, Tennis.

**Seven Hills Inn**, $$$$$, 55 Zi., Tel. 637-0060, 100 Plunkett St., teils in einem Berkshire Cottage, drei Nächte Mindestaufenthalt an Sommerwochenenden, Schwimmbad, Tennis, Restaurant.

**The Village Inn**, $$$$$, 32 Zi., 16 Church St., Tel. 637-0020, zwei Nächte Mindestaufenthalt an Wochenenden, historischer Country Inn, Restaurant.

**Wagon Wheel Motel**, $$$, 17 Zi., US-7/20 ca. 4 mls/6 km nördlich, zwei Nächte Mindestaufenthalt an Sommerwochenenden. Restaurant nahebei.

**Yankee Home Comfort**, $$$$$, 60 Zi., US-7/20 ca. 4 mls/6 km nördlich, drei Nächte Mindestaufenthalt an Sommerwochenenden, Schwimmbad.

**Hawthorne Cottage**
Führungen nur im Juli + Aug.

Weiter westlich, auf dem Gelände von Tanglewood Estate, lebte ab 1850 fast zwei Jahre lang der Schriftsteller Nathaniel Hawthorne mit seiner Frau Sophia in einem kleinen roten Farmhaus – heute als **Hawthorne Cottage** bekannt – das er für seine Familie gemietet hatte. Im Sommer 1850 traf Hawthorne hier Herman Melville, der ja nicht sehr weit entfernt auf seinem Anwesen Arrowhead lebte. Die beiden verstanden sich offenbar sehr gut, denn sie wurden enge Freunde und pflegten auch später noch einen regen Briefwechsel. Hawthorne schrieb hier den größten Teil seines Romans „The House of the Seven Gables".

Der Landsitz brannte allerdings ausgangs des 19. Jh. ab und wurde später nach zeitgenössischen Dokumenten und Abbildungen wieder aufgebaut. Heute dient das Haus während der Tanglewood Festivals als Musikstudio.

**SHAKER**

**Beten, arbeiten und ein Leben in Ehelosigkeit**

Shakergemeinden waren Heimat für Mitglieder der von christlichen Grundsätzen geprägten Sekte der *United Society of Believers in Christ's Second Appearing.*

*Ann Lee*, von Shakern ehrwürdig als „Mutter" bezeichnet, sahen sie in ihr doch eine weibliche Christusgestalt, hatte die Bewegung ins Leben gerufen. Sie und ihre Anhänger hatten ihre Quäkergemeinde in Manchester in England verlassen, um eine eigene Glaubensgemeinde zu gründen.

*Hancock Shaker Village, histor. Stich*

*Shaker* (to shake = schütteln, rütteln) wurden Gläubige der Sekte umgangssprachlich deshalb genannt, weil sie während der langen Meditationssitzungen, wenn sie der Geist des Glaubens erfaßt hatte, oft in Ekstase zu tanzen, zu wirbeln, zu zittern und zu beben begannen, bis sie kraftlos vor der Gemeinde zusammensanken.

Ende des 18. Jh. kamen die ersten Shaker aus England nach Amerika und hatten bald regen Zulauf aus dem großen Kreis der ins Land strömenden, nicht immer und auf Anhieb erfolgreichen Einwanderer.

Shakergemeinden fanden sich einstmals von Maine bis Kentucky. Ihre Mitglieder verschrieben sich der Maxime „bete und arbeite" oder „die Hände für die Arbeit und das Herz für Gott", wie es Mutter Ann einst selbst formuliert hatte.

Die Formen des Zusammenlebens war in den Shakerkommunen bis ins Detail geregelt, aber dennoch geprägt von sozialen und auch liberalen Grundsätzen. Einer der Grundsätze war die absolute Gleichberichtigung der Geschlechter und der Rassen in ihren Reihen – bemerkenswert in der damaligen Zeit, in der in südlicheren Landesteilen noch die Sklaverei herrschte. Alle Shaker hatten sich der Ehelosigkeit zu verpflichten und jeder Form der Aggressivität abzuschwören. Es gab kein individuelles Eigentum, keinen persönlichen Besitz. Das Geschaffene und Erworbene gehörte der Gemeinschaft, also allen Mitgliedern gleichermaßen.

Einen Höhepunkt erlebte die Shakerbewegung um 1830. Damals lebten in den einzelnen Gemeinden jeweils mehr als 300 Mitglieder. Die Gemeinden waren in mehreren Gruppen organisiert, die sie Familien nannten. Als Gemeindevorstand fungierte die sog. Church Family, eine Art Ältestenrat, der über die Geschicke der Gemeinde und über das soziale und religiöse Zusammenleben der Kommune wachte.

Die wirtschaftlichen Säulen, auf denen Shakergemeinden ihre finanzielle Unabhängigkeit gründeten, waren der Ackerbau, der Gemüseanbau, Vieh- und

Unweit westlich von Lenox liegt **Tanglewood**, Sommersitz des Boston Symphony Orchesters. Die sommerlichen Konzerte hier während des **Tanglewood Music Festivals**, das von Juni bis September stattfindet

Geflügelzucht und besonders die Milchwirtschaft und die Erzeugung von Milchprodukten. Einen anderen Schwerpunkt bildete das Handwerk. Unter den Shakern fand man Meister der Tischlerkunst, der Korbflechterei, des Spinnens und Webens. Aber auch der Handel mit Saatgut, die Zucht von Heilkräutern, die Herstellung von Arzneimitteln aus Naturprodukten u. ä. waren Gebiete, auf denen Shaker Maßstäbe setzten und gefragte Handelspartner waren. Shaker perfektionierten die Viehhaltung, kreierten eine ganz eigene, nüchterne, aber überaus zweckmäßige Architektur, sie schufen einen typischen Möbelstil und sie kultivierten eine naturbezogene Kochkunst.

Schlichtheit, Einfachheit und Effektivität waren die Maximen, nach denen Shaker ihr Tun ausrichteten. Und in vielen Bereichen ist es ihnen gelungen, diese Vorsätze zu realisieren. Gute Beispiele dafür findet man in der klaren, schlichten Innenarchitektur ihrer Gemeinschaftshäuser.

Die großen Shakerfamilien des 19. Jh. nahmen eine für die damalige Zeit nicht zu unterschätzende sozial- und gesellschaftspolitische Funktion wahr. Shakergemeinden waren immer eine Heimat für Waisen, uneheliche oder ausgesetzte Kinder oder Kinder sozial schwacher Eltern. Arbeits- und Wohnsitzlosen oder ins gesellschaftliche Abseits geratenen Bürgern waren sie ein sicherer Hafen. Dieser karitative Zug bewirkte aber andererseits, dass die Gemeinden, die ja aus den eigenen Reihen wegen des Eheverbots keinen Nachwuchs erwarten konnten, rasch wieder verlöschten, ausstarben.

Soziale Problemfälle gab es im Amerika des 19. Jh., in der Zeit der turbulenten Industrialisierung des Landes – die ja damals noch ohne jede Spur von Sozial-, Arbeitslosen- oder Krankenversicherung für die arbeitende Bevölkerung auskam – ja zur Genüge. Und wer sich dafür erwärmen konnte, sich einer Shakergemeinde anzuschließen, genoß den sozialen und gesellschaftlichen Schutz dieser Großfamilien.

Fast im gleichen Maße, wie sich der wirtschaftliche und soziale Status breiter Bevölkerungsschichten im Lande durch eine verbesserte soziale Gesetzgebung, durch das Auftreten der Gewerkschaften und anderer Faktoren besserte, sank der Zuzug neuer Mitglieder in die Shakergemeinden. Das zwangsläufige Ende der Shakerbewegung begann sich langsam abzuzeichnen.

und an denen Künstler, Dirigenten und Musiker von Weltruf teilnehmen, sind ein landesweit beachtetes Ereignis.

Sieben Meilen weiter südlich liegt an der US-7 **Stockbridge, MA** (2.400 Einw.), ein hübsches, kleines Neuenglandstädtchen, in dessen Umfeld am Fuße der Prospect Hills sich eine ganze Reihe wunderschöner Villen befindet.

Die Anfänge der Stadt reichen zurück ins frühe 18. Jh. Reverend *John Sergeant*, ein junger Yale-Absolvent hatte hier im Jahre 1734 eine Mission gegründet, in der er die damals hier ansässigen Housatonic Indianer in ihrer eigenen Sprache auf den Weg des christlichen Glaubens führen wollte. Zu Lebzeiten Sergeants war das Verhältnis zu den Indianern freundschaftlich und vertrauensvoll. Aber schon 15 Jahre später, nach dem Tode Sergeants im Jahre 1749, wendete sich das Blatt. Englische Einwanderer und Siedler drängten mit Macht und nicht ohne Aggressivität in die Gegend. Die Indianer, nun des Schutzes ihres Fürsprechers Sergeant beraubt, wurden in den kommenden Jahrzehnten langsam, aber rücksichtslos verdrängt. Dass viele der Indianer im Unabhängigkeitskrieg loyal zu den amerikanischen Revolutionstruppen gehalten und ihnen unentbehrliche Dienste als Scouts geleistet hatten, war vergessen. Mehr und mehr fühlten sich die Ureinwohner als lästige Fremde in ihrem eigenen Lande und zogen sich nach Westen bis nach Wisconsin zurück.

1878 wurde der Field Chime Tower auf dem Gelände der ehemaligen Missionsstation errichtet.

Am westlichen Ende der Main Street erkennt man einen Erdhügel mit einem Obelisken obenauf. Der Hügel diente einst als Begräbnisplatz der Housatonic Indianer, von denen in der Zeit der englischen Kolonisten nur noch als den „Stockbridge Indianern" die Rede war. In der Inschrift auf dem Denkmal heißt es denn auch: „The Ancient Burial Place of the Stockbridge Indians, Friends of Our Fathers."

Einen Hauch kleinstädtischer Nostalgie vermitteln die Häuserzeilen an der Main Street von Stockbridge, das in seinen Mauern einst Künstler und Schriftsteller wie Norman Mailer, den Maler Norman Rockwell oder den Bildhauer Daniel Chester French beherbergte.

Bemerkenswerte Gebäude an der Main Street sind **The Red Lion Inn**, eine 1773 errichtete Kutschenstation, die nach einem Feuer 1896 wieder aufgebaut wurde und noch heute als renommiertes Gasthaus in Betrieb ist, dann das sehenswerte, im Kolonialstil möblierte **Mission House** aus dem Jahre 1739, ehemaliger Wohnsitz von John Sergeant und Zentrum der Mission und schließlich das **Merwin House**, 14 Main Street, aus dem frühen 19. Jh.

**Mission House**
Ende Mai - Anf. Okt. Di. - Sa. 11 - 16 Uhr. Eintritt.

**Naumkeag** am Prospect Hill, liegt eine knappe Meile nördlich an der US-7. *Joseph Choate,* ein New Yorker Advokat, der später als amerikanischer Botschafter in London tätig gewesen war, hatte sich die stattliche Sommerresidenz ausgangs des 19. Jh. nach Plänen des damaligen Stararchitekten Stanford White errichten lassen. Besucher können heute die erlesene Möblierung und eine große Sammlung chinesischen Porzellans bewundern. Der Park des Anwesens mit Wasserspielen, Rosen- und Ziergarten und chinesischem Garten, ist nicht minder sehenswert.

**Villa Naumkeag**
Ende Mai - Anf. Okt. Di. - So. 10 - 16.15. Eintritt. Führungen im Haus.

**Berkshire Botanical Garden**, ein reizvoller Landschaftsgarten westlich von Stockbridge, findet sich an der Kreuzung SR-102/SR-183.

**Chesterwood** liegt südlich der SR-102 etwas abseits der SR-183. Das Anwesen war fast dreißig Jahre lang Sommersitz und Atelier des Bildhauers *Daniel Chester French*. Der Künstler starb hier im Jahre 1931 Zu den bekanntesten Werken Frenchs zählen die Lincoln Statue im Lincoln Memorial in Washington und die Minuteman Statue in Concord.

**Norman Rockwell Museum**
Mai - Okt. tgl. 10 - 17 Uhr, Nov. - Apr. 11 - 16 Uhr. Eintritt.

An der Straße SR-183 westlich von Stockbridge findet man das **Norman Rockwell Museum**. *Norman Rockwell* (1894 – 1978) war einer der bekanntesten Maler, Illustratoren und Zeichner seiner Zeit. Rockwells Arbeiten haben fast immer eine humorige, verschmitzte Note und zeigen nicht selten eine heile, naive Welt. Das Leben im kleinen Landstädtchen inspirierte ihn ebenso wie der familiäre Alltag des sog. „kleinen Mannes". Eines der Gemälde im Museum zeigt z. B. „Stockbridge Main Street at Christmas" im Jahre 1967.

Im Sommer, von Ende Juni bis August, ist das historische Theater von Stockbridge in der Main Street alljährlich Schauplatz des **Berkshire Theatre Festival.**

**Stockbridge**

**Praktische Hinweise – Stockbridge**

Stockbridge Area Code (Telefonvorwahl): 413

**Motels**

Motels: **The Red Lion Inn**, $$$$, 110 Zi., Tel. 298-5545, Main St., alter, traditionsreicher, vom Bustourismus stark frequentierter Gasthof, Zimmer auch in diversen Annexes, gutes **Restaurant** (Krawatte und Jackett werden erwartet), Tischreservierung sehr ratsam, Schwimmbad. Erheblich höhere Übernachtungspreise während der Konzertsaison in Tanglewood. – Und andere Motels.

➔ **Route:** Von Stockbridge führt der weitere Verlauf unserer Route über die US-7 und über **Great Barrington, MA** nach **Canaan, CT**. ●

Zu den Sehenswürdigkeiten in **Canaan** im Bundesstaat Connecticut zählt die **Canaan Union Station** aus dem Jahre 1871. Angeblich ist die Station der älteste, sich seit seiner Einrichtung ständig in Betrieb befindliche Bahnhof in Amerika. Ausflüge mit der Veteranenbahn **Housatonic Valley Railroad** sind möglich, die im Sommer zwischen Canaan und Cornwall verkehrt.

➔ **Route:** Weiterreise über die SR-63 und über die Canaan Mountains südwärts nach **Litchfield, CT**. ●

Einem umfassenden Restaurierungs- und Sanierungsprogramm, dem sich die Stadtgemeinde **Litchfield, CT** (ca. 9.000 Einw.) um die Jahrhundertwende unterzog, ist es zu verdanken, dass man Litchfield heute mit zu den hübschesten Neuengland Städtchen zählen kann. Sehenswerte Bauwerke, viele im viktorianischen Stil, sind auf diese Weise erhalten geblieben. Selbst der Common, der grüne Stadtplatz, Zentrum fast jeder alten Kolonialstadt, wurde nach alten Plänen wieder hergerichtet.

Noch zu Beginn unseres Jahrhunderts war Litchfield eine verräucherte Industriestadt mit zahlreichen Sägewerken, Papiermühlen und Schuhfabriken.

Aus Litchfield stammten der Vater von Harriet Beecher Stowe, Autorin des legendären Romans „Onkel Tom's Hütte" und ein Herr namens Benjamin Hanks, seines Zeichens Erfinder, der ein System erfand, Turmuhren mittels Windmühlenflügel wieder aufzuziehen.

Die **Litchfield Historical Society**, South und East Streets, gibt ein Faltblatt heraus, das alle alten Kolonialstilhäuser erwähnt. Da die meisten dieser Häuser in Privatbesitz sind, sind sie in aller Regel nicht für Besucher geöffnet, bis auf einen Tag im Jahr, dem *Open House Day* im Juli.

➔ **Route:** Schließlich führt der letzte Teil dieser Etappe auf der US-202 durch die sanften Hügel der Litchfield Hills in Connecticut und über **Bantam, New Milford** und **Brookfield** nach **Danbury** an der I-84. ●

**Danbury, CT** (ca. 66.000 Einw.) war die Heimat des Revolutionskriegshelden General *David Wooster.* 1777 hatten britische Truppen Feuer mit verheerenden Auswirkungen in der Stadt gelegt, um die Waffen- und Nachschubdepots zu zerstören, die amerikanische Revolutionstruppen angelegt hatten. General Wooster stellte die Briten. Es kam zur Schlacht von Ridgefield, in der David Wooster fiel. Ein Denkmal auf dem Friedhof Wooster Cemetery erinnert an den General.

Sehenswert sind das **Danbury Scott-Fanton Museum**, 43 Main Street, mit zwei historischen Gebäuden, dann das **Rider House**, das Wohnhaus aus dem späten 18. Jh. eines Zimmermanns und schließlich der **Dodd Hat Shop**, ein Hutatelier aus der Jahrhundertwende.

Danbury

**Praktische Hinweise – Danbury**

☎ Danbury Area Code (Telefonvorwahl): 203

**Greater Danbury Chamber of Commerce**, 39 West St., Danbury, CT 06810, Tel. 743-5565.

**Housatonic Valley Tourism Commission**, Box 406, Danbury, CT 06813, Tel. 743-0546.

Motels

Motels: **Best Inn and Suites**, $$, 72 Zi., Tel. 743-6701, 78 Federal Rd., I-84 Exit 7, Restaurant nahebei.

**Danbury Hilton and Towers**, $$$$, 242 Zi., Tel. 794-0600, 18 Old Ridgebury St., über I-84 Exit 2A, Schwimmbad, Sauna, Tennis, Fitnessraum, Restaurant, Konferenzeinrichtungen, Flughafentransport.

**Ethan Allen Inn**, $$$, 195 Zi., 744-1776, 21 Lake Ave., über I-84 Exit 4, Schwimmbad, Sauna, Restaurant.

**Holiday Inn**, $$$, 115 Zi., Tel. 792-4000, 80 Newtown Rd., US-6, Schwimmbad. Restaurant.

**Quality Inn of Danbury**, $$, 120 Zi., Tel. 748-6677, Newtown Rd., an US-6, Schwimmbad.

**Ramada Inn**, $$$, 180 Zi., Tel. 792-3800, über I-84 Exit 8, Schwimmbad, Restaurant. – Und andere Motels.

New York City, Ausgangspunkt der in diesem Band beschriebenen Reise durch die Neuengland Staaten, ist von Danbury, CT nur noch knapp 70 mls/112 km entfernt.

# PRAKTISCHE UND NÜTZLICHE INFORMATIONEN VON A BIS Z

## ABKÜRZUNGEN

AAA = American Automobile Association (amerik. Automobilclub)
Assn. = Association
Ave. = Avenue
Bldg.= Building
Blvd. = Boulevard
CDW =Collision Damage Waver
CT = Connecticut
Dr. = Drive
E. = East
Ft. = Fort
ft = foot, feet
Fwy. = Freeway
Hwy = Highway
I-66 = Interstate Highway Nummer 66
Jct. = Junction
MA = Massachusetts
ME = Maine
mls = miles
mph = miles per hour
Mts. = Mountains
N. = North
NH = New Hampshire
NJ = New Jersey
N.M. = National Monument
N.P. = National Park
NY = New York State
oz = ounce (Unze)
PA = Pennsylvania
Pkwy. = Parkway
Rd. = Road
RI = Rhode Island
RV's = Recreational Vehicles (Wohnmobil)
S. = South
SR-867 = State Road Nummer 867
St., Sts. = Street, Streets
St.P. = State Park
Tpk. = Turnpike
US-340 = US Highway Nummer 340
VT = Vermont
W. = West

## ANSCHRIFTEN

### Automobilclubs

**Connecticut:** *Automobile Club of Hartford*, 112 Prospect Ave., Hartford CT 06106, Tel. 203/236-5864. Mo. - Fr. 9 - 17, 30 Uhr, Do. 9 - 20 Uhr, Sa. 9 - 13 Uhr.

**Maine:** *American Automobile Association (AAA) Maine*, Lee Farm Mall, 475 Western Ave., Augusta ME 04330, Tel. 207/622-2221. Mo. - Fr. 8.30 - 17 Uhr. Sa. 9 - 13 Uhr.

**Massachusetts:** *American Automobile Association (AAA) South Central New England*, 25 Mountain Street East, Worcester MA 01606, Tel. 508/853-7000. Mo. - Fr. 9 - 17 Uhr, Sa. 9 - 13 Uhr.

**New Hampshire:** *American Automobile Association (AAA) Massachusetts/New Hampshire*, 2 Capital Plaza, Main Street, Concord NH 03302, Tel. 603/228-0301. Mo. - Fr. 8.30 - 17 Uhr.

**New York City:** *Automobile Club of New York,* Broadway at West 62nd Street, New York, NY 10023, Tel. 212/586-1166. Mo. - Sa. 8.45 - 17.30 Uhr.

**Rhode Island:** *American Automobile Association (AAA) South Central New England*, 55 Dorrance Street, Providence RI 02903, Tel. 401/272-7100. Mo. - Fr. 9 - 17 Uhr.

**Vermont:** *American Automobile Association (AAA) Vermont*, 317 River Street, Montpelier VT 05602, Tel. 802/229-0505. Mo. - Fr. 8 - 17 Uhr.

### Bus und Bahn

**Greyhound International,** 625 8th Avenue, New York, NY, Tel. 800/246-8572.

**ISTS Intercontinental Reisen**, Greyhound Ameripass, Blütenstraße 9, 80799 München, Tel. 089/27 27 10, Fax 089/27 23 700.

**Amtrak,** c/o Deutsches Reisebüro, Emil-von-Behring-Str. 6, 60439 Frankfurt/M, Tel. 069/9588-1758.

**Amtrak,** c/o Jetair Deutschland GmbH, Karlsplatz 3, 80335 München, Tel. 089/55 33 11.

**National Railroad Passenger Corporation,** Washington Union Station, 60 Massachusetts Ave., N.E., Washington, D.C. 20002.

Toll-free Reservierungs-Telefon-Nummer in USA und Kanada: 1-800-872-7245.

## Camping

**Kampgrounds of America (KOA),** P. O. Box 30558, Billings, MT 59114, Tel. 406/248-7444, Fax 406/245-9878, e-mail: camping@KOA.net.

Internet: www.koakampgrounds.com. Reservierungen von Deutschland aus unter Tel. 0800-817 42 30.

**American Safari Corp.,** 7000 SW 62nd. Av., Miami, FL 330143.

**United Safari, Inc.,** 30 N. 18th Av., Unit Nr. 9, Sturgeon Bay, WI 54235.

## Touristen Informationsbüros

**Discover New England,** Roonstraße 21, D-90429 Nürnberg, Tel. 09 11 / 92 69 113, Fax 09 11 / 92 69 301, e-mail: BussCons@aol.com

**Connecticut:**

**Connecticut Office of Tourism,** 505 Hudosn St., Hartford, CT 06106, Tel. 860/ 270-8081 oder 800/282-6863.

Internet: http://www.tourism.state.ct.us (u. a. Veranstaltungskalender, Ferienplaner, Links zu Hotels, Verkehrsmittel, regionale Touristenbüros).

**Maine:**

**Maine Publicity Bureau**, 325B Water Street, Hallowell, ME 04347, Tel. 207/623-0363 oder 800/533-9595.

Internet: www.mainetourism.com, www.visitmaine.com (u. a. Veranstaltungskalender, Links zu Hotels, Sightseeing, regionalen Touristenämtern, Restaurants).

http://www.state.me.us

**Massachusetts:**

**Massachusetts Office of Travel and Tourism**, 100 Cambridge Street, Boston, MA 02202, Tel. 617/727-3201 oder 800/ 447-6277.

Internet: www.mass-vacation.com (u. a. Veranstaltungskalender, Reiseplanung, saisonale Informationen z. B. über den Verlauf der herbstlichen Laubfärbung).

Boston: www.boston.com

Cape Cod: www.allcapecod.com

**New Hampshire:**

**New Hampshire Office of Travel and Tourism Development,** Box 1856, Concord, NH 03302, Tel. 603/271-2343 oder 800/258-3608.

Info-Telefon zur herbstlichen **Laubfärbung** (foliage): Tel. 800/258-3608, 800/ 262-6660. Internet: www.visitnh.gov

**New York:**

**New York City Convention & Visitors Bureau,** c/o Mangum Management GmbH, Herzogspitalstraße 5, 80331 München, Tel. 089 / 23 66 21 35, Fax 089 / 2 60 40 09, e-mail: newyork@mangum.de

**Rhode Island:**

**Rhode Island Department of Economic Development, Tourism Division,** 1 West Exchange, Providence, RI 02903, Tel. 401/222-2601 oder 800/556-2484.

Internet: www.visitrhodeisland.com

**Vermont:**

**Vermont Department of Tourism and Marketing**, 134 State Street, Montpelier, VT 05602, Tel. 802/828-3237 oder 800/837-6668.

Internet: www.1-800-vermont.com
www.travel-vermont.com
www.discover-vermont.com,
www.vtlife.com.

**Vermont Chamber of Commerce**, Box 37, Montpelier VT 05601, Tel. 802/223-3443. Internet: www.vtchamber.com

Weitere Informationsstellen in den Staaten Connecticut, Massachusetts, New Hampshire, Rhode Island und Vermont, wie Visitor Centers oder Chambers of Commerce, sind im Text im Info-Teil der jeweiligen Stadt angegeben.

### Internetadressen

www.campgrounds.com

www.magazinUSA.com – Veranstaltungstipps, Städte und alle Bundesstaaten mit den wichtigsten Attraktionen.

www.rvcamping.com

www.rvhome.com

www.usa.de – Infos über Staaten, Städte, Nationalparks, Restaurants und generelle Infos.

www.SeeAmerica.org

www.wetternews.de – Alles rund ums Wetter, weltweit.

### Konsularische Vertretungen

**Botschaft der Vereinigten Staaten von Amerika,** Neustädtische Kirchstr. 4 - 5, 10117 Berlin, Tel. 030/8305-0.

**Amerikanische Generalkonsulate** gibt es in Hamburg, Frankfurt, Leipzig und München.

Internet: www.usembassy.de – Seite der Amerikanischen Botschaft in Deutschland. Man findet dort umfangreiche Informationen zu nahezu allen Fragen, die im Zusammenhang mit Reisen in die Vereinigten Staaten stehen, z. B. Informationen über Einreise-, Visa- und Zollbestimmungen, aber auch Kurzinformationen über die einzelnen Bundesstaaten und vieles mehr.

**Botschaft der Bundesrepublik Deutschland,** 4645 Reservoir Road, N.W., Washington, D.C. 20007-1998; Tel. (001 202) 298-4000, 298-8140.

Konsulate in mehreren Bundesstaaten.

### Nationalparks

**U.S. Department of the Interior,** National Park Service, Room 1013, P. O. Box 37127, Washington, D. C. 20013-7127, Tel 202-208-4747.

Internet: www.nps.gov (alle Nationalparks, mit Infos über historische Hintergründe, Umwelt, Kultur, Natur etc.)

### Schiffahrtslinien

**Cunard Line,** Neuer Wall 54, 20354 Hamburg, Tel. 040/3 61 20 58.

## CAMPING

Camping oder „out-door-living" ist in den Vereinigten Staaten eine Passion und eine Freizeitbeschäftigung für Millionen von Menschen. Entsprechend der Nachfrage gibt es ein reiches und beispielhaftes Angebot an Zelten, Wohnwagen, Reisemobilen jeglicher Art und Größe, ein riesiges Sortiment an Zubehör und viele, viele Campgrounds.

Im ganzen Lande findet man weit über 20.000 Campingplätze. Sehr viele davon sind das ganze Jahr geöffnet. In Nationalparks (ca. 350 Campingplätze), State Parks und Staatswäldern (annähernd 5.000 Plätze) werden die Campgrounds von den Nationalpark- oder Forstverwaltungen eingerichtet, gepflegt und geführt. Es gibt aber auch eine große Zahl von Campingplätzen, die von privaten Personen oder Unternehmen geführten werden. Sie sind über das ganze Land verteilt. Eine nationenweit operierende, von privaten Unternehmern geführte Organisation von Campingplätzen ist KOA-Kampgrounds of America.

Generell ist es so, dass Vergleiche zwischen europäischen und amerikanischen Campingplätzen eigentlich immer hinken. Wer die Stellplatzgettos auf südeuropäischen Campinganlagen und deren Stellplatzgröße in Erinnerung hat, wird über die Ausdehnung und Platzgröße vieler Campingplätze in Amerika, und da vor allem auf den Plätzen in Nationalparks oder State Parks, große Augen machen.

Die Ausstattung der Plätze ist sehr unterschiedlich. So findet man in den Nationalparks als Sanitäranlagen oft nur Chemikaltoiletten, aber keine Duschen oder Waschgelegenheiten. Dafür werden dem Camper sehr großzügig bemessene Stellplätze (oft mit Picknickbank, teils auch mit eigener Grillstelle) in ursprünglicher Natur geboten. Viele Plätze liegen landschaftlich ausgesprochen reizvoll an einem See, an einem Fluß, in schöner Berglandschaft und so weiter. Manche abgelegene

Plätze in den Nationalparks oder State Parks haben keine Wasserversorgung. Ausreichend Trinkwasser ist also mitzubringen. Darauf wird man aber in den Besucherbüros der Parks bei der Anmeldung hingewiesen.

Die weit überwiegende Mehrzahl der privat geführten Campgrounds haben Warmduschen, WC, Gaststätte, Supermarkt, Stellplätze mit Stromanschluß, Wasserzu- und -abfluß (hook ups) und meistens auch Gasfüllstationen.

Eine Besonderheit amerikanischer Campingplätze sind die sog. „pull-through-sites". Das sind Stellplätze für große Gespanne oder Wohnmobile, die ein Rangieren überflüssig machen. Man fährt von der einen Seite in die Parzelle und an der anderen bei der Abreise ohne Rangiermanöver wieder hinaus.

Die Platzgebühren werden auf Campgrounds in Nationalparks, State Parks oder Staatswäldern pro Stellplatz berechnet, so lange nicht mehr als zwei Fahrzeuge und mehr als neun Personen auf der Parzelle untergebracht werden sollen. Die Preise in Nationalparks und vor allem in den National Forests sind recht moderat. Meist werden so um die 15 Dollar, mitunter auch um die 20 Dollar, seltener um die acht Dollar berechnet.

In State Parks ist der Aufenthalt auf den Campgrounds gewöhnlich auf 21 Tage limitiert.

Es gibt aber auch eine ganze Reihe von Campgrounds, die unentgeltlich benutzt werden dürfen. *Der Guide of Free Campgrounds* von Don Wright, der bei Cottage Publications für rund 15 Dollar erschienen ist, listet über 6.000 kostenlose Campingmöglichkeiten auf.

Stellplätze auf Campgrounds können in den meisten Nationalparks nicht vorausreserviert werden. Sie werden dann von den Rangern in der Reihenfolge der Ankunft vergeben.

In den Sommerferien sind die Campingplätze in den weltbekannten Nationalparks schon morgens um 9 Uhr voll belegt. Hier müssen Sie also schon in den frühen Morgenstunden ankommen, um sich ohne Reservierung ggf. einen Platz zu sichern. Weniger prekär ist die Situation, auch in den Sommermonaten, in den State Parks oder National Forsts.

Oft findet man auf Public Campgrounds, sprich Campingplätzen in State Park, Forest Parks u. ä., niemanden, bei dem man sich anmelden könnte. Hier ist „self-registration" angesagt. In solchen Fällen findet man am Platzeingang einen entsprechend gekennzeichneten Kasten, dem man ein Anmeldeformular mit Umschlag entnimmt. Das Formual füllt man aus (Autokennzeichen, Fahrzeugtyp, etc.), reißt den Kontrollabschnitt ab und legt es, zusammen mit der Platzgebühr, in den Umschlag. Diesen deponiert man in einem besonderen Fach in dem erwähnten Kasten am Eingang. Den Kontrallabschnitt bringt man innen sichtbar an der Windschutzscheibe an. Wenn Sie nochmals wegfahren, dann lassen Sie auf dem Stellplatz, den Sie sich ausgesucht haben, etwas zurück, einen Campingstuhl zum Beispiel, um den Platz als belegt zu markieren.

Privat geführte Campingplätze berechnen gewöhnlich zwischen 20,- und 35,- Dollar pro Tag. Auf Plätzen an beliebten Stränden können aber auch um die 50 Dollar anfallen. Gelegentlich verlangen Privatplätze an Wochenenden einen Mindestaufenthalt in der Hochsaison von 2 Tagen oder 1 Woche. Privat geführte *RV Parks* nehmen in aller Regel keine Zelte auf! Mitglieder des Amerikanischen Automobilclubs (Mitglieder deutscher Automobilklubs werden beim AAA als Gastmitglieder anerkannt) wird auf Anfrage oft eine Ermäßigung eingeräumt.

Wer lange unterwegs sein und viel campen wird, kann mit dem Campingpass „Passport America" einige Dollars sparen. Der Pass, der zuletzt knapp 40 Dollar für ein Jahr kostete, gewährt Ermäßigungen bis zu 50% auf ungefähr 500 Privatplätzen.

Einzelheiten erfährt man unter Tel. 800-681-6810, e-mail: join2save@aol.com.

Wildes Campen ist in den meisten Bundesstaaten nicht erlaubt. Es ist auch nicht empfehlenswert.

Ausführliche Campingführer halten die Büros des Amerikanischen Automobilclubs AAA bereit. Im amerikanischen Buchhandel findet man Campingführer diverser Verlage. Siehe auch unter „Anschriften".

### Hinweise über Angaben zu Campingplätzen

Die in diesem Reiseführer angegebenen Campingplätze sind in drei Kategorien – **Mindestausstattung, Standardausstattung** und **Komfortausstattung** – unterteilt. Diese Einteilung soll es ermöglichen, eine grobe Einschätzung der Ausstattung des Platzes, vor allem im Sanitärbereich, vorzunehmen.

**Mindestausstattung** findet man in der Regel nur auf Campingplätzen in State Parks, die von den Parkverwaltungen des jeweiligen Bundesstaates geführt und beaufsichtigt werden.

Mindestausstattung soll andeuten, dass im Sanitärbereich lediglich Toiletten, oft nur Trockentoiletten, und keine weiteren Sanitäreinrichtungen (wie Duschen) oder Strom- und Wasseranschlüsse (hook ups) für Caravans und RV's vorhanden sind. Auch Einkaufs- oder Verpflegungsmöglichkeiten dürfen dann nicht erwartet werden.

**Standardausstattung** soll andeuten, dass im Sanitärbereich Spültoiletten (zumindest teilweise), wenigstens Kaltduschen (evtl. einige Warmduschen) und sog. Disposal Stations zur Entsorgung der Abwasser- und Toilettentanks von Wohnmobilen vorhanden sind. Hook-ups für Wasserzu- und -abfluß, Stromanschlüsse für RV's. Einkaufs- und Essensmöglichkeiten sind in der Regel nicht vorhanden.

**Komfortausstattung** steht für die Ausstattung (abgesehen von Sauberkeit und Funktionstüchtigkeit), die auf vielen privat geführten Campinganlagen geboten wird. Erwartet werden können WC's, überwiegend Warmduschen, zumindest für einen Teil der Stellplätze Anschlüsse für Strom, Wasser, gelegentlich Abwasser, oft Münzwäschereien, Entsorgungseinrichtungen für RV's (Disposal Station), Laden, Gasfüllstation, Kinderspielplatz, oft Schwimmbad, seltener Tennisplatz.

In aller Regel kostet die Benutzung der Wasser- und Stromanschlüsse, gelegentlich auch der Warmduschen, natürlich die der Waschmaschinen und anderer Sondereinrichtungen eine Extragebühr.

Beim Betreiben der bordeigenen Standklimaanlage oder Elektroheizung wird oft ein Zuschlag zur Stromgebühr berechnet.

Mit Mietbungalows sind „Kamping Kabins" auf KOA-Kampgrounds gemeint.

## EINREISEBESTIMMUNGEN

### Persönliche Dokumente

Zur Einreise in die Vereinigten Staaten von Amerika benötigen Sie einen Reisepaß, der noch mindestens bis zum Rückflugdatum (besser bis 6 Monate über das Reiseende hinaus) gültig sein muß. Neuere Reisepässe der ehemaligen DDR werden anerkannt, sofern sie zwei Buchstaben vor der Seriennummer besitzen. Anerkannt werden auch Kinderausweise mit und ohne Lichtbild, sofern die Kinder eindeutig als deutsche Staatsbürger ausgewiesen sind.

Seit 1989 ist der Visumzwang für Bürger der Bundesrepublik Deutschland (auch Schweiz, Österreich und eine Reihe weiterer Staaten) aufgehoben, wenn der Aufenthalt in den USA als Tourist oder Geschäftsreisender 90 Tage nicht überschreitet. Man muss aber über einen Rückflugschein oder ein weiterführendes Reisedokument (das weiterführende Reisedokument, sprich Ticket, darf aber nicht in Kanada, Mexiko oder der Karibik enden) und das ausgefüllte und unterschriebene Einreiseformular I-94W (Nonimmigrant

Visa Waiver Arrival/Departure Form, wird auf dem Hinflug von der Fluglinie verteilt) verfügen. Und die Einreise in die USA muss mit einem Transportunternehmen geschehen, das vertraglich an das Programm zur Visumsbefreiung angeschlossen ist. So gut wie alle Linien- und Charterfluggesellschaften, die die Transatlantikstrecken bedienen sind diesem Abkommen angeschlossen.

Die Landeinreise von Mexiko und Kanada aus in die Vereinigten Staaten ist für einen Aufenthalt von bis zu 90 Tagen ohne Visum möglich. An den Grenzen muss der Einreisende nachweisen, dass er über genügend finanzielle Mittel verfügt, um den gesamten USA-Aufenthalt und die Rückreise bezahlen zu können. Bei Einreise aus Kanada und Mexiko wird an der Grenze eine Gebühr von sechs U. S. Dollar erhoben.

In allen anderen Fällen (z. B. Praktikum, Studium, Schüleraustausch, Au-Pair-Aufenthalt u. a.) und bei einem Aufenthalt von mehr als 90 Tagen ist nach wie vor ein Visum nötig. Außerdem sind gewisse Personenkreise von der Visumbefreiung ausgenommen. Die Konsulate und das Amerikanische Fremdenverkehrsamt halten Listen bereit.

Details über die Erlangung eines Visums erfährt man vom Visa Informationsdienst (Tonband): Tel. 019-270 789 (gebührenpflichtig) oder vom Visa Informationsdienst (Live Service): Tel. 0190-88 22 11 (gebührenpflichtig).

☑ *Mein Tipp!* Notieren Sie sich die Nummer Ihres Reisepasses oder machen Sie sich eine Fotokopie der Bildseite und bewahren Sie diese getrennt vom Paß auf. Diese Unterlagen können nach evtl. Verlust des Passes bei der Wiederbeschaffung hilfreich sein.

Vor der Einreise muß die weiter oben schon erwähnte Einreisekarte I-94W ausgefüllt werden. Sie erhalten sie im Flugzeug. Bei der Paßkontrolle werden Sie vom Einreisebeamten nach dem Zweck Ihrer Reise und nach der Aufenthaltsdauer gefragt. Entsprechend Ihrer Angabe legt der Beamte das Ausreisedatum fest, das im I-94W Formular notiert wird. Ein Teil des Einreiseformulars I-94W wird in ihren Paß geheftet. Sie müssen es bei der Ausreise zusammen mit ihrem Flugschein wieder vorzeigen. Also nicht verlieren!

Wenn Sie nicht durch den Flugtarif an ein festes Rückreisedatum gebunden sind, geben Sie ruhig ein paar Tage mehr als vorgesehen als Aufenthaltsdauer an. Denn sollten Sie Ihren Aufenthalt über die vom Einreisebeamten eingetragene Aufenthaltsdauer ausdehnen, können bei der Ausreise erhebliche Schwierigkeiten auftreten.

### Einfuhr von Kraftfahrzeugen

Ausländische Touristen dürfen ihr privates Kraftfahrzeug vorübergehend (höchstens 1 Jahr lang) zollfrei in die Vereinigten Staaten von Amerika einführen, sofern es für ihren eigenen Gebrauch während des Aufenthalts vorgesehen ist.

Eine für die USA gültige Haftpflichtversicherung ist notwendig. Da sie in den Staaten gewöhnlich nur nach längerer Lauferei für nicht in den USA Ansässige zu erhalten ist, sollte sie schon im Heimatland vor der Abreise abgeschlossen werden!

Wer daran denkt, sein aus Deutschland mitgebrachtes, zollfrei eingeführtes Auto nach der Reise in den USA zu verkaufen, sollte mit einem US-Exportmodell einreisen. Denn alle Autos, die nach dem 1. Januar 1968 gebaut worden sind und in Amerika zugelassen werden sollen, müssen den „United States Motor Vehicle Emissions and Safety Standards" entsprechen. Ausländische Fahrzeuge müssen also umgerüstet werden. Entspricht das Auto obigen Vorschriften, muß es vor Abschluß des Verkaufs beim nächstgelegenen Zollamt verzollt werden. Zum Verkauf sind nötig: Ein vom Hersteller ausgestellter Fahrzeugschein, Kraftfahrzeugbrief oder Originalrechnung.

Internationale Zulassung (Zollnummer) ist empfehlenswert (hohe Kaution bei der Einfuhr!). Seit 1. 7. 1988 gelten für privat eingeführte Kfz, die nicht den amerikanischen Abgasvorschriften („Clean Air Act") entsprechen, sehr strenge Vorschriften. Sollen Autos, die dieser Abgasvorschrift nicht entsprechen, von Privatpersonen in den USA verkauft werden, können sie seit Juli 1988 nur noch in Zusammenarbeit mit einem lizensierten Importeur (independent commercial importer) eingeführt werden, der auch die kostenaufwendige Umrüstung auf US-Norm durchführt. Die Umrüstung muß innerhalb von vier Monaten der „Environment Protection Agency" gemeldet werden!

Es empfiehlt sich dringend, sich hier besonders sorgfältig und rechtzeitig vorher beim Konsulat und den Automobilclubs zu informieren!

### Haustiere

Für Haushunde und Katzen ist eine Gesundheitsbescheinigung notwendig, die bestätigt, dass das Tier keine auf den Menschen übertragbare Krankheiten hat. Ausgenommen sind junge Hunde und Katzen, die weniger als drei Monate alt sind.

Für Hunde wird zudem eine gültige Bescheinigung über eine Tollwutimpfung verlangt.

Es empfiehlt sich, sich sehr rechtzeitig nach den neuesten Stand der Bestimmungen erkundigen.

### Zollbestimmungen (Auszug)

Eine Zollerklärung ist schriftlich auf einem Formular abzugeben, das in aller Regel während des Fluges zusammen mit der vorher erwähnten Einreisekarte ausgeteilt wird.

Wer seinen Wohnsitz außerhalb der Vereinigten Staaten hat, kann folgende Artikel zoll- und steuerfrei einführen (pro Person): 1 Liter Spirituosen oder Bier oder Wein (nur Reisende über 21 Jahren), 200 Zigaretten oder 50 Zigarren oder 2 kg Tabak; Geschenke bis zu einem Gesamtwert von 100 Dollar.

Es gibt keine Obergrenze für die Gesamtmenge an ausländischen Zahlungsmitteln, die Sie in die USA ein- oder ausführen dürfen. US-Dollars allerdings, in bar oder in Schecks, sind nur bis zu einer Summe von $ 10.000 deklarationsfrei. Für Beträge darüber hinaus ist eine Devisenerklärung nötig.

Sind Sie gezwungen von zu Hause Medikamente mitzubringen, auf die Sie während der Reise angewiesen sind, die aber abhängig machende Stoffe oder Betäubungsmittel enthalten, müssen Sie ein Rezept, eine schriftliche Aussage Ihres Arztes oder einen entsprechenden Nachweise mit sich führen, der diese Notwendigkeit bescheinigt.Autos, Motorräder, Wohnwagen und andere Fahrzeuge dürfen vorübergehend eingeführt werden. Es gelten dazu besondere Bestimmungen.

Handfeuerwaffen und Munition, die für die genehmigte Jagd oder gesetzlich erlaubte sportliche Zwecke bestimmt sind, können unter bestimmten Voraussetzungen eingeführt werden.

Einreise- und Zollbestimmungen (z. B. Freimengen) können Änderungen unterliegen. Erkundigen Sie sich vor Abreise unbedingt nach dem aktuellen Stand!

## ESSEN UND TRINKEN

Dem Reisenden in den Vereinigten Staaten wird es wahrlich leicht gemacht, für sein leibliches Wohl zu sorgen. Buchstäblich an jeder Ecke trifft er auf **Coffee Shops**, einfache **Restaurants**, **Snack-Bars**, Imbissstuben, die oft spezialisiert sind auf Hähnchen (fried chicken), Fischgerichte oder Pfannkuchen (pancakes).

Und natürlich trifft man grundsätzlich überall auf das amerikanische Nationalgericht, den Hamburger, der sich oft hinter phantastisch klingenden Namen wie Kingsizeburger, Doubledecker, Trippledecker, Beefburger, Cheeseburger u. ä. verbirgt, die, wollte man sie alle aufzählen, noch einige Zeilen in Anspruch nehmen würden. Natürlich findet man allerorten auch **Steak-Houses**, die aber Gerichte unterschiedlicher Qualität anbieten im Gegensatz zum Hamburger, der überall gleich schmeckt.

**Steaks** werden *rare* (rosé, innen noch kalt und roh, nur kurz angebraten), *medium* oder *medium-rare* (länger gebraten, innen warm, aber noch roh) oder *well done* (ganz durchgebraten, wodurch gutes, zartes Steakfleisch immer leidet) gebraten. Man gibt die gewünschte Garstufe bei der Bestellung an. Zum Steak nimmt man gewöhnlich eine dieser großen, wohlschmekkenden, in Alufolie gebackenen Idaho-Kartoffeln *(baked potatoes),* die aufgerissen und mit saurem Rahm *(sour cream)* und etwas gehacktem Schnittlauch gefüllt, serviert werden. Dazu gehört eine gehörige Portion des saftigen, knackigen Eisbergsalates (oft Selbstbedienung an der riesigen *salad-bowl*, der Salatschüssel) mit einer aromatischen Salatsauce *(dressing).* Die Auswahl ist hier groß. Fast überall werden angeboten: Thousand-Island-Dressing, French-Dressing und Roquefort-Dressing.

In den Regionen der Westküste und natürlich auch in den Küstenorten Neuenglands werden köstliche Fischgerichte serviert, darunter eine große Auswahl von Schalentieren. Maine-Lobster, Hummer aus Maine ist z. B. eine kulinarische Spezialität an der Ostküste.

Sehr häufig werden Gaststätten von Unternehmensketten betrieben. Ihre Filialen, die sich gleichen, wie ein Ei dem anderen, sind über die gesamten USA verstreut und ufern seit geraumer Zeit auch nach Europa aus.

Beginnt man also am Anfang der Reise die Speisenfolge eines dieser Unternehmen zu probieren, kennt man spätestens nach einer Woche die Speisekarte in- und auswendig. Und weil das Speiseangebot zwischen der einen Kette und der anderen sich oft nur im Namen der Gerichte unterscheidet, kommt man bald auf den Gedanken, einmal „gut" essen zu gehen. Da wird es schon etwas schwieriger und vor allem teurer. Am besten erkundigt man sich von Fall zu Fall im Hotel oder Motel nach Speiselokalen gehobenen Standards oder nach Spezialitätenrestaurants.

Bei dem Versuch, dem „american way of dining" zu entgehen, findet man in den sog. „ethnic restaurants" meist eine willkommene Abwechslung. Damit sind Restaurants mit chinesischer, italienischer, griechischer, spanischer, japanischer, indischer, thailändischer etc. Küche gemeint.

In allen Snack Bars, Cafeterias, Delicatessen Shops, Drugstores (ja, auch da kann man essen), einfachen Restaurants und Coffee Shops ist man darauf bestens vorbereitet, dass alle Speisen auch mitgenommen werden können. Viele Gaststätten haben einen eigenen „take-away-counter" dafür. Andere sind von vorneherein darauf ausgerichtet und bieten nur bescheidene Sitzmöglichkeiten zum Verzehr der Speisen an Ort und Stelle. Den Autoreisenden wird interessieren, dass vor allen Lokalen reichlich Parkfläche vorhanden ist.

**Please wait to be seated!** Der gute Brauch, dass man vom Oberkellner an den Tisch begleitet wird, ist bei uns nur noch in Lokalen der obersten Kategorie üblich. In den USA hingegen ist das eine Gepflogenheit, die selbst im kleinsten Restaurant noch beherzigt wird. Der Amerikaner wird am Eingang zum Speiseraum immer erst etwas warten, um zu sehen, ob er von einer „hostess" an den Platz geführt wird oder ob er selbst seinen Tisch auswählen kann. Meist finden Sie im Eingangsbereich ein Schild „Please wait to be seated". Hält man sich nicht an diese Spielregeln, darf man sich nicht wundern, deswegen von der Bedienung angesprochen zu werden. Obiges gilt übrigens nicht für die Plätze am Tresen (counter).

In aller Regel führt eine Dame, die nicht selten bereits den Kaffeetopf in der Hand hat, den Gast an den Platz und wird unweigerlich gleich die Tasse Kaffee füllen, wenn man sie nicht ausdrücklich davon abhält. Das früher genauso obligatorische Glas Wasser, randvoll mit Eisstücken gefüllt, scheint seltener zu werden.

Hat man seine Mahlzeit beendet, wird man seine Rechnung (cheque) verlangen und an der Kasse (cashier), nicht bei der Bedienung, bezahlen. Üblicherweise ist im Rechnungsbetrag kein Bedienungsgeld (service charge oder gratuitie) enthalten! Vom Gast wird ein Bedienungsgeld mit Trinkgeld (tip) von 15% erwartet, außer im Selbstbedienungsrestaurant natürlich. Siehe auch unter „Trinkgelder“ weiter unten.

Ausgesprochenen **Essenszeiten** gibt es in den USA eigentlich nicht. Anders als in Frankreich oder in Spanien etwa, wo vor 20 Uhr kaum ein Abendmenü zu bekommen ist, oder bei uns, wo es schon eine Ausnahme bedeutet, wenn man in einem Hotel um 11 Uhr noch ein Frühstück bekommt, sind in den Vereinigten Staaten viele Restaurants und Coffee Shops (wie z. B. Denny's oder IHOP International House of Pancakes) oder Lokale entlang der Ausfallstraßen der Städte 24 Stunden lang geöffnet.

Die Tischzeiten für Frühstück, Mittagessen und Abendessen gehen fließend ineinander über. Üblich ist es, zwischen 7 Uhr und 10 Uhr zu frühstücken (*breakfast*, das Angebot ist da äußerst reichhaltig), von 12 Uhr bis 14 Uhr zu Mittag zu essen *(lunch)* und zwischen 18 Uhr und 21 Uhr sein Abendessen (*dinner*, noch später *supper*) einzunehmen. Auf dem flachen Lande sollte man sich früher nach seinem Abendbrot umsehen. Die Eßlokale könnten ab 20 Uhr schon geschlossen sein. Coffee Shops und Snack Bars sind aber auch dort länger geöffnet.

**Mein Tipp!** Um die Reisekasse etwas zu schonen: Man findet Restaurants – auch der mittleren und oberen Preiskategorie und auch Hotelrestaurants – die sog. **„Early Bird Menues“** anbieten. Das sind vollwertige Gerichte von der Karte des Hauses oder auch Tagesspezialitäten, die in den Stunden vor dem großen Gästeansturm, etwa zwischen 17 Uhr und 18 Uhr, zu einem ermäßigten Preis angeboten werden. Das gleiche Gericht kostet danach oft wesentlich mehr.

Normale Eßlokale mittlerer Kategorie, wie man sie als Reisender wohl am häufigsten frequentiert, sind nicht immer Orte der Gemütlichkeit. Oft sind sie zweckmäßig und nüchtern, so wie der Amerikaner im Alltag zweckmäßig und nüchtern mit seinen Mahlzeiten umgeht. Besonders der Lunch ist für viele nur ein Moment des Ausruhens, der gleich dazu genutzt werden kann, das Hungergefühl zu stillen.

Wer in der beneidenswerten Lage ist und mit einem Wohnmobil in den Neuengland Staaten unterwegs sein kann und sich dabei selbst versorgt, findet auf seiner Reise überall ein hervorragendes und kaum Wünsche offen lassendes Angebot an Nahrungsmitteln in Shopping Centers und **Supermarkets.** Dort erhält man in der Regel auch Bier und leichte Alkoholika (Wein).

Die Auswahl an alkoholfreien Getränken (soft drinks) ist groß. Dennoch wird der Amerikaner in jeder Lebenslage sein geliebtes Coke oder einen Milk-Shake allen anderen vorziehen.

Alkoholische Getränke, ob Bier, Wein, Sekt oder stärkere Sachen, werden nur in Gaststätten mit besonderer Lizenz serviert. Gewöhnlich zählen Imbissstuben, Cafeterias und zahlreiche Restaurantketten nicht dazu. Alkohollizenzen haben in der Regel Hotels und die Eßlokale einiger Motels.

Wie schon gesagt, kann man im Supermarkt ein „six-pack“ Bier mitnehmen (Gebinde zu sechs Dosen oder Fläschchen). Man bekommt es auch in den „liquor stores“, besonders autorisierten Geschäften, in denen auch alle anderen Arten von Alkoholika zu haben sind.

Der Alkoholverkauf ist an Sonn- und Feiertagen in vielen Staaten eingeschränkt oder ganz verboten. Auch ist das Alter, ab dem alkoholische Getränke genossen werden dürfen, von Bundesstaat zu Bundesstaat verschieden.

## HUMMERBREVIER

Einen Hummer (Lobster) zu genießen, zählt mit zu den schönen Dingen auf einer herbstlichen Neuenglandreise. Leider steht vor dem Genuß eine kleine Hürde. Wie kommt man am geschicktesten an das köstliche Hummerfleisch? Wenn Sie nicht ein Gericht bestellen, bei dem das Hummerfleisch bereits ausgelöst ist, wie z. B. beim Hummer Termidor, bekommen Sie das Tier nämlich als Ganzes serviert, also nicht zerlegt. Die harten Schalen des Leibes, des Schwanzes und der Hummerscheren müssen zuerst von einander getrennt und geknackt werden. Wohl werden Spezialbestecke wie Hummerzange und Hummergabel, Halsserviette und Fingerschale mit angereicht, aber ein paar Tips zur Vorgehensweise beim Zerlegen des Tieres können helfen, das Hummergericht zu genießen, ohne sich danach umziehen zu müssen.

Hummer natur wird in aller Regel nur mit zerlassener Butter serviert. Dazu paßt gut ein frischer, trockener Weißwein. Ein schon fast klassischer Hummerwein ist der Chablis.

Mit Messer, Gabel und Zange kommen Sie zunächst nicht weit. Scheuen Sie sich also nicht, beim Hummeressen kräftig mit den Fingern zuzulangen. Legen Sie sich Servietten zurecht!

1. Drehen Sie mit den Händen die kräftigen Scheren des Hummers vom Rumpf des Tieres.

2. Knacken Sie die Schalen der Scheren mit der einem Nußknacker nicht unähnlichen Hummerzange. Brechen Sie die Scheren auf. Auch dabei werden Sie ihre Finger zu Hilfe nehmen müssen. Nun endlich können Sie das erste Hummerfleisch genießen.

3. Als nächstes nehmen Sie den Rumpf des Tieres in die eine Hand, möglichst so, dass die Beine des Hummers noch oben zeigen und brechen mit der anderen Hand den meist etwas eingerollten Hummerschwanz nach unten weg. Auf Anhieb gelingt das selten. Ein paar mal hin und her biegen und der Schwanz löst sich.

4. Biegen Sie noch die Schwanzflosse ab.

5. Nun können Sie das Hummerfleisch relativ bequem mit der Gabel auslösen und genießen.

6. Im Grunde war's das schon fast. Aber Spezialisten brechen jetzt noch den Brustkorb des Tieres auf und entnehmen die grünlich aussehende Masse der Leber, die viele als Delikatesse preisen.

7. Schließlich nehmen Sie sich noch die Beine des Hummers vor. Drehen Sie sie vom Rumpf ab, knacken Sie sie mit der Zange etwas auf und saugen Sie sie aus.

Guten Appetit.

Um einen Hummer zu kochen nehmen Sie einen großen Topf, füllen Sie ihn mindestens eine, zwei Handbreit mit Wasser und bringen Sie das Wasser zum kochen bis es sprudelt. Nun nehmen Sie den Hummer mit Daumen, Mittel- und Zeigefinger am Rückenpanzer. Halten Sie das Tier von sich weg. Es könnte mit dem Schwanz schlagen und Sie mit siedendem Wasser bespritzen. Lassen Sie den Hummer, Kopf voran, ins Wasser gleiten.

Der Hummer ist gar gekocht, wenn sich die krustige Schale vollkommen rot verfärbt hat. Bei einem kleinen Hummer dauert das so um die 10, bei größeren Tieren 15 bis 20 Minuten.

## FEIERTAGE

**New Years Day** (Neujahrstag): 1. Januar.

**Martin Luther King's Day** (Geburtstag von Martin Luther King): 3. Montag im Januar.

**Presidents Day** (zu Ehren der Geburtstage der Präsidenten Abraham Lincoln und George Washington): 3. Montag im Februar.

**Patriot's Day** (Tag der Patrioten): Dritter Montag im April. Staatsfeiertag nur im Bundesstaat Massachusetts!

**Memorial Day** (Heldengedenktag): Letzter Montag im Mai.

**Independence Day** (Jahrestag der Unabhängigkeitserklärung): 4. Juli.

**Labor Day** (Tag der Arbeit): Erster Montag im September.

**Columbus Day** (Tag des Kolumbus): Zweiter Montag im Oktober, in manchen Staaten am 12. Oktober.

**Veteran's Day** (Tag der Kriegsveteranen): Vierter Montag im November, in manchen Staaten am 11. November.

**Thanksgiving Day** (Erntedankfest): Vierter Donnerstag im November.

**Christmas Day** (erster Weihnachtsfeiertag): 25. Dezember.

## HOTELS, MOTELS UND ANDERE UNTERKÜNFTE

**Hotels** in der üblichen Art findet man in den großen Städten und dort wieder in den Zentren, was Reisende mit Bus, Bahn oder Flugzeug interessieren wird, oder in Ferienzentren.

Fast alle Hotels haben ein Restaurant oder zumindest einen Coffee Shop. Die Zimmer sind in der Regel mit Dusche und/ oder Bad, Toilette, Warm- und Kaltwasser, reichlich Handtüchern, Badetüchern und Seife, Klimaanlage, Farbfernsehgerät (manchmal mit Radio) und Telefon, neuerdings auch mit Fax- und/oder PC-Anschluß ausgestattet.

Über das Telefon kann man so angenehme Einrichtungen wie *„room service"* (Zimmerkellner), *„laundry service"* (Wäscherei, Reinigung) und *„maid service"* (Zimmermädchen) bestellen. In den größeren Häusern findet man weiter Damen- und Herrenfriseur, Bars, Reisebüros, Autovermietung, Kartenvorverkauf, Geschäfte, Konferenzräume etc. Viele Hotels bieten Swimmingpools und Fitnesseinrichtungen.

In den Zimmerpreisen ist fast nie ein Frühstück eingeschlossen.

Viele Hotels, besonders große Häuser, bieten als Service das sogenannte **„valet parking"** an. Das Auto wird dann von einem Bediensteten in die Hotelgarage oder auf einen hoteleigenen Parkplatz gefahren. Manche Stadthotels haben für amerikanische Verhältnisse wenig Parkmöglichkeiten für Autofahrer.

Gepäckträgerdienste *(bellboy service)* findet man nur noch in größeren Hotels, nicht in Motels. Der gängige Trinkgeldsatz für den Bellboy ist etwa ein Dollar pro Gepäckstück.

Beherbergungsbetriebe wechseln keine ausländischen Devisen und akzeptieren außer Reiseschecks *(traveller's checks)* keine Schecks. Kreditkarten werden aber fast immer angenommen.

**Motor Hotels** bieten ähnlichen Komfort wie Hotels, können aber in der Regel noch mit Freizeiteinrichtungen wie Swimmingpool, Sauna, Billardsaal oder ähnlichem aufwarten. Vor allem aber bieten sie reichlich Parkmöglichkeiten für Automobilisten. Die Preise sind mit denen von Hotels zu vergleichen.

Auch bei den Motor Hotels verstehen sich die Zimmerpreise gewöhnlich ohne Frühstück. Allerdings gehen in jüngster Zeit einige Motel- und Hotelketten dazu über, Ihren Gästen ein kostenloses Continental Breakfast (Frühstück mit Kaffee, Tee, Milch, Cerealien, Yoghourt, Gebäck, Toast, Marmelade, Obst) anzubieten.

**Motels** sind die Art von Beherbergungsbetrieben, die in Amerika am häufigsten und allerorten anzutreffen sind. Normalerweise findet man sie an den Ein- und Ausfallstraßen der Orte. Es sind gewöhnlich ein- bis zweistöckige Gebäude mit Kapazitäten von 10 bis 400 Zimmern.

Natürlich variiert die Ausstattung und der Komfort der Zimmer, aber mit Bad oder Dusche, WC, Warm- und Kaltwasser, reichlich Handtücher und Seife, Klimaanlage, Fernsehapparat und mit recht guter Sauberkeit kann fast überall gerechnet werden.

Viele Motels bieten einen Swimmingpool an, die allerwenigsten verfügen über ein Restaurant. Dafür befindet sich fast immer eine Gaststätte in unmittelbarer Nähe des Motels. Zudem findet man in nahezu jedem Motel Getränke-, Eiswürfel- und Waschautomaten.

Kennzeichnend für die Motels aber sind die reichlichen Parkplätze direkt am

Haus. Der Reisende kann in aller Regel mit dem Auto bis vor die Zimmertür fahren. Pagen oder Gepäckträger gibt es nicht.

Die meisten Motels zeigen durch ein Schild oder eine Leuchtschrift an, ob noch Zimmer zu haben sind. Das geschieht mit den unterschiedlichsten Begriffen. Gewöhnlich wird mit dem Wort *„vacancy"* signalisiert, daß noch Zimmer frei sind, *„no vacancy"* deutet an, daß alles belegt ist. Man kann aber auch *„welcome"* und *„sorry"* oder kurz und bündig *„yes"* oder *„no"* lesen.

**Die Zimmer:** Fast alle Motels bieten „twin-bedded rooms" (Doppelzimmer mit zwei französischen Betten) und „double rooms" (Doppelzimmer mit einem französischen Bett) an. Man kann einige Dollars sparen, wenn man zu zweit einen double room mietet, der oft etwas preisgünstiger als ein twin-bedded room ist und ja auch schon Platz für zwei Personen bietet, wenn auch nicht so bequem. Die Preise dafür werden oft mit „one bed two persons" bezeichnet.

Die Zimmerpreise sind je nach Standard und Lage des Hauses unterschiedlich und reichen von ca. 40,- Dollar bis weit über 200,- Dollar.

**Motor Inns** sind eigentlich große Nobelmotels. Sie bieten zu den Standardeinrichtungen eines Motels besser ausgestattete Zimmer, Restaurant, Coffee Shop, Bar, Konferenzräume, Zimmerservice und viel Parkplatzfläche direkt beim Haus.

Es gibt Unternehmensketten, die in fast allen größeren Städten von der Ostküste bis an die Westküste ihre Häuser haben. Andere Motelketten sind nur regional vertreten.

Motels oder Motor Inns einer Kette gleichen sich außen wie innen wie ein Ei dem anderen. Kennt man also einmal ein Zimmer, weiß man schon, was einen bei einer weiteren Übernachtung in einem Haus derselben Unternehmensgruppe erwartet. Der Qualitätsstandard ist innerhalb einer Kette gleichgehalten. Dieser Umstand kommt dem reisenden Touristen sehr zugute, da er sich am Abend nicht erst lange eingewöhnen muß. Einmal zu Hause, überall zu Hause.

Zur gehobenen Klasse der Motels oder Motor Inns zählen die Häuser von Best Western, Holiday Inn, Ramada Inn, Hilton Inn, Marriott Court Yard, Residence Inn, Hampton Inn u.a. Gute Mittelklasse sind Howard Johnson's, Quality Inn, Travelodge, Comfort Inn, Days Inn, La Quinta, u. a.

Recht günstige Raten bieten u. a. Motel 6, Econo Lodge oder Super 8 Motels.

In ausgesprochenen Sommer- oder Winterferiengebieten findet man noch zwei weitere Arten von Herbergen:

Die **Lodge** ist ein im ländlich-rustikalen Stil gehaltenes Hotel oder Motor Hotel mit Restaurant und Getränkelizenz. Lodges findet man z. B. in den Nationalparks.

**Resort Hotels**, Resort Motels, Resort Motor Hotels, Resort Motor Inns sind Häuser mit Ferien- oder Freizeitatmosphäre und befinden sich in aller Regel in reizvoller Landschaft außerhalb von Städten oder Ballungsgebieten. Die oft weitläufigen Anlagen des Komplexes bieten vielfältige Möglichkeiten zu sportlicher Betätigung wie Tennis, Golf oder Fischen. Hier wird oft ein Mindestaufenthalt von mehreren Tagen verlangt. Die nicht geringen Preise entsprechen dem in der Regel hohen Standard des Hauses. American Plan (Vollpension) ist obligatorisch. In allen eingangs erwähnten Hotel- und Motelarten hingegen ist European Plan (Garni, ohne Frühstück) üblich.

Auch so etwas wie Ferien auf dem Bauernhof gibt es in den Vereinigten Staaten. **Dude-Ranches** (Gäste- oder Familienranches) bieten Zimmer für Feriengäste an. Hier kann man mit etwas Phantasie noch Cowboyromantik schnuppern. Und natürlich gibt es viel Gelegenheit zum Reiten. Interessenten wenden sich an die Verkehrsämter der einzelnen Bundesstaaten.

Eine preiswerte Variante der Unterkunftsmöglichkeiten ist, in sog. **B+B-Häusern** zu wohnen.

B+B steht für **Bed and Breakfast** und bezeichnet Unterkünfte in kleinen, privat geführten, familiären Häusern. B+B findet man selten auf dem flachen Land, eher in großen Städten. Das Angebot ist vielfältig und qualitativ unterschiedlich.

B+B-Unterkunftsverzeichnisse gibt es in aller Regel in den Visitor Centers oder bei den Chambers of Commerce der Städte.

### So reservieren Sie Ihr Hotel- oder Motelzimmer

Alle Motelketten bieten einen kostenlosen **Reservierungsservice** innerhalb ihres Unternehmensbereiches an. Hat man sich einmal für eine Motelkette erwärmt (und für deren Preise), kann man sich quasi telefonisch von Haus zu Haus weiterreichen lassen.

Falls Sie länger im voraus, z. B. schon von zu Hause aus, ein Hotelzimmer reservieren, lassen Sie sich die Reservierung unbedingt schriftlich, etwa per Fax, bestätigen. Achten Sie darauf, dass die Bestätigung das genaue Datum (Ankunftstag und Abreisetag) wiedergibt, für das Sie gebucht haben, die Art des Zimmers genau definiert ist (z. B. Doppelzimmer mit zwei Betten, Nichtraucher, keine Verbindungstür u. ä.) und natürlich ein Preis inklusive aller Steuern und Abgaben bestätigt wird. Angegeben sollten auch sein, bis wann die Zimmerreservierung ohne Kosten wieder gestrichen werden kann und ab wann bei Stornierungen Gebühren in welcher Höhe entstehen. Oft erhalten Sie mit der Bestätigung eine Reservierungsnummer. Sie ist bei der Suche nach Ihrer Reservierung bei Ankunft, bei Umbuchung oder bei Stornierung hilfreich und notwendig.

An- oder Vorauszahlungen werden gewöhnlich problemlos zurückerstattet, wenn die Reservierung spätestens 48 Stunden vorher annulliert wird. Sollten Sie es versäumen Ihre Reservierung rechtzeitig wieder zu annullieren, liegt es im Ermessen des jeweiligen Hauses, ob eine Streichungsgebühr (cancellation fee oder handling fee) berechnet wird.

Manche Hotels in stark frequentierten Feriengebieten (z. B. Insel Nantucket) verlangen in Zeiten der Hochsaison ggf. die Vorauszahlung des kompletten Zimmerpreises für die erste Nacht, die bei Nichtinanspruchnahme der Reservierung *nicht* erstattet wird! Und ohne Vorauszahlung keine Reservierungsbestätigung!

Wenn Sie unterwegs Ihre Hotel- oder Motelzimmer selbst reservieren, sollten Sie an folgendes denken:

Hundertprozentig sicher ist dem Reisenden das Zimmer, wenn er im voraus bezahlt hat (pre payment). Und fast hundertprozentig sicher ist die Buchung, wenn Sie bei der Reservierung Ihre Kreditkartennummer angeben. Nehmen Sie die Reservierung dann nicht wahr, wird Ihnen der Übernachtungspreis aber auch ohne viel Federlesen belastet.

Bestellt man einfach telefonisch vor (ohne Angabe der Kreditkartennummer), sollte man unbedingt vor 18 Uhr eintreffen. Ansonsten wird die Reservierung gewöhnlich gestrichen und das Zimmer ggf. anderweitig vergeben. Wenn Sie unterwegs feststellen, dass Sie Ihr reserviertes Motel nicht vor 18 Uhr erreichen werden, rufen Sie an, geben Sie Ihre voraussichtliche Ankunftszeit an und bitten Sie darum, Ihre Reservierung bis Ankunft zu halten. Ggf. geben Sie Ihre Kreditkartennummer an (siehe oben). Notieren Sie sich in jedem Fall die Reservierungsnummer, falls eine angegeben wird und notieren Sie sich den Namen der Person, mit der Sie das Reservierungsgespräch führen. In aller Regel wird nur der Vorname genannt, „I am Dave“ oder „My Name is Sarah“ oder so.

☑ ***Mein Tipp!*** Rufen Sie möglichst die Toll Free Nummer des jeweiligen Motels an, wenn Sie reservieren. Geben Sie deutlich und unmißverständlich Ihr Ankunftsdatum an, wie viele Nächte Sie bleiben werden, ob Sie ein Doppelzimmer mit zwei Betten wünschen, ein

Nichtraucherzimmer, ein ebenerdiges Zimmer etc. Und fragen Sie unbedingt nach Ermäßigungen oder Sonderraten. Oft erhält man da recht gute Preisangebote.

Und lassen Sie sich nicht gleich entmutigen, wenn ein Termin ausgebucht sein sollte. Nicht locker lassen ist hier die Devise. Rufen Sie immer mal wieder bei der Toll Free Nummer an, z. B. nochmals am Tag Ihrer gewünschten Ankunft und wiederholen Sie Ihren Reservierungswunsch. Nicht selten haben Sie dann doch noch Erfolg. Denn um 11 Uhr oder 12 Uhr mittags ist bei den allermeisten Hotels und Motels Check Out Time. Dann müssen auch Gäste, die früher als geplant abreisen, ausgecheckt haben. Und das, oder eine kurzfristige Absage, kann Ihre Chance in einem ansonsten ausgebuchten Haus sein, wenn Sie sich kurz nach der Check Out Time nochmals melden.

**Toll-Free-Numbers** zur gebührenfreien Zimmerreservierung:
**Best Western** 800/528-1234.
**Budget Host** 800/BUD-HOST.
**Budget Inn** 800/4BUDGET
**Choice** 800/221-2222.
**Clarion** 800/252-7466.
**Colony** 800/777-1700.
**Comfort Inn** 800/228-5150.
**Courtyard by Marriott** 800/443-6000.
**Days Inn** 800/325-2525.
**Doubletree u. Red Lion Hotels** 800/222-8733.
**Econo Lodge** 800/277-0001.
**Fairfield Inn** 800/228-2800.
**Forte** 800/225-5843.
**Four Seasons** 800/332-3442.
**Friendship Inn** 800/453-4511.
**Hampton** 800/HAMPTON.
**Hilton Inn** 800/445-8667.
**Holiday Inn** 800/465-4329.
**Howard Johnson** 800/-I-GO-HOJO, 800/654-4656.
**Hyatt Hotels** 800/233-1234.
**Inter-Continental** 800/327-0200.
**Knights Inn** 800/843-5644.
**La Quinta** 800/531-5900.
**Marriott** 800/228-9290.
**Le Meridien** 800/543-4300.
**Motel 6** 800/4-MOTEL-6..
**Omni** 800/843-6664.
**Quality Inn** 800/228-5151.
**Radisson** 800/333-3333.
**Ramada Inn** 800/228-2828.
**Renaissance Hotels** 800/468-3571.
**Rodeway Inn** 800/228-2000.
**Sheraton Motor Inn** 800/325-3535.
**Sleep Inn** 800/221-2222.
**Super 8 Motels** 800/800-80000.
**Susse Chalet** 800/886-0056, 800/-8-CHALET.
**Westin Hotels** 800/228-3000.
**Wyndham Hotels** 800/822-4200.

**Auskunft über Toll-free-numbers** (z. B. falls sich eine der oben angegebenen Nummern geändert haben sollte) erhält man unter **800/555-1212**.

**Im Internet** finden Sie die wichtigsten Motelketten unter folgenden Adressen:
**Budget Host** www.budgethost.com
**Days Inn** www.daysinn.com
**Doubletree** www.doubletreehotels.com
**Hampton Inn** www.hampton-inn.com
**Holiday Inn Express** www.hiespress.com
**Holiday Inn** www.holiday-inn.com
**Howard Johnson** www.hojo.com
**Knights Inn** www.knightsinn.com
**Marriott** www.marriott.com
**Motel 6** www.motel6.com
**Radisson** www.radisson.com
**Ramada** www.ramada.com, www.newenglandramada.com
**Red Roof Inn** www.redroof.com
**Sheraton** www.sheraton.com
**Super 8** www.super8motels.com
**Wyndham** www.wyndham.com

**Thema Sicherheit:** Verschließen Sie Ihr Hotelzimmer immer, auch wenn Sie nur über den Flur zum Eisholen gehen! Nutzen Sie die Doppelschlösser auf der Innenseite der Zimmertür. Legen Sie die Kette vor. Lassen Sie niemanden ins Zimmer, den Sie nicht kennen oder bestellt haben. Lassen Sie keine Wertgegenstände, Geld, Paß, Ticket, Schmuck, Kamera im Zimmer. Deponieren Sie Wertsachen im Hotelsafe. Nach leidvoller Erfahrung in New York demonstrierte mir ein Polizist wie geradezu einfach eine nur ins Schloß gefallene Zimmertür mit einer simplen Kreditkarte zu öffnen ist. Das klingt alles ein bißchen abschreckend, soll aber nur daran erinnern, daß Gelegenheit Diebe macht – nicht nur in amerikanischen Großstädten.

Bei der **Auflistung von Hotels und Motels** in diesem Reiseführer kann nicht davon ausgegangen werden, daß nicht auch noch weitere Beherbergungsbetriebe am Ort zu finden sind! So sind in aller Regel Motels mit weniger als 20 Zimmer nicht erwähnt, wenn genügend andere Häuser vorhanden sind. Nicht aufgeführt sind z. B. auch Resorthotels o. ä., die einen längeren Mindestaufenthalt (3 Tage, 1 Woche, etc.) fordern, der für den durchreisenden Touristen gewöhnlich nicht akzeptabel sein wird. Bei der Vielzahl von Hotels und Motels in Großstädten kann, schon alleine aus Platzgründen im Buch, nur ein unvollständiger Auszug des Motelangebots gegeben werden.

Zur Groborientierung wurden die in diesem Reiseführer aufgeführten Hotels und Motels in **Preiskategorien** eingeteilt. Die Kategorien werden durch ein bis fünf Dollarzeichen **($)** symbolisiert. Die Anzahl der Dollarzeichen bei einem Motel sagen also nichts über die Qualität des Hauses und dessen Service aus. Im Normalfall ist es aber natürlich so, daß eine höhere Preiskategorie auch einen besseren Standard des Hauses signalisiert. Zugrunde gelegt wurden Hochsaisonpreise für ein Doppelzimmer mit zwei großen Betten.

Es bedeuten:
$ – $ 40,- bis $ 80,-
$$ – $ 80,- bis $ 120,-
$$$ – $ 120,- bis $ 160,-
$$$$ – $ 160,- bis $ 200,-
$$$$$ – $ 200,- und darüber.

Auch in den Vereinigten Staaten gibt es **Jugendherbergen**, die *American Youth Hostels (AYH)*. Allerdings stehen bislang kaum mehr als 200 Hostels zur Verfügung, ein für die Größe des Landes zu weitmaschiges Netz, als daß es für Budget-Travelers als landesweite Unterkunftsmöglichkeit empfohlen werden könnte. Relativ viele Jugendherbergen gibt es in den New England Staaten an der Ostküste und in Kalifornien.

Zur Benutzung der Herbergen ist ein Internationaler Herbergsausweis notwendig. Es gibt keine Altersbegrenzung. Die Übernachtung kostet für Erwachsene zwischen 20 und 30 Dollar.

Eine Liste der Jugendherbergen in den USA gibt es bei: *American Youth Hostels*, National Office, P.O. Box 37613, Dept. USA, Washington, D.C. 20013-7613, Tel. 202/783-6161.

Einrichtungen der **YMCA** (Young Men's Christian Association) und **YWCA** (Young Women's Christian Association), bei uns bekannt als CVJM (Christlicher Verein junger Männer, bzw. Frauen) sind in den meisten großen Städten der Vereinigten Staaten zu finden. Sie bieten preisgünstige Unterkünfte an, preisgünstiger als Motels oder Hotels zum Beispiel. Die Häuser finden sich meist in zentraler Lage und sind oft mit Swimmingpools und Sporteinrichtungen ausgestattet. Da diese Unterkünfte nicht nur bei Studenten und jungen Leuten sehr beliebt sind, sollten unbedingt Zimmerreservierungen vorgenommen werden.

Einige YMCA-Häuser nehmen auch Frauen und Familien auf. In aller Regel müssen die Zimmer mit anderen Reisenden geteilt werden.

In Deutschland kann man Infos über YMCA-Häuser von CVJM-Reisen, Im Druseltal 8, 34131 Kassel, Tel. 0561/3087-300 anfordern.

## KLIMA, REISEZEIT, DURCHSCHNITTSTEMPERATUREN

### KLIMA

**Der Osten** der USA, etwa das Gebiet östlich einer gedachten Linie vom westlichen Zipfel das Lake Superior im Norden und Louisiana im Süden, der fast ein Drittel der gesamten Vereinigten Staaten einnimmt, gehört klimatisch gesehen zur „Region Ost“, einer der fünf Klimazonen, in die sich die Vereinigten Staaten einteilen lassen. Die anderen vier Klimazonen sind der „Mittelwesten“, der „Südwesten“, die Küstenregionen „Mittelpazifik“ und „Nordpazifik“.

Der Schwerpunkt der klimatischen Angaben liegt hier natürlich auf dem nordöstlichen Teil des amerikanisches Ostens, der sich vom südlichen Teil mit Florida, Georgia oder Louisiana doch erheblich unterscheidet. An den Küsten Floridas und an der Golfküste z. B. herrscht im Sommer eine extrem hohe Luftfeuchtigkeit, die man so etwa in Maine oder Vermont nur selten erlebt.

Aber schon New York City kann sich im Sommer in einen schwülen Dampfkessel verwandeln. Temperaturen von 27 Grad Celsius bis 32 Grad Celsius sind im Sommer Durchschnittswerte in New York. Im Juli 1993 stieg dort die Quecksilbertsäule zeitweise auf über 40 Grad im Schatten!

Die Niederschläge verteilen sich auf das ganze Jahr und schwanken zwischen 762 Millimeter und 1.270 Millimeter.

Die Neuengland Staaten, und hier soll auch New York City mit einbezogen werden, sind – vielleicht mit einer kleinen Einschränkung in der Übergangszeit Winter/Frühjahr und Herbst/Winter – eigentlich das ganz Jahr über ein lohnendes Reiseziel.

Im **Winter** kann man vor allem in den White Mountains von Maine und New Hampshire oder in den Green Mountains von Vermont ausgezeichnet Schilaufen.

Im **Sommer** bieten die Strände und Küsten von Maine oder Massachusetts (Cape Cod) sowie die Inseln Martha's Vineyard und Nantucket einladende Sommerferienorte und gute Voraussetzungen für Badeferien und Wassersport, während in den abgelegeneren Teilen Vermonts oder Maines Wildniswanderungen oder Kanutouren, z. B. im Acadia Nationalpark, vor allem aber im Baxter State Park und auf dem weitverzweigten Allagash River mit seinen vielen Seen im Norden von Maine, unternommen werden können.

Die Sommersaison beginnt mit dem Memorial Day (letzter Montag im Mai) und endet gewöhnlich am Labor Day (erster Montag im September).

☑ *Mein Tipp!* Gerade den nördlichen Teil von Maine und die wald- und wasserreiche Region um den Baxter State Park sollte man aber in der zweiten Maihälfte tunlichst meiden. Dann nämlich treten dort Myriaden der lästigen „black flies“ auf, kleine, schwarze Insekten, die einen Aufenthalt im Freien zur Tortur werden lassen.

Einen Besucherhöhepunkt erleben die Neuengland Staaten im Herbst noch einmal am langen Wochenende zum Columbus Day (zweiter Montag im Oktober). Wenn Sie an diesem Wochenende unterwegs sind *empfiehlt es sich dringend*, besonders wenn Ihr Ziel in Vermont (Green Mountains), New Hampshire (White Mountains) oder in der Gegend des Acadia Nationalparks liegt, rechtzeitig vorher Ihr Hotelzimmer zu reservieren!

### REISEZEIT

Die **attraktivste Reisezeit** für New England ist zweifellos der **Herbst**, etwa ab Ende September. Dann beginnt nämlich die Zeit des **„Indian Summer“**, „Altweibersommer“ würden wir sagen. Das Feuerwerk der herbstlichen **Laubfärbung** (fall foliage) der schier unendlich scheinenden Wälder, die farbenprächtigen, goldenen, purpurnen, tiefroten Pappeln, Birken, Hikkorys und vor allem die Ahornbäume bieten dann ein Landschaftsbild, das jährlich zigtausend Besucher anlockt.

Über das Fortschreiten der Laubfärbung berichten dann sogar Zeitungen und Fernsehstationen, damit die Leute aus Boston, New York, Philadelphia oder woher sie auch sonst kommen mögen (und zur Zeit des „Indian Summer“ kommen sie in Scharen nach New England) ja nicht versäumen, wo die Wälder gerade beson-

| **Bundesstaat**<br>Stadt | Jan.<br>Feb. | Mrz.<br>Apr. | Mai<br>Jun. | Jul.<br>Aug. | Sep.<br>Okt. | Nov.<br>Dez. |
|---|---|---|---|---|---|---|
| **New York** | | | | | | |
| New York City – *Mittel* | *°F 33* | *46* | *67* | *76* | *63* | *39* |
| Höchsttemperatur | °F 40 | 54 | 76 | 84 | 72 | 44 |
| Tiefsttemperatur | °F 26 | 38 | 58 | 68 | 54 | 34 |
| **Connecticut** | | | | | | |
| Hartford – *Mittel* | *°F 28* | *42* | *63* | *71* | *57* | *36* |
| Höchsttemperatur | °F 36 | 52 | 75 | 82 | 68 | 45 |
| Tiefsttemperatur | °F 19 | 31 | 51 | 60 | 45 | 26 |
| **Maine** | | | | | | |
| Baxter St. P.– *Mittel* | *°F 12* | *30* | *55* | *64* | *49* | *23* |
| Höchsttemperatur | °F 21 | 38 | 65 | 74 | 58 | 30 |
| Tiefsttemperatur | °F 2 | 21 | 44 | 53 | 39 | 16 |
| Portland – *Mittel* | *°F 23* | *37* | *58* | *67* | *54* | *33* |
| Höchsttemperatur | °F 33 | 47 | 68 | 77 | 65 | 42 |
| Tiefsttemperatur | °F 12 | 26 | 47 | 56 | 42 | 23 |
| **Massachusetts** | | | | | | |
| Boston – *Mittel* | *°F 30* | *43* | *64* | *73* | *60* | *39* |
| Höchsttemperatur | °F 37 | 50 | 72 | 81 | 68 | 46 |
| Tiefsttemperatur | °F 23 | 35 | 55 | 64 | 52 | 32 |
| Nantucket – *Mittel* | *°F 32* | *41* | *57* | *68* | *58* | *40* |
| Höchsttemperatur | °F 38 | 47 | 64 | 74 | 65 | 47 |
| Tiefsttemperatur | °F 25 | 34 | 50 | 61 | 51 | 34 |
| Springfield – *Mittel* | *°F 23* | *37* | *59* | *67* | *53* | *32* |
| Höchsttemperatur | °F 32 | 47 | 71 | 79 | 63 | 40 |
| Tiefsttemperatur | °F 13 | 28 | 47 | 55 | 42 | 23 |
| **New Hampshire** | | | | | | |
| Concord – *Mittel* | *°F 23* | *38* | *61* | *69* | *54* | *32* |
| Höchsttemperatur | °F 33 | 49 | 74 | 82 | 67 | 42 |
| Tiefsttemperatur | °F 12 | 27 | 47 | 55 | 41 | 21 |
| **Rhode Island** | | | | | | |
| Providence – *Mittel* | *°F 29* | *42* | *61* | *71* | *58* | *42* |
| Höchsttemperatur | °F 37 | 51 | 72 | 80 | 68 | 46 |
| Tiefsttemperatur | °F 21 | 33 | 51 | 62 | 48 | 29 |
| **Vermont** | | | | | | |
| Montpelier – *Mittel* | *°F 19* | *37* | *61* | *70* | *54* | *29* |
| Höchsttemperatur | °F 28 | 46 | 72 | 81 | 64 | 36 |
| Tiefsttemperatur | °F 10 | 27 | 49 | 58 | 44 | 22 |

| Fahrenheit | Celsius (Centigrade) | Fahrenheit | Celsius (Centigrade) |
|---|---|---|---|
| 23,0 | –5 | 42,8 | 6 |
| 24,8 | –4 | 44,6 | 7 |
| 26,6 | –3 | 46,4 | 8 |
| 28,4 | –2 | 48,2 | 9 |
| 30,2 | –1 | 50,0 | 10 |
| **32,0** | **0** | 59,0 | 15 |
| 33,8 | 1 | 68,0 | 20 |
| 35,6 | 2 | 77,0 | 25 |
| 37,4 | 3 | 86,0 | 30 |
| 39,2 | 4 | 95,0 | 35 |
| 41,0 | 5 | | |

Für diejenigen, die mitrechnen wollen, hier die Umrechnung von Grad-Celsius in Grad-Fahrenheit:
°C x 2 – 10% + 32 = °F
20°C x 2 = 40 – 4 (10%) = 36 + 32 = 68°F

Umrechnung von Grad-Fahrenheit in Grad-Celsius: °F – 32 + 10% : 2 = °C
68°F – 32 = 36 + 4 (10% aufgerundet) = 40 : 2 = 20°C

ders leuchtend in der „Peak Color" stehen.

New Hampshire hat eine **Leaf Peeper Hotline** eingerichtet: Tel. 800-258-3608 oder 800-262-6660. Dort erfahren Sie „where the colors are hot". Die Informationen werden zwischen Mitte September und Ende Oktober zwei mal wöchentlich aktualisiert.

In Massachusetts erfährt man den neuesten Stand über den Verlauf der herbstlichen Laubfärbung unter Tel. 800-227-6277.

Vermonts Fall Foliage Hotline erreicht man unter 802-828-3239.

Wenn Sie es eingefleischten New-England-Fans gleichtun und Ihre Reise der Welle der Laubfärbung angleichen wollen, wird Sie interessieren, daß das Einsetzen der buntesten Färbung natürlich von Jahr zu Jahr etwas variiert, dennoch aber kaum vor Mitte/Ende September in den nördlicheren Landesteilen von Maine, Vermont und Massachusetts erreicht ist, dann nach Südwesten fortschreitet und in den südlicheren Staaten Connecticut und Rhode Island dann so Mitte bis Ende Oktober verlischt.

Vor allem ist dann aber auch die hohe Zeit der Hummer, Krabben, Muscheln und anderen Seegetiers, die vor den Küsten von Maine gefangen werden und die, köstlich zubereitet, für viele einen kulinarischen Höhepunkt ihrer herbstlichen New England Tour bilden werden.

### DURCHSCHNITTSTEMPERATUREN

Die nachstehenden Durchschnittstemperaturen sind in Grad-Fahrenheit angegeben! Damit Sie mit dieser in den USA üblichen Temperaturangabe besser zurecht kommen, finden Sie danach eine Tabelle, die einen leichten Vergleich zwischen Grad-Fahrenheit und Grad-Celsius ermöglicht.

**Wetterinfos im Internet:**
www.wetteronline.de,
www.wetternews.de,
www.donnerwetter.de.

## MASSE UND GEWICHTE

Entgegen unserem metrischen System gilt in den Vereinigten Staaten nach wie vor das englische System für Maße und Gewichte. Die zaghaften Versuche, in Nationalparks Entfernungen und andere Daten in metrischen Maßen anzugeben, lassen es noch nicht zu, auf nachfolgende Aufstellung zu verzichten:

**Entfernung/Länge**

1 mile (ml) = 1,609 km
1 yard (yd) = 0,914 m
1 foot (ft = 12 in) = 30,480 cm
1 inch (in) = 2,540 cm
1 km = 0,621 Meilen
1 m = 1.09 yards/3.38 feet
1 cm = 0,39 inches

Umrechnung Square Miles in Quadratkilometer: sqmls x 2,59 = qkm.

**Volumen**

1 gallon (gal) = 3,785 l
1 quart (qt) = 0,946 l
1 pint (pt) = 0,473 l
1 barrel = 159 l
1 Liter = 0,264 gallons

**Gewichte**

1 pound (lb) = 0,4536 kg
1 ounce (oz) = 28,35 g
1 kg = 2,204 pounds

## MINIWORTSCHATZ – KLEIN, ABER NÜTZLICH

**Allgemeines**

amount – Betrag
bank – Bank
cab – Taxi
to cash a check – einen Scheck einlösen
dentist – Zahnarzt
department store – Warenhaus
downtown – Innenstadtbereich
drive-in-theater – Autokino
drug store – Supermarkt/Drogerie
food store (- mart) – Lebensmittelladen
gift shop – Souvenirladen
good bye – auf Wiedersehen
hello – guten Tag
how are you? – Wie geht es Ihnen?
how much is this – Was kostet das?
laundry – Münzwaschsalon
liquor store, package store – Geschäft für alkoholische Getränke
lost and found – Fundbüro
mall – Fußgängerzone, Einkaufszentrum
news shop – Zeitungskiosk
on sale – Sonderangebot
outlet center – Warenhaus mit Fabrikdirektverkauf
pharmacy – Apotheke
please – bitte
rate of exchange – Wechselkurs
rent – Miete
rest room – Toilette
tax free – zollfrei
thank you – danke
token – Fahrmünze bei der U-Bahn
tollfree – gebührenfrei
traveller's check – Reisescheck
Visitor Center – Besucherzentrum, Touristeninformation
you are welcome – bitte (Antwort auf: Danke)

**Auto**

brake – Bremse
bumper – Stoßstange
car rental – Autovermietung
collision damage waiver – Kaskoversicherung
dashboard – Armaturenbrett
driver's license – Führerschein
drop off charge – Rückführungsgebühr
engine – Motor
exhaust – Auspuff
four wheel drive – Vierradantrieb
fuse – Sicherung
gallon – Maßeinheit für Flüssigkeiten, entspr. 3,8 Liter
garage – Autowerkstatt
gas station – Tankstelle
gear – Gang
gearbox – Getriebe
headlight – Scheinwerfer
hood – Kühlerhaube
insurance policy – Versicherungspolice
jack – Wagenheber
license plate – Nummernschild
motor home – größeres Wohnmobil
radiator – Kühler
roofrack – Dachgepäckträger
seat belt – Sicherheitsgurt
shock absorber – Stoßdämpfer
spare tire – Reservereifen

station wagon – Kombi-Pkw
tools – Werkzeug
truck – Lkw, Fernlaster
trunk – Kofferraum
unleaded gas – bleifreies Benzin
windshield – Windschutzscheibe
windshield wiper – Scheibenwischer

**Camping**

campground – Campingplatz
dumping station – Abwasserentsorgungsstelle
firewood – Holz fürs Lagerfeuer
hook-up – Anschluß für Strom, Wasser für Wohnmobile
park ranger – Beamter im Nationalpark
permit, hiking permit – Erlaubnisschein, z. B. für Wanderungen im backcountry, im wenig erschlossenen Hinterland eines Nationalparks
pull thru site – Stellplatz zum Ein- und Ausfahren ohne Wendemanöver
premises – (Privat-) Gelände, das das Campingterrain (die Hotelanlage) umfaßt
RV (Recreational Vehicle) – Wohnmobil
sewer – Abwasseranschluß für Wohnmobile
trail – Wanderweg, z. B. in Nationalparks
trailhead – Ausgangspunkt eines Wanderweges
trailer – Wohnanhänger

**Flug/Flughafen**

air traffic control – Flugsicherung
approach – Landeanflug
arrival – Ankunft
aisle seat – Sitzplatz am Gang
baggage, - claim – Gepäck, Gepäckausgabe
boarding – Einsteigen der Fluggäste
boarding pass – Einsteigekarte
booking – Buchung, Reservierung
cancellation (- fee) – Streichung, Streichungsgebühr
carrier – Fluggesellschaft
check in – Anmeldung am Flugschalter, Aufgabe des Gepäcks
connecting flight – Anschlußflug
cruising altitude – Reiseflughöhe
customs – Zoll
delay – Verspätung
departure – Abflug
emergency exit – Notausgang
fare, air fare – Tarif, Flugpreis
flight attendant – Stewardess, Flugbegleiter/in
free seating – keine fest reservierten Sitzplätze
gate – Flugsteig
gate check in – Abfertigung der Fluggäste direkt am Flugsteigschalter
landing gear – Fahrwerk
locker – Gepäckschließfach
maintenance – Wartung (des Flugzeugs)
overhead compartment – Gepäckablagekästen über den Sitzen
pre boarding – Einsteigen vor der Mehrzahl der Passagiere, z. B. Rollstuhlfahrer, Mütter mit Kindern etc.
runway – Start-/Landebahn
seat belt – Sicherheitsgurt
shuttle bus – Pendelbus, Zubringer
standby – in Wartestellung, Warteliste
terminal – Flughafengebäude
window seat – Sitzplatz am Fenster
wing – Tragfläche

**Hotel/Motel**

aircondition – Klimaanlage
bath room – Badezimmer, Toilette
bell boy – Page
cash payment – Barzahlung
check out time – Abreisezeit
coin laundry – Münzwäscherei
couple – (Ehe-)Paar
deposit – Anzahlung
doubleroom – Doppelzimmer
double/single occupancy – Zimmerbelegung mit zwei/einer Person/en
dry cleaner – chem. Reinigung
escalator – Rolltreppe
heated pool – beheizt. Schwimmbad
indoor pool – Schwimmbad i. Haus
key deposit – Pfandhinterlegung für den Zimmerschlüssel
king size bed – übergroßes Doppelbett, größer als ein Französisches Bett (queen size bed)
laundromat – Münzwaschautom.
lobby – Hotelhalle
lounge – Hotelhalle m. Service
maid service, room maid – Zimmermädchen

operator – Telefonvermittlung
pets – Haustiere
porter – Gepäckträger
rates guaranteed – feste Preise
rofrigerator – Kühlschrank
refund – Rückerstattung
room rate – Zimmerpreis
roomservice – Zimmerkellner
to sign – unterschreiben
signature – Unterschrift
television set – Fernsehapparat
towels – Handtücher
twin bedded room – Zweibettzimmer
vacancy, no vacancy – Zimmer frei /belegt
valet parking – Autoparkdienst gegen Gebühr
wake up call – Weckanruf

**Restaurant**

bacon – Speck
baked potato – Kartoffel in Folie
beef – Rindfleisch
beverage – Getränk
bread – Brot
breakfast – Frühstück
bun – sehr weiche, flauschige Brötchen
cashier – Kasse/Kassierer
clam chowder – Muschelsuppe
coffee shop – Schnellgaststätte
cole slaw – Weißkrautsalat
corn – Mais
cover charge – Gebühr für das Gedeck
cream – Kaffeesahne
cross – knusprig
dinner – Abendessen
eggs, boiled, scrambled, fried – Eier, gekocht, gerührt, Spiegel-
entree – Hauptgericht
french fries – Pommes Frites
garlic – Knoblauch
gratuity – Bedienungsgeld
gravy – Sauce
greasy – fettig
ham – Schinken
homefried oder hashed brown potatoes – Bratkartoffeln, Rösti
hostess – Platzanweiserin
ice cubes – Eiswürfel
jam – Konfitüre
juice – Fruchtsaft
lamb (- chops) – Lamm (-koteletts)
lobster – Hummer
lunch – Mittagessen
maple syrup – Ahornsirup
mashed potatoes – Kartoffelbrei
meat – Fleisch
medium – Steak halbgar
menu – Speisekarte
oysters – Austern
pancakes – Pfannkuchen
pie – Obsttorte
pork (- chops) – Schweinefleisch (-koteletts)
poached eggs – verlorene Eier
rare – Steak kurz angebraten
roll – Brötchen
salad dressing – Salatsauce
salmon – Lachs
sausages – Würstchen
seafood – Fisch/Meeresfrüchte
self service – Selbstbedienung
service charge – Bedienungsgeld
shrimps – Krabben
soft drink – alkoholfreies Getränk
sour cream – Sauerrahm
take away counter – Straßenverkauf
tax, sales tax – Steuer
tip – Trinkgeld
turkey – Truthahn, Pute
to order – bestellen
veal – Kalbfleisch
waiter/Miss – Ober/Fräulein
water – Wasser
well done – Steak durchgebraten
wine – Wein

**Verkehr**

curb – Bordstein
dead end – Sackgasse
detour – Umleitung
do not enter – Einfahrt verboten
do not pass – Überholverbot
entrance – Einfahrt
exit – Ausfahrt
fine – Geldstrafe
freeway – Autobahn
get in lane – einordnen
highway – Schnellstraße
junction – Kreuzung
left/right – links/rechts fahren
keep your lane – Fahrspur halten
liability – Haftung

low gear – niedriger Gang
narrow bridge – schmale Brücke
no right turn on red – rechts abbiegen bei Rot verboten
no U-turn – nicht wenden
one way – Einbahnstraße
parking lot – Parkplatz
pavement – Gehweg
ped xing (pedestrian crossing) – Fußgängerüberweg
pedestrian – Fußgänger
RR-crossing – Bahnübergang
seatbelt – Sicherheitsgurt
soft shoulders – unbefestigter Randstreifen
speed limit – Geschwindigkeitsbegrenzung
stock (live stock) – Vieh, Rinder
subway – U-Bahn
ticket – Strafzettel
toll – Maut, Straßengebühr
traffic light – Verkehrsampel
traffic sign – Verkehrszeichen
turnpike – gebührenpflichtige Autobahn
unleaded gas – bleifreies Benzin
yield – Vorfahrt gewähren

## MIT DEM AUTO DURCH NEUENGLAND

Der bequemste Weg, das Land auf eigene Faust kennenzulernen, ist zweifellos die Reise mit dem Auto. Dieses Land ist geschaffen für den Autofahrer. Das beginnt bei einem dichten, überwiegend guten Straßennetz und bei der Vielfalt der Servicestationen und Tankstellen und endet bei den Versorgungs- und Übernachtungseinrichtungen, die in erster Linie auf die Belange des Autotouristen Rücksicht nehmen.

Amerika ist ja das Land des Automobils. Statistisch gesehen besitzt jeder 2. Einwohner mindestens ein Auto. Es ist also nicht verwunderlich, ein Überangebot an Neu- oder Gebrauchtfahrzeugen zu finden. Genauso einfach ist es im ganzen Land, einen Wagen zu mieten. Und die Kraftstoffkosten sind auch nach den letzten Preisschüben noch wesentlich niedriger als bei uns zu Lande.

Für den individuell Reisenden wird also die Wahl des Fortbewegungsmittels sehr wahrscheinlich auf das Auto fallen. Deshalb wird in den folgenden Kapiteln und bei der Routenbeschreibung auf das Reisen per Auto besonders eingegangen.

### Straßen und Verkehr

In den gesamten USA findet man, wie weiter oben schon angedeutet, ein engmaschiges und gut ausgebautes Straßennetz, das mit einer Länge von rund 6.360.000 km das längste Straßennetz der Erde ist. Auf den Fernstraßen sind vier oder sechs Spuren üblich.

Man unterscheidet „Interstate Highways", „Turnpikes", „Express Ways" und „Toll Roads". Gekennzeichnet sind die Interstate Highways mit rot-blauen Schildern und weißen Nummern. Andere Straßen werden mit weißen Schildern und schwarzen Nummern markiert. Auf den Fernschnellstraßen, den Interstate Highways, darf man nicht anhalten, nicht wenden.

Rast- und Tankstellen gibt es an diesen Superhighways lediglich an den Ausfahrten (Exits) und Auffahrten.

Entlang anderer Schnellstraßen findet man zahlreiche „rest stops" (Raststätten). Hier gibt es Tankstellen (nicht immer Diesel), Restaurants und meist auch ein Motel. Wer auf der Suche nach Diesel ist, hält sich besser an die „truck stops" (Raststätten für Fernlastfahrer). Hier findet man in der Regel auch preiswerte Restaurants und Motels.

Ist man aufgrund einer Panne gezwungen, auf dem Highway doch zu halten, muß das Fahrzeug ganz auf das Bankett gebracht werden. Die offene Motorhaube und ein sichtbar angebrachtes weißes Tuch oder ein Stück Papier an der Antenne am Tage oder die Notblinkanlage bei Nacht signalisieren einen Defekt und den Wunsch nach Hilfe.

Auf manchen Highways, etwa den Turnpikes und Toll Roads, wird eine Straßengebühr verlangt, die zwischen 10 Cents und 2 Dollar liegt. An den Mautzahlstellen gibt es besondere Fahrbahnen mit der Kennzeichnung „Exact Change“ (genauer Betrag in Kleingeld). Man fährt an das Zahlhäuschen, wirft den genauen Münzbetrag in einen großen Zahlkorb, das Gold wird automatisch gezählt und die Ampel gibt grünes Licht zur Weiterfahrt. Wer kein Kleingeld hat, fährt an eine Box mit einem Beamten.

### Höchstgeschwindigkeiten

Die **Höchstgeschwindigkeit** außerorts und auf Highways beträgt 55 mph (miles per hour), was 88 km/h entspricht. Das generelle Tempolimit von 55 mph auf den Interstate Highways, das lange bundesweit galt, wurde von der Bundesregierung in Washington aufgehoben. Die Festlegung der Höchstgeschwindigkeiten ist nun den Regierungen der einzelnen Bundesstaaten übertragen. Mit unterschiedlichen Höchstgeschwindigkeiten in den einzelnen Bundesstaaten ist zu rechnen. Wyoming Viele Bundesstaaten haben das Speed Limit auf Interstate Highways auf die z. Zt. mögliche Höchstgrenze von 75 mph (121 km/h) festgesetzt. Die erlaubten Höchstgeschwindigkeiten können also zwischen 55 mph und 75 mph variieren. Achten Sie also bitte auf die entsprechende Beschilderungen an den Highways in New England.

Innerhalb von Städten, Orten oder Ballungsgebieten beträgt die Höchstgeschwindigkeit normalerweise 20 oder 25 mph (32 oder 40 km/h).

Man tut wirklich gut daran, alle Geschwindigkeitsbegrenzungen einzuhalten, denn Radarkontrollen sind zwar von Staat zu Staat unterschiedlich häufig, aber doch immer zu erwarten, auch vom fahrenden und entgegenkommenden Polizeifahrzeug aus.

### Verkehrsregeln

Die **Verkehrsregeln** können zwar offiziell von jedem der 50 Bundesstaaten der Vereinigten Staaten selbst festgelegt werden. In der alltäglichen Fahrpraxis spürt man davon jedoch nichts. Alle wichtigen Regeln sind natürlich bundesweit einheitlich. Dass es unterschiedliche Auffassungen in der Verkehrsregelung gibt, zeigt das Beispiel Geschwindigkeitsbegrenzung 55 mph. Wir konnten auf unseren Reisen in Fernsehdiskussionen und in der Praxis sehen, wie unterschiedlich von Staat zu Staat das Limit kontrolliert wird.

Die wichtigsten Verkehrsregeln, die in allen Bundesstaaten gleichermaßen gelten, seien aber aufgeführt.

Dass auch in Amerika rechts gefahren wird, ist sicher bekannt. Weniger bekannt sein dürfte, dass an den gelben und auffallend gekennzeichneten Schulbussen nicht vorbeigefahren werden darf, auch in der Gegenrichtung nicht, solange sie anhalten und blinken und Schulkinder aus- oder einsteigen. In der Nähe von Schulen muß grundsätzlich langsam gefahren werden. Hier ist die Geschwindigkeitsbegrenzung meist auf 15 mph festgesetzt. Diese Zonen sind deutlich markiert.

Außerhalb von Ortschaften ist das Anhalten auf der Straße nicht erlaubt. Muß man trotzdem anhalten, ist das Fahrzeug vollständig von der Fahrbahn herunterzufahren.

In Kurven, an Kreuzungen und kurz vor einer Anhöhe ist das Überholen grundsätzlich verboten.

Das Anhalten oder ein Fahrbahnwechsel muß durch Blinken angezeigt werden. Allgemein wird empfohlen, keine Anhalter mitzunehmen. Fußgänger sind außerhalb von Ortschaften eher suspekt. Fußgänger sind nun mal die Stiefkinder der Nation. Viele Orte kennen nicht einmal Bürgersteige.

Der Fahrstil der amerikanischen Autofahrer ist immer noch wohltuend defensiv. Der ganze Verkehrsablauf geht irgendwie ruhiger, gelassener über die Bühne. Ob hier wohl die Automatikgetriebe eine Rolle spielen, mit denen in den USA so gut wie jeder Wagen ausgestattet ist? Oft ist der Fahrstil aber so entspannt, dass kaum noch ein Richtungs- oder Fahrbahnwechsel angezeigt wird. Über unvermittelt abbiegende Autofahrer schüttelt niemand den Kopf.

Für uns gewöhnungsbedürftig ist auch die Art des Anhaltens an Ampeln. Wer schon beim ersten Aufleuchten des Orangelichts seinen Wagen zum Halten bringt, verursacht meist hinter sich ein Quietschkonzert blockierender Reifen – wenn nicht Schlimmeres. Gewöhnlich wird die Kreuzung passiert, bis effektiv Rot aufleuchtet.

Außerdem war für uns lange neu, dass es erlaubt ist, an Ampeln trotz Rotlicht (mit der gebotenen Vorsicht) nach rechts abzubiegen. Einschränkungen diesbezüglich sind besonders gekennzeichnet, z. B. „No right turn on red" oder „Right turn on red only after stop".

Wichtige Regeln, von den unseren hierzulande abweichend, sind noch, dass durchgezogene weiße Mittellinien überfahren werden dürfen (natürlich auch nur, wenn kein Gegenverkehr herrscht und niemand gefährdet wird), doppelte Linien jedoch nicht.

Unangenehme Überraschungen kann es geben, wenn man nicht weiß, dass auf mehrspurigen Straßen und auch auf Autobahnen nicht nur links, sondern auch rechts überholt wird. Ganz besondere Aufmerksamkeit also beim Spurwechsel! Kracht es beim Spurwechsel, wird gewöhnlich erst einmal davon ausgegangen, dass der schuld ist, der die Spur wechselte.

Das achteckige Stop-Schild fordert wie bei uns zu einem unbedingten „Halt" auf. Für uns neu und unbekannt sind Kreuzungen, an denen alle vier einmündenden Straßen mit einem Stop-Schild versehen sind. Hier gilt, wer die Kreuzung zuerst erreicht und folglich als erster anhält, hat das Recht als erster weiterzufahren. Dieses System hat sich z. B. in Wohngebieten sehr bewährt. Man hält sich an die Regel und niemand versucht, schnell doch noch als erster an der Kreuzung zu sein.

Wenn schon einmal beim Verkehr, soll noch bemerkt werden, dass sehr viele Verkehrshinweise nicht in Symbolen, sondern in Worten oder kurzen Sätzen angezeigt werden, was Englischkenntnisse erfordert. So liest man „Speed Limit 35", „Keep Right", „no stopping any time" oder „No U Turn" etc.

Und noch etwas: Sollte Ihnen ein Polizeiauto mit Blaulicht und Sirene folgen, bedeutet das, dass sie sofort rechts ranfahren und halten müssen. Das Polizeiauto wird Sie nicht überholen und von vorne stoppen. Bleiben Sie in diesem Falle oder bei einer Verkehrskontrolle in Ihrem Auto sitzen. Die Beamten können unwirsch und nervös reagieren, wenn man Anstalten macht, unaufgefordert hastig aus dem Wagen zu steigen.

**Kraftstoffpreise**

Zapfsäulen gibt es im ganzen Lande überreichlich. Benzin wird in drei Qualitätsstufen angeboten: „Regular unleaded" (Normalbenzin) mit einer Oktanzahl von etwa 89, „Special unleaded", bleifreies Benzin mit 92 Oktan und „Super Plus", „high-test" oder „premium" (Super) mit etwa 95 – 98 Oktan.

Regular ca. $ 1,60, teils bis über $ 1,70
Special ca. $ 1,67
Super Plus ca. $ 1,77
Diesel ca. $ 1,80

Alle Preise gelten pro amerikanische Gallone zu vier Quarts. Eine Gallone entspricht 3,785 Liter.

Die meisten Zapfsäulen sind mit einem Kartenlesegerät ausgestattet. Sie stecken Ihre Kreditkarte in den entsprechend markierten Schlitz, folgen den Anweisungen der kleinen Laufschrift, wählen die Art des Kraftstoffs und ob Sie anschließend eine Quittung wollen, und schon können Sie tanken.

Häufig trifft man auch auf Tankstellen, bei denen Sie zuerst bezahlen müssen („pay first"), erst dann können Sie für den bezahlten Betrag tanken. Dies gilt natürlich nicht, wenn Sie wie oben geschildert, die Zapfsäule mit Ihrer Kreditkarte direkt aktivieren.

☑ *Mein Tipp!* Anders als an den bei uns üblichen Zapfsäulen, an denen Sie die Zapfpistole abnehmen und die Pumpe beginnt zu arbeiten, müssen Sie an den mei-

**Umrechnungstabelle Meilen/Kilometer**

| MILES | | 1 | 2 | 3 | 4 | 5 | 6 | 7 | 8 | 9 |
|---|---|---|---|---|---|---|---|---|---|---|
| | KM 0 | 1,6 | 3,2 | 4,8 | 6,4 | 8 | 9,7 | 11,3 | 12,9 | 14,5 |
| 10 | 16,1 | 17,1 | 19,3 | 20,9 | 22,5 | 24,1 | 25,7 | 27,4 | 29,0 | 30,8 |
| 20 | 32,2 | 33,8 | 35,4 | 37 | 38,6 | 40,2 | 41,8 | 43,5 | 45,1 | 48,7 |
| 30 | 48,3 | 49,9 | 51,5 | 53,1 | 54,7 | 56,3 | 57,9 | 59,5 | 61,2 | 62,8 |
| 40 | 64,4 | 66 | 67,6 | 69,2 | 70,8 | 72,4 | 74 | 75,6 | 77,2 | 78,9 |
| 50 | 80,5 | 82,1 | 83,7 | 85,3 | 86,9 | 88,5 | 90,1 | 91,7 | 93,3 | 95 |
| 60 | 96,6 | 98,2 | 99,8 | 101,4 | 103 | 104,6 | 106,2 | 107,8 | 109,4 | 111 |
| 70 | 112,7 | 114,3 | 115,9 | 117,5 | 119,1 | 120,7 | 122,3 | 123,9 | 125,5 | 127,1 |
| 80 | 128,7 | 130,4 | 132 | 133,6 | 135,2 | 136,8 | 138,4 | 140 | 141,6 | 143,2 |
| 90 | 144,8 | 146,5 | 148,1 | 149,7 | 151,3 | 152,9 | 154,9 | 156,1 | 157,7 | 159,3 |
| 100 | 160,9 | 161,9 | 163,2 | 164,8 | 166,4 | 168 | 169,6 | 171,2 | 172,8 | 174,4 |

Beispiel: 13 Meilen = 20,9 km.

sten amerikanischen Zapfsäulen nach Abnehmen der Zapfpistole einen Hebel anheben, auf dem die Zapfpistole ruhte oder einen Hebel neben der Zapfpistole querlegen. Erst dann beginnt die Pumpe zu arbeiten.

Es gibt neben den Selbstbedienungszapfsäulen (self-service) an allen größeren Tankstellen auch Säulen mit „full service". Hier ist das Benzin ein paar Cents teurer, dafür kommt der Tankwart, hilft beim Tanken und prüft auch mal das Öl, das Wasser oder die Luft und putzt – wie in alten Zeiten – die Windschutzscheibe.

**Straßenkarten und Informationen**

Fast alle Staaten bieten an den State Borders (Grenzen der Bundesstaaten) an allen wichtigen Einfallstraßen Informationszentren, die oft ein reiches, nicht selten kostenloses Angebot an Stadtplänen, Straßenkarten und Prospekten über den jeweiligen Bundesstaat bereithalten.

Sehr gute Straßenkarten und Informationsunterlagen werden vom Amerikanischen Automobilclub AAA herausgegeben. Mitglieder deutscher Automobilclubs können diese Unterlagen gegen Vorlage ihres Mitgliedsausweises an Ort und Stelle kostenlos erhalten (siehe unter Anschriften).

Wünscht man spezielle Unterlagen über einen Bundesstaat, wendet man sich an das Fremdenverkehrsamt oder an die Chamber of Commerce (Handelskammer) des jeweiligen Staates.

Umfangreiche und gute Unterlagen wie Straßenatlanten, Führer durch Nationalparks, Campingführer etc. sind im amerikanischen Buchhandel (deutsche Buchhandlungen können diese Publikationen bestellen) von der Rand McNally Company zu bekommen. Außerdem werden von den großen Mineralölfirmen Straßenkarten und regionale „guide books" veröffentlicht.

## ÖFFNUNGSZEITEN

**Geschäfte**

Kernöffnungszeit Mo. – Sa. 9 – 18 Uhr,

Kaufhäuser ein- oder zweimal die Woche bis 21 Uhr. In Einkaufszentren (Malls) sind Geschäfte meist täglich bis 21 Uhr geöffnet.

Viele Supermärkte in Ballungsgebieten sind 24 Stunden geöffnet, auch sonntags. Ladenöffnungszeiten sind von Bundesstaat zu Bundesstaat verschieden geregelt.

**Banken:** Mo. – Fr. 09 – 15 Uhr.

**Post:** Mo. – Fr. 09 – 17 Uhr.
Sa 09 – 12 Uhr. Hauptpostämter in Großstädten sind rund um die Uhr geöffnet.

**Coffee Shops:** Tgl. 07 – 22 Uhr.
An Highways oder an den sog. „Motelmeilen" an den Ausfallstraßen großer Städte sind Coffee Shops oft rund um die Uhr geöffnet.

**Speiserestaurants:** Meist 18 – 22 Uhr. In ländlichen Gebieten schließen Eßlokale oft schon um 20 Uhr!

## POST UND TELEFON

### POST

**Postämter** sind montags bis freitags von 9 bis 17 Uhr und samstags von 9 bis 12 Uhr geöffnet, Hauptpostämter in großen Städten sind rund um die Uhr geöffnet.

Auf den Postämtern kann man alle einschlägigen Dinge erledigen, wie bei uns auch, außer Telefonieren oder Telegramme aufgeben. Diese Dienste sind in den Vereinigten Staaten in der Hand privater Gesellschaften.

Will man Sendungen **postlagernd** an das Hauptpostamt (Main Post Office) geschickt bekommen, müssen die Briefe „c/o General Delivery" adressiert und selbstverständlich mit dem Namen des Empfängers und dem Zielort versehen sein.

Bei **Adressen** schreibt man erst den Namen des Adressaten, dann Hausnummer und Straße, danach die Stadt mit Abkürzung des Bundesstaates und dann den Zip Code, die amerikanische Postleitzahl. Beispiel: John Traveller, 5101 Blue Lagoon Drive, Miami, FL 33126, USA.

**Porto** – Nur auf Postämtern gibt es Briefmarken zum Originalpreis. Zieht man „Stamps" aus Automaten in Hotelhallen oder Drugstores sind sie ein paar Cents teurer.

Briefkästen stehen auf den Bürgersteigen, sind blau mit etwas Rot angestrichen, tragen die weiße Aufschritt „U.S. Mail" und sehen ansonsten aus wie bessere Mülleimer.

### TELEFON

**Telefonieren** – Telefonapparate findet man wirklich überall an Straßen, auf Plätzen, in öffentlichen Gebäuden, Warenhäusern, Supermärkten, Tankstellen, Restaurants, an Parkplätzen, in Nationalparks usw. Nur, das Telefonieren selbst ist erst nach einer gewissen Zeit der Praxis problemlos zu bewerkstelligen.

Ortsgespräche (Local Calls – Gebühr 10, 20 oder 25 Cents) sind noch eine leichte Übung. Man hebt den Hörer ab, wartet auf den Wählton (das Freizeichen ist ein ununterbrochener Summton), wirft die Münze ein und wählt die Nummer.

Bei Ferngesprächen (Long Distance Calls) oder gar Überseegesprächen ist das schon etwas schwieriger. Wer hätte gedacht, dass im „Land der unbegrenzten Möglichkeiten", das als erste Nation der Erde Menschen auf den Mond schoß, so etwas vergleichsweise simples wie das Telefonnetz nicht gänzlich vollautomatisch funktioniert. Längst nicht alle Teilnehmer-Nummern, vor allem auf dem flachen Lande, sind im Direktwählverfahren zu erreichen. Wie zu Großmutters Zeiten muß man sich noch mit der Telefonistin, dem „Fräulein vom Amt" *(Operator)* in Verbindung setzen, was aber auch Vorteile haben kann. Man tut dies, indem man (bundesweit) die Null wählt. Für handvermittelte Gespräche ins Ausland wählt man die Null und verlangt nach dem *Overseas Operator.*

Wichtig ist, dass zuerst ein 10-Cent-Stück (Dime) eingeworfen werden muß und danach erst die Null gewählt wird.

Die Dame in der Vermittlung meldet sich dann mit dieser typisch penetrant höflichen Stimme „can I help you?", verlangt Auskunft über Teilnehmername, Teilnehmernummer, Gesprächsdauer, ob der Anrufer das Gespräch oder der Angerufene (Call Collect) bezahlt und sie fragt immer nach der **„area code number“** des Anrufers, die der überraschte Tourist dann meist nicht weiß. Also vor dem Telefonieren erst area code number besorgen. Sie steht gewöhnlich auf dem Münzfernsprechapparat (bzw. auf dem Apparat im Hotelzimmer). Ratsam ist natürlich auch, bei Auskünften immer eine komplette Teilnehmernummer zu bekommen, also Vorwahl (Area Code) und Anschlußnummer.

Die Telefonistin gibt nun die Gebühren bekannt. Diesen Betrag wirft man in Münzen in den Apparat. Sehr wichtig ist also, dass man eine Menge Kleingeld (Quarters und Dimes) bei sich hat.

Reicht der Betrag nicht aus, schaltet sich die Telefonistin wieder ein und fordert mehr Geld. Hat man kein Kleingeld mehr, wird das Gespräch unterbrochen. Kommt das Gespräch nicht gleich zustande können Sie sich in Telefonzellen auch anrufen lassen.

Bei Ferngesprächen vom Hotelzimmer aus erreicht man mit der 8 gewöhnlich die Amtsleitung. Wählt man anschließend die Null und wartet länger als drei Sekunden, meldet sich der Local Operator. Bei einem Selbstwählferngespräch nach Deutschland zum Beispiel wählen Sie vom Hotel aus 8 – 011 (internationale Vorwahl) – 49 (BR Deutschland) – 711 (deutsche Ortskennzahl ohne Null, hier Beispiel für Stuttgart) – 1234567 (Teilnehmernummer). Ein Dreiminutengespräch nach Deutschland kostet rund 12,- Dollar.

Schon einmal bei den Telefongebühren, ist folgende Vorwahlnummer interessant, da sie in bestimmten Fällen Gebühren sparen hilft. Es ist die Nummer 800 oder 1-800, die sog. **Tollfree Number**. Viele Motelketten, Fluggesellschaften, Autovermietungen und andere Geschäftsbetriebe haben Telefonnummern eingerichtet, die mit 800 beginnen. Wählt man also die 800 und die darauffolgende Rufnummer von einem beliebigen Ort in den USA aus an, erhält der Anrufer das Gespräch zum Nulltarif. Die Gebühren werden dem Angerufenen belastet.

Eine Quelle mannigfacher Informationen sind übrigens die **Yellow Pages**, die Gelben Seiten der Telefonbuchausgaben. In Großstädten finden Sie dort oft einen Streckenplan der öffentlichen Verkehrsmittel. Außerdem sind dort u.a. Toll Free Numbers von Autovermietungen, Motelketten, Sightseeing-Unternehmen, etc. aufgelistet.

**„Deutschland direkt“** ermöglicht bargeldlose R-Gespräche auf Kosten des Angerufenen. Wählen Sie in den USA gebührenfrei den deutschen Operator in Frankfurt/M 1-800-292-0049. Er verbindet weiter zum deutschen Teilnehmer.

**Calling Cards** – Wer weiß, dass er auf seiner USA-Reise sehr viel telefonieren wird, sei es weil er auf Geschäftsreise oder völlig auf eigene Faust unterwegs ist und laufend Motelzimmer, Restaurantplätze, Mietautos, Flüge etc. reservieren und buchen muß, sollte sich unbedingt rechtzeitig vor Abreise zu Hause nach einer **Calling Card** (Telefonkarte für die USA) erkundigen. Telefonkarten gibt es z.B. bei der deutschen Niederlassung der Telefongesellschaft AT&T. Wichtig ist, dass man ein Kreditkartenkonto besitzt. Andere amerikanische Telefongesellschaften sind z. B. NYNEX, BELL oder SPRINT. Die Calling Card selbst kostet nichts.

Diese Calling Cards sind nicht mit unseren Telefonkarten zu vergleichen, in deren implantiertem Chip ein gewisser Betrag registriert ist, den man abtelefonieren kann.

Die Verfahrensweise beim Telefonieren mit Calling Cards ist nur anfangs etwas gewöhnungsbedürftig, hilft aber bei etwas Übung ungeheuer, braucht man sich doch z. B. nie um genügend Münzen zum Telefonieren zu kümmern. Ein Quarter zum Erreichen des Operators bei Telefonaten von Münzfernsprechern genügt. Die anfallenden Gebühren werden Ihrem Kreditkartenkonto belastet und die Telefongesellschaften gewähren oft sogar noch einen kleinen Rabatt. Der eingeworfene Quarter kommt zurück.

Die Abrechnungen über Ihre in den USA mit einer Calling Card geführten Telefonate, die an Ihre Heimatadresse geschickt wird, ist übrigens beispielhaft übersichtlich und detailliert.

Und so geht's (meistens): Sie heben den Hörer ab, wählen Null für den Operator und sagen, Sie möchten (in unserem Beispielfall) einen AT&T Calling Card Call machen. Und nun kommt das einzig Lästige an diesem Verfahren. Sie müssen nämlich die ellenlange Nummer Ihrer Calling Card (und manchmal auch die Ihrer Kreditkarte) angeben und natürlich die Telefonnummer mit Vorwahl Ihres Gesprächspartners. Und wenn's nicht gleich auf Anhieb funktioniert, schauen Sie auf die Rückseite der Calling Card. Dort ist die Prozedur mit Info-Nummern etc. genau erläutert.

Mit der Nummer Ihrer Calling Card (auch mit der Nummer Ihrer Kreditkarte) sollten Sie sorgsam umgehen und sie, z. B. in der vollen Hotelhalle oder in der belebten Shopping Mall, nicht lauthals dem Operator mitteilen. Wer Ihre Nummer hört und mitschreibt, oder sie von unbeobachteten Karten abschreiben kann, kann fürderhin ohne weiteres auf Ihre Kosten telefonieren!

Sie können in den USA auch **Telefonkarten** bestimmter Telefongesellschaften kaufen. Man erhält diese Telefonkarten gewöhnlich in sog. „Dollar Shops", die in jeder größeren und kleineren Mall anzutreffen sind. Man erwirbt die Telefonkarten für einen bestimmten Betrag, z. B. $ 10,- oder $ 20,-.

Und so telefoniert man mit Telefonkarten: Auf der Karte steht eine 800er Nummer, die man zunächst anrufen muss (gebührenfrei), um eine Verbindung mit der jeweiligen Telefongesellschaft herzustellen. Nun werden Sie nach einer Pin-Nummer gefragt. Diese steht auf der Telefonkarte unter einem schwarzen Streifen, den Sie wegrubbeln müssen, um die Nummer lesen zu können. Als nächstes geben Sie diese Pin-Nummer über die Telefontastatur ein und wählen danach die gewünschte Telefonnummer. Bevor die Verbindung hergestellt wird, hört man noch, wieviel Sprechzeit auf der Karte noch vorhanden ist. Einige Telefongesellschaften geben diese Ansage auch auf Deutsch. Man wird in diesem Fall vor Abfrage der Pin-Nummer noch gefragt, in welcher Sprache man die Ansage gerne hätte. Die verrechneten Telefongebühren über Telefonkarten sind meist günstiger als die Tarife mit Calling Cards.

**Wichtige Rufnummern**

**Notruf**, bundesweit: **911**. Aber auch dafür ist ein 10 Cent Stück notwendig.

Ansonsten wählen Sie die Null, sagen dem Operator „this is an emergency call" und verlangen Polizei, Ambulanz, Arzt, Feuerwehr etc.

**Vorwahl** für die **USA: 001**
**Vorwahl** für **Deutschland**: **0 11 49**
**Vorwahl** für **Österreich**: **0 11 43**
**Vorwahl** für die **Schweiz**: **0 11 41**

## REISEN IM LANDE

### MIT DER BAHN

Lange war der Personenverkehr auf der Schiene so gut wie nicht mehr existent. Erst der Zusammenschluß der 13 großen Eisenbahngesellschaften (in den USA ist der Eisenbahnverkehr ja nicht in staatlichen Händen) 1970/71 zur AMTRAK (America's National Railroad Passenger Corporation), eine Sanierung des Streckenplanes und die Modernisierung der Einrichtungen, brachten erneut Leben in das Eisenbahngeschäft. Es verkehren wieder Züge zwischen allen wichtigen Großstädten. Heute steht ein Schienennetz von 262.000 km Länge zur Verfügung.

Natürlich wurde auch die Tradition klangvoller Namen für Züge wieder aufgenommen. So gibt es wieder einen *„California Zephyr"*, der täglich von Chicago über Denver, die Rocky Mountains und die Sierra Nevada an die Westküste nach San Francisco fährt.

Später als ursprünglich geplant, nimmt im Jahre 2000 der Amtrak Hochgeschwindigkeitszug „Acela Express" zwischen Boston und Washington seinen Betrieb auf. Die Fahrzeit verkürzt sich auf dieser Strecke um über eine halbe Stunde auf drei Stunden und 23 Minuten. Seine Höchstgeschwindigkeit von 241 km/h erreicht der Express allerdings nur auf Streckenabschnitten zwischen Boston und New York. Die ab 2001 geplante Nontstopverbindung wird die Fahrzeit von Boston nach Washington mit dem „Acela Express" auf weniger als zweieinhalb Stunden schrumpfen lassen.

**Komfortabel eingerichtete Fernzüge**

Fernzüge sind recht komfortabel eingerichtet. Gewöhnlich führen sie Wagen der *„Coach Class"*, was etwa der 2. Klasse bei uns entspricht, und Wagen der *„Club"* oder *„Custom Class"* mit 1.-Klasse-Abteilen. In beiden Klassen findet man bequeme, verstellbare Sessel, ähnlich denen im Flugzeug.

Rauchen ist nur auf Fahrten erlaubt, die länger als viereinhalb Stunden dauern. Und dann auch nur in besonders gekennzeichneten Abteilen. In den Zugrestaurants gilt grundsätzlich Rauchverbot.

Natürlich führen die Züge auf Langstrecken **Schlafwagen** (auch Pullman Waggons genannt), die einfache Schlafgelegenheiten (*Economy Bedroom* oder *Slumbercoach*) ebenso bieten, wie komfortable Einbett-, Zweibett- oder Familien-Abteile (*Economy*, *Family*, *Special* und *Deluxe-Bedrooms*). Die Schlafabteile in den sog. *„Superliner Sleeping Cars"* sind mit Sitzplätzen, Betten, Waschgelegenheit, WC und in den Deluxe Bedrooms sogar mit Duschen ausgestattet.

Die Abteile sind in den meisten Fällen auf zwei Etagen untergebracht. DIe Deluxe Bedrooms liegen gewöhnlich in den oberen Etagen, während die Special Bedrooms in der unteren Etage eingerichtet sind, sehr viel Platz bieten und auch für Rollstuhlfahrer geeignet sein sollen.

Gewöhnlich findet man in Langstreckenzügen auch spezielle Wagen wie die *Superliner Sightseer Lounge* (Aussichtswagen mit limitierter Aufenthaltszeit), *Lounge Cars* mit großen Panoramafenstern und Cafeteria (Getränke, Snacks) und *Dining Cars* (Speisewagen, warme Gerichte) und es gibt Video- oder Filmunterhaltung. In den Erste-Klasse-Fahrpreisen sind auf Langstreckenverbindungen meist die Mahlzeiten inbegriffen.

Spezielle **Sondertarife** für ausländische Touristen machen die Bahnreise noch attraktiver. Da gibt es z. B. von Amtrak den **„US Rail Pass"**. Diese Netzkarte gibt es als **Regional Rail Pass** auch für Teilbereiche des amerikanischen Schienennetzes (Ostküste, Westküste etc.).

Den **US Rail Pass** von Amtrak erhält man gegen Vorlage eines gültigen, nicht in den USA ausgestellten Reisepasses für eine Gültigkeitsdauer von 15 oder 30 Tagen. Der Pass erlaubt beliebig häufige Fahrten mit beliebig häufigen Unterbrechungen auf den Bahnstrecken in der jeweiligen Region, für die der Pass erworben wurde (Ostküste, Westküste etc.).

Wichtig ist noch zu wissen, dass der US Rail Pass selbst noch kein Fahrschein ist. Er ist ein Ausweis, gegen dessen Vorlage am Schalter ein kostenloser Fahrschein für die Coach Class ausgestellt wird. Zuschläge für Sitzplatzreservierungen, Schlafabteile oder Aufschläge für den Club Service oder die Custom Class müssen in voller Höhe entrichtet werden.

Der Amtrak US Rail Pass ist eine recht preisgünstige Reisemöglichkeit für sprachkundige, unternehmungslustige Leute, die etwas Zeit mitbringen. Zu Sehenswürdigkeiten abseits des Bahnstreckennetzes muß man jedoch wieder auf das Auto zurückgreifen.

## MIT DEM BUS

Das preiswerteste Verkehrsmittel in den USA ist der Autobus. Was in Europa für den öffentlichen Personenverkehr die Bahn ist, ist in Amerika der Bus.

Das Streckennetz der Buslinien ist immer noch bemerkenswert dicht, auch wenn durch gelegentliche Aufgaben von Strecken eine rückläufige Tendenz erkennbar ist. Dennoch gibt es wohl kaum eine Region der Vereinigten Staaten, die nicht mit dem Bus erreicht werden kann. Unzählige Busunternehmen, darunter die schon legendären **Greyhound Lines**, bedienen ein Liniennetz von Küste zu Küste von weit über 200.000 km.

In den Neuengland Staaten kooperiert Greyhound mit Vermont Transit, die viele Strecken dort für Greyhound bedienen.

Die Fahrzeuge sind recht ordentlich ausgestattet und bieten fast ausschließlich Nichtraucherplätze. Eine Klimaanlage ist selbstverständlich. Auf Langstrecken wird Tag und Nacht gefahren. Und spätestens da lernt man es zu schätzen, dass die Sessel in eine Ruhestellung gebracht werden, die auch ein Nickerchen erlaubt. Die meisten Busse haben Toiletten. Mindesten alle drei Stunden wird ein Stop eingelegt und von Zeit zu Zeit wird an Raststätten angehalten. Auf manchen Linien werden sogar Imbisse serviert. Platzreservierungen sind nicht möglich.

Sparsame Menschen werden rasch erkennen, dass man auf Nachtfahrten kein Geld für ein Hotelzimmer auszugeben braucht.

Es wird empfohlen, 45 Minuten vor Abfahrt am Busterminal zu sein.

Folgende Busunternehmen operieren im Gebiet der New England Staaten:

**Bonanza**, Tel. 800/556-3815. **Concord Trailways**, Tel. 800/639-3317. **Greyhound Lines**, Tel. 800/231-2222. **Peter Pan Trailways**, 800/343-9999. **Vermont Transit**, 802/864-6811.

☑ *Mein Tipp!* Reisen Sie auf Busreisen mit noch weniger Gepäck, als Sie es sonst vielleicht täten. Nehmen Sie eine kleinere, weiche Tasche mit in den Bus, die Sie auch mal als Kissen nutzen können. Vergessen Sie nicht, einen warmen Pullover (die Klimaanlage läuft Tag und Nacht) in die Tasche zu packen und nehmen Sie etwas zu trinken, zu essen und zu lesen mit. Und – achten Sie auf Ihr Gepäck, auch beim Verladen in den Bus! Ihr Koffer wäre nicht der erste, der stehen bleibt, oder in einen anderen Bus verladen wird.

Und noch ein Tipp! Richten Sie es auf einem längeren Trip per Bus durch die USA möglichst so ein, dass Sie nicht länger als vier Stunden im Bus sitzen. Ideal ist es, wenn Sie immer nur vormittags fahren können. Dann bleibt am Nachmittag noch viel Zeit, sich ein Hotel oder Motel zu suchen und noch etwas anzuschauen.

Auch für Busreisen gibt es für ausländische Besucher **Sondertarife**, von Greyhound z. B. den **Ameripass** für den Geltungsbereich USA. Der Ameripass gilt nicht in Mexico.

Den Ameripass gibt es mit Gültigkeitsdauern von 7, 10, 15, 30, 45 und 60 Tagen und er kostet zwischen 180,- und 540,- Dollar. Zu beachten ist, dass der Ameripass vor Antritt der Reise im Heimatland des Touristen gekauft und ausgestellt werden muß. Man kann ihn also nicht vor Ort kaufen.

Ohne Ameripass kostet eine Busfahrt mit Greyhound z. B. von New York City nach Los Angeles für die einfache Strecke runde 135,- Dollar. Man sitzt dann 67 Stunden oder fast drei volle Tage im Bus.

Präsentieren Sie den Ameripass am Tag der ersten Busreise am Fahrkartenschalter am Busterminal. Nun wird das Gültigkeitsdatum in den Ameripass geprägt. Ab diesem Datum zählt die Gültigkeit des Ameripasses. Anhand des Ameripasses erhalten Sie den Fahrschein für die gewünschte Strecke ausgestellt. Der Fahrschein ist im Bus beim Fahrer abzugeben.

## MIT DEM CAMPER

Mit dem Wohnmobil, oder Motorhome, wie die Amerikaner sagen, durch Amerika zu fahren, dürfte für viele Besucher die eindrucksvollste und erlebnisreichste Art sein, dieses riesige und wunderschöne Land ungebunden und frei kennenzulernen. Allerdings, ein so richtiges „on-the-road-again-feeling" kommt doch eher auf einer Reise mit dem Motorhome durch den schier endlosen Westen der Vereinigten Staaten auf, als auf einer Wohnmobiltour durch das eher betuliche Neuengland.

Dennoch: In ganz Nordamerika ist das Wohnmobil weit mehr verbreitet und üblich als bei uns. Manche Amerikaner haben eine richtige Lebensphilosophie daraus gemacht. Und nicht ganz ohne Stolz nennen sie ihr Land auch „Home of the Motorhome".

Den Touristen versetzen diese rollenden Heime in die Lage größtmöglicher Bewegungsfreiheit. Sie machen ihn völlig unabhängig von Beherbergungsbetrieben und Speiselokalen. Übernachtungsstellen in Form von Campingplätzen (siehe unter „Camping") sind im ganzen Lande reichlich vorhanden und ordentlich ausgestattet. Besonders wer in den Nationalparks oder State Parks wandern oder Touren machen will, ist mit einem Camper fein heraus.

In Amerika nennt man Wohnmobile kurz RV's, d. h. Recreational Vehicles, bezeichnet also ein Fahrzeug für die Erholung (Geldbörse ausgenommen). Das Angebot an Campern, ob neu, gebraucht oder zu mieten, ist enorm groß und vielfältig. Vom 2-Personen-Modell bis zur omnibusgroßen Superlandyacht mit Badezimmer, Klimaanlage, Stromaggregaten etc. gibt es eine Unzahl von Varianten. Auf Bequemlichkeit brauchen Sie in einem Motorhome amerikanischer Dimension nicht verzichten. Die Fahrzeuge sind mit reichlich Komfort ausgestattet.

Folgende Motorcaravan-Typen sind auf den Straßen der USA am häufigsten anzutreffen:

**Mini-Camper** – Kleinere Einheiten wie VW-Busse und Aufbauten auf japanischen Basismodellen. Sie bieten gewöhnlich am wenigsten Platz und Komfort, sind dafür aber preiswert in der Miete und am günstigsten im Benzinverbrauch.

**Van-Conversion** – Das sind kleinere Lieferwagen amerikanischer Hersteller mit erhöhtem Dach, oft ausgebaut mit viel Komfort, z. B. mit Kühlschrank, Herd, Spüle, chemischer Toilette, manchmal auch mit Klimaanlage etc.

Weniger häufig sieht man in den USA **Pick-up-Camper**, die aber in Kanada sehr beliebt sind. Pick-up-Camper sind Kleinlaster, auf deren Pritsche ein Wohnaufbau, der wieder entfernt werden kann, montiert wird.

Am häufigsten sieht man allerdings die **Motorhomes**, die an Größe, Raumangebot und Ausstattung keine Wünsche offen lassen. Neben den oben schon erwähnten Einrichtungen findet man in diesen rollenden Heimen Duschen oder Badewannen, Warmwasserboiler, Müllzerkleinerer, Mikrowellenherd, Stromgeneratoren, automatisches Getriebe mit cruise control (Tempomat), Servolenkung, Servobremse, Klimaanlagen natürlich und Fernseher und vieles mehr.

Motorhomes gibt es als Alkovenmodell (mit Schlafkojen über dem serienmäßigen, unveränderten Fahrerhaus) und mit integriertem Fahrerhaus. Sie werden in Längen von ca. 20 Fuß (ca. 6 m – ideal für zwei Erwachsene) bis 40 Fuß (12 m), mit der Grundfläche einer bundesdeutschen Zweizimmerwohnung, angeboten.

Der Vollständigkeit halber seien noch die **Fifth Wheeler** (als Sattelaufleger ausgeführte Caravans stattlichen Ausmaßes, die von einem entsprechend umgerüsteten Pick-up Truck gezogen werden sowie die **Travel Trailers**, Wohnwagen also, erwähnt.

Beziehen Sie in Ihre Überlegungen mit ein, dass Motorhomes von amerikanischen Dimensionen, also etwa zwischen sieben und zwölf Meter Länge, einen enormen Benzinverbrauch haben. Der Durchschnitt liegt bei 25 bis 30 Liter auf 100 km (ca. 60 mls).

Der Mietpreis für ein 20-Fuß-Motorhome beläuft sich pro Woche inkl. aller gefahrener Meilen auf annähernd 1.500 Mark.

Die Preisunterschiede, aber auch die Leistungen, sind gerade bei Wohnmobilvermietern ganz erstaunlich. In den Monaten Juli und August sind die Mietpreise bei Campern etwa um 10 bis 20% höher. Unterschiede sind auch festzustellen zwischen Angeboten an der Ostküste (niedrigere Raten) und Angeboten an der Westküste und Florida (höhere Raten).

Zu den Mietpreisen kommen Steuern, Kaution (ca. $ 2.000) und Versicherungsgebühren, die entsprechend dem Wert des Fahrzeugs hoch sind. Besonders die Versicherungsgebühren schlagen ganz schön zu Buche. Zwar gibt es kaum einen Anbieter, der seine Mietfahrzeuge nicht mit einer Vollkaskoversicherung ausstattet. Aber der Selbstbehalt, für den der Mieter im Falle eines Unfalls aufkommen muss, ist oft recht hoch. 5.000 Mark und mehr können da schnell zusammenkommen. Richtig teuer wird es, vor allem bei längerer Mietdauer, wenn man die Selbstbeteiligung ausschließen oder minimieren will.

Bei Nichterfüllung eines Mietvertrages, etwa wegen Absage der Reise, können hohe Stornierungsgebühren entstehen.

☑ *Mein Tipp!* Gerade bei einer Wohnmobil-Miete (bei Pkw-Mieten über international operierende Firmen ist das etwas anderes) sollte m. E. schon hier vor der Abreise reserviert werden. Da die Materie doch etwas komplexer ist als bei Pkw-Mieten (z. B. sind Einweg-Mieten kaum möglich oder extrem teuer) und die Geldbeträge, die in das Mietgeschäft investiert werden, höher sind, erscheint es ratsam, hier in Deutschland einen Vertragspartner (sprich: ein Reisebüro) zu haben, auf den man bei größeren Problemen nach der Reise zurückgreifen kann. Würde man in den Staaten direkt mieten, was natürlich möglich und nach einiger Suche sicher auch zu vorteilhaften Konditionen machbar ist, müßte bei der Geltendmachung von Regressansprüchen zum Beispiel ständig mit Amerika korrespondiert und auf der Basis amerikanischen Rechts verhandelt werden.

Übrigens, das Internet ist auch auf dem Sektor Wohnmobilvermieter in den USA eine wahre Fundgrube. Hier einige **Internetadressen** dazu:
www.alldrive.com
www.canamrv.com
www.elmonte.com
www.rvrent.com
members.aol.com/kapstour
www.us.rv-coach.com. Die Auflistung hier muss alleine schon aus Platzgründen unvollständig bleiben!

Grundsätzlich ist zu bedenken, dass jeder Zwischenfall am und mit dem Wohnmobil während Ihrer Ferienreise zunächst einmal auf Ihre Kosten und vor allem auf das Konto Ihrer wertvollen Urlaubstage geht.

Prüfen Sie bei Übernahme des Wohnmobils z. B., ob Schäden am Wagen erkennbar sind. Wenn ja, verlangen Sie, dass diese vor Antritt der Reise vom Vermieter protokolliert werden! Bestehen Sie in den USA vor Ort auf einer ausführlichen Einweisung für das Auto und alle Aggregate im Wohnmobil! Gerade in der betriebsamen Hochsaison wird man versuchen, Sie schnell wieder loszuwerden.

☑ *Und noch ein Tipp!* Fahren Sie vom Hof des Vermieters auf den allernächsten Campingplatz, und wenn er nur eine Meile entfernt ist, und übernachten Sie dort erst einmal. Dort probieren Sie dann alles, aber auch wirklich alles erst einmal auf Vorhandensein und Funktionstüchtigkeit aus –Gasbetrieb, Kühlschrank, Heizung, geht die Klimaanlage, wo ist der Stromanschluß (ist überhaupt ein Kabel vorhanden), Fenster mit Rollos und Fliegengitter, wo ist eigentlich der Tank fürs Trinkwasser und wie füllt man ihn, Wasseranschluß mit Schlauch, Wasserabfluß mit Schlauch, Warmwasserboiler, ist der Gastank voll (LPG bedeutet Liquid Propane Gas), wie startet man das Auto und ein evtl. vorhandenes Stromaggregat, wie funktioniert die Cruise Control (Tempomat), gibt's auch einen Ersatzreifen und wo ist der Wagenheber bzw. das Notwerkzeug, etc., etc., etc.

Ist ein Handbuch über die Einrichtungen des Wohnmobils vorhanden und sind die Mietpapiere an Bord? Und, auch ganz beruhigend, wo steht die Telefonnummer bzw. Hotline des Vermieters? Falls dann nach einem solchen Check Unklarheiten auftreten, können Sie schnell und ohne allzuviel Zeitaufwand nochmals beim Vermieter zurückfragen oder noch mal vorbeifahren.

Und noch etwas: Buchen Sie nicht unbedingt das Wohnmobil-Modell, das vom Raum- und Bettenangebot gerade noch der Größe Ihrer Familie oder Ihres Reiseteams entspricht. Hier darf's ruhig etwas mehr sein. Denn wenn jeder Winkel mit Gepäck belegt wird und jede Sitzgruppe nachts zum Bett umgebaut werden muß, kann es auch in einem Camper amerikanischen Ausmaßes eng werden. Und beengtes Reisen und Wohnen kann auch der fröhlichsten Gemeinschaft die Urlaubsreise vermiesen.

Übrigens: Im Motorhome reist man gewöhnlich ohne Koffer. Man kommt aber im Normfall mit Koffern an. Wohin also mit den sperrigen Teilen, während der Tour?. Viele Vermieter bieten ihren Kunden an, Koffer etc. kostenlos zu lagern.

So imposant und phantastisch bequem ein Superlandjacht von amerikanischen Ausmaßen auch anmutet, ob sie für Ihre Reise durch Neuengland oder andere Regionen der USA auch wirklich geeignet ist, steht auf einem ganz anderen Blatt. Nicht umsonst sieht man viele Amerikaner, die hinter ihrem Motorhome einen Pkw im Schlepptau haben. Auch in Amerika, dem „Autoland" und „Heimat des Motorhomes" ist es nicht die reinste Freude, mit einem 12 Meter langen und etwa 2,5 Meter breiten Wohnbus über schmälere Landstraßen, durch Innenstädte oder durch Nationalparks zu kurven.

Generell kann gesagt werden, dass eine Reise im gemieteten Wohnmobil, mit Selbstversorgung und Übernachtungen auf Campingplätzen, sehr wahrscheinlich nicht billiger wird als eine Reise im gemietetem Pkw und Übernachtungen in Motels. Aber es ist eben auch ein Erlebnis besonderer Art, z. B. abends auf einem landschaftlich schönen Stellplatz in einem Nationalpark unterm Sternenzelt sein Steak zu brutzeln.

Allerdings, wenn Sie auch bei uns in Europa noch nie gecampt haben oder mit einem Wohnmobil unterwegs waren, sollten Sie es sich überlegen, ob Sie – trotz bester Voraussetzungen dort – damit gerade in den USA beginnen wollen.

Wer dagegen gerne campt, der kann wirklich preisgünstig durch Amerika touren, wenn er sich einen Pkw, vielleicht einen Kombi (Stationwagon) mietet und sich vor Ort ein Zelt kauft. Aber wie gesagt, diese Art des Reisens muß man mögen.

☑ ***Mein Tipp!*** Nun ist das Übernehmen und dann natürlich das „Abenteuer", mit dem Motorhome durch das Land der unbegrenzten Möglichkeiten zu cruisen, nur die eine Seite der Medaille. Jede Reise geht aber einmal zu Ende. Und dann steht das Reinigen und die Rückgabe des Wohnmobils an. Oft denkt man zu spät daran, dass das eine ziemlich zeitraubende Prozedur ist. Ein Urlaubstag ist da mindestens fällig. Und wenn der Rückgabetermin nicht genau eingehalten wird oder die Reinigung nicht so ausgeführt wurde, wie es der Vermieter verlangt, kann es ziemlich teuer werden. Jede Stunde, die man das Auto später zurückgibt, kann Sie 100 Dollar kosten. Ein Fäkalientank, den sie „vergessen" haben zu entleeren, 100 Dollar, eine nicht durchgeführte Endreinigung des Motorhome (innen und außen), nochmals einen runden Hunderter.

Will man die Urlaubskasse also nicht nochmals strapazieren, empfiehlt es sich, Rückgabe und Reinigung in den Urlaubsterminplan mit einzubeziehen. Gewöhnlich verlangen die Vermieter, dass der Wagen vormittags zwischen 8 Uhr und 11 Uhr oder 12 Uhr gereinigt zurückgegeben wird. Man erspart sich einigen Stress, wenn man schon am Vortag die Reise beendet und den Nachmittag vor dem Abgabetermin für die Reinigung vorsieht. Und unterschätzen Sie nicht die Zeit, die Sie dazu brauchen, alle Ihre Utensilien wieder auszuräumen.

Nicht ratsam ist es, die Abreise so zu planen, dass man das Motorhome vormittags zurückgibt und vom Vermieter gleich zum Flughafen fährt, um den Rückflug noch zu erwischen. Es könnten noch Unklarheiten ausgeräumt oder evtl. Reparaturen (Reifen, Ölwechsel) und ähnliches bei der Endabrechnung berücksichtigt werden müssen. Es können Wartezeiten bei der Rückgabe entstehen, oder der Flughafentransport steht nicht gleich bereit oder ähnliches. Einfacher macht man es sich, wenn man vor dem Rückflugtag nochmals ins Hotel (vielleicht sogar am Airport) zieht und am nächsten Tag ausgeruht die Rückreise antritt.

Und – in Ihre Überlegung zu Hause, ob Sie Ihre Urlaubsreise durch Amerika nun mit dem Motorhome oder mit dem Miet-Pkw unternehmen sollen, sollten auch oben erwähnte Tipps und Hinweise mit einbezogen werden. Ihren Miet-Pkw z. B. brauchen Sie vor der Rückgabe nicht zu reinigen und sie können ihn unmittelbar am Flughafen zurückgeben, was in aller Regel sehr schnell geht und auf großen Airports oft nur Minuten in Anspruch nimmt.

## MIT DEM EIGENEN WOHNMOBIL

Wer in der beneidenswerter Lage ist, sich Gedanken über eine mehrmonatige Tour durch Amerika machen zu können, evtl. mit Abstechern nach Kanada (und/oder Mexiko), für den kann die Mitnahme des eigenen Wohnmobils über den Atlantik tatsächlich eine überlegenswerte Variante darstellen. Die letzte Antwort wird aber der Rechenstift geben, wenn die Kosten für ein Mietmobil vor Ort mit den Versicherungs- und Frachtkosten (Sie müssen Ihr Fahrzeug ja auch wieder ausführen) aufrechnet. Aber, je länger die Reise, desto eher wird es sich lohnen.

Allerdings ist die Verschiffung eines Wohnmobils über den Atlantik etwas umständlicher als die Buchung einer Pauschalreise. Kaum ein Reisebüro, das noch Kenntnisse im Geschäft der Autoverschiffung hat. Also wird man sich eher nach einer Seespedition oder Autospedition umsehen müssen.

Bei den Recherchen zu diesem Thema wurde uns die Düsseldorfer Firma Sea Bridge bekannt, die sich auf das Verschiffen von Wohnmobilen in die USA spezialisiert hat. Die Serviceleistungen umfassen u. a. das Besorgen und Erstellen der notwendigen Frachtpapiere und Zolldokumente, Seeversicherung, Kfz-Versicherung etc.: Sea Bridge, Detlef Heinemann, Tulpenweg 36, 40231 Düsseldorf, Tel. 0211/210 80 83, Fax 0211/210 80 97.

## MIT DEM FLUGZEUG

Die enormen Entfernungen in den USA lassen es geraten erscheinen, innerhalb des Landes mit dem Flugzeug zu reisen. Dafür spricht auch ein ungemein dichtes Streckennetz und eine große Anzahl von Abflügen. Genauso selbstverständlich wie in Amerika der Bus oder neuerdings wieder die Bahn benutzt wird, reist man mit dem Flugzeug.

Dem ausländischen Touristen wird das inneramerikanische Fliegen mit ermäßigten **Sondertarifen**, die meist saisonabhängig sind, schmackhaft gemacht.

Ein Beispiel ist der sogenannte **„Visit USA"-Tarif**. Visit-USA-Tarife (VUSA) werden von allen größeren amerikanischen Fluggesellschaften angeboten. Man kauft von einer Fluglinie einen Flugschein mit 3, 4, 6, 8 oder 10 Flugcoupons, mit denen innerhalb einer bestimmten Gültigkeitsdauer (meist 60 Tage) auf dem Streckennetz der entsprechenden Linie geflogen werden kann.

Allerdings sind diese Tickets oft an Bedingungen gebunden, etwa Transatlantikflug mit bestimmten Fluglinien, oder keine Non-Stop-Flüge von Küste zu Küste, Beschränkung auf ein Tarifgebiet (z. B. USA-Ost, USA-West, Florida/Bahamas u. ä.), Zuschläge in der Hochsaison, nur eine (oder zwei) Flugunterbrechungen in ein und der selben Stadt etc., etc. Ein Nachkauf von zusätzlichen Flugcoupons zum

VUSA-Tarif ist innnerhalb der USA gewöhnlich nicht mehr möglich.

Gekauft werden müssen Visit-USA-Flugscheine vor Abreise in Deutschland. Bei Stornierung vor Reiseantritt wird meist eine Gebühr erhoben.

Alle Ermäßigungen und Sondertarife – nicht nur im Flugverkehr, auch bei Bus, Bahn oder Mietauto – unterliegen Veränderungen. Deshalb rechtzeitig vor Reiseantritt in guten Reisebüros intensiv erkundigen, mehrere Angebote einholen und vergleichen! Nicht jeder Tarif, der vom Preis her attraktiv erscheint, muß für Ihr Reisevorhaben der günstigste sein.

So schnell die Reiseart Fliegen auch sein mag, so kostspielig ist sie auch. Zudem ist der Tourist am Zielort recht unbeweglich. Mietauto oder Bus müssen in Anspruch genommen werden.

### MIT DEM MIETWAGEN

Mietwagenstationen (Car Rentals) findet man in jeder größeren Stadt und an den Flughäfen im ganzen Lande.

Grundsätzlich kann unterschieden werden zwischen international und national operierenden Unternehmen und regionalen Vermietern.

Regionale Vermieter sind meist preiswerter. Mit dort gemieteten Autos kann in aller Regel aber nur innerhalb des jeweiligen Bundesstaates gereist werden.

Vieles spricht dafür, sich als Tourist den Diensten eines international tätigen Vermietunternehmens anzuvertrauen. Dafür spricht u. a., dass Reservierungen schon zu Hause im Reisebüro vorgenommen werden können, dass Einwegmieten (wenn bei manchen Anbietern auch nur gegen erhebliche Zusatzgebühren) möglich sind, oder dass z. B. im Falle einer Panne durch das dichte Netz der Vermietstationen rasch Ersatz beschafft werden kann, ein nicht zu unterschätzender Vorteil bei gedrängtem Urlaubsprogramm.

Wenn Sie vor Ort direkt mieten wollen, schauen Sie in die Gelben Seiten (Yellow Pages) der Telefonbücher und bedienen Sie sich der gebührenfreien **Toll-Free-Numbers für Reservierungen**, wie z. B.:

**Alamo** 800/327-9633. **Avis** 800/331-1212 oder 331-1084. **Budget** 800/527-0700. **Dollar** 800/800-4000. **Hertz** 800/654-3131. **National InterRent** 800/227-7368. **Thrifty** 800/367-2277.

Die Mietpreise sind sehr unterschiedlich, regional (Alaska, Hawaii, Florida, Ostküste, Westküste) verschieden und im Sommer teurer als im Frühjahr oder Herbst.

Als Kalkulationsgrundlage können aber ca. $ 40,- pro Tag für einen Kleinwagen (economy car) mit unbegrenztem Meilenlimit, mit Automatikgetriebe und Klimaanlage angesetzt werden. .

Preiswerte Car Rentals bieten Autos schon ab ca. 25 Dollar pro Tag an. Meist darf der Wagen dann aber nur innerhalb des Staates in dem der Vermieter ansässig ist, gefahren werden. Diese Einschränkung gilt auch bei einer kurios klingenden Art der Autovermietung, bei *„Rent-a-Wreck“*. Unerschrockene Kunden, die auch mal eine Überraschung nicht scheuen, werden hier zwar nicht die neuesten Modelle, aber durchaus verkehrstüchtige Autos, zum Preis von rund $ 10,- – 15,- pro Tag finden. „Rent-a-Wreck“ findet man in vielen großen Städten. Die Telefonnummern entnimmt man am einfachsten den Yellow Pages.

☑ ***Mein Tipp!*** Wenn Sie viel und weit fahren (und das werden Sie tun, denn die Entfernungen sind gewaltig), wählen Sie unbedingt einen Tarif, der Ihnen keine Meilenbegrenzung und Zusatzkosten je gefahrener Meile auferlegt, Wägen Sie ab, ob Sie lieber die Mehrkosten für eine Einwegmiete in Kauf nehmen, oder lieber ohne Aufpreis das Auto wieder am Ausgangspunkt abgeben wollen. Und wenn Sie sich für die Einwegmiete entscheiden, erkundigen Sie sich vor Unterzeichnung des Mietvertrages nach der Höhe der „drop-off charges“, den Gebühren, die bei der Rückgabe des Wagens an einem anderen als dem Mietort anfallen!

Beim Abschluß des Mietvertrages wird eine Kaution verlangt (ca. 50 – 60% des zu erwartenden Rechnungsbetrages), die bei Rückgabe des Autos verrechnet wird. Wenn Sie diese Kaution in den USA mit Bargeld bezahlen wollen, kann das Probleme geben. Es ist ziemlich unüblich. Sie machen es sich wesentlich einfacher, wenn Sie eine Kreditkarte vorlegen können. Es wird dann lediglich die Nummer notiert. Das ist als Kaution ausreichend.

Mit dem Mietpreis allein ist es allerdings noch nicht getan. Die Autos sind zwar in aller Regel haftpflichtversichert (und dann auch nur bis zur gesetzlichen Mindestdeckung von $ 50.000,- bei Personenschäden), aber mit einer hohen Selbstbeteiligung des Mieters. Will man der Selbstbeteiligung entgehen, schließt man eine Vollkaskoversicherung (Collision Damage Waiver, CDW) ab, die mit stattlichen 15.- bis 20,- Dollar pro Miettag zu Buche schlägt. Schließt man noch eine Insassenversicherung (Personal Accident Insurance, PAI) ab, zahlt man nochmals ca. $ 4,- und mehr pro Tag. Setzt man z. B. einen Grundmietpreis von $ 40,- an, betragen die Zusatzkosten für Versicherungen dann schon fast 50% des Mietpreises.

Vergleichen Sie also die Angebote und Versicherungssätze der einzelnen Autovermietungen. Gerade bei den diversen Zusatzversicherungen und deren Prämien wird bei fast jeder Autovermietung eine andere Preispolitik verfolgt.

Die Zusatzkosten für Versicherungen haben in jüngster Zeit Beträge erreicht, die die Automiete ganz erheblich verteuern! Prüfen Sie als vor Vertragsabschluß genau, wie hoch die einzelnen Versicherungsprämien sind und welche Zusatzversicherungen Sie wirklich brauchen. Kreditkarteninhaber kommen beim Erwerb ihrer Kreditkarte oft schon in den Genuß eines gewissen Versicherungsschutzes, wenn mit der Karte bezahlt wird. Erkundigen Sie sich also zu Hause ganz genau, ob mit Ihrer Kreditkarte evtl. Versicherungen verbunden sind, die bei einem Automietgeschäft zum Tragen kommen, damit Sie nicht aus Unkenntnis eine doppelte Versicherung abschließen und somit Ihr Reisekonto unnütz belasten.

Sollten Sie zu Hause eine Reiseversicherung abschließen wollen, machen Sie sich kundig, ob damit nicht auch Schadensfälle mit einem Mietauto, zumindest teilweise abgedeckt sind.

Vor Ort in den USA sollten Sie genau wissen was Sie tun wollen, welche Versicherungen Sie während der Automiete brauchen und abschließen wollen. Denn die Auskünfte in den Automietbüros sind oft sehr ungenügend. Man rät gerne zu höheren Versicherungen, was verständlich ist, den die Mietwagenfirma verdient ja auch daran.

Die meisten der international operierenden Autovermieter bieten recht günstige Pauschalarrangements für die USA mit unbegrenzter Meilenzahl und Mietdauern von einer bis vier Wochen an. Verlängerungen sind natürlich möglich. Diese Pauschaltarife können bereits hier vor Abreise gebucht und bezahlt werden.

Neuerdings gehen einige Autovermieter in den USA dazu über, sog. *„All Inclusive Packages“* anzubieten. Diese Preispakete beinhalten neben dem Mietpreis alle Nebenkosten, wie Kilometergelder, Zusatzversicherungen und Steuern. Der große Vorteil dieser Angebote für den Touristen liegt darin, dass durch den Wegfall des Nebenkostendschungels Mietpreise wesentlich klarer und besser vergleichbar werden. Fragen Sie bei Ihrer Mietstation unbedingt auch nach diesen „All Inclusive“-Tarifen.

Benzinkosten sind nie im Mietpreis enthalten. Nicht enthalten sind auch lokale Steuern (außer bei den vorgenannten Packages).

In den allermeisten Staaten (so auch in den Neuenglandstaaten) muß der Mieter eines Leihwagens mindestens 21 Jahre alt sein. Manche Unternehmen erhöhen die Versicherungsprämie und/oder die Mietpreise bei Fahrern unter 25 Jahren. Eine gültige Fahrerlaubnis muß vorgewiesen werden. Zwar ist der deutsche Führerschein offiziell ausreichend, doch sind manche amerikanische Polizeibeamte recht mißtrauisch, wenn sie etwas sehen, das sie nicht kennen und lesen können. Man macht es sich also einfacher, wenn man den Internationalen Führerschein vorzeigen kann. Übrigens: Ungläubiges Staunen wird sich auf allen Mienen breitmachen wenn Sie, gefragt nach dem „expiring date" (Ablaufdatum der Gültigkeit) Ihres Führerscheins, sagen, dass er nie ungültig wird, bzw. abläuft.

**Mietauto-ABC**

Automatik- oder Schaltgetriebe?
Anlassen, wie? wo?
Beleuchtung, wo? wie?
Check des Meilen (km) Standes
Defroster (Scheibenheizung), wo? wie?
Ersatzreifen, wo?
Feststellbremse (Handbremse), wo?
Gangschaltung, wie?
Hupe, wo? wie?
Insassenversicherung?
Karosserie unbeschädigt?
Klimaanlage, wie?
Kofferraumentriegelung, wo?
Lehnenverstellung, wie?
Licht, wo? wie?
Motorhaubenentriegelung, wo? wie?
Normal oder non-leaded (bleifreies) Benzin?
Papiere (Mietvertrag) vorhanden?
Rückspiegel einstellen!
Scheibenwischer, Scheibenwascher, wo? wie?
Tankentriegelung, wo? wie?
Tank voll?
Unfall, wo melden?
Vollkaskoversicherung?
Wagenheber, wo?
Zentralverriegelung, wo? wie?

## STROMSPANNUNG, STECKDOSEN

Die Stromspannung in den Vereinigten Staaten beträgt 110 Volt Wechselstrom.

Alle Geräte, die Sie von zu Hause mitnehmen, wie Rasierapparat, Handföhn oder Ladegerät für Elektronenblitzgeräte, Videokameras etc., sollten von unserer hiesigen Spannung von 220 Volt auf 110 Volt umstellbar sein.

Außerdem ist ein Zwischenstecker nötig, da unsere runden Stecker an elektrischen Geräten nicht in die schlitzförmigen amerikanischen Kontakte passen. Solche Adapter erhalten Sie entweder bei der Fluggesellschaft, bei der Sie Ihren Flug buchen oder in guten Elektrofachgeschäften hier oder in Amerika.

## TRINKGELDER

**Trinkgelder** (tips) werden in ganz Amerika für viele Dienstleistungen erwartet.

*Trinkgeld* (tip) im Restaurant sollte aber nicht mit *Bedienungsgeld* (service charge) verwechselt werden. Bei Verzehrrechnungen in Restaurants, Coffee Shops mit Bedienung etc., ist im Normalfall im Rechnungsbetrag kein Bedienungsgeld enthalten!

Dieses **Bedienungsgeld**, das bei uns bereits überall in die Gaststättenpreise einkalkuliert ist, führt anfangs bei vielen ausländischen Besuchern in den USA zu Irritationen. Denken Sie daran, dass diese „Service Charge" der Bedienung für ihre Dienste (und seien sie noch so bescheiden) zusteht und Teil ihres Einkommens ist. Da vielen Touristen hier offenbar Verwechslungen unterliefen, wird in Städten und Regionen, die stark vom ausländischen Tourismus heimgesucht werden (z. B. New York, San Francisco, Miami u. ä.) von manchen Gaststätten das Bedienungsgeld gleich mit auf die Rechnung geschrieben, was in den USA sonst eigentlich unüblich ist. Achten Sie darauf! Und im Zweifelsfall fragen Sie ganz einfach, ob die

Service Charge inklusive ist oder nicht.

Der Zuschlag, den Sie gewöhnlich auf der Rechnung sehen, ist in aller Regel nur die „Sales Tax“, die Umsatzsteuer.

Man hinterläßt also (auch am Tresen eines Coffee Shops) ein Bedienungsgeld von mindestens 15% des Rechnungsbetrages.

Wenn Sie im Hotel die Restaurantrechnung nicht bar begleichen, sondern unterschreiben und auf Ihre Zimmerrechnung setzen lassen, fügen Sie hinzu „plus 15 percent tip“. Auf vielen Restaurantrechnungsformularen in Hotels finden Sie unten vor der Endsumme die Rubrik „Gratuities“. Auch dort können Sie Ihren Bedienungsgeldbetrag einfügen.

**Zimmermädchen** in Hotels erwarten (nur nach mehrtägigem Aufenthalt) etwa zwei Dollar pro Tag.

**Zimmerservice:** Etwa 15 %.

**Gepäckträger** (bellboy) im Hotel: Etwa 1 Dollar (min.) oder 50 Cents bis $ 1,- pro Gepäckstück; gilt auch für Porter am Flughafen.

**Portier:** Fürs Rufen eines Taxis 50 Cents, fürs Tragen des Koffers vom Taxi in die Hotelhalle 1 Dollar.

**Valet Parking:** 50 Cents bis 1 Dollar für den Fahrer, der Ihr Auto in die Garage fährt.

**Taxifahrer:** Rund 15 – 20 % des Fahrpreises.

**Schlafwagenschaffner:** 1 Dollar pro Tag und Reisenden.

**Reiseleiter:** Etwa 2 Dollar pro Tag und für den **Busfahrer** nochmals 50 Cents.

## VERSICHERUNGEN

Neben Reisegepäck-, Unfall- oder Reiserücktrittskosten-Versicherungen sollte vor allem über den Abschluß einer Auslandskrankenversicherung nachgedacht werden. Erkundigen Sie sich vorher bei Ihrer Krankenversicherung, ob und welche Risiken sie in den USA abdeckt. Bedenken Sie, dass Arztkosten (eine Konsultation kostet mindestens 100 Dollar, und ohne vorherige Vergewisserung, dass ausreichend Mittel vorhanden sind, macht kaum ein Arzt einen Finger krumm) und Krankenhauskosten (Tagessatz ca. 500 Dollar) in den USA sehr hoch sind. Kostenlose Behandlungen, welcher Art auch immer, gibt es nicht. Alle entstehenden Kosten müssen Sie persönlich an Ort und Stelle bezahlen.

## WÄHRUNG UND DEVISEN

Die amerikanische Währungseinheit ist der **US-Dollar ($)**, sicher jedem bekannt, kommt er doch schon seit Jahren nicht mehr aus den Schlagzeilen der Medien. Ein Dollar hat **100 Cents (¢)**.

**Dollarscheine** gibt es in Werten von 1, 5, 10, 20, 50, und 100 Dollar. Die Noten sind alle gleich groß und haben alle die gleiche grüne Farbe. Aus Unachtsamkeit könnte man also einen 1-Dollar-Schein durchaus mit einem 100-Dollar-Schein verwechseln, zumal wenn man erstmals mit den Geldscheinen hantiert.

**Münzen** gibt es in folgenden Werten: 1 Cent (penny), 5 Cents (nickel), 10 Cents (dime), 25 Cents (quarter) und 50 Cents (half-dollar). Es gibt auch 1-Dollar-Münzen. Sie sind aber sehr selten im Umlauf. Zahlen werden Sie auf den Münzen nicht finden. Wichtig sind also die oben erwähnten Begriffe wie „dime“, „quarter“ etc.

1 US $ = ca. DM 2,30 (Stand November 2000)

1 DM = ca. US 0,43

Der Dollarkurs unterliegt täglichen Kursschwankungen!

**Übrigens:** Der Dollar, Leitwährung des modernen Finanzwesens und im April 1792 erstmals offiziell als amerikanisches Zahlungsmittel eingeführt, erhielt ein neues Erscheinungsbild. Der seit mehr als 60 Jahren unverändert ausgegebene „Greenback“, zwischenzeitlich die meistgefälschte Währung der Welt, sollte sicherer und besser unterscheidbar werden. Die Zahl des Dollarbetrages ist auf neuen Scheinen größer, also besser erkennbar. Auch die berühmten amerikanischen Persönlichkeiten und berühmten Bauwerke, die die Dollarscheine zieren, sind nun größer dargestellt. Die erste neue Note war der 100-Dollar-Schein (seit 1996 im Umlauf). Neuausgaben der 50-, 20- und 10-Dollar-Noten folgten. Natürlich behalten die alten Noten – immerhin sind weltweit rund 370 Milliarden Dollar im Umlauf – bis auf Weiteres ihre Gültigkeit.

Als den Dollarnoten fast gleichwertiges Zahlungsmittel werden überall in Banken, Geschäften, Restaurants, Tankstellen, Motels etc. amerikanische **Dollar-Reiseschecks** (traveller's checks) anerkannt und akzeptiert und gegen Vorlage eines Ausweisdokuments (Reisepaß) eingelöst.

Persönliche **Bankschecks**, auch **Euroschecks** mit Scheckkarte, können Sie getrost zu Hause lassen. Sie werden nicht akzeptiert (außer in manchen Fällen im Zusammenhang mit einer Kreditkarte), niemand kennt sie. Ähnlich ist es mit DM-Noten oder Noten anderer ausländischer Währungen. Der Versuch einen 100-Mark-Schein in Dollar wechseln zu wollen, kann zur urlaubsfüllenden Beschäftigung werden.

Empfehlenswerter ist es, das Urlaubsbudget zu Hause in Dollar-Reiseschecks umzutauschen. Die von American Express z. B. werden im ganzen Lande fast unbesehen akzeptiert.

Beim Kauf der Reiseschecks wird zwar eine Gebühr berechnet. Dafür erkauft man sich die Gewißheit, dass die Reiseschecks bei Verlust ersetzt werden. Sie müssen allerdings die Schecknummern angeben können. Die Nummern also unbedingt gleich beim Kauf notieren und getrennt von den Reiseschecks aufbewahren!

Bei Bezahlung mit Reiseschecks (sie werden fast überall wie Bargeld angenommen), haben Sie auch immer Bares. Tanken Sie z. B. für 12,- Dollar und bezahlen mit einem 50-Dollar-Reisescheck, erhalten Sie 38 Dollar Bargeld zurück.

Trotzdem, kaufen Sie zu Hause auch ein paar Dollarnoten in kleinen Scheinen (vielleicht einen Betrag von 100 oder 200 Dollar oder so), damit Sie nach Ankunft erste Ausgaben (Gepäckträger, Taxi, Bus, Kofferträger im Hotel, Telefonate u. ä.) begleichen können.

Einmal in den USA, denken Sie daran, immer genügend Kleingeld parat zu haben, wenn Sie z. B. viel von öffentlichen Sprechstellen telefonieren oder in den Städten mit öffentlichen Verkehrsmitteln fahren wollen.

Vergessen Sie vor allen Dingen ihre **Kreditkarte** nicht. Und falls Sie keine haben, sollten Sie ernsthaft überlegen, ob Sie nicht eine Kreditkarte bei Ihrer Bank beantragen. Vor allem wenn Sie als Individualreisender in den USA unterwegs sind, erleichtert eine Kreditkarte fast alle Zahlungsvorgänge ganz wesentlich. Besonders wenn Sie öfter mal ein Auto mieten wollen, beschleunigt die Vorlage einer Kreditkarte die Formalitäten erheblich. Kreditkarten werden ohne weiteres zur Begleichung der üblicherweise geforderten Anzahlungen bei Automieten akzeptiert. Und wenn Sie es sehr eilig haben und vor dem Weiterflug noch schnell das Auto abgeben müssen, geben Sie Schlüssel und Papiere ab, warten auf die Rechnung müssen Sie nicht. Der entstandene Rechnungsbetrag wird später von Ihrem Kreditkartenkonto abgebucht und die Rechnung wird Ihnen nach Hause nachgeschickt.

Einen ähnlichen Service bieten große Hotels. Haben Sie bei der Ankunft Ihre Kreditkartennummer angegeben, finden Sie am Abreisetag frühmorgens Ihre Zimmerrechnung unter der Tür. Sie können, wenn Sie wollen, abreisen, ohne nochmals bei der Reception vorbeizuschauen. Abgerechnet wird wieder über Ihr Kreditkartenkonto.

Ein weiterer Vorteil ist, dass bei telefonischer Motelzimmerreservierung bei Angabe Ihrer Kreditkartennummer die Reservierung fest bestätigt und auch noch nach 18 Uhr aufrechterhalten wird, was normalerweise ohne Vorauszahlung nicht üblich ist.

Am verbreitetsten sind Karten von Eurocard/Mastercard, Visa und American Express.

Innerhalb der USA können Sie unter folgenden gebührenfreien Rufnummern einen eventuellen **Verlust Ihrer Kreditkarte** melden:

**American Express** 800/327-2177. **Diners Club** 800/234-6377. **MasterCard/ Eurocard** 800/-307-7309. **Visa** 800/847-2911.

**Geldautomaten** kennt man in den USA als **ATM** (automatic teller machines). Mit Ihrer Kreditkarte und Ihrer persönlichen Geheimnummer können Sie dort Tag und Nacht Bargeld bekommen.

## ZEITUNTERSCHIED UND ZEITZONEN

Entsprechend der Rotation unserer Erde von West nach Ost ist jeder Flugreisende auf dem Wege von Ost nach West nach seiner Ankunft der Zeit an seinem Abflugort um einige Stunden voraus. Die gleiche Zeit verliert er auf seiner Rückreise wieder, vorausgesetzt, er fliegt die gleiche Route zurück.

In unserem Fall bedeutet das bei einem Flug von Deutschland an die amerikanische Ostküste einen **Zeitunterschied** von sechs Stunden.

Beispiel: Abflug Deutschland: 12 Uhr MEZ.

Theoretische Ankunftszeit nach 8-stündiger Flugzeit: 20 Uhr MEZ.

Tatsächliche Ankunftszeit nach Abzug der 6 Stunden Zeitunterschied: 14 Uhr Ortszeit – **Eastern Standard Time**.

Dieser Zeitunterschied von sechs Stunden zur amerikanischen Ostküste gilt im Winterhalbjahr. Von April bis Mitte Oktober gilt die Sommerzeit „daylight saving time". Die Uhren werden um eine Stunde vorgestellt.

Der amerikanische Kontinent ist aufgrund seiner Ausdehnung in **vier Zeitzonen** eingeteilt, jeweils mit einem Zeitunterschied von einer Stunde: *Eastern Time, Central Time, Mountain Time* und *Pacific Time.*

Nicht immer und überall wird bei der **Zeitangabe** das 24-Stunden-System angewandt. Vielmehr wird die Tageszeit eingeteilt in Stunden vor 12 Uhr mittags und die Zeit nach 12 Uhr mittags. Man wird also nicht 10 Uhr und 22 Uhr hören, sondern 10 a.m. und 10 p.m. Es steht **a.m.** für *„ante meridiem"*, lat. für „vor Mittag" oder „before noon" und **p.m.** für *„post meridiem"*, lat. für „nach Mittag" oder „after noon".

Die **Schreibweise des Datums** in Amerika unterscheidet sich von der bei uns geläufigen Form. Die Reihenfolge in den USA ist Monat/Tag/Jahr. 7/4/01 wäre demnach der 4. Juli 2001.

Bei der **Schreibweise der Zahlen** ist zu beachten (wichtig auch beim Ausfüllen des Einreiseformulars I-94W), dass die Eins ohne Aufstrich und die Sieben ohne Querstrich zu schreiben ist!

## ZEICHENERKLÄRUNG

**Durch die nachstehenden Symbole** und Angaben, zusammen mit der Kartenskizze vor jeder Teilstrecke, haben Sie die wichtigsten Informationen über die jeweilige Etappe auf einen Blick zusammen. Sie können – ohne die ganze Etappe durchblättern zu müssen – abschätzen, was Sie auf dieser Strecke erwartet. Beispiel:

⊙ **Entfernung:** Rund ..... mls/km.
➔ **Strecke:** Über die SR-114 bis **Portsmouth, RI** .....
🕑 **Reisedauer:** Mindestens ein Tag.
⌘ **Höhepunkte:** Die **Heritage Plantation** ** bei Sandwich – das Einwandererschiff **„Mayflower II“** **

Mit folgender **Hervorhebung im Text, beginnend mit einem Pfeil und endend mit einem Punkt**

➔ **Route:** Weiterreise nach ..... ●

soll die eigentliche Route/Fahrstrecke von den Beschreibungen der Städte, Landschaften und Sehenswürdigkeiten optisch unterschieden und der Wiedereinstieg in die Route bei der Weiterfahrt erleichtert werden.

☑ *Mein Tipp!* – **Dieser Hinweis** ist eine subjektive Einschätzung durch den Autor. Damit sind Sehenswürdigkeiten, Hotels, Restaurants, Ausflüge o. ä. gekennzeichnet, die während der Recherchenreisen einen besonders starken und positiven Eindruck hinterlassen haben. Oder es werden damit wichtige Reisetipps markiert.

**Piktogramme am Seitenrand:**

die Route
Umweg, Alternativroute
Abstecher, Ausflug
Autofähre
Sehenswürdigkeit
archäol. Sehenswürdigkeit
Stadtrundgang
Schloß, histor. Gebäude
Campingplatz Stellplatz
„Mein Tipp“
Wandermöglichkeit
Radtouren
Information
Restaurant
Hotels

Wichtige, am Rande vermerkte Sehenswürdigkeiten sind ihrer Bedeutung entsprechend mit ein, zwei oder drei Sternchen versehen:

* = sehenswert
** = sehr sehenswert
*** = ein „Muß“ auf der Reise

## REGISTER

*Personennamen in kursiver Schrift*


**A**
Acadia Nationalpark, ME 295
*Adams, John 248*
Allagash Wilderness Waterway 305
Artist's Bridge, ME 314
Augusta, ME 307

**B**
Bangor, ME 301
Bar Harbor, ME 293
Barnstable, MA 206
*Barnum, P. T. 134*
Barre, VT 331
Bath, ME 281
Battle Road 253
Baxter State Park, ME 304
*Beecher Stowe, H. 148*
Belfast, ME 288
Bennington, VT 350
Berlin, CT 139
Bethel, ME 311
Beverly, MA 263
Big Apple. *Siehe* New York, NY
Block Island, RI 162
Boothbay Harbor, ME 283
Boston, MA 222
  Back Bay 239
  Beacon Hill 238
  Boston Downtown 229
  Freedom Trail 228
  Hotels 246
  North End 236
  Restaurants 245
  Stadtbesichtigung 226
  Visitors Information 244
Boston Massacre 235
Boston Tea Party 26, 241
Bourne, MA 209
Brandon, VT 339
Brattleboro, VT 348
Bretton Woods, NH 319
Brewster, MA 203
Bridgeport, CT 132
Brunswick, ME 280
Bucksport, ME 288
Burlington, VT 334

**C**
Cambridge, MA 242
Camden, ME 287
Canaan, CT 359
Canterbury Shaker Village, NH 329
Cape Neddick 271
Cape Ann, MA 264
Cape Arundel 275
Cape Cod, MA 194
Cape Elizabeth, ME 275
Castine, ME 289
*Champlain, Samuel de 21, 296*
Charlestown, RI 163
Chatham, MA 198
Chester, VT 347
*Clemens, S. L. Siehe Mark Twain*
Clinton, CT 154
Colonial Pemaquid Restoration, ME 285
Common Greens 140
Concord, MA 248
Connecticut 14
Covered Bridges 312
Crawford Notch State Park, NH 318

**D**
Damariscotta, MA 285
Danbury, CT 360
Danvers, MA 262
Dennisport, MA 205

**E**
East Haddam, CT 151
Edgartown, MA 181
*Eiffel, Gustave 101*
Ellsworth, ME 291
*Eriksson, Leif 19, 24*
Essex, CT 152
Essex, MA 266

**F**
Fall River, MA 175
Falmouth, MA 178
Farmington, CT 149
Foxwoods Resort 158
Framingham, MA 221
Franconia Notch State Park, NH 321
Freeport, ME 279

**G**
Galilee, RI 162
Gillette Castle 151
Glen, NH 317
Gloucester, MA 264
Goodspeed Opera House 151
Gorham, NH 315
Grafton Notch State Park, ME 314
Grafton, VT 348
Green Mountain National Forest, VT 345
Greenville, ME 306
Greenwich, CT 127
Groton, CT 157
Gründerstaaten 26
Guilford, CT 154

**H**
Hancock Shaker Village, MA 353
Hartford, CT 139
*Hawthorne, Nathaniel 231, 261, 355*
Heritage Plantation, MA 207
Holderness, NH 330
*Hudson, Henry 43*
Hudson River Valley 120
Hyannis, MA 196

**I**
Indian Summer 14
Ipswich, MA 267
Isle au Haut, ME 291

**J**
*Jefferson, Thomas 27*

**K**
Kancamagus Highway, NH 324
Kennebunk, ME 272
Kongress 9

**L**
Lake Winnipesaukee, NH 330
Lenox, MA 354
Lewiston, ME 309
Lexington, MA 254
Litchfield, CT 359
Longfellow's Wayside Inn 221
Lower Shaker Village, NH 342
Ludlow, VT 345
Lynchville, ME 311

**M**
Maine 19
Mansfield, MA 216
Marblehead, MA 262
*Mark Twain 146*
Marlboro, VT 350
Martha's Vineyard, MA 179
Massachusetts 17

Mayflower 25, 214
*Melville, Herman 13, 187, 355*
Middlebury, VT 338
Middletown, CT 150
Millinocket, ME 303
*Minuit, Peter 25*
Monhegan Insel, ME 286
Monroe-Doktrin 28
Montpelier, VT 331
Moultonborough, NH 327
Mount Washington Cog Railway, NH 320
Mt. Washington, NH 315
Mystic, CT 158

**N**
Nantucket, MA 184
Naples, ME 310
Narragansett Pier, RI 163
Nauset Marsh 199
Neuengland Staaten 12
New Bedford, MA 176
New Canaan, CT 131
New Hampshire 20
New Haven, CT 133
New London, CT 156
New York, NY 37
- Battery Park 96
- Broadway 107
- Circle Line 57
- Convention and Visitors Bureau 109
- Downtown Manhattan 84
- Ellis Island 100
- Fifth Avenue 69
- Flughäfen 110
- Freiheitsstatue 100
- Greenwich Village 85
- Harlem 82
- Hotels 115
- Information 109
- Lower East Side 88
- Lower Manhattan 90
- Midtown Manhattan 59
- Museumsmeile 79
- öffentlichen Verkehrsmitteln 46
- Restaurants 113
- Rockefeller Center 72
- SoHo 88
- South Street Seaport 102
- Stadtbesichtigung 50
- Theaterviertel 107
- Times Square 65

New York, NY *fortgesetzt*
- Upper East Side 78
- Upper West Side 74
- Uptown Manhattan 74
- Veranstaltungen 111

Newburyport, MA 267
Newport Mansions 169
Newport, RI 164
Niagara Fälle 123
Nickerson State Park 203
North Adams, MA 351
North Conway, NH 324
North Woodstock, NH 322
Northbridge, MA 217
Norwalk, CT 131

**O**
Oak Bluffs, MA 180
Ogunquit, ME 271
Old Lyme, CT 155
Old Saybrook, CT 153
Old Sturbridge Village, MA 217
Orleans, MA 198

**P**
Pemaquid Point, ME 285
Pittsfield, MA 352
Plimoth Plantation, MA 210
Plymouth, MA 211
Plymouth, VT 343
Popham Beach State Park 282
Portland, ME 275
Portsmouth, NH 268
Portsmouth, RI 172
Proctor, VT 339
Providence, RI 173
Provincetown, MA 200
*Pulitzer, Joseph 101*

**Q**
Quechee, VT 340
*Quincy Adams, John 248*
Quincy, MA 248

**R**
Repräsentantenhaus 10
Rhode Island 16
*Rockefeller, John D. 296*
Rockland, ME 286
Rockport, MA 265
Rutland, VT 339

**S**
Sabbathday Lake Shaker Village, ME 311
Salem, MA 255
Sandwich, MA 206
Searsport, ME 288
Sebago Lake, ME 310
Senat 10
Shaker 356
Shelburne, VT 335
*Sherlock Holmes 152*
Springfield, VT 347
Stamford, CT 129
Stockbridge, MA 358
Stonington, ME 290
Stowe, VT 333
Stratford, CT 133
Sturbridge, MA 217
Sudbury, MA 221
Sugar Hill, NH 321

**T**
Teeklipper 160
The Berkshires, MA 353
*Twain, Mark 13, 146*
Twin Mountains, NH 320

**U**
Unabhängigkeitskrieg 27, 250
US-Präsidenten 33

**V**
Vergennes, VT 337
Vermont 22
*Verrazano, Giovanni da 20*
Vineyard Haven, MA 181

**W**
Waldoboro, ME 286
*Washington, George 27*
Watch Hill, RI 162
Weirs Beach, NH 330
Wellfleet, MA 200
Wells, ME 272
Weston, VT 346
Wethersfield, CT 149
White Mountains, NH 315
Williamstown, MA 351
Wiscasset, ME 282
Wolfeboro, NH 328
Woods Hole, MA 179
Woodstock Festival 342
Woodstock, VT 340
Worcester, MA 219

**Y**
Yale University 136
Yankee 13
Yarmouth, MA 205
Yarmouth Port, MA 205
York, ME 269

**Z**
*Zuckmayer, Karl 13*

VERLAG RAU MOBIL REISEN

## MOBIL REISEN

**Praktische Reiseführer**

**aus dem Werner Rau Verlag Stuttgart**
**mit Routen, Touren, Reisetipps**
**für individuelles Auto-, Motorrad- und**
**Wohnmobil-Touring *).**

*) oder einfach für erlebnisreiches Reisen auf eigene Faust.

**Mobil Reisen: SKANDINAVIEN**

**Reiseziel Nordkap**

Die große Tour zum Nordkap in bequem zu kombinierenden Reiserouten. Mit vielen Routenvarianten durch alle vier nordischen Länder – Dänemark, Norwegen, Schweden und Finnland. Ausführliche Beschreibung der Hauptstädte Kopenhagen, Oslo, Stockholm und Helsinki.

440 S., zahlr. s/w.- u. Farb-Abb., Kartenskizzen, Stadtpläne, Hotels, viele Infos und die schönsten Campingplätze.

ISBN 3-926145-14-5

**Mobil Reisen: DÄNEMARK**

**Mit Insel Bornholm**

Handlich und praktisch für erlebnisreiches Auto-, Motorrad- oder Wohnmobil-Touring. Auf 15 handverlesenen Urlaubsrouten zu den schönsten Städten und Küsten in Jütland, Fünen, Seeland und Bornholm. Ausführlicher Teil über "wonderful, wonderful Copenhagen".

272 S., zahlr. s/w.- u. Farb-Abb., Kartenskizzen, Stadtpläne, Hotels, viele Infos und die schönsten Campingplätze.

ISBN 3-926145-02-1

**Mobil Reisen: NORWEGEN**

**Reisewege zum Nordkap**

In besonders für den Individual-Autoreisenden aufbereiteter, praktischer und übersichtlicher Form wird das Land von Oslo durch die schönsten Täler und Fjordlandschaften Süd- und Westnorwegens, über die Lofoten und Vesterålen-Inseln bis zum Nordkap mit allem Sehenswerten rechts und links des Weges anhand zuverlässiger Routenvorschläge vorgestellt.

288 S., Stadtrundgänge, Wandervorschläge, zahlr. s/w.- u. Farb-Abb., Kartenskizzen, Stadtpläne, Hotels, viele Infos und die schönsten Campingplätze.

ISBN 3-926145-07-2

## Mobil Reisen: SCHWEDEN

### Mit Inseln Öland und Gotland

22 sorgfältig ausgewählte, vor Ort getestete Reise(mobil)routen und Autotouren durch die schönsten Landschaften, Städte und Regionen. Mit vielen Reisetipps und Informationen über Sehenswertes vom südlichen Schonen bis Lappland. Mit ausführlichem Stockholm-Teil, Stadtrundgänge u.a. durch Helsingborg, Göteborg, Uppsala, Kalmar, sowie die Inseln Öland und Gotland.

332 S., zahlr. s/w.- u. Farb-Abb., Kartenskizzen, Stadtpläne, Hotels, viele Infos und die schönsten Campingplätze.

ISBN 3-926145-13-7

## Mobil Reisen: BRETAGNE – Durch das Loire-Tal

Ein individueller Reiseführer mit Routenvorschlägen, ausgesuchten Touren und praktischen Reisetipps. Eine bequem nachvollziehbare Reise von Orléans durch das Tal der Loire bis an die bretonische Atlantikküste. So angenehme Themen wie "Essen und Trinken" kommen ebenso wenig zu kurz wie Historisches und Amüsantes.

428 S., zahlr. s/w.- u. Farb-Abb., Kartenskizzen, Stadtpläne, Hotels, viele Infos und die schönsten Campingplätze.

ISBN 3-926145-20-X

## Mobil Reisen: PORTUGAL

Gesamt Portugal, vom grünen Norden bis zur sonnigen Algarveküste, vom kargen, ursprünglichen Alto Alentejo bis zu den Seebädern am Atlantik beschreibt dieser Band auf leicht nachvollziehbaren Touren, die einen kompletten Eindruck von diesem überaus interessanten Reiseland vermitteln. Besonders ausführlich die Weinstadt Porto und natürlich Lissabon, eine der schönsten Hauptstädte Europas.

274 S., zahlr. s/w.- u. Farb-Abb., Kartenskizzen, Stadtpläne, Hotels, viele Infos und die schönsten Campingplätze.

ISBN 3-926145-04-8

## Mobil Reisen: SCHOTTLAND

Schottland auf neuen Wegen erleben. Eine variantenreiche Rundreise – von den Borders bis zu den Highlands, von den Western Isles bis zu den Orkneys. Detaillierte Beschreibung von Edinburgh, Glasgow, allen wichtigen Städten, Schlössern und Landschaften.

Außerdem Essen und Trinken, Whisky, Clans, Tartans und Dudelsäcke, Wandern u.v.m.

Ca. 300 S., zahlr. s/w.- u. Farb-Abb., Kartenskizzen, Stadtpläne, Hotels, viele Infos und die schönsten Campingplätze.

ISBN 3-926145-08-0

### Mobil Reisen: IRLAND – Nordirland

Der ideale Urlaubsführer für alle, die den Charme der "Grünen Insel" auf eigene Faust entdecken wollen. Ausgesuchte Routenvorschläge fürs Auto-Touring von den südlichen Counties über die imposante Westküste bis hinauf ins abgeschiedene Donegal und durch Nordirland. Ausführlicher Dublin-Teil mit detaillierten Rundgängen. Kultur, Folklore, Tipps zu Pubs, Wandermöglichkeiten.

384 S., viele s/w- u. Farb-Fotos, Kartenskizzen, Stadtpläne, Hotels, viele Infos und die schönsten Campingplätze

ISBN 3-926145-01-3

### Touring Quer Durch GRIECHENLAND

Aus der Reisepraxis für die Reisepraxis geschrieben. Ein Reisehandbuch mit Routen, Touren und Reisetipps fürs Auto-, Motorrad- oder Wohnmobil-Touring. Eine Fülle von Routenvorschlägen führt durch alle Regionen Festlandgriechenlands, von den Badestränden der Chalkidiki-Halbinsel bis in den Süden des Peloponnes und natürlich zu allen archäologischen Stätten.

256 S., viele s/w- u. Farb-Fotos; Karten, Stadt- u. Lagepläne, Stadtspaziergänge, Hotels und die schönsten Campingplätze.

ISBN 3-926145-05-6

## *TOURING AMERICA*

*Die individuellen Touring-Guides für Ihre Traumtour durch die schönsten Gegenden in den USA und Kanada.*

### Mobil Reisen: WESTKANADA

Informiert reisen heißt auch mit Vergnügen reisen. Auto-, Motorrad- und Wohnmobil-Tourer finden in diesem Band neben den schönsten Reiserouten eine Fülle an Reisetipps und Infos.

Von Klaus Assmann. 349 S., zahlr. s/w.- u. Farb-Fotos, Hotels, Camping, Karten.

ISBN 3-926145-21-8

### Mobil Reisen: FLORIDA

Sonne satt. Strände soweit das Auge reicht. Und natürlich Heimat der berühmtesten Maus der Welt. Das alles ist Florida. Darüber hinaus finden Sie in diesem Reiseführer Touren, Städteportraits, Freizeitparks und viele Reisetipps in Amerikas Sonnenstaat – verpackt in praktischen Routenvorschlägen für bequemes Auto-Touring durch alle Regionen Floridas, vom "Panhandle" im Norden, über Disneyworld und Miami bis zu den Keys.

200 S., zahlr. s/w.- u. Farb-Fotos, Hotels, Motels, die schönsten Campingplätze, Karten, Stadtpläne und viele Infos.

ISBN 3-926145-16-1 Neuausgabe in Vorbereitung!

## TOURING AMERICA TITEL VORBEREITUNG:

### Mobil Reisen: U.S.A. SÜDWEST

Wo Amerika am schönsten ist – Autotouren vom Pazifik bis in die Rockies. In einer gelungenen Mischung aus Sachinformation, Kultur und Tipps fürs tägliche Reiseerleben werden Kalifornien, Las Vegas, Colorado, Utah, Arizona und New Mexico anhand ausgesuchter Routen und Touren vorgestellt. Ausführlich wird natürlich auch auf die grandiosen Naturwunder und Nationalparks und auf die alten Indianerkulturen eingegangen.
Ca. 300 S., zahlr. s/w.- u. Farb-Fotos, Hotels, Campingplätze, Karten, Stadtpläne und eine Fülle an Reisetipps und Infos.
ISBN 3-926145-15-3 Neuausgabe in Vorbereitung!

### Mobil Reisen: KALIFORNIEN & Las Vegas

Touring U.S.A., ein bisschen easy rider feeling, baden in Malibu oder die Automaten füttern in Las Vegas. Dieser Touring-Guide sagt Ihnen, wo's langgeht, ob in den Nationalparks, in den Spielkasinos oder in San Francisco, Los Angeles oder San Diego.
ca. 200 S., zahlr. S/W- u. Farbfotos, Hotels, Campingplätze, Karten, Stadtpläne und eine Fülle an Reisetipps und Infos.
ISBN 3-926145-11-0 Neuausgabe in Vorbereitung!

### Mobil Reisen: U.S.A. – Coast To Coast

Das kompetente Tourenbuch mit 44 ausgesuchten Routenvorschlägen für Ihre Traumtour mit dem Wohnmobil, dem Mietwagen oder mit dem Motorrad. Tour-Ideen von der Ost- zur Westküste zum Aussuchen und Kombinieren, unter Einbeziehung der grandiosen Nationalparks. Übersichtlich und reich illustriert. Ausführliche Städteportraits, u.a. über New York City, Washington D.C., Philadelphia, Charleston, Atlanta, New Orleans, Houston, Dallas, Denver, Las Vegas, San Francisco u.v.a.
588 S., zahlr. s/w.- u. Farb-Abb., Hotels, Campingplätze, Karten, Stadtpläne und viele Reisetipps und Infos.
ISBN 3-926145-06-4 Neuausgabe geplant!

**Weitere Titel sind in Vorbereitung!**

Fragen Sie im Buchhandel nach unseren aktuellen Neuerscheinungen.
Oder besuchen Sie uns im Internet:

**http://www.rau-verlag.de**

WERNER RAU VERLAG, Feldbergstraße 54, D - 70569 Stuttgart
e-mail: RauVerlag@aol.com